Amerikanische Traumhäuser

Amerikanische Traumhäuser

Herausgeber
Concept Home Plans GmbH

KÖNEMANN

© Concept Home Plans

© 2000 Könemann Verlagsgesellschaft mbH
Bonner Straße 126, D – 50968 Köln

Satz: Birgit Beyer

Korrektorat: Sebnem Yavuz

Lithografie: Typografik, Köln

Druck und Bindung: Druckerei und Verlag Dürer GmbH, Gyula

Printed in Hungary

ISBN 3-8290-3957-3

Amerikanische Traumhäuser

So vielfältig und abwechslungsreich wie das Land selbst zeigt
sich auch die Architektur der Vereinigten Staaten. „Amerikanische Traumhäuser"
zeigt die schönsten Hausentwürfe namenhafter Architekten aus Amerika und gibt
dem Leser Einblick in das breite Spektrum der regional vorherrschenden Stilrichtungen.
Wählen Sie Ihr persönliches Traumhaus aus den Kapiteln

Einleitung

Die an Vielfalt kaum zu übertreffende Architektur der Vereinigten Staaten fand ihren Ursprung in der Kolonialzeit zwischen dem 16. und 17. Jahrhundert, als die ersten europäischen Pioniere die Neue Welt besiedelten. Die einfache Blockhütte, die als Urform des amerikanischen Country Style gilt, wurde von den ersten Siedlern unter Einflußnahme der Traditionen und Gebräuche ihres Ursprungslandes mit den Materialien erbaut, die in der neuen Heimat vorzufinden waren. Vom stark bewaldeten Norden bis zum Süden der Atlantikküste wurde heimisches Holz als vorrangiger Baustoff verwendet. Die Anforderungen an den Baustil waren reduziert auf Einfachheit, Funktionalität und Dauerhaftigkeit. Vor allem galt es, sich vor den ungünstigen Witterungsverhältnissen zu schützen. In traditioneller Handwerkskunst entstanden die ersten, bescheidenen Behausungen, die sich regional voneinander unterschieden.

Zwischen 1620 und 1700 entstand mit dem Early New England Style der erste, eigenständige Baustil. In den Staaten Neu Englands entstanden schlichte, zweigeschossige Wohnhäuser aus Holz mit einem Satteldach oder als Mansarddachvariante. Noch heute sind einige von ihnen erhalten. Ein typisches Stilmerkmal dieser Epoche bestand in

dem auffälligen Überhang des Obergeschosses, der Schutz vor Wind und Wetter bot. Wenige, kleine Sprossenfenster und die zentrale Feuerstelle in der Mitte des Gebäudes gewährleisteten beste Wärmenutzung während der langen Winter. Der Baustil an der nordöstlichen Atlantikküste wurde vor-

nehmlich von englischen Einwanderern geprägt. In starker Anlehnung an das einräumige englische Stein-Cottage bauten die Siedler diese kleinere Hausvariante in eingeschossiger Bauweise aus hellem Zedernholz nach. Dach und Fassade wurden mit Schindeln verkleidet. Das zur Nordseite ausgerichtete Dach war meist tiefergezogen, um die eisigen Winde abzuwehren. Dieser Baustil brachte ihm die Bezeichnung Saltbox (kleines Salzkästchen) ein. Nur zwei Fenster schmückten die Frontseite, rechts oder links davon wurde die Eingangstür plaziert. Dahinter beheizte ein zentraler Kamin das große Wohnzimmer. Schlafräume befanden sich unter dem Dach. Dieses sogenannte halbe Haus gehört dem Cape Cod Style an, dem auch das größere Three-Quarter Cape und das Full Cape mit jeweils zwei Fenstern links und rechts vom zentralen Hauseingang zugeordnet werden.

Ab dem Jahre 1700 wurde die puritanische Schlichtheit von georgianischer Anmut abgelöst. In den Küstenstädten Neu Englands boomte der Handel. Es kehrte nicht nur mehr Glanz in die Häuser, auch das äußere Erscheinungsbild wurde an die neuen und besseren Lebensumstände angepaßt. Die Gebäude wurden größer und prunkvoller gebaut. Ornamente und aufwendige Verzierungen schmückten den zentralen Hauseingang des Haupthauses und die vielzähligen Gauben und Giebel seiner Nebengebäude.

Die Architektur der Südstaaten entwickelte sich eigenständig. War man dort nicht dem rauhen Klima wie im Norden ausgesetzt, mußten sich die Bewohner im Süden gegen die vorherrschende Hitze schützen. Tiefgezogene Vordächer, überdachte Eingangsportale und von Säulen geschmückte Hausveranden waren ein gutes Mittel, sich vor Sonne und Wärme zu schützen. Die Symmetrie der Südstaatenarchitektur war der im Norden sehr ähnlich. Vorrangig wurden die Häuser jedoch in

Stein gebaut. Ein typisches Merkmal für den Southern Country Style sind die beiden massiven Kaminzüge, die nicht wie im Norden einen zentralen Platz im Haus erhielten, sondern jeweils links und rechts an den Außenwänden giebelseitig geplant wurden.

Ende des 18. Jahrhunderts hielten neue Gestaltungsformen Einzug in die Südstaatenarchitektur. Inspiriert vom italienischen Architekten Andrea

Palladio, der auch die Architektur des Mutterlandes England stark beeinflußt hatte, wurden filigran verzierte Rundbogenfenster als Stilmerkmal eingesetzt.

Zwischen 1820 und 1840 war die romantische Architektur vorherrschend. Der Victorian Style, der heute scherzhaft als Pfefferkuchenstil der viktorianischen Epoche bezeichnet wird, hielt Einzug.

Die modernen Einfamilienhäuser des 20. Jahrhunderts zeichnen sich durch hohen Wohnkomfort aus. Klassische Farmhäuser, die vornehmlich in ländlichen Gegenden anzutreffen sind, verfügen über eine durchschnittliche Wohnfläche von 200 bis 250 qm. Typisch für diesen Baustil ist eine große Wohnküche. Die großzügige, meist separat gelegene Eltern-Suite mit eigenem Luxusbad und angrenzenden Kleiderkammern ist bei klassischen Farmhäusern eine Selbstverständlichkeit. Typisch für das äußere Erscheinungsbild ist eine weit überdachte Eingangsveranda. In gehobenen Wohngegenden am Stadtrand wird gern auf das elegante Ambiente der europäisch inspirierten, modernen Landhäuser zurückgegriffen. Der spielerische Umgang mit Erkern, üppige Verglasungen und eine elegante Klinkerfassade sind charakteristische Merkmale dieser Baurichtung.

Die sonnenverwöhnten Staaten in Amerika haben einen eigenständigen Baustil hervorgebracht. Die als Sunbelt bekannte Architekturform steht für exklusive Einfamilienhäuser und Cottages, die vornehmlich am Küstenrand der Südstaaten anzutreffen sind. Tiefgezogene Walmdächer, versetzte Erker im Eingangsbereich und deckenhohe Verglasungen prägen die Frontansichten dieser eingeschossigen Häuser.

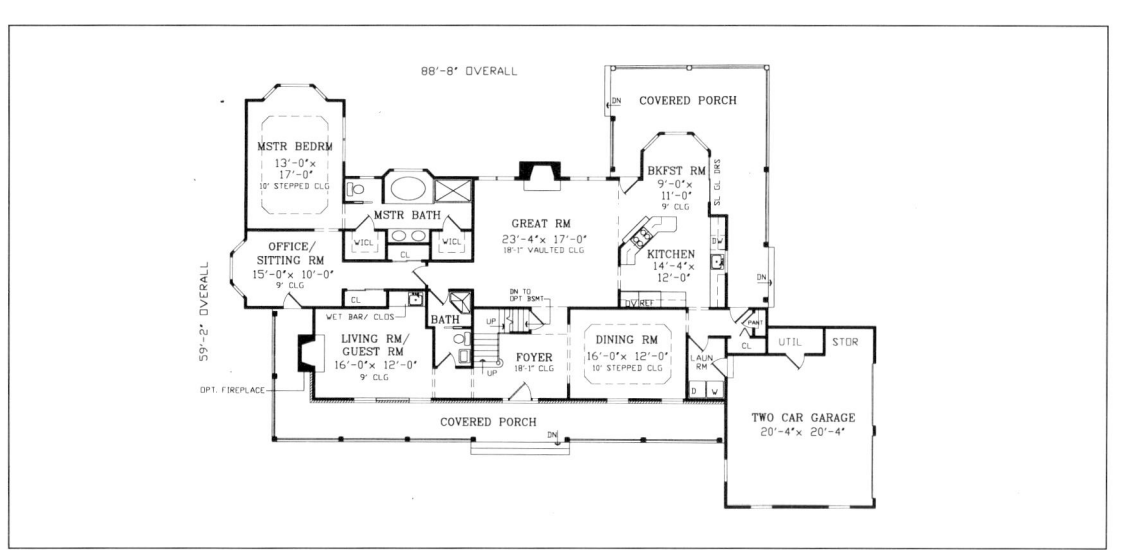

88'-8" OVERALL

COVERED PORCH

MSTR BEDRM
13'-0"x
17'-0"
10' STEPPED CLG

BKFST RM
9'-0"x
11'-0"
9' CLG

MSTR BATH

GREAT RM
23'-4"x 17'-0"
18'-1" VAULTED CLG

KITCHEN
14'-4"x
12'-0"

WICL

WICL

CL

OFFICE/
SITTING RM
15'-0"x 10'-0"
9' CLG

DN TO
OPT BSMT

DW/REF

CL

59'-2" OVERALL

WET BAR/ CLOS

BATH

UP

LIVING RM/
GUEST RM
16'-0"x 12'-0"
9' CLG

FOYER
18'-1" CLG

DINING RM
16'-0"x 12'-0"
10' STEPPED CLG

PANT

CL

UTIL

STOR

LAUN
RM

UP

OPT. FIREPLACE

TWO CAR GARAGE
20'-4"x 20'-4"

COVERED PORCH

DN

Glossar

Bath	Badezimmer
Bed Room	Schlafzimmer
Closet	Kleiderkammer
Dining	formelles Eßzimmer
Great Room	Familienwohnzimmer
Guest Room	Gästezimmer
Kitchen	Küche
Laundry	Hauswirtschaftsraum
Living Room	formelles Wohnzimmer
Master Bath	Elternbad
Master Bed Room	Elternschlafzimmer
Pantry	Speisekammer
Powder Room	Gäste-WC
Porch	Veranda
Study	Arbeitszimmer
Unfinished Bonus Room	Ausbaureserve
Utility	Hauswirtschaftsraum
Walk in Closet	begehbare Kleiderkammer

Beispielrechnung

Die Maße einer Doppelgarage sind

$20\text{-}4 \times 20\text{-}4$ oder $(20^4 \times 20^4)$

20 feet x 20 feet	=	400 square feet
4 inch x 4 inch	=	16 square inch
400 sq. feet : **10,7641**	=	37,16056 m²
16 square inch	=	0,010323 m²
		37,17088 m²

Maße und Umrechnungen

1 inch	2,54 cm
1 square inch	0,000645 m²
1 feet	30,48 cm
1 square feet	0,092903 m²
10 square feet	0,92903 m²
100 square feet	9,290304 m²
1000 square feet	92,90304 m²

inch | cm

1
2
1
3
4
2
5
6
7
3
8
9
10
4
11
12
5
13
14
15
6
16
17
7
18
19
20

EARLY NEW ENGLAND STYLE

Durch schlichte Eleganz überzeugt dieses, nach authentischem Vorbild geplante Haus im Early New England Style. Die klassische Holzfassade und der Verzicht auf Schnörkel und Verzierungen entspricht dem Baustil aus der Epoche des frühen 17. Jahrhunderts. Charakteristisch ist der kleine Dachreiter auf dem Dach der Garage. Der Schornstein wurde, wie es in Neu England typisch ist, im Mittelpunkt des Gebäudes angelegt. Die Ausgewogenheit des Baukörpers setzt sich auch im Inneren des Hauses in der klaren Gliederung der Räume fort. Seitlich vom Eingangsbereich liegen die formellen Wohnräume wie das Speisezimmer und

das Kaminwohnzimmer, von wo man direkten Zugang in das dahinterliegende Arbeitszimmer hat. Der mit einer hohen Decke ausgestattete Familienwohnraum befindet sich im rückwärtigen Teil des Hauses und schließt an die Wohnküche an. Ein Hauswirtschaftsraum und eine Speisekammer sind außerhalb des Haupthauses unter dem Dach der Doppelgarage untergebracht.

Design 5127–Homes for Today
© Augustus Suglia, Architect

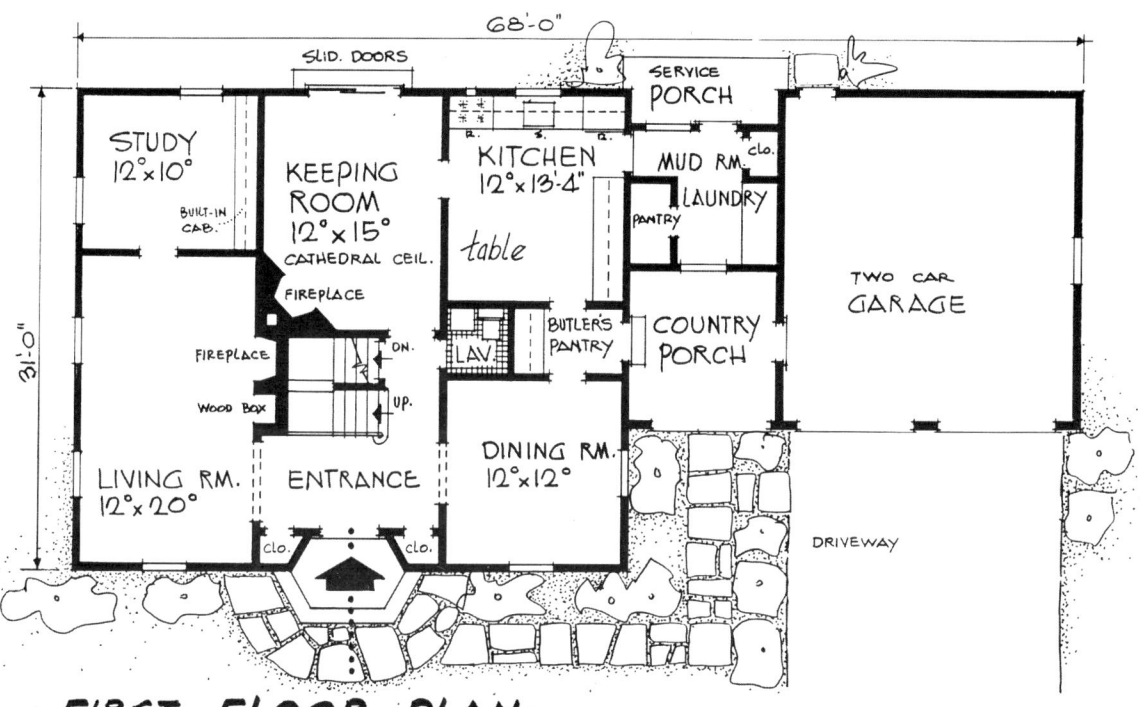

· FIRST FLOOR PLAN ·

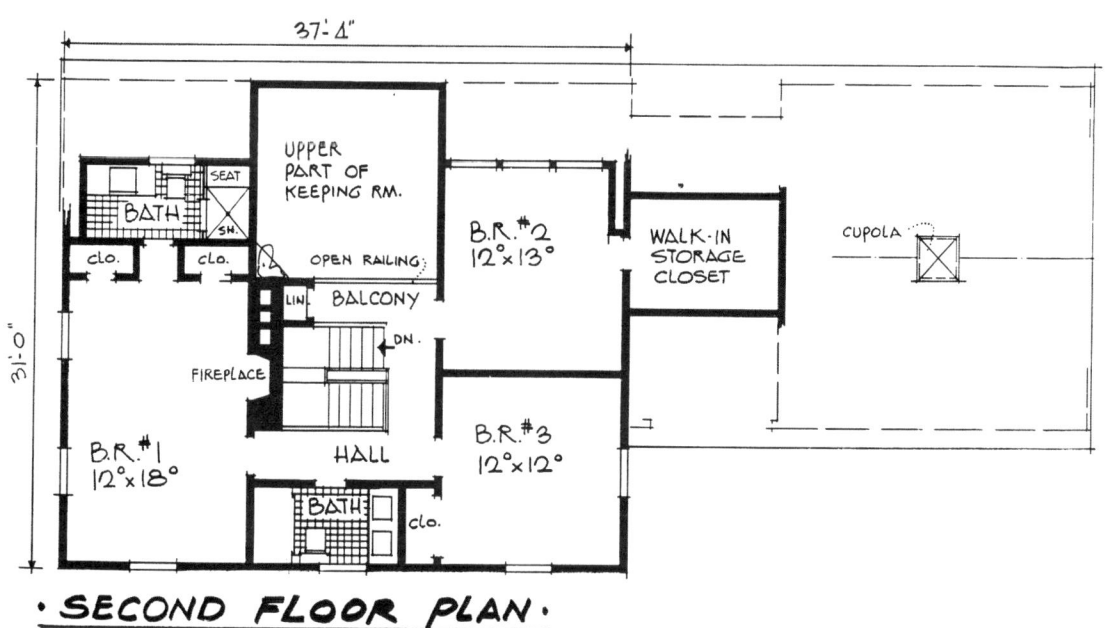

· SECOND FLOOR PLAN ·

Bei der Planung dieses Landhauses ist es gelungen, die wesentlichen Merkmale des Early New England Style zu übernehmen. Das äußere Erscheinungsbild dieses Klassikers wird bestimmt durch den auffälligen Überstand des zweiten Geschosses. Zusätzlich hervorgehoben wird dieses Detail durch die effektvolle Verwendung unterschiedlicher Materialien bei der Gestaltung der Fassade. Im Bereich des Erdgeschosses und an den Giebelseiten wurde die Fassade in klassischer Clapboard-Weise gearbeitet. Die vorspringende Frontseite hingegen ist mit Holzschindeln verkleidet. Das heruntergezogene Dach und der Dach-

reiter auf dem Garagendach vollenden das authentische Bild. Symmetrische Grundrißgestaltung ist auch im Inneren des Hauses gegeben. Das 110 qm große Erdgeschoß teilt sich wie folgt auf: Kaminwohnzimmer, Speisezimmer, Familienwohnraum, Country-Küche und Arbeits- oder Gästezimmer. Im 75 qm großen Obergeschoß befinden sich drei Schlafräume.

Design 5135-Homes for Today
© Augustus Suglia, Architect

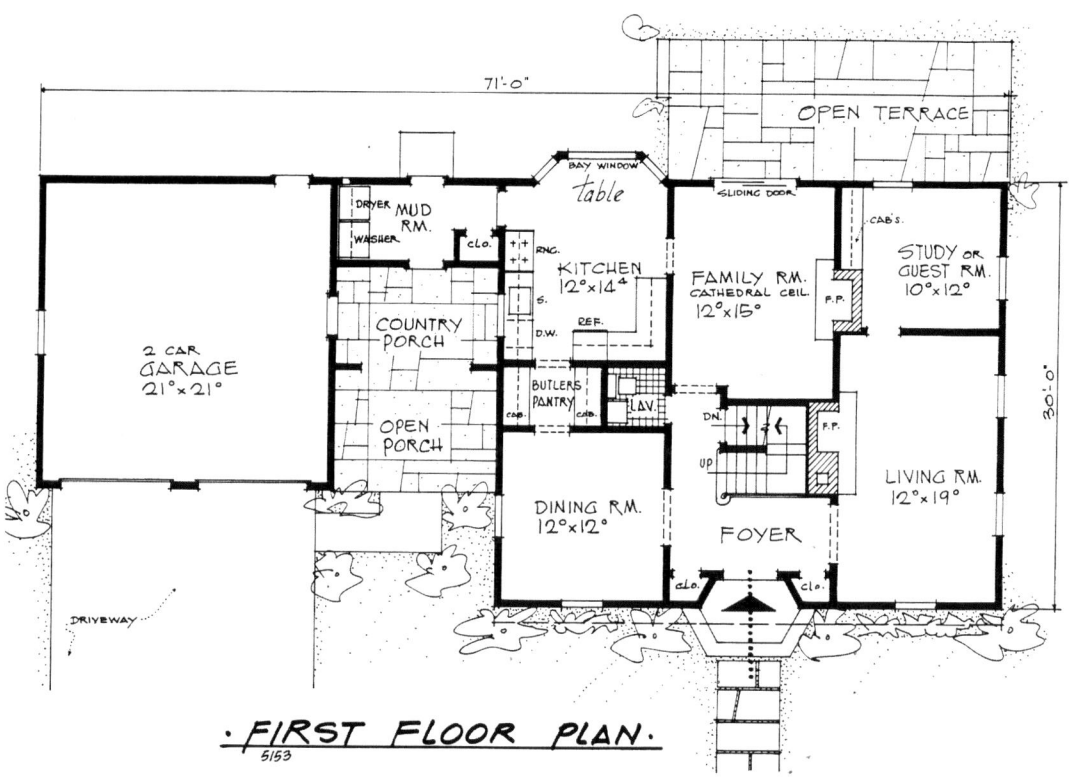

·FIRST FLOOR PLAN·
5153

71'-0"

OPEN TERRACE

DRYER MUD RM.
WASHER
CLO.
RNG.
S.
D.W.
REF.

KITCHEN
12⁰×14⁴

BAY WINDOW
table

SLIDING DOOR

CAB'S.

STUDY or
GUEST RM.
10⁰×12⁰

FAMILY RM.
CATHEDRAL CEIL.
12⁰×15⁰

F.P.

2 CAR
GARAGE
21⁰×21⁰

COUNTRY
PORCH

BUTLERS
PANTRY

CAB.
LAV.

OPEN
PORCH

CAB.

DN.
UP

F.P.

LIVING RM.
12⁰×19⁰

30'-0"

DINING RM.
12⁰×12⁰

CLO.

FOYER

CLO.

DRIVEWAY

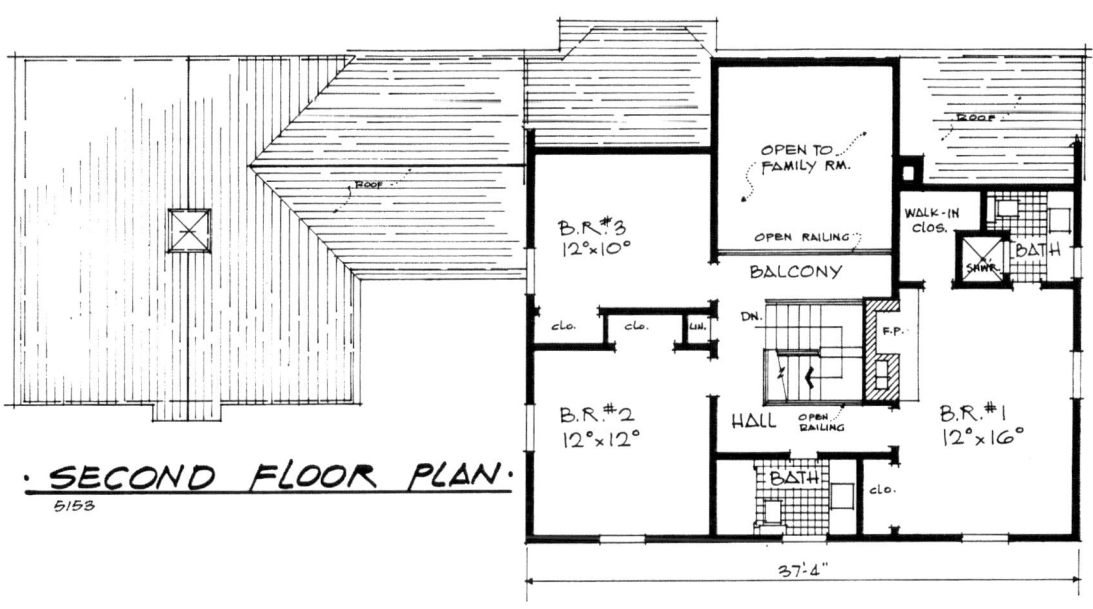

·SECOND FLOOR PLAN·
5153

ROOF

ROOF

OPEN TO
FAMILY RM.

WALK-IN
CLOS.

BATH

B.R.#3
12⁰×10⁰

OPEN RAILING

SHWR.

BALCONY

CLO.
CLO.
LIN.

DN.

F.P.

B.R.#2
12⁰×12⁰

HALL

OPEN
RAILING

B.R.#1
12⁰×16⁰

BATH
CLO.

37'-4"

Dieses Objekt wird besonders Liebhaber originalgetreu nachempfundener Kolonialhäuser anspre-
chen. Charakteristische Stilelemente wurden in
den Entwurf eingearbeitet. Der an das Haupthaus
angebaute Flügel wird heute natürlich nicht mehr
als Scheune, sondern vielmehr als Doppelgarage
genutzt, aber die Planer haben als wichtiges Stilmerkmal der Kolonialzeitepoche den Giebel über
dem mittleren Garagentor mit einer Klapptür
versehen. Der Betrachter erhält somit den
Eindruck, ein altes Haus mit einem Heuboden vor
sich zu haben. Das 187 qm große Raumangebot
im Inneren des Hauses teilt sich auf zwei Etagen

auf. 112 qm im Erdgeschoß mit Foyer, Salon,
Speisezimmer, Country-Küche mit Eßplatz, Speisekammer und Familienwohnzimmer. Wie in allen
frühzeitlich geprägten Kolonialstilhäusern befinden sich die Schlafräume im Obergeschoß. Diese
Planung beinhaltet drei Schlafzimmer und zwei
Bäder. Eine zusätzliche Ausbaufläche bietet sich
oberhalb der Doppelgarage.

Design 5135-Homes for Today
© Augustus Suglia, Architect

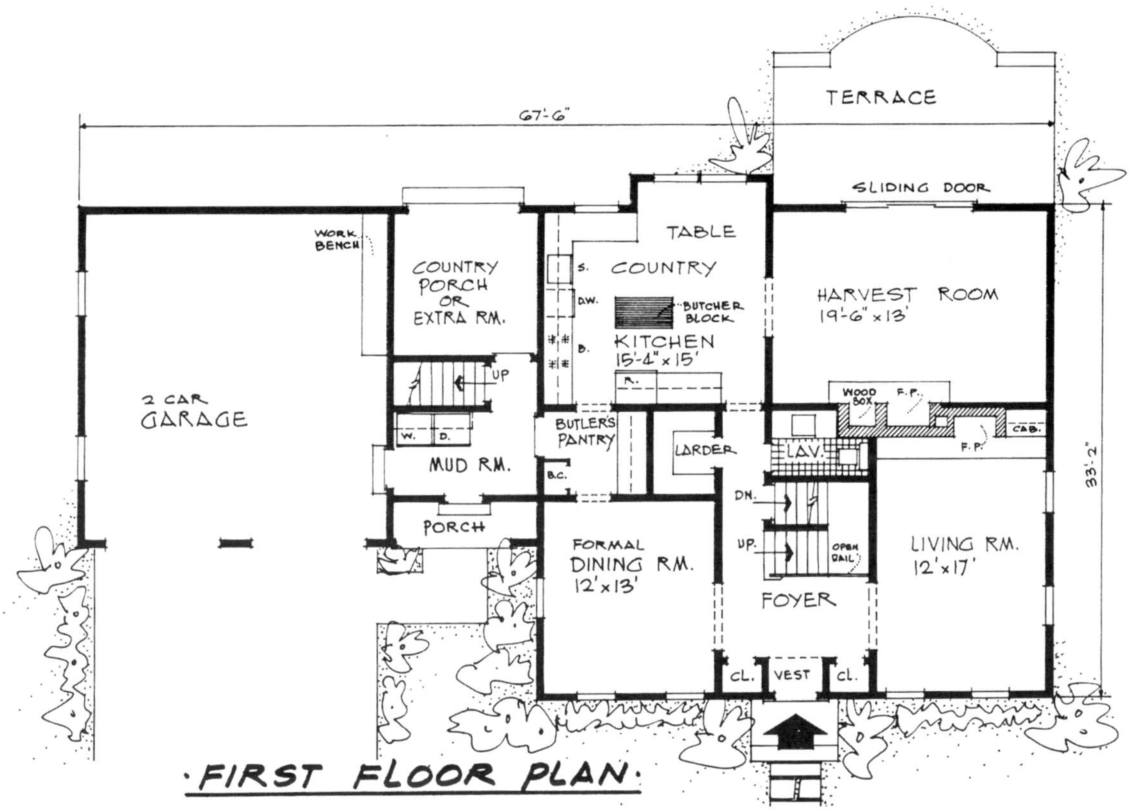

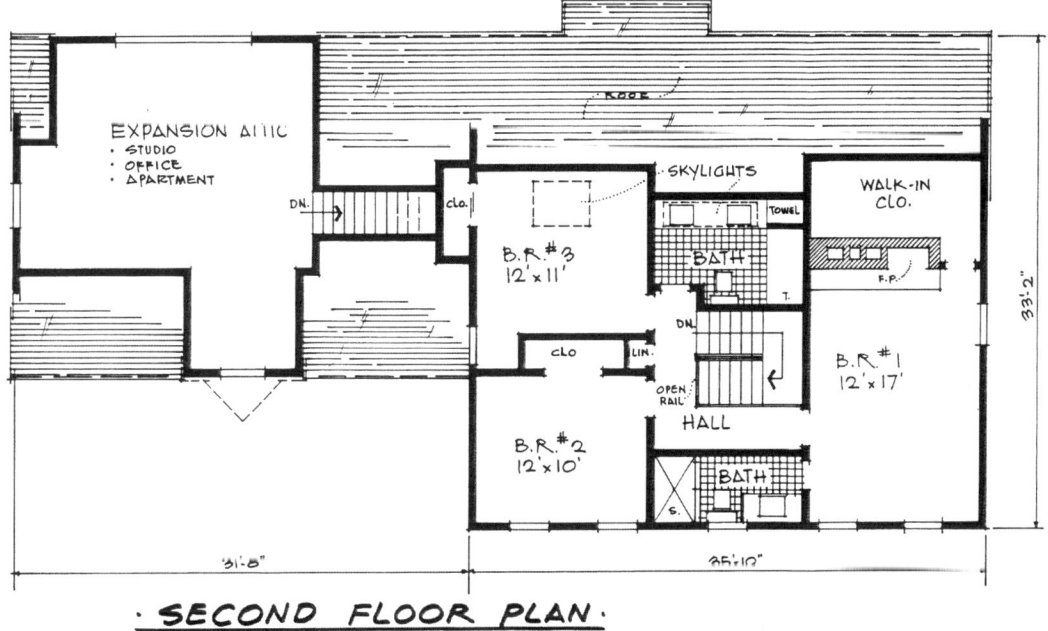

· FIRST FLOOR PLAN ·

First Floor labels:

67'-6"

WORK BENCH

COUNTRY PORCH OR EXTRA RM.

TABLE

COUNTRY

S.

DW.

BUTCHER BLOCK

KITCHEN 15'-4"×15'

TERRACE

SLIDING DOOR

HARVEST ROOM 19'-6"×13'

WOOD BOX   F.P.

CAB.

F.P.

2 CAR GARAGE

UP

W.   D.

MUD RM.

B.C.

BUTLERS PANTRY

LARDER

LAV.

33'-2"

PORCH

FORMAL DINING RM. 12'×13'

DN.

UP

OPEN RAIL

FOYER

LIVING RM. 12'×17'

CL.   VEST   CL.

· SECOND FLOOR PLAN ·

Second Floor labels:

EXPANSION ATTIC
• STUDIO
• OFFICE
• APARTMENT

ROOF

SKYLIGHTS

WALK-IN CLO.

DN.

CLO.

B.R.#3 12'×11'

BATH

TOWEL

F.P.

33'-2"

CLO

LIN.

T.

DN.

OPEN RAIL

B.R.#1 12'×17'

B.R.#2 12'×10'

HALL

BATH

S.

31'-8"

35'-10"

Early New England Style   17

Diese klassische amerikanische „Saltbox" hat zwei Schornsteine, die jeweils giebelseitig am Haupthaus angebracht sind. Die symmetrisch angeordneten Sprossenfenster mit weißen Klappläden verleihen dem äußeren Erscheinungsbild dieses Klassikers eine harmonische Ausstrahlung. Ein eleganter Holzrahmen betont die Eingangstür. Im Inneren des Hauses liegen seitlich vom Foyer zwei geräumige Wohnzimmer, die jeweils mit einem Kamin ausgestattet sind. Beide Räume führen in die große Country-Küche mit einem Glaserker, der einen schönen und hellen Sitzplatz bietet. Von der Küche gelangt man direkt in den Hauswirt-schaftsraum und auf die daran angrenzende Terrasse. Gegenüber der Küche ist das Speisezimmer gelegen. Im Obergeschoß sind drei Schlafräume und zwei Bäder untergebracht. Erwähnenswert ist die detaillierte Planung verschiedener Einbauschränke und Kleiderkammern. Mit einer Wohnfläche von 185 qm avanciert dieser Entwurf zu einem idealen Familienwohnhaus.

Design 5173-Homes for Today
© Augustus Suglia, Architect

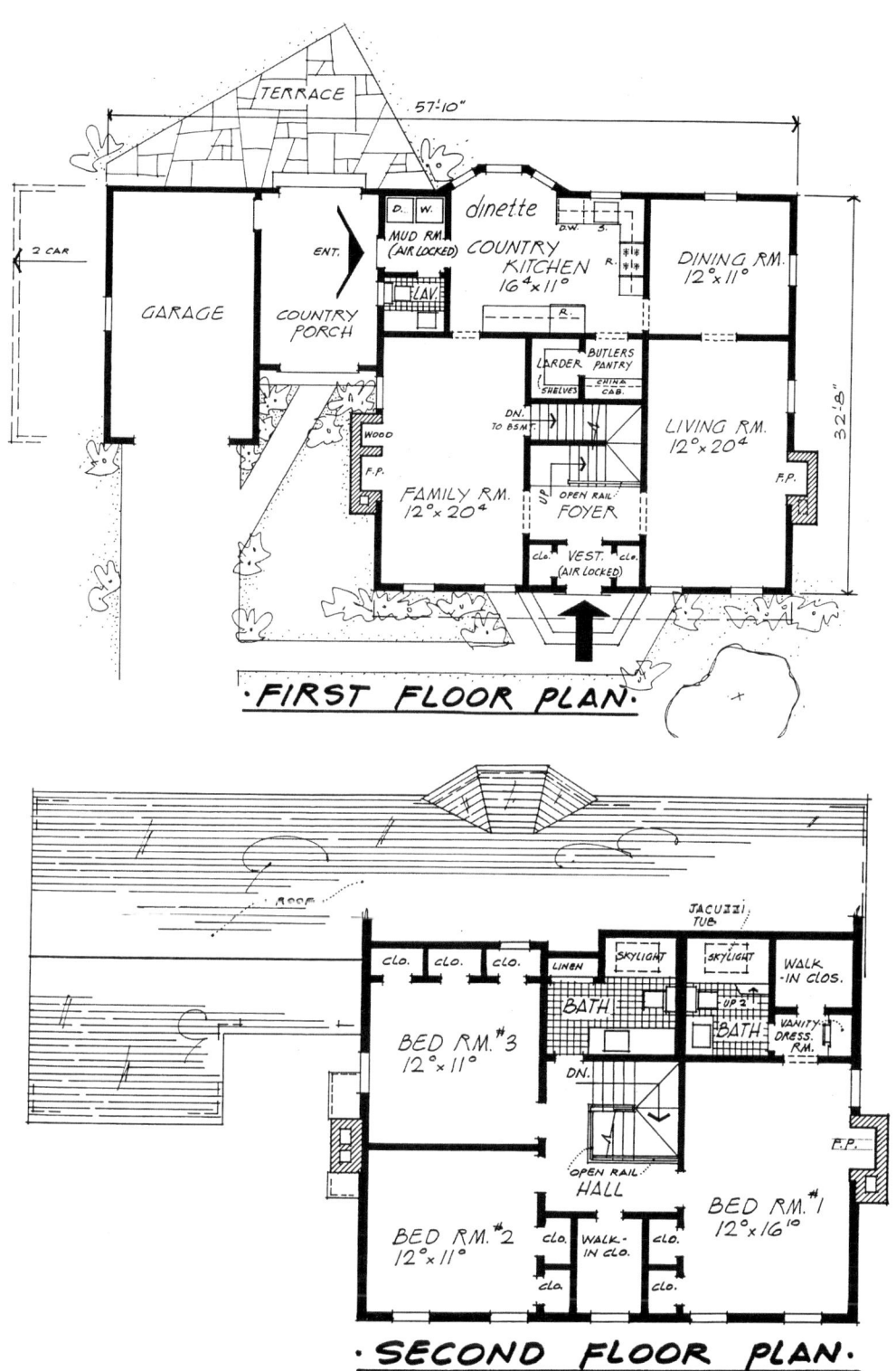

·FIRST FLOOR PLAN·

·SECOND FLOOR PLAN·

Das dem Georgian Style nachempfundene Kolonialstilhaus besticht durch seine Schlichtheit. Um so
deutlicher tritt der aufwendig gestaltete Eingangsbereich hervor. Dreh- und Angelpunkt dieses 165
qm großen Hauses ist die gemütliche Country-
Küche, die für einen großen runden Tisch genügend Platz bietet. Links vom Foyer liegt ein Raum,
der als Schlaf- oder Arbeitszimmer genutzt werden
kann. Er hat direkten Zugang zum Duschbad. Das
Kaminwohnzimmer hat eine offene Deckenkon-
struktion, von hier gelangt man auf die Veranda.
Die hohe Fensterfront gewährt einen traumhaften
Ausblick in den Garten. Im Obergeschoß finden

zwei Schlafräume Platz, die sich ein Vollbad teilen.
Die beiden Räume sind durch die Vielzahl der
Fenster hell und lichtdurchflutet. Die an das Badezimmer angrenzenden Wände sind ideal für
Einbauschränke. Von der Galerie im Obergeschoß
hat man einen freien Blick in das Kaminwohnzimmer.

Design 5181–Homes for Today
© Augustus Suglia, Architect

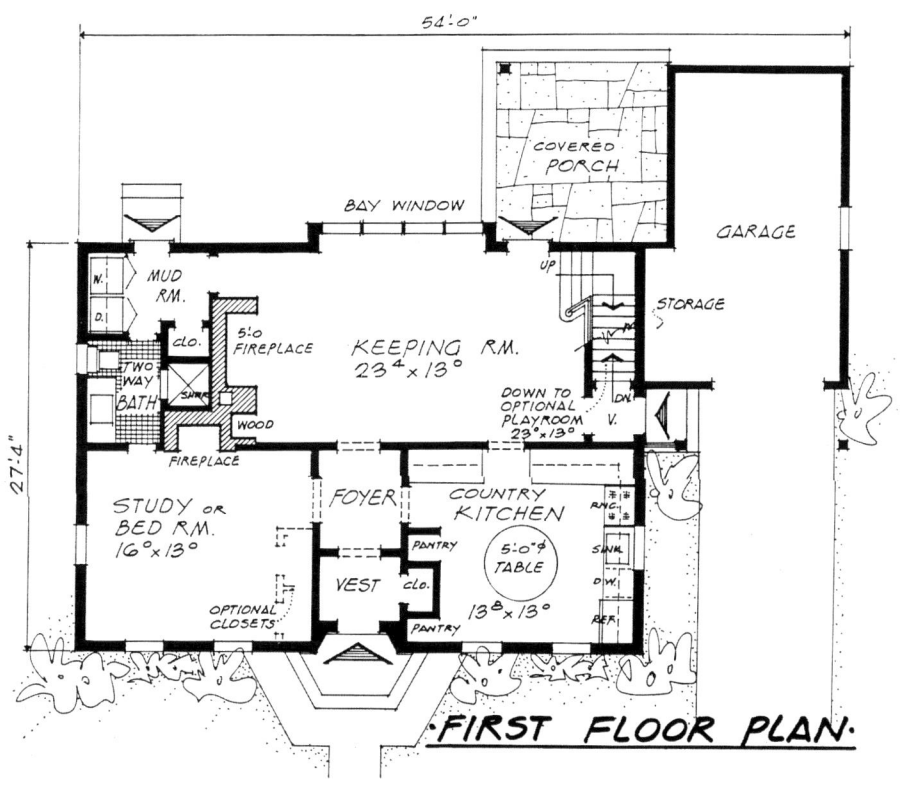

54'-0"

27'-4"

COVERED PORCH

GARAGE

BAY WINDOW

MUD RM.

W. D.

CLO.

5'-0 FIREPLACE

KEEPING RM.
23⁴ x 13⁰

UP

STORAGE

TWO WAY BATH

SHWR.

WOOD

DOWN TO OPTIONAL PLAYROOM 23° x 13°

DN.

V.

FIREPLACE

STUDY or BED RM.
16° x 13°

FOYER

COUNTRY KITCHEN

RNG.

PANTRY

5'-0"ø TABLE

SHWR.

OPTIONAL CLOSETS

VEST

CLO.

13⁸ x 13°

D.W.

PANTRY

REF.

·FIRST FLOOR PLAN·

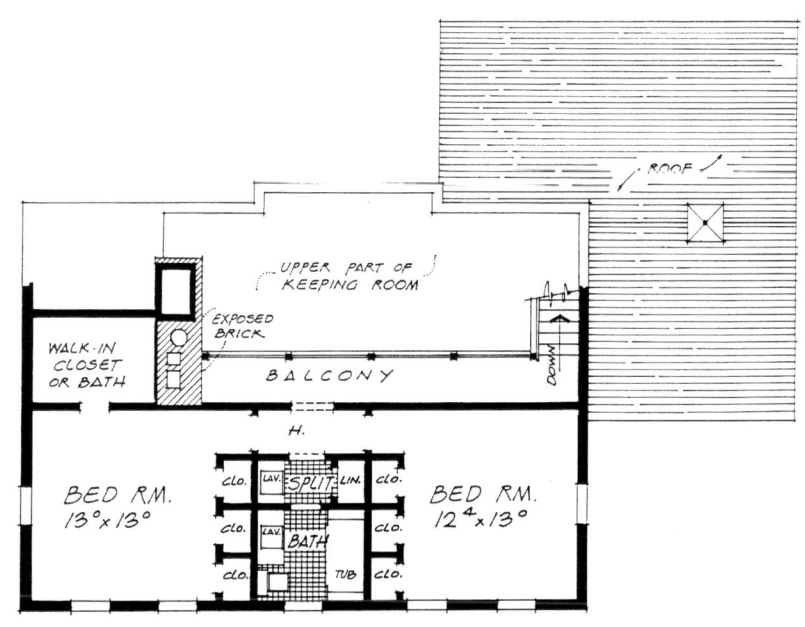

ROOF

UPPER PART OF KEEPING ROOM

EXPOSED BRICK

WALK-IN CLOSET OR BATH

BALCONY

DOWN

H.

BED RM.
13° x 13°

CLO.

LAV.

SPLIT

LIN.

CLO.

CLO.

BATH

CLO.

BED RM.
12⁴ x 13°

CLO.

LAV.

CLO.

TUB

· SECOND FLOOR PLAN ·

Das im original Early New England Style geplante Haus vereinigt alle baulichen Merkmale, die für diese Stilrichtung typisch sind. Das tiefergezogene Dach, der große Schornstein, der zentral im Haus plaziert ist, die klassische Holzpaneelfassade und die symmetrisch angeordneten Fenster weisen auf eine echte „Saltbox" hin. Das 105 qm große Erdgeschoß ist ausschließlich Wohnzwecken vorbehalten. An dem massiven Schornstein in der Mitte des Hauses sind zwei Kamine angeschlossen, die das Wohn- und das Eßzimmer beheizen können, ebenso ein Barbecue-Grill, der zur großen Country-Küche ausgerichtet ist. Im 68,84 qm großen Obergeschoß befinden sich drei Schlafräume. Das größte Zimmer verfügt über ein eigenes Bad und eine begehbare Kleiderkammer. Auch hier ist ein Kaminanschluß vorgesehen. Das originalgetreue Kolonialhaus ist mit Doppelgarage und Keller geplant.

Design 2113-Homes for Today
© Augustus Suglia, Architect

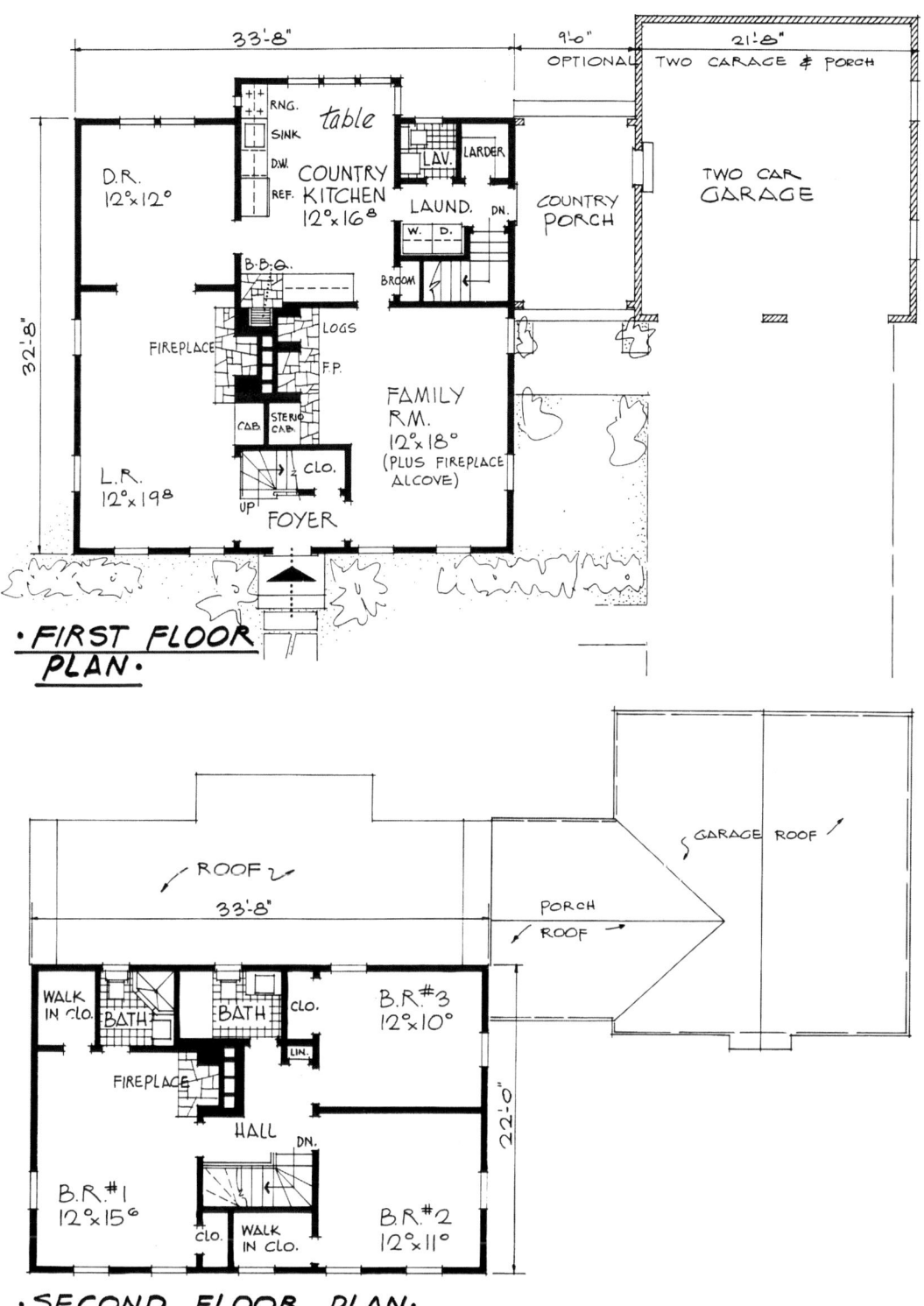

33'-8"

9'-0"   21'-8"

OPTIONAL TWO GARAGE & PORCH

RNG.
SINK
table
D.W.
REF.

D.R.
12°x12°

COUNTRY
KITCHEN
12°x16⁸

LAV.
LARDER

LAUND.

COUNTRY
PORCH

TWO CAR
GARAGE

32'-8"

B.B.Q.

W. D.

DN.

FIREPLACE
LOGS
F.P.

BROOM

CAB. STERIO CAB.

FAMILY
RM.
12°x18°
(PLUS FIREPLACE
ALCOVE)

L.R.
12°x19⁸

CLO.

UP

FOYER

· FIRST FLOOR PLAN ·

ROOF

33'-8"

GARAGE ROOF

PORCH
ROOF

WALK
IN CLO.
BATH
BATH
CLO.

B.R.#3
12°x10°

FIREPLACE
LIN.

22'-0"

HALL

DN.

B.R.#1
12°x15⁶

CLO.
WALK
IN CLO.

B.R.#2
12°x11°

· SECOND FLOOR PLAN ·

Im Cape Cod Stil plante William Poole das Hollyhock Cottage mit einer Gesamtwohnfläche von 226 qm. Die Frontansicht dieses Entwurfs besticht durch die symmetrische Anordnung der Sprossenfenster und den darüberliegenden drei Gauben. Auf der Rückseite befindet sich eine Hausveranda, die zum Garten ausgerichtet ist und unmittelbar an die Terrasse anschließt. Rechts vom Eingang liegt das geräumige Kaminwohnzimmer. Den zentralen Bereich bildet die Küche mit direktem Zugang in das formelle Speisezimmer und in den Hauswirtschaftsraum. Drei Schlafzimmer sind im Dachgeschoß untergebracht. Die Eltern-Suite verfügt über ein eigenes Bad und einen Ankleideraum. Die beiden Kinderzimmer teilen sich ein Vollbad.

Design Hollyhock Cottage
von William Poole

Erdgeschoß 124,9 qm
Obergeschoß 101,1 qm
Total 226,0 qm

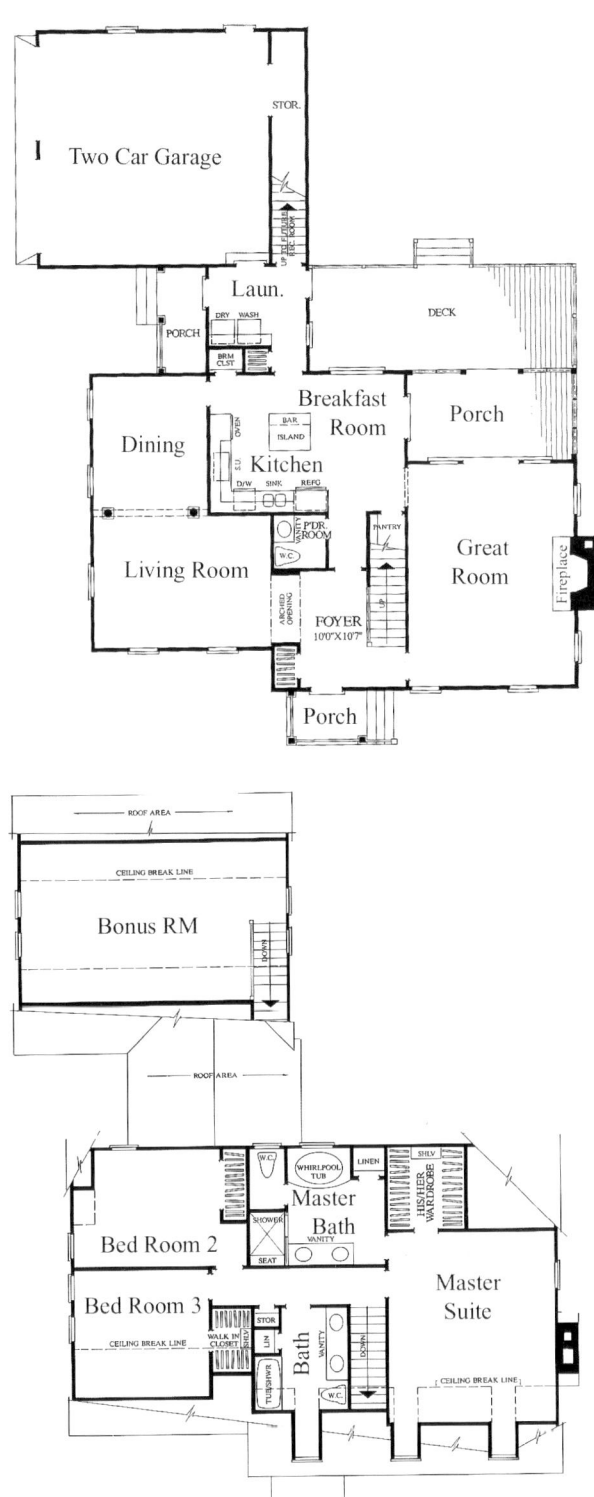

Two Car Garage

STOR.

Laun.

PORCH   DRY   WASH

BRM CLST

Breakfast Room

DECK

Dining

Kitchen

OVEN

BAR ISLAND

D/W   SINK   REFG

Porch

PDR. ROOM

VANITY

W.C.

Living Room

PANTRY

Great Room

Fireplace

ARCHED OPENING

FOYER
10'0" X 10'7"

Porch

ROOF AREA

CEILING BREAK LINE

Bonus RM

DOWN

ROOF AREA

W.C.

WHIRLPOOL TUB

LINEN

SHLV

HIS/HER WARDROBE

SHOWER

Master Bath

VANITY

Bed Room 2

SEAT

Bed Room 3

WALK IN CLOSET

LIN

STOR.

Bath

VANITY

Master Suite

CEILING BREAK LINE

TUB/SHWR

W.C.

CEILING BREAK LINE

COLONIAL STYLE

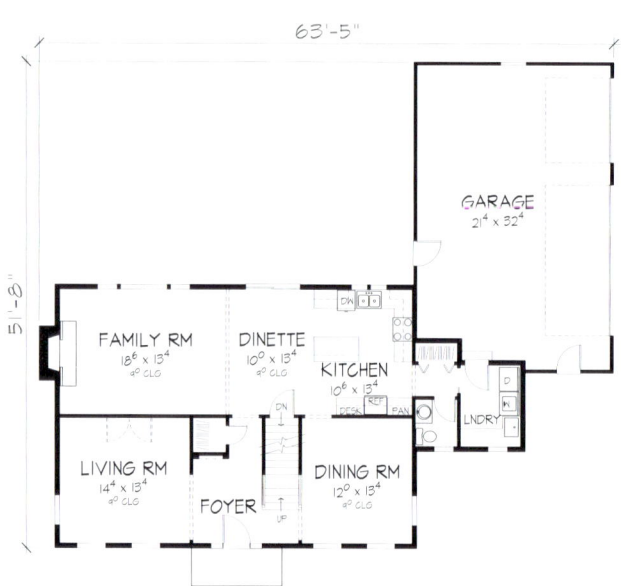

Photo © Mark Englund/ HomeStyles

63'-5"

51'-8"

GARAGE
21⁴ x 32⁴

FAMILY RM
18⁶ x 13⁴
9⁰ CLG

DINETTE
10⁰ x 13⁴
9⁰ CLG

KITCHEN
10⁶ x 13⁴

DW

REF

PAN

LNDRY

DN

LIVING RM
14⁴ x 13⁴
9⁰ CLG

FOYER

DN
UP

DINING RM
12⁰ x 13⁴
9⁰ CLG

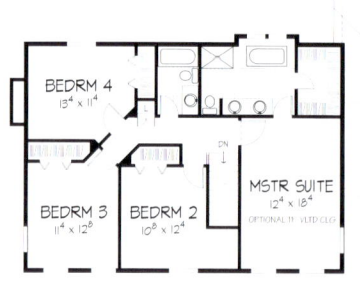

BEDRM 4
13⁴ x 11⁴

BEDRM 3
11⁴ x 12⁸

BEDRM 2
10⁸ x 12⁴

DN

MSTR SUITE
12⁴ x 18⁴
OPTIONAL 11' VLTD CLG

**Design HomeStyle
L-649-HB**

© LifeStyle HomeDesign

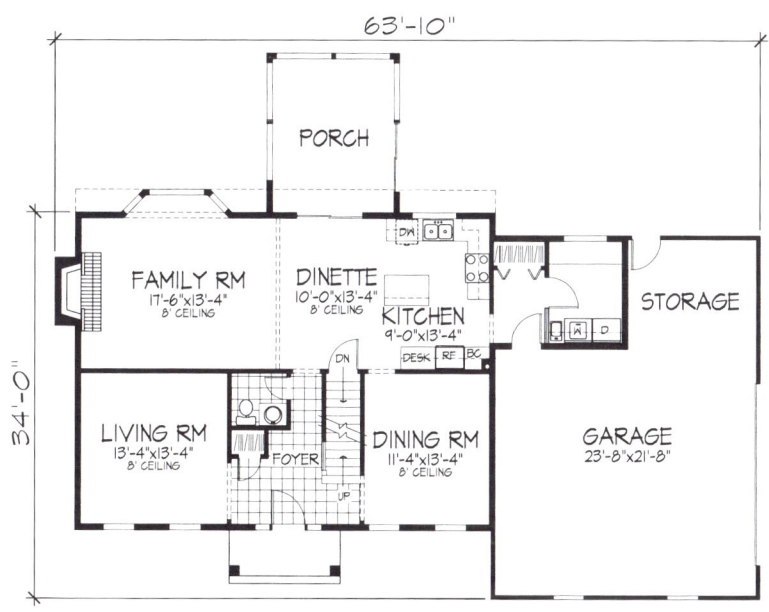

FAMILY RM
17'-6"x13'-4"
8' CEILING

DINETTE
10'-0"x13'-4"
8' CEILING

KITCHEN
9'-0"x13'-4"

PORCH

STORAGE

LIVING RM
13'-4"x13'-4"
8' CEILING

FOYER

DINING RM
11'-4"x13'-4"
8' CEILING

GARAGE
23'-8"x21'-8"

DN

UP

DESK   RF   BC

63'-10"

34'-0"

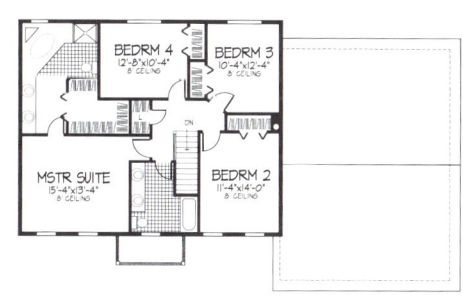

BEDRM 4
12'-8"x10'-4"
8' CEILING

BEDRM 3
10'-4"x12'-4"
8' CEILING

MSTR SUITE
15'-4"x13'-4"
8' CEILING

BEDRM 2
11'-4"x14'-0"
8' CEILING

DN

Design HomeStyle
LS-97806-RE
© LifeStyle HomeDesign

Das äußere Erscheinungsbild dieses eleganten Hauses im Colonial Style wird wesentlich durch seinen hohen Portikus geprägt. Der breite Giebel, der von vier markanten Säulen gestützt wird, findet sich als Stilelement auch oberhalb der Doppelgarage wieder. Der Hauseingang wird durch einen reich verzierten Rahmen geschmückt. Das Innere des Hauses mit einer Wohnfläche von 303,80 qm besticht durch seinen klassischen Grundriß. Das Erdgeschoß bietet seitlich vom Foyer zwei große Wohnräume, die mit einem schönen Kamin ausgestattet sind. Das Obergeschoß bietet Raum für vier Schlafzimmer.

Design HomeStyle
H–1410–1

© LifeStyle HomeDesign

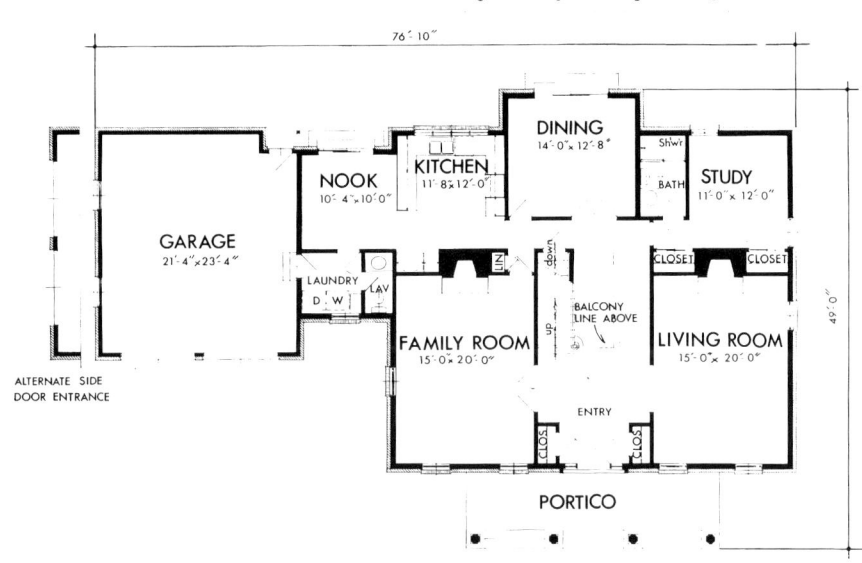

76'-10"

DINING
14'-0" x 12'-8"

KITCHEN
11'-8" x 12'-0"

NOOK
10'-4" x 10'-0"

Shwr

BATH

STUDY
11'-0" x 12'-0"

GARAGE
21'-4" x 23'-4"

CLOSET   CLOSET

LIN

down

LAUNDRY
D   W   LAV

up

BALCONY
LINE ABOVE

FAMILY ROOM
15'-0" x 20'-0"

LIVING ROOM
15'-0" x 20'-0"

49'-0"

ALTERNATE SIDE
DOOR ENTRANCE

CLOS

ENTRY

CLOS

PORTICO

BEDROOM
15'-0" x 12'-0"

LINEN

BATH

CLOSET

BEDROOM
12'-7" x 12'-0"

HALL

WALK-IN
CLOSET

CLOS

WALK-IN
CLOSET

down

OPEN TO
ENTRANCE
HALL

HALL

WALK-IN
CLOSET

WALK-IN
CLOSET

BEDROOM
15'-8" x 17'-8"

Shwr

LIN
TOWELS

BEDROOM
15'-0" x 17'-0"

BATH

Bei der Planung dieses prächtigen Landhauses stand der Georgian Style Pate. Die Eleganz längst vergangener Zeiten wurde bei diesem Entwurf in voller Pracht umgesetzt. Die feine Klinkerfassade harmoniert ausgezeichnet mit der stuckverzierten Giebelarchitektur. Der imposante Eingang macht neugierig auf das Hausinnere. Hier wird den Bewohnern 248,98 qm Wohnfläche geboten, die sich in einer detaillierten Grundrißplanung über beide Geschosse großzügig verteilt.

**Design HomeStyle
FB-2680**

© Frank Betz Associates, Inc.

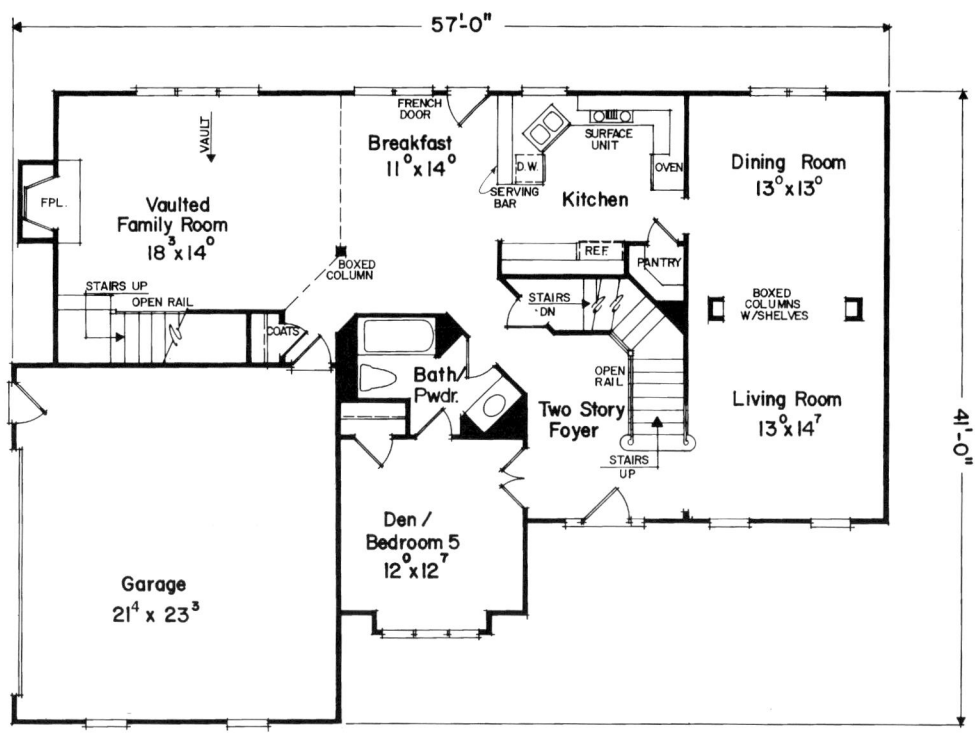

57'-0"

41'-0"

VAULT

FPL.

Vaulted
Family Room
18³x14⁰

STAIRS UP
OPEN RAIL

BOXED
COLUMN

COATS

FRENCH
DOOR

Breakfast
11⁰x14⁰

SERVING
BAR

D.W.

SURFACE
UNIT

Kitchen

OVEN

Dining Room
13⁰x13⁰

REF.

PANTRY

STAIRS
DN

BOXED
COLUMNS
W/SHELVES

OPEN
RAIL

STAIRS
UP

Living Room
13⁰x14⁷

Bath/
Pwdr.

Two Story
Foyer

Garage
21⁴ x 23³

Den /
Bedroom 5
12⁰x12⁷

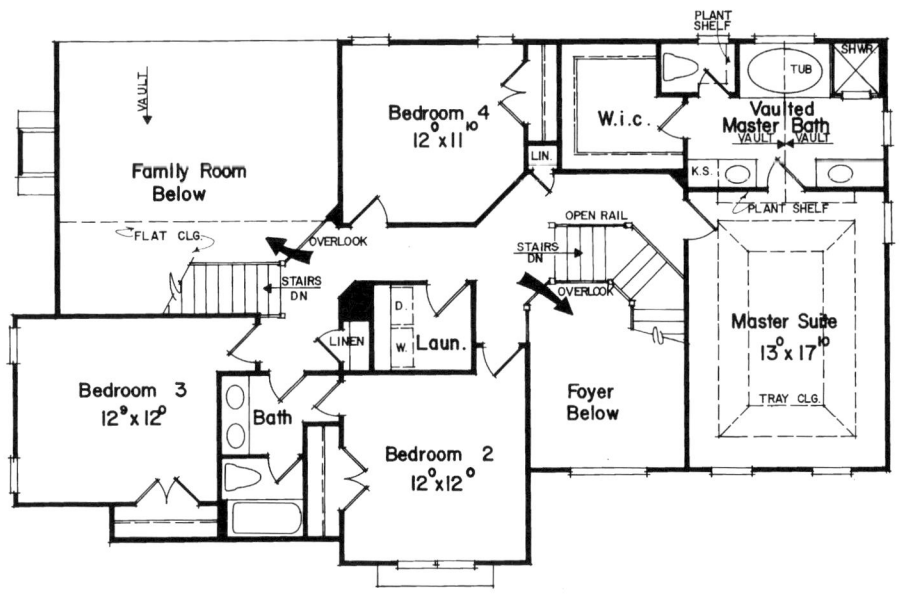

VAULT

Family Room
Below

FLAT CLG.

STAIRS
DN

OVERLOOK

Bedroom 4
12⁰x11⁰

LIN.

W.i.c.

PLANT
SHELF

TUB

SHWR.

Vaulted
Master Bath

VAULT   VAULT

K.S.

PLANT SHELF

Bedroom 3
12⁹x12⁰

LINEN

Bath

D.
W.

Laun.

OPEN RAIL

STAIRS
DN

OVERLOOK

Foyer
Below

Master Suite
13⁰x17¹⁰

TRAY CLG.

Bedroom 2
12⁰x12⁰

Photo © Mark Englund / HomeStyles

Das äußere Erscheinungsbild dieser Villa weist deutliche Anleihen an den beliebten Georgian Style vergangener Zeiten auf. Die eleganten Stilmerkmale dieser Epoche wurden bei dieser neuen Planung komplett übernommen. Die feine Klinkerfassade läßt den schönen Stuck, der den Eingangsbereich, die Fenster und den Giebel schmückt, optimal zur Geltung kommen. Stolze 299,04 qm umfaßt die Wohnfläche, die sich auf zwei Vollgeschosse verteilt.

**Design HomeStyle
FB-5347-Hast**

© Frank Betz Associates, Inc.

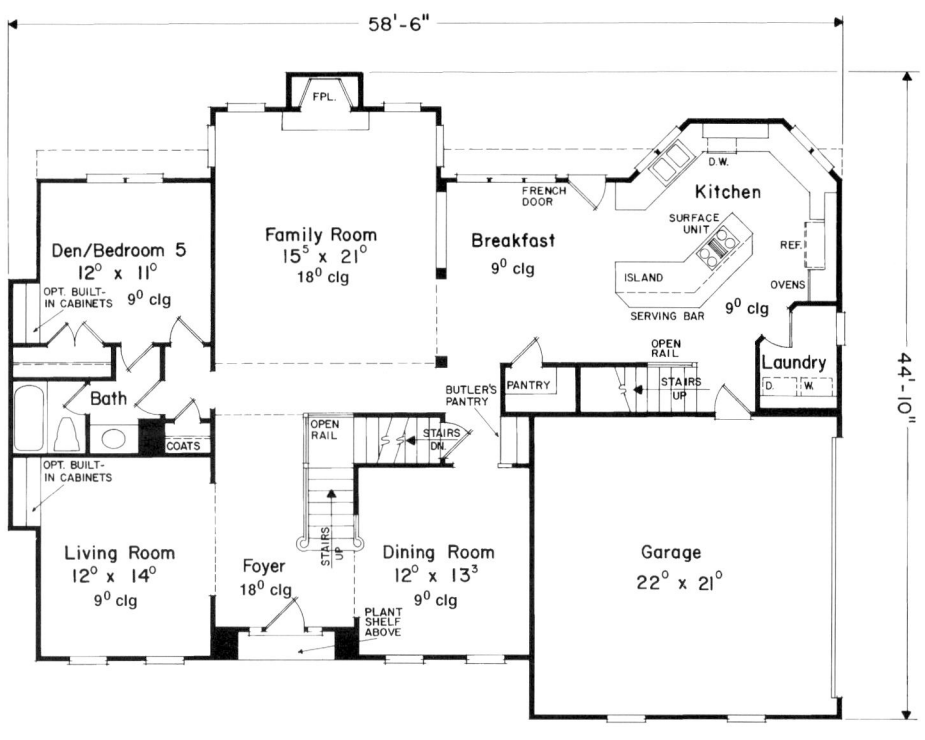

58'-6"

44'-10"

Den/Bedroom 5
12⁰ x 11⁰
OPT. BUILT-
IN CABINETS 9⁰ clg

Family Room
15⁵ x 21⁰
18⁰ clg

FPL.

Breakfast
9⁰ clg

FRENCH
DOOR

Kitchen
SURFACE
UNIT
D.W.
REF.
ISLAND
OVENS
SERVING BAR 9⁰ clg

Bath

OPT. BUILT-
IN CABINETS

COATS

OPEN
RAIL

STAIRS
DN.

BUTLER'S
PANTRY

PANTRY

OPEN
RAIL

STAIRS
UP

Laundry
D W.

Living Room
12⁰ x 14⁰
9⁰ clg

Foyer
18⁰ clg

STAIRS
UP

Dining Room
12⁰ x 13³
9⁰ clg

PLANT
SHELF
ABOVE

Garage
22⁰ x 21⁰

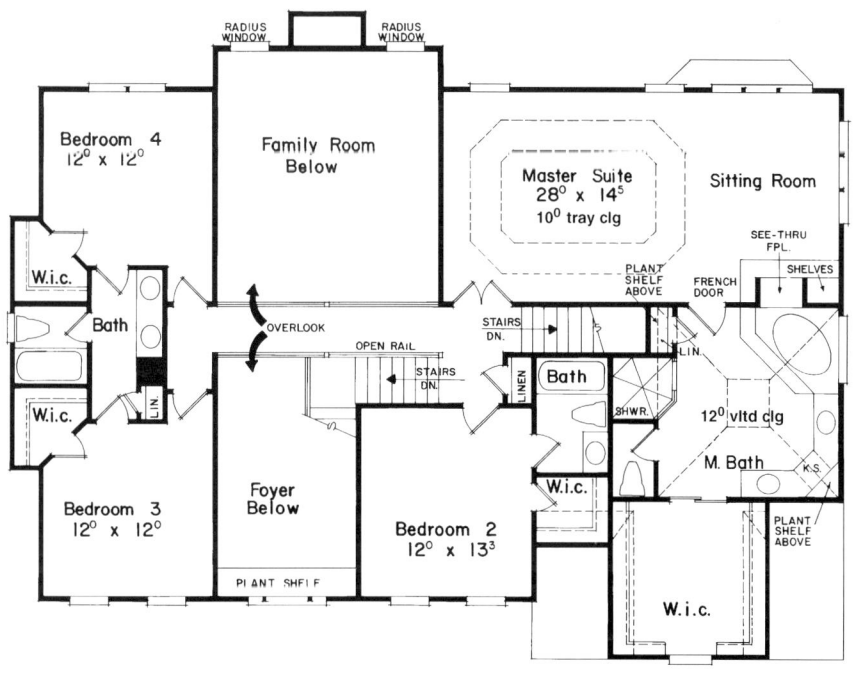

RADIUS
WINDOW

RADIUS
WINDOW

Bedroom 4
12⁰ x 12⁰

W.i.c.

Bath

W.i.c.

Family Room
Below

Master Suite
28⁰ x 14⁵
10⁰ tray clg

Sitting Room

SEE-THRU
FPL.

SHELVES

PLANT
SHELF
ABOVE

FRENCH
DOOR

OVERLOOK

OPEN RAIL

STAIRS
DN.

LIN.

STAIRS
DN.

LINEN

Bath

LIN.

SHWR.

12⁰ vltd clg

K.S.

Bedroom 3
12⁰ x 12⁰

Foyer
Below

PLANT SHELF

Bedroom 2
12⁰ x 13³

W.i.c.

M. Bath

PLANT
SHELF
ABOVE

W.i.c.

Colonial Style   35

Photo © Mark Englund / HomeStyles

Bei der Gestaltung dieses Hauses wurden die für den Colonial Style typischen geraden und klaren Linien aufgegriffen. Symmetrisch angeordnete Fenster mit Klappläden unterstreichen das harmonische Bild dieser graugestrichenen Holzfassade. Einen besonderen Akzent setzt der elegante Eingang. Im Inneren des Hauses erwartet den Betrachter ein großzügiges Raumangebot auf zwei Etagen. Oberhalb der angrenzenden Doppelgarage ist viel Raum zum Ausbauen.

**Design HomeStyle
CDG-2012**

© Columbia Design Group

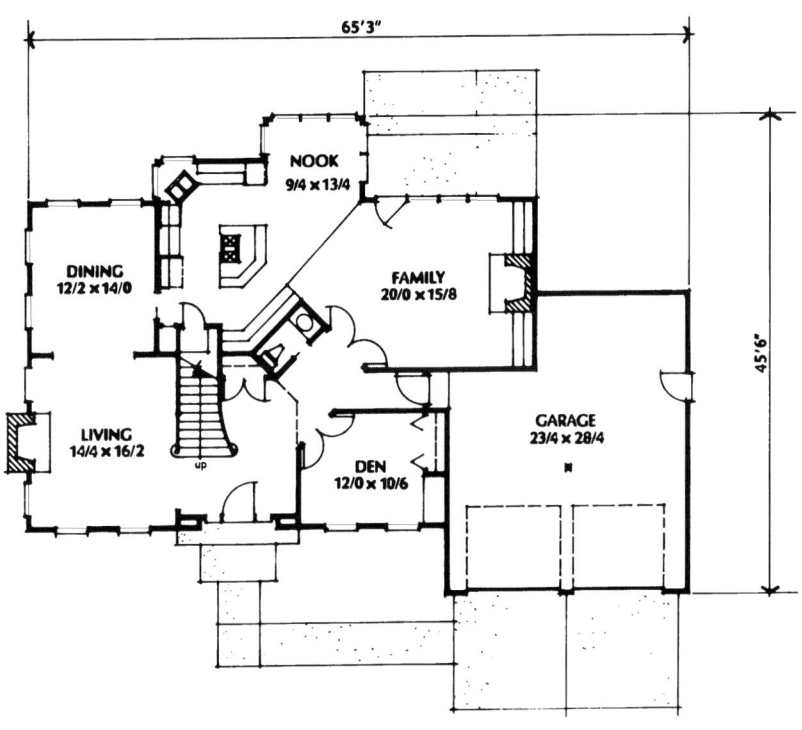

65'3"

45'6"

NOOK
9/4 × 13/4

DINING
12/2 × 14/0

FAMILY
20/0 × 15/8

LIVING
14/4 × 16/2

up

DEN
12/0 × 10/6

GARAGE
23/4 × 28/4

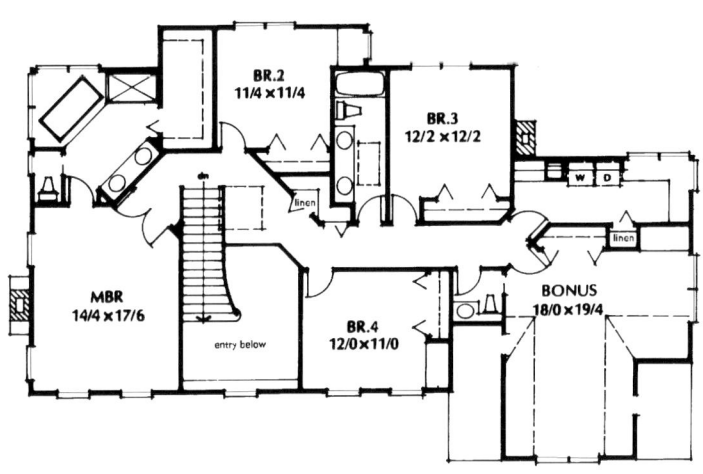

BR.2
11/4 × 11/4

BR.3
12/2 × 12/2

w   D

MBR
14/4 × 17/6

entry below

linen

BR.4
12/0 × 11/0

BONUS
18/0 × 19/4

linen

Das feudale Entre dieses repräsentativen Objektes zieht die Blicke magisch an. Reiche Stuckarbeit bei der Giebelgestaltung und der Fensterumrahmung beweisen Stil und Geschmack. Die Wohnfläche von 224,45 qm verteilt sich in großzügiger Raumaufteilung über zwei Etagen. Über der Dreier-Garage befindet sich ein großer ausbaufähiger Raum.

**Design HomeStyle
B-92016**

© LifeStyle HomeDesign

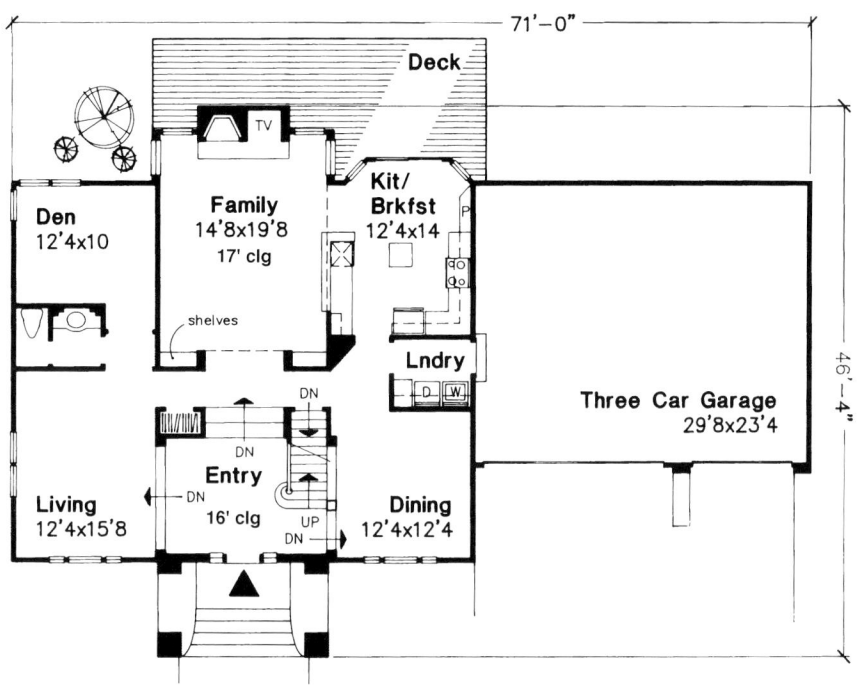

71'-0"

Deck

TV

Den
12'4x10

Family
14'8x19'8
17' clg

Kit/
Brkfst
12'4x14

shelves

46'-4"

Lndry

Three Car Garage
29'8x23'4

DN

DN

DN

Entry
16' clg

UP

DN

Living
12'4x15'8

DN

Dining
12'4x12'4

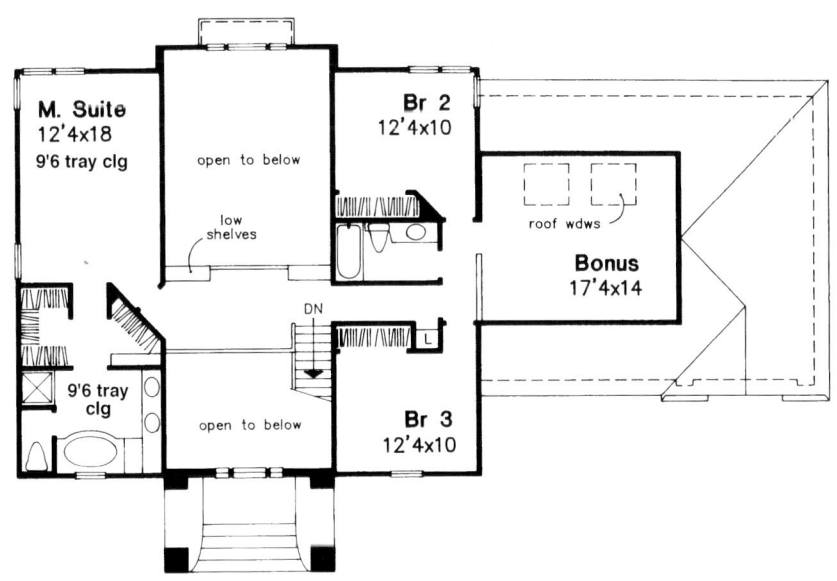

M. Suite
12'4x18
9'6 tray clg

open to below

Br 2
12'4x10

low
shelves

roof wdws

Bonus
17'4x14

9'6 tray
clg

DN

open to below

Br 3
12'4x10

Photo © Mark Englund / HomeStyles

Dieses klassische, im Colonial Style gebaute Familienhaus besticht durch seine gerade Linienführung. In die 219,15 qm große Planung wurde
eine weit überdachte Frontveranda einbezogen.
Klare Formensprache herrscht auch im Inneren
des Hauses vor. Das Erdgeschoß ist in eine formelle und eine familiäre Wohnzone aufgeteilt, die
Schlafräume befinden sich im Obergeschoß.

**Design HomeStyle
AX-94337**

© Jerold Axelrod & Associates, P.C.

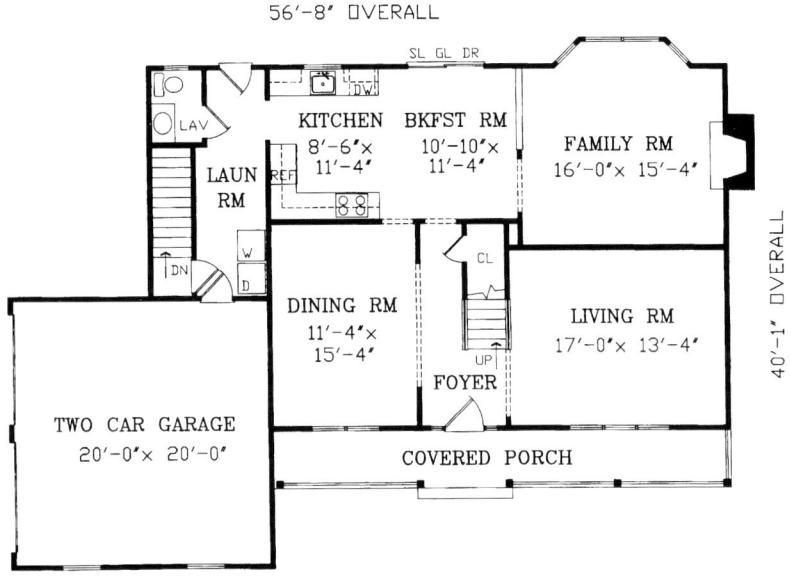

56'-8" OVERALL

SL GL DR

KITCHEN
8'-6"×
11'-4"

BKFST RM
10'-10"×
11'-4"

FAMILY RM
16'-0"× 15'-4"

LAV

LAUN
RM

REF

DINING RM
11'-4"×
15'-4"

CL

LIVING RM
17'-0"× 13'-4"

UP

W

D

DN

FOYER

40'-1" OVERALL

TWO CAR GARAGE
20'-0"× 20'-0"

COVERED PORCH

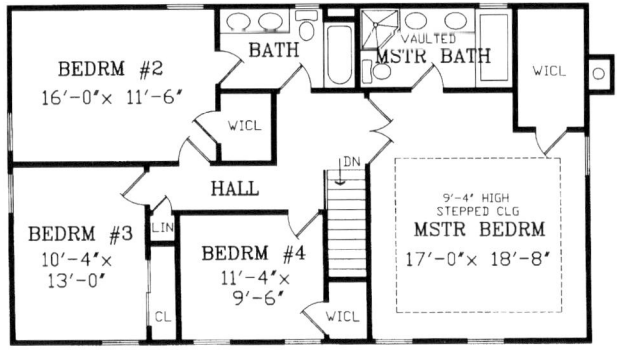

BEDRM #2
16'-0"× 11'-6"

BATH

MSTR BATH
VAULTED

WICL

WICL

HALL

DN

9'-4" HIGH
STEPPED CLG
MSTR BEDRM
17'-0"× 18'-8"

BEDRM #3
10'-4"×
13'-0"

LIN

BEDRM #4
11'-4"×
9'-6"

CL

WICL

Colonial Style   41

Photo © Mark Englund / HomeStyles

Viel Platz für die große Familie bietet dieser Hausentwurf im klassischen Stil. Die 283 qm große
Wohnfläche ist großzügig in einer offenen Grundrißgestaltung aufgeteilt. Im Obergeschoß des
Haupthauses stehen vier Schlafräume zur Verfügung. Über der Dreier-Garage bietet sich eine zusätzliche Ausbaureserve.

Design HomeStyle
AX-91310
© Jerold Axelrod & Associates, P.C.

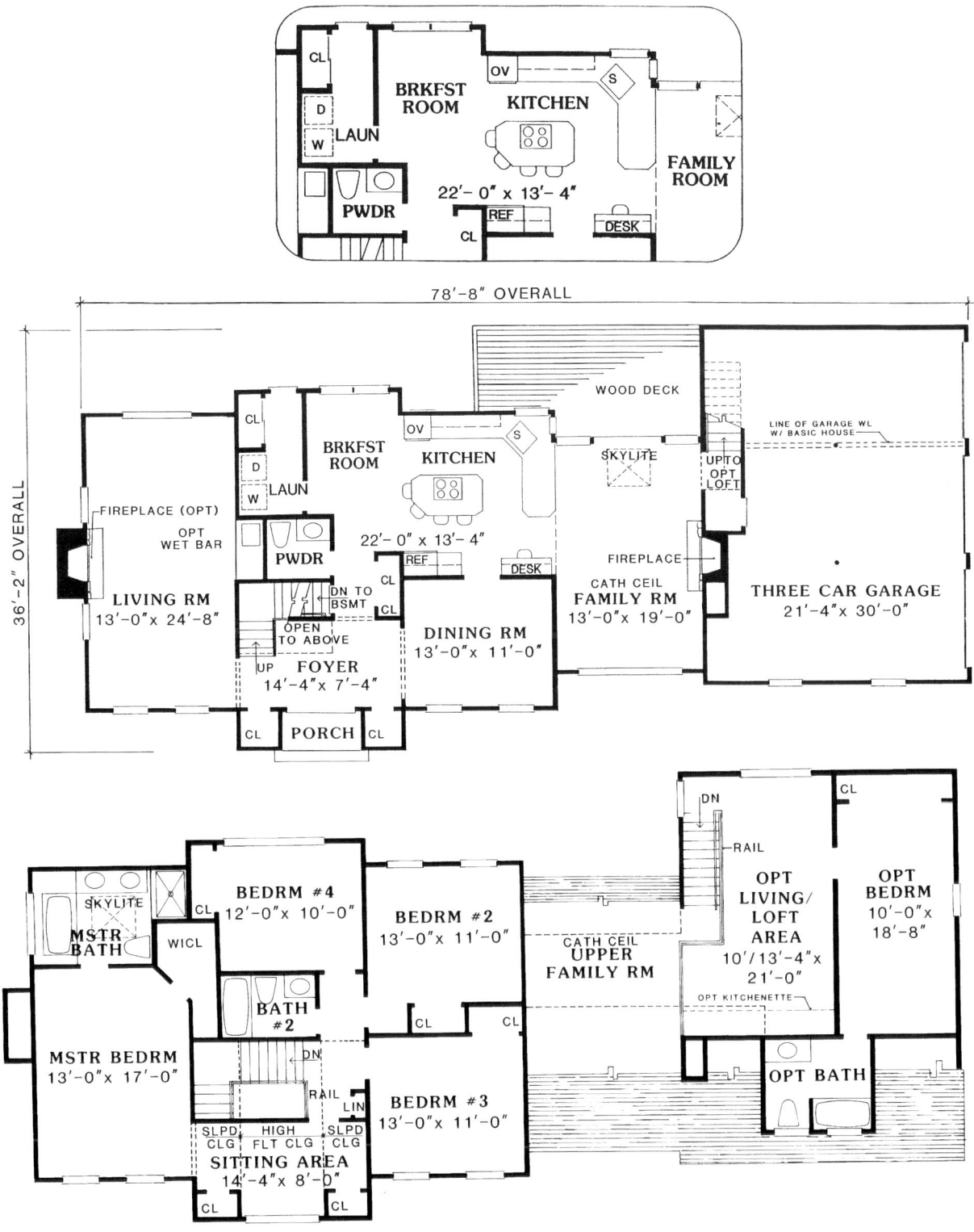

BRKFST ROOM

KITCHEN

CL

D

W

LAUN

PWDR

22'-0" x 13'-4"

OV

S

FAMILY ROOM

CL

REF

DESK

78'-8" OVERALL

36'-2" OVERALL

WOOD DECK

LINE OF GARAGE WL W/ BASIC HOUSE

CL

FIREPLACE (OPT)

OPT WET BAR

BRKFST ROOM

OV

S

SKYLITE

UP TO OPT LOFT

D

W

LAUN

PWDR

REF

DESK

LIVING RM
13'-0" x 24'-8"

CL

CL

DN TO BSMT

22'-0" x 13'-4"

FIREPLACE

CATH CEIL
FAMILY RM
13'-0" x 19'-0"

THREE CAR GARAGE
21'-4" x 30'-0"

OPEN TO ABOVE

UP

FOYER
14'-4" x 7'-4"

DINING RM
13'-0" x 11'-0"

CL

PORCH

CL

DN

CL

RAIL

SKYLITE

MSTR BATH

WICL

CL

BEDRM #4
12'-0" x 10'-0"

BEDRM #2
13'-0" x 11'-0"

OPT LIVING/ LOFT AREA
10'/13'-4" x 21'-0"

OPT BEDRM
10'-0" x 18'-8"

CATH CEIL
UPPER FAMILY RM

OPT KITCHENETTE

BATH #2

CL

CL

MSTR BEDRM
13'-0" x 17'-0"

DN

RAIL

LIN

BEDRM #3
13'-0" x 11'-0"

OPT BATH

SLPD CLG

HIGH FLT CLG

SLPD CLG

SITTING AREA
14'-4" x 8'-0"

CL

CL

Photo © Mark Englund / HomeStyles

Dieses stattliche Haus im Colonial Style verfügt über eine Wohnfläche von 236,90 qm. Das klar gegliederte Erdgeschoß bietet seinen Bewohnern einen Salon und ein formelles Wohnzimmer, Speisezimmer, Küche mit Eßplatz und ein großes Familienwohnzimmer, das mit einem Kamin ausgestattet ist. Im Obergeschoß befinden sich vier Schlafräume und zwei Bäder. Über der Doppelgarage ist zusätzlicher Raum zum Ausbauen vorhanden.

Design HomeStyle
A-2283

Design © Carini Engineering Designs, P.C.

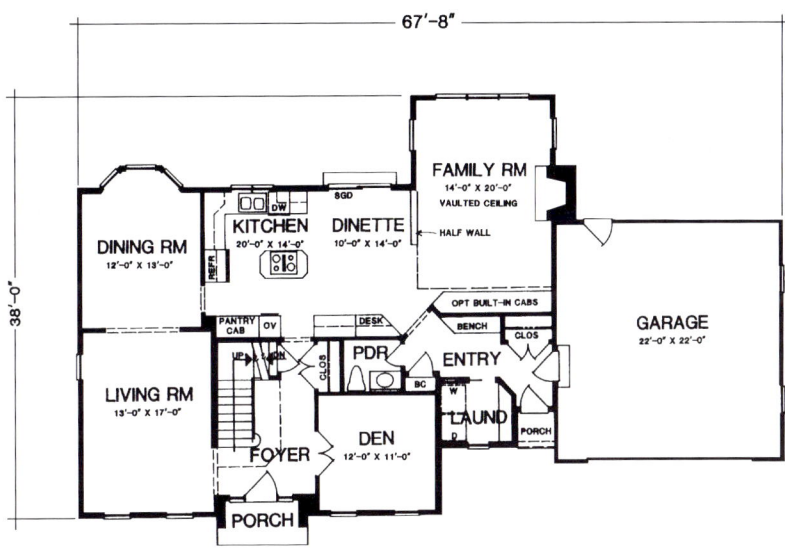

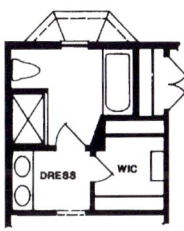

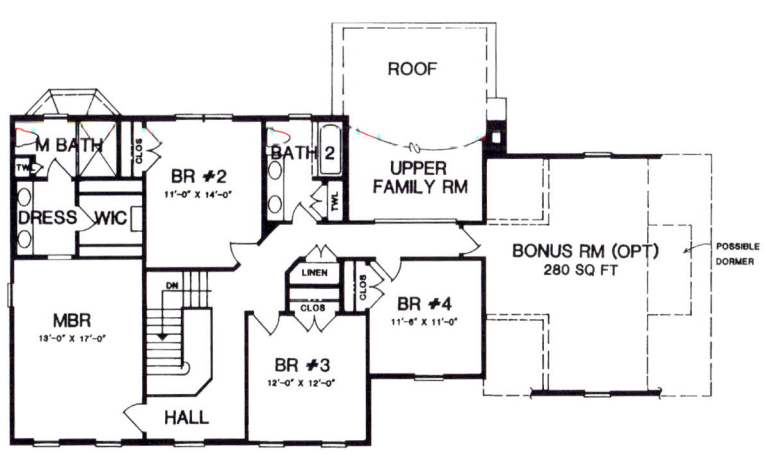

Rund 470 qm Wohnfläche auf zwei Vollgeschossen bietet dieses schöne, große Kolonialstilhaus seinen Bewohnern. Imposante Säulen stützen das Dach, das den geschmackvollen Eingangsbereich schützend überragt. Die Erkerfenster an der Frontseite sind mit Kupfer überdacht.

**Design HomeStyle
AX-91017**

© Jerold Axelrod & Associates, P.C.

75' 10"
51' 8"
OPT FIREPLACE
BREAKFAST AREA
15'0"X 11'0"
9'4" CEILING
MAID'S ROOM
WITH BATH
12'6"X 11'0"
CL
BATH
COVERED PORCH
FAMILY ROOM
22'0"X 20'0"
9'4" CEILING
KITCHEN
17'0"X 15'0"
9'4" CEILING
DW
OVEN
CL
LAUNDRY/MUD ROOM
PANTRY
KITCHEN ISLAND
9'X 4'
HALL
14'0"X 8'0"
OPEN TO ABOVE
REF
3 CAR GARAGE
30'0"X 20'0"
LAV
OPT BUTLER'S PANTRY
PANTRY
UP
OPT INT ARCHWAY W/COLMNS
OPT FIREPLACE
LIVING ROOM
22'0"X 17'0"
9'4" CEILING
RECEPTION
FOYER
22'0"X 13'6"
9'4" CEILING
DINING ROOM
17'0"X 17'0"
9'4" CEILING
UP
CL
CL
COVERED BRICK PORTICO

WALK IN CLOSET
7'8"X 5'6"
MASTER BEDROOM
19'0"X 16'0"
9'4" CEILING
DRESSING AREA
5'6"X 5'2"
MASTER BATH
15'0"X 11'0"
CEILING 9'4"
LINEN
BEDROOM 5
13'0" X 11'6"
CEILING 9'4"
DN
CL
OPT BATH
OPTIONAL RECREATION ROOM
20'0"X 17'0"
OPEN TO BELOW
HALL
DN
WALK IN CLOSET
7'0"X 7'0"
CL
BALCONY
WALK IN CLOSET
7'0"X 3'10"
DN
LINEN
SITTING RM.BEDROOM 2
15'0"X 13'0"
9'4" CEILING
BATH
11'8"X 5'0"
BEDROOM 3
16'0"X 12'0"
9'4" CEILING
WALK IN CLOSET
5'0"X 5'0"
BEDROOM 4
16'0"X 12'0"
CEILING 9'4"
BATH
11'6"X 5'0"

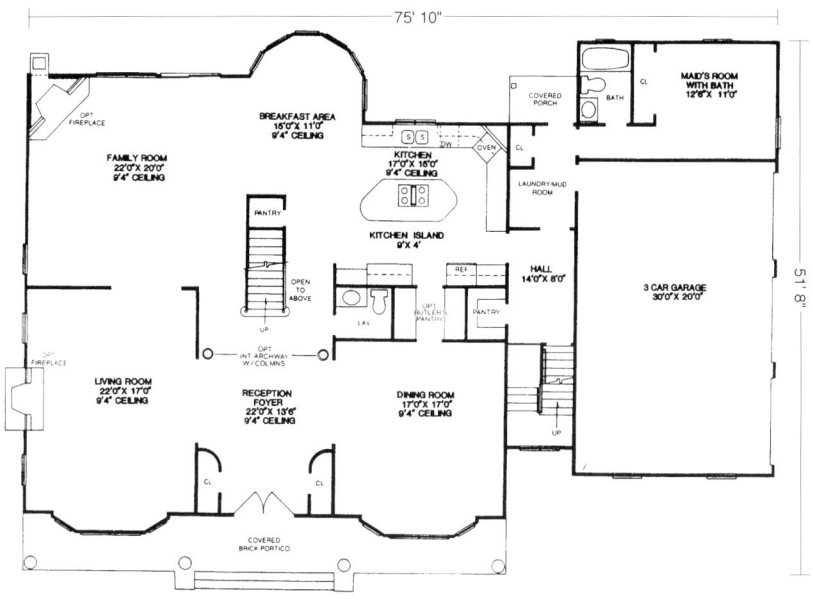

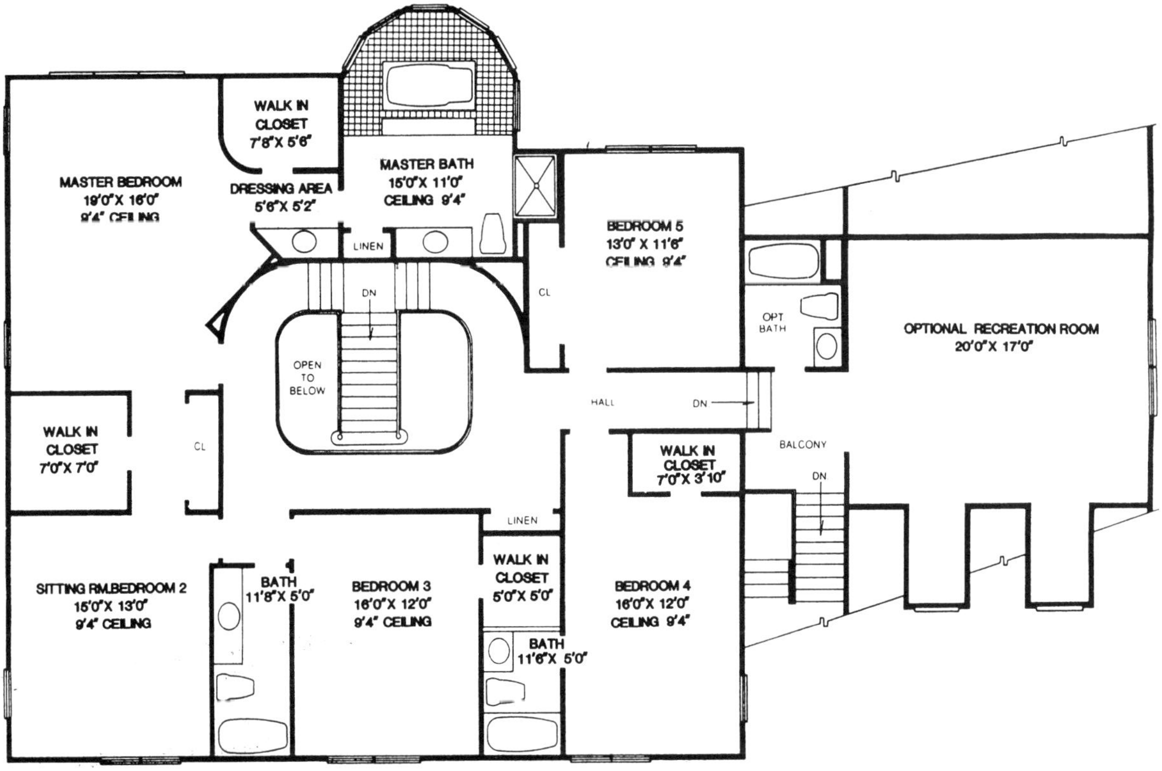

Dieses attraktive Kolonialstilhaus beeindruckt mit einer eleganten Hauseingangstür und zwei Erker- fenstern, die die Frontseite dieses klassischen Entwurfs gliedern. Durch die raffinierte Gestal- tung der Garage entstand zwischen den Gebäuden ein überdachter Durchgang. Der kleine Dachreiter auf dem Garagendach ist das I-Tüpfelchen dieses stilgerechten Designs. Auf zwei Geschossen stehen den Bewohnern 260,22 qm Wohnfläche zur Verfü- gung. Das Erdgeschoß ist auf reine Wohnzwecke ausgerichtet. Hier befinden sich Eßzimmer, Küche mit Frühstücksecke, das Familienwohnzimmer und ein repräsentativer Salon. Vier Schlafräume sind im Obergeschoß untergebracht.

**Design HomeStyle
AX-2801**

© Jerold Axelrod & Associates, Inc.

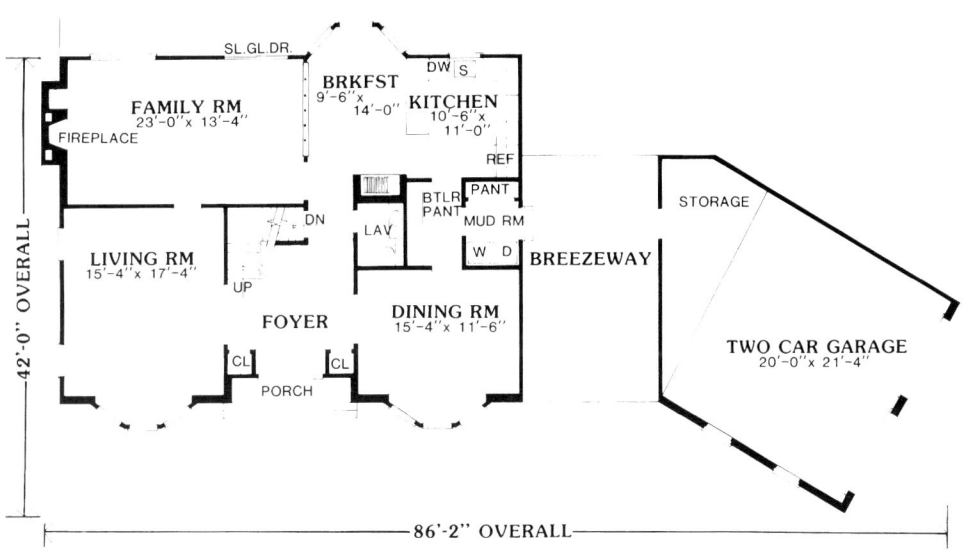

SL.GL.DR.

FAMILY RM
23'-0"x 13'-4"

FIREPLACE

BRKFST
9'-6"x
14'-0"

KITCHEN
10'-6"x
11'-0"

DW S

REF

BTLR
PANT

PANT

LAV

MUD RM

W D

STORAGE

LIVING RM
15'-4"x 17'-4"

DN

UP

FOYER

DINING RM
15'-4"x 11'-6"

BREEZEWAY

TWO CAR GARAGE
20'-0"x 21'-4"

CL

CL

PORCH

42'-0" OVERALL

86'-2" OVERALL

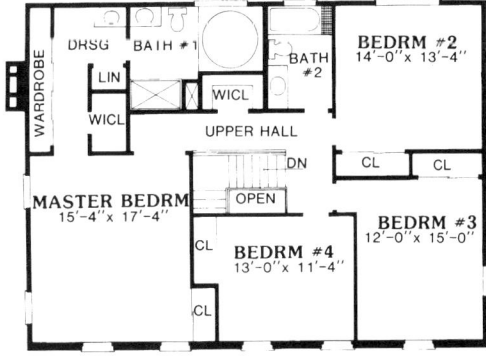

WARDROBE

DRSG

BATH #1

LIN

WICL

WICL

BATH
#2

BEDRM #2
14'-0"x 13'-4"

UPPER HALL

MASTER BEDRM
15'-4"x 17'-4"

DN

CL

CL

OPEN

CL

BEDRM #4
13'-0"x 11'-4"

BEDRM #3
12'-0"x 15'-0"

CL

Charakteristisches Merkmal dieses Hauses im Colonial Style ist der hervorstehende Bauteil mit abschließendem Giebel und stilechter Eingangstür. Symmetrisch angeordnete Fenster mit Klappläden sorgen für ein harmonisches Erscheinungsbild der Außenansicht. Der Entwurf bietet eine Gesamt-wohnfläche von 305,27 qm, die sich auf beide Etagen gleichermaßen verteilt.

**Design HomeStyle
AX-87105**

© Jerold Axelrod & Associates, Inc.

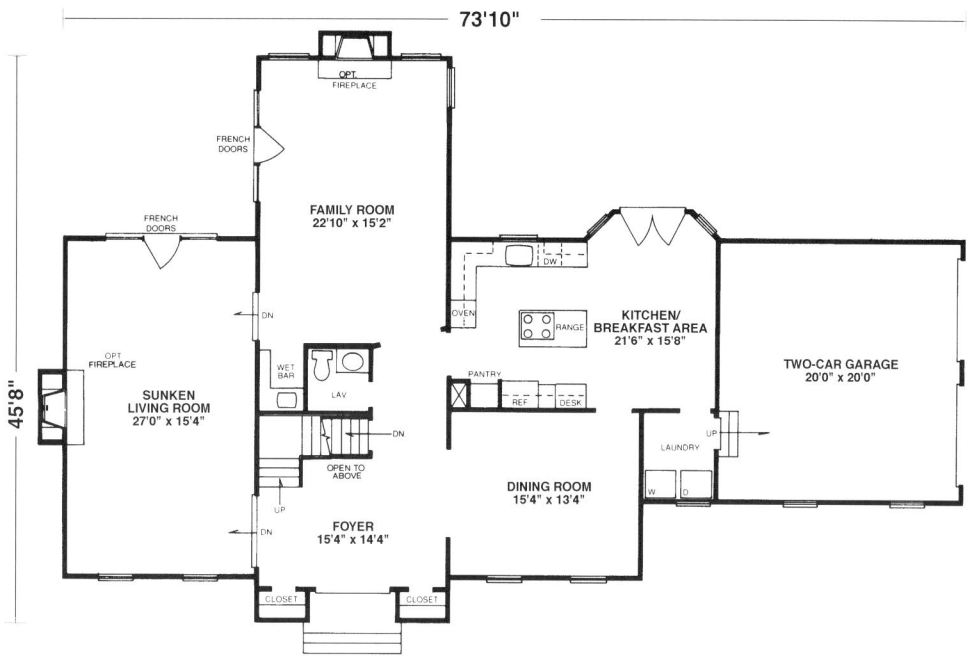

73'10"

45'8"

FAMILY ROOM
22'10" x 15'2"

OPT
FIREPLACE

FRENCH
DOORS

FRENCH
DOORS

KITCHEN/
BREAKFAST AREA
21'6" x 15'8"

DW

OVEN

RANGE

TWO-CAR GARAGE
20'0" x 20'0"

OPT
FIREPLACE

SUNKEN
LIVING ROOM
27'0" x 15'4"

DN

WET
BAR

LAV

PANTRY

REF

DESK

LAUNDRY

UP

W

D

OPEN TO
ABOVE

DN

UP

DN

FOYER
15'4" x 14'4"

DINING ROOM
15'4" x 13'4"

CLOSET

CLOSET

SKYLIGHT

MASTER BATH
15'4" x 10'8"
12' CATHEDRAL CEILING

WALK IN
CLOSET

BATH

SITTING AREA
11'0" x 9'4"

WALK IN
CLOSET

DRESSING
AREA

OPT
VANITY

LINEN
CAB

CL

BEDROOM 2
13'4" x 13'0"

OPT
FIREPLACE

DN

BALCONY

MASTER BEDROOM
18'8" x 15'4"

CL

BEDROOM 3
13'4" x 13'0"

BEDROOM 4
15'0" x 10'10"
12' CATHEDRAL CEILING

CL

CL

Photo © Mark Englund / HomeStyles

Dieses schmucke Kolonialstilhaus verfügt über einen vornehm gestalteten Eingangsbereich. Der helle Dachgiebel stellt einen interessanten Kontrast zur dunkelroten Backsteinfassade her. Weiße Sprossenfenster, die von Fensterläden gesäumt werden, unterstreichen die Symmetrie dieser Architektur. Gerade Linienführung ist auch bei der Grundrißgestaltung vorherrschend. Nur das große Erkerfenster, das zur Gartenseite ausgerichtet ist, lockert die strenge Durchgestaltung auf. Die Gesamtwohnfläche beträgt insgesamt 269,32 qm.

**Design HomeStyle
DD-2928-A**

© Danze & Davis Architects, Inc.

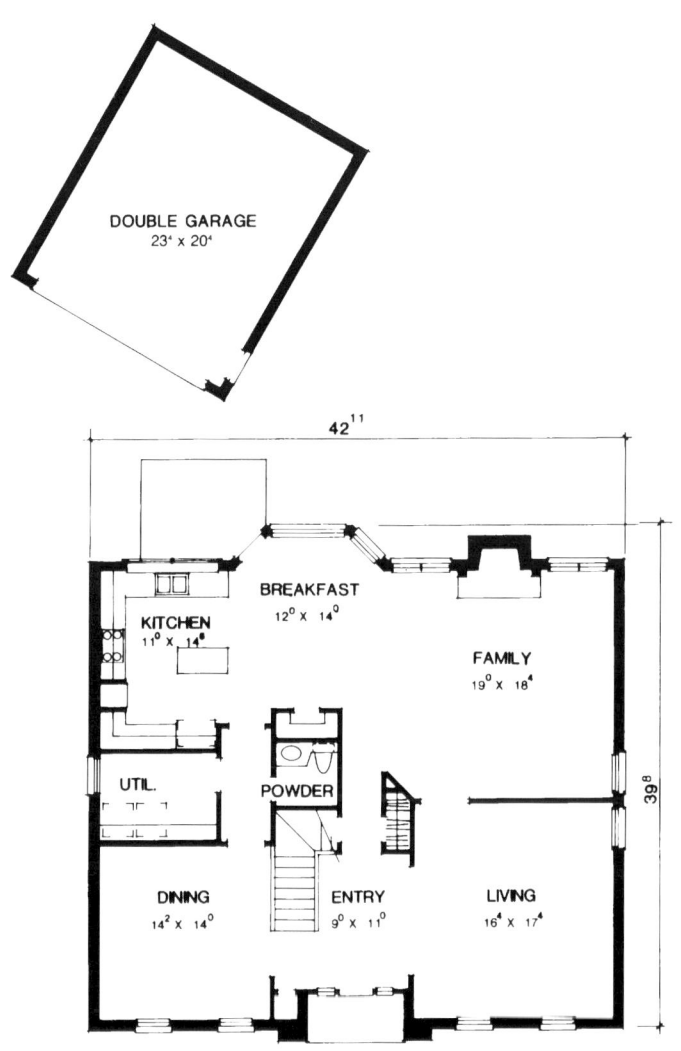

DOUBLE GARAGE
23⁴ x 20⁴

42¹¹

BREAKFAST
12⁰ x 14⁰

KITCHEN
11⁰ x 14⁸

FAMILY
19⁰ x 18⁴

UTIL.

POWDER

39⁸

DINING
14² x 14⁰

ENTRY
9⁰ x 11⁰

LIVING
16⁴ x 17⁴

M. BATH

BEDROOM 4
11³ x 13⁸

BEDROOM 3
11⁴ x 17⁰

BATH 3

HALL

MASTER BEDROOM
14² x 20⁶

OPEN

BEDROOM 2
16⁴ x 11⁴

Reich verzierte Giebel, symmetrisch angeordnete Fenster und eine breite Veranda bestimmen die Frontansicht dieser prächtigen Villa. Die klassisch-schlichte Holzfassade steht im Kontrast zur säulengeschmückten Veranda mit kunstvoller Brüstung. Eine Wohnfläche von insgesamt 304 qm verteilt sich auf zwei Vollgeschosse. Seitlich vom offenen Foyer befindet sich das formelle Wohn- und Speisezimmer. Das zum Garten ausgerichtete Familienwohnzimmer bildet mit Country-Küche und Frühstückszimmer einen eigenen Bereich. Das Haus verfügt über vier Schlafräume, von denen drei im Obergeschoß untergebracht sind.

DesignWoodbridge
von William Poole

Erdgeschoß 174,3 qm
Obergeschoß 129,7 qm
Total 304,0 qm

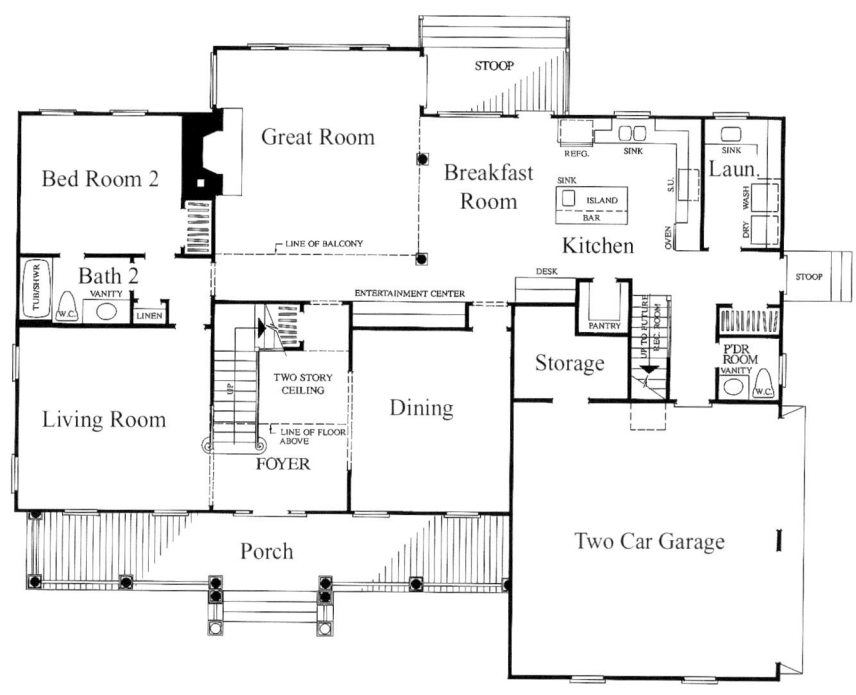

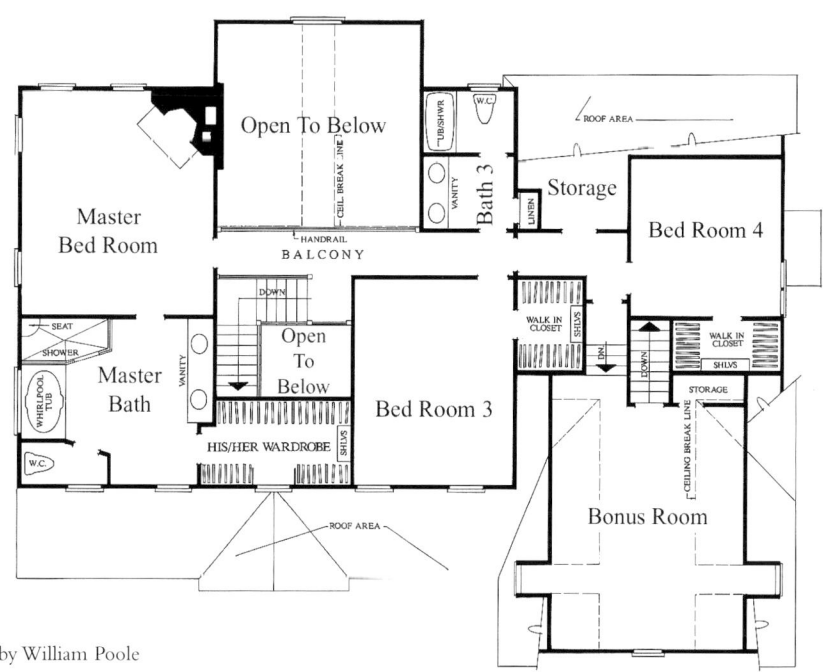

© by William Poole

Photo © Mark Englund / HomeStyles

Dieses Kolonialstilhaus ist originalgetreu nach einem authentischen Vorbild errichtet worden – mit moderner Innenausstattung natürlich. Die Grundrißgestaltung der 277,05 qm großen Fläche ist klassisch und bietet im Erdgeschoß eine formelle Wohnzone mit Speisezimmer und Salon und einen familiären Bereich mit Country-Küche und Wohnzimmer. Im Obergeschoß befinden sich vier Schlafräume. Über der Garage gibt es eine zusätzliche, große Ausbaufläche.

**Design HomeStyle
S-71091**

© Suntel Home Design, Inc.

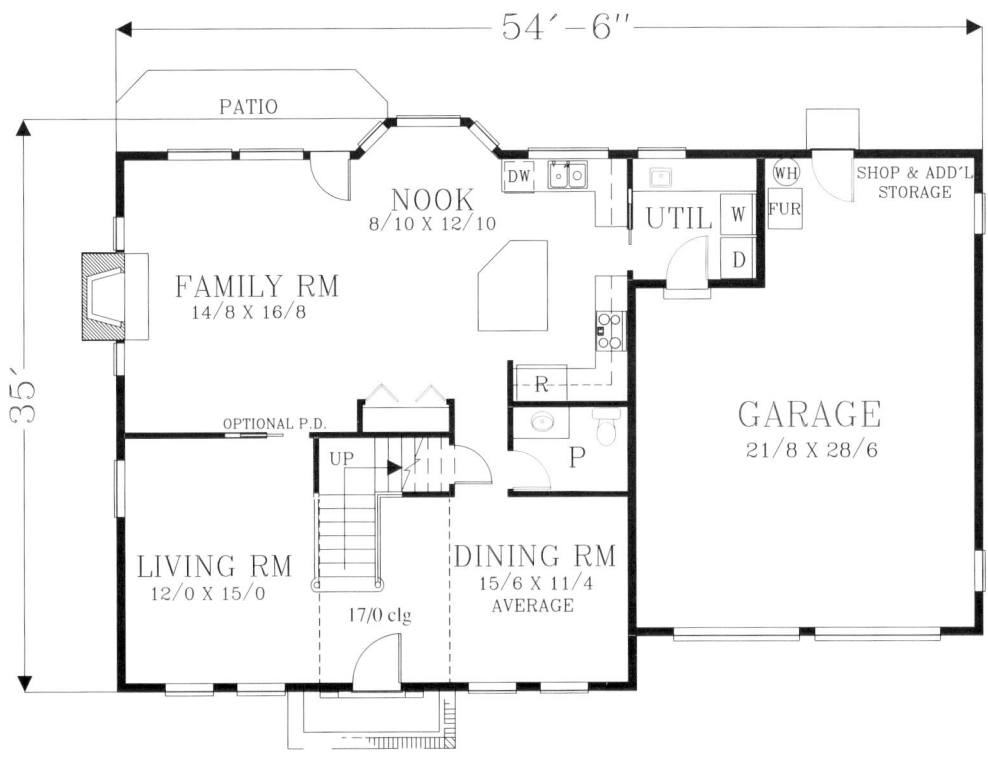

54'-6"

35'

PATIO

NOOK
8/10 X 12/10

UTIL

SHOP & ADD'L STORAGE

WH

FUR

W

D

FAMILY RM
14/8 X 16/8

DW

GARAGE
21/8 X 28/6

OPTIONAL P.D.

UP

R

P

LIVING RM
12/0 X 15/0

17/0 clg

DINING RM
15/6 X 11/4
AVERAGE

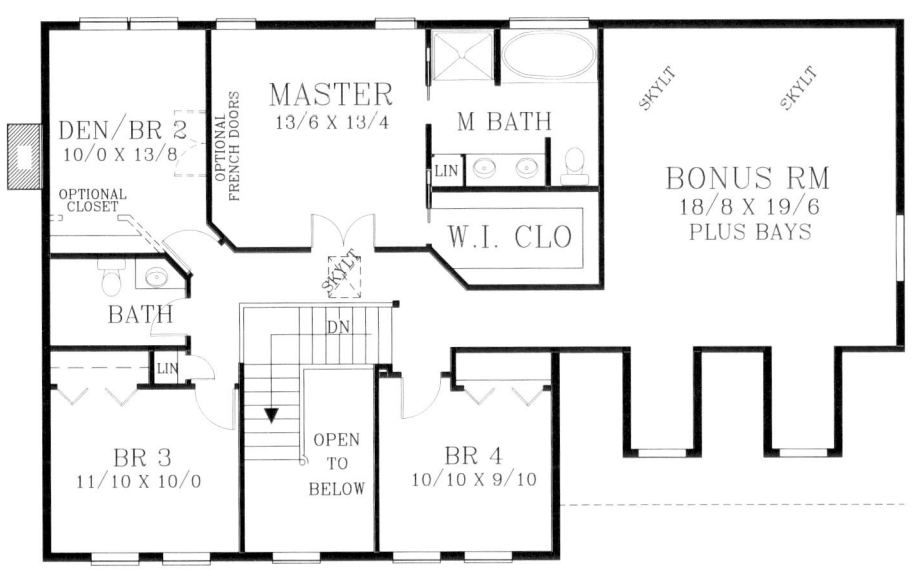

DEN/BR 2
10/0 X 13/8

OPTIONAL
CLOSET

OPTIONAL FRENCH DOORS

MASTER
13/6 X 13/4

M BATH

LIN

SKYLT

SKYLT

BONUS RM
18/8 X 19/6
PLUS BAYS

W.I. CLO

BATH

SKYLT

LIN

DN

BR 3
11/10 X 10/0

OPEN
TO
BELOW

BR 4
10/10 X 9/10

Photo © Mark Englund / HomeStyles

Große Sprossenfenster prägen die Front dieses imposanten Hauses im Georgian Style. Das Innere mit einer Wohnfläche von 297 qm zeigt einen stilgerechten klassischen Grundriß auf zwei Etagen.

Design HomeStyle
KLF-9213

© Estate Creations, Inc.

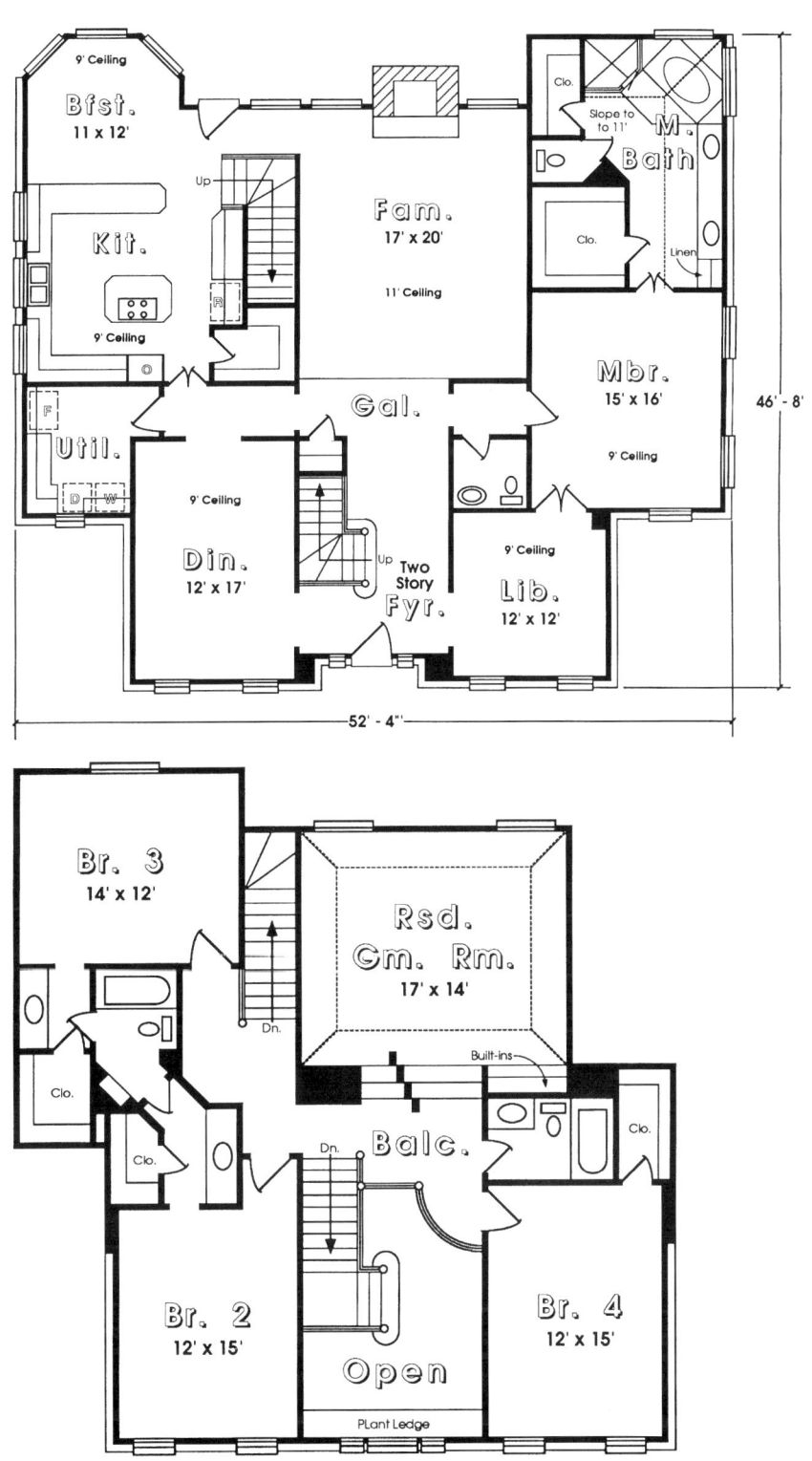

Bfst.
11 x 12'

9' Ceiling

Kit.

9' Ceiling

Up

Fam.
17' x 20'

11' Ceiling

Clo.

Slope to
to 11'

M.
Bath

Clo.

Linen

F

Util.

D W

Din.
12' x 17'

9' Ceiling

Gal.

Up

Two
Story
Fyr.

Lib.
12' x 12'

9' Ceiling

Mbr.
15' x 16'

9' Ceiling

46' - 8"

52' - 4"

Br. 3
14' x 12'

Dn.

Rsd.
Gm. Rm.
17' x 14'

Built-ins

Clo.

Clo.

Clo.

Dn.

Balc.

Clo.

Br. 2
12' x 15'

Dn.

Open

PLant Ledge

Br. 4
12' x 15'

Colonial Style   59

An Liebhaber zweigeschossiger Häuser richtet sich der Entwurf Chesapeak von William Poole. Die klassische Holzschindelfassade läßt die schneeweißen Sprossenfenster mit ihren Klappläden, die markanten Säulen und die filigrane Balkonbrüstung besonders gut hervorheben. Die Eleganz setzt sich im Inneren des Hauses fort. Vom Foyer, das durch zwei Geschosse reicht, blickt man in den formellen Wohnraum und das gegenübergelegene Speisezimmer. Das Kaminwohnzimmer mit Küche und ihrem großzügig verglasten Frühstücksbereich bilden eine eigene Wohneinheit. Die elterliche Suite mit angrenzendem eigenen Bad liegt im Erdgeschoß. Drei weitere Schlafräume und ein großer ausbaufähiger Raum befindet sich im großzügig aufgeteilten Obergeschoß.

Design Chesapeak
von William Poole

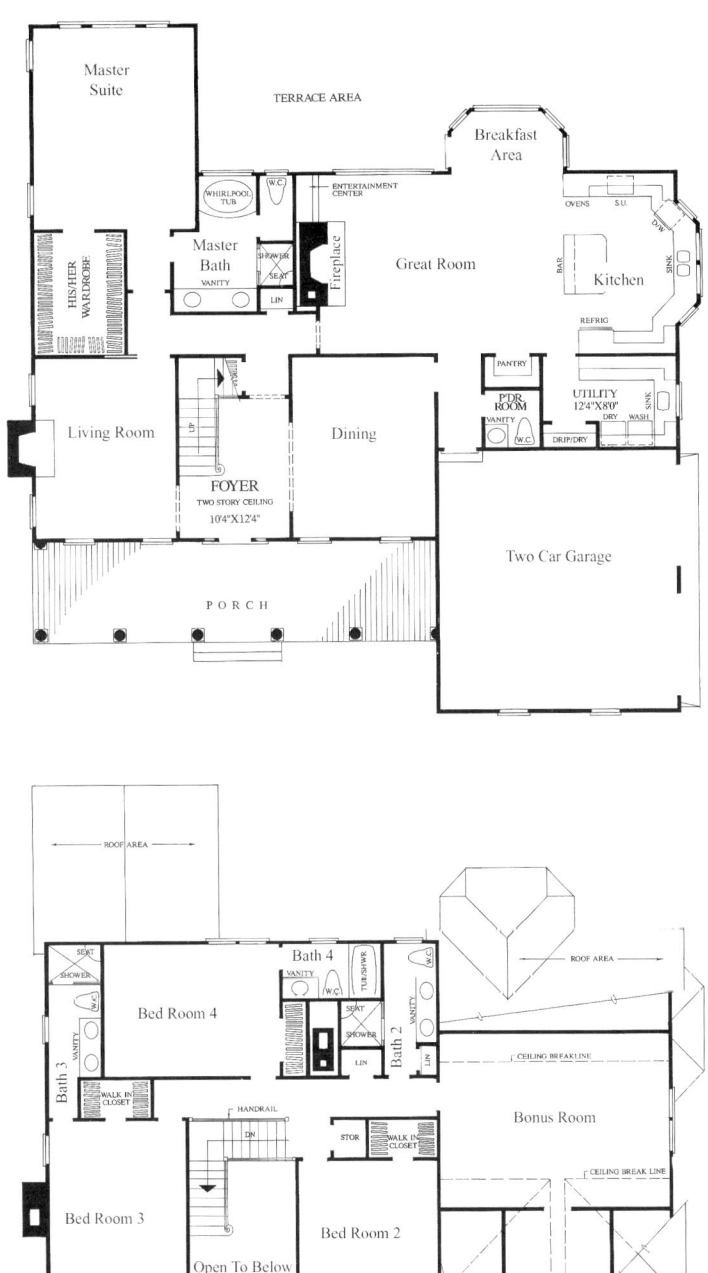

Master
Suite

TERRACE AREA

Breakfast
Area

WHIRLPOOL
TUB

W.C.

ENTERTAINMENT
CENTER

OVENS

S.U.

D/W

Master
Bath

SHOWER
SEAT

Great Room

Kitchen

BAR

SINK

VANITY

LIN

Fireplace

REFRIG

HIS/HER
WARDROBE

PANTRY

Living Room

UP

Dining

P'DR
ROOM

UTILITY
12'4"X8'0"

SINK

VANITY

DRY

WASH

W.C.

DRIP/DRY

FOYER
TWO STORY CEILING
10'4"X12'4"

Two Car Garage

P O R C H

ROOF AREA

SEAT

SHOWER

Bath 4

TUB/SHWR

W.C.

Bed Room 4

VANITY

W.C.

ROOF AREA

Bath 3

VANITY

W.C.

SEAT

SHOWER

Bath 2

VANITY

LIN

CEILING BREAK LINE

LIN

WALK IN
CLOSET

HANDRAIL

Bonus Room

DN

STOR

WALK IN
CLOSET

CEILING BREAK LINE

Bed Room 3

Bed Room 2

Open To Below

Storage

D E C K

© by William Poole

Bei der Gestaltung des äußeren Erscheinungsbildes ist nicht an den für diese Stilrichtung typischen Merkmalen gespart worden. Balustrade, Pilaster und Schmuckleisten gliedern die Fassade, deren einzelne Bauelemente wie Fenster und Tür durch hohe Sturze, Segmentgiebel und profilierte Rahmung besonders hervorgehoben sind. Vom hohen Foyer gelangt man in das Speise- und das helle Kaminzimmer. Dahinter bildet das rückseitige Wohnzimmer und die Country-Küche den Wohnbereich für die Familie. Die elterliche Suite verfügt über ein luxuriöses eigenes Bad mit Platz für Whirlpool und Dusche. Von hier gelangt man direkt in die Kleiderkammer. Im ersten Stockwerk dieses zweigeschossigen Hauses befinden sich drei geräumige Schlafräume und zwei Vollbäder.

Design Cape Charles
von William Poole

Erdgeschoß 214,3 qm
Obergeschoß 86,0 qm
Total 300,3 qm

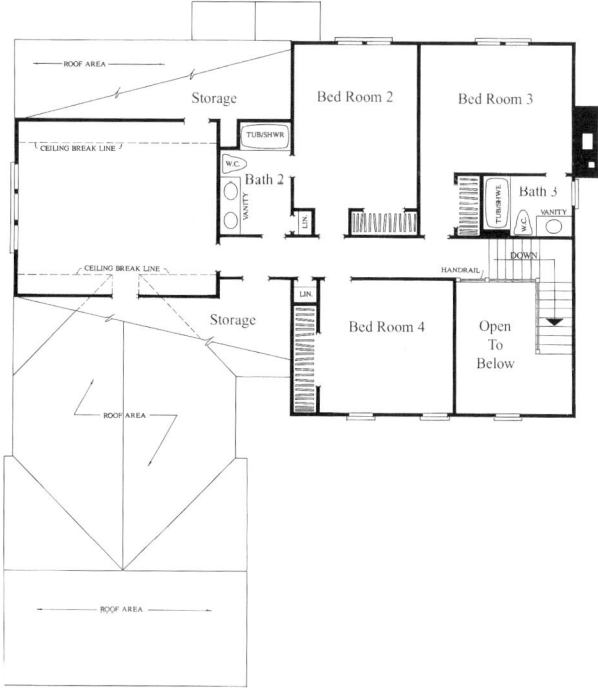

© by William Poole

Das dem Colonial Style nachempfundene Cumberland Design von William Poole verfügt über eine Gesamtwohnfläche von 195,6 qm, die sich auf zwei Vollgeschosse verteilt. Eine überdachte Eingangsveranda heißt die Besucher willkommen. Der Grundriß des Erdgeschosses gliedert sich in einen formellen Teil mit Speisezimmer und Salon und in den familiären Bereich mit Wohnzimmer, Küche und Frühstücksplatz. Von hier gelangt man auf die Gartenterrasse. Die Schlafräume befinden sich in der zweiten Etage. Die elterliche Suite hat ein großzügiges separates Bad. Zwei weitere Schlafzimmer teilen sich ein Vollbad. Oberhalb der Doppelgarage ist zudem ein großer Raum, der vielfältig genutzt werden kann.

Design Cumberland
von William Poole

Erdgeschoß 100,6 qm
Obergeschoß 95,0 qm
Total 195,6 qm

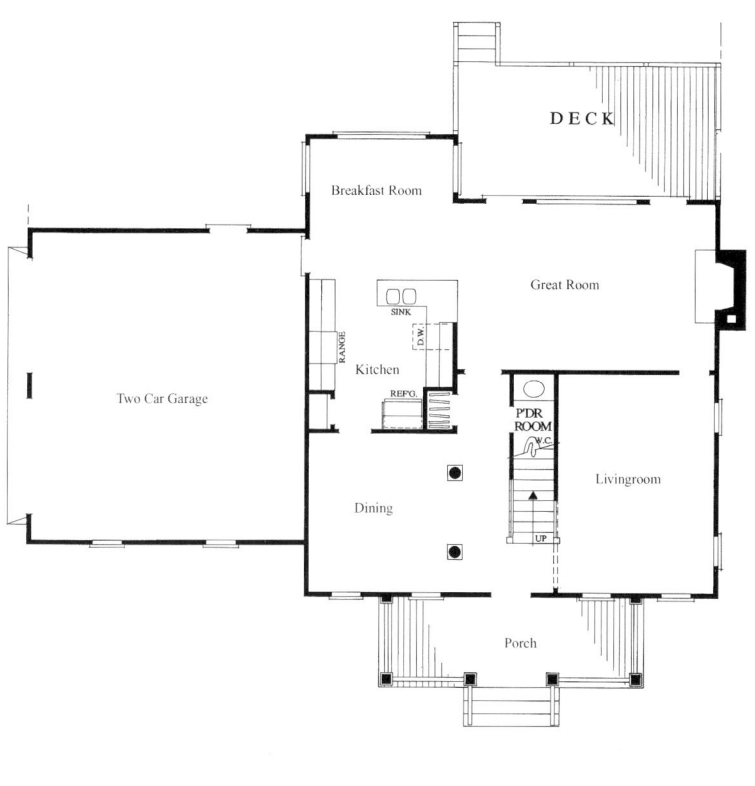

DECK

Breakfast Room

Great Room

SINK

RANGE

D.W.

Kitchen

REFG.

P'DR
ROOM
W.C.

Two Car Garage

Livingroom

Dining

UP

Porch

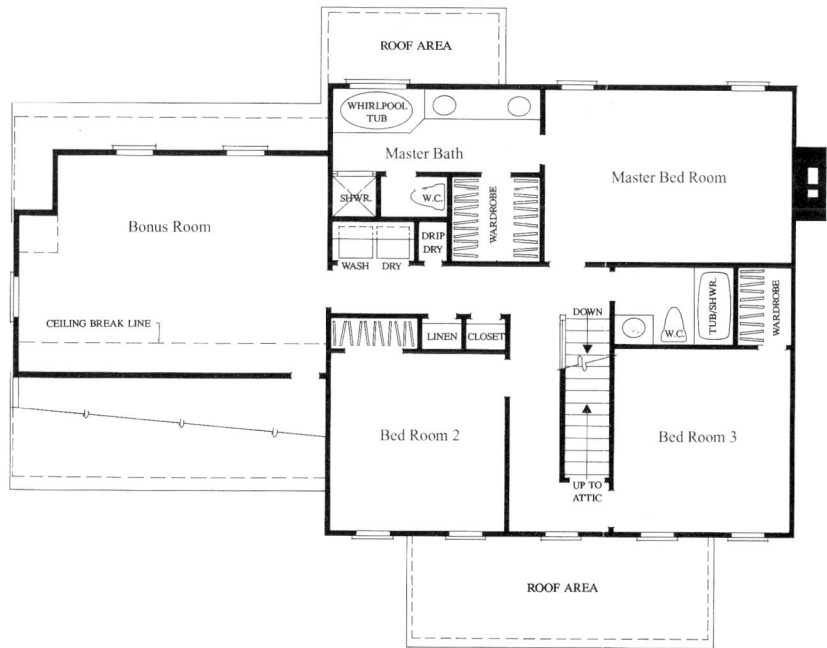

ROOF AREA

WHIRLPOOL
TUB

Master Bath

Master Bed Room

Bonus Room

SHWR.

W.C.

WARDROBE

WASH   DRY

DRIP
DRY

CEILING BREAK LINE

LINEN   CLOSET

DOWN

W.C.

TUB/SHWR.

WARDROBE

Bed Room 2

Bed Room 3

UP TO
ATTIC

ROOF AREA

© by William Poole

Photo © Mark Englund / HomeStyles

Dieses stattliche Kolonialstilhaus bietet seinen Bewohnern eine Wohnfläche von 266,63 qm, die sich auf zwei Vollgeschosse aufteilt. Die markante Giebelkonstruktion korrespondiert mit dem Eingangsbereich, dem ein Portikus vorgesetzt ist.

**Design HomeStyle
HDS-99-306**

© James Zirkel Home Designers, Inc.

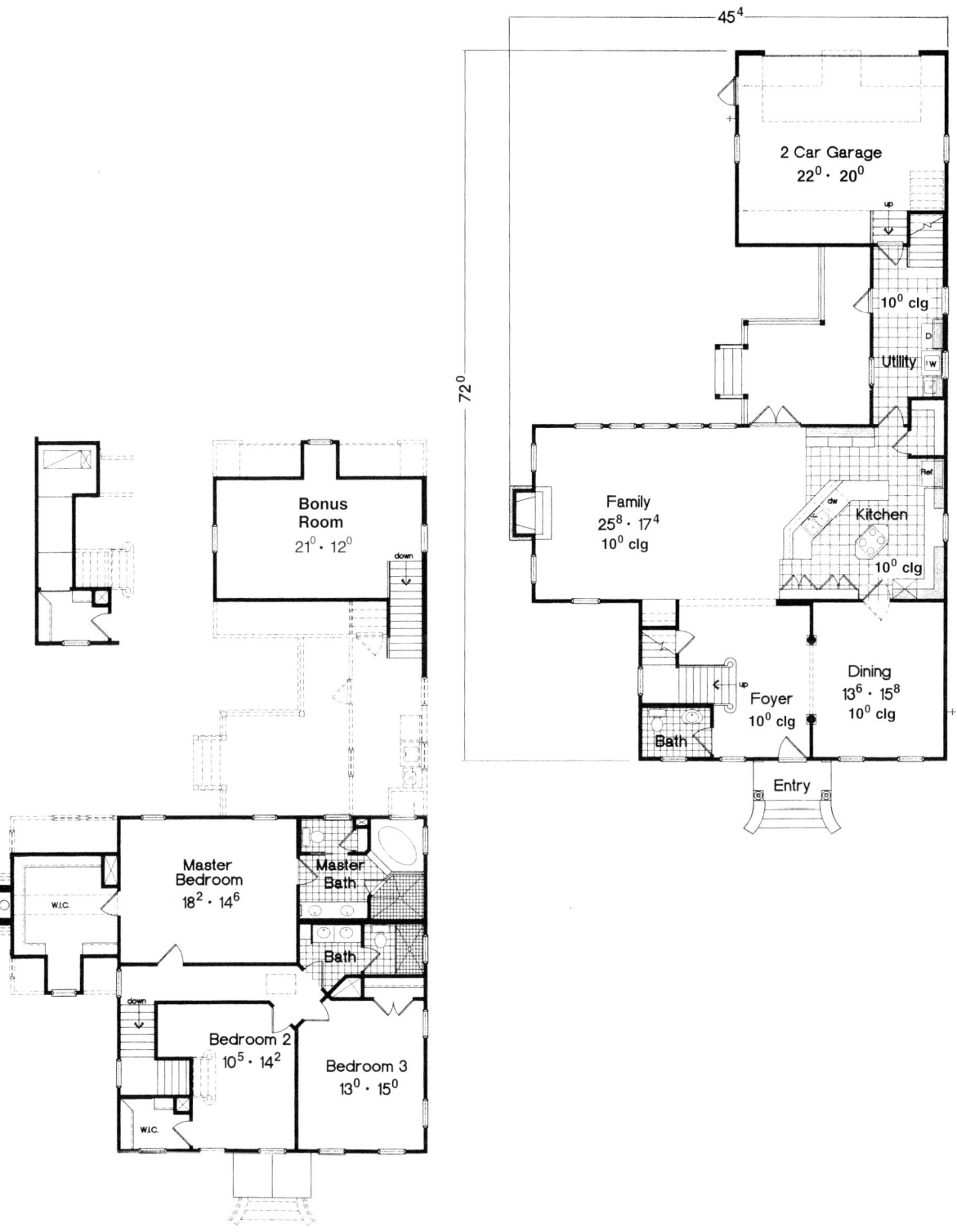

45⁴

72⁰

2 Car Garage
$22^0 \cdot 20^0$

10^0 clg

Utility

D

W

Family
$25^8 \cdot 17^4$
10^0 clg

Kitchen

Ref

dw

10^0 clg

up

Dining
$13^6 \cdot 15^8$
10^0 clg

Foyer
10^0 clg

Bath

Entry

**Bonus
Room**
$21^0 \cdot 12^0$

down

down

**Master
Bedroom**
$18^2 \cdot 14^6$

**Master
Bath**

W.I.C.

Bath

Bedroom 2
$10^5 \cdot 14^2$

Bedroom 3
$13^0 \cdot 15^0$

W.I.C.

Colonial Style 67

SOUTHERN COUNTRY STYLE

Dieser Hausentwurf im Southern Country Style wurde mit einer Walmdachvariante versehen. Sie bietet durch das tiefgezogene Dach eine weit umlaufende Veranda, die den Bewohnern geschützte Plätze im Freien bietet. Die markanten Schornsteine und die beiden Gaubenfenster prägen das äußere Erscheinungsbild dieses Designs entscheidend mit. Ein großzügiges Raumangebot mit einer Gesamtwohnfläche von 295,43 qm, das sich auf zwei Etagen verteilt, bietet auch der großen Familie ausreichenden Platz zum Wohnen.

**Design HomeStyle
L-182**

© Larry W. Garnett Associates, Inc.

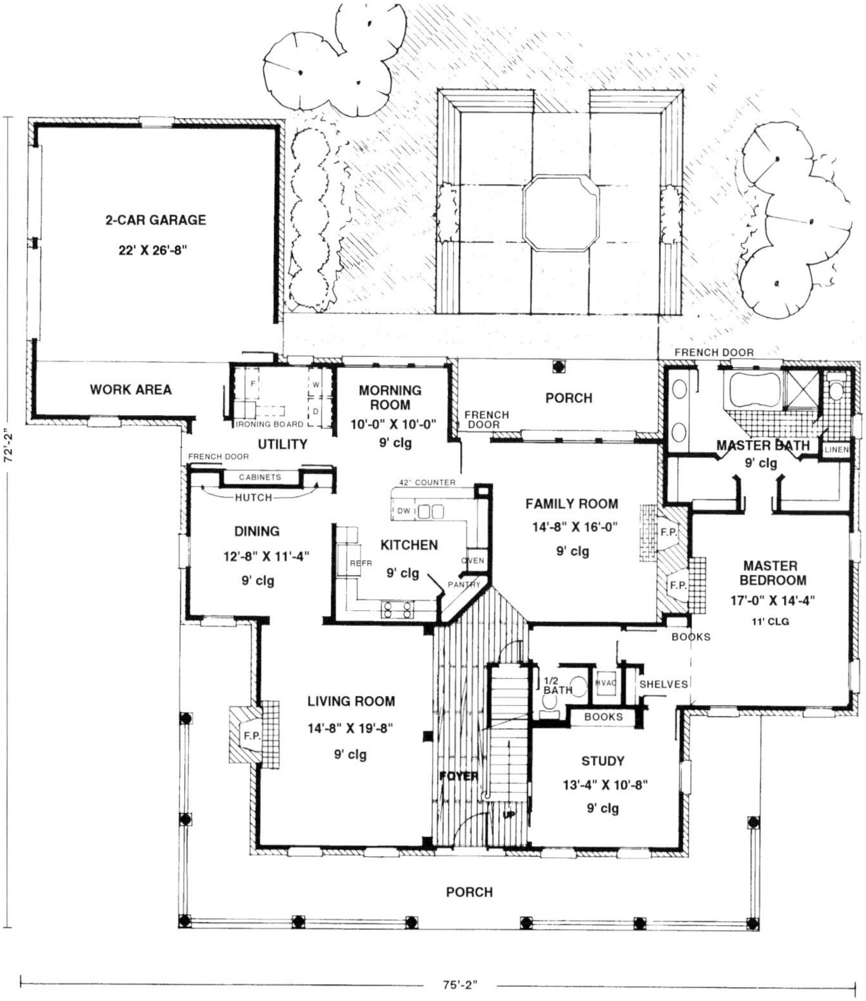

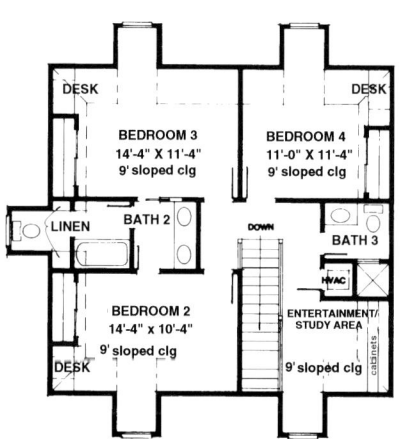

2-CAR GARAGE
22' X 26'-8"

WORK AREA

MORNING ROOM
10'-0" X 10'-0"
9' clg

PORCH

FRENCH DOOR

MASTER BATH
9' clg

LINEN

IRONING BOARD

UTILITY

FRENCH DOOR

CABINETS

HUTCH

DINING
12'-8" X 11'-4"
9' clg

KITCHEN
9' clg

42" COUNTER

DW

REFR

OVEN

PANTRY

FAMILY ROOM
14'-8" X 16'-0"
9' clg

F.P.

F.P.

MASTER BEDROOM
17'-0" X 14'-4"
11' CLG

BOOKS

LIVING ROOM
14'-8" X 19'-8"
9' clg

F.P.

1/2 BATH

HVAC

SHELVES

BOOKS

FOYER

UP

STUDY
13'-4" X 10'-8"
9' clg

PORCH

72'-2"

75'-2"

BEDROOM 3
14'-4" X 11'-4"
9' sloped clg

DESK

BEDROOM 4
11'-0" X 11'-4"
9' sloped clg

DESK

LINEN

BATH 2

DOWN

BATH 3

BEDROOM 2
14'-4" x 10'-4"
9' sloped clg

DESK

HVAC

ENTERTAINMENT/
STUDY AREA

9' sloped clg

cabinets

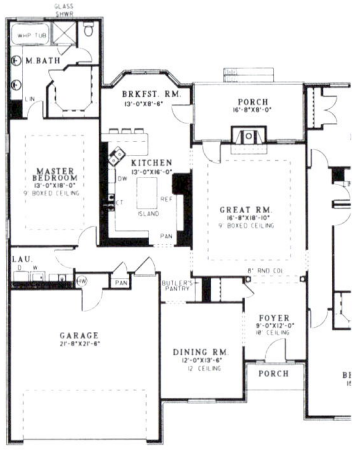

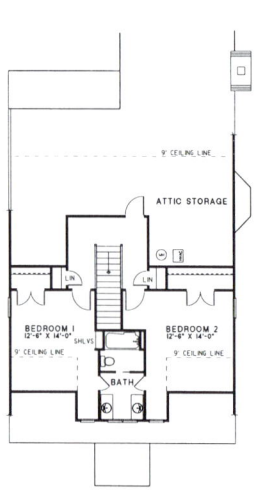

**Design Home-
Style
NBV-10496**

© Nelson Design
Group, L.L.C.

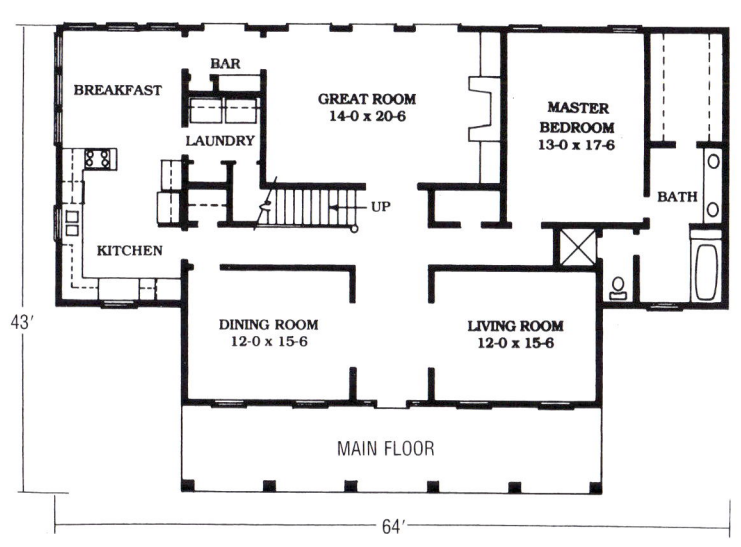

Photo © Mark Englund / HomeStyles

BREAKFAST

BAR

GREAT ROOM
14-0 x 20-6

LAUNDRY

MASTER
BEDROOM
13-0 x 17-6

BATH

UP

KITCHEN

DINING ROOM
12-0 x 15-6

LIVING ROOM
12-0 x 15-6

43'

64'

MAIN FLOOR

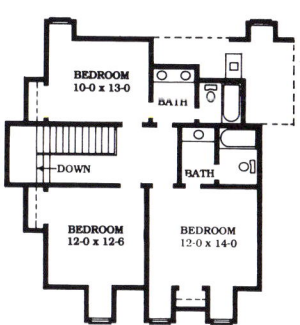

BEDROOM
10-0 x 13-0

BATH

DOWN

BATH

BEDROOM
12-0 x 12-6

BEDROOM
12-0 x 14-0

Design HomeStyle
V-2848

© Historical Replications, Inc.

Southern Country Style 73

Eine Kolonialstilvariante mit 1½ Geschossen legt Larry W. Garnett in diesem Entwurf vor. Die rauhe Fassade und die massiven Kaminzüge geben diesem Haus das rustikale äußere Erscheinungsbild. Die stuckverzierten Dachgauben und die schön geformte, repräsentative Eingangstür sorgen für ein perfektes Gesamtbild. Insgesamt verfügt die Planung über eine Wohnfläche von 386,28 qm, die sich großzügig auf beide Etagen verteilt.

Design HomeStyle
L–160–HD

© Larry W. Garnett & Associates, Inc.

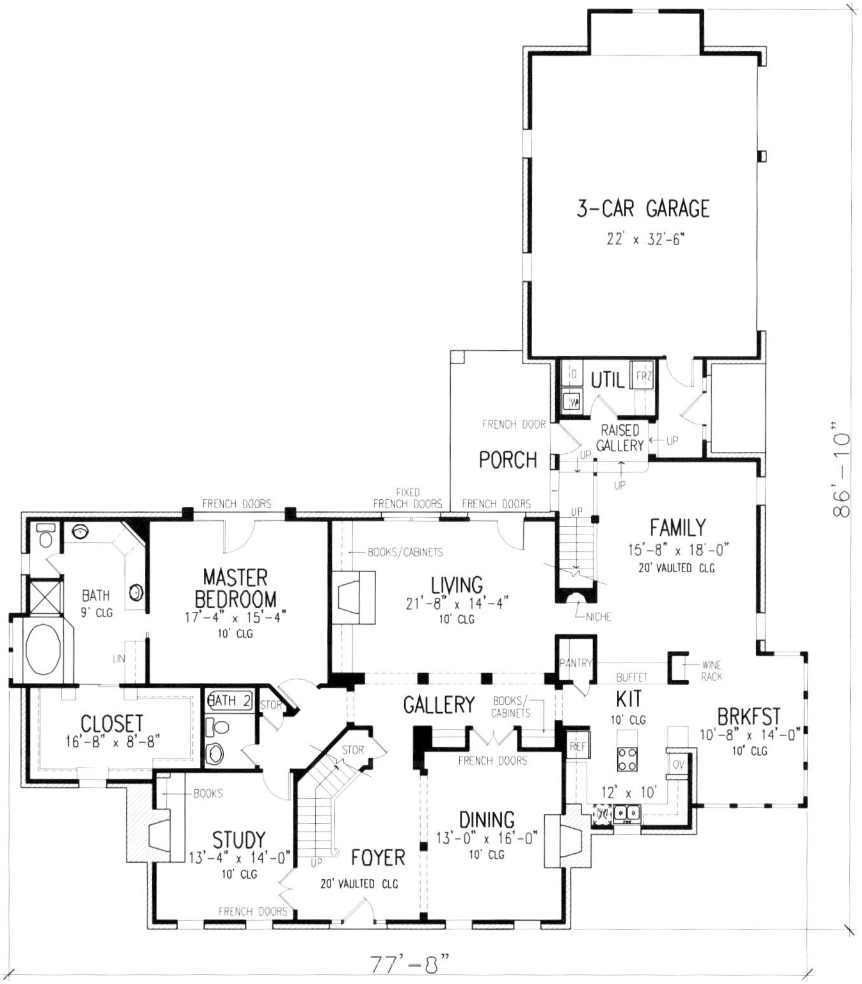

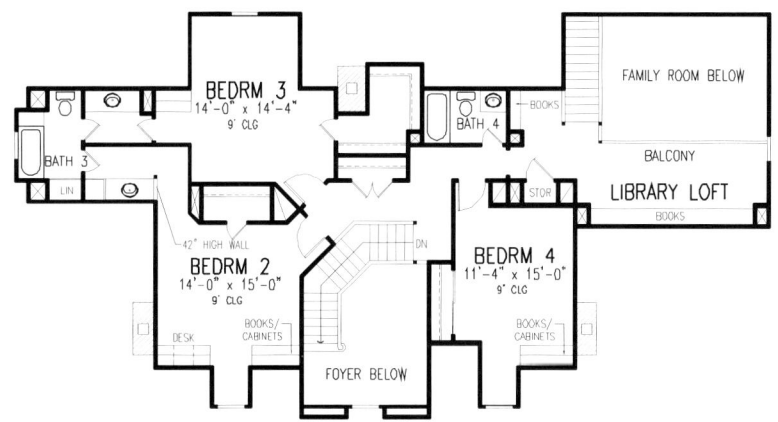

3-CAR GARAGE
22' x 32'-6"

86'-10"

UTIL   FRZ

FRENCH DOOR

RAISED GALLERY

UP   UP

PORCH

FAMILY
15'-8" x 18'-0"
20' VAULTED CLG

FIXED FRENCH DOORS   FRENCH DOORS

FRENCH DOORS

BOOKS/CABINETS

UP

BATH
9' CLG

MASTER BEDROOM
17'-4" x 15'-4"
10' CLG

LIVING
21'-8" x 14'-4"
10' CLG

NICHE

PANTRY   WINE RACK

BUFFET

LIN

BATH 2   STOR

GALLERY

BOOKS/CABINETS

FRENCH DOORS

REF

KIT
10' CLG

BRKFST
10'-8" x 14'-0"
10' CLG

CLOSET
16'-8" x 8'-8"

STOR

12' x 10'

OV

BOOKS

STUDY
13'-4" x 14'-0"
10' CLG

FOYER
20' VAULTED CLG

DINING
13'-0" x 16'-0"
10' CLG

FRENCH DOORS

77'-8"

BEDRM 3
14'-0" x 14'-4"
9' CLG

BOOKS

BATH 4

FAMILY ROOM BELOW

BATH 3

LIN

42" HIGH WALL

STOR

BALCONY

LIBRARY LOFT

BOOKS

BEDRM 2
14'-0" x 15'-0"
9' CLG

DN

BEDRM 4
11'-4" x 15'-0"
9' CLG

DESK   BOOKS/CABINETS

FOYER BELOW

BOOKS/CABINETS

Photo © Mark Englund / HomeStyles

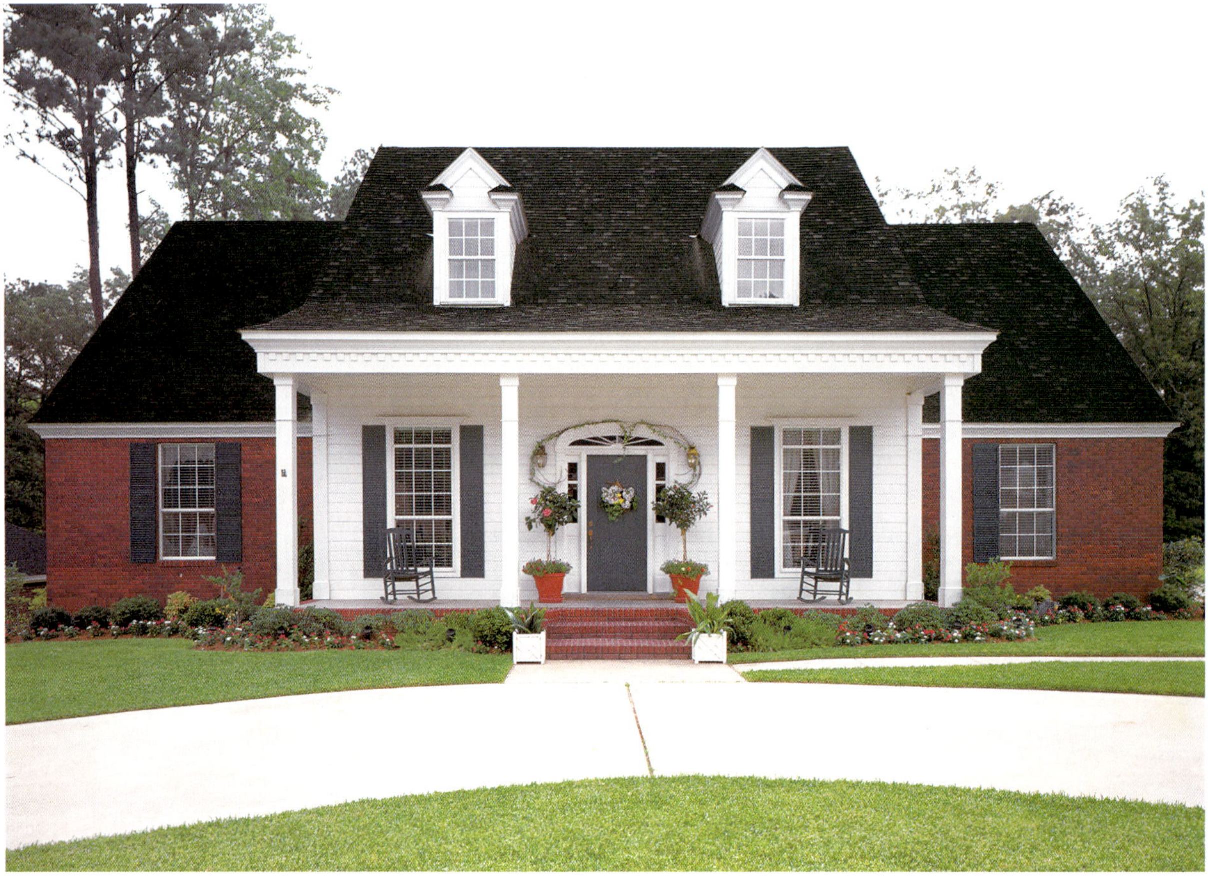

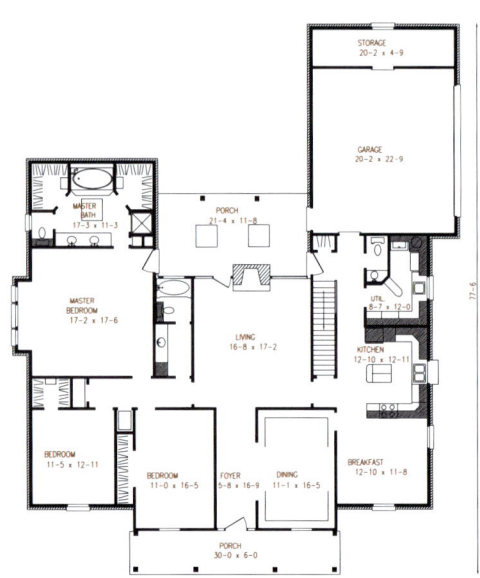

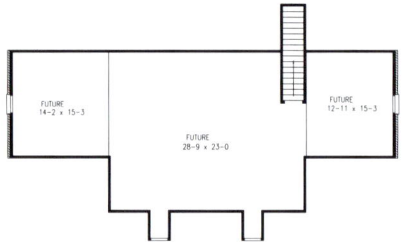

Design HomeStyle
J-90010

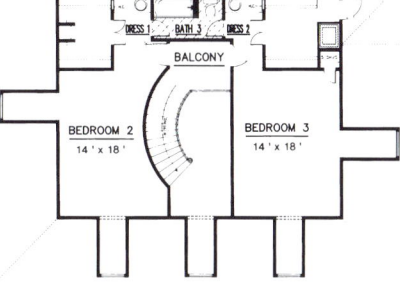

First Floor Plan Labels:

GARAGE
22' x 22'

POOL STORAGE
10' x 12'

STORAGE
8' x 12'

GUEST ROOM
14' x 16'

PORCH 2

DECK

SUN ROOM

BATH 2

EATING

PORCH 3
6' x 8'

BATH 1

UTILITY

KITCHEN

LIVING
18' x 20'

HERS

HIS

MASTER SUITE
15' x 21'

STOR.

ENTRY
11' x 15'

DINING
12' x 14'

SITTING
4' x 11'

PORCH 1

68'

64'

Second Floor Plan Labels:

DRESS 1   BATH 3   DRESS 2

BALCONY

BEDROOM 2
14' x 18'

BEDROOM 3
14' x 18'

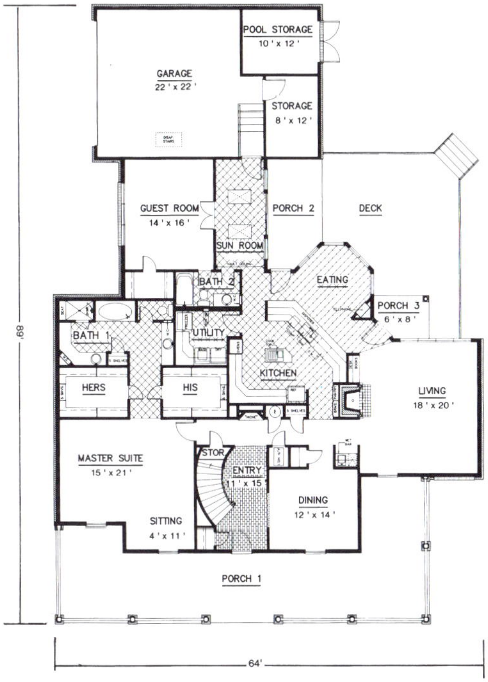

Design HomeStyle
E-3400

© Breland & Farmer, Designers, Inc.

Diese elegante Variante eines Südstaaten-Landhauses stellt sich mit einer dunklen Klinkerfassade vor, gegen die die schönen Stuckverzierungen, die weißen Säulen und das Geländer der Veranda besonders gut zur Geltung kommen. Die formschönen Fenster, die reichverzierten Dachgauben und die exklusive Eingangstür machen das Bild von einem Traumhaus nach Southern Art perfekt. Dieses Landhaus bietet seinen Bewohnern eine Gesamtwohnfläche von 296,17 qm, verteilt auf zwei Etagen.

**Design HomeStyle
DD-3052**

© Danze & Davis Architects, Inc.

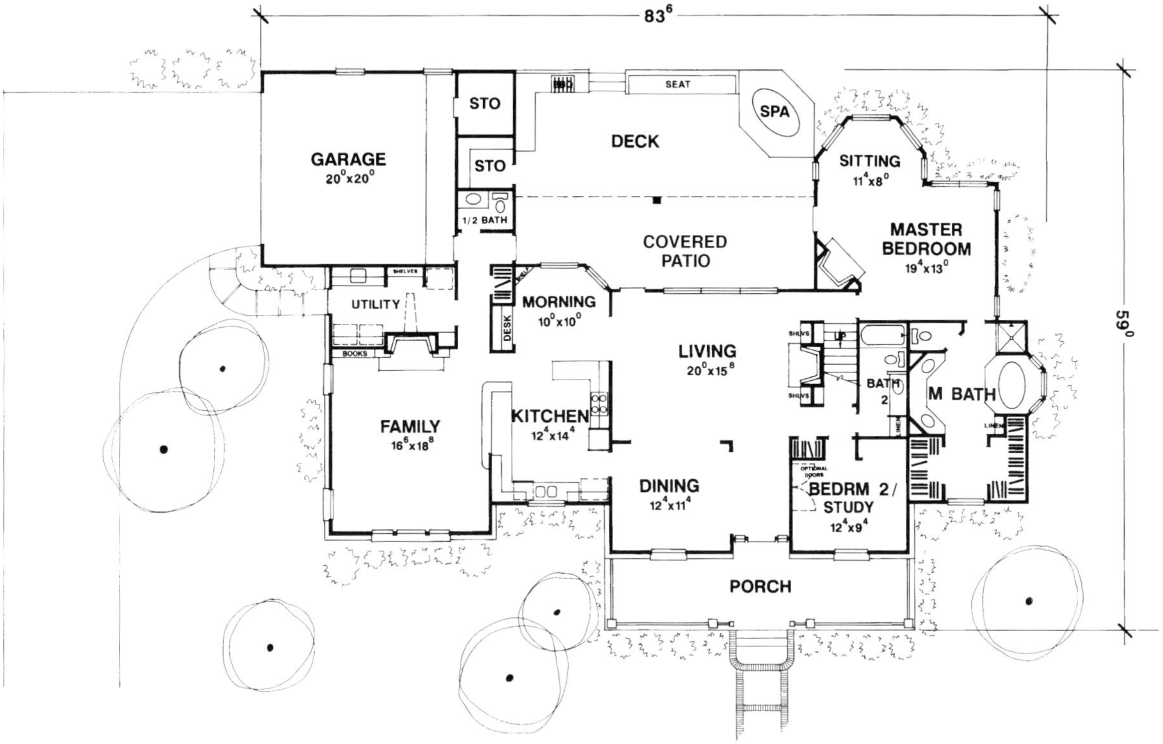

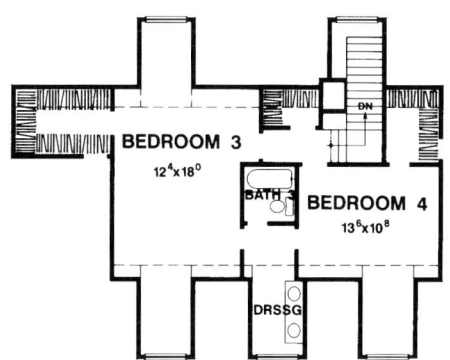

83⁶

STO

STO

SEAT

SPA

DECK

GARAGE
20⁰x20⁰

1/2 BATH

SITTING
11⁴x8⁰

MASTER
BEDROOM
19⁴x13⁰

COVERED
PATIO

59⁰

SHELVES

UTILITY

MORNING
10⁰x10⁰

DESK

LIVING
20⁰x15⁸

BATH
2

M BATH

BOOKS

FAMILY
16⁶x18⁸

KITCHEN
12⁴x14⁴

SHLVS

SHLVS

LINEN

OPTIONAL
DOORS

DINING
12⁴x11⁴

BEDRM 2/
STUDY
12⁴x9⁴

PORCH

BEDROOM 3
12⁴x18⁰

DN

BATH 3

BEDROOM 4
13⁶x10⁸

DRSSG

Auffallend an diesem Landhaus im Southern Country Style sind die drei Dachgauben, die wie kleine Türme aus dem steilen Satteldach ragen. Weiße Säulen tragen die Bedachung der Eingangsveranda. Durch das Fehlen eines Geländers hat man einen unverstellten Blick auf die schönen Fenster der Hausfront. Im Inneren des 230,40 qm großen Gebäudes trifft man auf ein großzügiges Raumangebot. Das Erdgeschoß gliedert sich in einen formellen und in einen familiären Bereich. Der Entwurf sieht drei Schlafräume vor. Über der Garage bietet sich eine zusätzliche, ausbaufähige Fläche.

Design HomeStyle
DD-2480

© Danze & Davis Architects, Inc.

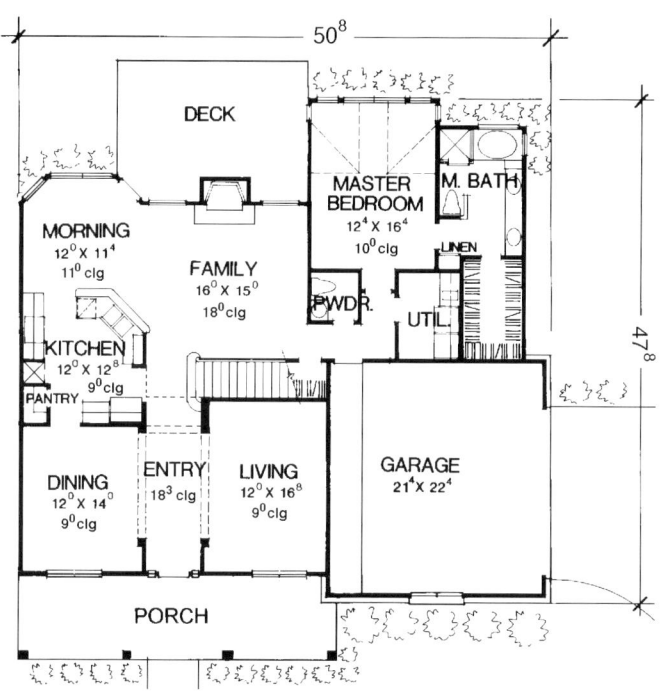

50⁸

DECK

MORNING
12⁰ X 11⁴
11⁰ clg

FAMILY
16⁰ X 15⁰
18⁰clg

MASTER
BEDROOM
12⁴ X 16⁴
10⁰ clg

M. BATH

LINEN

KITCHEN
12⁰ X 12⁸
9⁰clg

PWDR.

UTIL.

47⁸

PANTRY

DINING
12⁰ X 14⁰
9⁰clg

ENTRY
18³ clg

LIVING
12⁰ X 16⁸
9⁰clg

GARAGE
21⁴ X 22⁴

PORCH

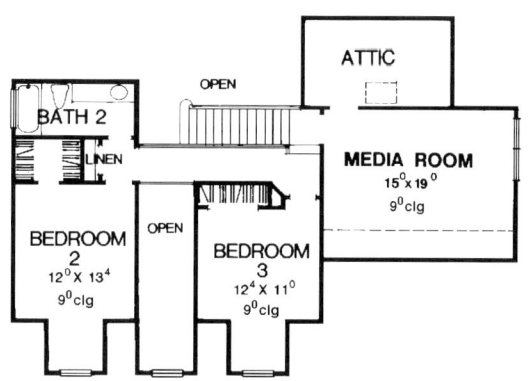

ATTIC

OPEN

BATH 2

LINEN

MEDIA ROOM
15⁰ X 19⁰
9⁰clg

BEDROOM
2
12⁰ X 13⁴
9⁰clg

OPEN

BEDROOM
3
12⁴ X 11⁰
9⁰clg

Wohnen auf einer Ebene von 291,06 qm bietet dieser klassische Entwurf im Southern Country Style. Die äußere Erscheinung läßt zwar vermuten, daß sich hinter den beiden Dachgauben auch Zimmer befinden, die offene Konstruktion dieser Planung verzichtet jedoch auf Zwischendecken und läßt direkten Lichteinfall durch die Gaubenfenster in die darunterliegenden Räume zu.

Design HomeStyle
DD-1914

© Danze & Davis Architects, Inc.

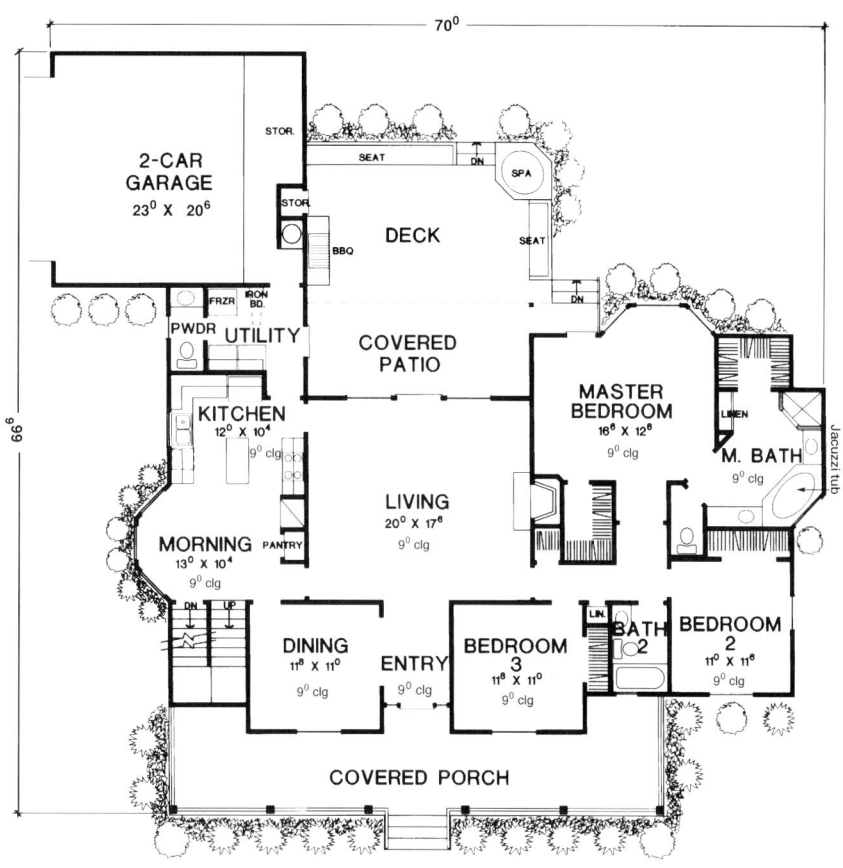

70⁰

2-CAR
GARAGE
23⁰ X 20⁶

STOR.

STOR.

SEAT

DN

SPA

DECK

SEAT

99⁰

FRZR

IRON
BD.

BBQ

PWDR

UTILITY

COVERED
PATIO

DN

LINEN

MASTER
BEDROOM
16⁶ X 12⁸
9⁰ clg

M. BATH
9⁰ clg

Jacuzzi tub

KITCHEN
12⁰ X 10⁴

9⁰ clg

LIVING
20⁰ X 17⁸
9⁰ clg

MORNING
13⁰ X 10⁴
9⁰ clg

PANTRY

DN

UP

DINING
11⁸ X 11⁰
9⁰ clg

ENTRY
9⁰ clg

BEDROOM
3
11⁸ X 11⁰
9⁰ clg

LIN.

BATH
2

LIN.

BEDROOM
2
11⁰ X 11⁸
9⁰ clg

COVERED PORCH

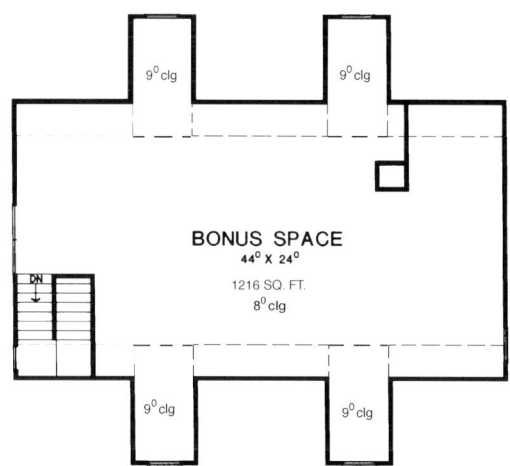

9⁰ clg

9⁰ clg

DN

BONUS SPACE
44⁰ X 24⁰

1216 SQ. FT.
8⁰ clg

9⁰ clg

9⁰ clg

Diese Variante eines klassischen Südstaaten-Landhauses vereinigt alle wesentlichen Stilmerkmale,
die den Charakter dieser Architektur ausmachen.
Nostalgisch wirkt die äußere Erscheinung dieses
Designs, im Innern des Hauses wird der Betracter
jedoch mit einer pfiffigen, topaktuellen Grundrißplanung überrascht. Aufwendige, hohe Deckenkonstruktionen im Frühstücksbereich, im Familienwohnzimmer und in der elterlichen Suite
lassen in diesem Haus keine Enge aufkommen.

**Design HomeStyle
AX–3305**

© Jerold Axelrod & Associates, Inc.

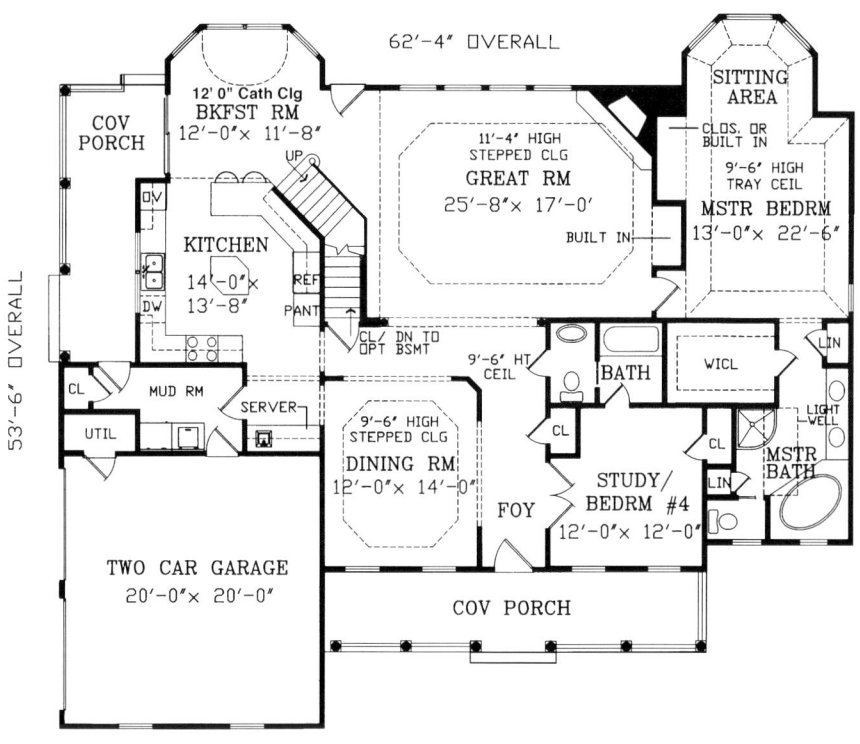

62'-4" OVERALL

COV PORCH

12' 0" Cath Clg
BKFST RM
12'-0"× 11'-8"

UP

KITCHEN
14'-0"×
13'-8"

REF
PANT

CL/ DN TO
OPT BSMT

11'-4" HIGH
STEPPED CLG
GREAT RM
25'-8"× 17'-0"

BUILT IN

SITTING AREA

CLOS. OR
BUILT IN

9'-6" HIGH
TRAY CEIL
MSTR BEDRM
13'-0"× 22'-6"

LIN

BUILT IN

9'-6" HT
CEIL

BATH

WICL

LIN

CL

MSTR BATH

LIGHT WELL

CL

MUD RM

SERVER

UTIL

CL

9'-6" HIGH
STEPPED CLG
DINING RM
12'-0"× 14'-0"

FOY

STUDY/
BEDRM #4
12'-0"× 12'-0"

LIN

TWO CAR GARAGE
20'-0"× 20'-0"

COV PORCH

53'-6" OVERALL

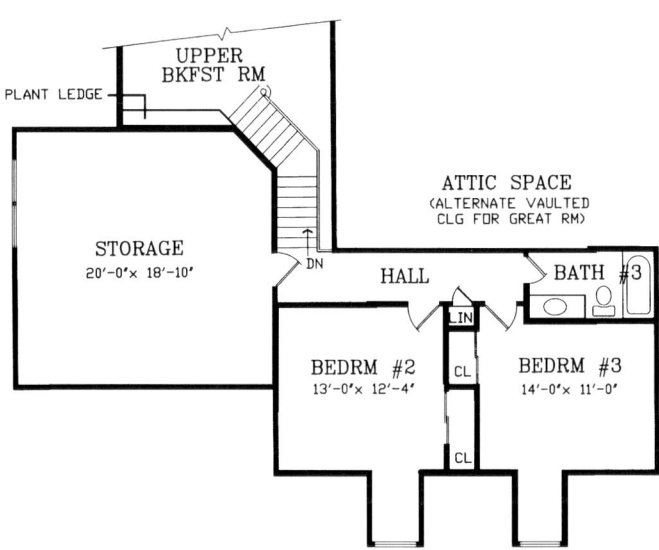

UPPER
BKFST RM

PLANT LEDGE

STORAGE
20'-0"× 18'-10"

DN

ATTIC SPACE
(ALTERNATE VAULTED
CLG FOR GREAT RM)

HALL

BATH #3

LIN

BEDRM #2
13'-0"× 12'-4"

CL

BEDRM #3
14'-0"× 11'-0"

CL

Auch für eine Hangbebauung bietet sich dieser im typischen Südstaaten-Landhausstil geplante Entwurf an. Der Grundriß sieht ein großes Familienwohnzimmer vor, das sich zur Küche mit Frühstücksplatz öffnet. Ferner sind ein Speise- und ein Arbeitszimmer auf dieser Etage geplant. Die Eltern-Suite mit eigenem Bad befindet sich auf gleicher Ebene im Anbau. Im Obergeschoß gibt es zwei weitere Schlafräume, ein Vollbad und ein Loft.

**Design HomeStyle
APS-2315**

© Atlanta Plan Source, Inc.

DECK
35'-8" x 11'-7"

STORAGE
9'-10" x 6'-0"

PANTRY

BRKFST
9'-5" x 11'-6"

LAUNDRY
11'-6" x 6'-0"

KITCHEN
12'-4" x 11'-6"

DW

DINING
13'-8" x 11'-6"

HERS

HIS

GARAGE
21'-8" x 21'-0"

FAMILY
18'-2" x 19'-6"

STAIRS TO
BASEMENT

COATS

LIN

K/S

VAULT

OPEN TO
DORMERS

UP

OFFICE/
BEDROOM
13'-8" x 11'-0"

LIN

TRAY CEILING

MASTER BDRM
15'-8" x 14'-10"

◀ 74'-4" ▶

PORCH

▲
39'-4"
+DECK
▼

BEDROOM 2
13'-0" x 11'-6"

LINEN

BEDROOM 3
13'-0" x 11'-6"

LINEN

OPEN BELOW

DN

LOFT
13'-8" x 11'-0"

American Home Plans hat mit dieser sympathischen Hausvariante im Southern County Style ein perfektes Zuhause für die Familie entworfen. Eine weit überdachte Frontveranda und geschmackvolle Rundbogenfenster bilden mit der eleganten Hauseingangstür ein schönes Ensemble. Im Inneren des 251,30 qm großen Hauses herrscht eine klare Liniensprache vor.

Das zentral gelegene Familienwohnzimmer wurde mit zwei großen Erkerfenstern versehen und hat direkten Zugang in den Garten.

Design HomeStyle
AHP-9360

© American Home Plans

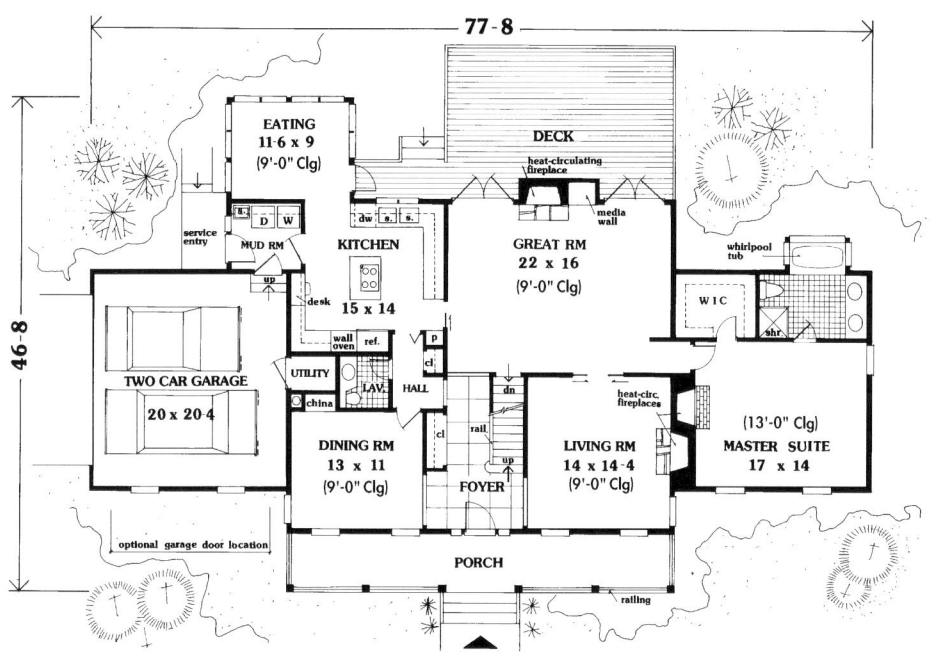

77-8

46-8

EATING
11-6 x 9
(9'-0" Clg)

DECK

heat-circulating
fireplace

media
wall

service
entry

MUD RM

KITCHEN

15 x 14

desk

GREAT RM
22 x 16
(9'-0" Clg)

whirlpool
tub

WIC

shr.

up

wall
oven

ref.

UTILITY

china

LAV.

HALL

p

cl

dn

TWO CAR GARAGE

20 x 20-4

DINING RM
13 x 11
(9'-0" Clg)

cl

rail

up

FOYER

LIVING RM
14 x 14-4
(9'-0" Clg)

heat-circ.
fireplaces

(13'-0" Clg)
MASTER SUITE
17 x 14

optional garage door location

PORCH

railing

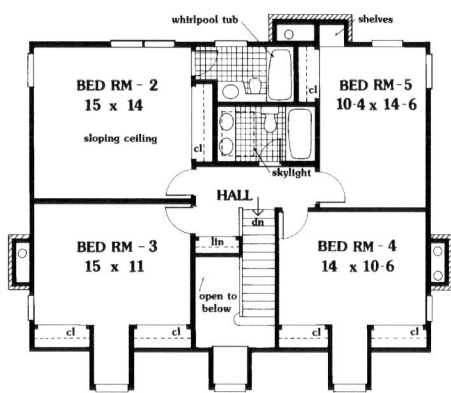

whirlpool tub

shelves

BED RM - 2
15 x 14

sloping ceiling

cl

cl

BED RM - 5
10-4 x 14-6

skylight

HALL

dn

BED RM - 3
15 x 11

lin

open to
below

BED RM - 4
14 x 10-6

cl

cl

cl

cl

Die feine Frontveranda und die schönen Rundbogenfenster verleihen dieser Southern-Country-
Villa eine nostalgische Note. Das Haus hat im
Dachbereich auffallende, weiße Gauben, die wie
kleine Türme herausragen. Zwei stattliche Kaminzüge flankieren das Haupthaus. Die beiden eingeschossigen Seitenflügel dienen als Eltern-Suite auf
der einen und als Doppelgarage auf der anderen
Seite. Insgesamt stehen den Bewohnern dieses
Entwurfs 229,75 qm Wohnfläche zur Verfügung,
die sich in einem klar gegliederten Grundriß auf
beide Etagen verteilt. Mit fünf Schlafräumen
eignet sich dieser Entwurf ausgezeichnet für die
vielköpfige Familie.

**Design HomeStyle
AHP-9397**

© American Home Plans

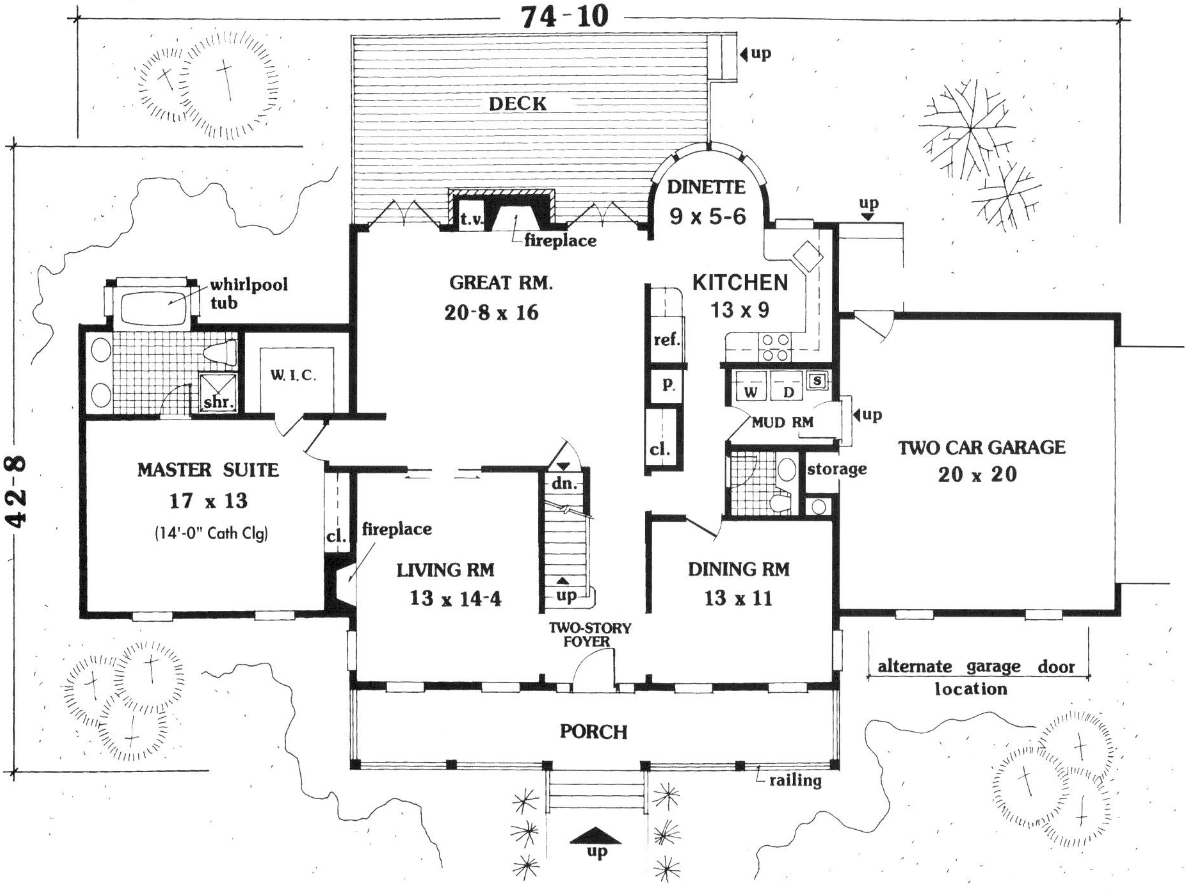

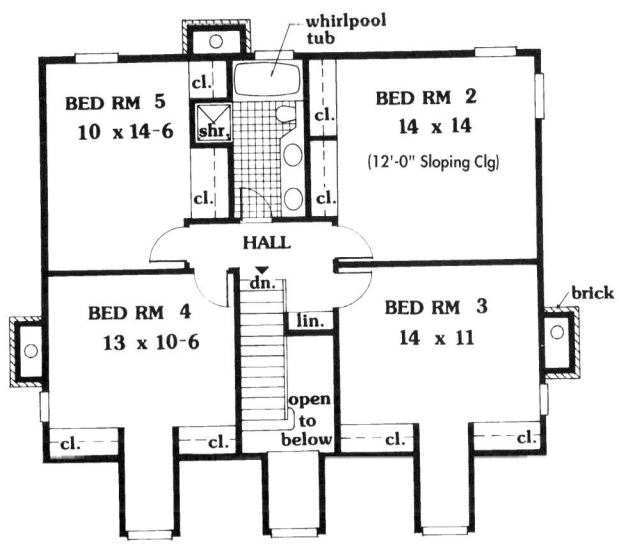

74-10

DECK

up

DINETTE
9 x 5-6

t.v.

fireplace

GREAT RM.
20-8 x 16

KITCHEN
13 x 9

up

whirlpool
tub

ref.

p.

W. I. C.

shr.

cl.

W   D   S

up

MUD RM

TWO CAR GARAGE
20 x 20

42-8

MASTER SUITE
17 x 13
(14'-0" Cath Clg)

cl.

fireplace

dn.

up

storage

cl.

LIVING RM
13 x 14-4

TWO-STORY
FOYER

DINING RM
13 x 11

alternate garage door
location

PORCH

up

railing

whirlpool
tub

BED RM 5
10 x 14-6

cl.

cl.

shr.

cl.

cl.

BED RM 2
14 x 14
(12'-0" Sloping Clg)

cl.

HALL

dn.

brick

BED RM 4
13 x 10-6

lin.

BED RM 3
14 x 11

cl.

cl.

open
to
below

cl.

cl.

Mit diesem Design legt Atlanta Plan Source einen eingeschossigen Hausentwurf im Südstaaten-Landhausstil vor, die sich auch für die Bebauung auf einem Hanggrundstück eignet. Die Fassade des Haupthauses und seiner Flügelanbauten ist mit einer weißen Holzpaneelfassade gestaltet, auf der die roten Fensterläden schöne Akzente setzen. Die Wände im Untergeschoß wurden rustikal mit Natursteinen verkleidet. Dort sind zwei Schlafräume und die Garage untergebracht. Im Obergeschoß befinden sich Küche, Eßzimmer, Wohnzimmer, Eltern-Suite und ein Arbeitszimmer.

**Design HomeStyle
APS-2315**

© Atlanta Plan Source, Inc.

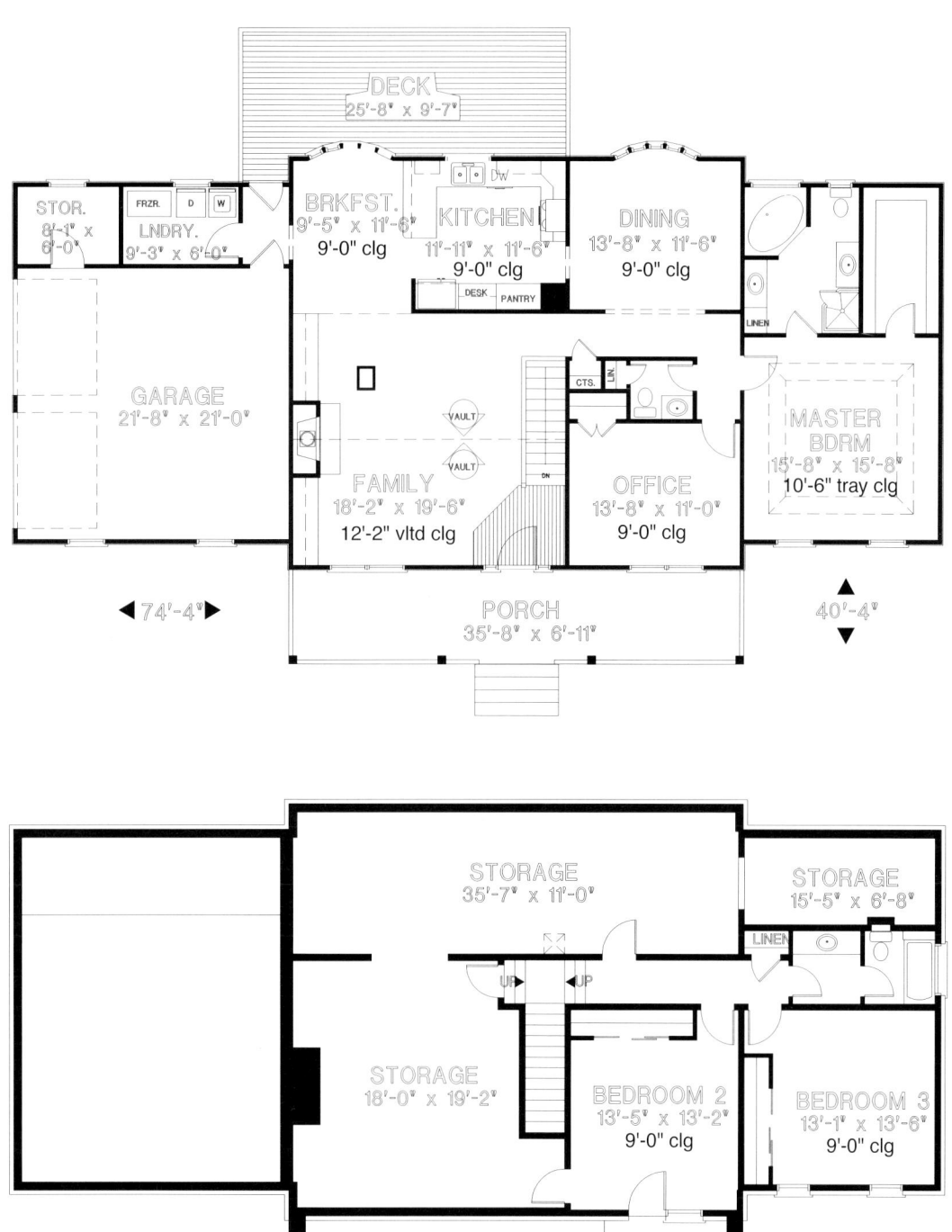

DECK
25'-8" x 9'-7"

STOR.
8'-1" x
6'-0"

FRZR. | D | W

LNDRY.
9'-3" x 6'-0"

BRKFST.
9'-5" x 11'-6"
9'-0" clg

KITCHEN
11'-11" x 11'-6"
9'-0" clg

DW

DESK | PANTRY

DINING
13'-8" x 11'-6"
9'-0" clg

LINEN

GARAGE
21'-8" x 21'-0"

VAULT

VAULT

CTS.

LIN

DN

FAMILY
18'-2" x 19'-6"
12'-2" vltd clg

OFFICE
13'-8" x 11'-0"
9'-0" clg

MASTER
BDRM
15'-8" x 15'-8"
10'-6" tray clg

◄ 74'-4" ►

PORCH
35'-8" x 6'-11"

40'-4"

STORAGE
35'-7" x 11'-0"

STORAGE
15'-5" x 6'-8"

LINEN

UP | UP

STORAGE
18'-0" x 19'-2"

BEDROOM 2
13'-5" x 13'-2"
9'-0" clg

BEDROOM 3
13'-1" x 13'-6"
9'-0" clg

PATIO

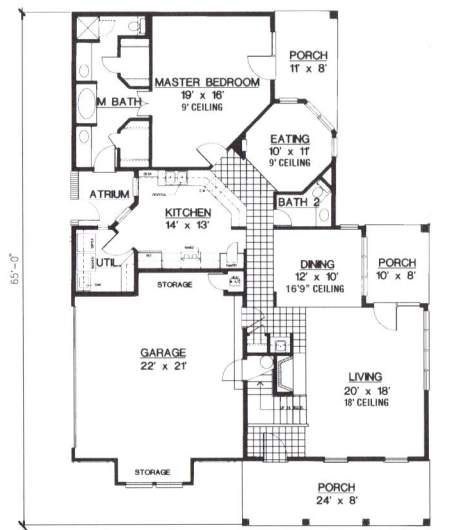

Photo © Mark Englund / HomeStyles

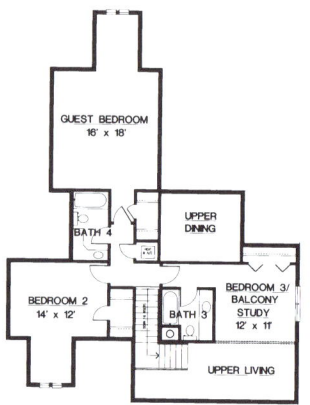

Design HomeStyle
E-2504
©Breland & Farmer,
Designers, Inc.

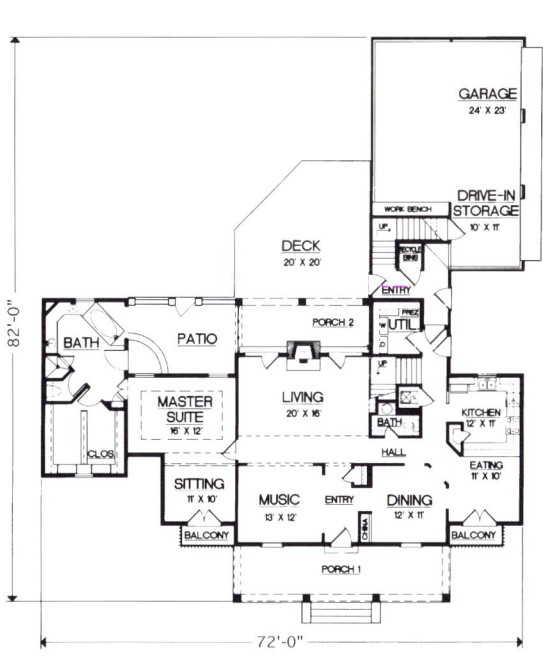

Design HomeStyle
E-2607

© Breland & Farmer, Designers, Inc.

Bei diesem Objekt im Southern Country Style wurde die Garage ins Gebäude miteinbezogen. In ihrem Dachgeschoß bietet sich Platz für zwei Schlafräume. Mit einer Gesamtwohnfläche von 299,42 qm avanciert dieser Entwurf zu einem beliebten Familienhaus.

Design HomeStyle
DD-3272

© Danze & Davis Architects, Inc.

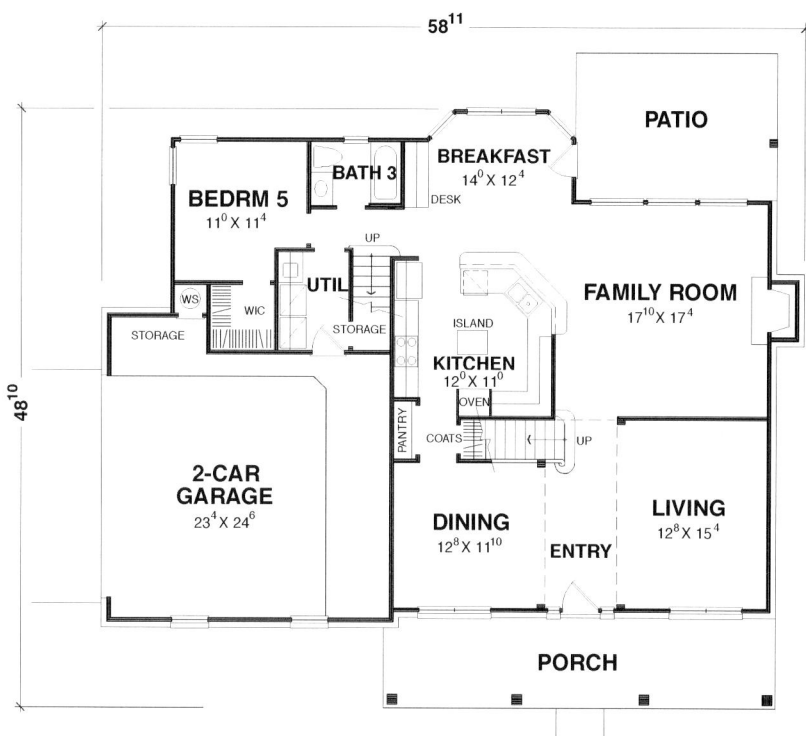

58¹¹

48¹⁰

PATIO

BREAKFAST
14⁰ X 12⁴

DESK

BATH 3

BEDRM 5
11⁰ X 11⁴

UP

FAMILY ROOM
17¹⁰ X 17⁴

UTIL

WS

WIC

STORAGE

STORAGE

ISLAND

KITCHEN
12⁰ X 11⁰

PANTRY

OVEN

2-CAR
GARAGE
23⁴ X 24⁶

COATS

UP

DINING
12⁸ X 11¹⁰

ENTRY

LIVING
12⁸ X 15⁴

PORCH

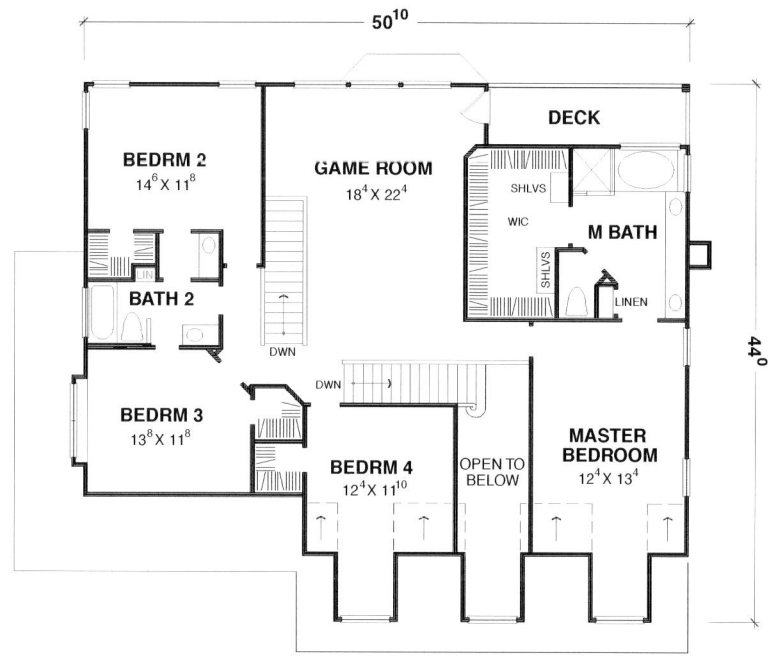

50¹⁰

44⁰

DECK

BEDRM 2
14⁶ X 11⁸

GAME ROOM
18⁴ X 22⁴

SHLVS

WIC

M BATH

SHLVS

LINEN

BATH 2

DWN

DWN

BEDRM 3
13⁸ X 11⁸

BEDRM 4
12⁴ X 11¹⁰

OPEN TO
BELOW

MASTER
BEDROOM
12⁴ X 13⁴

Ein imposanter Portikus überragt den Eingang
dieses prächtigen Entwurfs. Erkerfenster im Erdgeschoß und Rundbogenfenster im Obergeschoß
schmücken die beiden Giebelvorbauten. Feine
Stuckverzierungen vollenden das Bild der exklusiven äußeren Erscheinung. Im Inneren des Hauses
erwartet den Betrachter ein raffiniert geplantes,
großzügiges Raumangebot. Die Gesamtwohnfläche dieses Objekts beträgt 442,86 qm.

**Design HomeStyle
DD–4767**

© Danze & Davis Architects, Inc.

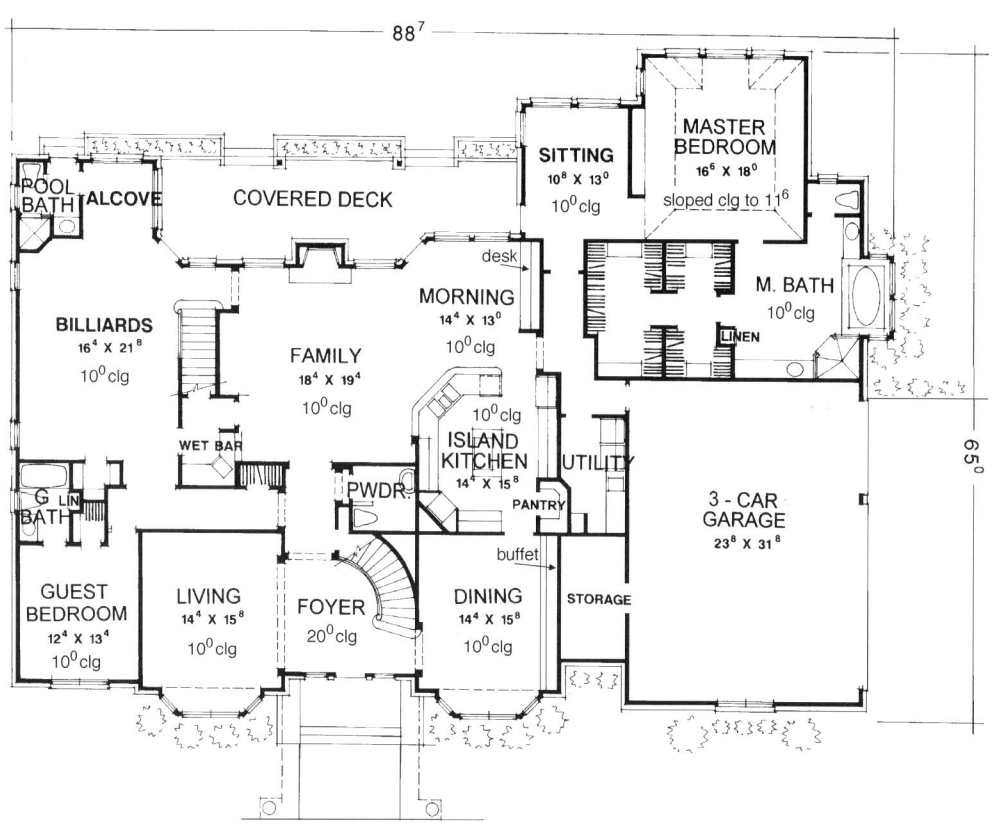

POOL BATH ALCOVE COVERED DECK SITTING
10⁸ X 13⁰
10⁰clg

MASTER BEDROOM
16⁶ X 18⁰
sloped clg to 11⁶

desk

M. BATH
10⁰clg

BILLIARDS
16⁴ X 21⁸
10⁰clg

MORNING
14⁴ X 13⁰
10⁰clg

FAMILY
18⁴ X 19⁴
10⁰clg

LINEN

WET BAR

10⁰clg

ISLAND KITCHEN
14⁴ X 15⁸

UTILITY

G BATH LIN

PWDR.

PANTRY

3 - CAR GARAGE
23⁸ X 31⁸

GUEST BEDROOM
12⁴ X 13⁴
10⁰clg

LIVING
14⁴ X 15⁸
10⁰clg

FOYER
20⁰clg

DINING
14⁴ X 15⁸
10⁰clg

buffet

STORAGE

88⁷

65⁰

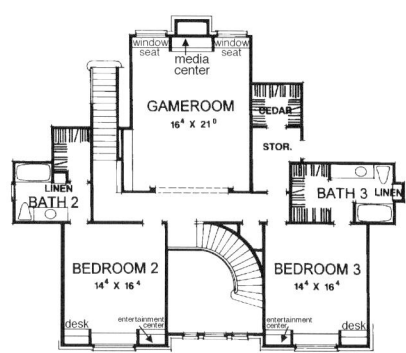

window seat media center window seat

GAMEROOM
16⁴ X 21⁰

CEDAR

STOR.

LINEN
BATH 2

BATH 3 LINEN

BEDROOM 2
14⁴ X 16⁴

BEDROOM 3
14⁴ X 16⁴

desk entertainment center entertainment center desk

Photo © Mark Englund / HomeStyles

Dieses Südstaaten-Landhaus zeigt alle wesentlichen Merkmale, die diese Stilrichtung ausmachen. Über die weit überdachte Hausveranda fällt der Blick auf die formschönen Rundbogenfenster, die die Frontseite dieses Hauses zieren. Das feine Geländer der Veranda findet noch einmal Verwendung als Schmuckleiste über den seitlichen Erkerfenstern. Die weißen Holzelemente stehen im interessanten Kontrast zur Klinkerfassade. Auch im Inneren des Hauses wird die Liebe zum Detail deutlich.

**Design HomeStyle
E-3000**

© Breland & Farmer Designers, Inc.

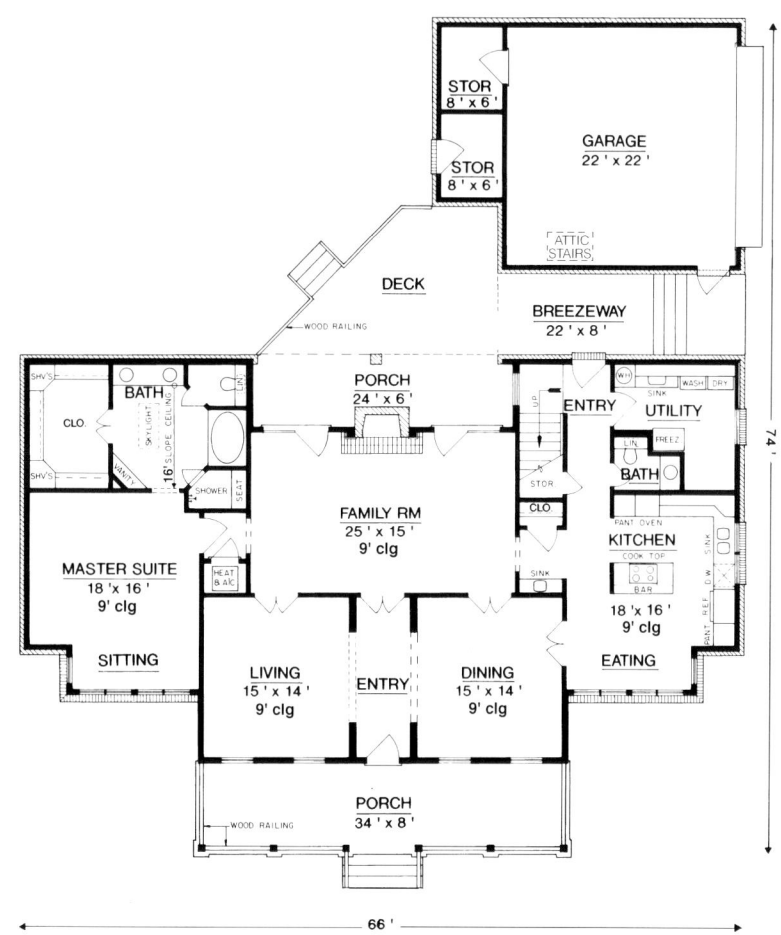

STOR
8' x 6'

STOR
8' x 6'

GARAGE
22' x 22'

ATTIC
STAIRS

DECK

BREEZEWAY
22' x 8'

WOOD RAILING

SHV'S

BATH

CLO.

SKYLIGHT

16' SLOPE CEILING

VANITY

SHV'S

SHOWER

SEAT

STOR

PORCH
24' x 6'

ENTRY

UTILITY

W.H.

SINK

WASH DRY

LIN

FREEZ

BATH

MASTER SUITE
18' x 16'
9' clg

HEAT
B A/C

FAMILY RM
25' x 15'
9' clg

UP

STOR

CLO.

SINK

PANT OVEN

KITCHEN
18' x 16'
9' clg

COOK TOP

BAR

PANT REF. D.W. SINK

SITTING

LIVING
15' x 14'
9' clg

ENTRY

DINING
15' x 14'
9' clg

EATING

PORCH
34' x 8'

WOOD RAILING

66'

74'

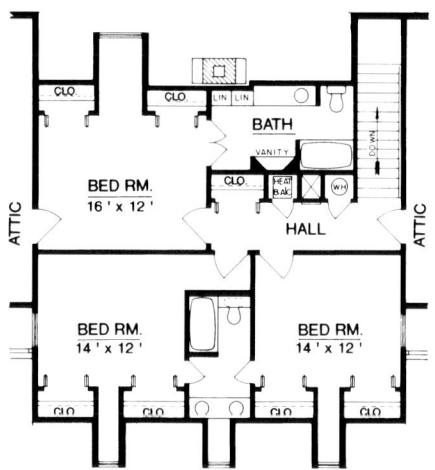

CLO.

CLO.

LIN LIN

BATH

VANITY

ATTIC

BED RM.
16' x 12'

CLO.

HEAT
B A/C

W.H.

DOWN

HALL

ATTIC

BED RM.
14' x 12'

BED RM.
14' x 12'

CLO.

CLO.

CLO.

CLO.

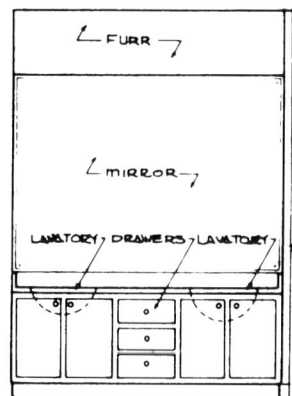

FURR

MIRROR

LAVATORY   DRAWERS   LAVATORY

Photo © Mark Englund / HomeStyles

Dieses 331,47 qm große Familienhaus beeindruckt nicht nur durch eine schöne Außenansicht. Im Inneren des Hauses erwartet den Betrachter eine ansprechende Raumaufteilung. Im Erdgeschoß befindet sich ein Wohn- und ein Speisezimmer. Eine große Country-Küche hat direkten Zugang in den Hauswirtschaftsraum. Den zentralen Punkt bildet das große Familienwohnzimmer. Es ist mit einem Kamin ausgestattet, von dort gelangt man auf die Gartenterrasse.

**Design HomeStyle
E-3501**

© Breland & Farmer Designers, Inc.

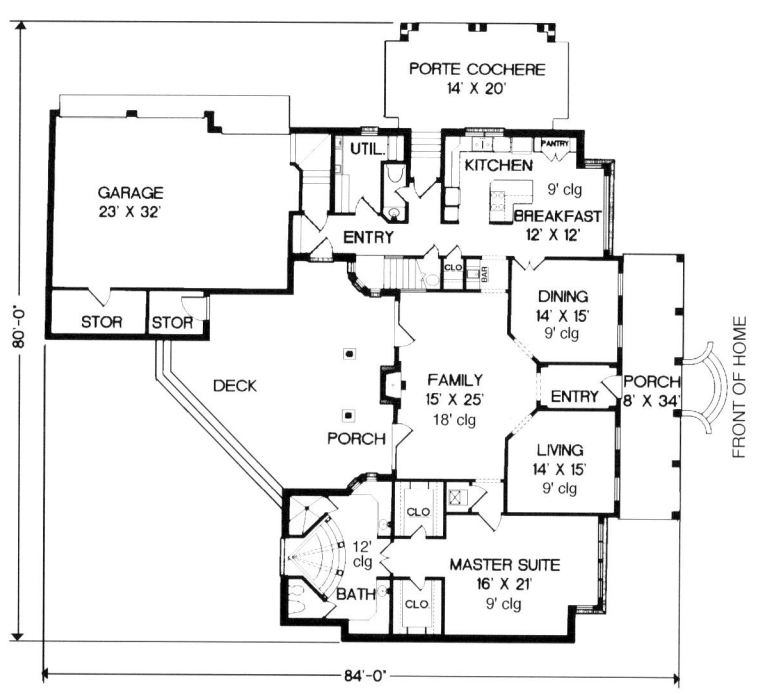

PORTE COCHERE
14' X 20'

GARAGE
23' X 32'

UTIL.

KITCHEN
9' clg

BREAKFAST
12' X 12'

ENTRY

80'-0"

STOR   STOR

CLO
BAR

DINING
14' X 15'
9' clg

DECK

FAMILY
15' X 25'
18' clg

ENTRY

PORCH
8' X 34'

FRONT OF HOME

PORCH

LIVING
14' X 15'
9' clg

CLO

12'
clg

BATH

CLO

MASTER SUITE
16' X 21'
9' clg

84'-0"

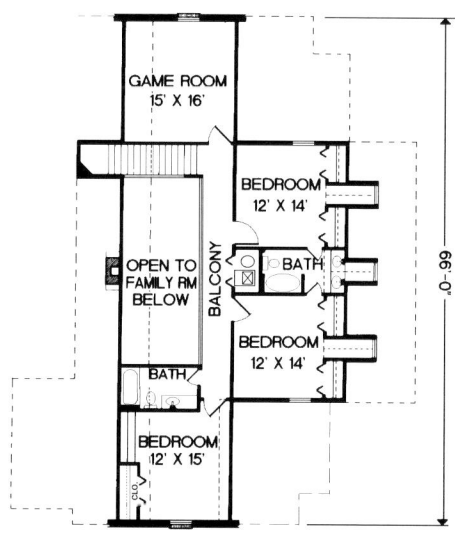

GAME ROOM
15' X 16'

BEDROOM
12' X 14'

OPEN TO
FAMILY RM
BELOW

BALCONY

BATH

66'-0"

BATH

BEDROOM
12' X 14'

BEDROOM
12' X 15'

CLO

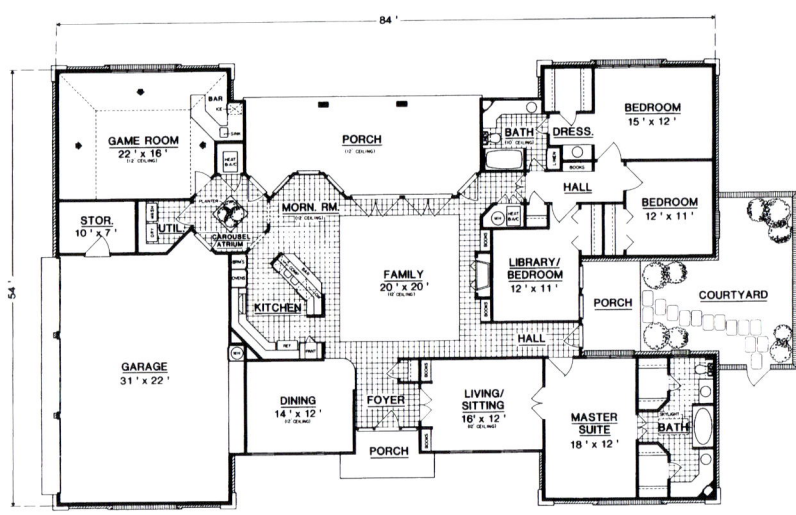

Rund 250 qm Wohnfläche auf einer Ebene bietet dieser außergewöhnliche Hausentwurf. Das Interieur fasziniert mit einer raffinierten Grundrißlösung.

Design HomeStyle
E-2704

© Breland & Farmer Designers, Inc.

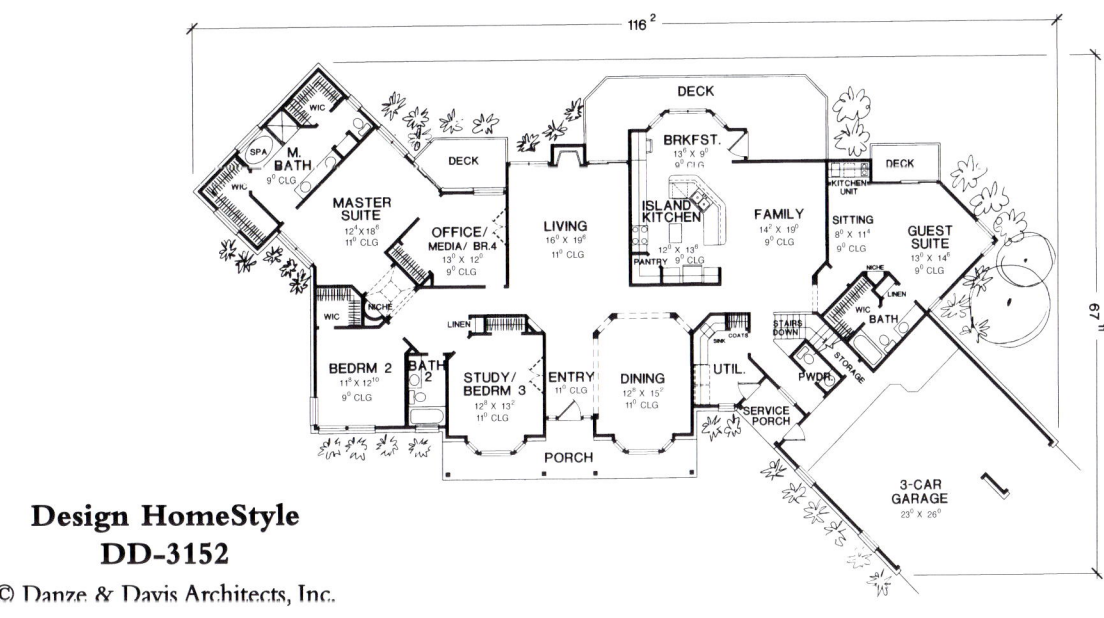

Design HomeStyle
DD-3152
© Danze & Davis Architects, Inc.

Dieses originalgetreue Country-Haus spiegelt das idyllische Leben auf dem Land wider. Die Verwendung von Stein und Holz verleiht diesem Objekt einen rustikalen Charme. Das tiefergezogene Dach schafft viel Platz für die Veranda. Der Grundriß im Erdgeschoß bietet seinen Bewohnern ein offenes Foyer, von dem man seitlich in die formellen Wohnräume blicken kann. Die Küche verfügt über ein angrenzendes Frühstückszimmer. Den zentralen Punkt des Hauses bildet das Familienwohnzimmer, das sich bis ins Dach erstreckt. Es wird durch Dachlukenfenster mit natürlichem Licht versorgt. Die Eltern-Suite mit eigenem Bad bildet den Abschluß. Im Obergeschoß sind zwei Schlafräume und ein Vollbad untergebracht.

**Design HomeStyle
GA-9601**

© Genesis Architecture and Planning

78'-0"

62'-0"

DECK

master bath

walk-in closet

lin.

4 skylights above

vaulted ceiling

Breakfast
11-4 X 10-6
9-2 Clg

Great Room
22-4 x 15-8
20-0 Clg
entertainment center
balcony above

Kitchen
14-8 X 14-0

Master Br
16-0 x 13-4
9-2 Clg

f.p.

9-2 Clg

OVEN

w
d

Util.
14-0 X 6-6

PAN.

Garage
23-4 X 23-2

balcony above

dn

Living Room
14-6 x 14-2
9-2 Clg

Foyer
15-6 X 9-8
20-0 Clg

up

Dining
14-6 X 11-0
9-2 Clg

PORCH

attic

4 skylights

open to Great Room below

Unfinished Bonus Room
21-7 X 10-10

railing

railing

dn

Bedroom 2
15-7 X 11-8

open to foyer below

Bedroom 3
15-8 X 10-10

Eine schöne, großzügig verglaste Front kennzeichnet dieses 275,17 qm große Haus im Southern Country Style. Wie in den Südstaaten typisch, erhielt auch dieses Haus eine weit überdachte Hausveranda. Üppig verzierte Dachgauben mit schönen Rundbogenfenstern unterstreichen die Eleganz dieses Designs. Im Erdgeschoß befinden sich Eßzimmer, Wohnzimmer, die große Country-Küche mit Eßplatz im Glaserker und die elterliche Suite mit eigenem Bad. Im Obergeschoß sind drei Schlafräume untergebracht.

**Design HomeStyle
DD-2912**
© Danze & Davis Architects, Inc.

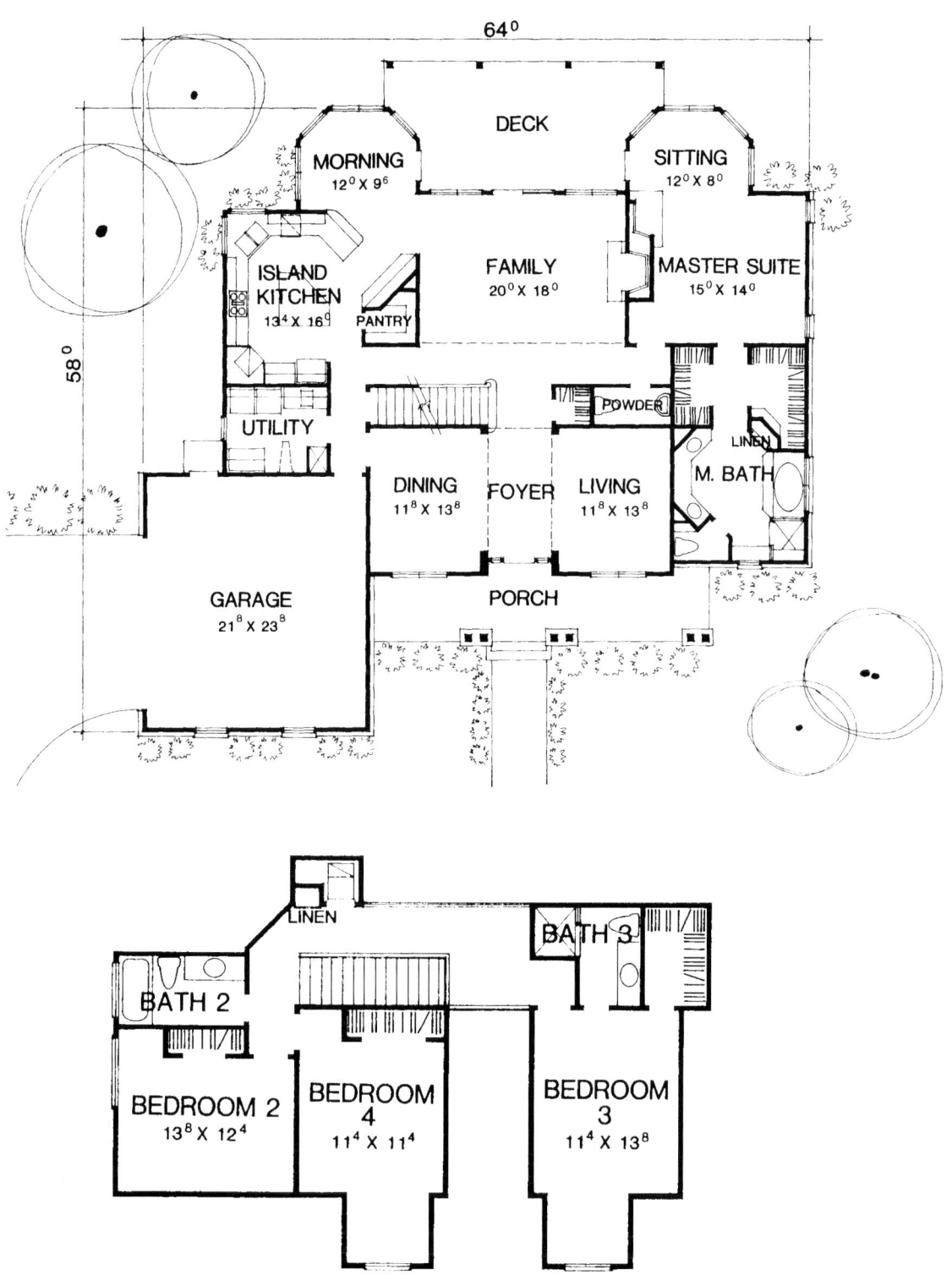

64⁰

DECK

MORNING
12⁰ X 9⁶

SITTING
12⁰ X 8⁰

ISLAND
KITCHEN
13⁴ X 16⁹

FAMILY
20⁰ X 18⁰

MASTER SUITE
15⁰ X 14⁰

PANTRY

58⁰

UTILITY

POWDER

LINEN

DINING
11⁸ X 13⁸

FOYER

LIVING
11⁸ X 13⁸

M. BATH

GARAGE
21⁸ X 23⁸

PORCH

LINEN

BATH 3

BATH 2

BEDROOM 2
13⁸ X 12⁴

BEDROOM
4
11⁴ X 11⁴

BEDROOM
3
11⁴ X 13⁸

Die Verwendung von Klinkern und Holzpaneelen
an der Fassade dieses Hauses stellt eine gelungene
Mischung dar. Es bietet seinen Bewohnern eine
weit überdachte Hausveranda, über die man ins
Hausinnere gelangt. Die 243,22 qm große Wohnfläche verteilt sich auf zwei Geschosse. Im Erdgeschoß befindet sich ein Speisezimmer und ein
Salon. Das Familienwohnzimmer bildet mit der
Country-Küche und dem Frühstückszimmer
einen großen Wohnbereich. Die Planung beinhaltet vier Schlafräume.

**Design HomeStyle
NBV-11196**

© Nelson Design Group, L.L.C.

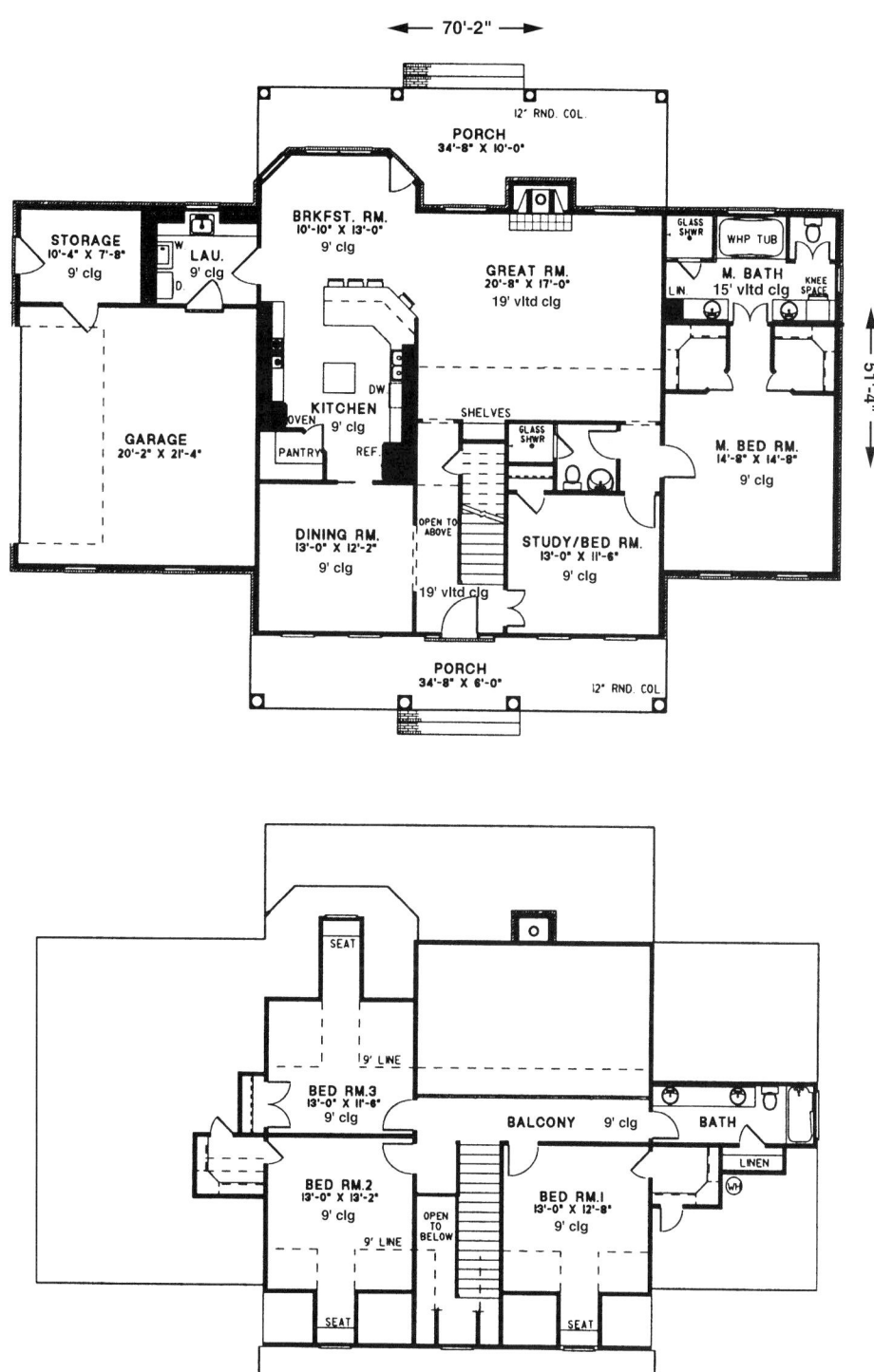

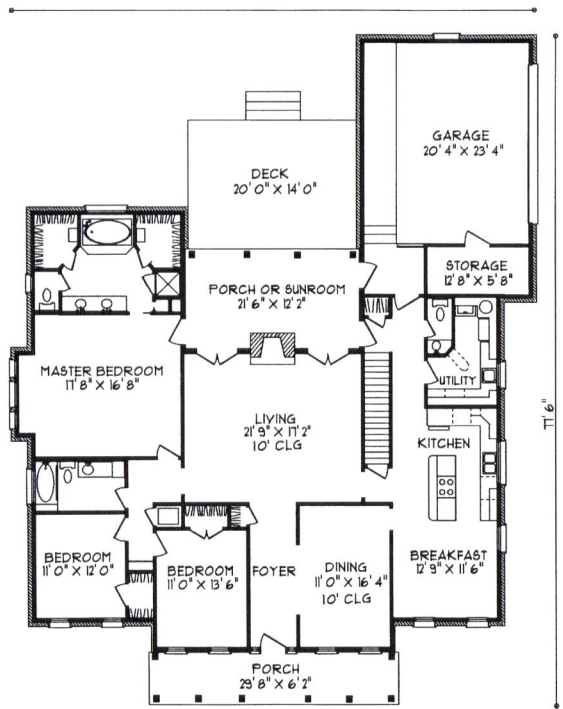

64' 4"

GARAGE
20' 4" x 23' 4"

DECK
20' 0" x 14' 0"

STORAGE
12' 8" x 5' 8"

PORCH OR SUNROOM
21' 6" x 12' 2"

MASTER BEDROOM
11' 8" x 16' 8"

UTILITY

LIVING
21' 9" x 11' 2"
10' CLG

KITCHEN

71' 6"

BEDROOM
11' 0" x 12' 0"

BEDROOM
11' 0" x 13' 6"

FOYER

DINING
11' 0" x 16' 4"
10' CLG

BREAKFAST
12' 9" x 11' 6"

PORCH
29' 8" x 6' 2"

Wohnen auf einer Ebene bietet dieser schöne Entwurf im Southern Country Style. Auf 263,84 qm Wohnfläche zeigt dieses Design eine offene Grundrißgestaltung mit hohen Decken, die keine Enge im Inneren des Hauses aufkommen lassen.

Design HomeStyle
J-90019

© Larry James & Associates, Inc.

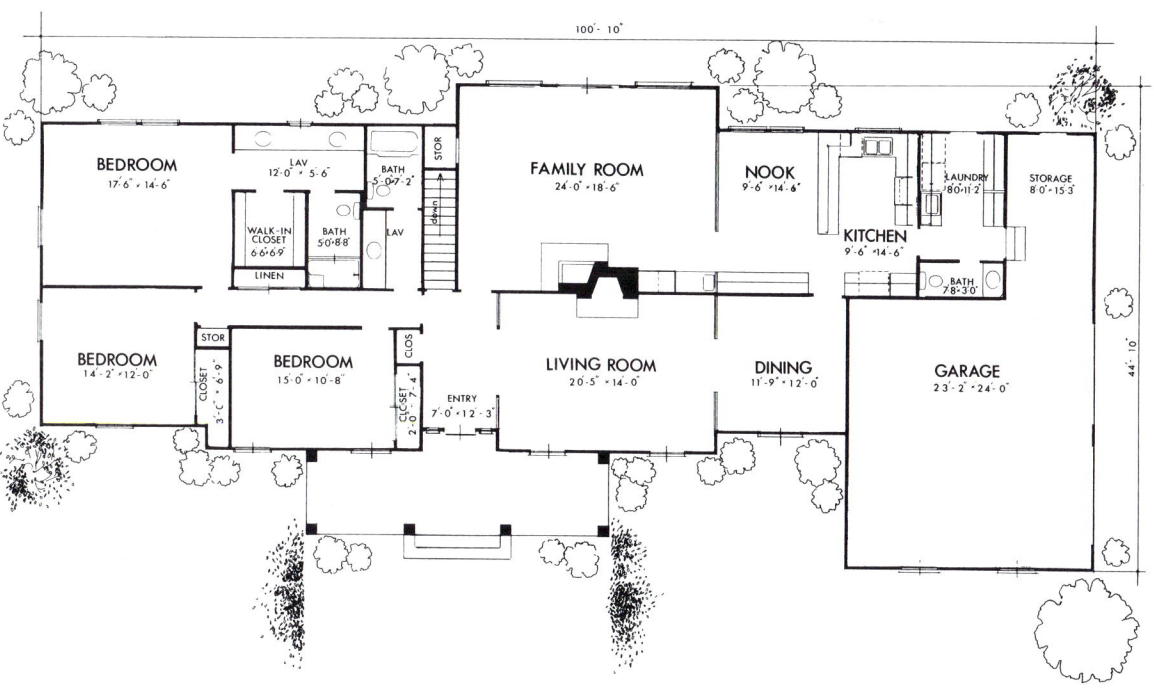

Dieses 241,08 qm große Landhaus bietet bequemes Wohnen auf einer Ebene.

Design HomeStyle
H 1419
© LifeStyle HomeDesign

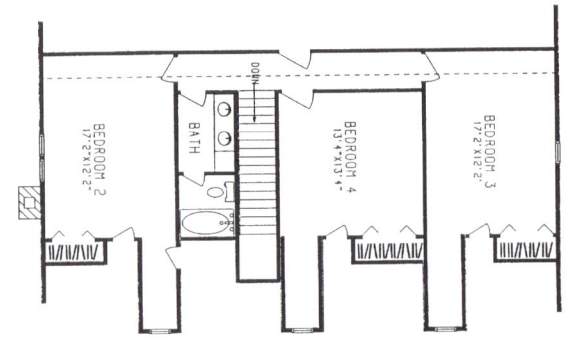

Photo © Mark Englund / HomeStyles

Dieses Landhaus im typischen Southern Country Style beeindruckt mit einer weit überdachten Veranda. Die 263,84 qm große Wohnfläche verteilt sich großzügig auf zwei Etagen. Auf der Hausrückseite ist zwischen der Garage und dem Wohnhaus ein Wintergarten vorgesehen.

Design HomeStyle
J-91068
© Larry James & Associates, Inc.

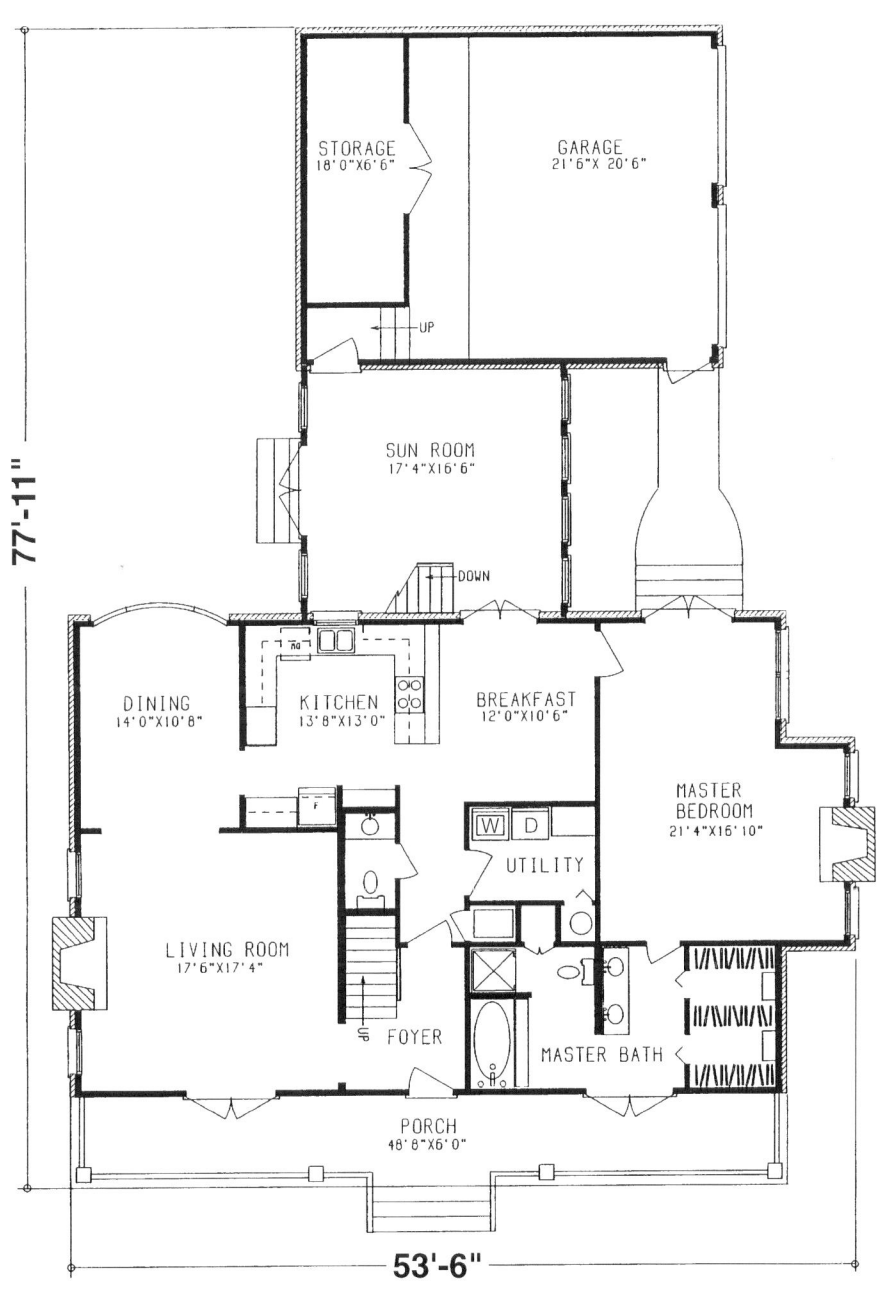

77'-11"

STORAGE
18'0"X6'6"

GARAGE
21'6"X 20'6"

UP

SUN ROOM
17'4"X16'6"

DOWN

DINING
14'0"X10'8"

KITCHEN
13'8"X13'0"

BREAKFAST
12'0"X10'6"

MASTER
BEDROOM
21'4"X16'10"

W D

UTILITY

LIVING ROOM
17'6"X17'4"

FOYER

UP

MASTER BATH

PORCH
48'8"X6'0"

53'-6"

Southern Country Style 115

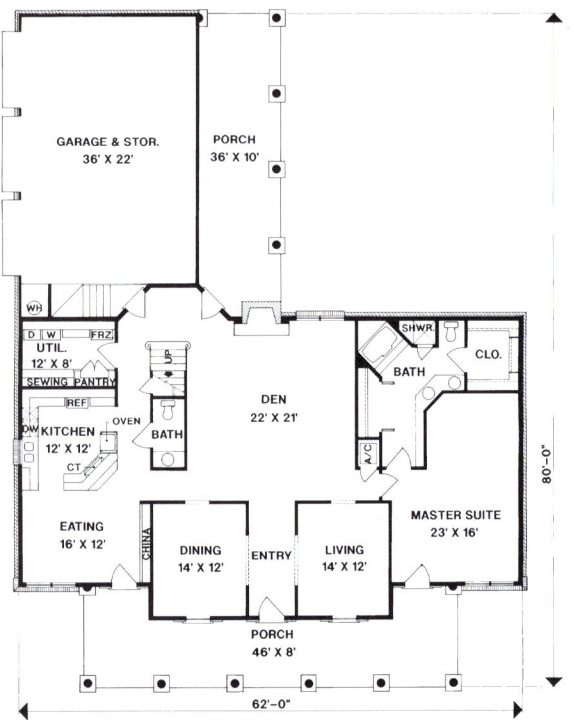

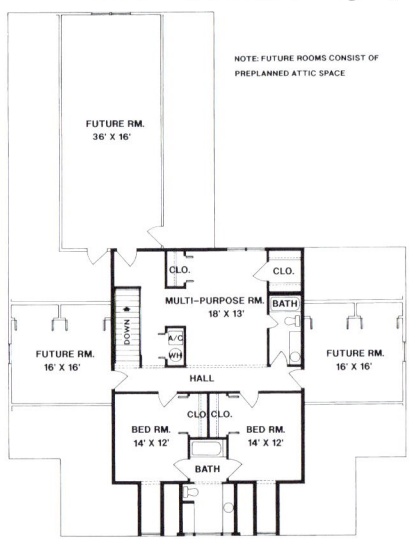

Photo © Breland & Farmer Designers, Inc.

NOTE: FUTURE ROOMS CONSIST OF
PREPLANNED ATTIC SPACE

**Design HomeStyle
THD-330-0**

© Breland & Farmer Designers, Inc.

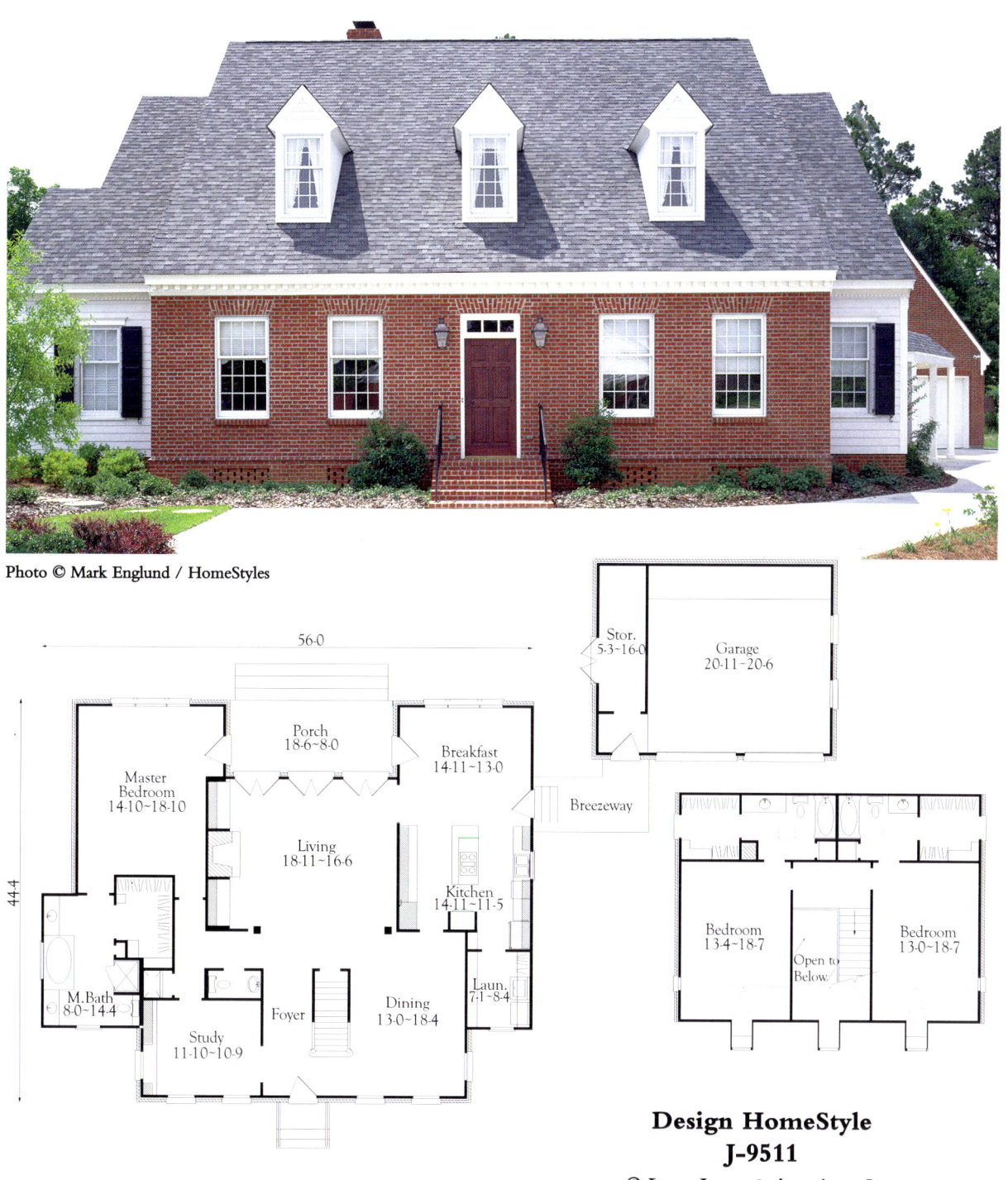

Photo © Mark Englund / HomeStyles

56-0

44-4

Stor.
5-3~16-0

Garage
20-11~20-6

Master
Bedroom
14-10~18-10

Porch
18-6~8-0

Breakfast
14-11~13-0

Breezeway

Living
18-11~16-6

Kitchen
14-11~11-5

M.Bath
8-0~14-4

Study
11-10~10-9

Foyer

Dining
13-0~18-4

Laun.
7-1~8-4

Bedroom
13-4~18-7

Open to
Below

Bedroom
13-0~18-7

**Design HomeStyle
J-9511**

© Larry James & Associates, Inc.

Photo © Historical Replications, Inc.

Die Designer von Historical Replication, Inc., verstehen es, den Charme historischer Architektur in aktuelle Neuplanungen zu übernehmen. Dieses Beispiel stilgerechter Südstaaten-Architektur besticht mit seinen imposanten Säulen, die den Eingangsbereich mit einer weit überdachten Veranda perfekt in Szene setzen. Die stuckverzierten Dachgauben unterstreichen den Charme des äußeren Erscheinungsbildes. Die Grundrißgestaltung im Hausinneren ist klassisch gehalten bei einer Gesamtwohnfläche von 424,19 qm.

Design HomeStyle
V–3822

© Historical Replications, Inc.

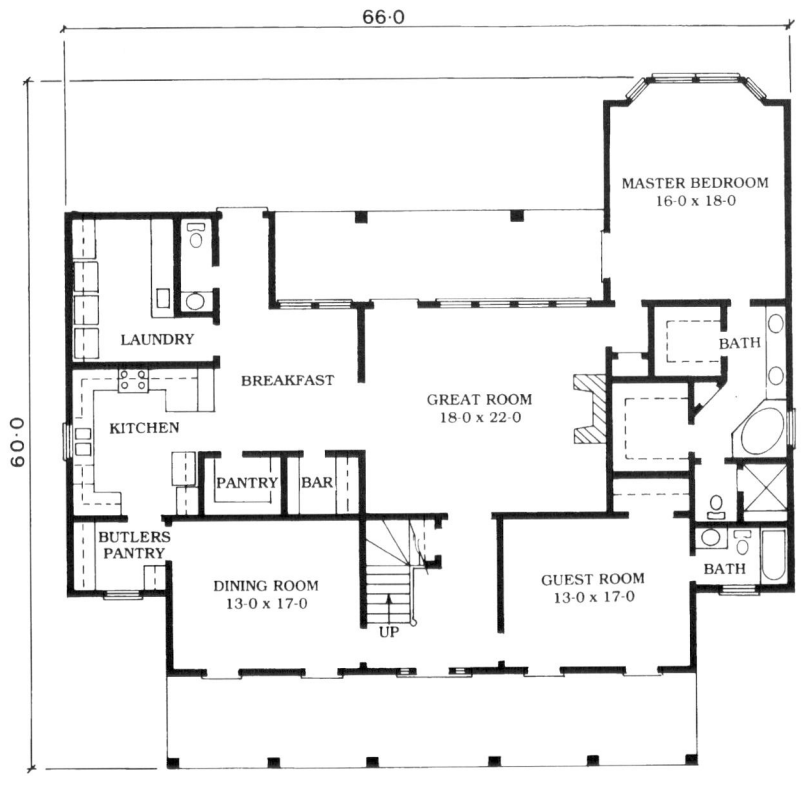

66·0

60·0

MASTER BEDROOM
16·0 x 18·0

LAUNDRY

BREAKFAST

GREAT ROOM
18·0 x 22·0

BATH

KITCHEN

PANTRY   BAR

BUTLERS
PANTRY

DINING ROOM
13·0 x 17·0

GUEST ROOM
13·0 x 17·0

BATH

UP

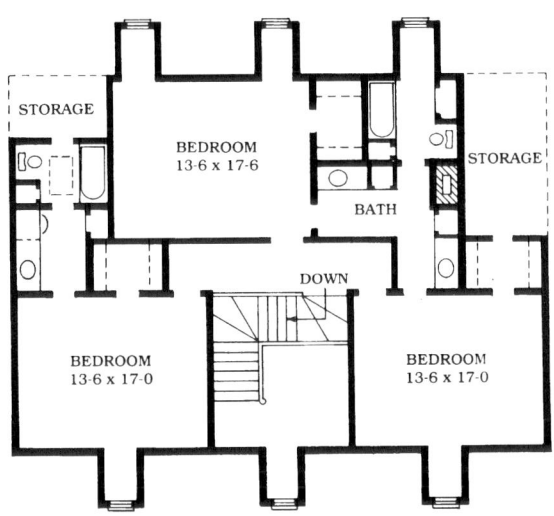

STORAGE

BEDROOM
13·6 x 17·6

STORAGE

BATH

DOWN

BEDROOM
13·6 x 17·0

BEDROOM
13·6 x 17·0

Der für stilechte Südstaaten-Architektur bekannte Designer Larry James legt mit dieser Country-Planung ein perfektes Zuhause für die Familie vor. Die Frontansicht zeigt eine weit überdachte Veranda und drei Dachgauben, die zu den typischen Merkmalen dieses Baustils gehören. Im Inneren des Hauses stehen den Bewohnern 241,26 qm Wohnfläche auf einer Ebene zur Verfügung. Die Dachgauben lassen natürliches Licht einfallen und unterstreichen den Charakter der offenen Raumgestaltung.

Design HomeStyle
J-9506

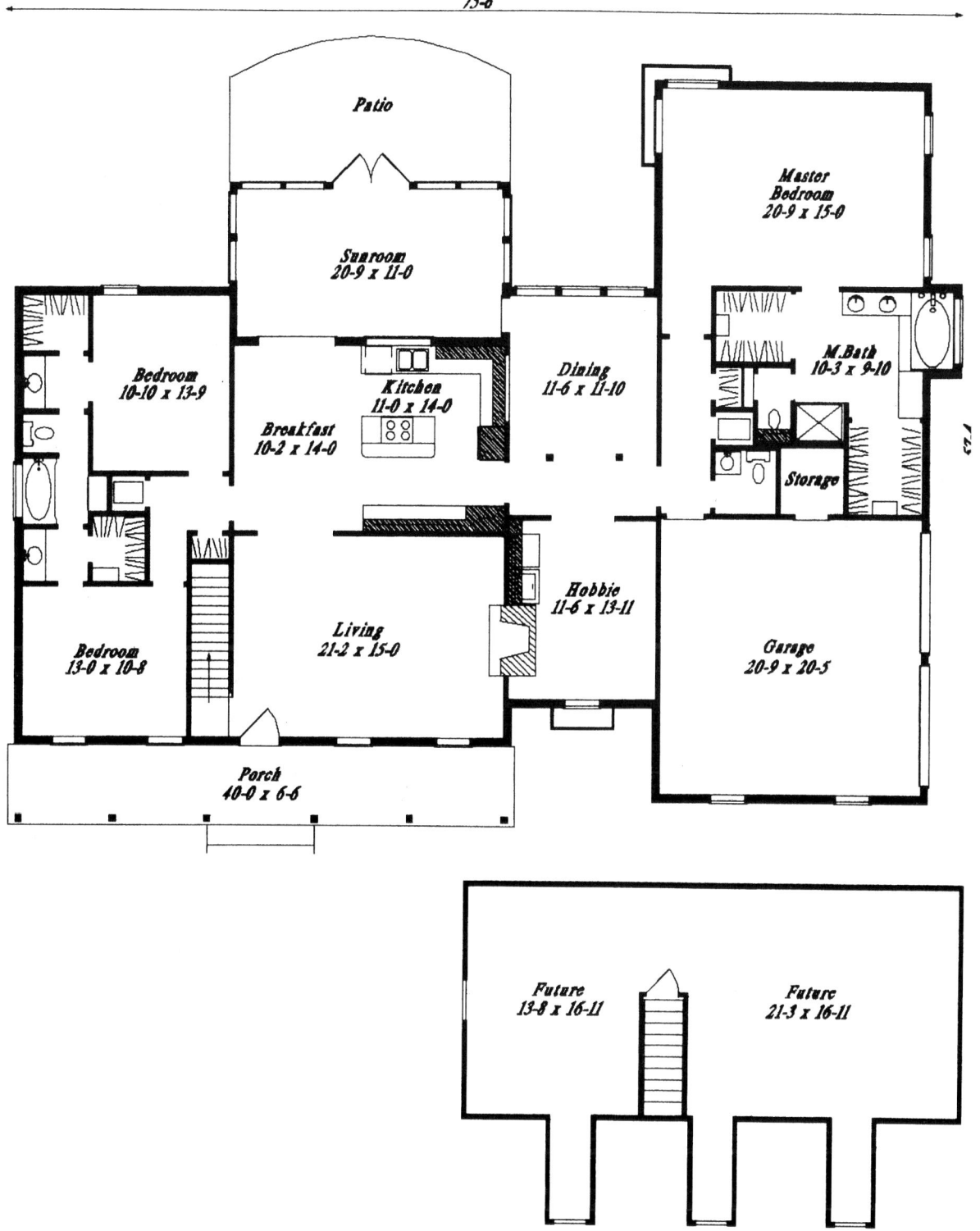

75-6

Patio

Sunroom
20-9 x 11-0

Master
Bedroom
20-9 x 15-0

Bedroom
10-10 x 13-9

Dining
11-6 x 11-10

M.Bath
10-3 x 9-10

Kitchen
11-0 x 14-0

Breakfast
10-2 x 14-0

Storage

Bedroom
13-0 x 10-8

Hobbie
11-6 x 13-11

Living
21-2 x 15-0

Garage
20-9 x 20-5

Porch
40-0 x 6-6

Future
13-8 x 16-11

Future
21-3 x 16-11

Design HomeStyle
J-8688

© Larry James & Associa-
tes, Inc.

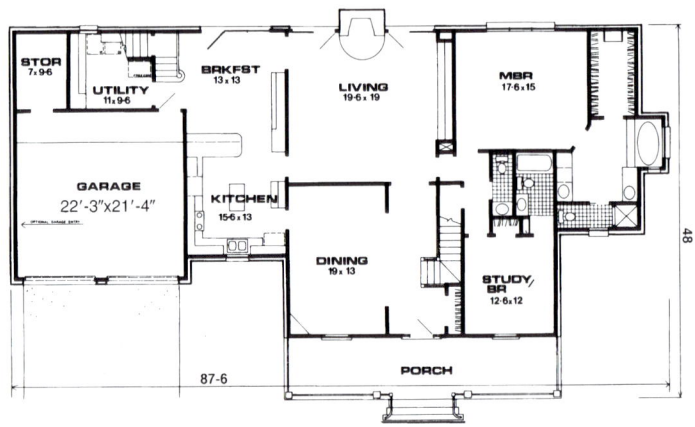

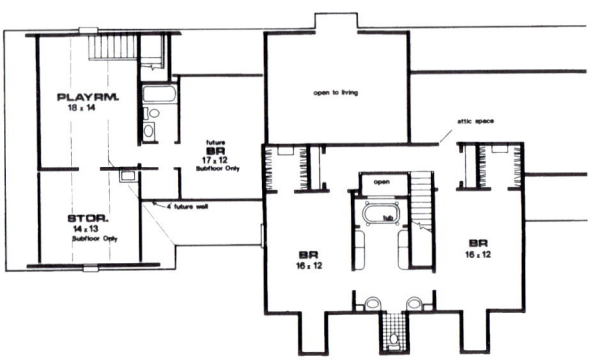

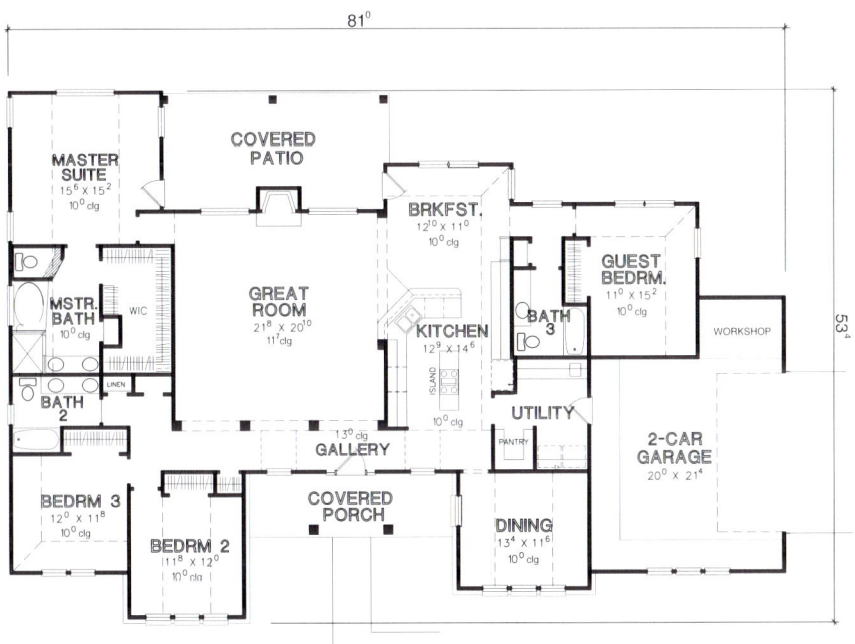

MASTER
SUITE
15⁶ x 15²
10⁰ clg

COVERED
PATIO

BRKFST.
12⁰ x 11⁰
10⁰ clg

GUEST
BEDRM.
11⁰ x 15²
10⁰ clg

WORKSHOP

MSTR.
BATH
10⁰ clg

WIC

GREAT
ROOM
21⁸ x 20¹⁰
11⁷clg

KITCHEN
12⁹ x 14⁶

BATH
3

LINEN

BATH
2

UTILITY

2-CAR
GARAGE
20⁰ x 21⁴

PANTRY

13⁰ clg
GALLERY

BEDRM 3
12⁰ x 11⁸
10⁰ clg

COVERED
PORCH

BEDRM 2
11⁸ x 12⁰
10⁰ clg

DINING
13⁴ x 11⁶
10⁰ clg

81⁰

53⁴

Diese eingeschossige Land-
hausplanung bietet seinen
Bewohnern eine Wohnfläche
von 236,06 qm. Die aus-
gefallenen Fensterelemente
harmonieren perfekt mit der
Steinfassade.

**Design HomeStyle
DD-2541**

© Danze & Davis Architects,
Inc.

Design HomeStyle
J-86113

© Larry James & Associates, Inc.

Dieser anderthalbgeschossige, typische Entwurf im Southern Country Style hat eine pächtige, weit überdachte Hausveranda. Im Inneren des Hauses ist eine klare Raumaufteilung tonangebend. Vom Foyer fällt der Blick in das zur rechten Seite gelegene Speisezimmer. Daran schließt die Küche mit einem Frühstückszimmer und dem Hauswirtschaftsraum an. Das große Kaminwohnzimmer liegt in der Mitte des Hauses. Den Abschluß im Erdgeschoß bildet die Eltern-Suite mit eigenem Bad. Im Obergeschoß befinden sich zwei Schlafräume und ein Vollbad.

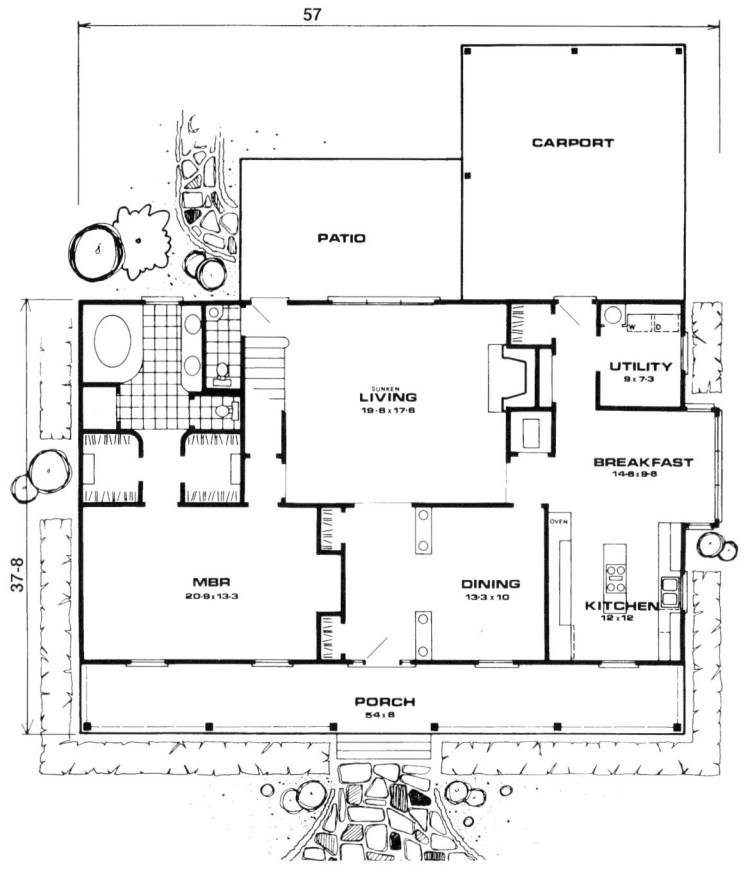

57

37-8

CARPORT

PATIO

UTILITY
9 x 7-3

SUNKEN
LIVING
19-6 x 17-6

BREAKFAST
14-6 x 9-6

MBR
20-9 x 13-3

DINING
13-3 x 10

OVEN

KITCHEN
12 x 12

PORCH
54 x 8

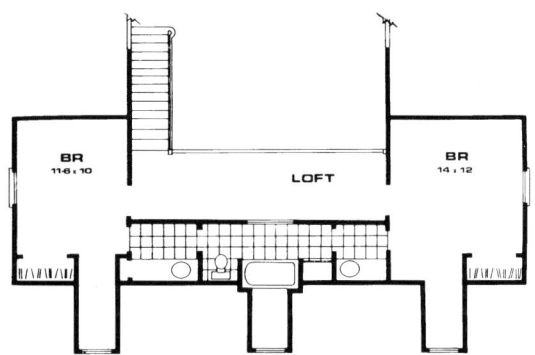

BR
11-6 x 10

LOFT

BR
14 x 12

Photo © Mark Englund / HomeStyles

Massive Säulen stützen die Eingangsveranda dieser stilechten Südstaaten-Villa. Feine Stuckverzierungen unterstreichen die Eleganz der Frontansicht. Die breite Haustür wurde mit einem Rundbogenoberlicht ausgestattet, so daß natürliches Licht in das dahinterliegende Foyer einfallen kann. Eine großzügige Wohnfläche von 424,19 qm steht den Bewohnern dieses Hauses zur Verfügung. Die klare Formensprache herrscht auch bei der Raumaufteilung im Inneren des Hauses vor.

**Design HomeStyle
V–4566**

© Historical Replications, Inc.

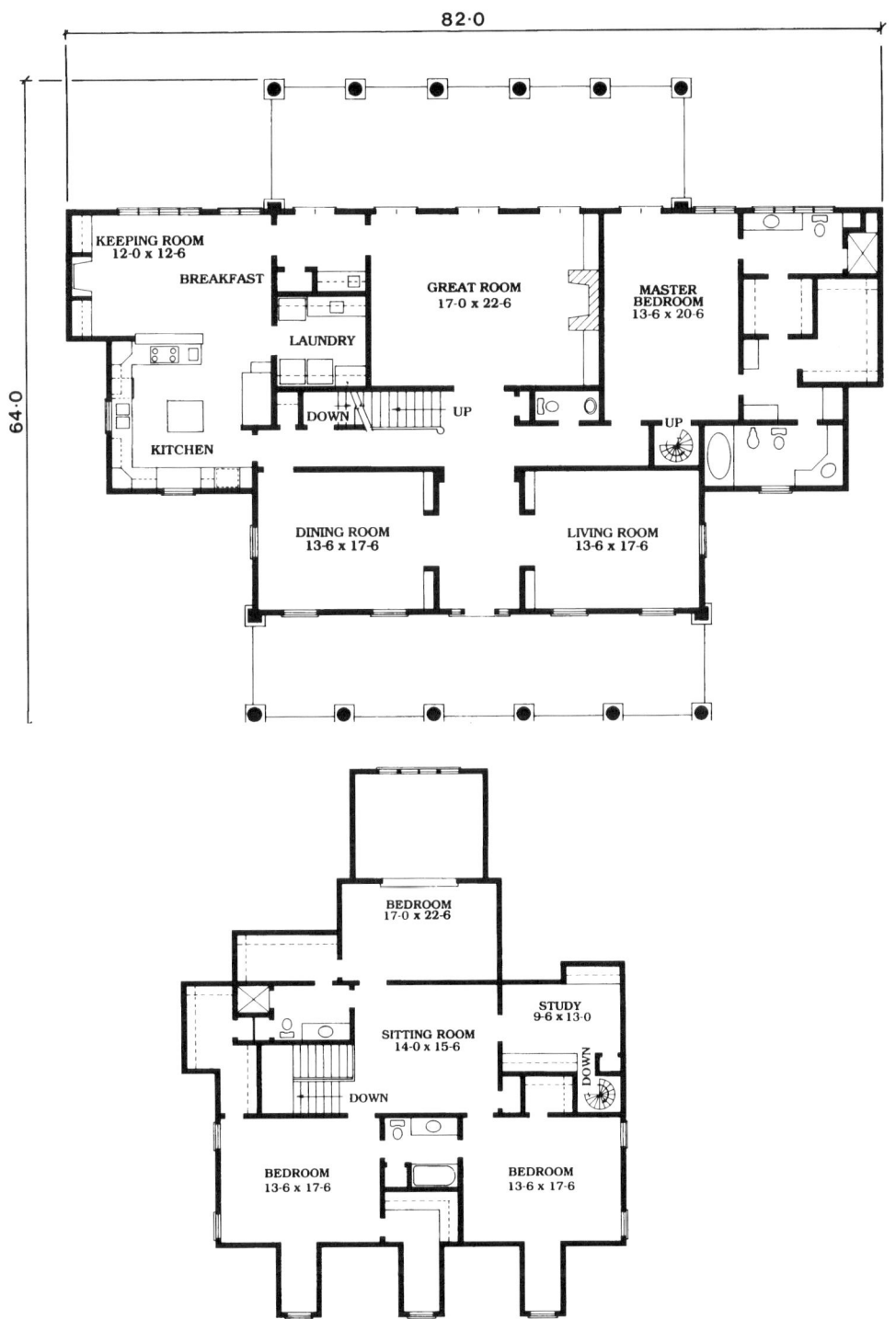

82·0

64·0

KEEPING ROOM
12-0 x 12-6

BREAKFAST

LAUNDRY

KITCHEN

GREAT ROOM
17-0 x 22-6

MASTER
BEDROOM
13-6 x 20-6

DOWN   UP

UP

DINING ROOM
13-6 x 17-6

LIVING ROOM
13-6 x 17-6

BEDROOM
17-0 x 22-6

STUDY
9-6 x 13-0

SITTING ROOM
14-0 x 15-6

DOWN

DOWN

BEDROOM
13-6 x 17-6

BEDROOM
13-6 x 17-6

Die feine Frontveranda und die schönen Rundbogenfenster verleihen dieser Villa im Southern
Country Style eine nostalgische Note. Das Haus
hat im Dachbereich auffallende weiße Gauben, die
wie kleine Türme herausragen. Zwei stattliche
Kaminzüge flankieren das Haupthaus. Die beiden
eingeschossigen Seitenflügel dienen als Eltern-
Suite auf der einen und als Doppelgarage auf der
anderen Seite. Insgesamt stehen den Bewohnern
dieses Entwurfs 229,75 qm Wohnfläche zur Verfügung, die sich in einem klar gegliederten Grundriß
auf beide Etagen verteilt. Mit fünf Schlafräumen
eignet sich dieser Entwurf ausgezeichnet für die
vielköpfige Familie.

**Design HomeStyle
AHP-9397**

© American Home Plans

74-10
42-8
up
DECK
DINETTE
9 x 5-6
t.v.
fireplace
up
GREAT RM.
20-8 x 16
KITCHEN
13 x 9
whirlpool
tub
ref.
p.
W
D
S
W. I. C.
shr.
MUD RM
up
cl.
TWO CAR GARAGE
20 x 20
MASTER SUITE
17 x 13
(14'-0" Cath Clg)
dn.
storage
cl.
fireplace
LIVING RM
13 x 14-4
DINING RM
13 x 11
up
TWO-STORY
FOYER
alternate garage door
location
PORCH
railing
up

whirlpool
tub
cl.
BED RM 5
10 x 14-6
shr.
cl.
BED RM 2
14 x 14
(12'-0" Sloping Clg)
cl.
cl.
HALL
dn.
brick
BED RM 4
13 x 10-6
lin.
BED RM 3
14 x 11
open
to
below
cl.
cl.
cl.
cl.

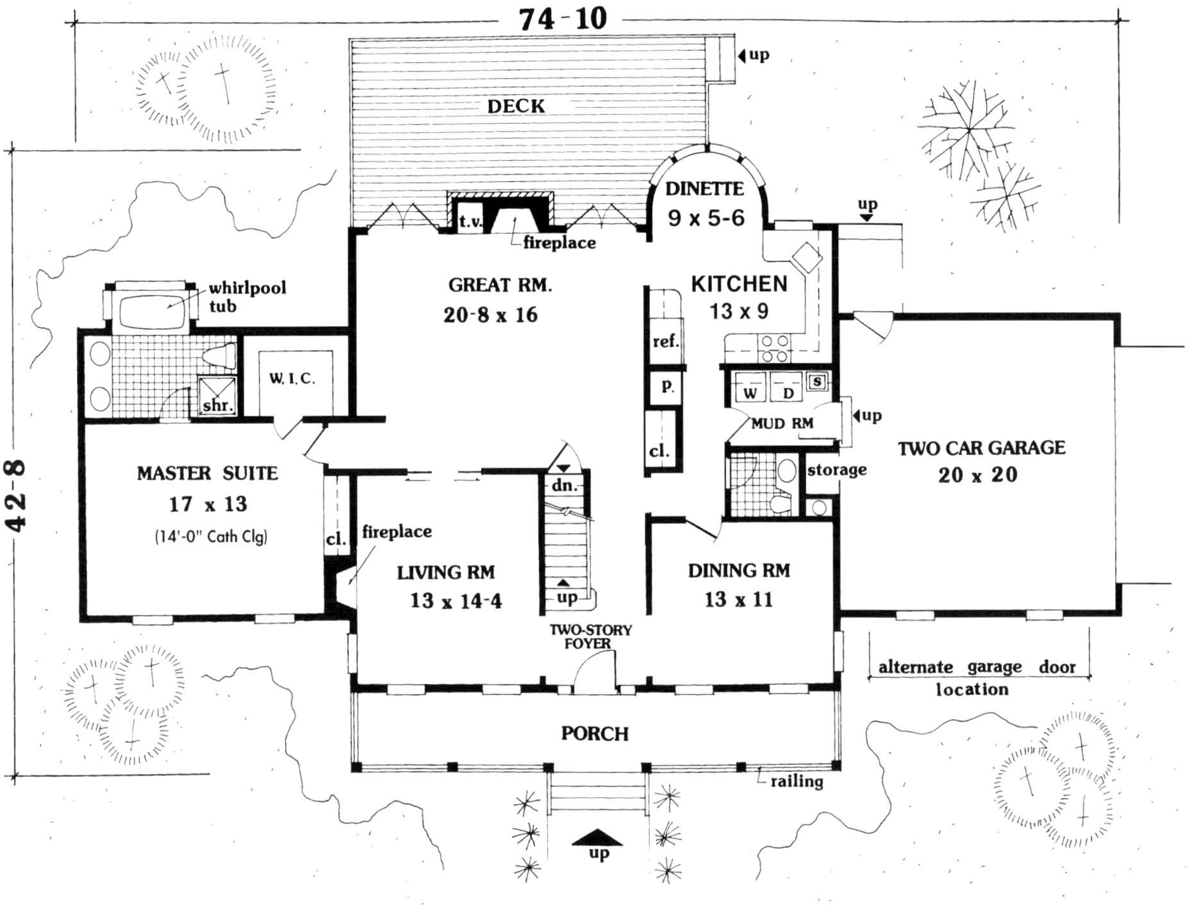

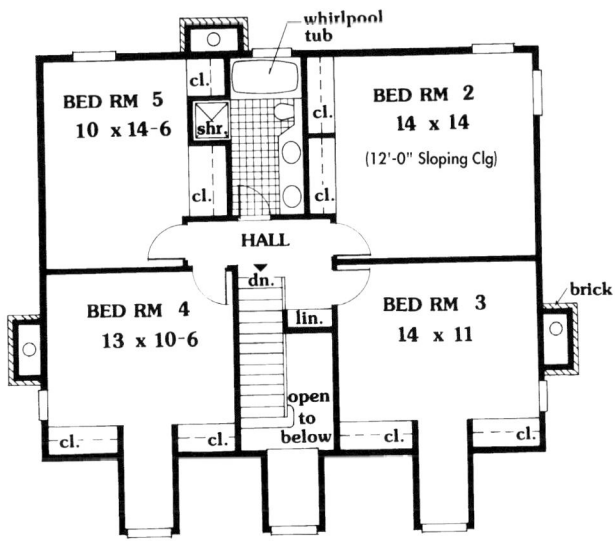

Dieses schöne Südstaatenstil-Landhaus besticht mit seiner heiteren äußeren Erscheinung. Die symmetrisch angeordneten Dachgauben im steilen Satteldach unterstreichen die Ausgewogenheit dieses Entwurfs. Eine weit überdachte Veranda lädt seine Bewohner zum Verweilen ein. Durch die Verwendung unterschiedlicher Materialien bei der Fassadengestaltung wird der lange Baukörper optisch aufgelockert. Die Gesamtwohnfläche beträgt 314,28 qm.

**Design HomeStyle
C-8915**

© Corley Plan Service, Inc.

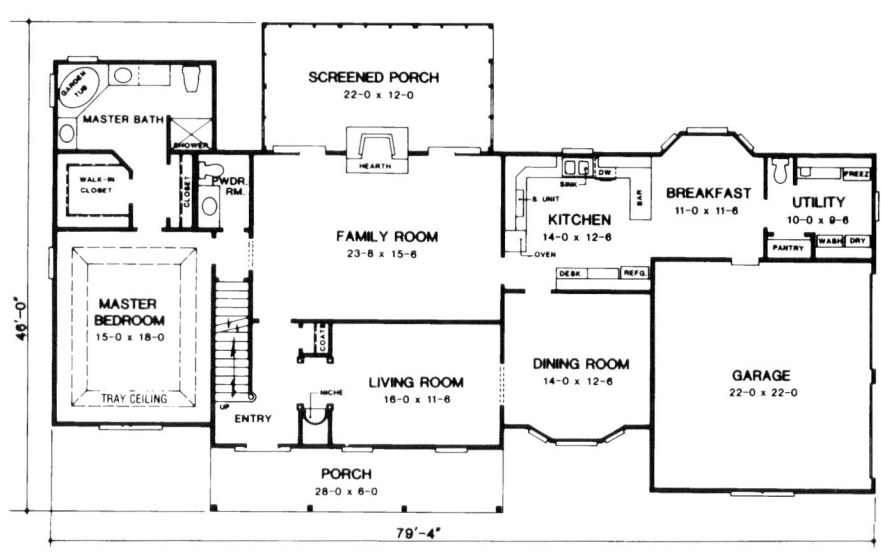

SCREENED PORCH
22-0 x 12-0

MASTER BATH

WALK-IN CLOSET

CLOSET

PWDR. RM.

HEARTH

FAMILY ROOM
23-8 x 15-6

SINK DW
B. UNIT
BAR

KITCHEN
14-0 x 12-6

BREAKFAST
11-0 x 11-6

UTILITY
10-0 x 9-6

FREEZ

PANTRY WASH DRY

OVEN

MASTER BEDROOM
15-0 x 18-0

TRAY CEILING

UP

ENTRY

COATS

NICHE

LIVING ROOM
16-0 x 11-6

DESK REFG.

DINING ROOM
14-0 x 12-6

GARAGE
22-0 x 22-0

PORCH
28-0 x 6-0

46'-0"

79'-4"

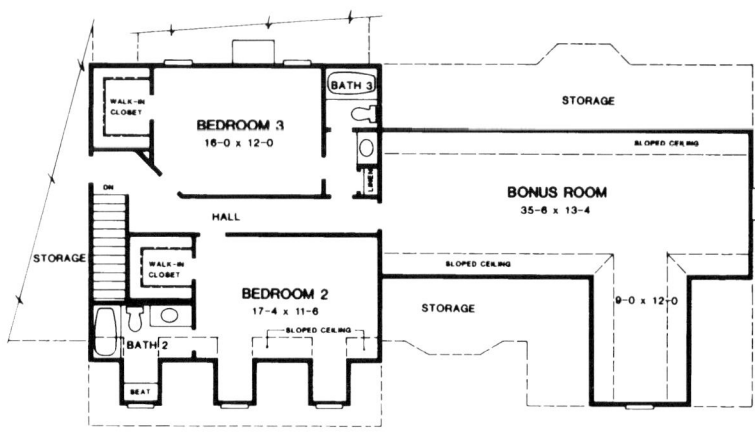

WALK-IN CLOSET

BEDROOM 3
16-0 x 12-0

BATH 3

STORAGE

SLOPED CEILING

BONUS ROOM
35-6 x 13-4

DN

HALL

STORAGE

WALK-IN CLOSET

BEDROOM 2
17-4 x 11-6

SLOPED CEILING

SLOPED CEILING

STORAGE

9-0 x 12-0

BATH 2

SEAT

Photo © Mark Englund / HomeStyles

Eine einladende Veranda und drei Fenstergauben, die aus dem steilen Satteldach ragen, bestimmen das Bild dieses Landhauses im Southern Country Style. Es läßt sich nicht auf den ersten Blick erkennen, daß dieses Haus stolze 307,31 qm Wohnfläche bietet. Eine Besonderheit im Inneren des Hauses sind die aufwendigen Deckenkonstruktionen.

**Design HomeStyle
CDG–4002**

© Columbia Design Group

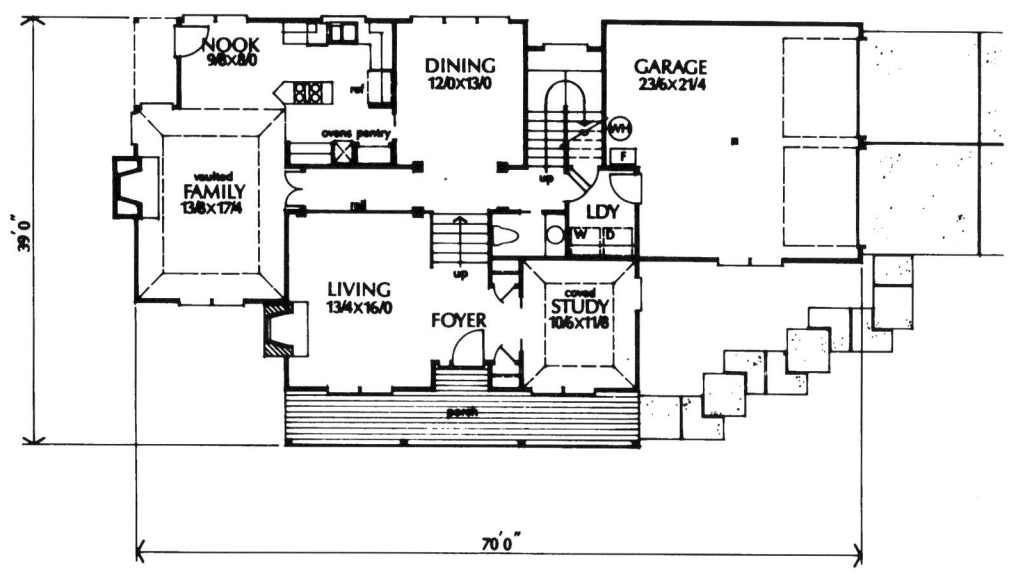

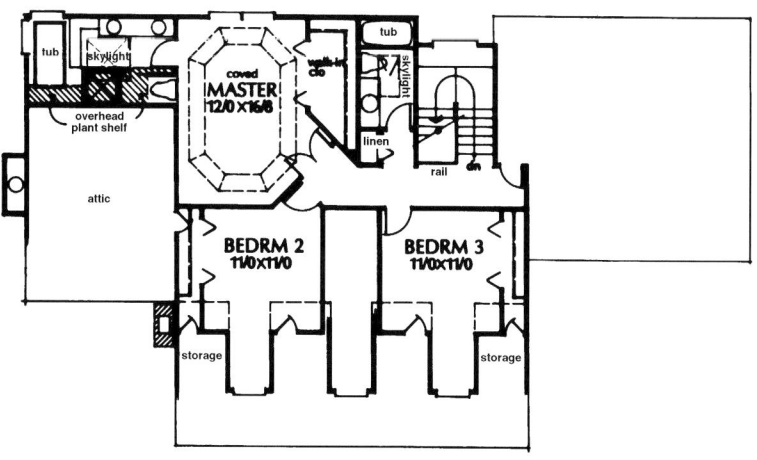

Vielzählige Gauben und die weit überdachte
Hausveranda prägen das äußere Erscheinungsbild
dieses Landhauses im Southern Country Style.
Eine stattliche Wohnfläche von 250,36 qm verteilt
sich auf zwei Etagen. Die im Erdgeschoß gelegene
elterliche Suite verfügt über ein luxuriöses Badezimmer. Drei weitere Schlafräume liegen im
Dachgeschoß des Hauses.

**Design HomeStyle
CH-445-A**

© Caddhomes

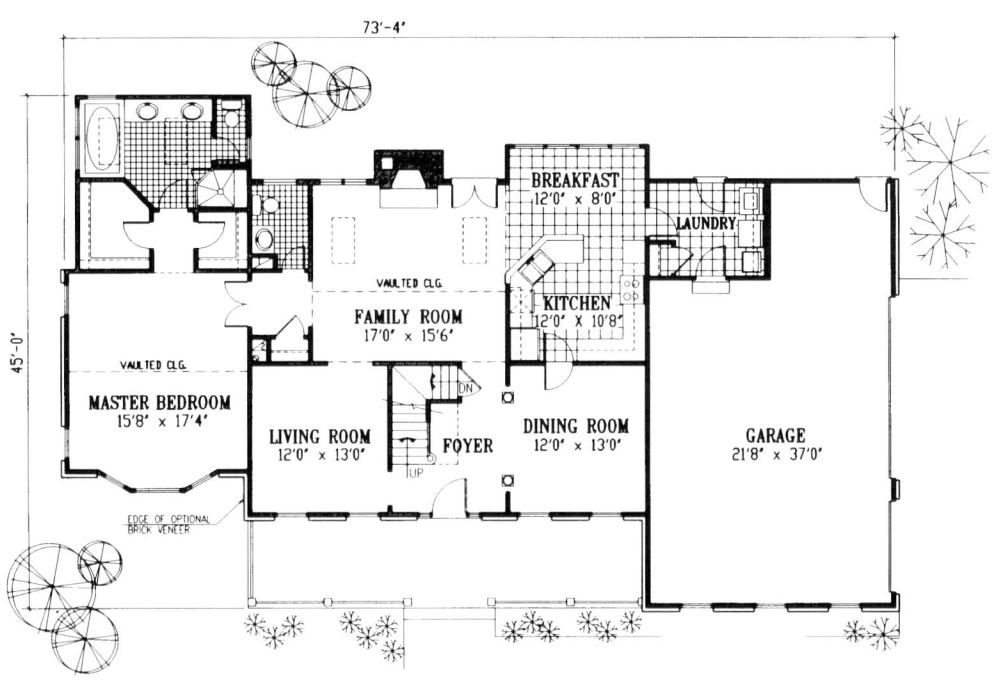

73'-4'

45'-0'

VAULTED CLG.

VAULTED CLG.

BREAKFAST
12'0' x 8'0'

LAUNDRY

KITCHEN
12'0' x 10'8'

FAMILY ROOM
17'0' x 15'6'

MASTER BEDROOM
15'8' x 17'4'

LIVING ROOM
12'0' x 13'0'

FOYER
DN
UP

DINING ROOM
12'0' x 13'0'

GARAGE
21'8' x 37'0'

EDGE OF OPTIONAL
BRICK VENEER

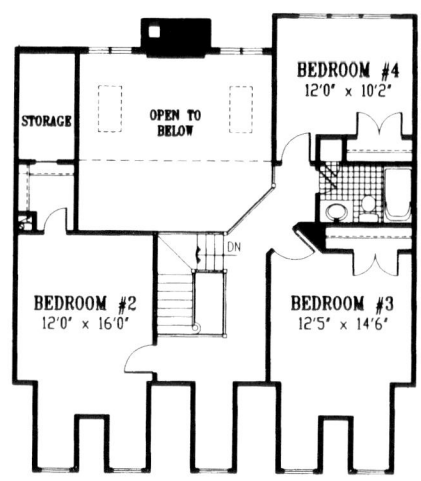

STORAGE

OPEN TO
BELOW

BEDROOM #4
12'0' x 10'2'

DN

BEDROOM #2
12'0' x 16'0'

BEDROOM #3
12'5' x 14'6'

Photo © Mark Englund / HomeStyles

Dieses schöne Haus im typischen Southern Country Style überzeugt mit seiner hellen und freund-
lichen Eingangsveranda, die im starken Kontrast zu
der Klinkerfassade der Seitenflügel steht. Mit den
beiden spitzen Dachgauben finden sich wesentliche Merkmale dieser Stilrichtung wieder. Dieses
Design bietet seinen Bewohnern eine Wohnfläche
von 286,04 qm, die sich auf zwei Geschosse verteilt. Die Raumaufteilung im Hausinneren zeichnet sich durch klare und gerade Linien aus, ein
Raumangebot, das sich gut für die junge Familie
eignet.

**Design HomeStyle
J-8601**

© Larry James & Associates, Inc.

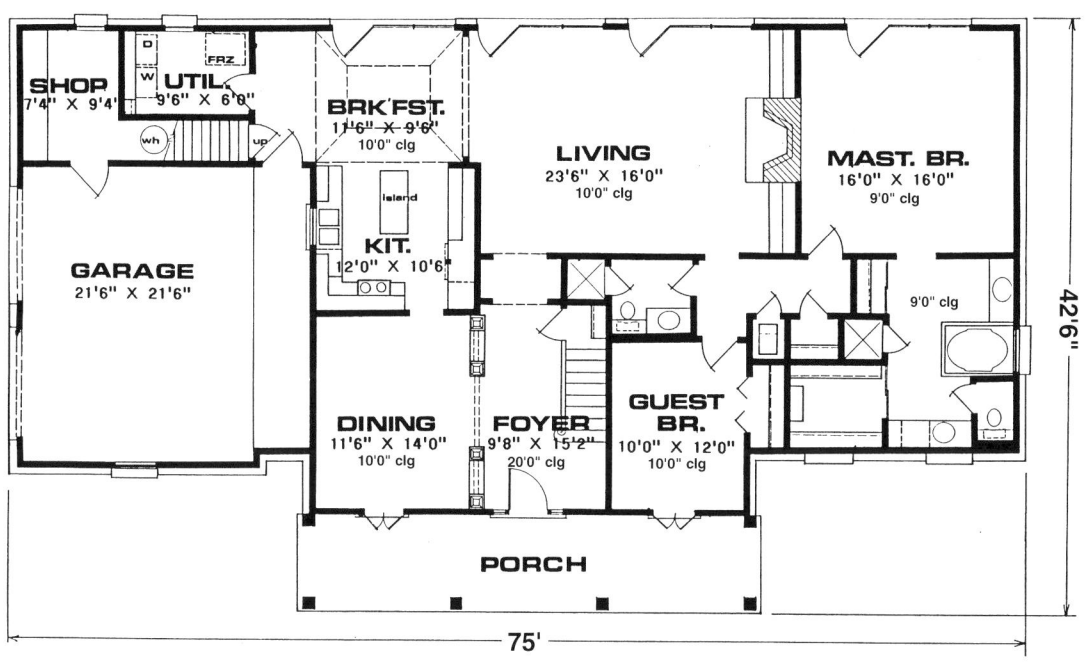

SHOP
7'4" X 9'4"

UTIL
9'6" X 6'0"

BRK'FST.
11'6" X 9'6"
10'0" clg

LIVING
23'6" X 16'0"
10'0" clg

MAST. BR.
16'0" X 16'0"
9'0" clg

GARAGE
21'6" X 21'6"

KIT.
12'0" X 10'6"

9'0" clg

DINING
11'6" X 14'0"
10'0" clg

FOYER
9'8" X 15'2"
20'0" clg

GUEST
BR.
10'0" X 12'0"
10'0" clg

PORCH

75'

42'6"

island

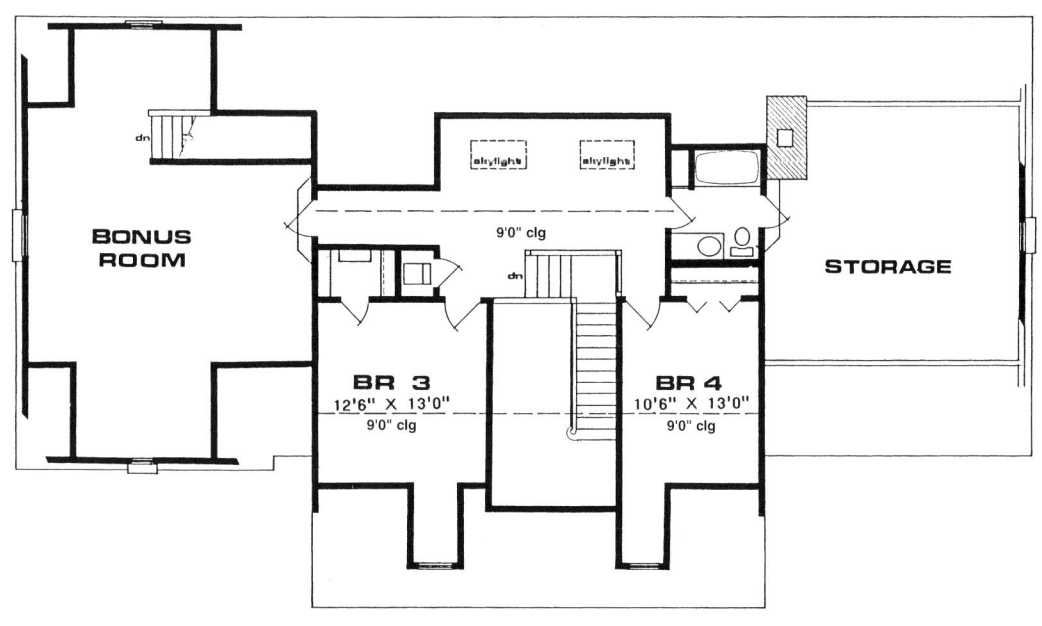

BONUS
ROOM

skylights   skylights

9'0" clg

STORAGE

BR 3
12'6" X 13'0"
9'0" clg

BR 4
10'6" X 13'0"
9'0" clg

Photo © Tom Gibbs Photographics

Kennzeichnend für dieses Südstaaten-Landhaus ist die weit überdachte Veranda, die die Frontseite des Haupthauses ziert. Weiß verkleidete Dachgauben und die schöne Holzarbeit an der Veranda setzen reizvolle Kontraste zur dunklen Klinkerfassade. Große, verglaste Flügeltüren sorgen für natürlichen Lichteinfall in den formellen Wohnräumen, die sich seitlich vom Foyer befinden. Mit einer Wohnfläche von 247,95 qm auf zwei Etagen bietet dieses Haus genügend Platz für die Familie.

**Design HomeStyle
J-90012**
© Larry James & Associates, Inc.

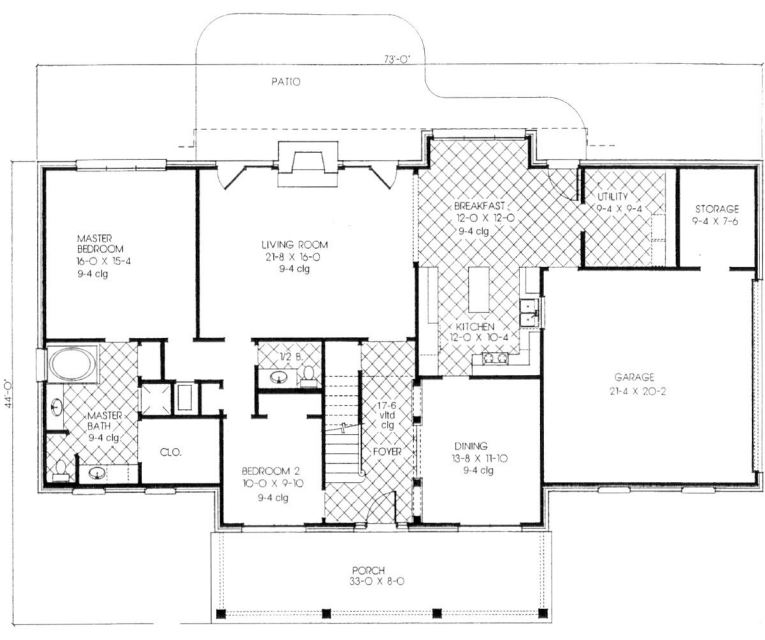

PATIO

73'-0"

44'-0"

MASTER
BEDROOM
16-0 X 15-4
9-4 clg

LIVING ROOM
21-8 X 16-0
9-4 clg

BREAKFAST
12-O X 12-O
9-4 clg

UTILITY
9-4 X 9-4

STORAGE
9-4 X 7-6

MASTER
BATH
9-4 clg

1/2 B.

KITCHEN
12-O X 10-4

GARAGE
21-4 X 20-2

CLO.

BEDROOM 2
10-O X 9-10
9-4 clg

17-6
vltd
clg

FOYER

DINING
13-8 X 11-10
9-4 clg

PORCH
33-O X 8-O

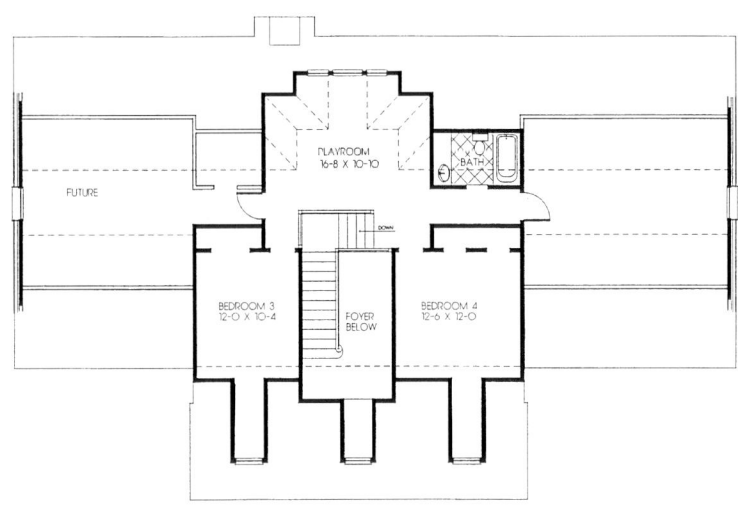

FUTURE

PLAYROOM
16-8 X 10-10

BATH

BEDROOM 3
12-O X 10-4

FOYER
BELOW

DOWN

BEDROOM 4
12-6 X 12-O

Photo © Mark Englund / HomeStyles

Die versetzten Dächer und die umlaufenden Veranden auf der Front- und der Rückseite prägen das äußere Erscheinungsbild dieses Südstaaten-Landhauses. Der 263,47 qm große Entwurf eignet sich besonders gut für die junge Familie. Der Entwurf sieht zwei Schlafräume mit Bädern im Erdgeschoß vor. Bei Bedarf kann das Dachgeschoß ausgebaut werden, um zwei weitere Zimmer mit Bad unterzubringen.

**Design HomeStyle
J-91096**

© Larry James & Associates, Inc.

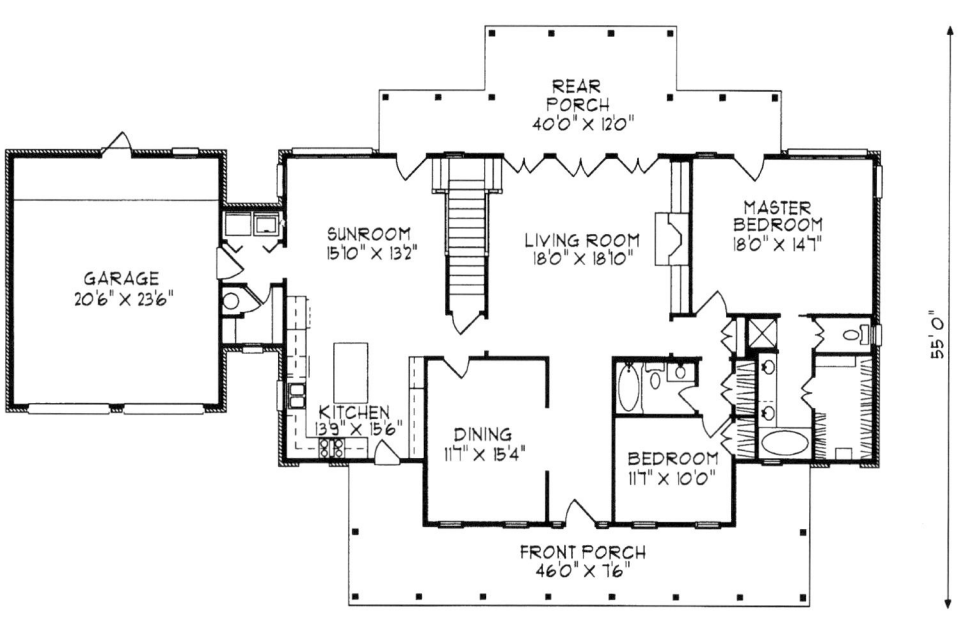

87' 2"

REAR
PORCH
40'0" X 12'0"

GARAGE
20'6" X 23'6"

SUNROOM
15'10" X 13'2"

LIVING ROOM
18'0" X 18'0"

MASTER
BEDROOM
18'0" X 14'7"

55' 0"

KITCHEN
13'9" X 15'6"

DINING
11'7" X 15'4"

BEDROOM
11'7" X 10'0"

FRONT PORCH
46'0" X 7'6"

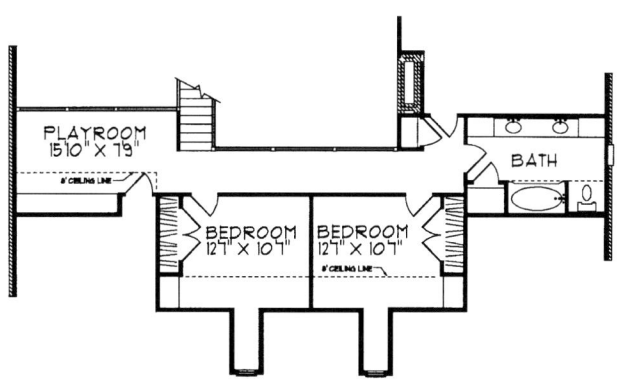

PLAYROOM
15'10" X 7'9"

BATH

8' CEILING LINE

BEDROOM
12'7" X 10'7"

BEDROOM
12'7" X 10'7"

8' CEILING LINE

Dieser schöne Landhaus-Entwurf beeindruckt mit geschmackvollen Details, die dem äußeren Erscheinungsbild eine besondere Note verleihen. Im Inneren des Hauses steht den Bewohnern 22,96 qm Wohnfläche zur Verfügung. Bereits das Erdgeschoß wird mit seinem großzügigen Raumangebot den Ansprüchen einer kleinen Familie gerecht. Es bietet neben der Eltern-Suite noch zwei weitere Schlafräume, ein Eßzimmer, Küche, ein großes Frühstückszimmer und ein Wohnzimmer. Bei Bedarf können im Obergeschoß des Hauses zwei weitere Zimmer ausgebaut werden. Auch über der Garage bietet sich noch eine ausbaufähige Fläche.

**Design HomeStyle
J-9303**

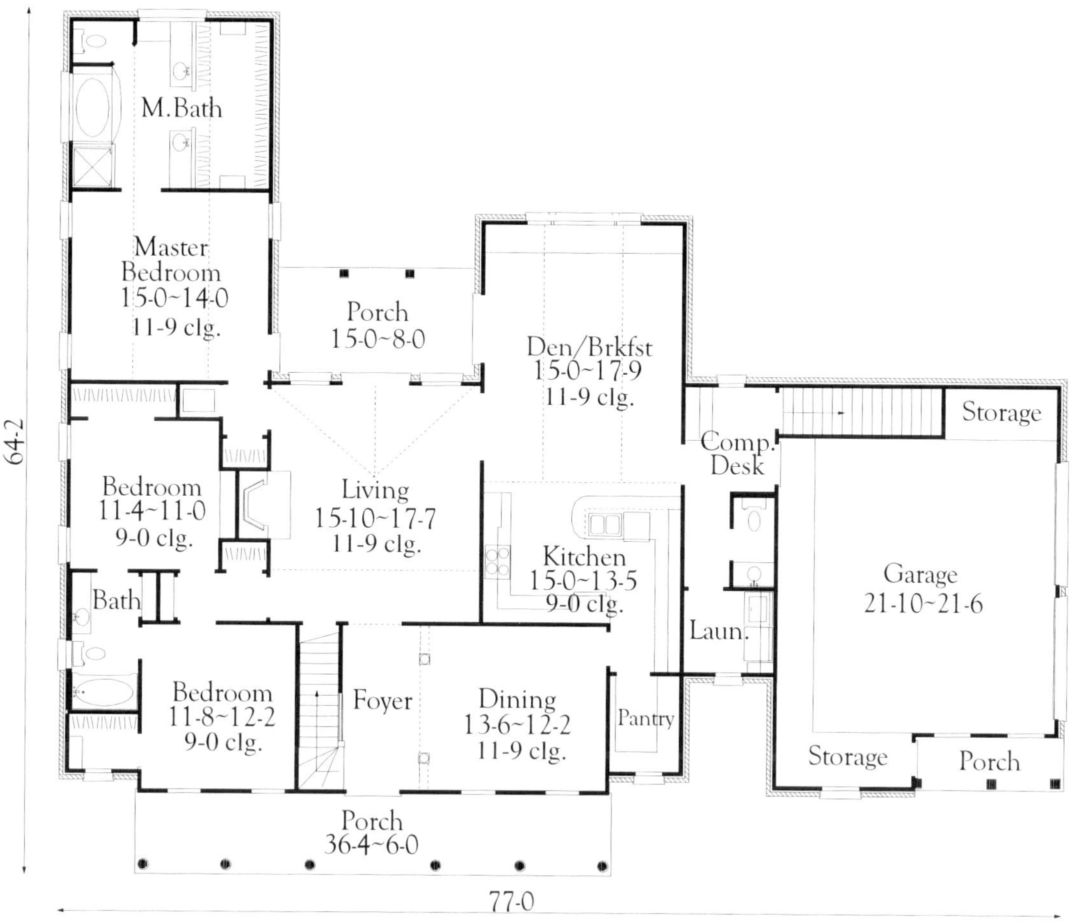

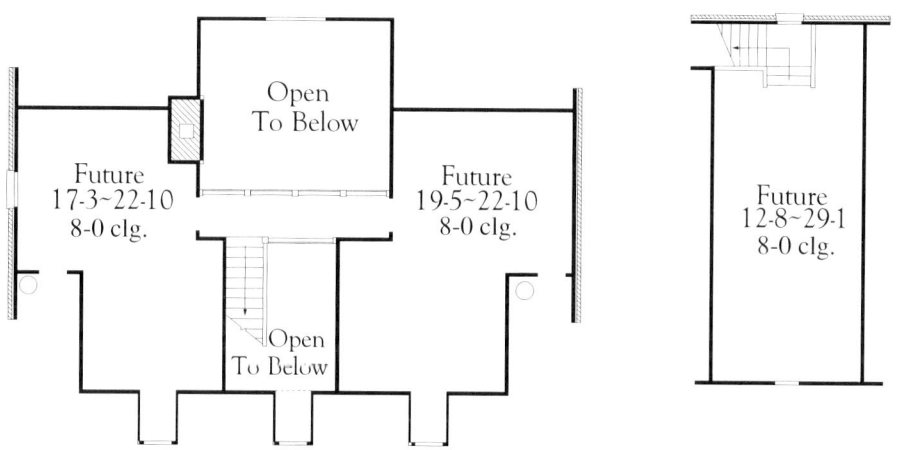

M.Bath

Master
Bedroom
15-0~14-0
11-9 clg.

Porch
15-0~8-0

Den/Brkfst
15-0~17-9
11-9 clg.

Comp.
Desk

Storage

Bedroom
11-4~11-0
9-0 clg.

Living
15-10~17-7
11-9 clg.

Garage
21-10~21-6

Bath

Kitchen
15-0~13-5
9-0 clg.

Laun.

Bedroom
11-8~12-2
9-0 clg.

Foyer

Dining
13-6~12-2
11-9 clg.

Pantry

64-2

Storage

Porch

Porch
36-4~6-0

77-0

Open
To Below

Future
17-3~22-10
8-0 clg.

Future
19-5~22-10
8-0 clg.

Future
12-8~29-1
8-0 clg.

Open
To Below

Photo © Mark Englund / HomeStyles

Die aufwendige Giebelkonstruktion, die den eleganten Hauseingang effektvoll zur Geltung kommen läßt, bestimmt das äußere Erscheinungsbild dieses Hauses im Southern Country Style. Das große, halbrunde Fenster über der Eingangstür erhellt das offene Foyer im Hausinneren. Eine breite, geschwungene Treppe stimmt den Betrachter auf die im Haus vorherrschende Eleganz ein. Im Erdgeschoß belegen das Eßzimmer, die offene Country-Küche und das Frühstückszimmer den rechten Teil des Hauses. In der Mitte befindet sich das zentrale Kaminwohnzimmer, das sich bis ins

Dach hinein erstreckt. Neben der Eltern-Suite wurden noch zwei weitere Schlafräume eingeplant. Das Dachgeschoß kann bei Bedarf später ausgebaut werden.

Design HomeStyle
J-9307

© Larry James & Associates, Inc.

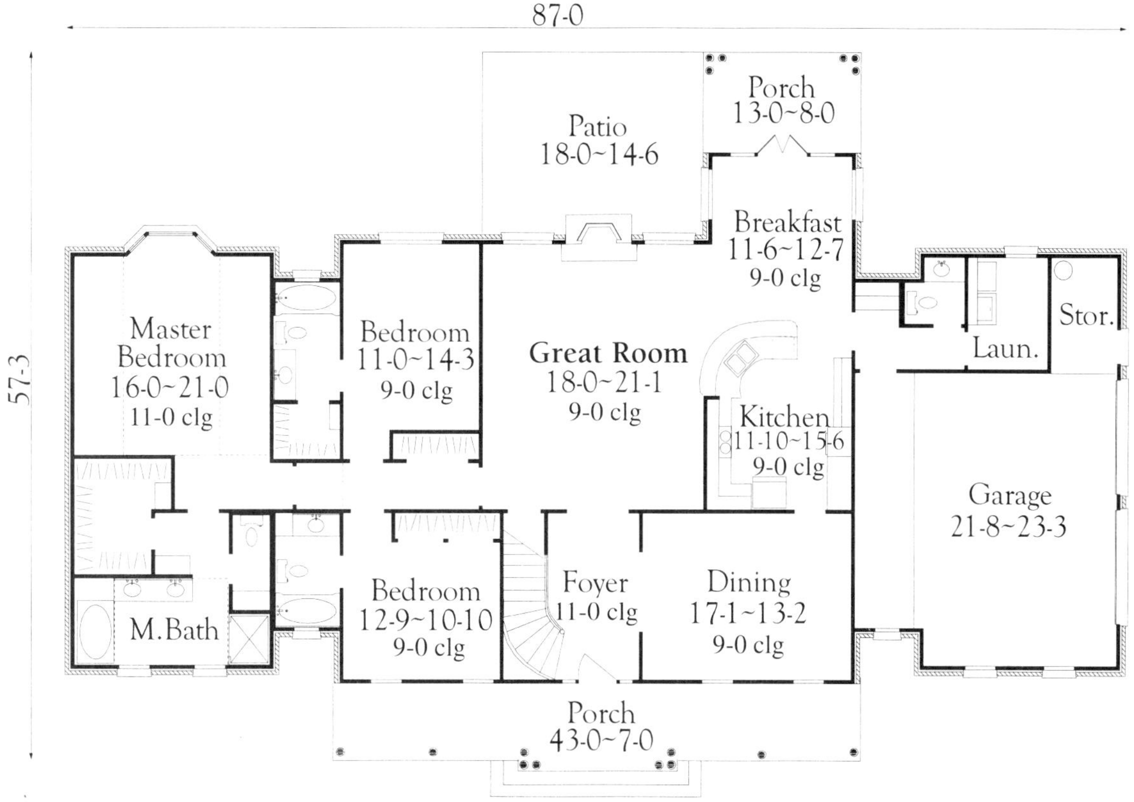

87-0

57-3

Patio
18-0~14-6

Porch
13-0~8-0

Breakfast
11-6~12-7
9-0 clg

Master
Bedroom
16-0~21-0
11-0 clg

Bedroom
11-0~14-3
9-0 clg

Great Room
18-0~21-1
9-0 clg

Kitchen
11-10~15-6
9-0 clg

Stor.

Laun.

Garage
21-8~23-3

M.Bath

Bedroom
12-9~10-10
9-0 clg

Foyer
11-0 clg

Dining
17-1~13-2
9-0 clg

Porch
43-0~7-0

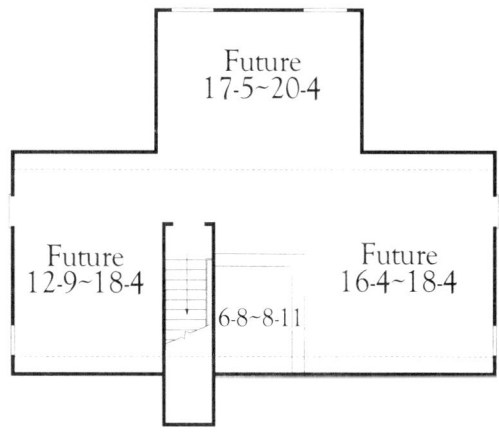

Future
17-5~20-4

Future
12-9~18-4

Future
16-4~18-4

6-8~8-11

Photo © Mark Englund / HomeStyles

Schöne Rundbogenfenster korrespondieren perfekt mit dem extravaganten Eingangsbereich dieses
Entwurfs im Southern Country Style. Durch die
elegante Haustür gelangt der Betrachter in ein
offenes Foyer. Von hier fällt der Blick in das seitlich
gelegene Speisezimmer. Die große Country-Küche
wurde mit einem großzügig verglasten Frühstückszimmer geplant. Den zentralen Punkt belegt das
durch zwei Geschosse reichende Kaminwohnzimmer. Im Erdgeschoß gibt es drei Schlafräume, das Dachgeschoß, das Platz für drei Zimmer
bietet, kann später ausgebaut werden. Dieser
Entwurf bietet eine Wohnfläche von 218,13 qm.

**Design HomeStyle
J-9320**

© Larry James & Associates, Inc.

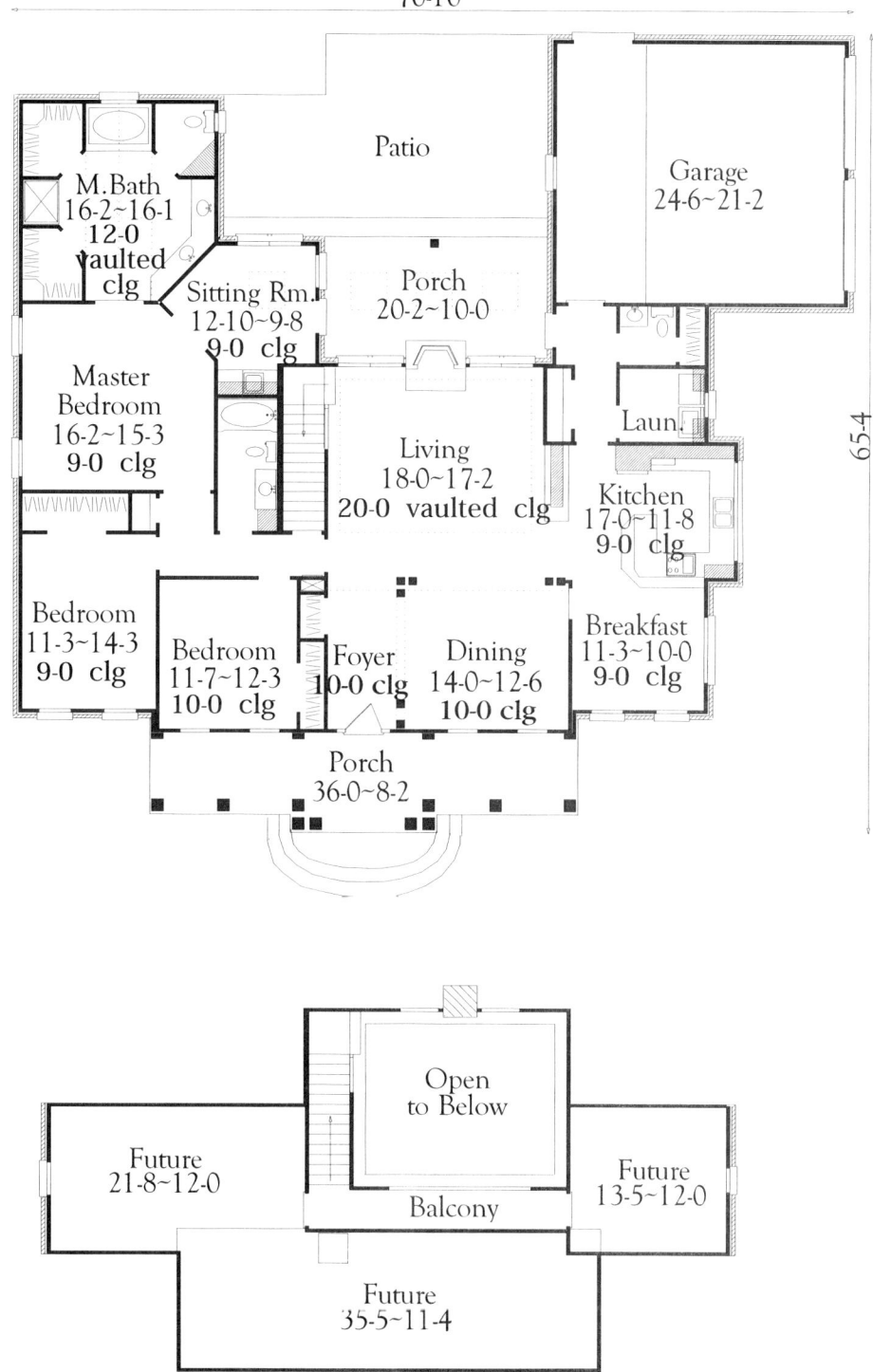

70-10

Patio

Garage
24-6~21-2

M.Bath
16-2~16-1
12-0
vaulted
clg

Sitting Rm.
12-10~9-8
9-0 clg

Porch
20-2~10-0

Master
Bedroom
16-2~15-3
9-0 clg

Living
18-0~17-2
20-0 vaulted clg

Laun.

Kitchen
17-0~11-8
9-0 clg

65-4

Bedroom
11-3~14-3
9-0 clg

Bedroom
11-7~12-3
10-0 clg

Foyer
10-0 clg

Dining
14-0~12-6
10-0 clg

Breakfast
11-3~10-0
9-0 clg

Porch
36-0~8-2

Open
to Below

Future
21-8~12-0

Future
13-5~12-0

Balcony

Future
35-5~11-4

Mit je einer Front- und einer Gartenveranda verspricht der Entwurf Back Bay Cottage von William Poole großes Freiluftvergnügen. Die Großzügigkeit dieses Designs setzt sich im Inneren des Hauses fort. Das Foyer und auch das dahintergelegene Kaminwohnzimmer sind bis zum Dachspitz hoch geöffnet. Die Küche erhielt einen zentralen Platz zwischen dem formellen Eßzimmer und dem zum Garten gelegenen, verglasten Frühstücksraum. Die separat untergebrachte Eltern-Suite verfügt über ein luxuriöses Bad, eine Kleiderkammer und hat direkten Zugang auf die Gartenveranda. Im Obergeschoß befinden sich zwei Schlafräume mit eigenen Vollbädern. Von oben kann man das Kaminwohnzimmer überblicken. Über der Doppelgarage befindet sich eine weitere Ausbaureserve.

Design Bay Back Cottage
von William Poole

Erdgeschoß 159,1 qm
Obergeschoß 82,2 qm
Total 241,3 qm

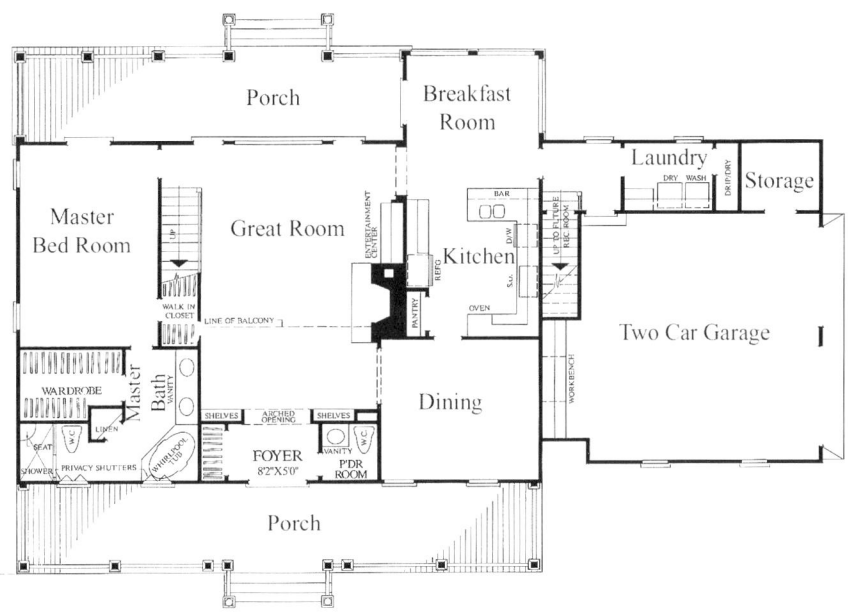

Porch

Breakfast Room

Master Bed Room

Great Room

Kitchen

Laundry

DRY WASH

Storage

ENTERTAINMENT CENTER

BAR

D/W

REFG

UP TO FUTURE REC ROOM

WALK IN CLOSET

LINE OF BALCONY

PANTRY

SAS.

Two Car Garage

OVEN

WARDROBE

Master Bath

VANITY

WORKBENCH

LINEN

SHELVES

ARCHED OPENING

SHELVES

Dining

W.C.

VANITY

SEAT

WHIRLPOOL TUB

W.C.

SHOWER

PRIVACY SHUTTERS

FOYER
8'2"X5'0"

P'DR ROOM

Porch

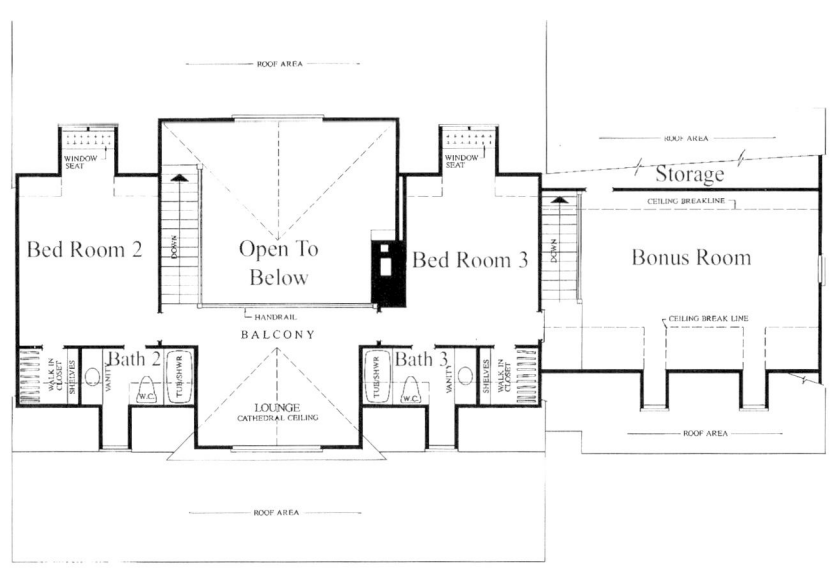

ROOF AREA

ROOF AREA

WINDOW SEAT

WINDOW SEAT

Storage

Bed Room 2

DOWN

Open To Below

Bed Room 3

DOWN

CEILING BREAKLINE

Bonus Room

WALK IN CLOSET

SHELVES

Bath 2

VANITY

HANDRAIL

BALCONY

TUB/SHWR

W.C.

TUB/SHWR

Bath 3

W.C.

VANITY

SHELVES

WALK IN CLOSET

CEILING BREAK LINE

LOUNGE
CATHEDRAL CEILING

ROOF AREA

ROOF AREA

© by William Poole

Southern Country Style   149

Stolze 324 qm bietet der Entwurf Appomattox von William Poole. Das äußere Erscheinungsbild dieses Hauses ist geprägt durch die symmetrische Anordnung der fünf Dachgauben, die auf Helligkeit und Großzügigkeit im 103 qm großen Obergeschoß schließen lassen. Hier befinden sich drei geräumige Schlafzimmer, jeweils mit eigenem Vollbad. Im Erdgeschoß sind eine große Country-Küche mit einem verglasten Frühstückszimmer, das zentral gelegene Familienwohnzimmer, ein separates Kaminwohnzimmer und der elterliche Schlafraum mit Bad und Kleiderkammer untergebracht. Über der angebauten Doppelgarage, die an den Hauswirtschaftsraum grenzt, befindet sich eine Ausbaureserve, die als Hobbyraum oder Gästezimmer genutzt werden kann.

Design Appomattox
von William Poole

Erdgeschoß 220,7 qm
Obergeschoß 103,8 qm
Total 324,5 qm

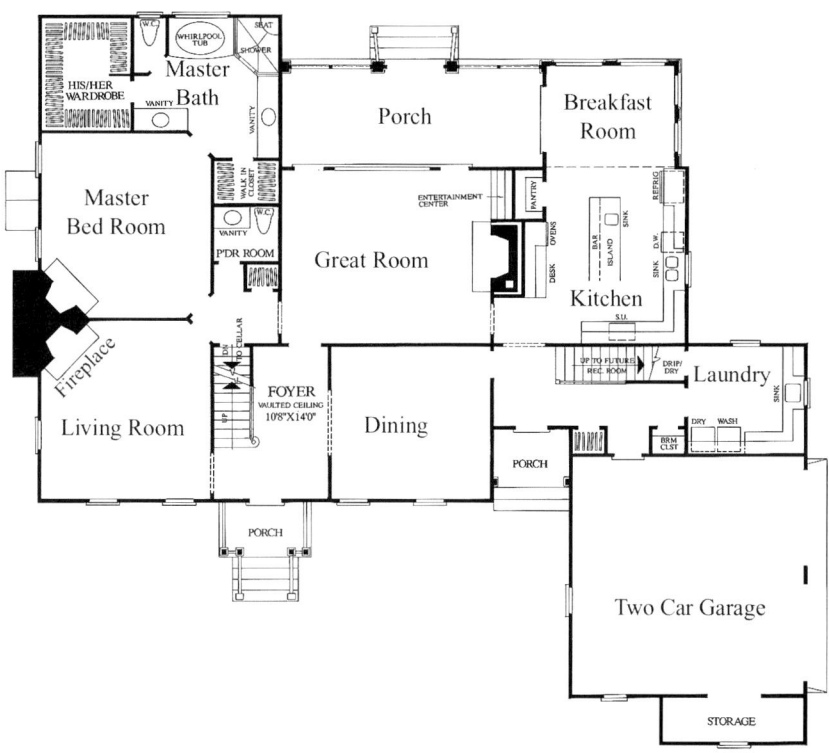

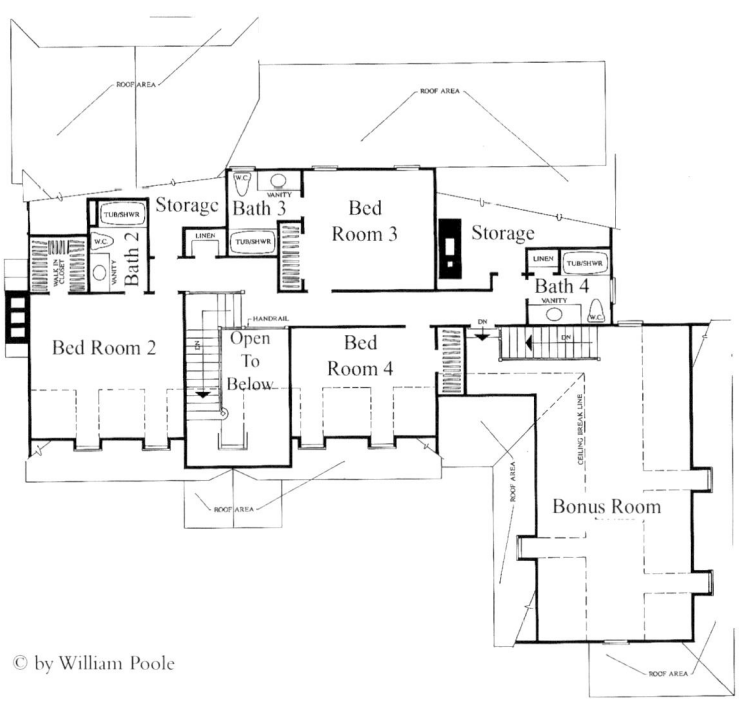

© by William Poole

In eingeschossiger Bauweise legt William Poole mit seinem Entwurf Somerset eine elegante Variante im typischen Southern Country Style vor. Sowohl die Giebel auf der Frontseite als auch die auf der schmalen Hausseite sind hell verputzt und bilden mit den weißen Fenstern und der dominierenden Eingangsveranda einen auffallenden Kontrast zur Klinkerfassade. Hinter der großräumigen Doppelgarage, die stilgerecht mit einem Dachreiter versehen wurde, befindet sich der private Wohntrakt der Eltern mit dem Schlafzimmer und dem eigenen Bad. Wie für ein Landhaus typisch, wurde die Küche zentral mit einer Kochinsel und einem angrenzenden Eßplatz geplant. Von hier hat man Zugang in das formelle Speisezimmer, in den Hauswirtschaftsraum und in das offene Kaminwohnzimmer. Auf der rechten Hausseite befinden sich zwei Schlafräume, die jeweils über ein eigenes Vollbad verfügen. Der Salon ist sowohl vom Foyer als auch vom Speisezimmer aus zu erreichen. Mit 222,4 qm Wohnfläche bietet Somerset ausreichend Platz für die große Familie.

Design Somerset
von William Poole
Total 222,4 qm

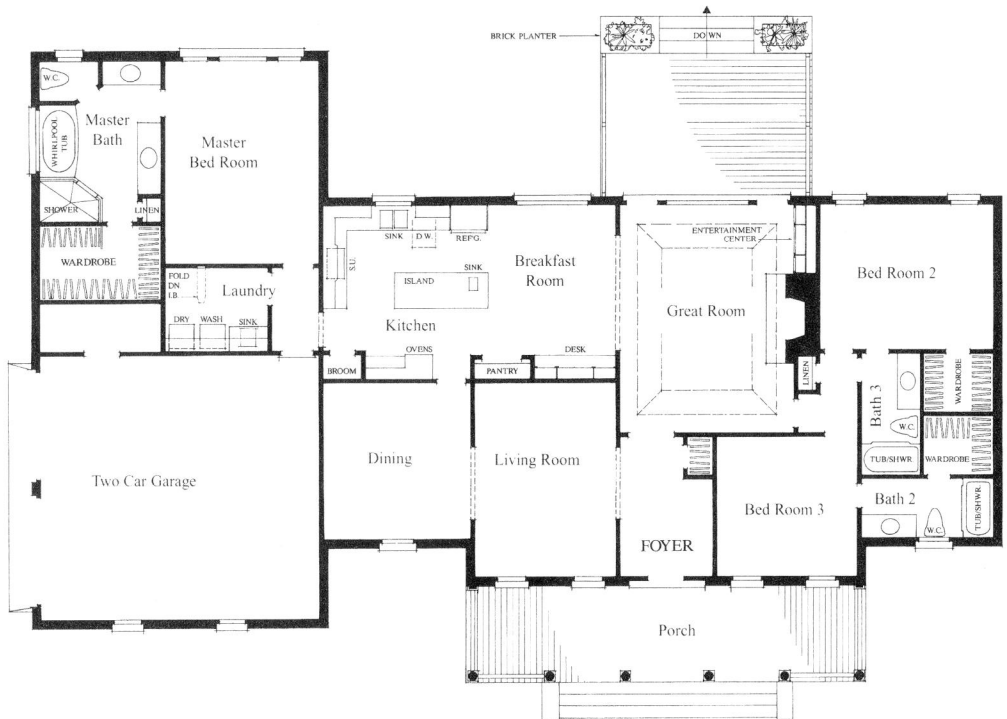

W.C.

Master Bath

WHIRLPOOL TUB

Master Bed Room

SHOWER

LINEN

WARDROBE

FOLD DN I.B.

Laundry

DRY WASH SINK

BRICK PLANTER

DOWN

SINK D.W. REFG.

Breakfast Room

ENTERTAINMENT CENTER

Great Room

Bed Room 2

ISLAND

SINK

WARDROBE

Bath 3

W.C.

TUB/SHWR

WARDROBE

LINEN

Two Car Garage

BROOM

OVENS

Dining

PANTRY

Living Room

DESK

Bath 2

W.C.

TUB/SHWR

FOYER

Bed Room 3

Porch

© by William Poole

Mit zwei Veranden, imposanten Säulen, einer klassischen, weißen Holzfassade, Sprossenfenstern und
Dachgauben zeigt sich die Shenandoah-Hauspla-
nung von William Poole als eine stilgerechte
Reproduktion altbewährter Kolonialzeit-Archi-
tektur. Im Gegensatz zum äußeren Erscheinungsbild, das vornehmlich nach nostalgischen Ge-
sichtspunkten geplant wurde, zeigt sich das Innere
des Hauses mit einer modernen Grundrißplanung
und allen Annehmlichkeiten einer komfortablen
Ausstattung, wie man es von einem Zuhause in der
heutigen Zeit erwartet. Shenandoah bietet neben
der Eltern-Suite noch zwei weitere Schlafräume,
verfügt über ein offenes Wohnzimmer, ein formelles Speisezimmer und eine Country-Küche mit
einer großen Frühstücksecke. Oberhalb der
Doppelgarage bietet dieser Entwurf eine zusätzliche Ausbaureserve.

Design Shenandoah
von William Poole

Erdgeschoß 189,3 qm
Obergeschoß 62,0 qm
Total 251,3 qm

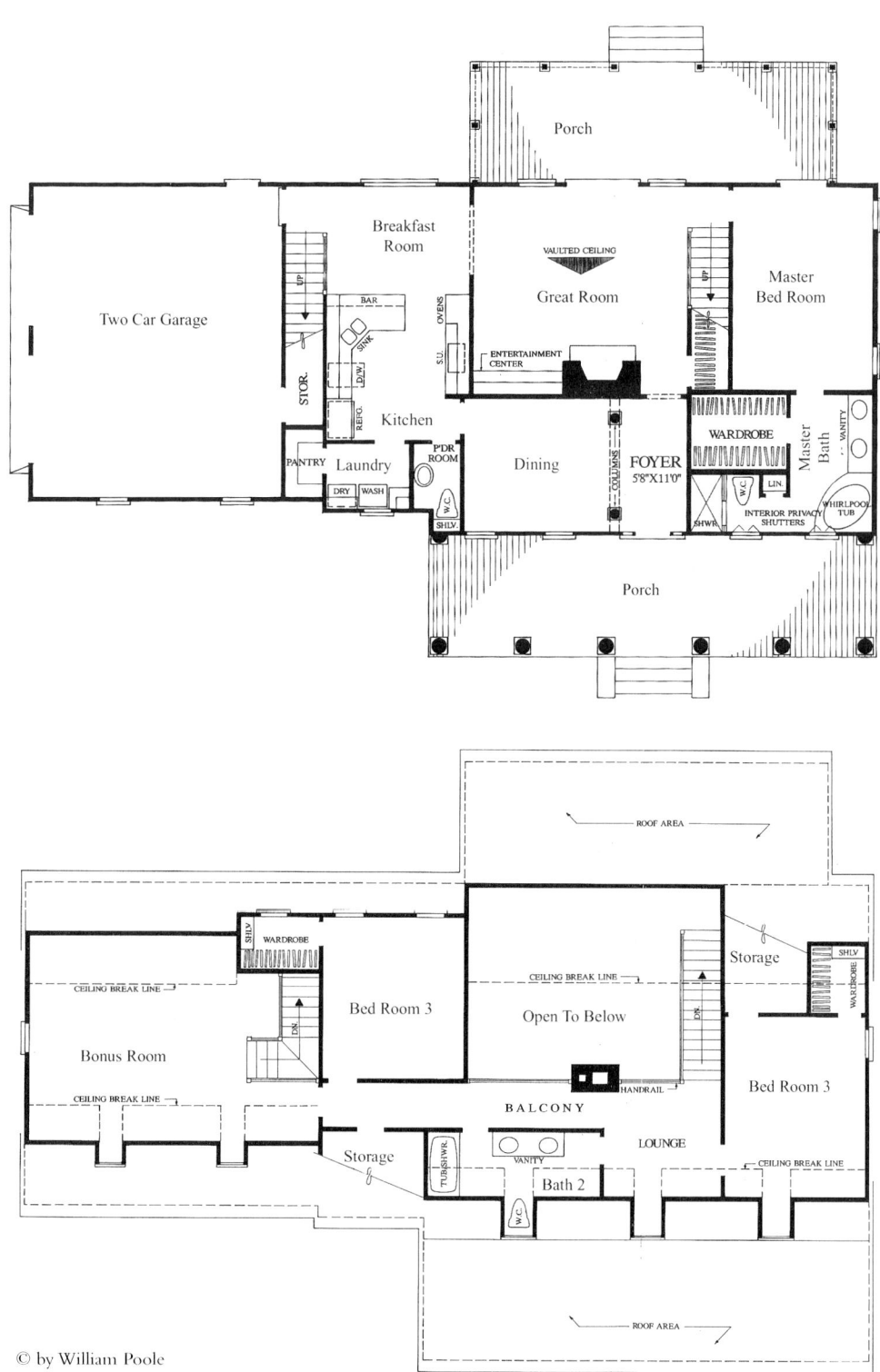

Porch

Breakfast
Room

Two Car Garage

BAR

STOR.

D/W

SINK

REFG.

OVENS

S.U.

VAULTED CEILING

Great Room

UP

Master
Bed Room

ENTERTAINMENT
CENTER

Kitchen

PANTRY

Laundry

P'DR
ROOM

DRY   WASH

W.C.

SHLV.

Dining

COLUMNS

FOYER
5'8"X11'0"

WARDROBE

W.C.

LIN

SHWR.

INTERIOR PRIVACY
SHUTTERS

Master
Bath

VANITY

WHIRLPOOL
TUB

Porch

ROOF AREA

SHLV

WARDROBE

CEILING BREAK LINE

DN

Bed Room 3

CEILING BREAK LINE

Open To Below

DN

Storage

SHLV

WARDROBE

Bonus Room

CEILING BREAK LINE

BALCONY

HANDRAIL

Bed Room 3

Storage

TUB/SHWR.

VANITY

LOUNGE

CEILING BREAK LINE

Bath 2

W.C.

ROOF AREA

© by William Poole

Hoch hinaus geht es bei William Pooles Entwurf Port Royal. Der Wohnbereich liegt im ersten Obergeschoß des Hauses. Hier werden die Front- und Rückseite durch überdachte Veranden gesäumt. In dieser Etage liegen Eßzimmer mit Küche und Frühstücksraum, die elterliche Suite mit Bad und Kleiderkammer und das bis in die Dachspitze hinein offene Wohnzimmer, das mit einem Kamin ausgestattet ist. Von hier gelangt man über eine Treppe in das Dachgeschoß, wo zwei Schlafzimmer und ein Bad untergebracht sind. Zu ebener Erde gibt es ein viertes Schlafzimmer, einen Hobbyraum und eine Doppelgarage.

Design Port Royal
von William Poole

Erdgeschoß 127,8 qm
Obergeschoß 64,5 qm
Total 192,3 qm

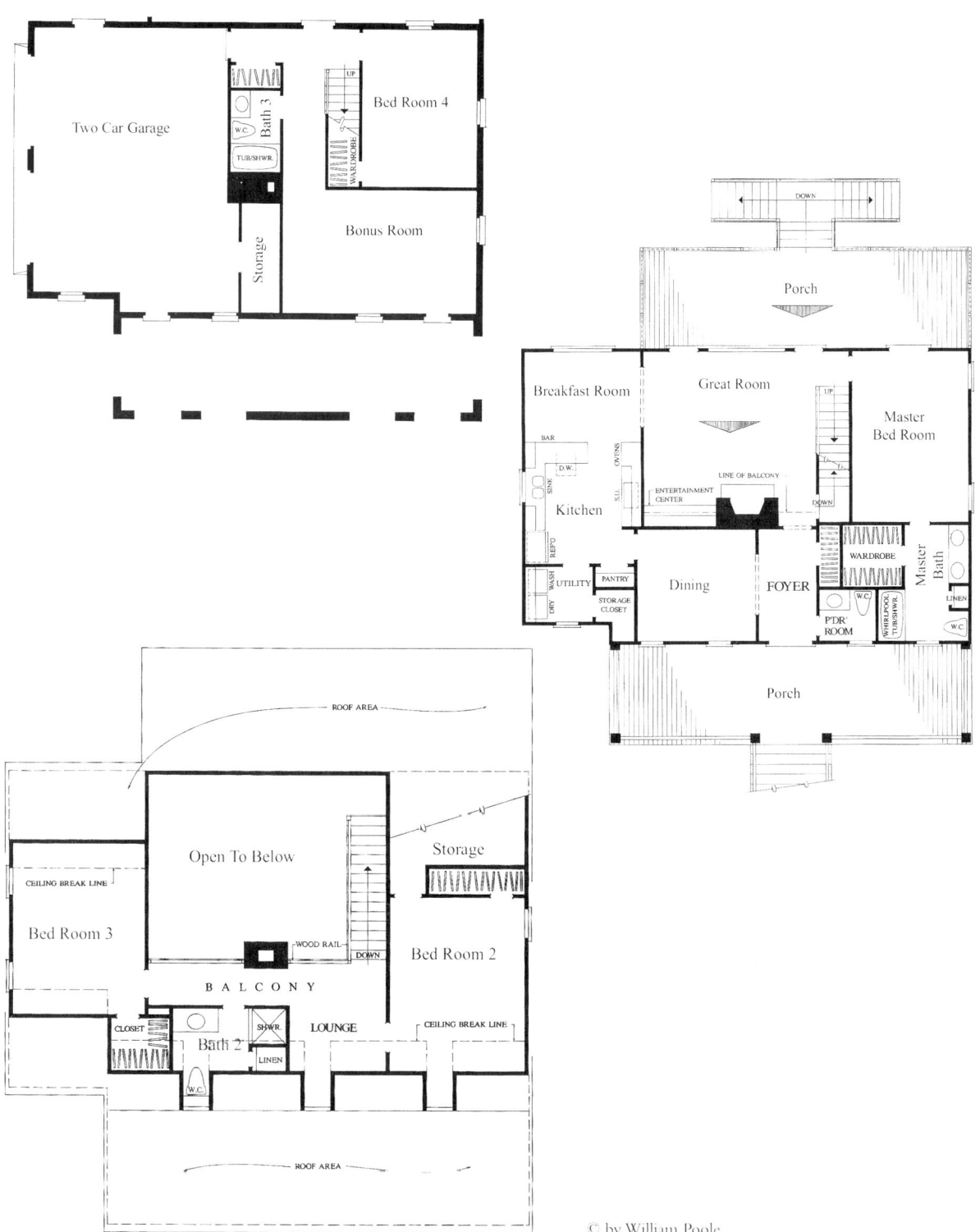

Two Car Garage

Bath 3

W.C.

TUB/SHWR.

UP

WARDROBE

Bed Room 4

Storage

Bonus Room

DOWN

Porch

Breakfast Room

Great Room

UP

Master Bed Room

BAR

D.W.

SINK

OVENS

S.D.

ENTERTAINMENT CENTER

LINE OF BALCONY

DOWN

Kitchen

WARDROBE

REFG.

WASH

DRY

UTILITY

PANTRY

STORAGE CLOSET

Dining

FOYER

P'DR' ROOM

W.C.

WHIRLPOOL TUB/SHWR.

Master Bath

LINEN

W.C.

Porch

ROOF AREA

Open To Below

Storage

CEILING BREAK LINE

Bed Room 3

WOOD RAIL

DOWN

Bed Room 2

BALCONY

CLOSET

SHWR.

LOUNGE

CEILING BREAK LINE

Bath 2

LINEN

W.C.

ROOF AREA

© by William Poole

Der Entwurf Palmetto von William Poole ver-
wirklicht die Vorstellung einer authentischen
Südstaaten-Villa. Das imposante Bild dieser
Planung wird vor allem von der zweigeschossigen
Veranda geprägt. Die aufwendige Formensprache
setzt sich auch im Hausinneren fort. Wohn-, Spei-
se- und Schlafzimmer sind zur Frontseite ausgerichtet und haben deckenhohe Erkerfenster. Das
elterliche Schlafzimmer wurde im Seitenflügel
untergebracht. Die zum Garten hin gelegenen
Räume, wie das Kaminwohnzimmer und die
Country-Küche mit Frühstücksraum, haben wie
die Eltern-Suite direkten Zugang auf die Veranda.
Im Obergeschoß befinden sich drei Schlafräume
und zwei Vollbäder sowie eine Galerie, die den
Blick in die daruntergelegene Küche freigibt.

Design Palmetto
von William Poole

Erdgeschoß 185,3 qm
Obergeschoß 98,7 qm
Total 284,0 qm

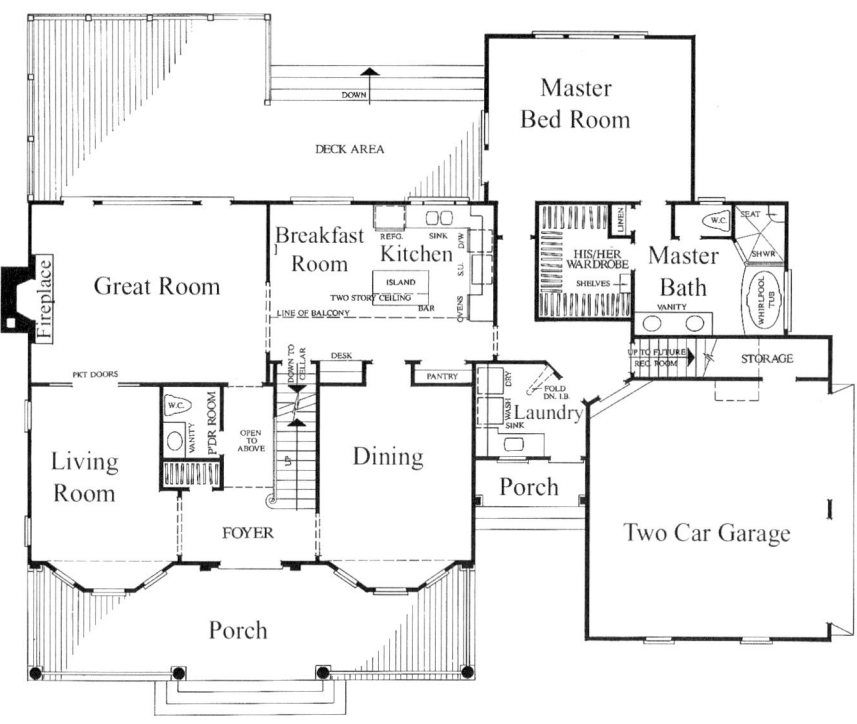

Great Room

Fireplace

Breakfast Room

Kitchen

REFG.
SINK
DW
ISLAND
TWO STORY CEILING
BAR
OVENS
STS

DECK AREA

DOWN

Master Bed Room

HIS/HER WARDROBE
LINEN
SHELVES

Master Bath

W.C.
SEAT
SHWR
WHIRLPOOL TUB
VANITY

LINE OF BALCONY

PKT DOORS

Living Room

W.C.
VANITY
PDR ROOM
OPEN TO ABOVE

DOWN TO CELLAR
DESK
UP

Dining

FOYER

PANTRY

WASH
DRY
SINK
FOLD DN. LB.

Laundry

UP TO FUTURE REC. ROOM
STORAGE

Porch

Two Car Garage

Porch

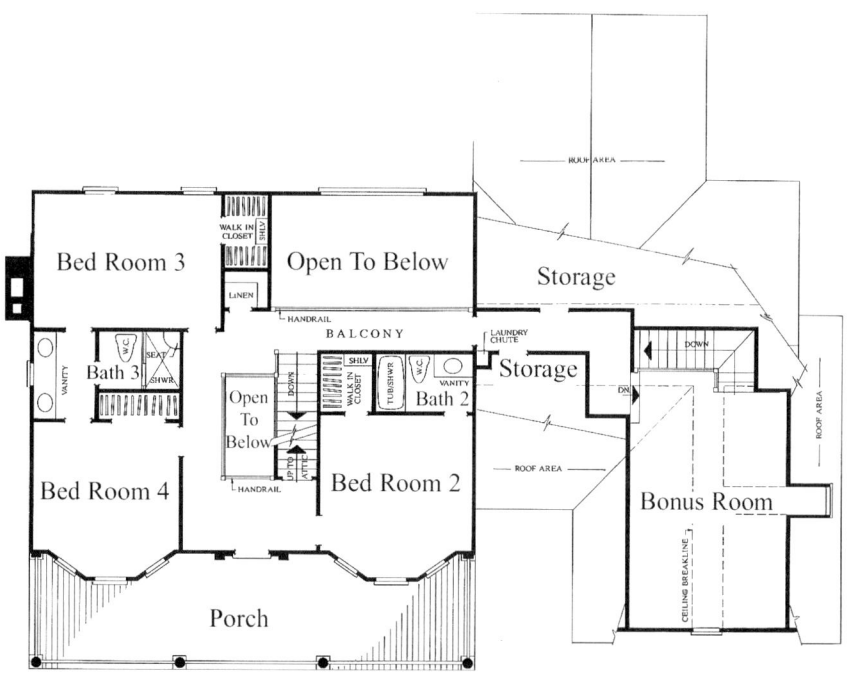

Bed Room 3

WALK IN CLOSET
SHLV

Open To Below

Storage

ROOF AREA

LINEN

HANDRAIL

BALCONY

LAUNDRY CHUTE

DOWN

Bath 3

W.C.
SEAT
SHWR

VANITY

SHLV
WALK IN CLOSET
TUB/SHWR
W.C.
VANITY

Storage

DN

Open To Below

DOWN
UP TO ATTIC

Bath 2

Bed Room 4

HANDRAIL

Bed Room 2

ROOF AREA

ROOF AREA

Bonus Room

CEILING BREAKLINE

Porch

Wie für den Southern Country Style typisch, befinden sich bei dem Hausentwurf La Petit Natchez jeweils ein Kaminzug auf den Giebelseiten. Die Rundbogenfenster der Dachgauben ergänzen sich ausgezeichnet mit der eleganten Verglasung im Eingangsbereich. Auch im Inneren des Hauses geht es stilgerecht zu. Der Weg führt über die breite Veranda in das große Foyer. Von hier blickt der Betrachter in die seitlich gelegenen Räume, die als formelles Wohnzimmer und Bibliothek genutzt werden. Dahinter befindet sich eine offene Country-Küche mit einem großen Frühstücksraum sowie das formelle Speisezimmer. Die Eltern-Suite mit eigenem Luxusbad ist exklusiv geplant und liegt zwischen der Veranda und einem separaten, kleinen Garten.

Design La Petit Natchez
von William Poole

Erdgeschoß 194,3 qm
Obergeschoß 97,0 qm
Total 291,3 qm

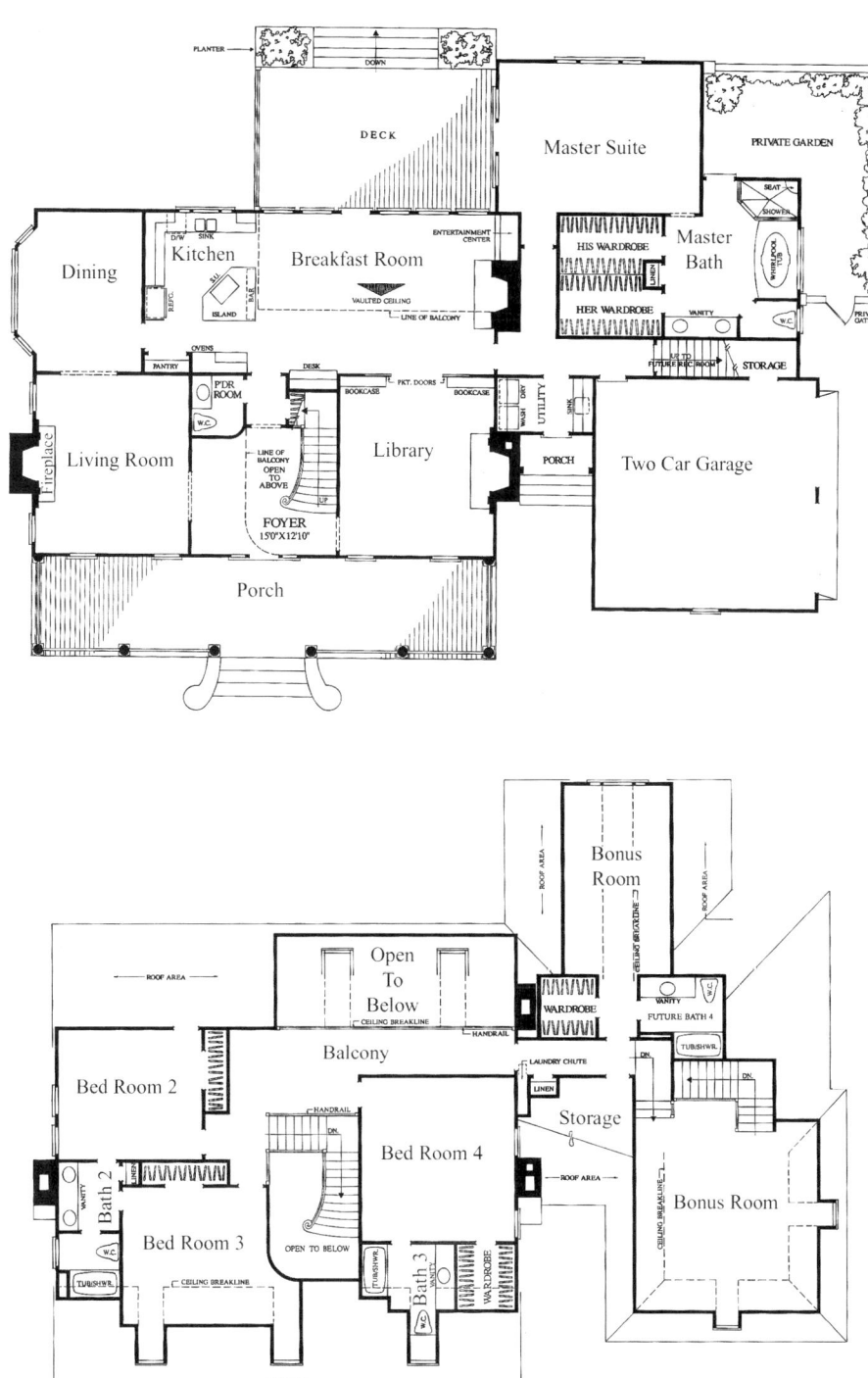

PLANTER

DOWN

DECK

Master Suite

PRIVATE GARDEN

SEAT
SHOWER

D/W   SINK
Kitchen
Dining
Breakfast Room
ENTERTAINMENT CENTER
HIS WARDROBE
Master Bath
REF.
ISLAND
VAULTED CEILING
LINE OF BALCONY
HER WARDROBE
LINEN
WHIRLPOOL TUB
VANITY
W.C.
PRIVATE GATE

PANTRY
OVENS
P'DR ROOM
W.C.
DESK
BOOKCASE
PKT. DOORS
BOOKCASE
WASH DRY
UTILITY
SINK
FUTURE REC. ROOM
STORAGE

Living Room
Fireplace
LINE OF BALCONY OPEN TO ABOVE
UP
Library
PORCH
Two Car Garage

FOYER
15'0"X12'10"

Porch

Bonus Room
ROOF AREA
ROOF AREA
CEILING BREAKLINE

Open To Below
CEILING BREAKLINE
WARDROBE
VANITY
W.C.
ROOF AREA
HANDRAIL
FUTURE BATH 4

Balcony
LAUNDRY CHUTE
LINEN
TUB/SHWR.
DN.
DN.

Bed Room 2
HANDRAIL
DN.
Storage
Bonus Room

LINEN
Bed Room 4
ROOF AREA
CEILING BREAKLINE

Bath 2
VANITY
W.C.
TUB/SHWR.
OPEN TO BELOW
TUB/SHWR.
Bath 3
W.C.
WARDROBE

Bed Room 3
CEILING BREAKLINE
ROOF AREA

Das Design Melrose von William Poole besticht mit seiner aufwendigen Konstruktion und zeigt dem Betrachter bereits auf den ersten Blick, daß es sich hier um ein Haus der Spitzenklasse handelt. Die Eleganz der äußeren Erscheinung setzt sich im Inneren des Hauses fort. Mit einer Grundfläche von 297,3 qm bietet dieses Design eine ansprechende Raumaufteilung. Das Angebot im Erdgeschoß umfaßt Eßzimmer, Küche mit Frühstücksraum, ein offenes Wohnzimmer, Bibliothek und die Eltern-Suite, die über ein eigenes Bad und eine große Ankleide verfügt. Vom Obergeschoß kann man von der Galerie das Foyer und das gegenüberliegende Kaminwohnzimmer überblicken. Drei Schlafräume mit zwei Bädern sind hier untergebracht.

Design Melrose
von William Poole

Erdgeschoß 204,3 qm
Obergeschoß 93,0 qm
Total 297,3 qm

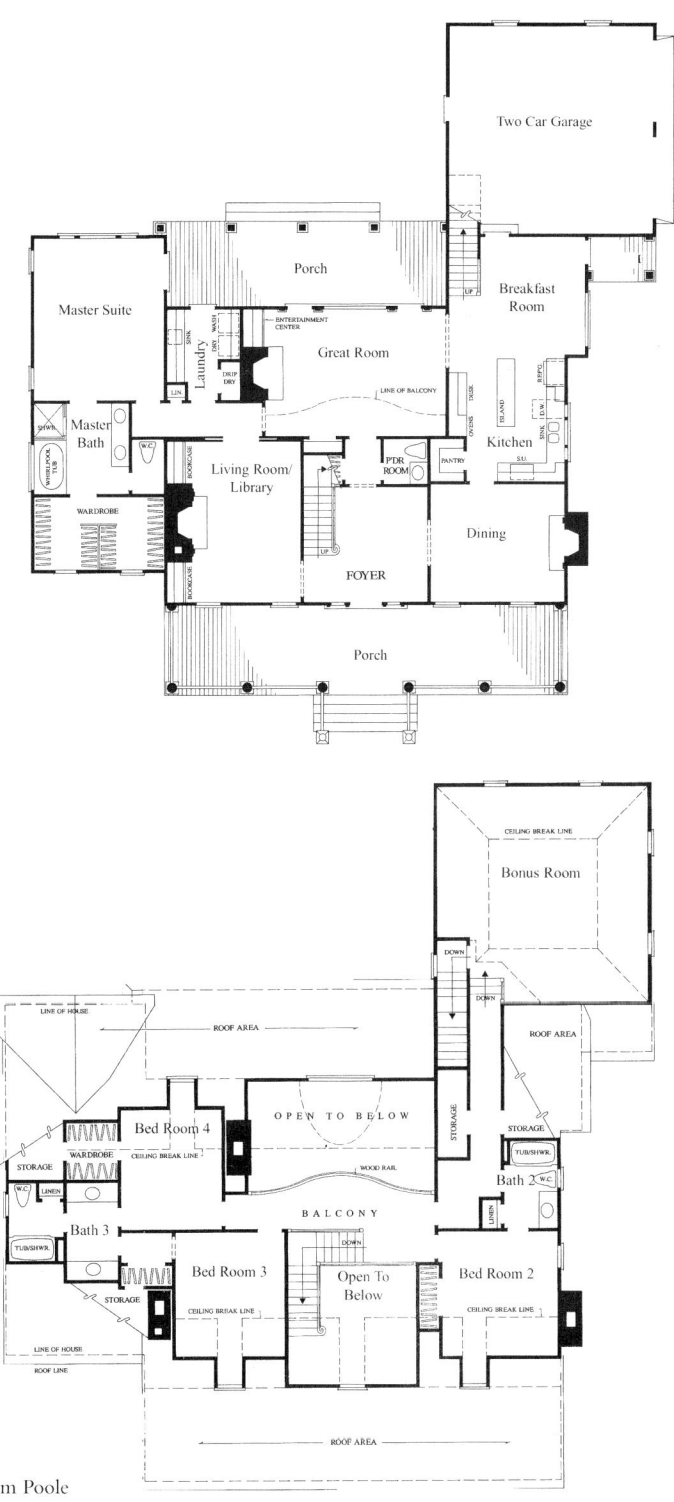

© by William Poole

Eine echte Attraktion ist das Currituck Cottage aus der Feder des führenden Architekten für authentische Südstaaten-Architektur William Poole. Mit diesem Entwurf richtet er sich an Liebhaber des Outdoor-Lebens, die die Vorzüge einer großen, breiten Hausveranda zu schätzen wissen. Im Inneren des Hauses erwartet den Betrachter eine große Country-Küche mit angrenzendem Frühstückszimmer. Hinter dem formellen Speiseraum liegt das Kaminwohnzimmer. Von hier gelangt man auf die Gartenterrasse. Die elterliche Suite verfügt über ein großes Bad mit Dusche und Whirlpool. Im Dachgeschoß gibt es zwei weitere Schlafräume, die sich ein Vollbad teilen. Ein viertes Schlafzimmer, ein Hobbyraum und die Doppelgarage sind im Basement vorgesehen.

Design Currituk Cottage
von William Poole

Erdgeschoß 144,4 qm
Obergeschoß 70,1 qm
Total 214,5 qm

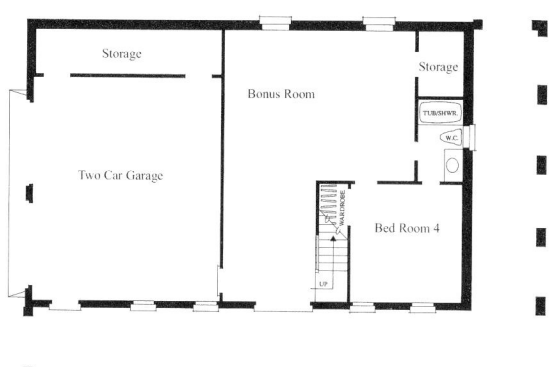

Storage

Bonus Room

Storage

TUB/SHWR

W.C.

Two Car Garage

WARDROBE

Bed Room 4

UP

DECK

Breakfast Room

Great Room

WARDROBE

Master Bath

BAR

SLC

DESK

OVENS

Kitchen

PANTRY

SINK

W.C.

P'DR ROOM

LINEN CABINET

WHIRLPOOL TUB

SEAT

SHOWER

W.C.

D.W.

REFG.

Dining

DOWN

Master Suite

DRIP DRY

FOLD DS TB.

ENTERTAINMENT CENTER

SINK DRY WASH

FOYER

UP

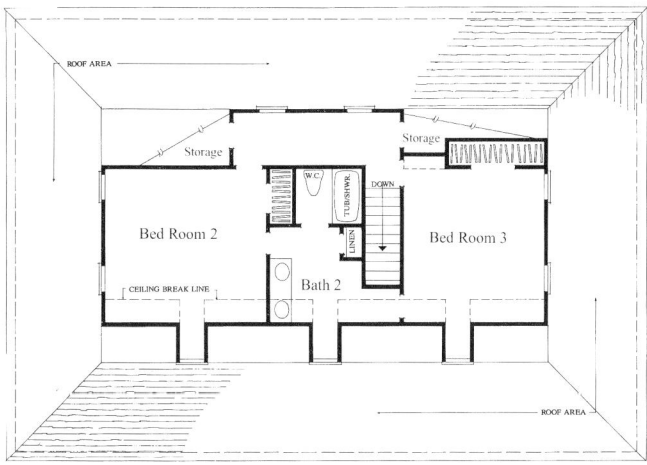

ROOF AREA

Storage

Storage

W.C.

TUB/SHWR.

DOWN

Bed Room 2

LINEN

Bed Room 3

CEILING BREAK LINE

Bath 2

ROOF AREA

© by William Poole

Der Entwurf Bell Grove von William Poole vermittelt den ganzen Charme des Southern Country Style. Typische Stilelemente wie die weit überdachte, mit Säulen geschmückte Frontveranda und der Dachreiter auf der großen Doppelgarage unterstreichen die Stilreinheit dieses Designs. Im Inneren des Hauses befinden sich vier geräumige Schlafzimmer, von denen drei im 95 qm großen Obergeschoß untergebracht sind. Die elterliche Suite liegt mit ihrem großzügigen Bad und einer Kleiderkammer im Erdgeschoß und hat direkten Zugang auf die Gartenterrasse. Neben dem großen Familienwohnzimmer mit Kamin liegt die Country-Küche, von der man in das separate Speisezimmer und in den angrenzenden Hauswirtschaftsraum gelangt. Der großzügig verglaste Küchen-Erker bietet einen hellen Platz zum Essen mit Blick in den Garten.

Design Belle Grove
von William Poole

Erdgeschoß 185,8 qm
Obergeschoß 95,6 qm
Total 284,4 qm

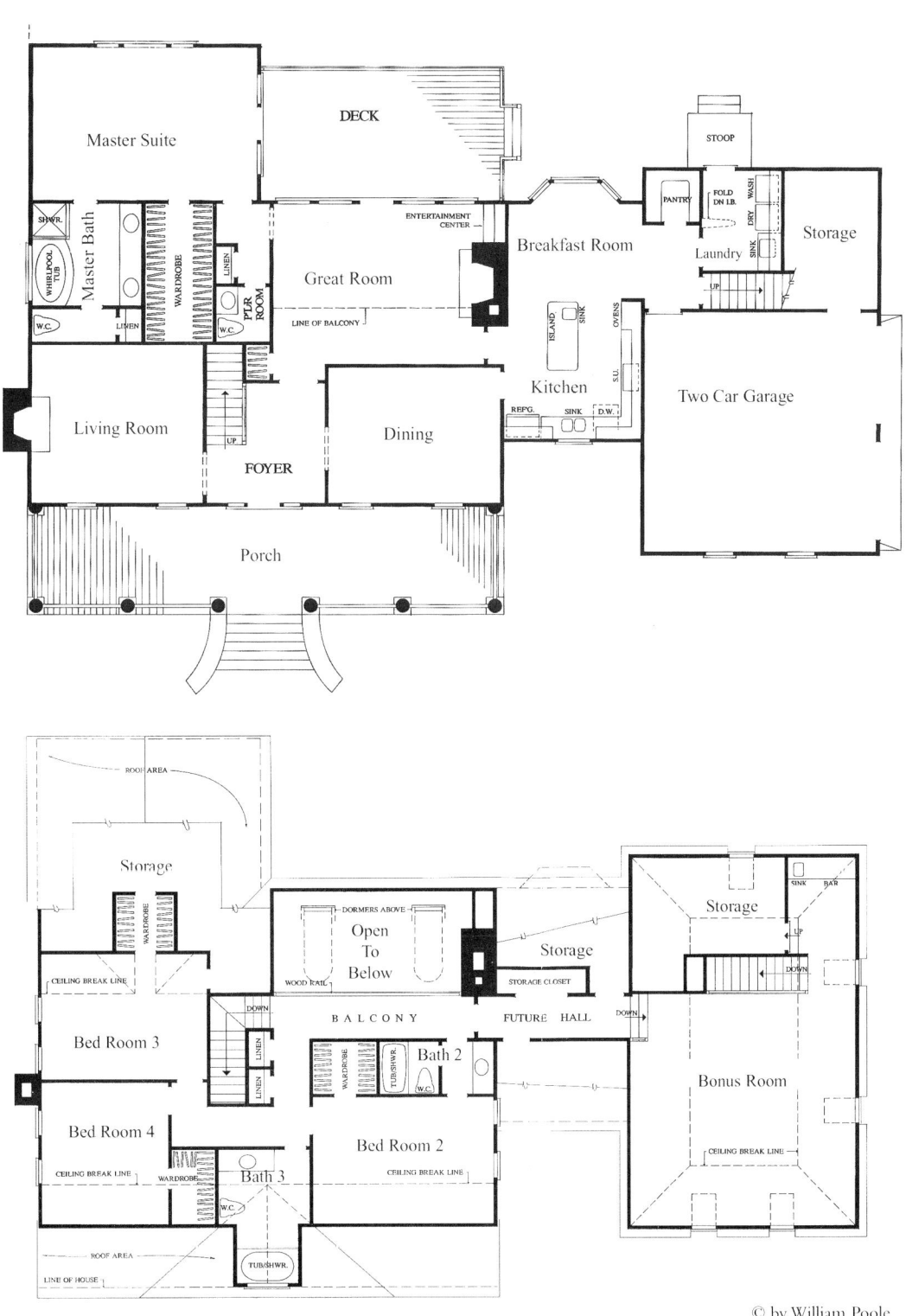

Master Suite

DECK

Master Bath

SHWR.

WHIRLPOOL TUB

W.C.

WARDROBE

LINEN

LINEN

PDR. ROOM

W.C.

Great Room

LINE OF BALCONY

ENTERTAINMENT CENTER

Breakfast Room

PANTRY

FOLD DN LB.

WASH

DRY

SINK

Laundry

UP

Storage

Living Room

UP

FOYER

Dining

Kitchen

ISLAND

SINK

OVENS

S.U.

Two Car Garage

REFG.

SINK

D.W.

Porch

ROOF AREA

Storage

WARDROBE

LINEN

DORMERS ABOVE

Open To Below

WOOD RAIL

Storage

STORAGE CLOSET

Storage

SINK

BAR

UP

DOWN

CEILING BREAK LINE

Bed Room 3

DOWN

LINEN

LINEN

BALCONY

WARDROBE

TUB/SHWR.

W.C.

Bath 2

FUTURE HALL

DOWN

Bed Room 4

CEILING BREAK LINE

WARDROBE

Bath 3

W.C.

Bed Room 2

CEILING BREAK LINE

Bonus Room

CEILING BREAK LINE

ROOF AREA

TUB/SHWR.

LINE OF HOUSE

© by William Poole

Southern Country Style 167

Der Entwurf Bowling Green von William Poole ist gekennzeichnet durch eine klare Trennung zwischen Wohn- und Schlafbereich. Bei diesem Design befinden sich alle drei Schlafräume auf einer Ebene im Erdgeschoß. Die Eltern-Suite hat ein eigenes Bad. Die beiden Kinderzimmer teilen sich ein Vollbad, das von beiden Räumen direkt zu begehen ist. Das Highlight dieser Planung ist der offene Wohnbereich. Die Küche bildet unter der offenen Dachkonstruktion den zentralen Punkt zwischen dem Kaminwohnzimmer, dem großzügig verglasten Familienwohnraum und dem Frühstückserker. Das Obergeschoß bietet im Bereich der Dachgauben eine Ausbaureserve. Hier ist genügend Raum, um einen Hobbyraum und ein weiteres Schlafzimmer mit Bad anzulegen.

Design Bowling Green
von William Poole

Erdgeschoß 258,0 qm
Obergeschoß 76,0 qm
Total 334,0 qm

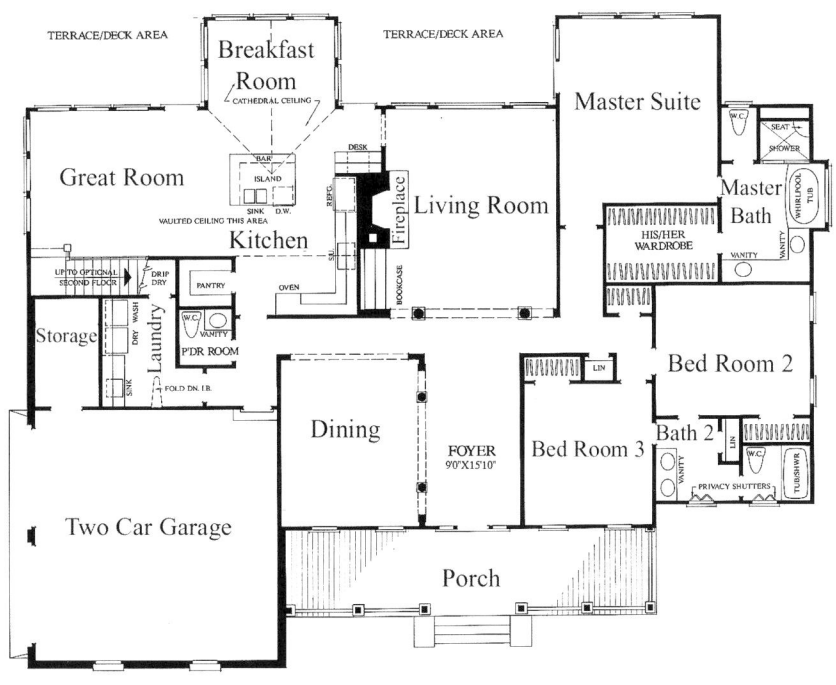

TERRACE/DECK AREA

Breakfast Room
CATHEDRAL CEILING

TERRACE/DECK AREA

Master Suite

Great Room

BAR
ISLAND
SINK   D.W.
VAULTED CEILING THIS AREA

Kitchen

W.C.
SEAT
SHOWER

REFG.

DESK

Living Room

Fireplace

Master Bath

WHIRLPOOL TUB

HIS/HER WARDROBE

VANITY

VANITY

UP TO OPTIONAL SECOND FLOOR

DRIP DRY

PANTRY

Storage

DRY WASH

Laundry

W.C.
VANITY
P'DR ROOM

OVEN

BOOKCASE

SINK   FOLD DN. I.B.

Dining

FOYER
9'0"X15'10"

LIN

Bed Room 3

Bed Room 2

Bath 2

VANITY

LIN

W.C.

TUB/SHWR

Two Car Garage

Porch

PRIVACY SHUTTERS

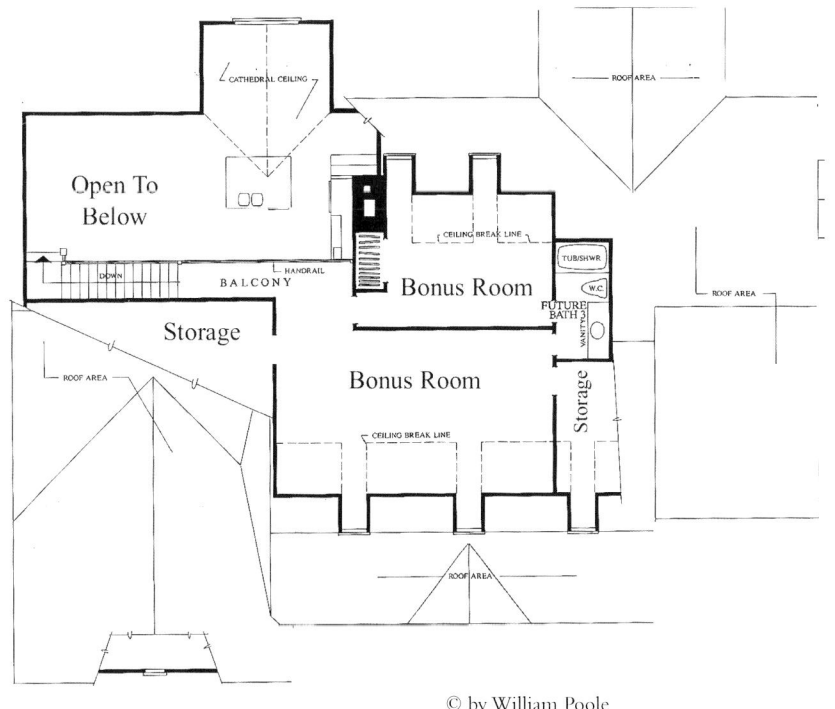

CATHEDRAL CEILING

ROOF AREA

Open To Below

CEILING BREAK LINE

TUB/SHWR

W.C.

DOWN

HANDRAIL

BALCONY

Bonus Room

FUTURE BATH 3

VANITY

ROOF AREA

Storage

ROOF AREA

Bonus Room

Storage

CEILING BREAK LINE

ROOF AREA

© by William Poole

Dieses prachtvolle Country Cottage aus der Feder des Architekten William Poole hat eine Gesamtwohnfläche von 272,8 qm. Im Erdgeschoß befinden sich neben der Eltern-Suite noch zwei weitere Schlafräume. Die Küche ist mit einem Eßtresen und einer Pantry ausgestattet. Der verglaste Erker bietet sich als gemütlicher Eßplatz an. Das angrenzende Kaminzimmer wurde in offener Konstruktion geplant. Vom darüberliegenden Obergeschoß kann man das Wohnzimmer überblicken. Darüber hinaus bietet das Dachgeschoß einen vierten Schlafraum und eine stattliche Ausbaureserve. Unterhalb der Dachschrägen befinden sich zusätzlich ausreichend Abstellmöglichkeiten und Stauraum

Design Country Cottage
von William Poole

Erdgeschoß 199,8 qm
Obergeschoß 73,0 qm
Total 272,8 qm

Balcony

Bed Room 3

BOOKCASE

Great Room

Breakfast Area

UP TO OPTIONAL SECOND FLOOR

Master Suite

BAR

OVEN

SHLV

SINK

S.U.

WALK IN CLOSET

BOOKCASE

DW

Kitchen

TUB/SHWR   LINEN

REFG.

PANTRY

Bath 2

VANITY

W.C

Gallery

VANITY

SEAT

SHOWER

Master Bath

Bed Room 2

Foyer

Dining

SINK

Laundry

DRIP/DRY

LIN

WHIRLPOOL TUB

WASH   DRY

Walk in Closet

LINEN

W.C

Porch

Two Car Garage

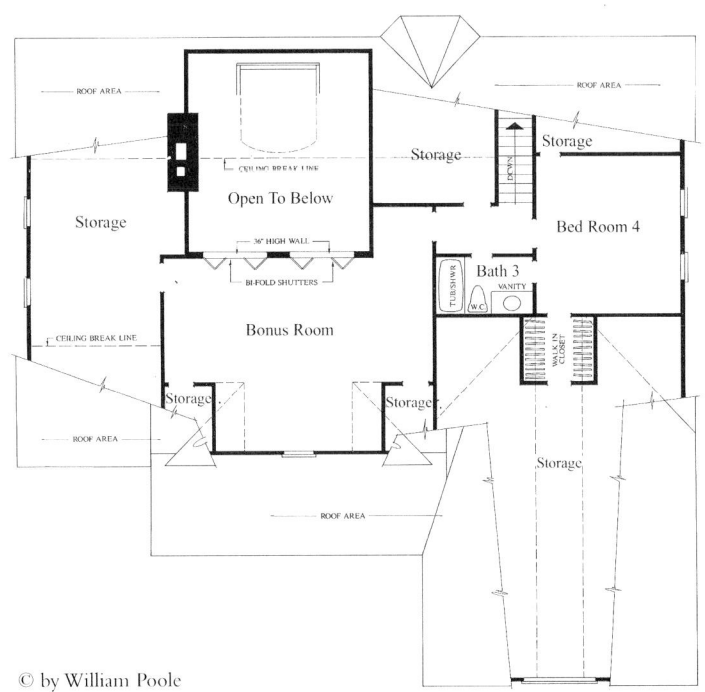

ROOF AREA

ROOF AREA

CEILING BREAK LINE

Storage

Storage

DOWN

Open To Below

Storage

Bed Room 4

36" HIGH WALL

Storage

TUB/SHWR

Bath 3

VANITY

CEILING BREAK LINE

BI-FOLD SHUTTERS

W.C

Bonus Room

Storage

Storage

WALK IN CLOSET

ROOF AREA

Storage

ROOF AREA

© by William Poole

Charakteristisch für diese Südstaaten-Villa ist die weit überdachte Veranda. Die drei Dachgauben ragen wie Türme aus dem dunklen Satteldach. Hohe Fenster, die von Fensterläden gesäumt werden, harmonieren ausgezeichnet mit der eleganten Eingangstür, die mit einem exklusiven Oberlicht ausgestattet ist. Im Innneren des Hauses herrscht ein klarer Grundriß vor. Das Erdgeschoß bietet ein Eßzimmer, ein Arbeitszimmer, Küche mit Frühstücksecke, ein großes Kaminwohnzimmer und die elterliche Suite mit einem komfortablen Badezimmer. Im Obergeschoß sind drei Schlafräume untergebracht. Über der Doppelgarage bietet dieser Entwurf noch einen ausbaufähigen Raum.

Design Biloxi
von William Poole

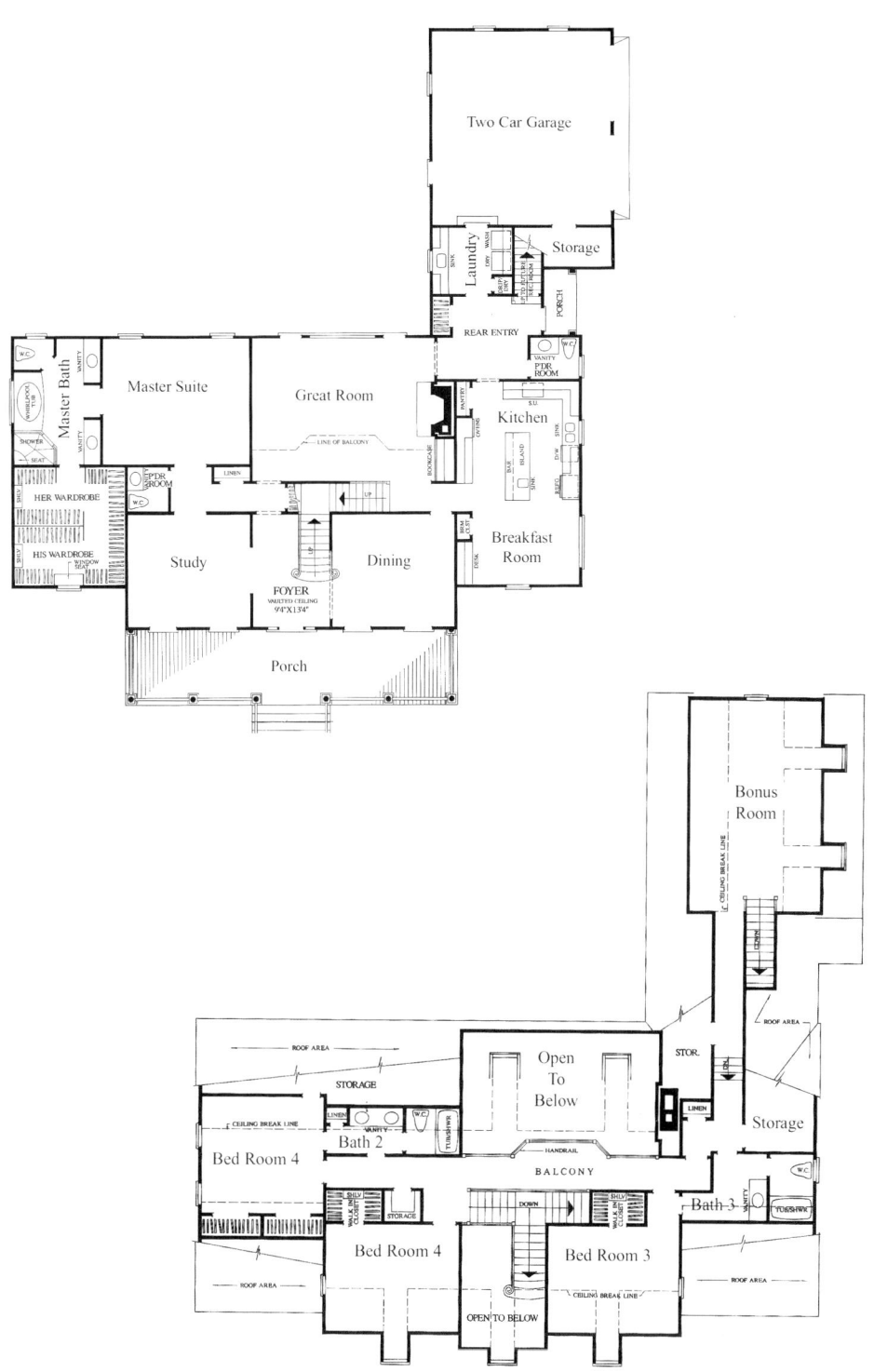

Two Car Garage

Storage

Laundry

REAR ENTRY

P'DR ROOM

Master Bath

Master Suite

Great Room

Kitchen

LINE OF BALCONY

HER WARDROBE

P'DR ROOM

HIS WARDROBE

Study

Dining

Breakfast Room

FOYER
VAULTED CEILING
9'4"X13'4"

Porch

Bonus Room

Open To Below

STOR.

STORAGE

Bath 2

BALCONY

HANDRAIL

Storage

Bed Room 4

Bed Room 4

Bed Room 3

Bath 3

OPEN TO BELOW

DOWN

ROOF AREA

CEILING BREAK LINE

© by William Poole

Dieser stattliche Entwurf im Southern Country Style besticht durch eine weit überdachte Veranda mit Doppelsäulen, die das Satteldach tragen. Drei Dachgauben ragen wie Türme daraus hervor. Hohe Fenster mit Fensterläden flankieren die exklusive Eingangstür. Das Innere des Hauses ist klar gegliedert. Das 203,5 qm große Erdgeschoß bietet ein Eßzimmer, ein Kaminwohnzimmer, Küche mit Frühstücksecke, ein großes Familienwohnzimmer und die elterliche Suite mit einem komfortablen Bad. Im 113,3 qm großen Obergeschoß sind drei Schlafzimmer untergebracht.

Design Biloxi
von William Poole

Total 316,8 qm

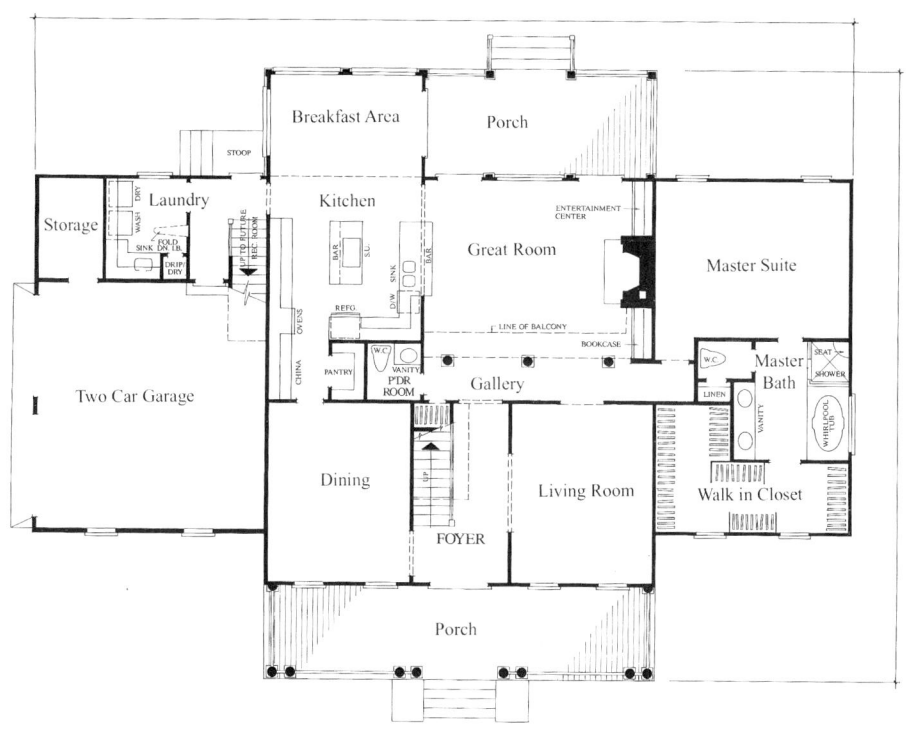

Breakfast Area | Porch

STOOP

Storage | Laundry | Kitchen | Great Room | Master Suite

WASH DRY
FOLD. SINK DN. LB.
DRIP/DRY
UP TO FUTURE REC ROOM

ENTERTAINMENT CENTER

BAR | S.U. | D/W | SINK | BAR

REFG.

LINE OF BALCONY

BOOKCASE

Two Car Garage

CHINA | OVENS

PANTRY

W.C | VANITY

P'DR ROOM

Gallery

W.C

Master Bath

LINEN | VANITY

SEAT SHOWER

WHIRLPOOL TUB

Dining | Living Room | Walk in Closet

UP

FOYER

Porch

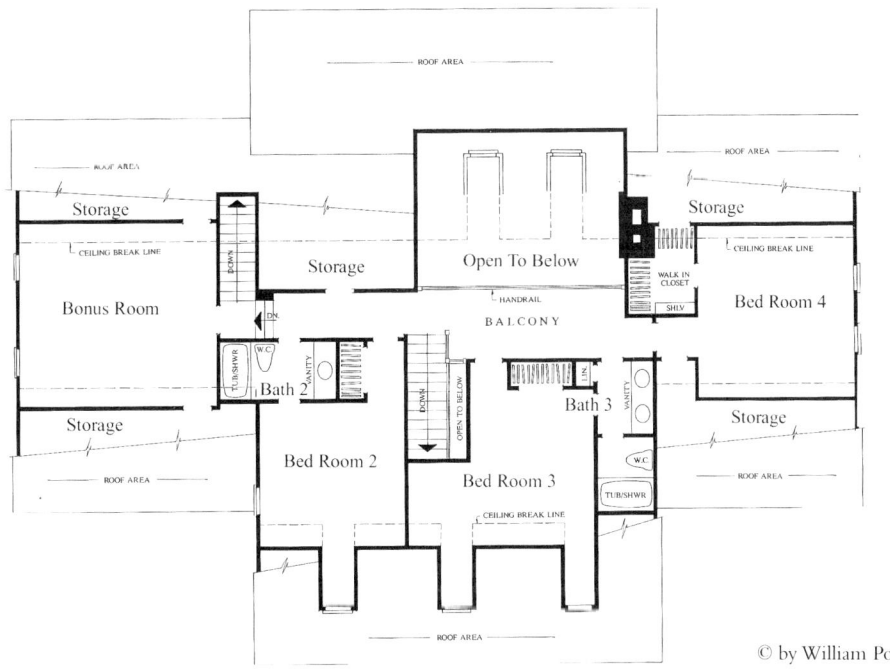

ROOF AREA

ROOF AREA | ROOF AREA

CEILING BREAK LINE

Storage | Storage | Open To Below | Storage | CEILING BREAK LINE

WALK IN CLOSET | SHLV

Bonus Room | HANDRAIL | Bed Room 4

DN | BALCONY

TUB/SHWR | W.C | VANITY | DOWN | OPEN TO BELOW | LIN. | Bath 3 | VANITY

Storage | Bath 2 | Bed Room 2 | Bed Room 3 | W.C | Storage

TUB/SHWR

ROOF AREA | ROOF AREA

CEILING BREAK LINE

ROOF AREA

© by William Poole

Southern Country Style   175

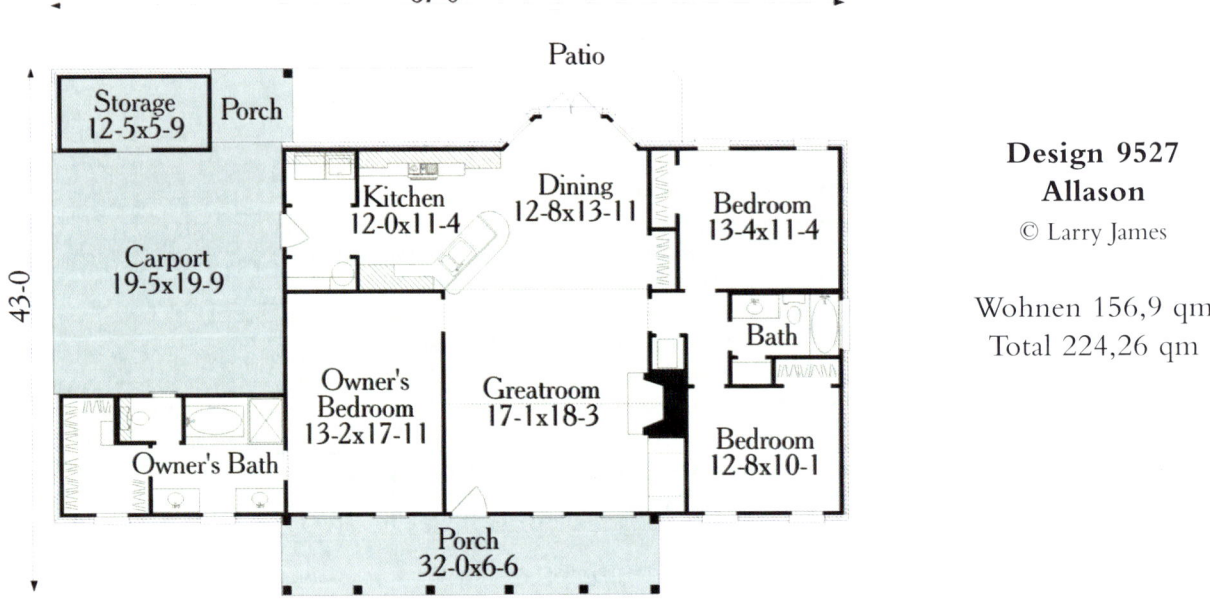

67-0

43-0

Patio

Storage
12-5x5-9   Porch

Carport
19-5x19-9

Kitchen
12-0x11-4

Dining
12-8x13-11

Bedroom
13-4x11-4

Owner's
Bedroom
13-2x17-11

Greatroom
17-1x18-3

Bath

Owner's Bath

Bedroom
12-8x10-1

Porch
32-0x6-6

Design 9527
Allason

© Larry James

Wohnen 156,9 qm
Total 224,26 qm

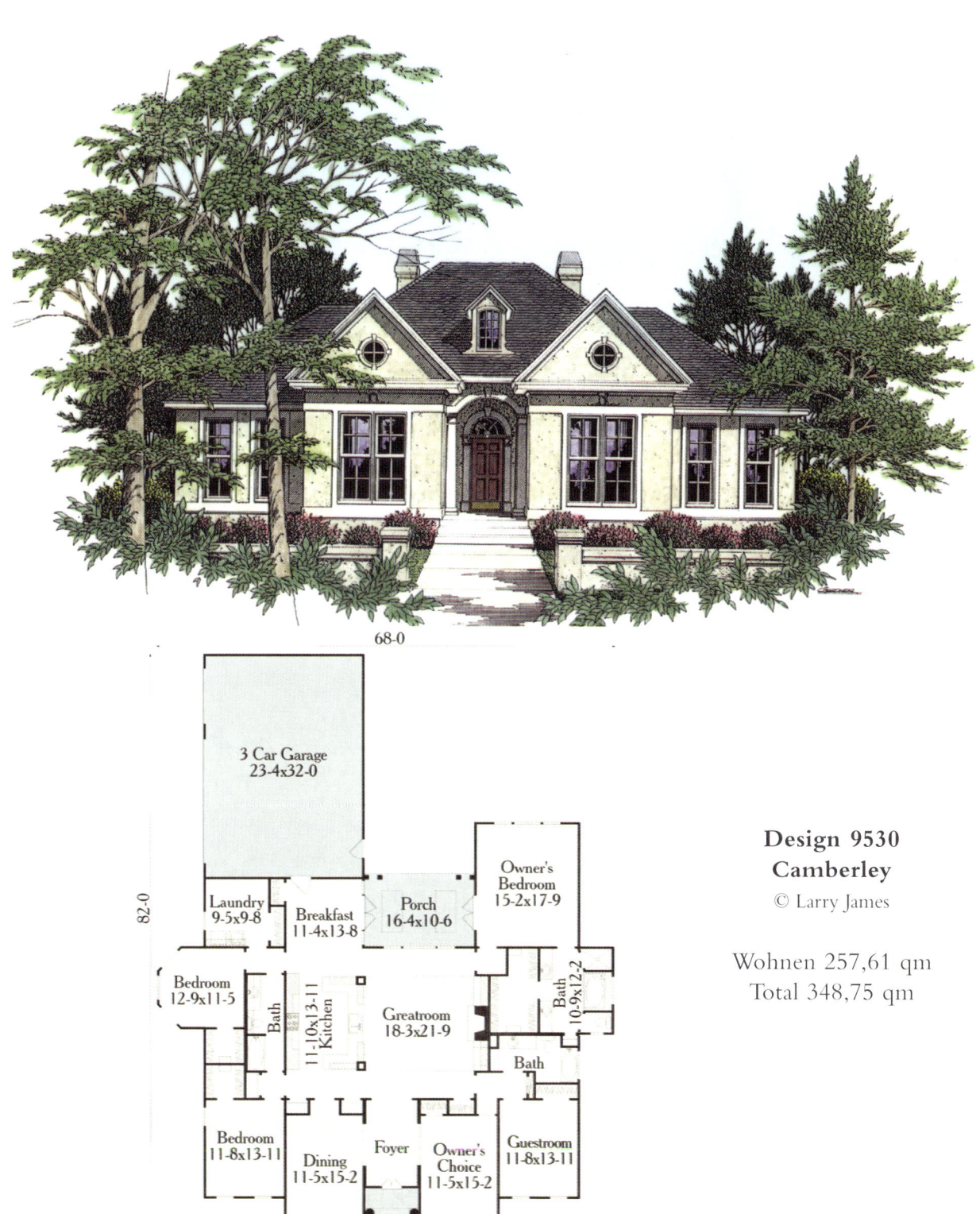

68-0

82-0

3 Car Garage
23-4x32-0

Laundry
9-5x9-8

Breakfast
11-4x13-8

Porch
16-4x10-6

Owner's
Bedroom
15-2x17-9

Bedroom
12-9x11-5

Bath

Kitchen
11-10x13-11

Greatroom
18-3x21-9

Bath
10-9x12-2

Bath

Bedroom
11-8x13-11

Dining
11-5x15-2

Foyer

Owner's
Choice
11-5x15-2

Guestroom
11-8x13-11

**Design 9530
Camberley**

© Larry James

Wohnen 257,61 qm
Total 348,75 qm

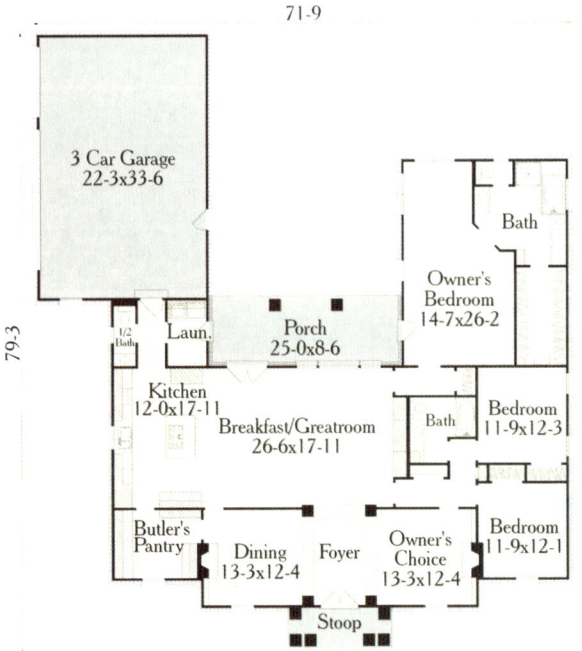

71-9

79-3

3 Car Garage
22-3x33-6

1/2
Bath

Laun.

Porch
25-0x8-6

Bath

Owner's
Bedroom
14-7x26-2

Kitchen
12-0x17-11

Breakfast/Greatroom
26-6x17-11

Bath

Bedroom
11-9x12-3

Butler's
Pantry

Dining
13-3x12-4

Foyer

Owner's
Choice
13-3x12-4

Bedroom
11-9x12-1

Stoop

**Design 9602
Leighton**

© Larry James

Wohnen 243,0 qm
Total 346,05 qm

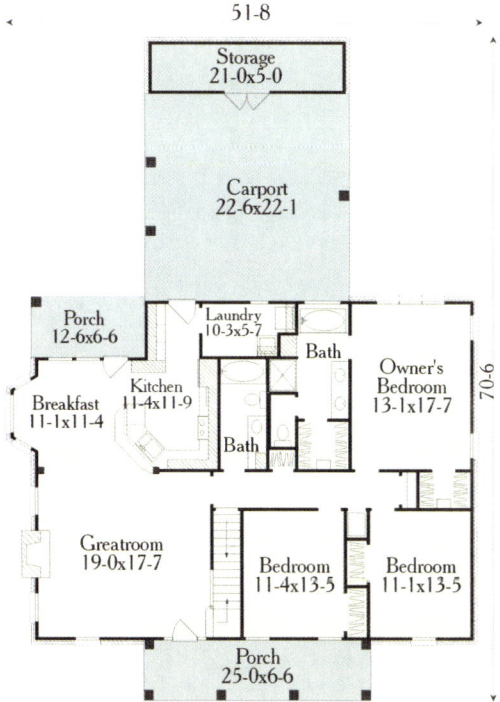

51-8

Storage
21-0x5-0

Carport
22-6x22-1

70-6

Porch
12-6x6-6

Laundry
10-3x5-7

Bath

Owner's
Bedroom
13-1x17-7

Breakfast
11-1x11-4

Kitchen
11-4x11-9

Bath

Greatroom
19-0x17-7

Bedroom
11-4x13-5

Bedroom
11-1x13-5

Porch
25-0x6-6

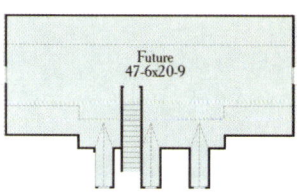

Future
47-6x20-9

Design 9607
Hillcrest

© Larry James

Wohnen 160,34 qm
Total 241,45 qm

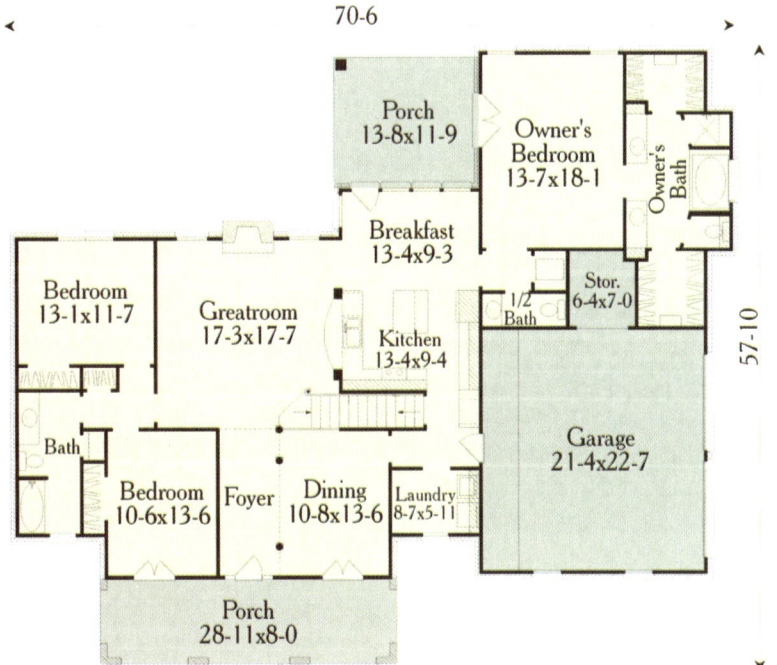

70-6

Porch
13-8x11-9

Owner's
Bedroom
13-7x18-1

Owner's
Bath

Breakfast
13-4x9-3

Bedroom
13-1x11-7

Greatroom
17-3x17-7

Kitchen
13-4x9-4

1/2
Bath

Stor.
6-4x7-0

57-10

Bath

Garage
21-4x22-7

Bedroom
10-6x13-6

Foyer

Dining
10-8x13-6

Laundry
8-7x5-11

Porch
28-11x8-0

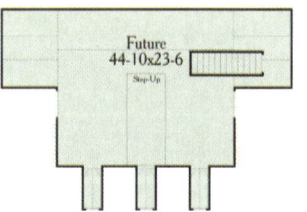

Future
44-10x23-6

Step-Up

Design 9608
Lansing

© Larry James

Wohnen 193,42 qm
Total 282,33 qm

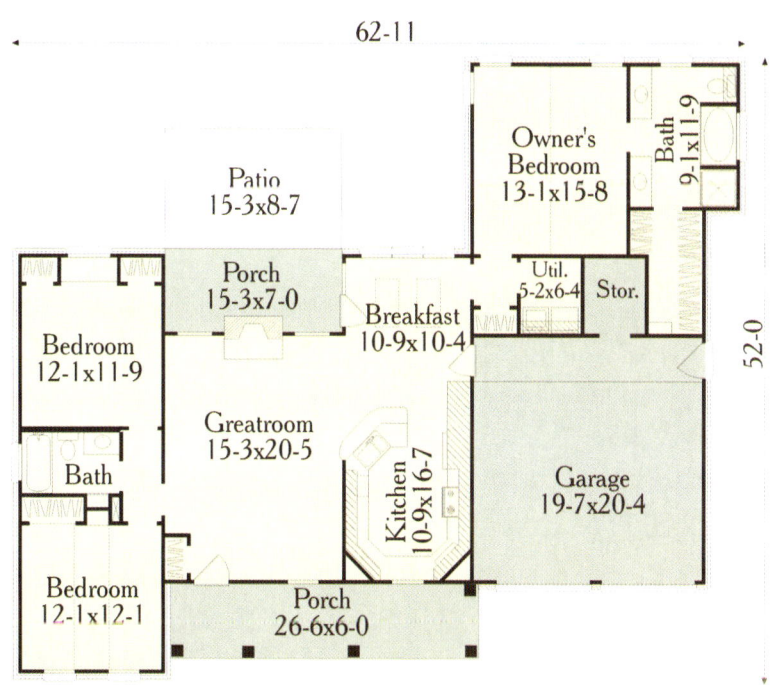

62-11

Patio
15-3x8-7

Porch
15-3x7-0

Bedroom
12-1x11-9

Bath

Bedroom
12-1x12-1

Greatroom
15-3x20-5

Kitchen
10-9x16-7

Breakfast
10-9x10-4

Owner's
Bedroom
13-1x15-8

Bath
9-1x11-9

Util.
5-2x6-4

Stor.

Garage
19-7x20-4

Porch
26-6x6-0

52-0

Design 9609
Auburn

© Larry James

Wohnen 149,19 qm
Total 217,30 qm

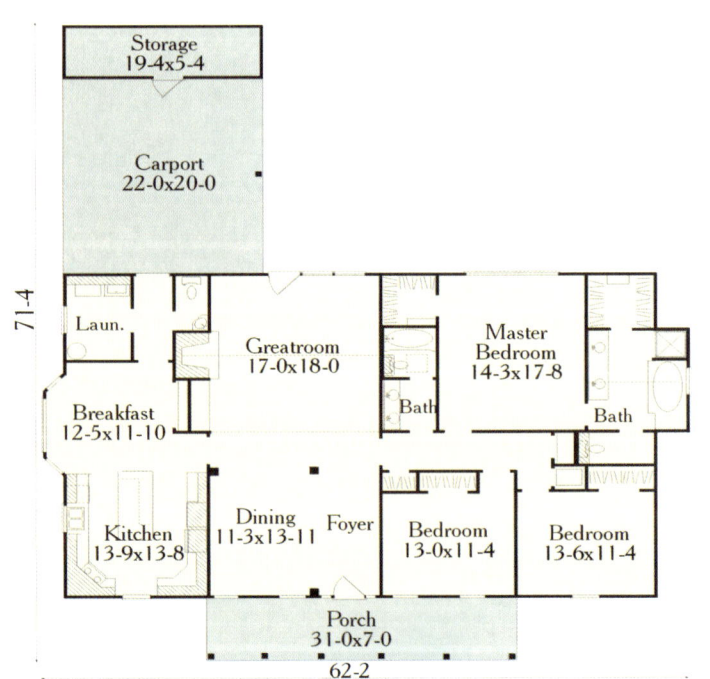

Design 9614
Wakefield

© Larry James

Wohnen 204,56 qm
Total 276,75 qm

Storage
19-4x5-4

Carport
22-0x20-0

71-4

Laun.

Greatroom
17-0x18-0

Master
Bedroom
14-3x17-8

Bath

Bath

Breakfast
12-5x11-10

Kitchen
13-9x13-8

Dining
11-3x13-11

Foyer

Bedroom
13-0x11-4

Bedroom
13-6x11-4

Porch
31-0x7-0

62-2

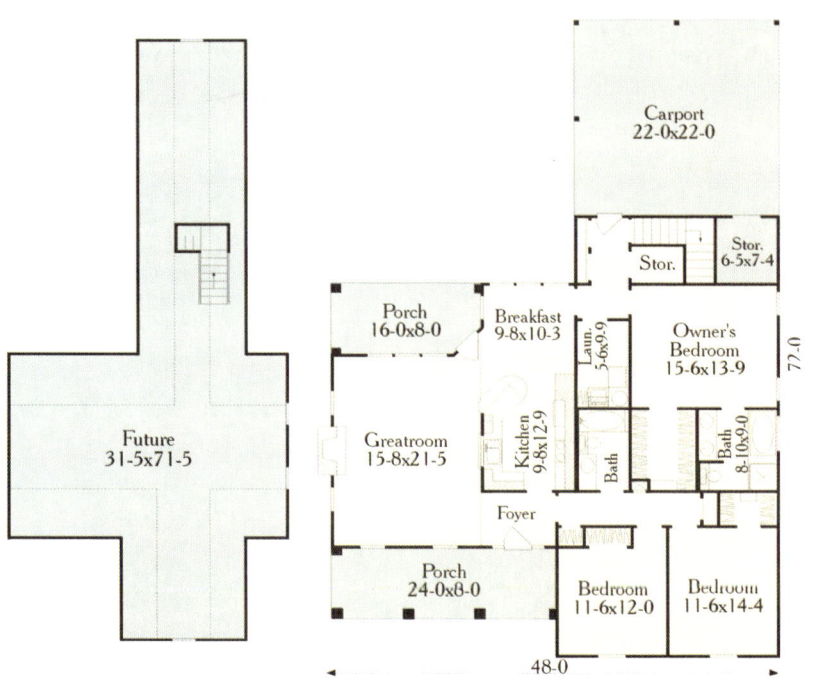

Future
31-5x71-5

Porch
16-0x8-0

Breakfast
9-8x10-3

Carport
22-0x22-0

Stor.

Stor.
6-5x7-4

Laun.
5-6x9-9

Owner's Bedroom
15-6x13-9

77-0

Greatroom
15-8x21-5

Kitchen
9-8x12-9

Bath

Bath
8-10x9-0

Foyer

Porch
24-0x8-0

Bedroom
11-6x12-0

Bedroom
11-6x14-4

48-0

Design 9616
New Castle

© Larry James

Wohnen 156,5 qm
Total 235,3 qm

Southern Country Style   183

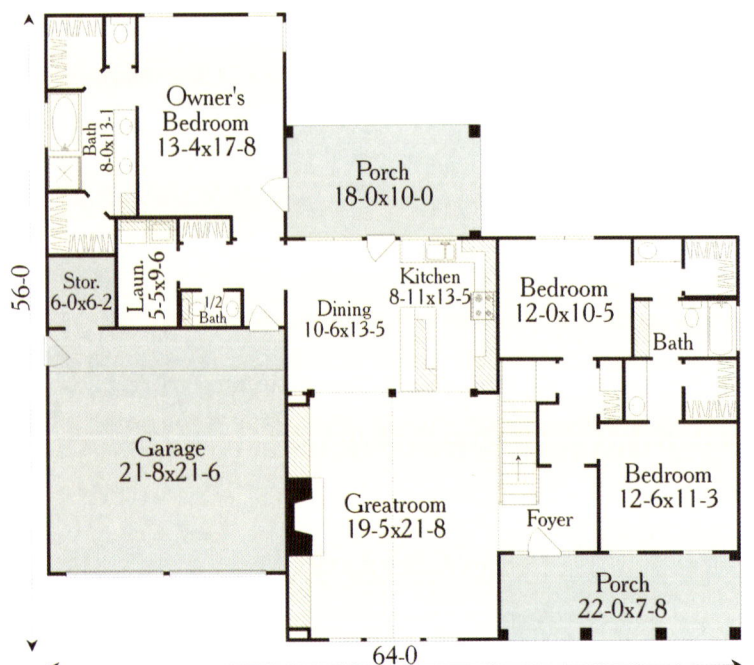

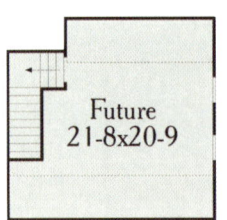

Owner's Bedroom
13-4x17-8

Bath
8-0x13-1

Porch
18-0x10-0

Stor.
6-0x6-2

Laun.
5-5x9-6

1/2 Bath

Kitchen
8-11x13-5

Dining
10-6x13-5

Bedroom
12-0x10-5

Bath

Garage
21-8x21-6

Greatroom
19-5x21-8

Foyer

Bedroom
12-6x11-3

Porch
22-0x7-8

56-0

64-0

Future
21-8x20-9

Design 9617
Broadhaven

© Larry James

Wohnen 179,0 qm
Total 260,0 qm

184   Southern Country Style

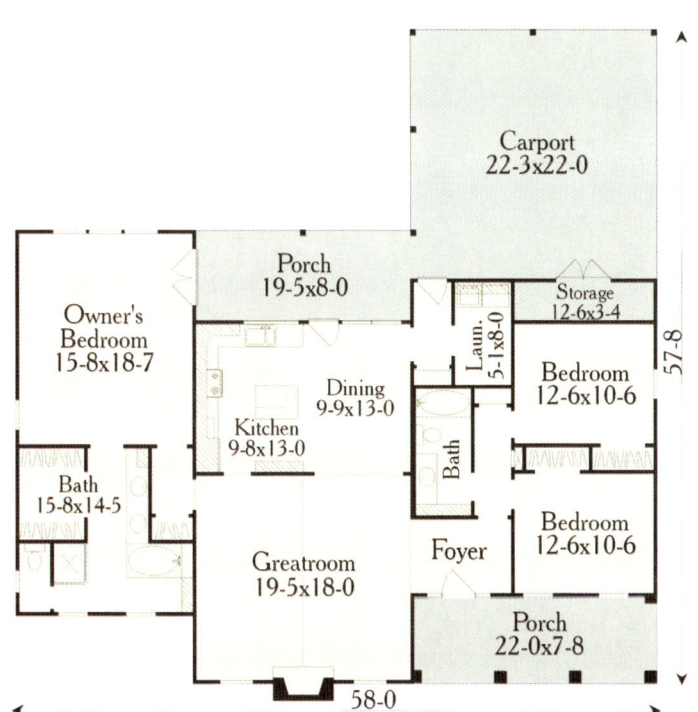

Carport
22-3x22-0

Porch
19-5x8-0

Storage
12-6x3-4

Owner's
Bedroom
15-8x18-7

Laun.
5-1x8-0

Bedroom
12-6x10-6

Dining
9-9x13-0

Kitchen
9-8x13-0

57-8

Bath

Bath
15-8x14-5

Bedroom
12-6x10-6

Greatroom
19-5x18-0

Foyer

Porch
22-0x7-8

58-0

Design 9618
Forest Hill

© Larry James

Wohnen 163,13 qm
Total 243,21 qm

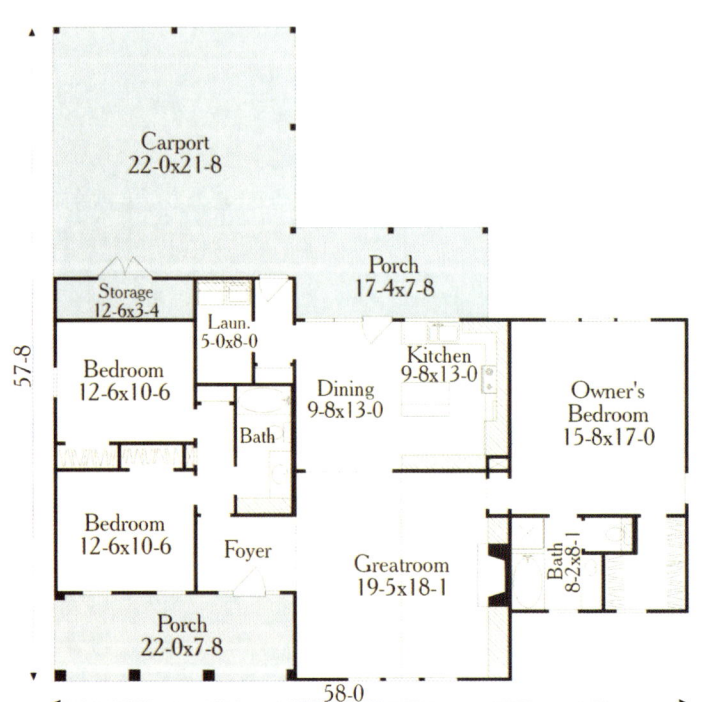

Design 9619
The Laurens

© Larry James

Wohnen 151,0 qm
Total 229,8 qm

Carport
22-0x21-8

Storage
12-6x3-4

Laun.
5-0x8-0

Porch
17-4x7-8

Kitchen
9-8x13-0

Bedroom
12-6x10-6

Dining
9-8x13-0

Owner's
Bedroom
15-8x17-0

Bath

Bedroom
12-6x10-6

Foyer

Greatroom
19-5x18-1

Bath
8-2x8-1

Porch
22-0x7-8

57-8

58-0

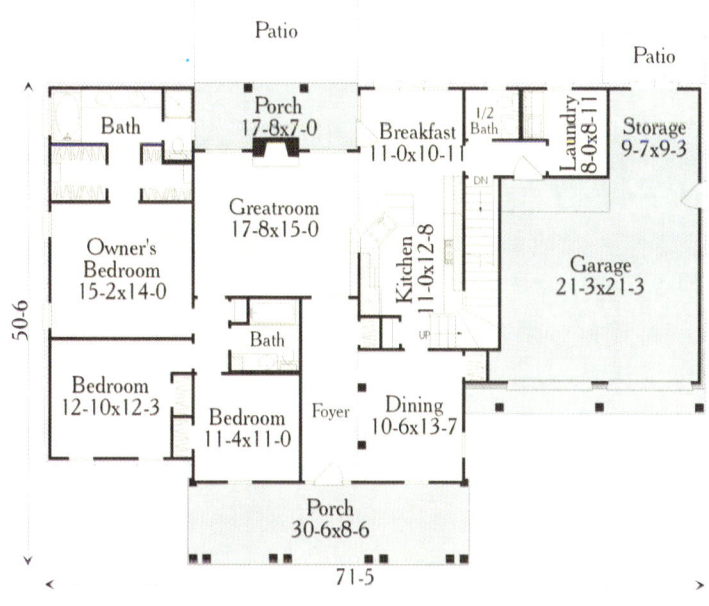

Patio

Bath

Porch
17-8x7-0

Breakfast
11-0x10-11

1/2
Bath

Laundry
8-0x8-11

Patio

Storage
9-7x9-3

Owner's
Bedroom
15-2x14-0

Greatroom
17-8x15-0

Kitchen
11-0x12-8

DN

Garage
21-3x21-3

50-6

Bath

Bedroom
12-10x12-3

Bedroom
11-4x11-0

UP

Foyer

Dining
10-6x13-7

Porch
30-6x8-6

71-5

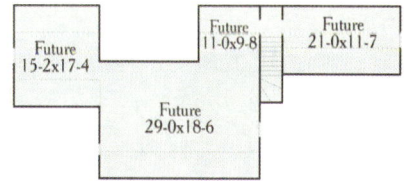

Future
15-2x17-4

Future
11-0x9-8

Future
21-0x11-7

Future
29-0x18-6

Design 9707
Williamson

© Larry James

Wohnen 185,52 qm
Total 275,92 qm

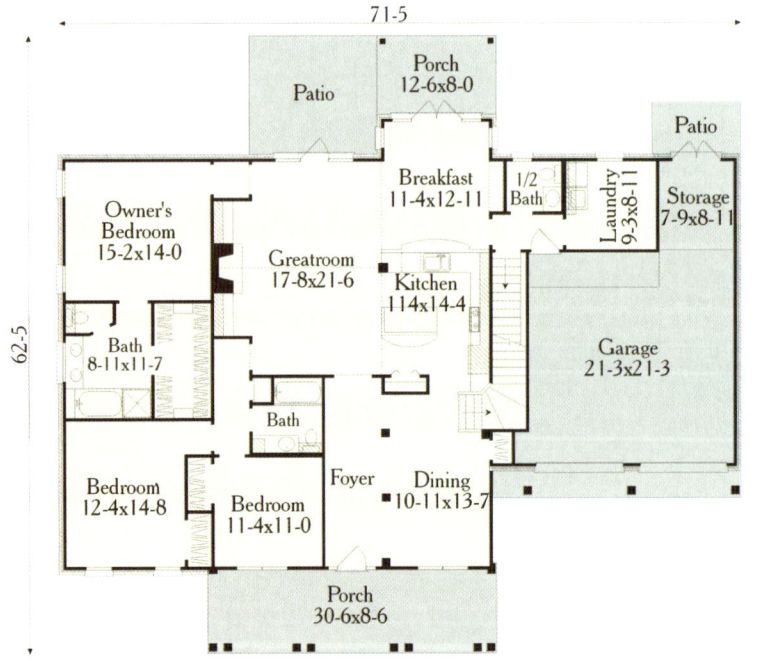

71-5

Patio

Porch
12-6x8-0

Breakfast
11-4x12-11

1/2 Bath

Laundry
9-3x8-11

Patio

Storage
7-9x8-11

Owner's
Bedroom
15-2x14-0

Greatroom
17-8x21-6

Kitchen
114x14-4

Bath
8-11x11-7

Garage
21-3x21-3

Bath

Bedroom
12-4x14-8

Bedroom
11-4x11-0

Foyer

Dining
10-11x13-7

62-5

Porch
30-6x8-6

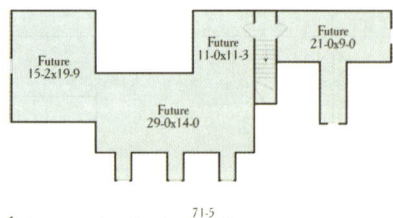

Future
15-2x19-9

Future
11-0x11-3

Future
21-0x9-0

Future
29-0x14-0

71-5

**Design 9708
Southport**

© Larry James

Wohnen 206,7 qm
Total 293,0 qm

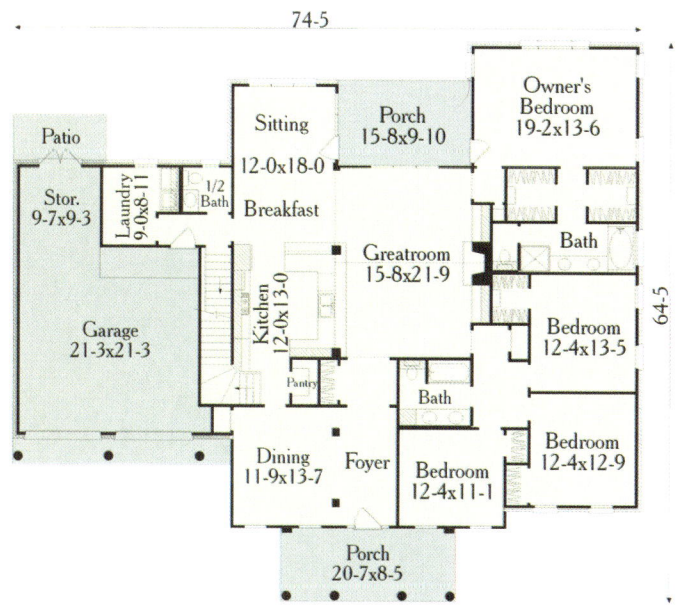

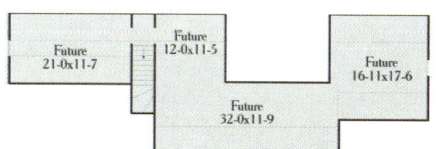

Patio

Stor.
9-7x9-3

Laundry
9-0x8-11

1/2
Bath

Sitting
12-0x18-0

Breakfast

Porch
15-8x9-10

Owner's
Bedroom
19-2x13-6

Bath

Garage
21-3x21-3

Kitchen
12-0x13-0

Greatroom
15-8x21-9

Bedroom
12-4x13-5

Pantry

Bath

Dining
11-9x13-7

Foyer

Bedroom
12-4x11-1

Bedroom
12-4x12-9

Porch
20-7x8-5

74-5

64-5

Future
21-0x11-7

Future
12-0x11-5

Future
16-11x17-6

Future
32-0x11-9

**Design 9708
Southport**

© Larry James

Wohnen 206,7 qm
Total 293,0 qm

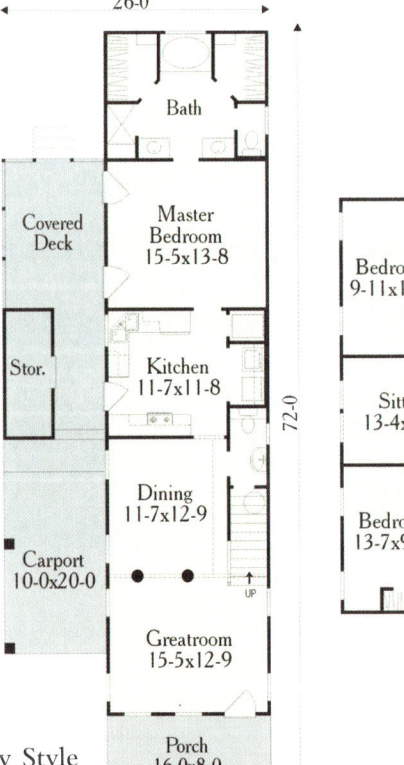

26-0

Bath

Covered
Deck

Master
Bedroom
15-5x13-8

Bedroom
9-11x14-6

Stor.

Kitchen
11-7x11-8

Sitting
13-4x10-0

72-0

Dining
11-7x12-9

Bedroom
13-7x9-11

Carport
10-0x20-0

DN

UP

Greatroom
15-5x12-9

Porch
16-0x8-0

Design 9710
Harborside
© Larry James
Wohnen 147,43 qm
Total 202,15 qm

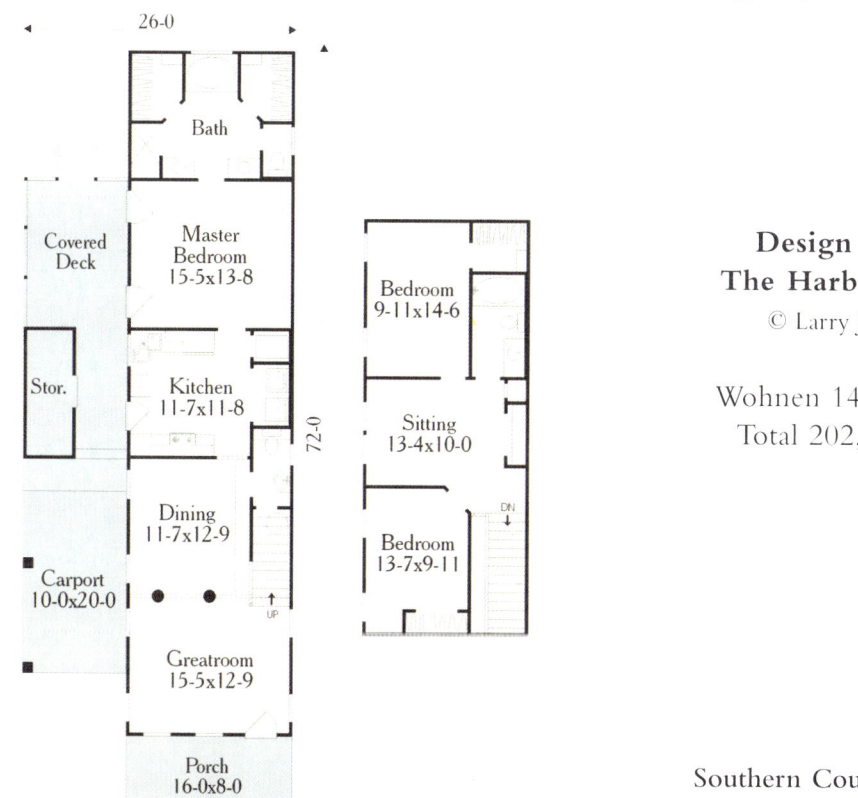

26-0

Bath

Covered
Deck

Master
Bedroom
15-5x13-8

Stor.

Kitchen
11-7x11-8

72-0

Bedroom
9-11x14-6

Sitting
13-4x10-0

Dining
11-7x12-9

DN

Carport
10-0x20-0

Bedroom
13-7x9-11

UP

Greatroom
15-5x12-9

Porch
16-0x8-0

**Design 9712
The Harbourside**

© Larry James

Wohnen 147,43 qm
Total 202,15 qm

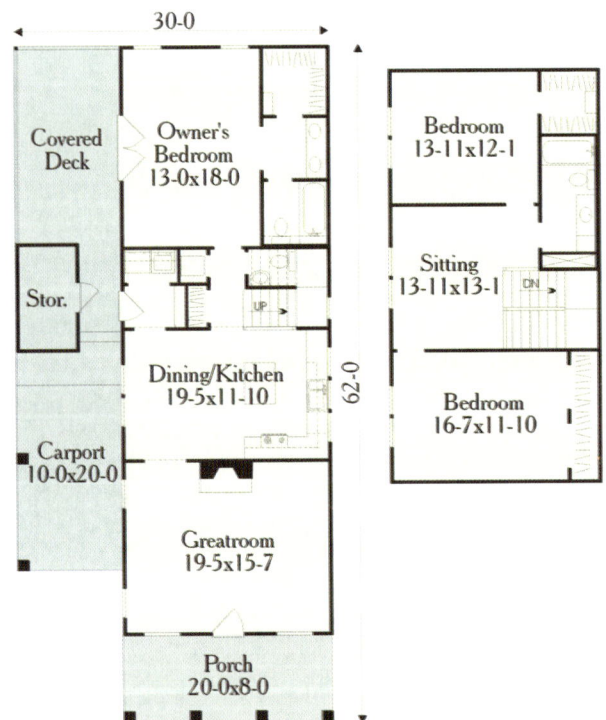

Covered Deck

Owner's Bedroom
13-0x18-0

Stor.

Dining/Kitchen
19-5x11-10

Carport
10-0x20-0

Greatroom
19-5x15-7

Porch
20-0x8-0

UP

30-0

62-0

Bedroom
13-11x12-1

Sitting
13-11x13-1

DN

Bedroom
16-7x11-10

Design 9714
Point Clair

© Larry James

Wohnen 165,18 qm
Total 224,63 qm

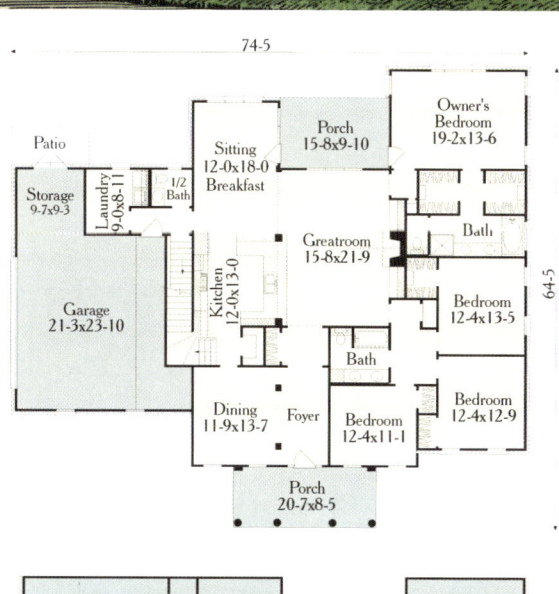

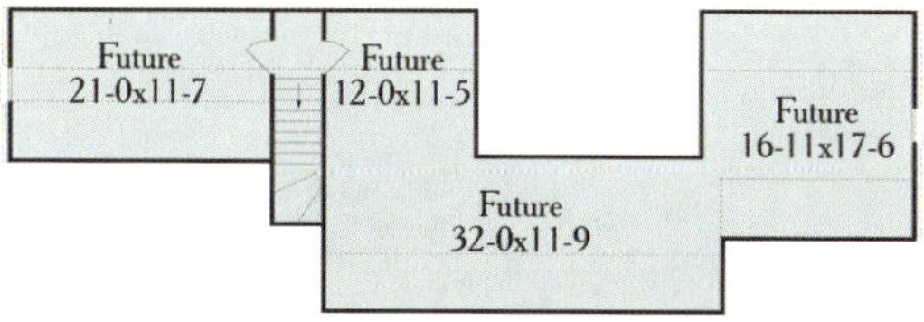

Patio

Storage
9-7x9-3

Laundry
9-0x8-11

1/2
Bath

Sitting
12-0x18-0
Breakfast

Porch
15-8x9-10

Owner's
Bedroom
19-2x13-6

Garage
21-3x23-10

Kitchen
12-0x13-0

Greatroom
15-8x21-9

Bath

Bedroom
12-4x13-5

Bath

Dining
11-9x13-7

Foyer

Bedroom
12-4x11-1

Bedroom
12-4x12-9

Porch
20-7x8-5

74-5

64-5

Future
21-0x11-7

Future
12-0x11-5

Future
16-11x17-6

Future
32-0x11-9

**Design 9716
Hillsboro**

© Larry James

Wohnen 244,84 qm
Total 337,88 qm

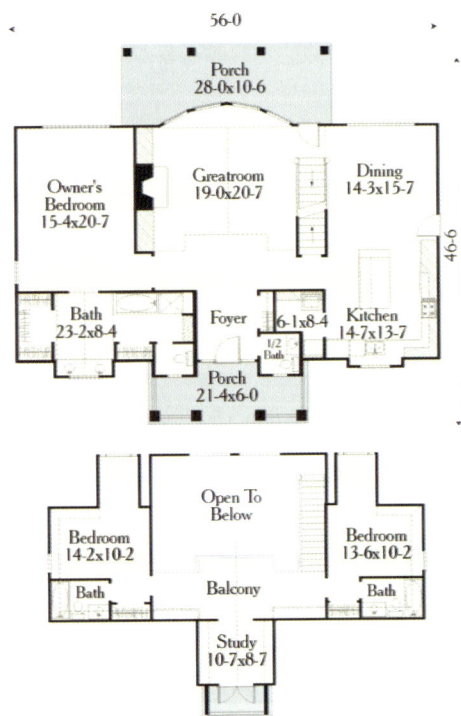

Design 9718
Hickory II

© Larry James

Wohnen 242,75 qm
Total 280,75 qm

56-0

Porch
28-0x10-6

Owner's
Bedroom
15-4x20-7

Greatroom
19-0x20-7

Dining
14-3x15-7

46-6

Bath
23-2x8-4

Foyer

6-1x8-4

Kitchen
14-7x13-7

1/2
Bath

Porch
21-4x6-0

Bedroom
14-2x10-2

Open To
Below

Bedroom
13-6x10-2

Bath

Balcony

Bath

Study
10-7x8-7

194   Southern Country Style

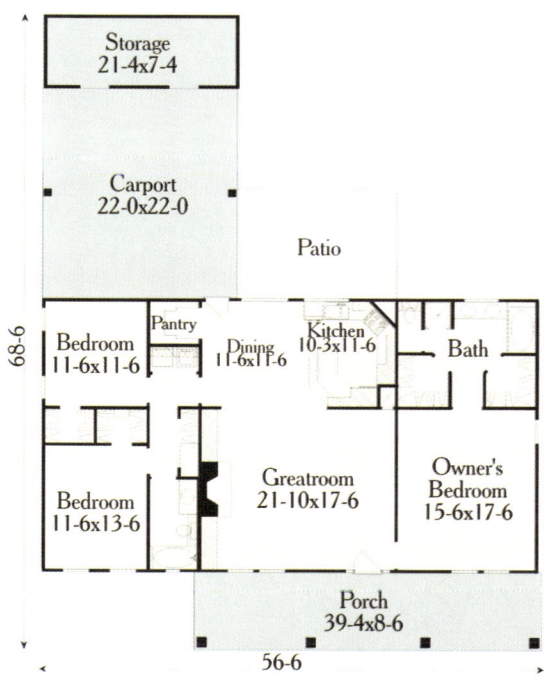

Design 9719
Hartwick

© Larry James

Wohnen 156 qm
Total 248,42 qm

Storage
21-4x7-4

Carport
22-0x22-0

Patio

68-6

Bedroom
11-6x11-6

Pantry

Dining
11-6x11-6

Kitchen
10-3x11-6

Bath

Bedroom
11-6x13-6

Greatroom
21-10x17-6

Owner's
Bedroom
15-6x17-6

Porch
39-4x8-6

56-6

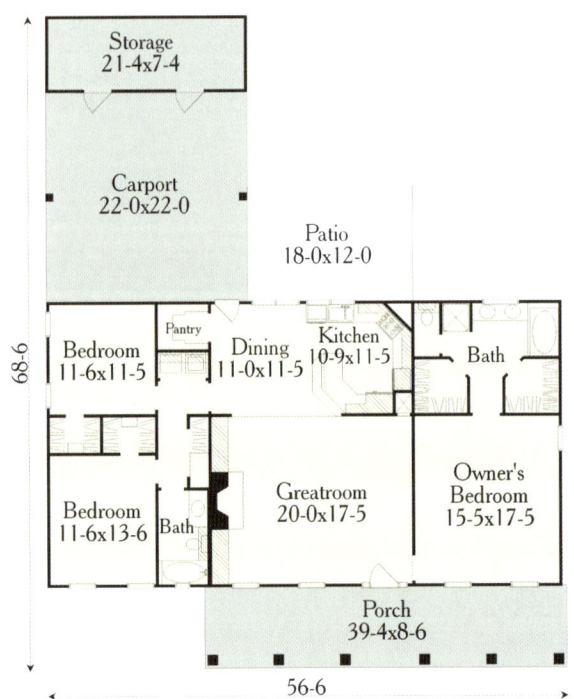

Storage
21-4x7-4

Carport
22-0x22-0

Patio
18-0x12-0

68-6

Bedroom
11-6x11-5

Pantry

Dining
11-0x11-5

Kitchen
10-9x11-5

Bath

Bedroom
11-6x13-6

Bath

Greatroom
20-0x17-5

Owner's
Bedroom
15-5x17-5

Porch
39-4x8-6

56-6

Design 9720
Mason

© Larry James

Wohnen 156,0 qm
Total 248,41 qm

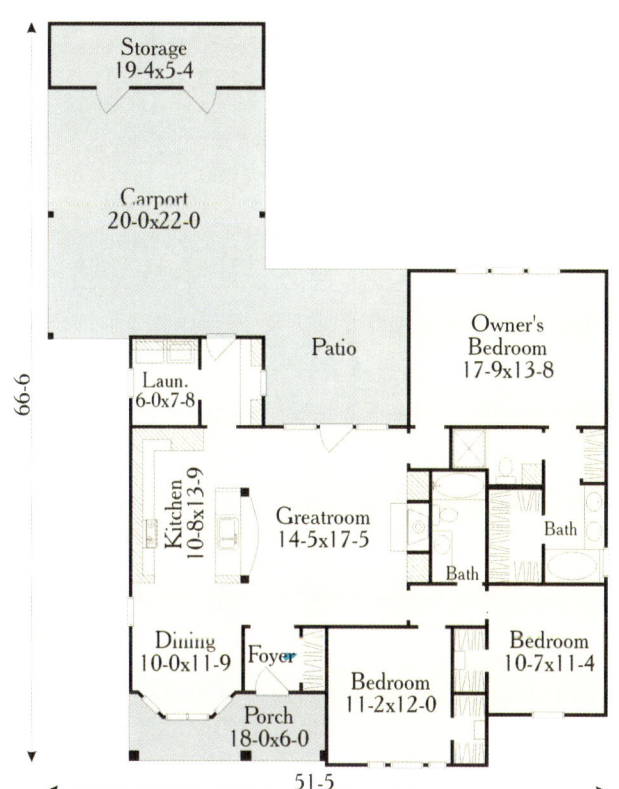

Design 9721
Somerset

© Larry James

Wohnen 142,97 qm
Total 203,82 qm

Storage
19-4x5-4

Carport
20-0x22-0

Patio

Owner's Bedroom
17-9x13-8

Laun.
6-0x7-8

Kitchen
10-8x13-9

Greatroom
14-5x17-5

Bath

Bath

Dining
10-0x11-9

Foyer

Bedroom
11-2x12-0

Bedroom
10-7x11-4

Porch
18-0x6-0

66-6

51-5

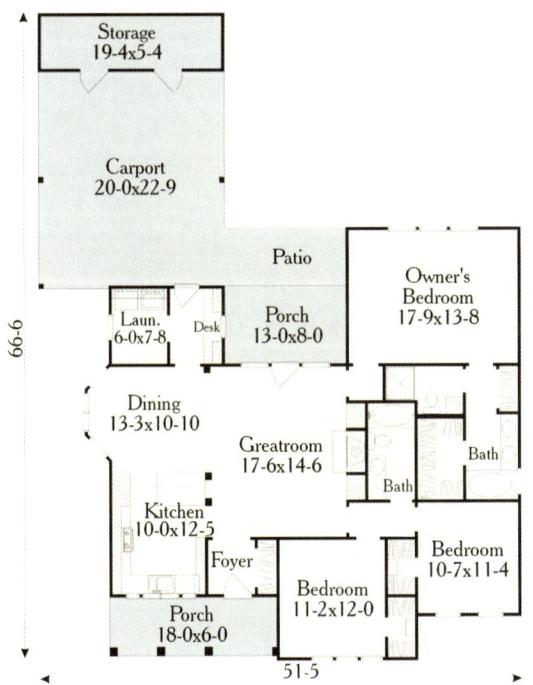

Storage
19-4x5-4

Carport
20-0x22-9

Patio

66-6

Laun.
6-0x7-8

Desk

Porch
13-0x8-0

Owner's
Bedroom
17-9x13-8

Dining
13-3x10-10

Greatroom
17-6x14-6

Bath

Bath

Kitchen
10-0x12-5

Foyer

Bedroom
10-7x11-4

Porch
18-0x6-0

Bedroom
11-2x12-0

51-5

Design 9722
Taylor

© Larry James

Wohnen 143,34 qm
Total 213,86 qm

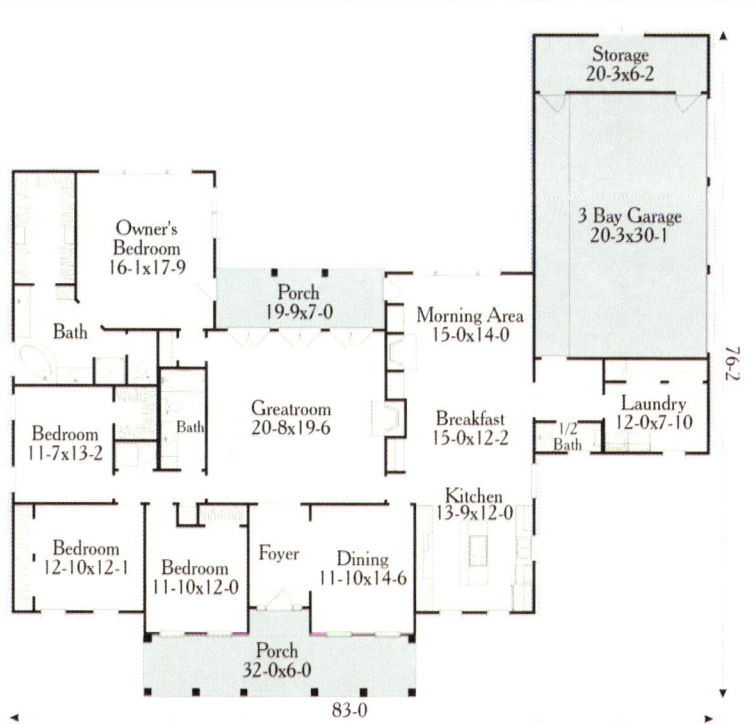

Storage
20-3x6-2

3 Bay Garage
20-3x30-1

Owner's
Bedroom
16-1x17-9

Porch
19-9x7-0

Morning Area
15-0x14-0

Bath

76-2

Bedroom
11-7x13-2

Bath

Greatroom
20-8x19-6

Breakfast
15-0x12-2

Laundry
12-0x7-10

1/2
Bath

Kitchen
13-9x12-0

Bedroom
12-10x12-1

Bedroom
11-10x12-0

Foyer

Dining
11-10x14-6

Porch
32-0x6-0

83-0

Design 9723
Savannah

© Larry James

Wohnen 271,73 qm
Total 381,92 qm

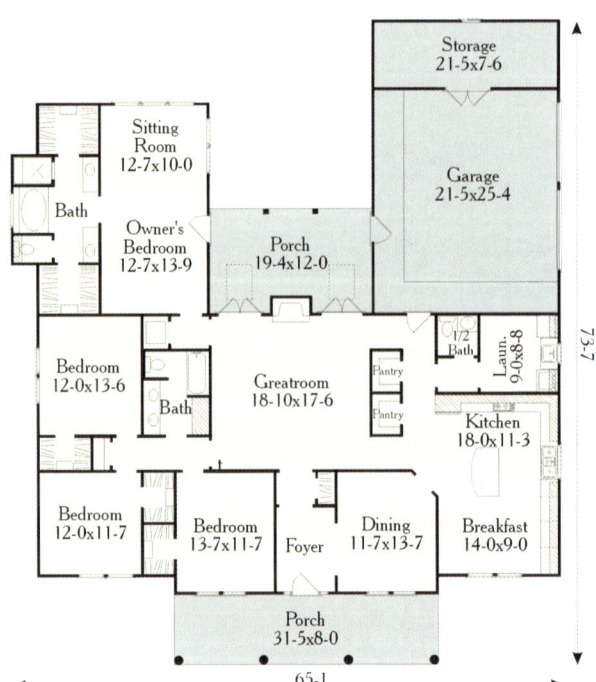

Storage
21-5x7-6

Garage
21-5x25-4

Sitting
Room
12-7x10-0

Bath

Owner's
Bedroom
12-7x13-9

Porch
19-4x12-0

73-7

Bedroom
12-0x13-6

Bath

Greatroom
18-10x17-6

Pantry

Pantry

1/2
Bath

Laun.
9-0x8-8

Kitchen
18-0x11-3

Bedroom
12-0x11-7

Bedroom
13-7x11-7

Foyer

Dining
11-7x13-7

Breakfast
14-0x9-0

Porch
31-5x8-0

65-1

**Design 9724
Longmeadow**

© Larry James

Wohnen 229,0 qm
Total 342,71 qm

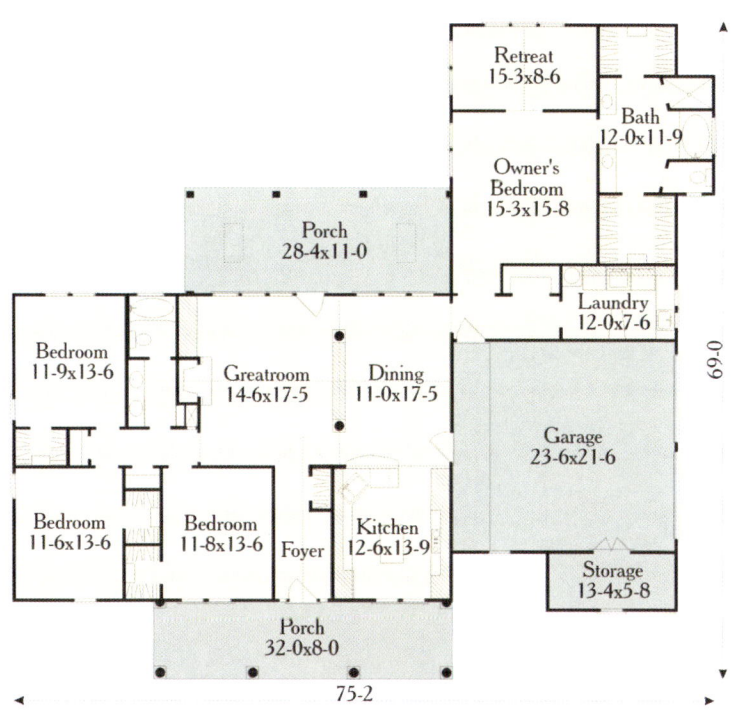

Design 9801
Lakeview

© Larry James

Wohnen 219,24 qm
Total 328,87 qm

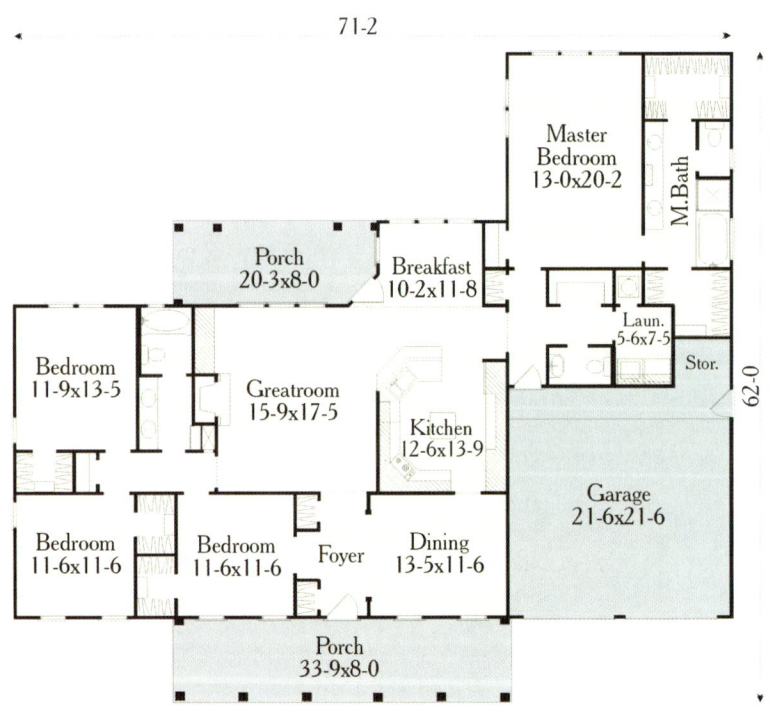

71-2

Master
Bedroom
13-0x20-2

M.Bath

Porch
20-3x8-0

Breakfast
10-2x11-8

Laun.
5-6x7-5

Stor.

**Design 9802
Bordlands**

© Larry James

Wohnen 210,60 qm
Total 295,61 qm

Bedroom
11-9x13-5

Greatroom
15-9x17-5

Kitchen
12-6x13-9

62-0

Bedroom
11-6x11-6

Bedroom
11-6x11-6

Foyer

Dining
13-5x11-6

Garage
21-6x21-6

Porch
33-9x8-0

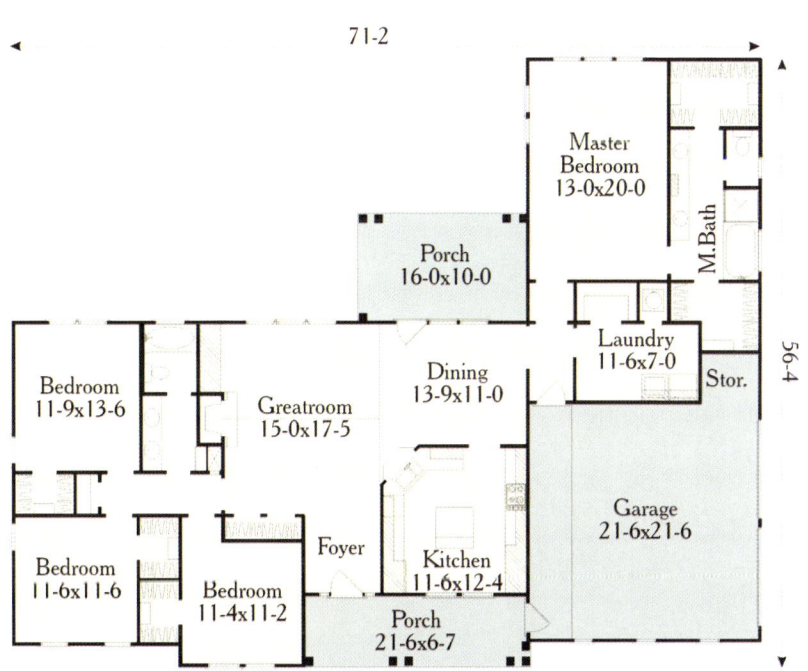

Design 9803
Dovehill

© Larry James

Wohnen 194,44 qm
Total 269,97 qm

Master Bedroom 13-0x20-0

M.Bath

71-2

56-4

Porch 16-0x10-0

Laundry 11-6x7-0

Stor.

Dining 13-9x11-0

Garage 21-6x21-6

Bedroom 11-9x13-6

Greatroom 15-0x17-5

Bedroom 11-6x11-6

Foyer

Kitchen 11-6x12-4

Bedroom 11-4x11-2

Porch 21-6x6-7

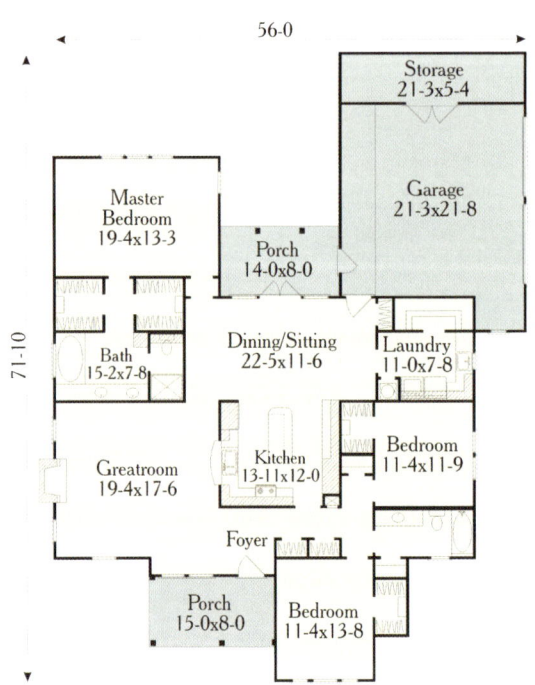

56-0

Storage
21-3x5-4

Master
Bedroom
19-4x13-3

Porch
14-0x8-0

Garage
21-3x21-8

71-10

Bath
15-2x7-8

Dining/Sitting
22-5x11-6

Laundry
11-0x7-8

Greatroom
19-4x17-6

Kitchen
13-11x12-0

Bedroom
11-4x11-9

Foyer

Porch
15-0x8-0

Bedroom
11-4x13-8

Design 9804
Cambridge

© Larry James

Wohnen 190,72 qm
Total 271,46 qm

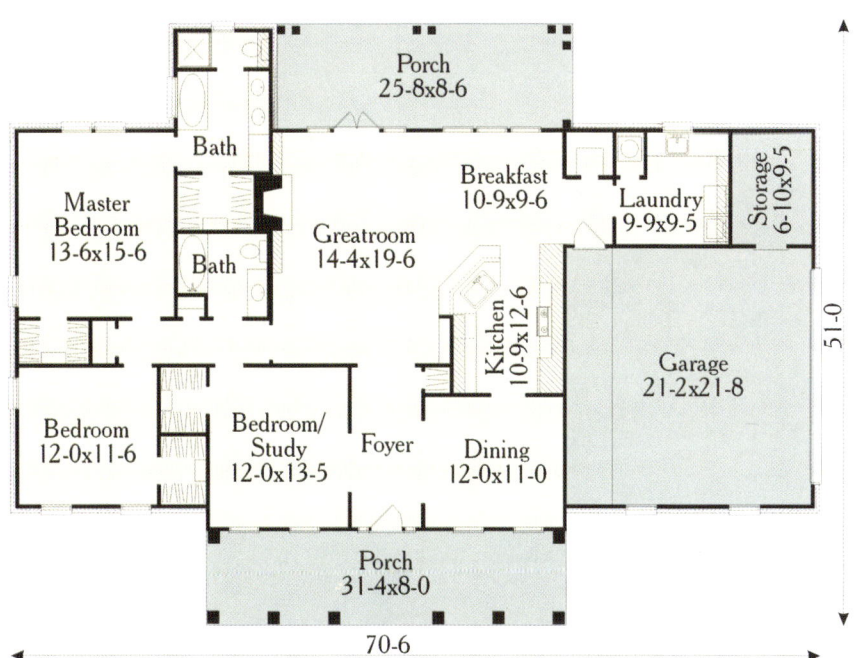

Design 9805
Kenwood

© Larry James

Wohnen 173,44 qm
Total 271,55 qm

Porch
25-8x8-6

Bath

Master
Bedroom
13-6x15-6

Bath

Greatroom
14-4x19-6

Breakfast
10-9x9-6

Laundry
9-9x9-5

Storage
6-10x9-5

Kitchen
10-9x12-6

Garage
21-2x21-8

51-0

Bedroom
12-0x11-6

Bedroom/
Study
12-0x13-5

Foyer

Dining
12-0x11-0

Porch
31-4x8-0

70-6

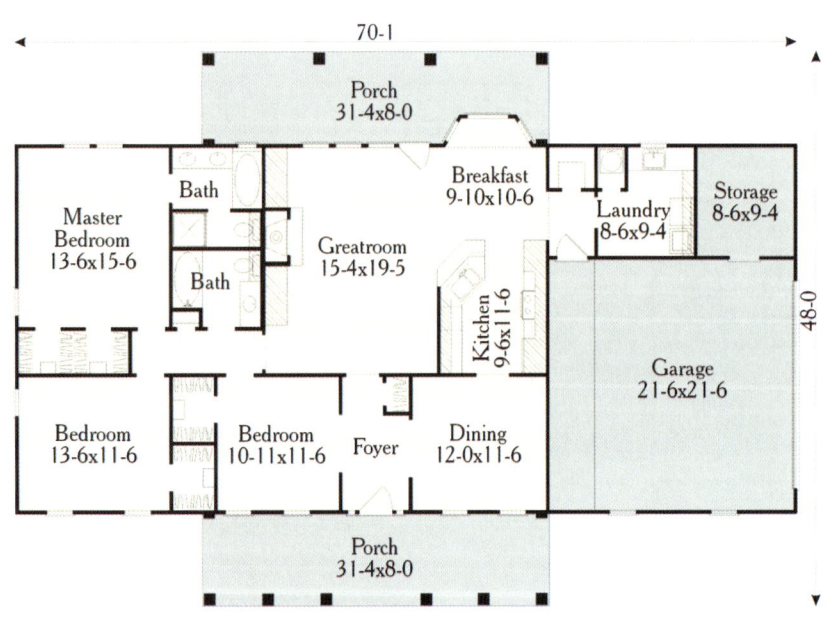

Design 9806
Borestone

© Larry James

Wohnen 156,82 qm
Total 256,69 qm

Porch
31-4x8-0

Master
Bedroom
13-6x15-6

Bath

Bath

Greatroom
15-4x19-5

Breakfast
9-10x10-6

Laundry
8-6x9-4

Storage
8-6x9-4

Kitchen
9-6x11-6

Garage
21-6x21-6

Bedroom
13-6x11-6

Bedroom
10-11x11-6

Foyer

Dining
12-0x11-6

Porch
31-4x8-0

70-1

48-0

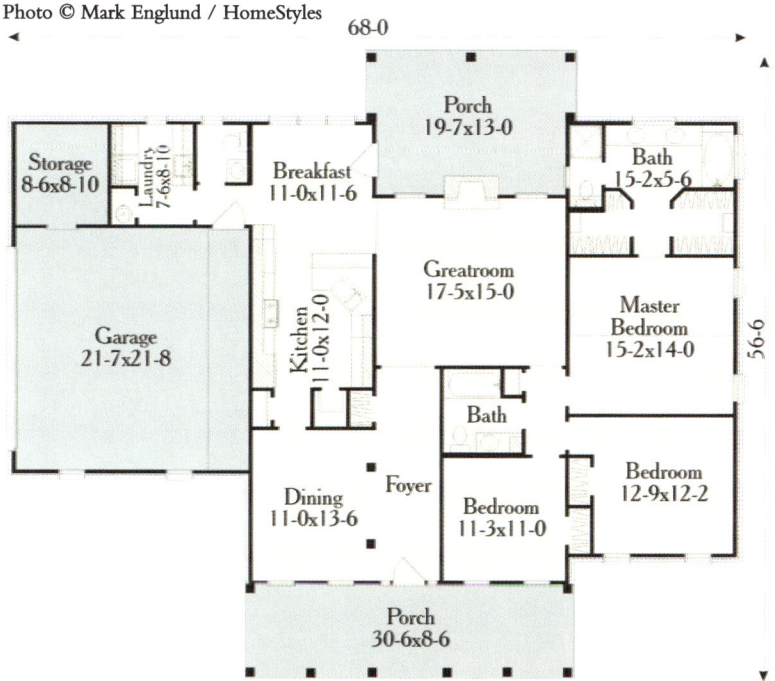

Photo © Mark Englund / HomeStyles

68-0

Storage
8-6x8-10

Laundry
7-6x8-10

Breakfast
11-0x11-6

Porch
19-7x13-0

Bath
15-2x5-6

Garage
21-7x21-8

Kitchen
11-0x12-0

Greatroom
17-5x15-0

Master
Bedroom
15-2x14-0

56-6

Bath

Dining
11-0x13-6

Foyer

Bedroom
11-3x11-0

Bedroom
12-9x12-2

Porch
30-6x8-6

Design 9807
Weststone

© Larry James

Wohnen 175,95 qm
Total 278,05 qm

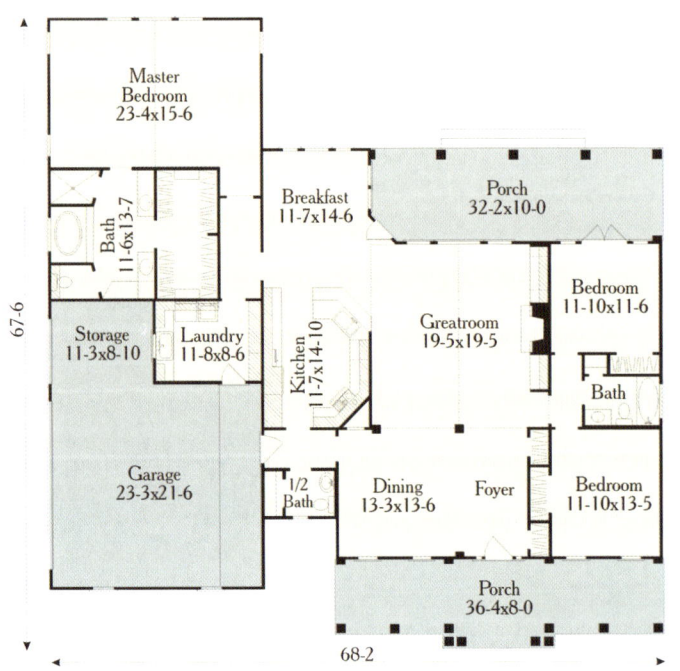

Master
Bedroom
23-4x15-6

Bath
11-6x13-7

Breakfast
11-7x14-6

Porch
32-2x10-0

67-6

Storage
11-3x8-10

Laundry
11-8x8-6

Kitchen
11-7x14-10

Greatroom
19-5x19-5

Bedroom
11-10x11-6

Bath

Garage
23-3x21-6

1/2
Bath

Dining
13-3x13-6

Foyer

Bedroom
11-10x13-5

Porch
36-4x8-0

68-2

**Design 9808
Burghfield**

© Larry James

Wohnen 225,19 qm
Total 341,59 qm

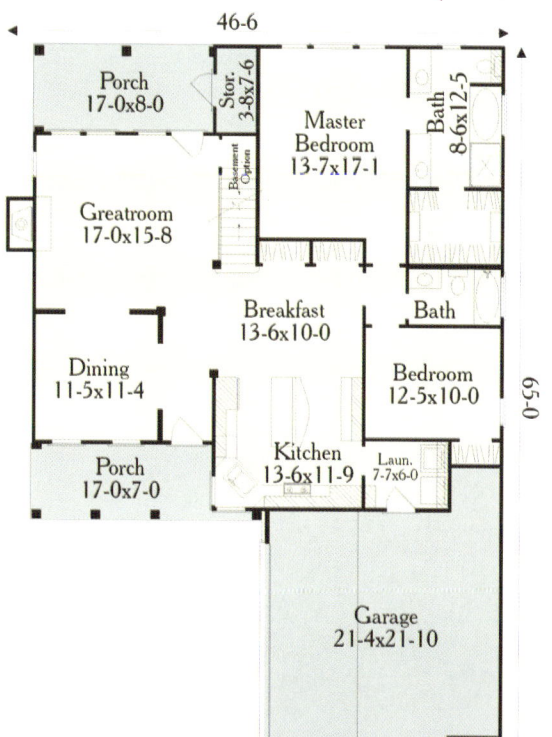

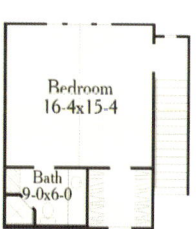

46-6

Porch
17-0x8-0

Stor.
3-8x7-6

Master
Bedroom
13-7x17-1

Bath
8-6x12-5

Basement
Option

Greatroom
17-0x15-8

Breakfast
13-6x10-0

Bath

Dining
11-5x11-4

Bedroom
12-5x10-0

Porch
17-0x7-0

Kitchen
13-6x11-9

Laun.
7-7x6-0

65-0

Garage
21-4x21-10

Bedroom
16-4x15-4

Bath
9-0x6-0

Design 9809
Abronhill

© Larry James

Wohnen 184,22 qm
Total 256,68 qm

Southern Country Style   209

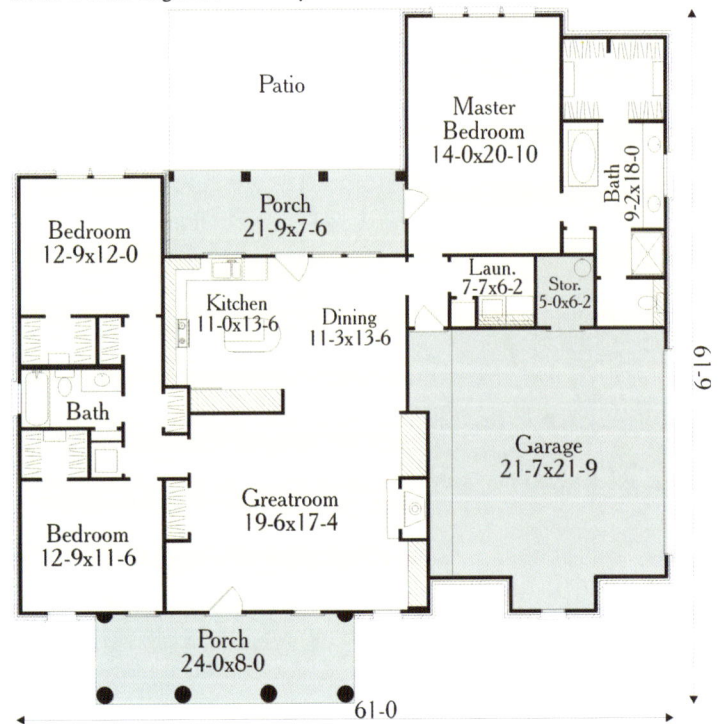

Photo © Mark Englund / HomeStyles

Patio

Master
Bedroom
14-0x20-10

Bath
9-2x18-0

Bedroom
12-9x12-0

Porch
21-9x7-6

Laun.
7-7x6-2

Stor.
5-0x6-2

Kitchen
11-0x13-6

Dining
11-3x13-6

Bath

Garage
21-7x21-9

Greatroom
19-6x17-4

Bedroom
12-9x11-6

Porch
24-0x8-0

61-0

6-19

**Design 9810
Abbotstone**

© Larry James

Wohnen 183,85 qm
Total 271,08 qm

210   Southern Country Style

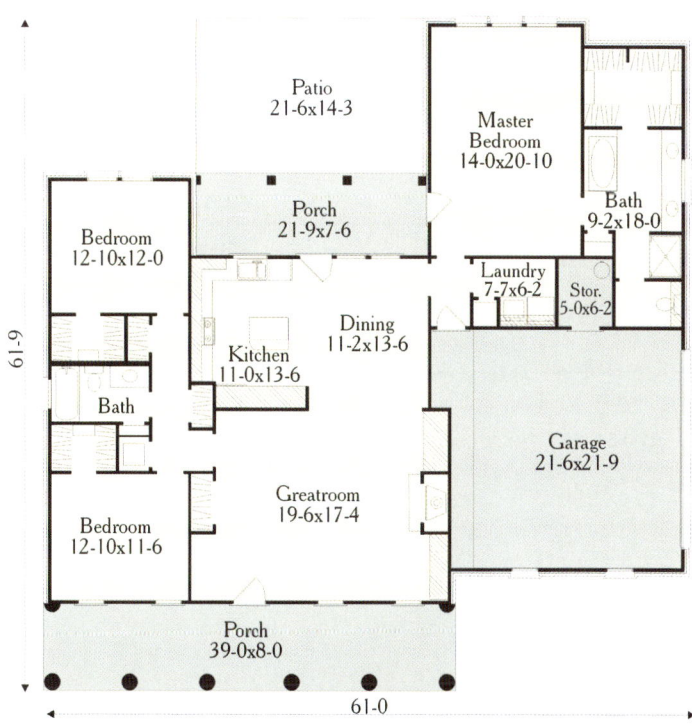

Patio
21-6x14-3

Master
Bedroom
14-0x20-10

Bath
9-2x18-0

Bedroom
12-10x12-0

Porch
21-9x7-6

Laundry
7-7x6-2

Stor.
5-0x6-2

61-9

Dining
11-2x13-6

Kitchen
11-0x13-6

Bath

Garage
21-6x21-9

Greatroom
19-6x17-4

Bedroom
12-10x11-6

Porch
39-0x8-0

61-0

**Design 9811
Woodbury**

© Larry James

Wohnen 183,29 qm
Total 279,07 qm

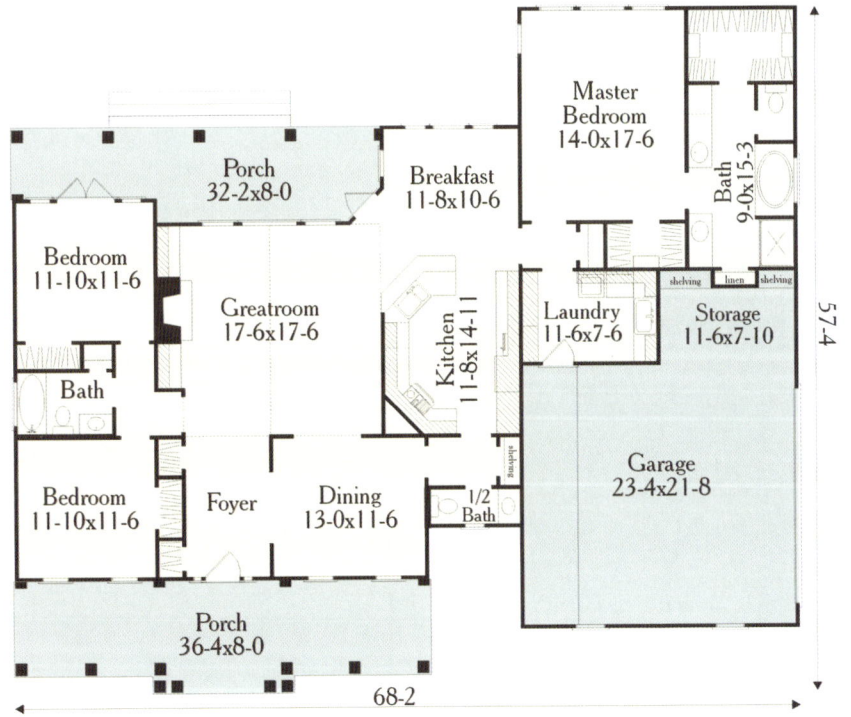

Photo © Mark Englund / HomeStyles

Porch
32-2x8-0

Breakfast
11-8x10-6

Master
Bedroom
14-0x17-6

Bath
9-0x15-3

Bedroom
11-10x11-6

Greatroom
17-6x17-6

Kitchen
11-8x14-11

Bath

Laundry
11-6x7-6

shelving linen shelving

Storage
11-6x7-10

Bedroom
11-10x11-6

Foyer

Dining
13-0x11-6

1/2
Bath

Garage
23-4x21-8

57-4

Porch
36-4x8-0

68-2

Design 9812
Brownstone

© Larry James

Wohnen 190,07 qm
Total 296,91 qm

212   Southern Country Style

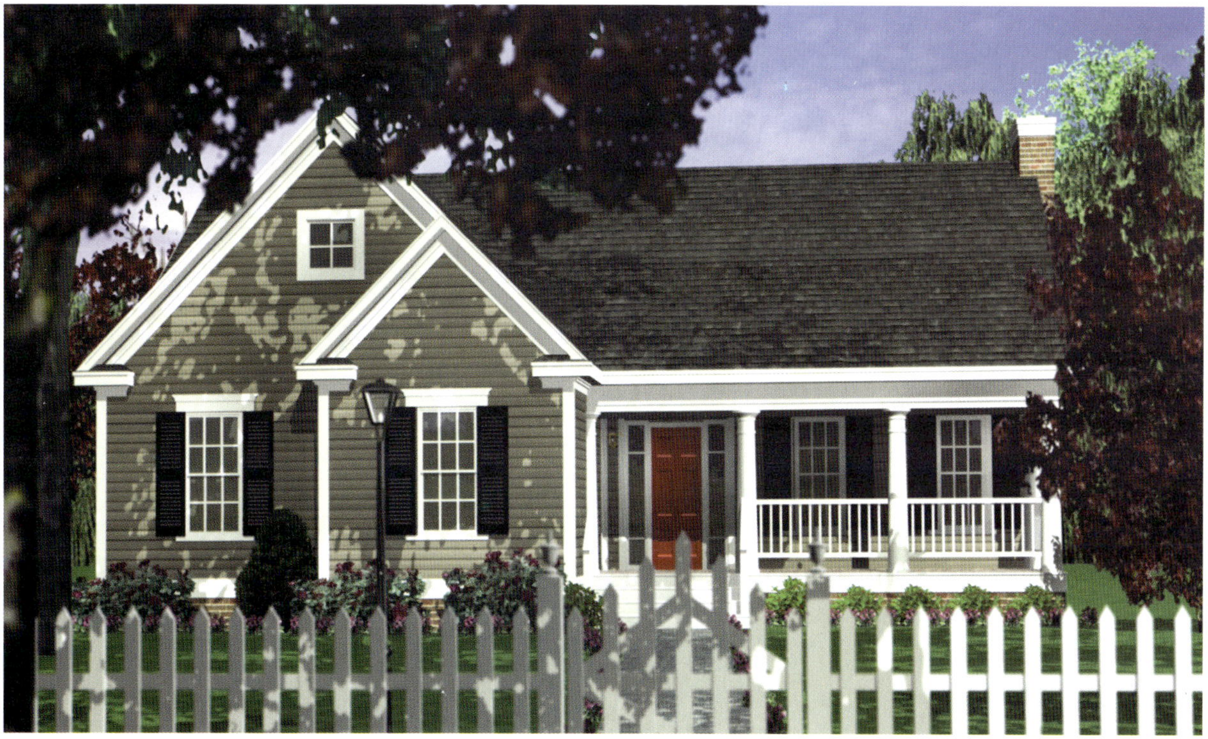

Photo © Mark Englund / HomeStyles

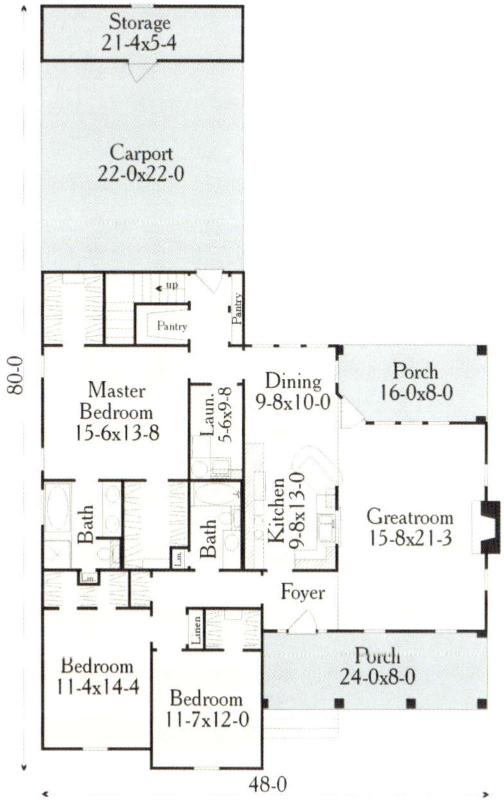

Storage
21-4x5-4
Carport
22-0x22-0
up
Pantry
Pantry
Master
Bedroom
15-6x13-8
Laun.
5-6x9-8
Dining
9-8x10-0
Porch
16-0x8-0
Kitchen
9-8x13-0
Greatroom
15-8x21-3
Bath
Bath
Lin.
Lin.
Foyer
Linen
Bedroom
11-4x14-4
Bedroom
11-7x12-0
Porch
24-0x8-0
80-0
48-0

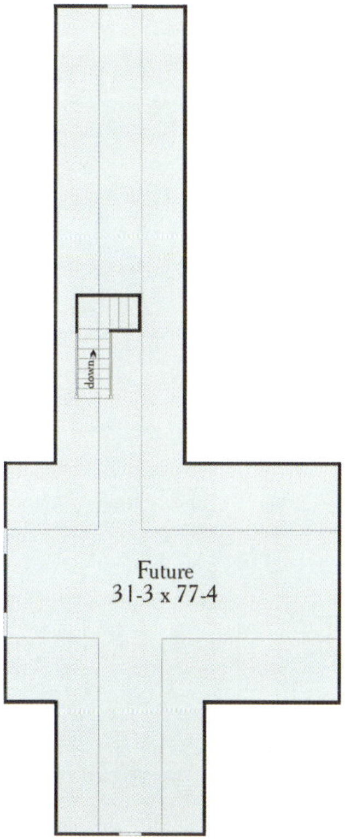

down
Future
31-3 x 77-4

Design 9813
Northhampton
© Larry James

Wohnen 167,77 qm
Total 254,08 qm

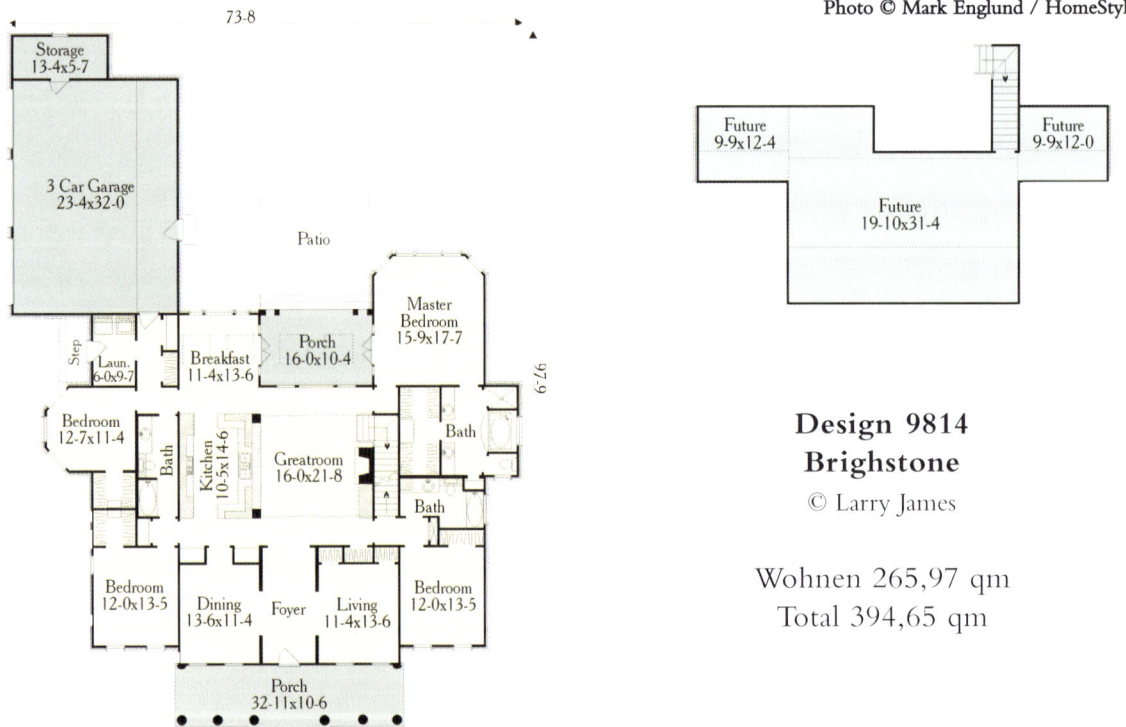

Photo © Mark Englund / HomeStyles

73-8

Storage
13-4x5-7

3 Car Garage
23-4x32-0

Patio

Step

Laun.
6-0x9-7

Breakfast
11-4x13-6

Porch
16-0x10-4

Master
Bedroom
15-9x17-7

Bedroom
12-7x11-4

Bath

Kitchen
10-5x14-6

Greatroom
16-0x21-8

Bath

9-7-6

Bath

Bedroom
12-0x13-5

Dining
13-6x11-4

Foyer

Living
11-4x13-6

Bedroom
12-0x13-5

Porch
32-11x10-6

Future
9-9x12-4

Future
9-9x12-0

Future
19-10x31-4

**Design 9814
Brighstone**

© Larry James

Wohnen 265,97 qm
Total 394,65 qm

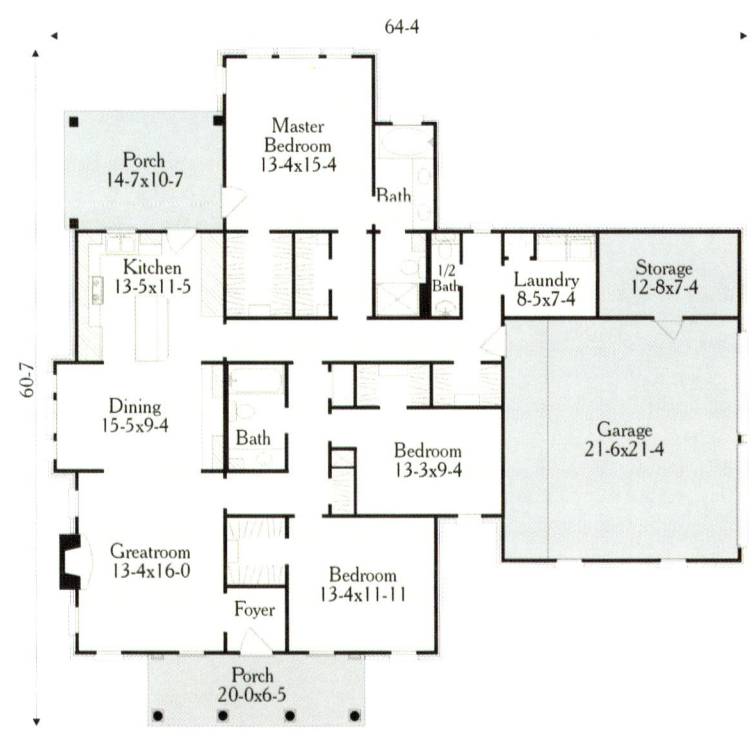

Design 9815
Easton

© Larry James

Wohnen 172,2 qm
Total 255,47 qm

64-4

Porch
14-7x10-7

Master
Bedroom
13-4x15-4

Bath

Kitchen
13-5x11-5

1/2
Bath

Laundry
8-5x7-4

Storage
12-8x7-4

60-7

Dining
15-5x9-4

Bath

Garage
21-6x21-4

Bedroom
13-3x9-4

Greatroom
13-4x16-0

Foyer

Bedroom
13-4x11-11

Porch
20-0x6-5

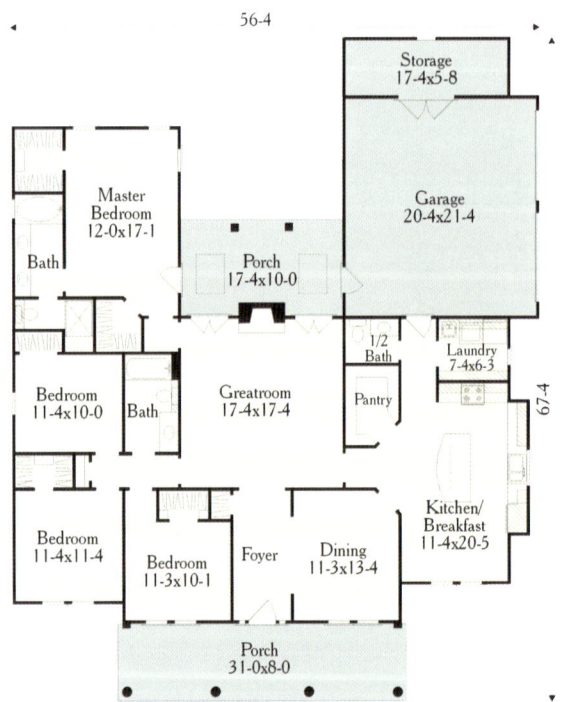

Design 9816
Angelbrook

© Larry James

Wohnen 185,52 qm
Total 277,59 qm

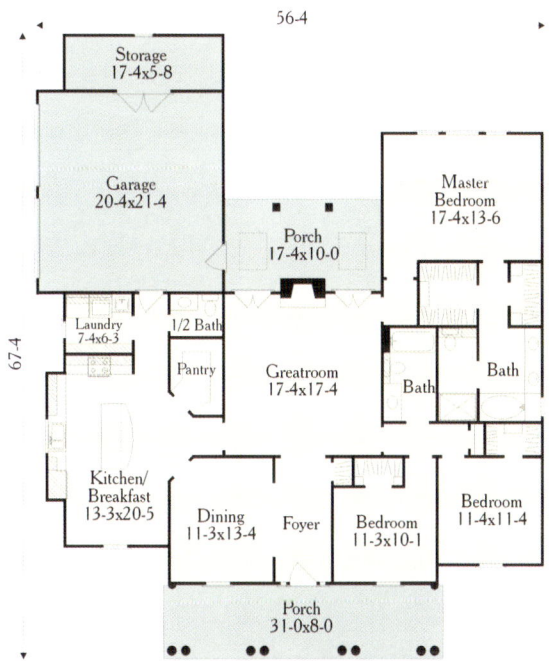

Design 9817
Crosley

© Larry James

Wohnen 181,62 qm
Total 273,68 qm

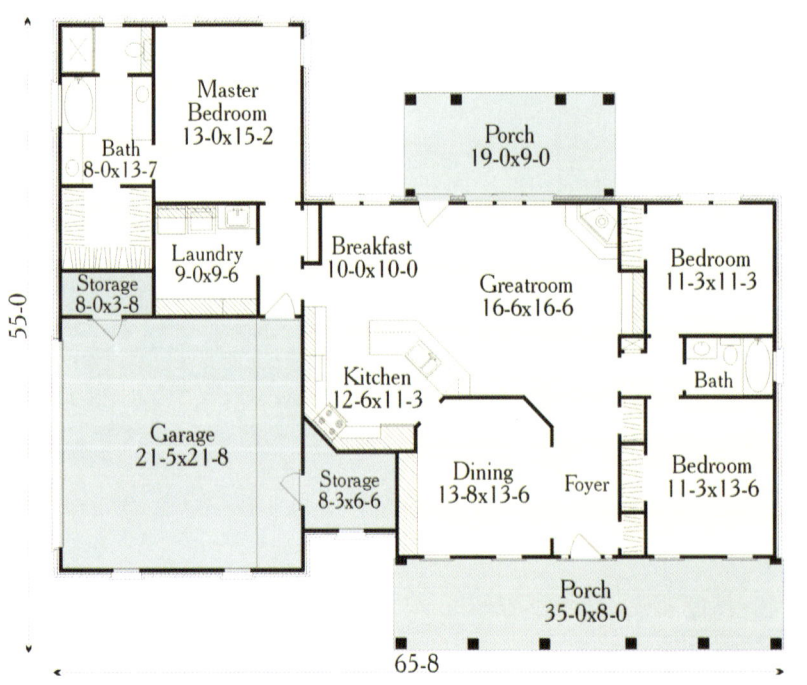

Master
Bedroom
13-0x15-2

Bath
8-0x13-7

Porch
19-0x9-0

Laundry
9-0x9-6

Storage
8-0x3-8

Breakfast
10-0x10-0

Greatroom
16-6x16-6

Bedroom
11-3x11-3

55-0

Kitchen
12-6x11-3

Bath

Garage
21-5x21-8

Storage
8-3x6-6

Dining
13-8x13-6

Foyer

Bedroom
11-3x13-6

Porch
35-0x8-0

65-8

**Design 9818
Loftwood**

© Larry James

Wohnen 170,56 qm
Total 268,76 qm

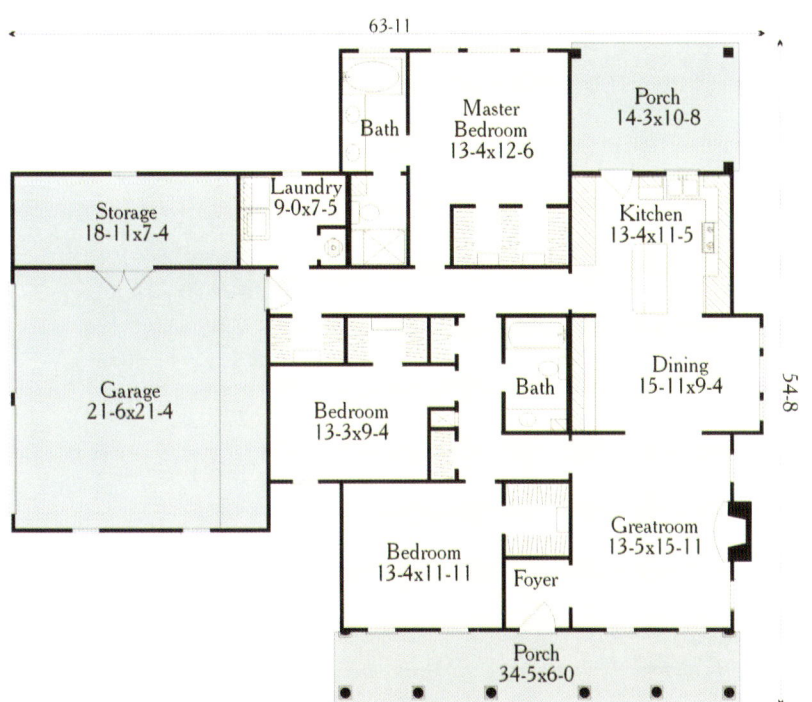

Storage
18-11x7-4

Garage
21-6x21-4

Bath

Laundry
9-0x7-5

Master
Bedroom
13-4x12-6

Porch
14-3x10-8

Kitchen
13-4x11-5

Bedroom
13-3x9-4

Bath

Dining
15-11x9-4

Bedroom
13-4x11-11

Foyer

Greatroom
13-5x15-11

Porch
34-5x6-0

63-11

54-8

**Design 9819
Glennfield**

© Larry James

Wohnen 155,60 qm
Total 247,40 qm

Storage
19-6x8-6
Garage
21-10x21-2
Patio
23-9x21-0
Kitchen
11-0x16-0
Dining
12-9x16-0
Master
Bedroom
17-6x13-6
Laundry
9-8x9-3
Shelves
Bath
Bedroom
13-8x11-7
Bedroom
12-9x11-3
Foyer
Living Room
15-1x13-6
M.Bath
11-8x11-7
Planter Box
Stoop
Planter Box
66-0
65-0

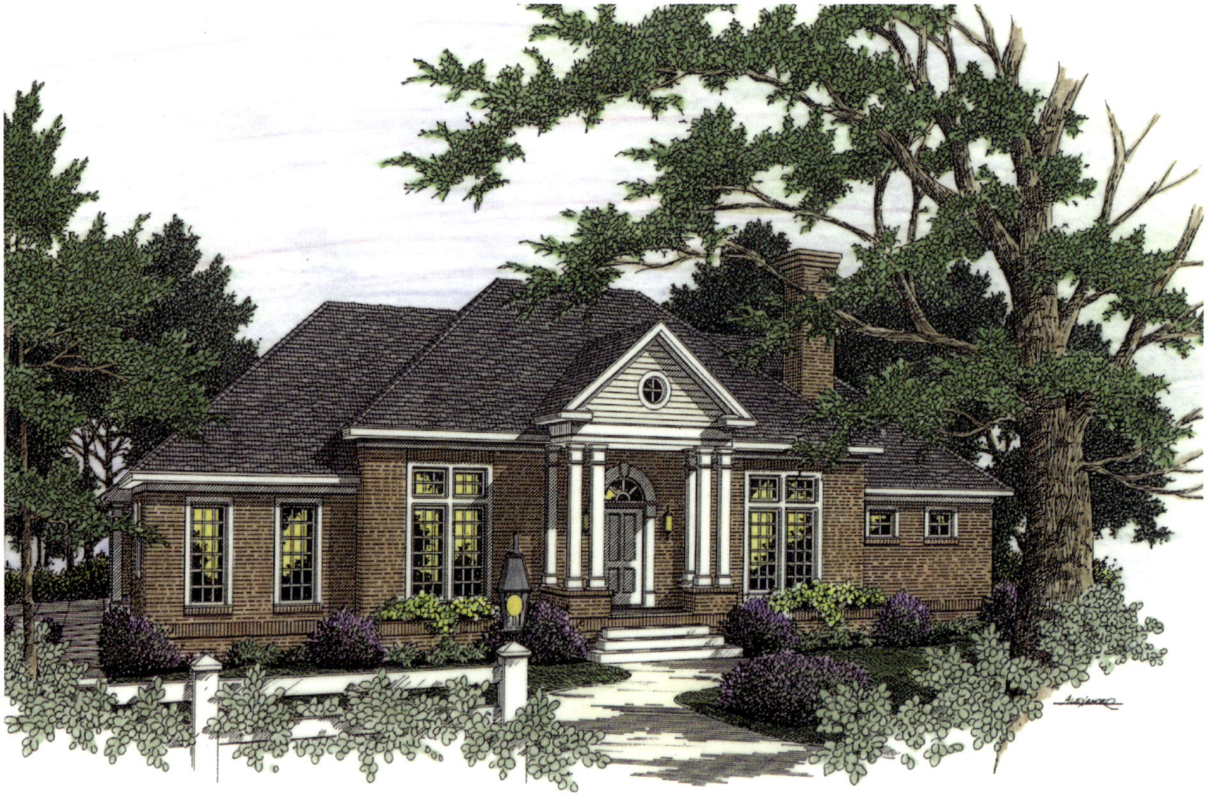

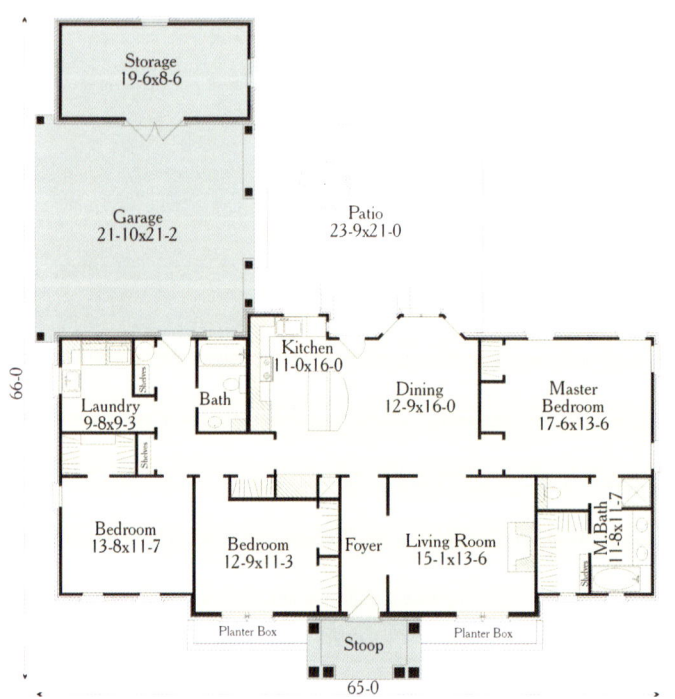

Design 9820
Crestridge
© Larry James

Wohnen 167,22 qm
Total 238,10 qm

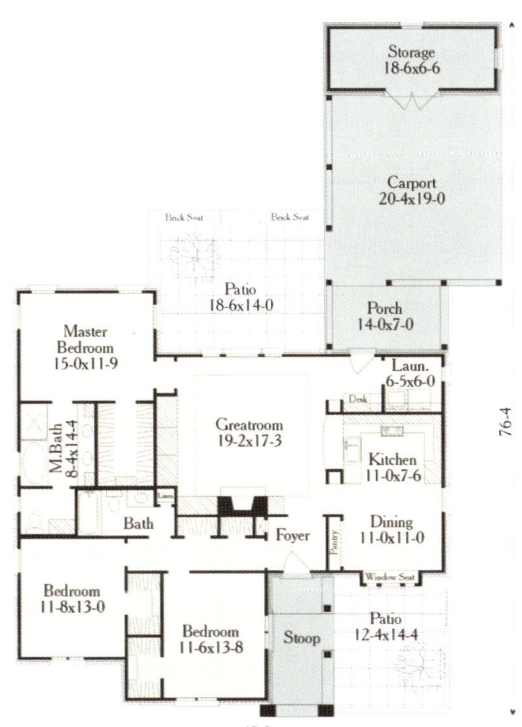

Design 9821
Rockford

© Larry James

Wohnen 158,12 qm
Total 231,05 qm

Storage
18-6x6-6

Carport
20-4x19-0

Patio
18-6x14-0

Porch
14-0x7-0

Brick Seat   Brick Seat

Master
Bedroom
15-0x11-9

M.Bath
8-4x14-4

Greatroom
19-2x17-3

Laun.
6-5x6-0

Desk

Kitchen
11-0x7-6

76-4

Bath

Foyer

Pantry

Dining
11-0x11-0

Bedroom
11-8x13-0

Bedroom
11-6x13-8

Stoop

Window Seat

Patio
12-4x14-4

49-0

Southern Country Style   221

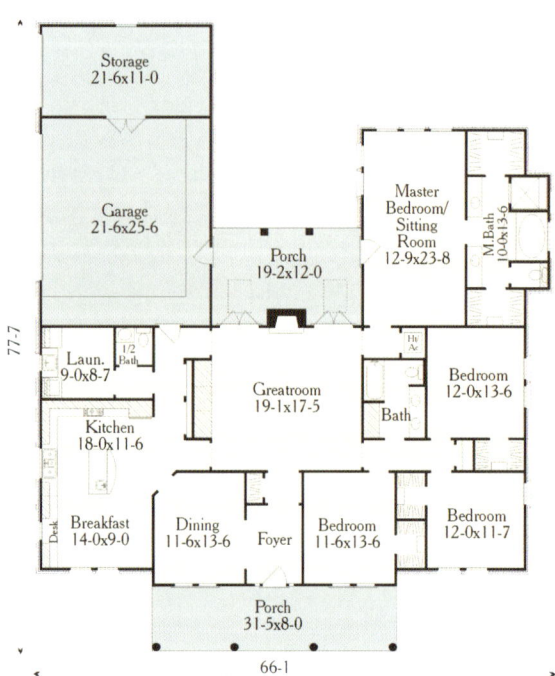

Design 9822
Wisterwood
© Larry James

Wohnen 237,36 qm
Total 362,44 qm

Storage
21-6x11-0

Garage
21-6x25-6

Porch
19-2x12-0

Master
Bedroom/
Sitting
Room
12-9x23-8

M.Bath
10-0x13-6

Laun.
9-0x8-7

1/2
Bath

Greatroom
19-1x17-5

Bath

Bedroom
12-0x13-6

Kitchen
18-0x11-6

Breakfast
14-0x9-0

Dining
11-6x13-6

Foyer

Bedroom
11-6x13-6

Bedroom
12-0x11-7

Porch
31-5x8-0

77-7

66-1

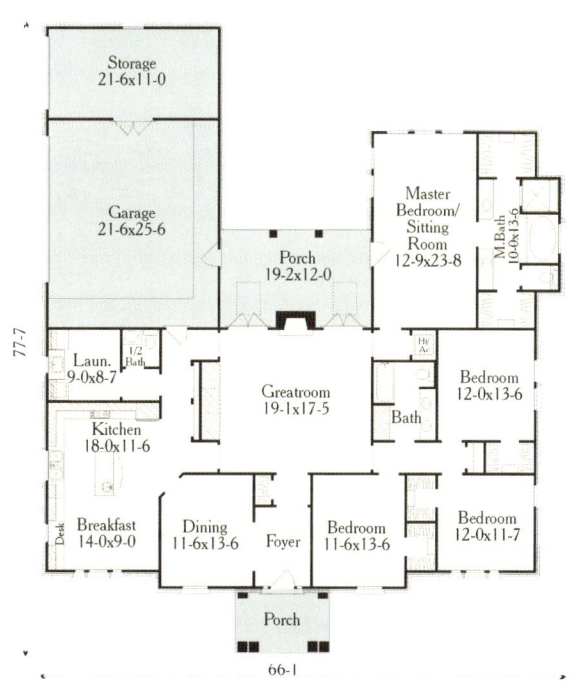

Storage
21-6x11-0

Garage
21-6x25-6

Porch
19-2x12-0

Master
Bedroom/
Sitting
Room
12-9x23-8

M.Bath
10-0x13-6

Laun.
9-0x8-7

1/2
Bath

Kitchen
18-0x11-6

Greatroom
19-1x17-5

Ht/
Ac

Bath

Bedroom
12-0x13-6

Breakfast
14-0x9-0

Desk

Dining
11-6x13-6

Foyer

Bedroom
11-6x13-6

Bedroom
12-0x11-7

Porch

77-7

66-1

Design 9823
Whindon

© Larry James

Wohnen 240,15 qm
Total 347,73 qm

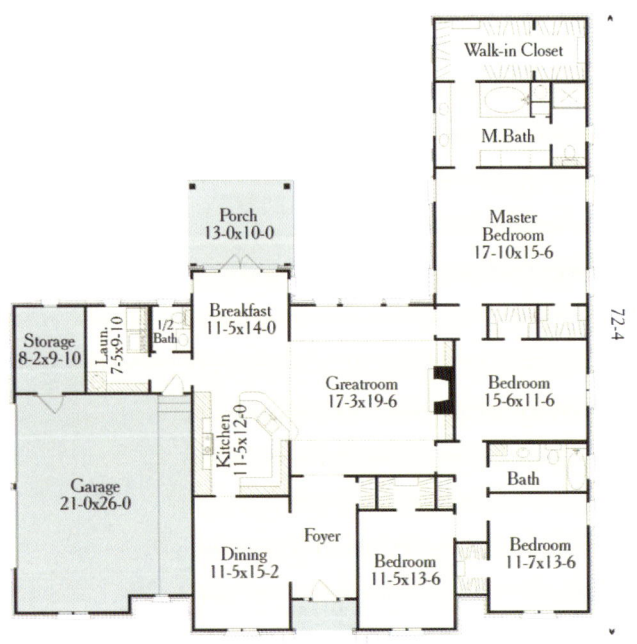

Walk-in Closet

M.Bath

Master
Bedroom
17-10x15-6

72-4

Porch
13-0x10-0

Breakfast
11-5x14-0

Storage
8-2x9-10

Laun.
7-5x9-10

1/2
Bath

Greatroom
17-3x19-6

Bedroom
15-6x11-6

Kitchen
11-5x12-0

Bath

Garage
21-0x26-0

Dining
11-5x15-2

Foyer

Bedroom
11-5x13-6

Bedroom
11-7x13-6

70-6

**Design 9901
Brixworth**

© Larry James

Wohnen 248,0 qm
Total 324,04 qm

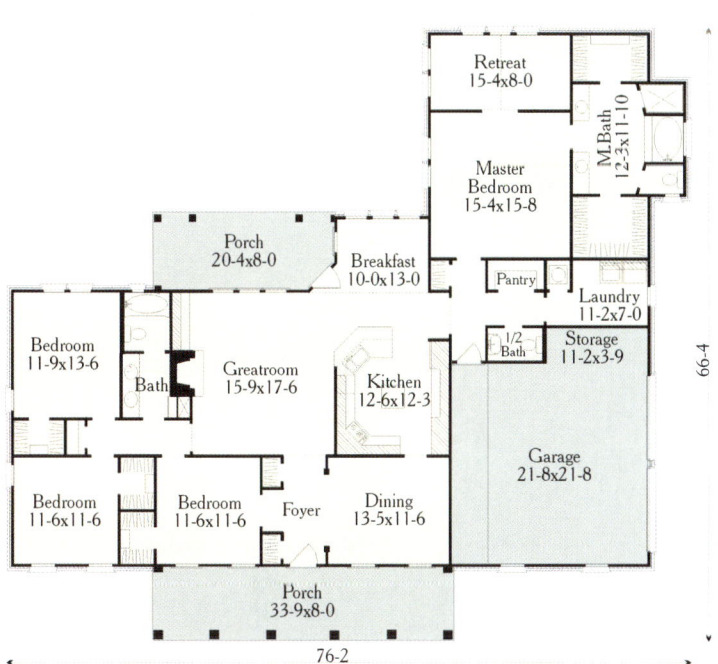

Retreat
15-4x8-0

Master
Bedroom
15-4x15-8

M.Bath
12-3x11-10

Porch
20-4x8-0

Breakfast
10-0x13-0

Pantry

Laundry
11-2x7-0

Bedroom
11-9x13-6

Bath

Greatroom
15-9x17-6

Kitchen
12-6x12-3

1/2
Bath

Storage
11-2x3-9

66-4

Garage
21-8x21-8

Bedroom
11-6x11-6

Bedroom
11-6x11-6

Foyer

Dining
13-5x11-6

Porch
33-9x8-0

76-2

**Design 9902
Hartfield**

© Larry James

Wohnen 232,81 qm
Total 324,78 qm

PLANTATIONS

In Anlehnung an einstige Plantagenhäuser entstand diese schöne Südstaaten-Villa. Die neue Version bietet modernen Wohnkomfort unter Berücksichtigung der für diesen Stil wesentlichen Merkmale. Die Veranda unter dem Walmdach lädt den Betrachter zum Verweilen ein. Die weißen Stützen und die Balkonbrüstung im Obergeschoß setzen sich kontrastreich von der eleganten Klinkerfassade ab. Der 303,97 qm große Entwurf zeigt sich im Inneren des Hauses mit einem klassischen Grundriß, der das Erdgeschoß als Wohnbereich ausweist und die Schlafräume im Obergeschoß unterbringt.

Design HomeStyle
J-8673

© Larry James & Associates, Inc.

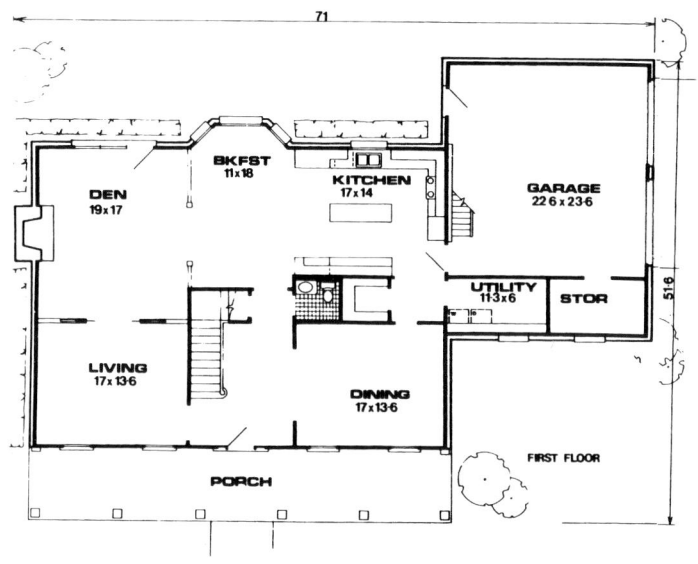

71

DEN
19 x 17

BKFST
11 x 18

KITCHEN
17 x 14

GARAGE
22·6 x 23·6

51·6

UTILITY
11·3 x 6

STOR

LIVING
17 x 13·6

DINING
17 x 13·6

PORCH

FIRST FLOOR

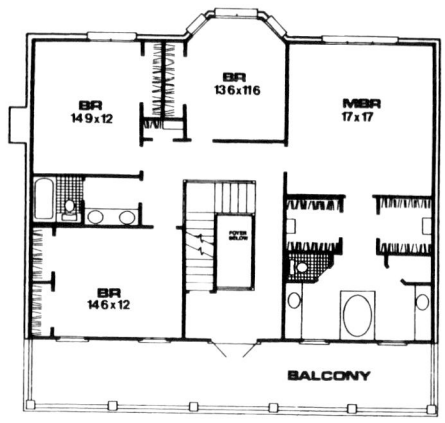

BR
14·9 x 12

BR
13·6 x 11·6

MBR
17 x 17

BR
14·6 x 12

BALCONY

Photo © Mark Englund / HomeStyles

Diese imposante Südstaaten-Villa beeindruckt mit einem für diese Stilrichtung typischen hohen Portikus. Aus dem steilen Dach ragen drei Gauben, die die Symmetrie dieses Hauses nochmals hervorheben. 268,30 qm Wohnfläche verteilen sich auf zwei Vollgeschosse. Im Inneren des Hauses dominiert eine offene Raumanordnung. Hohe Decken unterstreichen die Großzügigkeit dieses Entwurfs.

**Design HomeStyle
E-2800**

© Breland & Farmer, Designers, Inc.

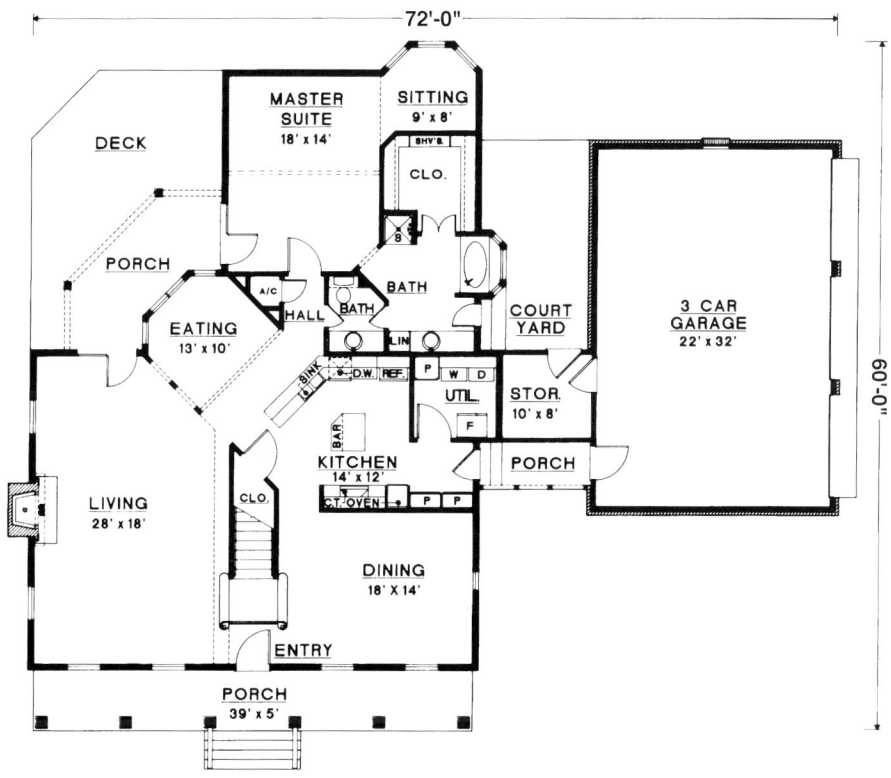

72'-0"

60'-0"

DECK

MASTER SUITE
18' x 14'

SITTING
9' x 8'

SHV. &

CLO.

PORCH

BATH

A/C

BATH

COURT YARD

3 CAR GARAGE
22' x 32'

EATING
13' x 10'

HALL

LIN

SINK

DW. REF.

P

W D

STOR.
10' x 8'

UTIL.

F

PORCH

BAR

KITCHEN
14' x 12'

CT. OVEN

P P

LIVING
28' x 18'

CLO.

DINING
18' X 14'

ENTRY

PORCH
39' x 5'

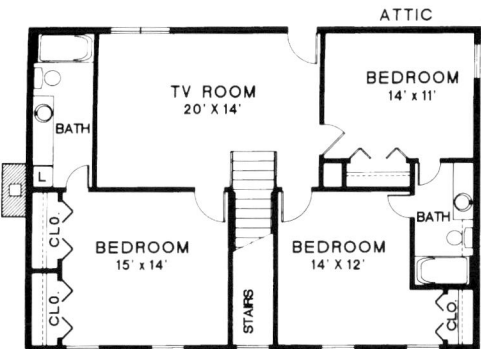

ATTIC

BATH

TV ROOM
20' X 14'

BEDROOM
14' x 11'

L

CLO. CLO.

BEDROOM
15' x 14'

STAIRS

BEDROOM
14' X 12'

BATH

CLO.

In Anlehnung an den bekannten Antebellum-Stil entstand dieser neue Entwurf mit dem ganzen Charme einer Südstaaten-Villa. Imposante Säulen stützen das Walmdach, ein Balkon thront über dem Hauseingang. Hohe Sprossenfenster und Fensterläden bilden einen Kontrast zur eleganten, weißen Putzfassade. Dieses Objekt bietet eine Gesamtwohnfläche von 313,17 qm, verteilt auf beide Geschosse. Die Grundrißgestaltung im Inneren des Hauses ist klassisch gehalten.

Design HomeStyle
E-3301

© Breland & Farmer, Designers, Inc.

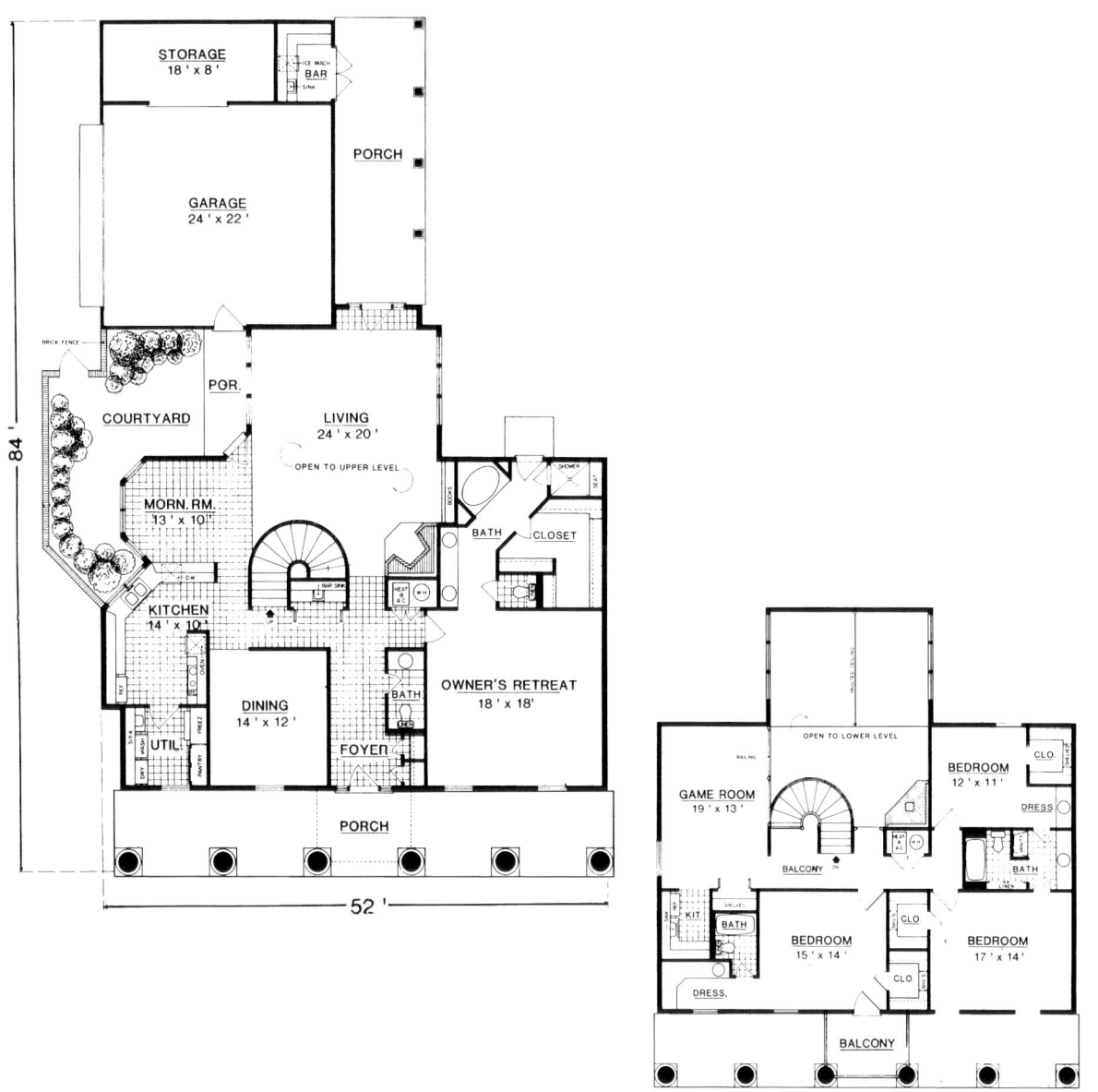

STORAGE
18' x 8'

ICE MACH
BAR
SINK

PORCH

GARAGE
24' x 22'

BRICK FENCE

POR.

COURTYARD

LIVING
24' x 20'

OPEN TO UPPER LEVEL

SHOWER
SEAT

BATH

CLOSET

MORN. RM.
13' x 10'

BAR SINK

HEAT
& A.C.

KITCHEN
14' x 10'

OVEN MIC

DINING
14' x 12'

BATH

OWNER'S RETREAT
18' x 18'

UTIL.

FOYER

PANTRY

PORCH

84'

52'

GAME ROOM
19' x 13'

OPEN TO LOWER LEVEL

RAILING

BALCONY

HEAT
& A.C.

BEDROOM
12' x 11'

CLO.

DRESS

BATH

KIT

BATH

SHELVES

BEDROOM
15' x 14'

CLO

CLO

BEDROOM
17' x 14'

DRESS.

CLO

BALCONY

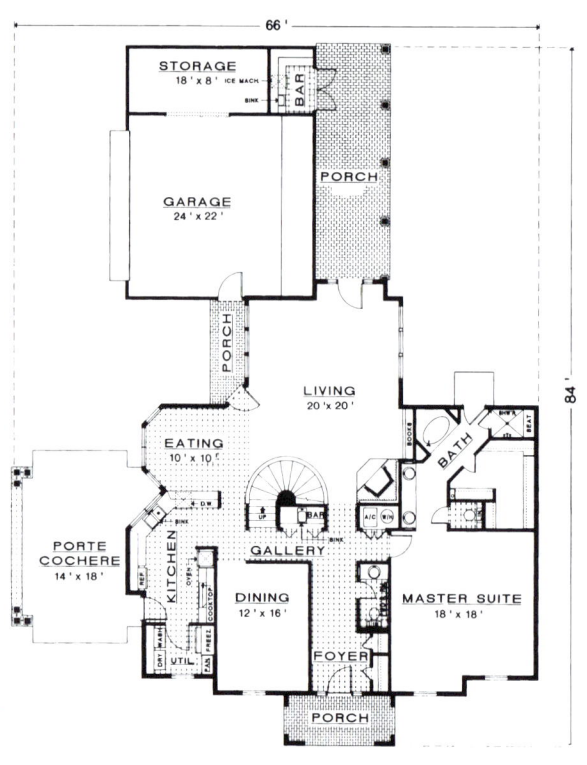

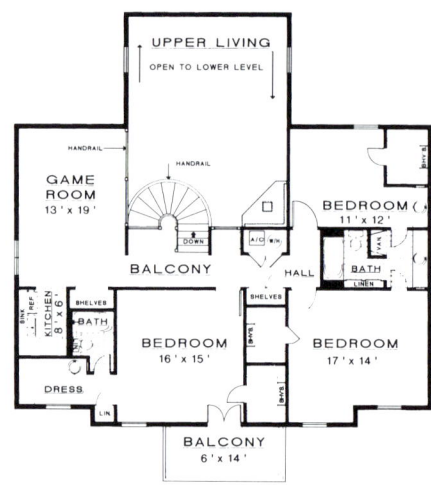

Design HomeStyle
E-3302

© Breland & Farmer, Designers, Inc.

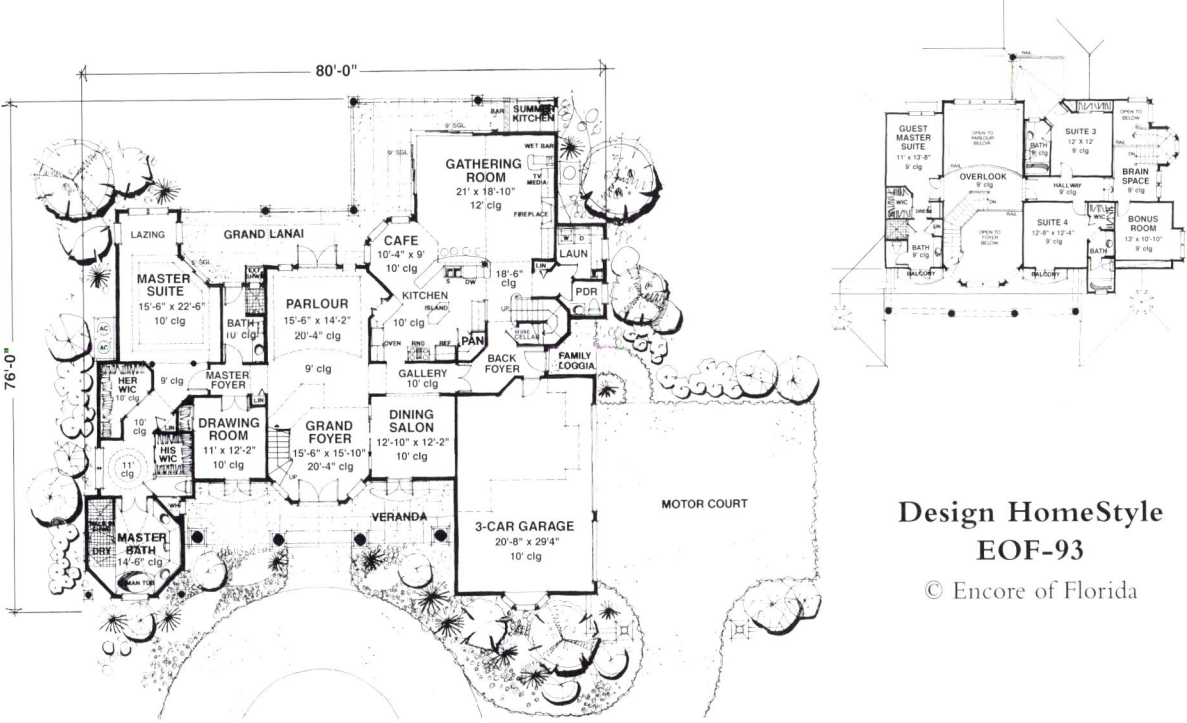

Design HomeStyle
EOF-93

© Encore of Florida

Photo © Mark Englund / HomeStyles

Stolze 242 qm Wohnfläche bietet diese typische Südstaaten-Villa mit zwei Vollgeschossen. Die großzügige Balkonkonstruktion prägt das äußere Erscheinungsbild. Mit vier Schlafräumen eignet sich dieser Entwurf ausgezeichnet für die vielköpfige Familie. Wohnzimmer und Küche bilden einen eigenen Wohnbereich. Die Eltern-Suite verfügt über ein extravagantes Bad.

**Design HomeStyle
E-2604**

© Breland & Farmer Designers, Inc.

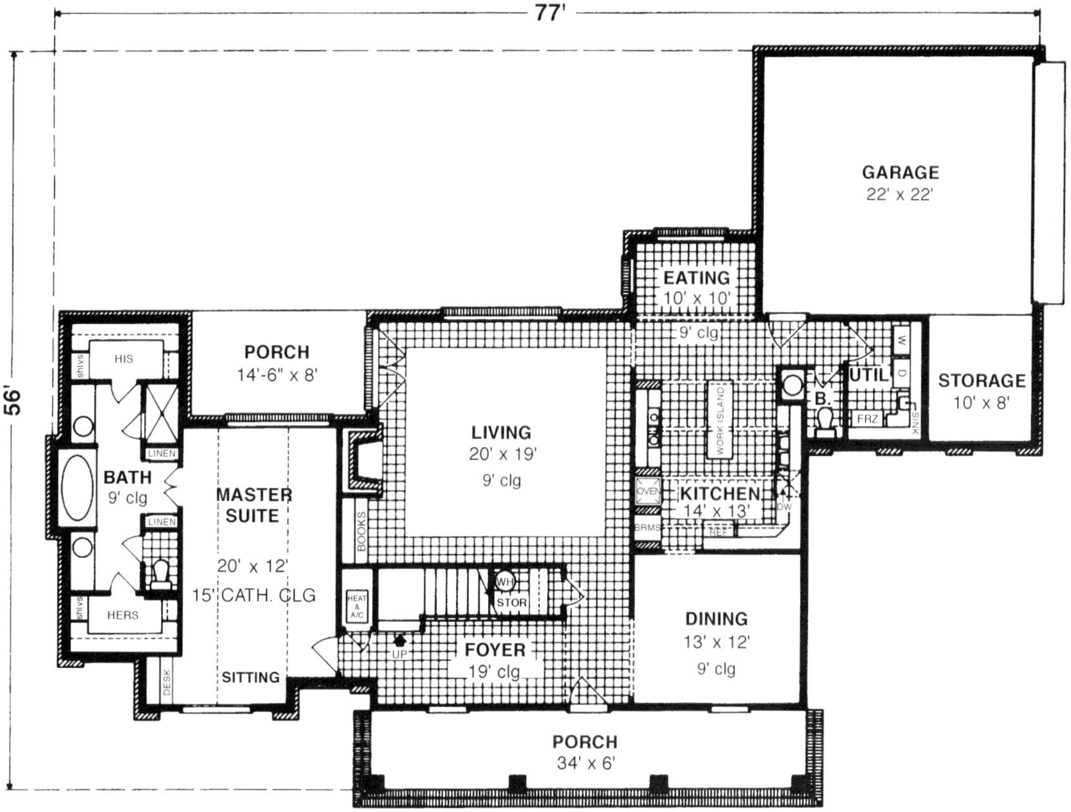

77'
56'
GARAGE
22' x 22'
EATING
10' x 10'
9' clg
STORAGE
10' x 8'
UTIL
B.
W
D
FRZ
SINK
PORCH
14'-6" x 8'
HIS
shlvs
LINEN
BATH
9' clg
LINEN
HERS
MASTER
SUITE
20' x 12'
15' CATH. CLG
SITTING
DESK
LIVING
20' x 19'
9' clg
BOOKS
WORK ISLAND
OVEN
KITCHEN
14' x 13'
BRMS
REF
DW
HEAT & A/C
WH
STOR
UP
FOYER
19' clg
DINING
13' x 12'
9' clg
PORCH
34' x 6'

BEDROOM
15' x 12'
9' clg
BATH
LIN
DRESS
BEDROOM
15' x 13'
9' clg
HALL
TO ATTIC
HEAT A/C
SHLVS
DN
BEDROOM
13' x 12'
9' clg
OPEN TO
LOWER LEVEL
BALCONY
PORCH
34' x 6'
RAILING

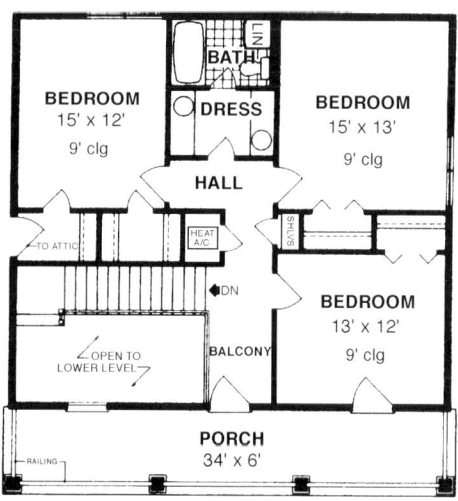

Photo © Mark Englund / HomeStyles

Einem griechischen Tempel gleich wurde der Eingangsbereich dieser imposanten Südstaaten-Villa gestaltet. Die vier großen Säulen und der weiß verputzte Dreiecksgiebel sind stilgerecht auf die aufwendig gearbeitete Haustür abgestimmt. Die farblich dazu passenden Fensterläden vervollständigen das Gesamtbild.

Design HomeStyle
C-8334

© Corley Plan Service, Inc.

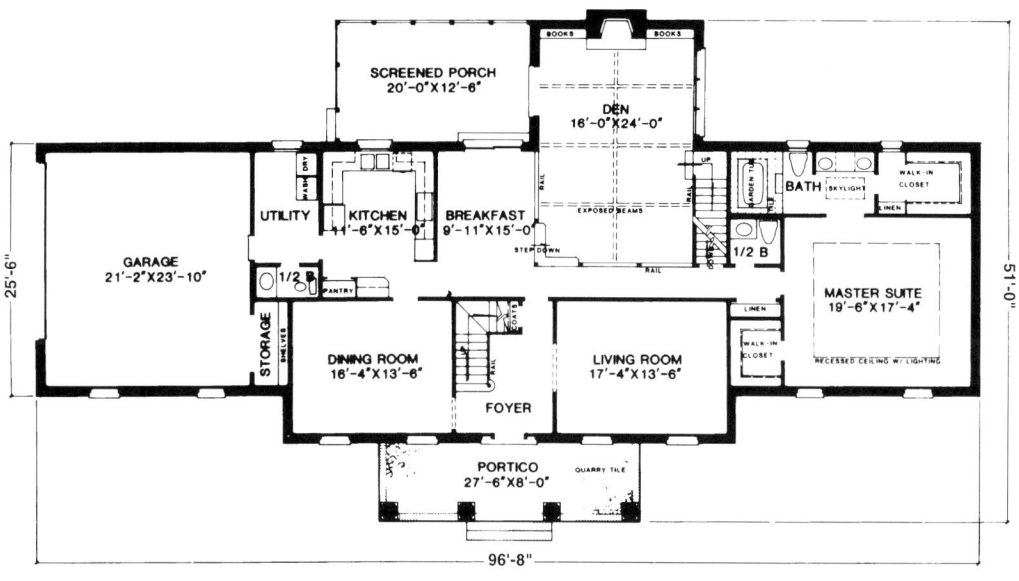

SCREENED PORCH
20'-0"X12'-6"

DEN
16'-0"X24'-0"

BOOKS   BOOKS

EXPOSED BEAMS

UP

RAIL

RAIL

1/2 B

BATH   SKYLIGHT

WALK-IN
CLOSET

LINEN

GARDEN TUB

WASH DRY

UTILITY

KITCHEN
11'-6"X15'-0"

BREAKFAST
9'-11"X15'-0"

STEP DOWN

RAIL

MASTER SUITE
19'-6"X17'-4"

25'-6"

GARAGE
21'-2"X23'-10"

STORAGE

SHELVES

1/2 B

PANTRY

DINING ROOM
16'-4"X13'-6"

FOYER

RAIL

LIVING ROOM
17'-4"X13'-6"

LINEN

WALK-IN
CLOSET

RECESSED CEILING W/ LIGHTING

51'-0"

PORTICO
27'-6"X8'-0"

QUARRY TILE

96'-8"

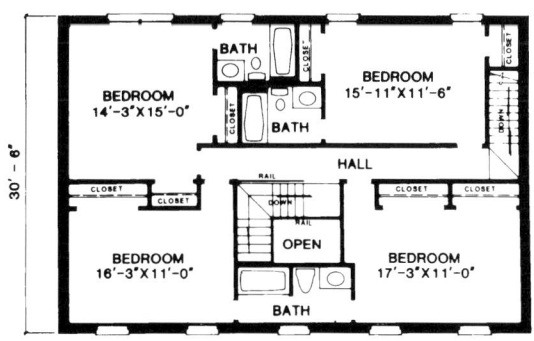

BEDROOM
14'-3"X15'-0"

BATH

BATH

CLOSET

CLOSET

BEDROOM
15'-11"X11'-6"

CLOSET

DOWN

HALL

CLOSET

CLOSET

RAIL

DOWN

RAIL

CLOSET

CLOSET

30'-6"

BEDROOM
16'-3"X11'-0"

OPEN

BEDROOM
17'-3"X11'-0"

BATH

Dieses 290 qm große Country-Design kombiniert klassische Stilelemente aus der Kolonialzeit perfekt mit modernem Wohnkomfort. Die Walmdachplanung beeindruckt mit einer weit überdachten Eingangsveranda und der verputzten Giebelkonstruktion mit dem formschönen Fenster. Eine großzügige Raumgliederung unterstreicht die Eleganz im Inneren des Hauses. Seitlich vom Eingang befinden sich das Speisezimmer und der Salon. Eine geräumige Country-Küche öffnet sich mit einem Eßtresen zum Glaserker, der ebenfalls als Sitzplatz genutzt werden kann. Das angrenzende Familienwohnzimmer hat einen schönen, durch zwei Geschosse reichenden Erker, in den zentral der Kamin mit Schornstein eingebaut wurde. Das Haus bietet fünf Schlafräume und drei Bäder.

Design HomeStyle
APS-2518

© Atlanta Plan Source, Inc.

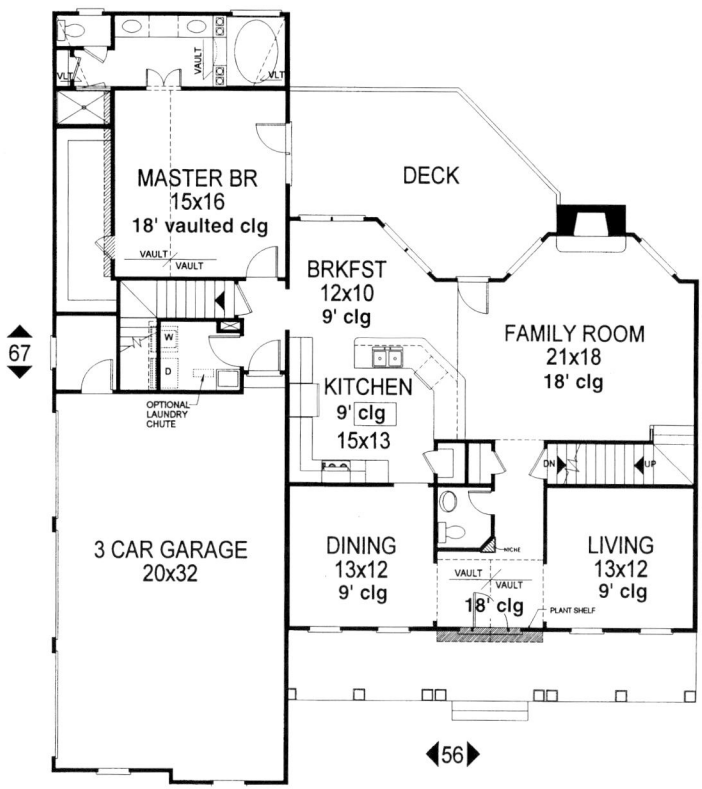

MASTER BR
15x16
18' vaulted clg

DECK

BRKFST
12x10
9' clg

FAMILY ROOM
21x18
18' clg

KITCHEN
9' clg
15x13

67

OPTIONAL
LAUNDRY
CHUTE

W
D

3 CAR GARAGE
20x32

DINING
13x12
9' clg

LIVING
13x12
9' clg

DN   UP

18' clg

PLANT SHELF

56

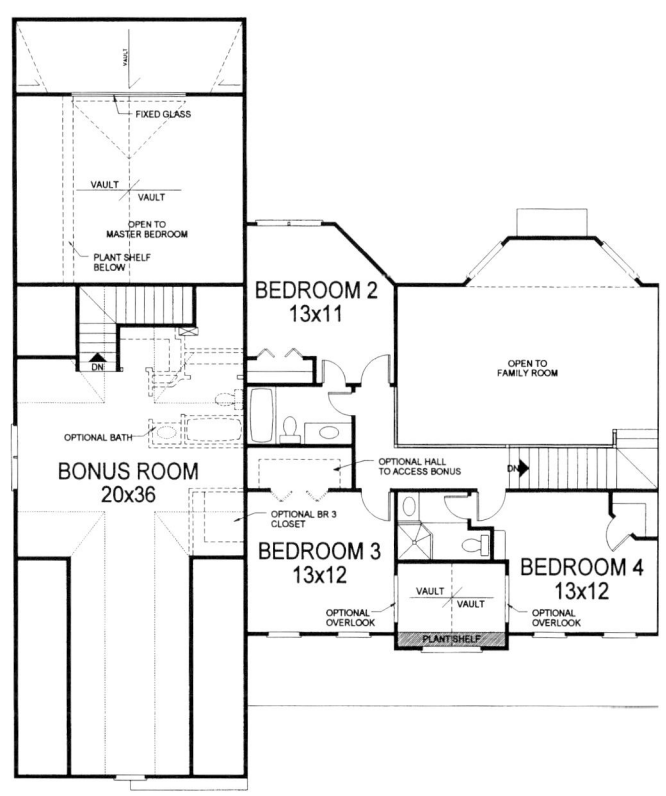

FIXED GLASS

VAULT   VAULT

OPEN TO
MASTER BEDROOM

PLANT SHELF
BELOW

DN

OPTIONAL BATH

BEDROOM 2
13x11

OPEN TO
FAMILY ROOM

BONUS ROOM
20x36

OPTIONAL HALL
TO ACCESS BONUS

DN

OPTIONAL BR 3
CLOSET

BEDROOM 3
13x12

BEDROOM 4
13x12

OPTIONAL
OVERLOOK

VAULT   VAULT

OPTIONAL
OVERLOOK

PLANT SHELF

Plantations   241

In Anlehnung an den Greek Revival Style bieten die Designer Breland & Farmer mit diesem 305,08 qm großen Entwurf eine moderne Variante des Altbewährten an. Der extravagante Eingangsbereich mit einem von Säulen geschmückten Portikus und die Verwendung eleganter Rundbogenfenster machen diese Villa zu einer Attraktion. Großflächige Verglasung ist bei diesem Objekt vorherrschend und betont die offene Konstruktion. Im Inneren des Hauses setzt sich die verspielte Linienführung fort. Eine weit geschwungene Treppe stimmt den Betrachter bereits im Foyer auf die im Hausinneren zu erwartende Exklusivität ein. Den Bewohnern steht auf der Hausrückseite eine schöne, von drei Seiten geschützte Gartenterrasse zur Verfügung.

Design HomeStyle
E-2704

© Breland & Farmer Designers, Inc.

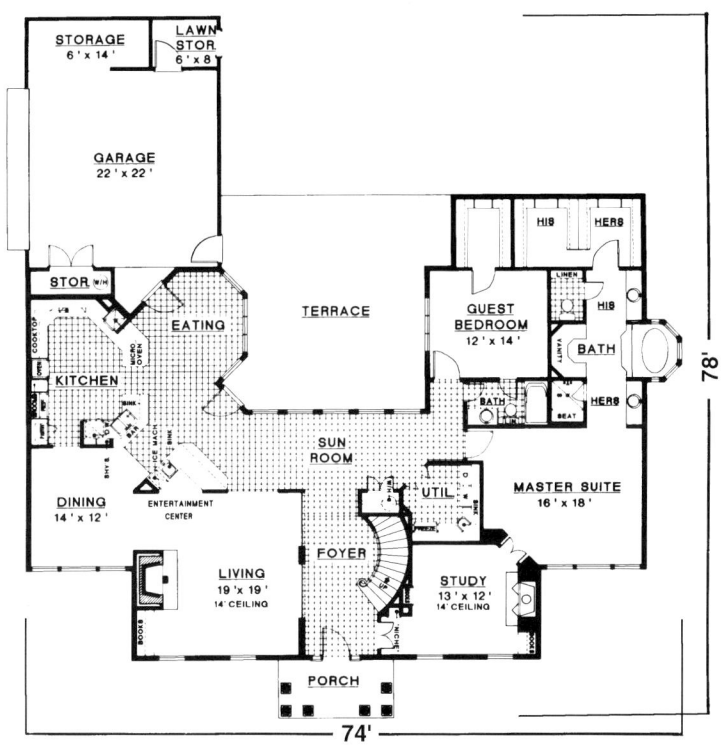

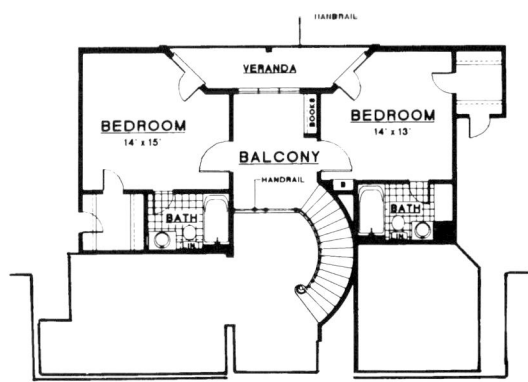

Photo © Photographic Resources

Charakteristisch für dieses Haus sind die elegante Klinkerfassade, die weißen Stuckrahmen, die die Sprossenfenster perfekt zur Geltung bringen, und der Portikus, der den zentralen Eingang überdacht. Die drei Fenstergauben, die aus dem hohen Walmdach ragen, verleihen diesem Design eine stattliche Erscheinung. Das an den Georgian Style angelehnte Objekt weist eine Wohnfläche von 356,18 qm auf, die sich in einer symmetrischen Grundrißgestaltung auf zwei Vollgeschosse verteilt.

**Design HomeStyle
L–836–MBC**

© Larry W. Garnett & Associates, Inc.

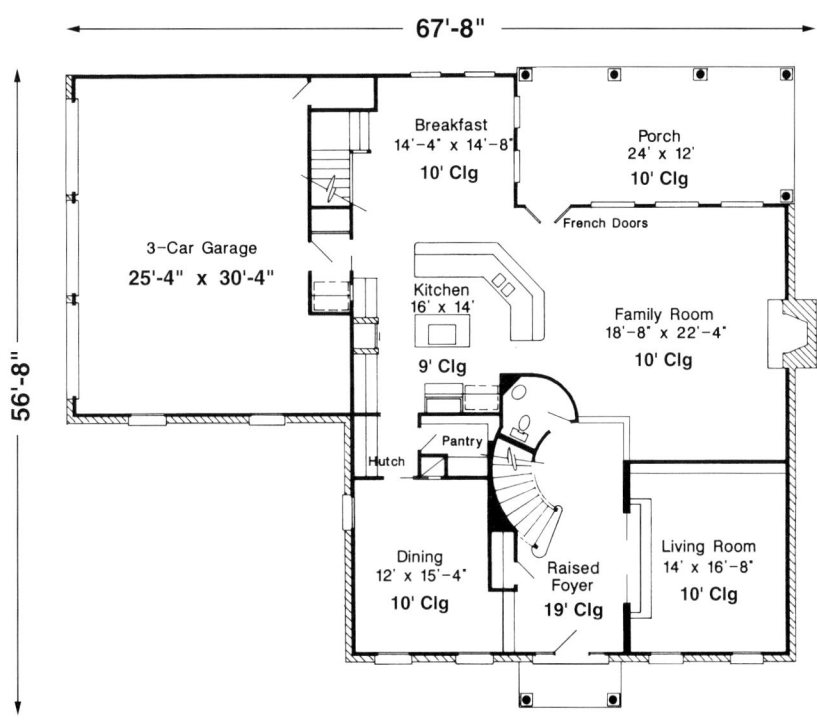

67'-8"

56'-8"

Breakfast
14'-4" x 14'-8"
10' Clg

Porch
24' x 12'
10' Clg

French Doors

3-Car Garage
25'-4" x 30'-4"

Kitchen
16' x 14'
9' Clg

Family Room
18'-8" x 22'-4"
10' Clg

Pantry

Hutch

Dining
12' x 15'-4"
10' Clg

Raised
Foyer
19' Clg

Living Room
14' x 16'-8"
10' Clg

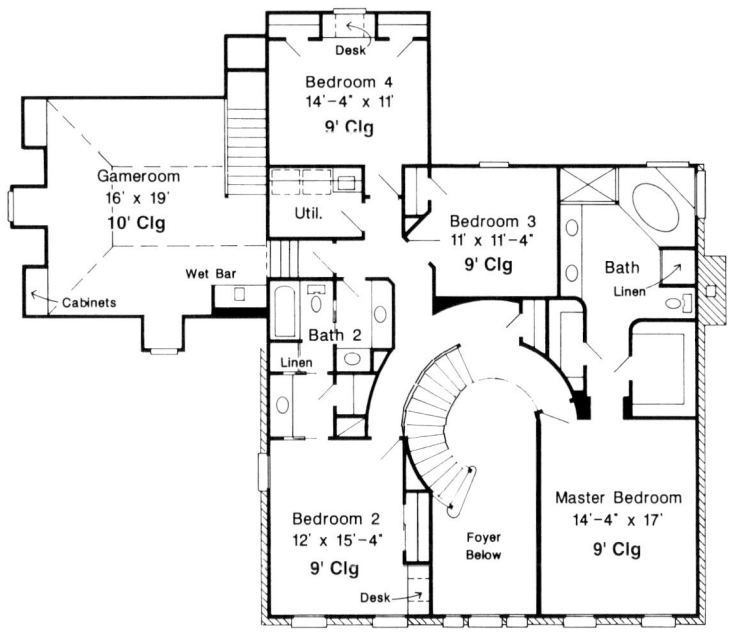

Desk

Bedroom 4
14'-4" x 11'
9' Clg

Gameroom
16' x 19'
10' Clg

Util.

Bedroom 3
11' x 11'-4"
9' Clg

Bath
Linen

Wet Bar

Cabinets

Bath 2

Linen

Bedroom 2
12' x 15'-4"
9' Clg

Foyer
Below

Master Bedroom
14'-4" x 17'
9' Clg

Desk

Photo © Mark Englund / HomeStyles

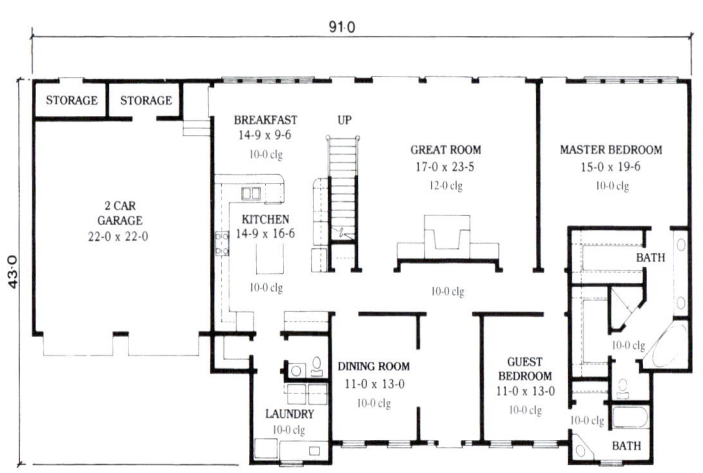

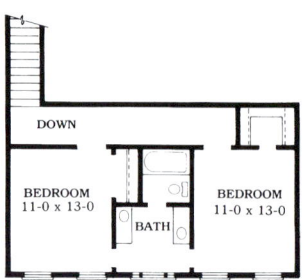

**Design HomeStyle
V-2985**

© Historical Replications Inc.

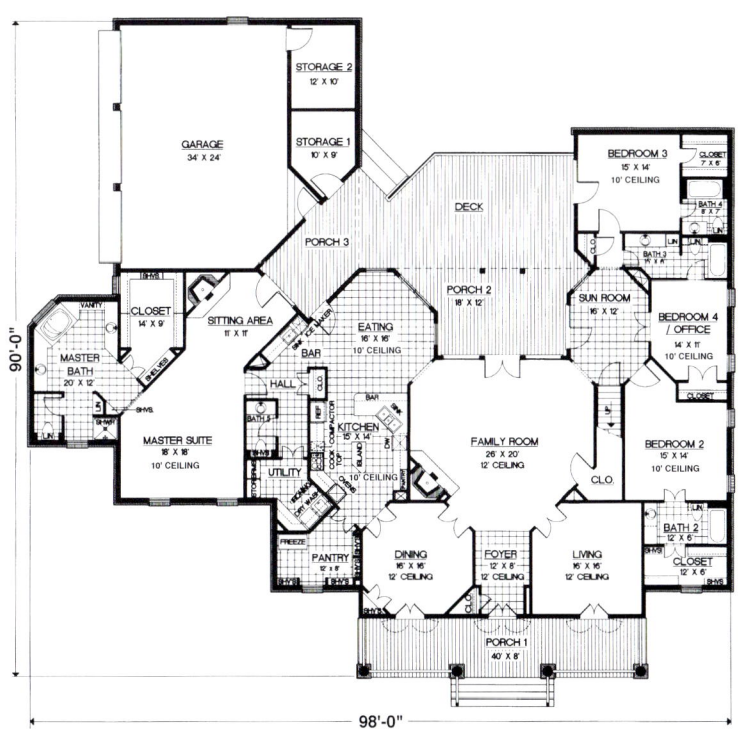

Dieser eingeschossige Hausentwurf im typischen Südstaatenstil bietet seinen Bewohnern eine Gesamtwohnfläche von 379,32 qm. Versetzte Dächer und die helle, weit überdachte Veranda bestimmen das äußere Erscheinungsbild.

Design HomeStyle
E-2403
© Breland & Farmer,
Designers, Inc.

Photo © Mark Englund / HomeStyles

Die weitläufige Veranda und Balkonkonstruktion dieser schönen Südstaaten-Villa verlockt zum gemütlichen Verweilen im Freien. Rundbogenfenster wurden als charakteristisches Stilelement in der unteren Etage eingesetzt. Die runde Form wird durch das Dachgaubenfenster wieder aufgegriffen. Auf zwei Etagen bietet diese Villa seinen Bewohnern eine Wohnfläche von 279,44 qm. Das Erdgeschoß des Haupthauses ist reinen Wohnzwecken vorbehalten. Die Eltern-Suite befindet sich im Anbau. Im Obergeschoß haben drei Schlafräume und ein Spielzimmer Platz.

**Design HomeStyle
J-9420**

© Larry James & Associates, Inc.

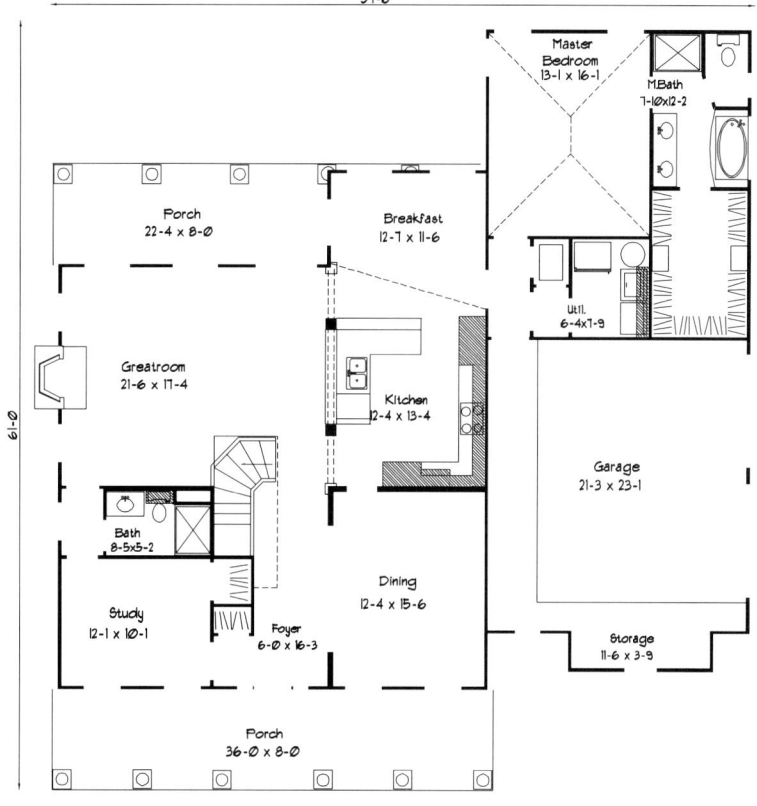

51-6

61-0

Master
Bedroom
13-1 x 16-1

M.Bath
7-10x12-2

Porch
22-4 x 8-0

Breakfast
12-7 x 11-6

Util.
6-4x7-9

Greatroom
21-6 x 17-4

Kitchen
12-4 x 13-4

Garage
21-3 x 23-1

Bath
8-5x5-2

Dining
12-4 x 15-6

Study
12-1 x 10-1

Foyer
6-0 x 16-3

Storage
11-6 x 3-9

Porch
36-0 x 8-0

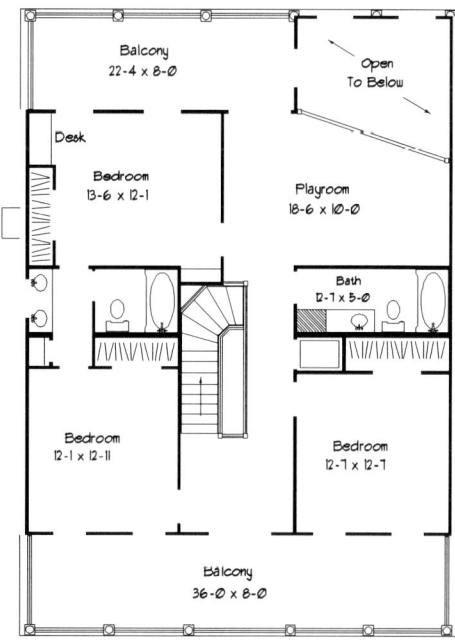

Balcony
22-4 x 8-0

Open
To Below

Desk

Bedroom
13-6 x 12-1

Playroom
18-6 x 10-0

Bath
12-7 x 5-0

Bedroom
12-1 x 12-11

Bedroom
12-7 x 12-7

Balcony
36-0 x 8-0

Plantations   249

Dieses Gebäude, das in Anlehnung an den Georgian Style entworfen wurde, verfügt über eine
Gesamtfläche von 390,6 qm. Der Entwurf von
William Poole wurde nach alten Vorbildern und
unter Beachtung aller wesentlichen Stilelemente
neu geplant und zeigt im Ergebnis die perfekte
Mischung aus Altbewährtem und neuzeitlichem
Komfort. Das großzügige Foyer wird durch den
repräsentativen Treppenaufgang geprägt. Seitlich
davon ist das Kaminzimmer und der formelle
Speiseraum gelegen. Durch das Familienwohnzimmer geht es in den großräumigen Küchenbereich,
der einen separaten Hauseingang hat. Providence
bietet seinen Bewohnern vier Schlafräume und
drei Bäder.

Design Providence
von William Poole

Erdgeschoß 277,6 qm
Obergeschoß 113,0 qm
Total 390,6 qm

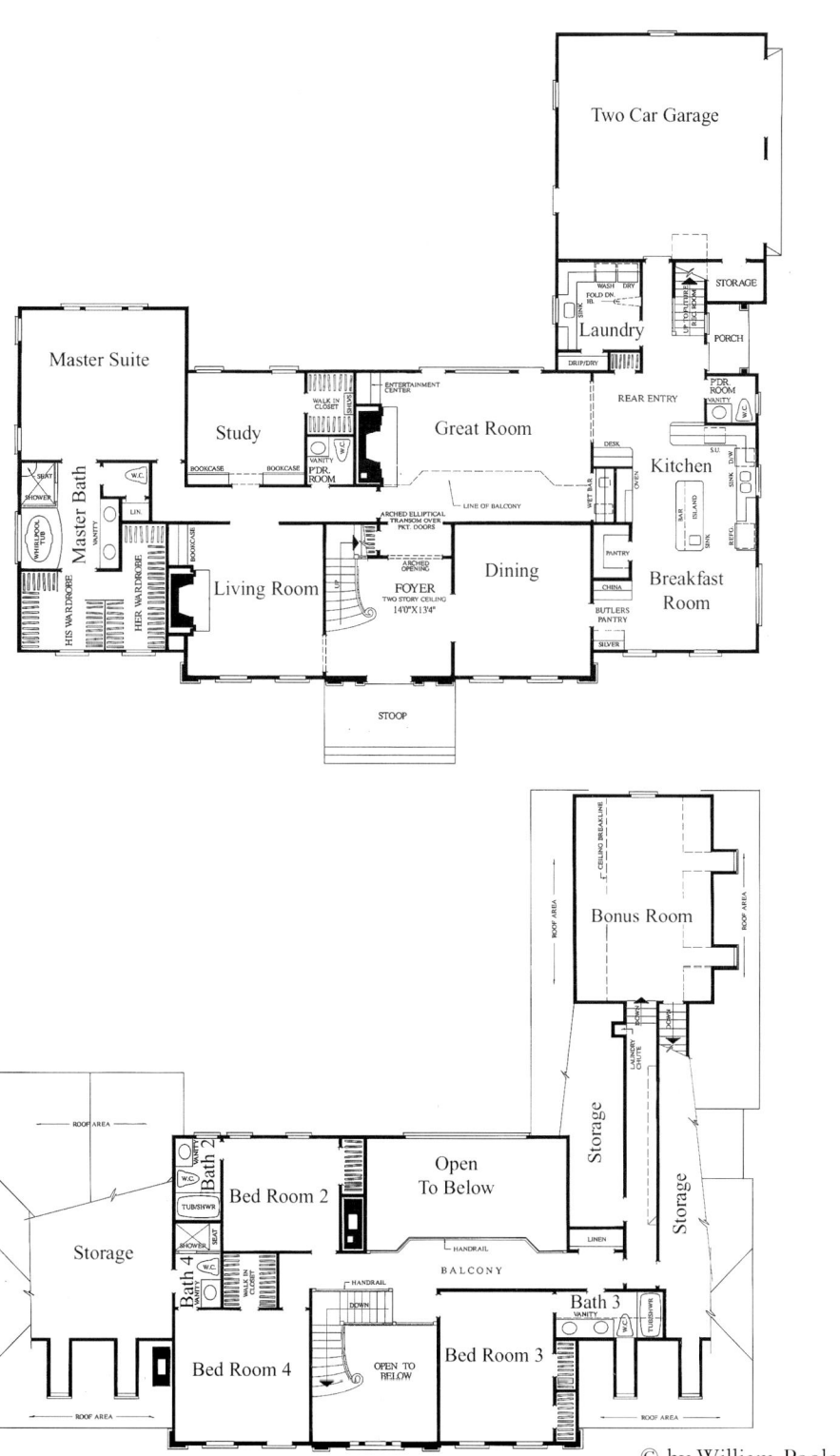

Two Car Garage

Master Suite

Study

Great Room

Laundry

WASH DRY
FOLD DN.
BL.
SINK
DRIP/DRY

STORAGE

PORCH

REAR ENTRY

PDR.
ROOM
VANITY
W.C.

ENTERTAINMENT
CENTER

WALK IN
CLOSET

Master Bath

SEAT
SHOWER
W.C.
LIN.
VANITY

WHIRLPOOL
TUB

HIS WARDROBE

HER WARDROBE

BOOKCASE

BOOKCASE

VANITY
P'DR.
ROOM

BOOKCASE

Living Room

FOYER
TWO STORY CEILING
14'0"X13'4"

ARCHED
OPENING

ARCHED ELLIPTICAL
TRANSOM OVER
PKT. DOORS

LINE OF BALCONY

WET BAR

DESK

OVEN

Kitchen

BAR
ISLAND
SINK D.W.
REFG.
S.U.

Dining

PANTRY

CHINA

BUTLERS
PANTRY

SILVER

Breakfast
Room

STOOP

Bonus Room

CEILING BREAKLINE

ROOF AREA

ROOF AREA

Storage

LAUNDRY
CHUTE

Storage

DOWN

ROOF AREA

Storage

Bath 2
VANITY
W.C.
TUB/SHWR
SHOWER SEAT

Bed Room 2

Open
To Below

HANDRAIL

LINEN

BALCONY

Bath 4
W.C.
VANITY

WALK IN
CLOSET

Bed Room 4

HANDRAIL

DOWN

OPEN TO
BELOW

OPEN TO
BELOW

Bed Room 3

Bath 3
VANITY
W.C.
TUB/SHWR

ROOF AREA

© by William Poole

Diese imposante Villa stammt aus der Feder des
führenden Architekten William Poole, der über die
Grenzen Amerikas für seine authentischen Südstaa-
ten-Häuser bekannt ist. Sein Design Ashley zeigt ein
feudales Anwesen, wie es heute nur noch vereinzelt
an historischen, denkmalgeschützten Schauplätzen
vorzufinden ist. In Anlehnung an die Architektur des
späten 18. Jahrhunderts repräsentiert dieser Entwurf
mit seiner Wohnfläche von 417 qm den Charme der
alten Zeit kombiniert mit der Funktionalität und
der modernen Ausstattung der Gegenwart. Wie man
es von einer Villa dieser Klasse erwartet, bietet es
neben einem großzügigen Wohnraumangebot auch
eine Bibliothek und ein Arbeitszimmer für den
Hausherrn.

Design Ashley
von William Poole

Erdgeschoß 275,7 qm
Obergeschoß 141,3 qm
Total 417,0 qm

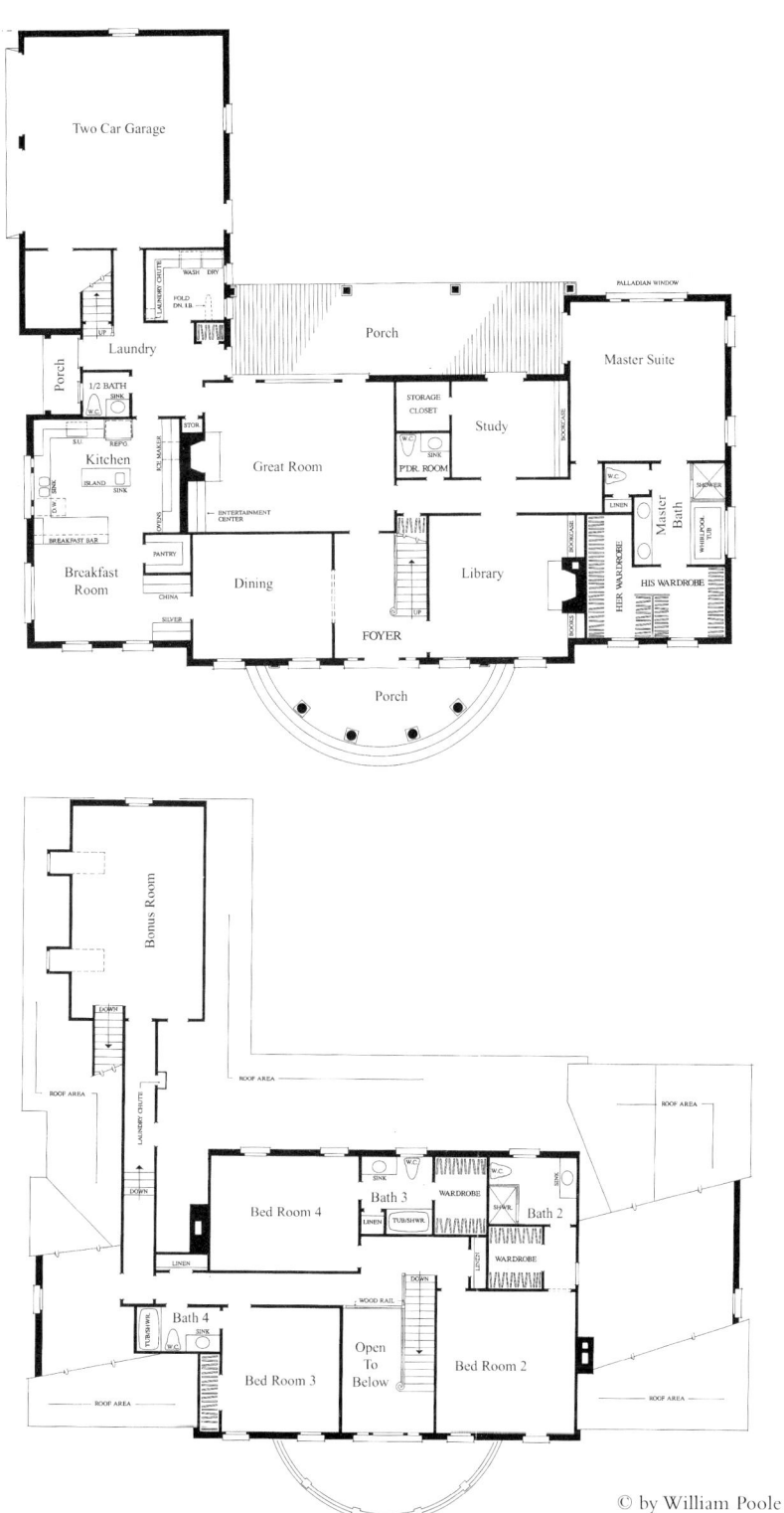

© by William Poole

TRADITIONAL STYLE

Photo © Mark Englund / HomeStyles

Dieses 450,75 qm große Country-Anwesen ist an Exklusivität kaum zu überbieten. Das äußere Erscheinungsbild ist durch eine elegante Klinker-fassade geprägt, die die feinen Stuckverzierungen optimal zur Geltung bringt. Der lange Baukörper erfährt eine optische Unterbrechung durch die versetzte Giebelarchitektur. Eine weit überdachte Veranda lädt zum Verweilen ein. Das Hausinnere gliedert sich in formelle und familiäre Wohnzo-nen.

**Design HomeStyle
FB-5478-Herm**

© Frank Betz Associates, Inc.

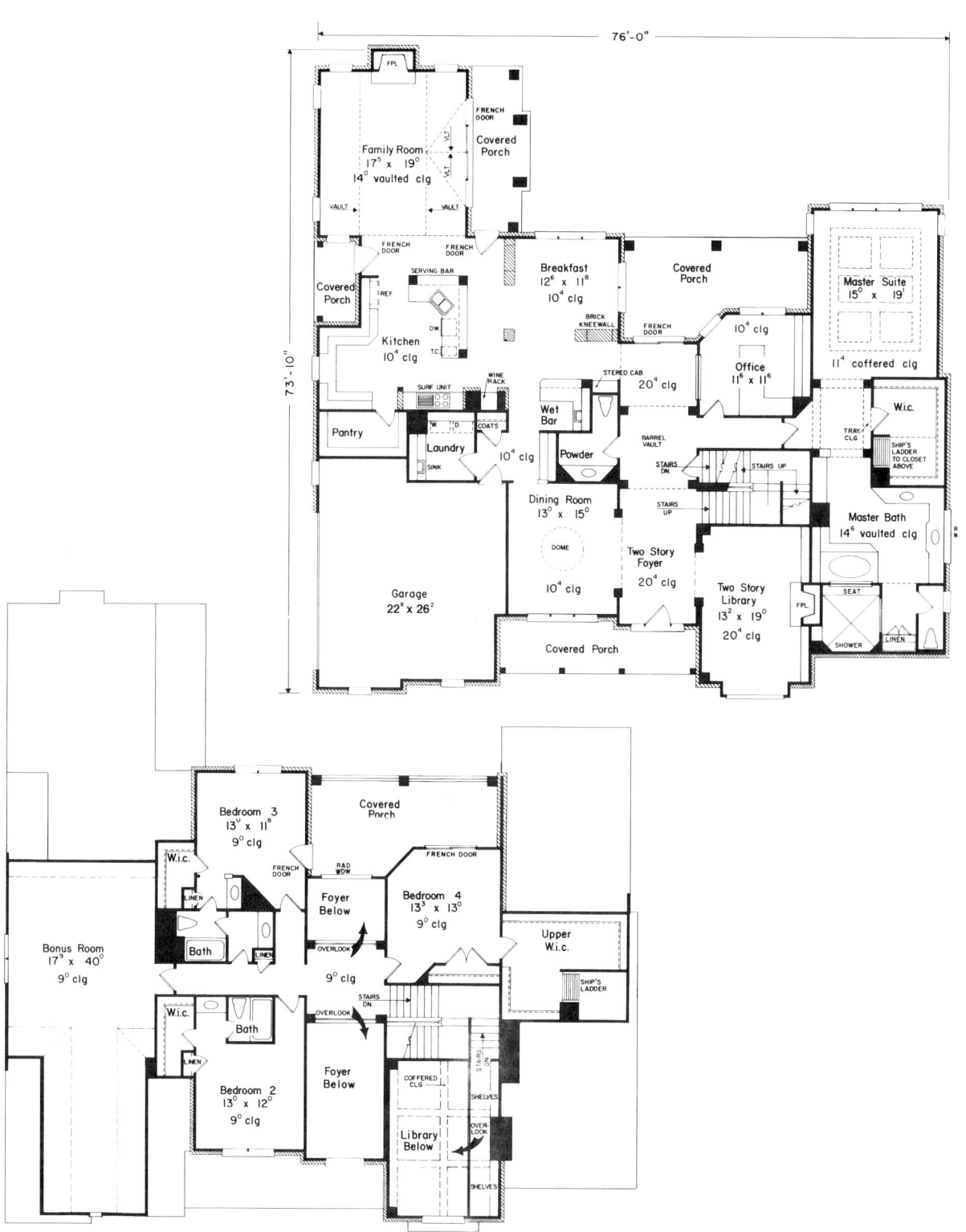

76'-0"

73'-10"

Family Room
17⁵ x 19⁰
14⁰ vaulted clg

FPL

Covered Porch

FRENCH DOOR

VLT

VLT

VLT

VAULT

VAULT

FRENCH DOOR

FRENCH DOOR

Covered Porch

SERVING BAR

REF

DW

TC

Kitchen
10⁴ clg

Breakfast
12⁶ x 11⁸
10⁴ clg

BRICK KNEEWALL

Covered Porch

FRENCH DOOR

10⁴ clg

Master Suite
15⁰ x 19'

11⁴ coffered clg

WINE RACK

SURF UNIT

W D

COATS

Pantry

Laundry

SINK

10⁴ clg

Wet Bar

Powder

STEREO CAB.

20⁴ clg

BARREL VAULT

Office
11⁶ x 11⁶

TRAY CLG.

W.i.c.

SHIP'S LADDER TO CLOSET ABOVE

STAIRS DN.

STAIRS UP

STAIRS UP

Garage
22⁹ x 26²

Dining Room
13⁰ x 15⁰

DOME

10⁴ clg

Two Story Foyer
20⁴ clg

Two Story Library
13² x 19⁰
20⁴ clg

FPL

Master Bath
14⁶ vaulted clg

SEAT

SHOWER

LINEN

R W

Covered Porch

Bedroom 3
13⁰ x 11⁸
9⁰ clg

Covered Porch

W.i.c.

LINEN

Bath

LINEN

FRENCH DOOR

RAD WDW

Foyer Below

OVERLOOK

FRENCH DOOR

Bedroom 4
13³ x 13⁰
9⁰ clg

Upper W.i.c.

Bonus Room
17⁹ x 40⁰
9⁰ clg

9⁰ clg

SHIP'S LADDER

W.i.c.

LINEN

Bath

OVERLOOK

STAIRS DN.

Foyer Below

Bedroom 2
13⁰ x 12⁰
9⁰ clg

COFFERED CLG

SHELVES

STAIRS DN

OVER- LOOK

Library Below

SHELVES

Dieses nostalgisch anmutende Objekt im Traditional Style verdankt seinen Charme der geschmackvollen Zusammenstellung verschiedener
Bauformen und –materialien. Naturstein, Putz und
Stuck vereinigen sich in perfekter Harmonie mit
den stilvollen Fenstern. Form und Farbe der Eingangstür spiegeln sich in den danebenliegenden
Rundbogenfenstern mit Fensterläden wider. Die
vom äußeren Erscheinungsbild ausgehende Eleganz ist auch im Inneren des Hauses anzutreffen.
289,38 qm Wohnfläche verteilt sich großzügig auf
zwei Vollgeschosse.

**Design HomeStyle
DD-2952**

© Danze & Davis Architects, Inc.

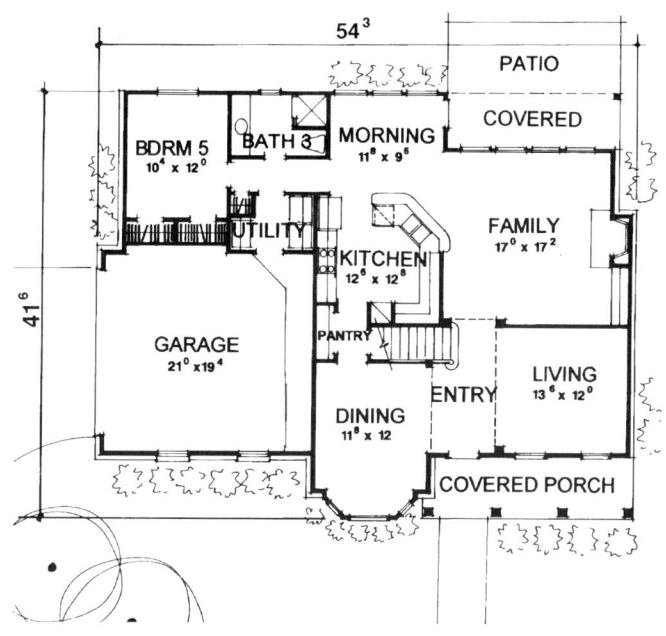

54³

41⁶

PATIO

COVERED

BDRM 5
10⁴ x 12⁰

BATH 3

MORNING
11⁸ x 9⁶

UTILITY

KITCHEN
12⁶ x 12⁸

FAMILY
17⁰ x 17²

GARAGE
21⁰ x 19⁴

PANTRY

DINING
11⁸ x 12

ENTRY

LIVING
13⁶ x 12⁰

COVERED PORCH

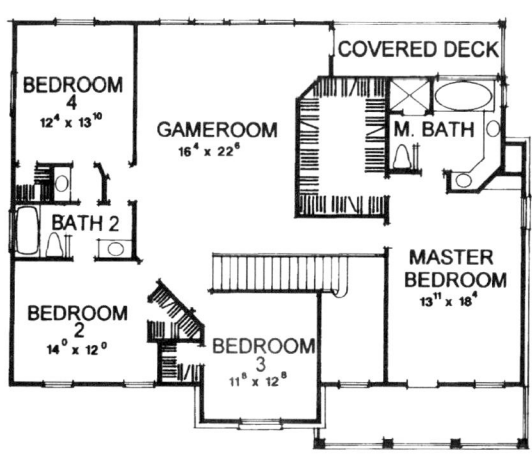

BEDROOM 4
12⁴ x 13¹⁰

GAMEROOM
16⁴ x 22⁶

COVERED DECK

M. BATH

BATH 2

BEDROOM 2
14⁰ x 12⁰

BEDROOM 3
11⁸ x 12⁸

MASTER BEDROOM
13¹¹ x 18⁴

Vielzählige Details, die sich erst nach und nach dem Betrachter erschließen, bestimmen den Gesamteindruck dieser Villa. Die symmetrische Anordnung der Fenster verleiht dem äußeren Erscheinungsbild eine harmonische Ausstrahlung. Helle Stuckverzierungen im Giebelbereich unterstreichen die Eleganz dieses Entwurfs. Eine Wohnfläche von 281,95 qm verteilt sich großzügig auf zwei Vollgeschosse.

**Design HomeStyle
DD-3000-B**

© Danze & Davis Architects, Inc.

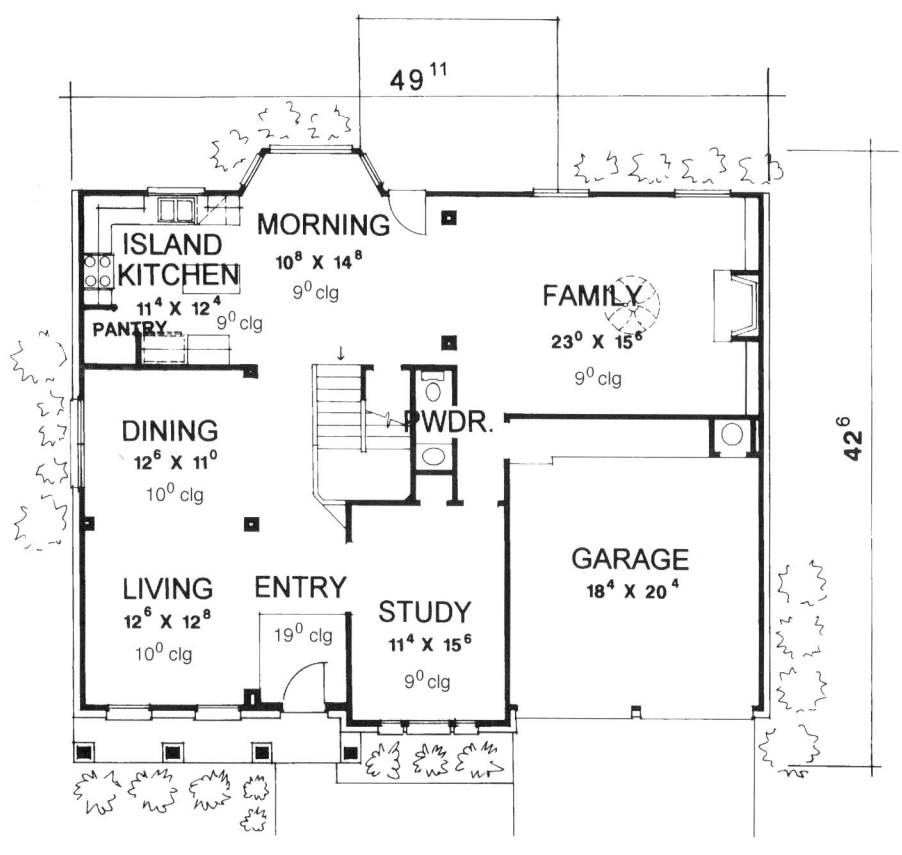

49^{11}

ISLAND
KITCHEN
11^4 X 12^4
9^0 clg

PANTRY

MORNING
10^8 X 14^8
9^0 clg

FAMILY
23^0 X 15^6
9^0 clg

DINING
12^6 X 11^0
10^0 clg

PWDR.

42^6

GARAGE
18^4 X 20^4

LIVING
12^6 X 12^8
10^0 clg

ENTRY
19^0 clg

STUDY
11^4 X 15^6
9^0 clg

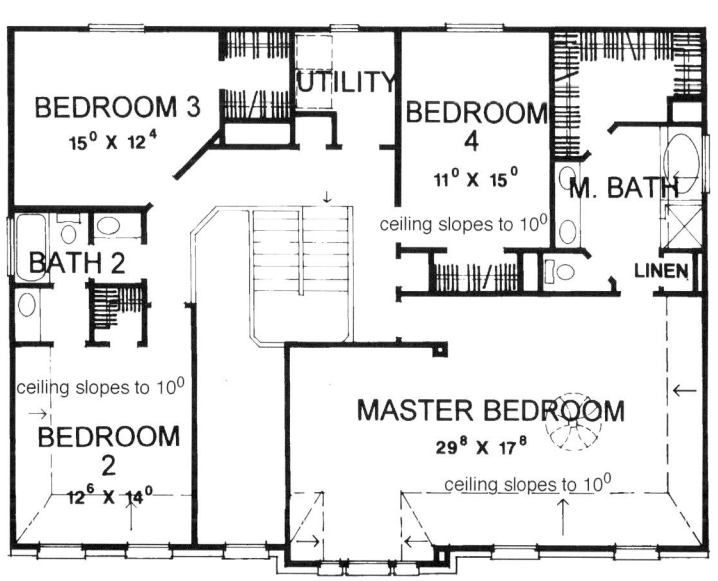

BEDROOM 3
15^0 X 12^4

UTILITY

BEDROOM
4
11^0 X 15^0
ceiling slopes to 10^0

M. BATH

LINEN

BATH 2

ceiling slopes to 10^0

BEDROOM
2
12^6 X 14^0

MASTER BEDROOM
29^8 X 17^8
ceiling slopes to 10^0

Photo © Mark Englund / HomeStyles

Dieses zweigeschossige, hell verklinkerte Haus im Traditional Style hat ein elegantes Walmdach. Der mittig konstruierte Giebel lockert die Frontansicht auf und setzt mit seinem aufwendigen Rundbogenfenster einen aparten Akzent. Die Gesamtwohnfläche von 275,73 qm ist gleichermaßen auf beide Etagen des Hauses aufgeteilt.

**Design HomeStyle
DD-2968**

© Danze & Davis Architects, Inc.

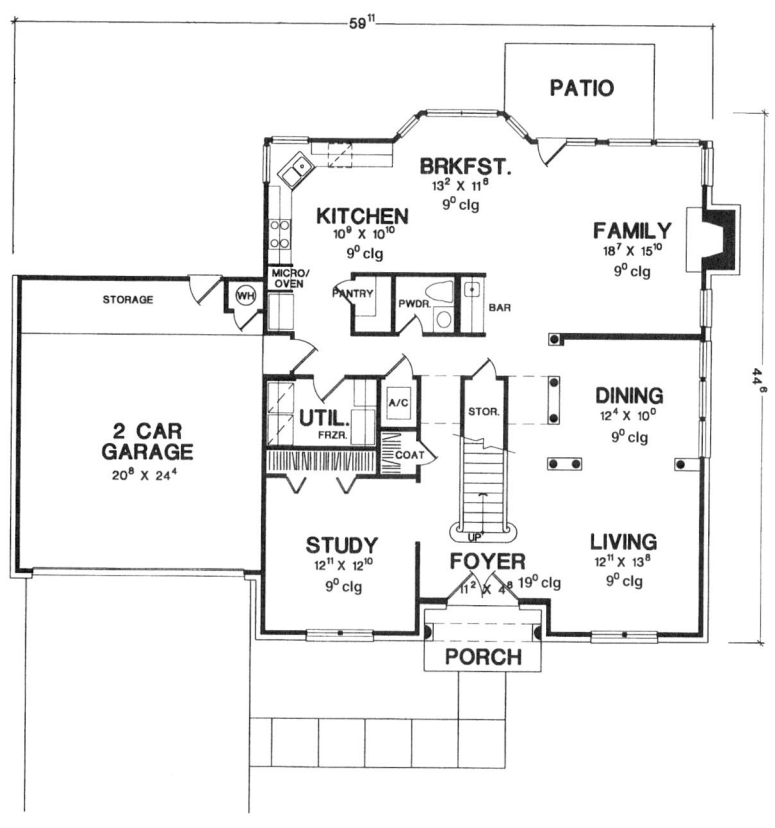

PATIO

BRKFST.
13² X 11⁸
9⁰ clg

KITCHEN
10⁹ X 10¹⁰
9⁰ clg

FAMILY
18⁷ X 15¹⁰
9⁰ clg

MICRO/OVEN

STORAGE

WH

PANTRY

PWDR.

BAR

2 CAR
GARAGE
20⁸ X 24⁴

UTIL.
FRZR.

A/C

STOR.

DINING
12⁴ X 10⁰
9⁰ clg

COAT

UP

STUDY
12¹¹ X 12¹⁰
9⁰ clg

FOYER
11² X 4⁸ 19⁰ clg

LIVING
12¹¹ X 13⁸
9⁰ clg

PORCH

59¹¹

44⁸

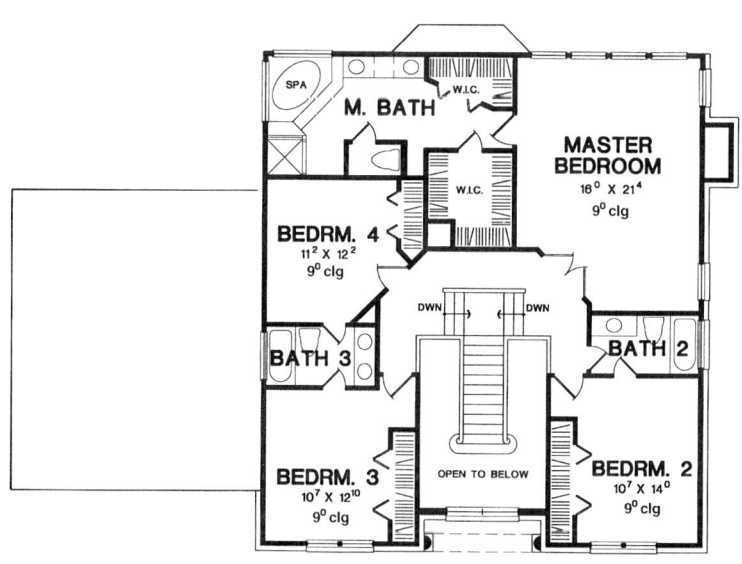

SPA

M. BATH

W.I.C.

MASTER
BEDROOM
16⁰ X 21⁴
9⁰ clg

W.I.C.

BEDRM. 4
11² X 12²
9⁰ clg

BATH 3

DWN   DWN

BATH 2

BEDRM. 3
10⁷ X 12¹⁰
9⁰ clg

OPEN TO BELOW

BEDRM. 2
10⁷ X 14⁰
9⁰ clg

Die außergewöhnliche Fenstergestaltung und der imposante Eingang dieser Villa stimmen den Betrachter auf die vorherrschende Eleganz im Inneren des Hauses ein. Vom hohen Foyer führt eine aufwendig gearbeitete Treppe in einem Bogen nach oben. Links vom Eingang liegt ein Arbeitszimmer. Auf der gegenüberliegenden Seite gelangt man durch das formelle Wohnzimmer in den Speiseraum. Das private Familienwohnzimmer schließt an den Frühstücksraum mit Küche an und bildet einen eigenen Wohnbereich. Im Obergeschoß sind vier Schlafräume geplant. Dieser Entwurf hat eine Gesamtwohnfläche von 307,04 qm.

**Design HomeStyle
DD-3260**

© Danze & Davis Architects, Inc.

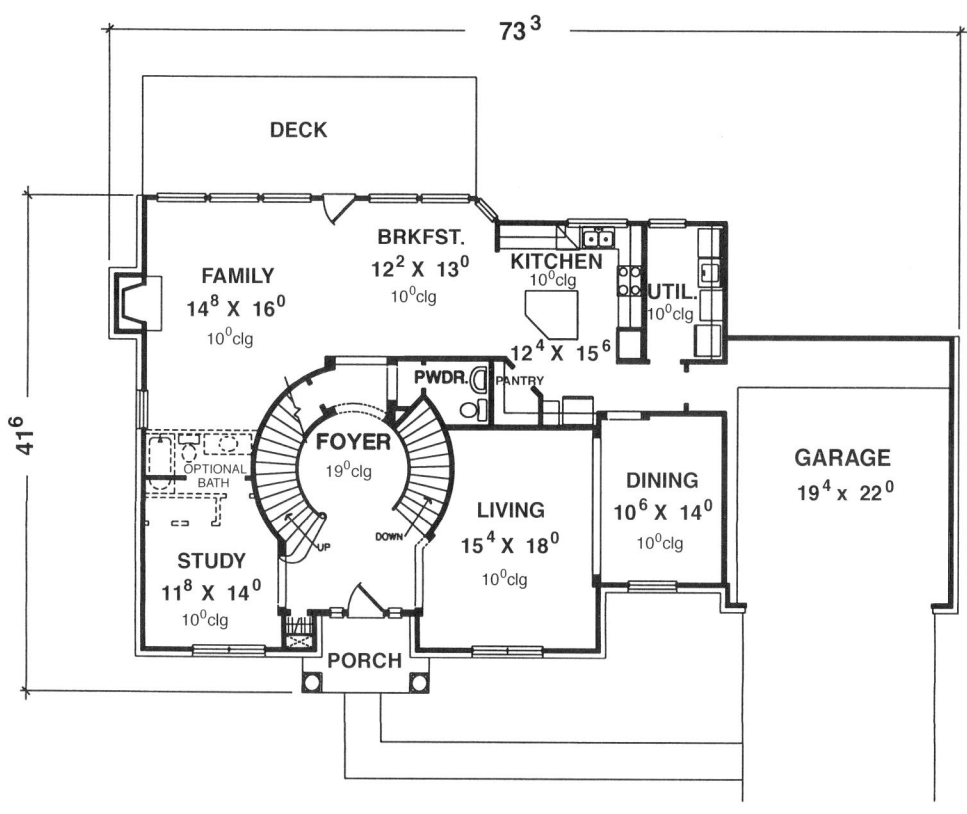

73³

41⁶

DECK

FAMILY
14⁸ X 16⁰
10⁰clg

BRKFST.
12² X 13⁰
10⁰clg

KITCHEN
10⁰clg

12⁴ X 15⁶

UTIL.
10⁰clg

PWDR.

PANTRY

FOYER
19⁰clg

OPTIONAL
BATH

STUDY
11⁸ X 14⁰
10⁰clg

UP

DOWN

LIVING
15⁴ X 18⁰
10⁰clg

DINING
10⁶ X 14⁰
10⁰clg

GARAGE
19⁴ x 22⁰

PORCH

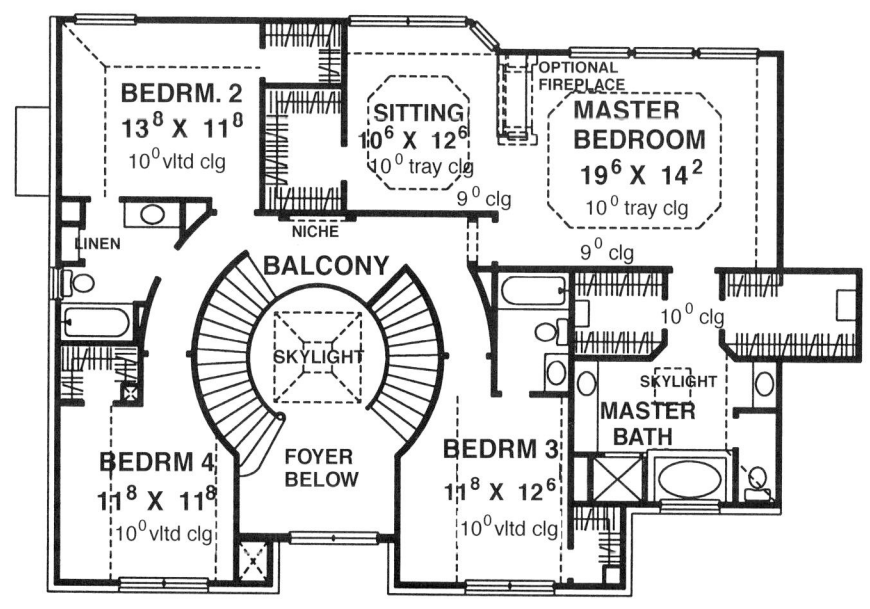

BEDRM. 2
13⁸ X 11⁸
10⁰vltd clg

SITTING
10⁶ X 12⁶
10⁰ tray clg
9⁰ clg

OPTIONAL
FIREPLACE

MASTER
BEDROOM
19⁶ X 14²
10⁰ tray clg
9⁰ clg

LINEN

NICHE

BALCONY

SKYLIGHT

10⁰ clg

BEDRM 4
11⁸ X 11⁸
10⁰vltd clg

FOYER
BELOW

BEDRM 3
11⁸ X 12⁶
10⁰vltd clg

SKYLIGHT

MASTER
BATH

Dieses rustikale Anwesen beeindruckt mit einer aufwendigen Holzschindelfassade. Weiße Fenster, Giebelverzierungen und die markanten Säulen im überdachten Eingangsbereich setzen sich kontrastreich ab. Dieser Entwurf bietet seinen Bewohnern eine Gesamtwohnfläche von 267,83 qm, die sich großzügig auf zwei Geschosse verteilt.

Design HomeStyle
L-222

© Larry W. Garnett Associates, Inc.

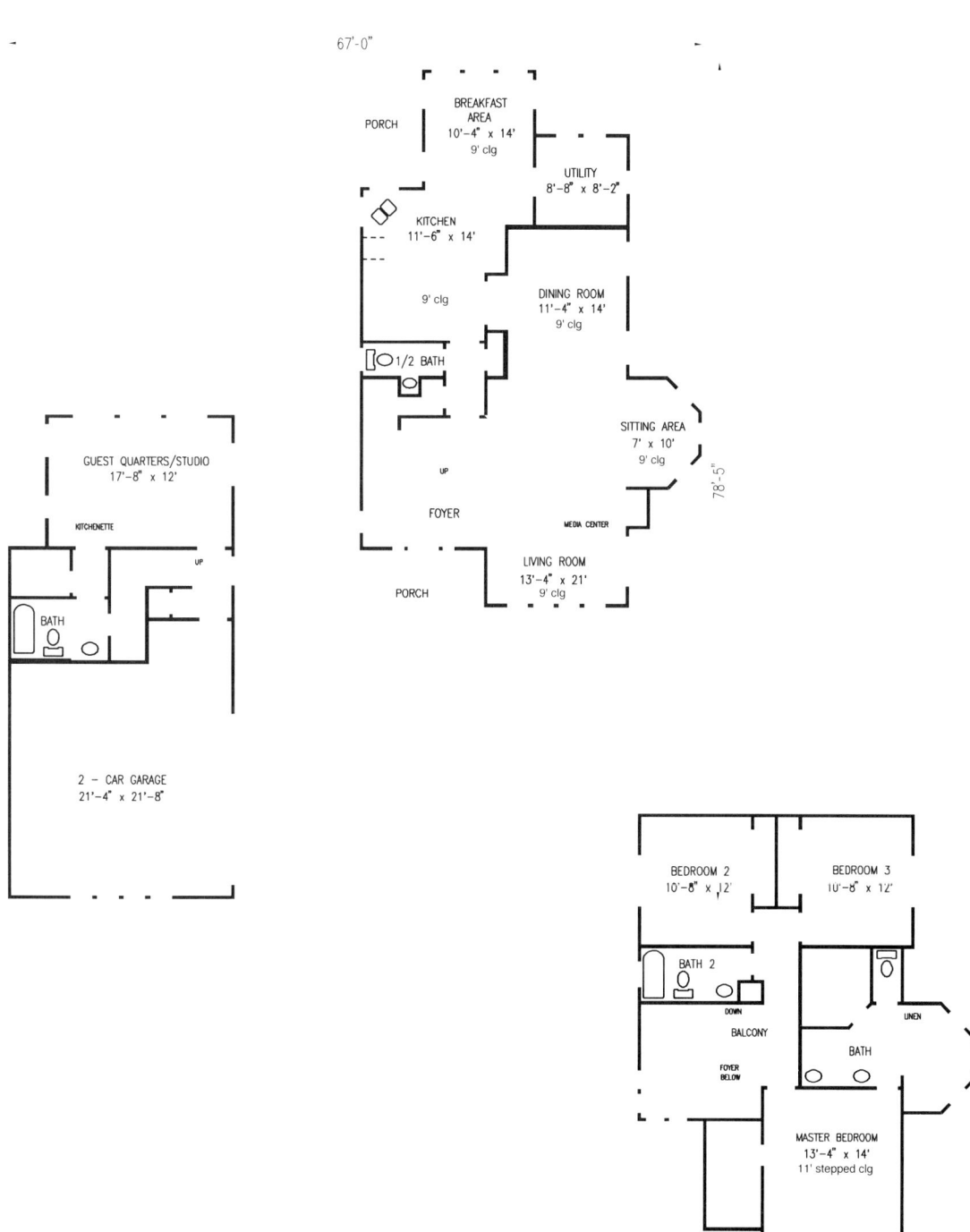

67'-0"

PORCH

BREAKFAST
AREA
10'-4" x 14'
9' clg

UTILITY
8'-8" x 8'-2"

KITCHEN
11'-6" x 14'

9' clg

DINING ROOM
11'-4" x 14'
9' clg

1/2 BATH

SITTING AREA
7' x 10'
9' clg

UP

78'-5"

FOYER

MEDIA CENTER

LIVING ROOM
13'-4" x 21'
9' clg

PORCH

GUEST QUARTERS/STUDIO
17'-8" x 12'

KITCHENETTE

UP

BATH

2 - CAR GARAGE
21'-4" x 21'-8"

BEDROOM 2
10'-8" x 12'

BEDROOM 3
10'-8" x 12'

BATH 2

DOWN

BALCONY

LINEN

BATH

FOYER
BELOW

MASTER BEDROOM
13'-4" x 14'
11' stepped clg

Photo © Estate Creations, Inc.

Dieses europäisch anmutende Wohnhaus fällt durch seine aufwendige Verglasung auf. Die Frontseite hat einen effektvollen Eingangsbereich, dessen hohe Fensterelemente das durch zwei Geschosse reichende Foyer im Inneren des Hauses mit natürlichem Licht erhellen. Die weißen Stuckverzierungen im Giebelbereich betonen die klare Linienführung dieser Planung und stehen im schönen Kontrast zur eleganten Backsteinfassade. Die Gesamtwohnfläche der zwei Vollgeschosse beträgt 315,59 qm.

Design HomeStyle
KLF–924

© Estate Creations, Inc.

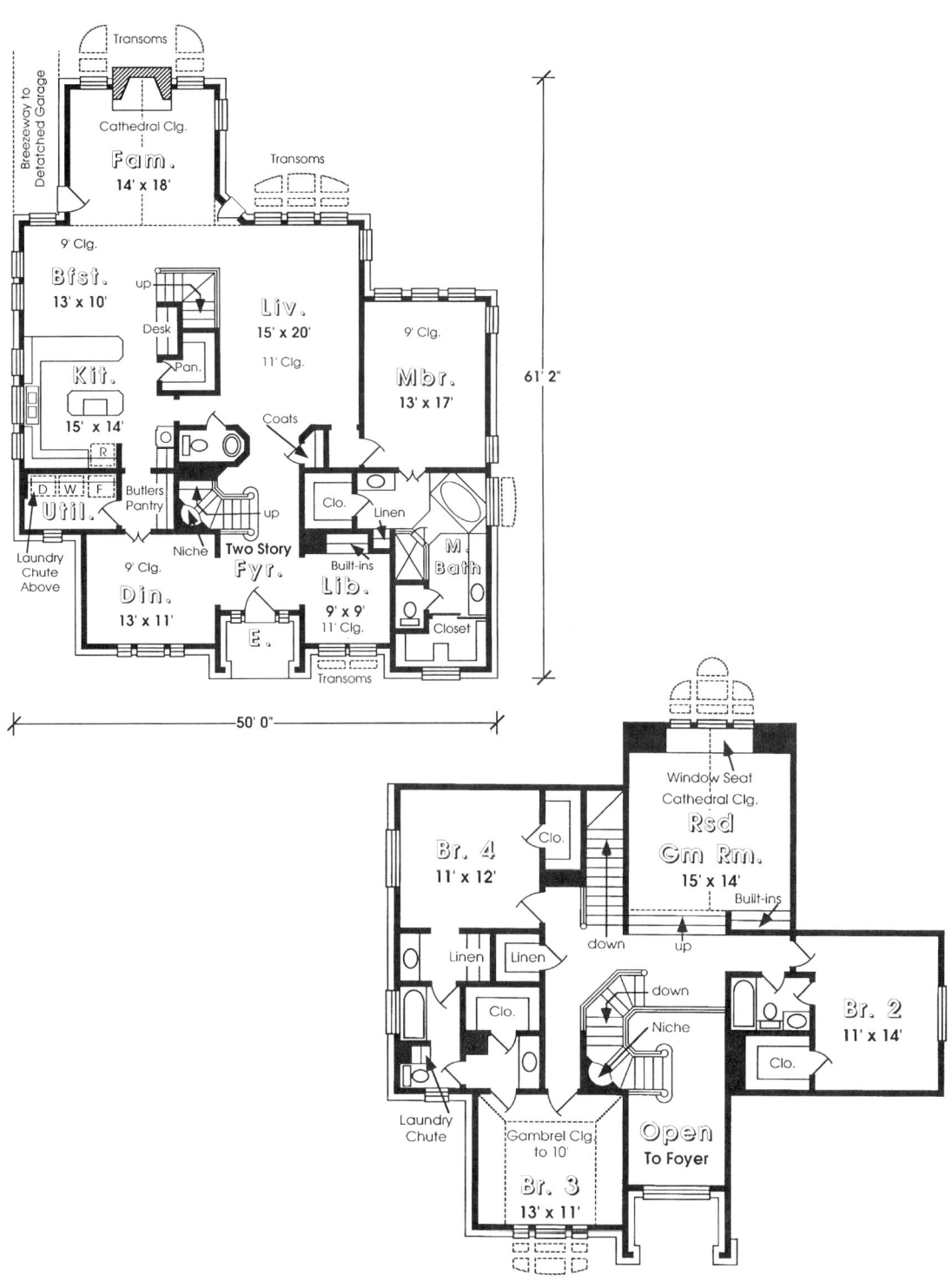

Transoms

Breezeway to Detatched Garage

Cathedral Clg.

Fam.
14' x 18'

9' Clg.

Transoms

Bfst.
13' x 10'

up

Desk

Liv.
15' x 20'

11' Clg.

9' Clg.

Mbr.
13' x 17'

Pan.

Kit.
15' x 14'

Coats

R

Clo.

Linen

D W F

Butlers Pantry

Niche

up

Built-ins

M. Bath

Util.

Laundry Chute Above

9' Clg.

Two Story Fyr.

Lib.
9' x 9'
11' Clg.

Closet

Din.
13' x 11'

E.

Transoms

61' 2"

50' 0"

Window Seat
Cathedral Clg.

Clo.

Br. 4
11' x 12'

Rsd Gm Rm.
15' x 14'

Built-ins

Linen Linen

down

up

Clo.

down

Niche

Br. 2
11' x 14'

Laundry Chute

Clo.

Clo.

Gambrel Clg to 10'

Open To Foyer

Br. 3
13' x 11'

Photo © Mark Englund / HomeStyles

Eine Besonderheit dieses noblen Familienhauses im Traditional Style ist sein pfiffiger Grundriß. Die 347,27 qm große Wohnfläche verteilt sich über zwei Etagen. Im Erdgeschoß sind die Eltern-Suite mit Bad, ein Arbeitszimmer, das formelle Wohnzimmer, die Country-Küche mit Frühstückserker und das große Kaminwohnzimmer untergebracht. Das Obergeschoß bietet Platz für vier Räume. Über der Garage steht eine große Ausbaureserve zur Verfügung.

Design HomeStyle
KLF-9228

© Estate Creations, Inc.

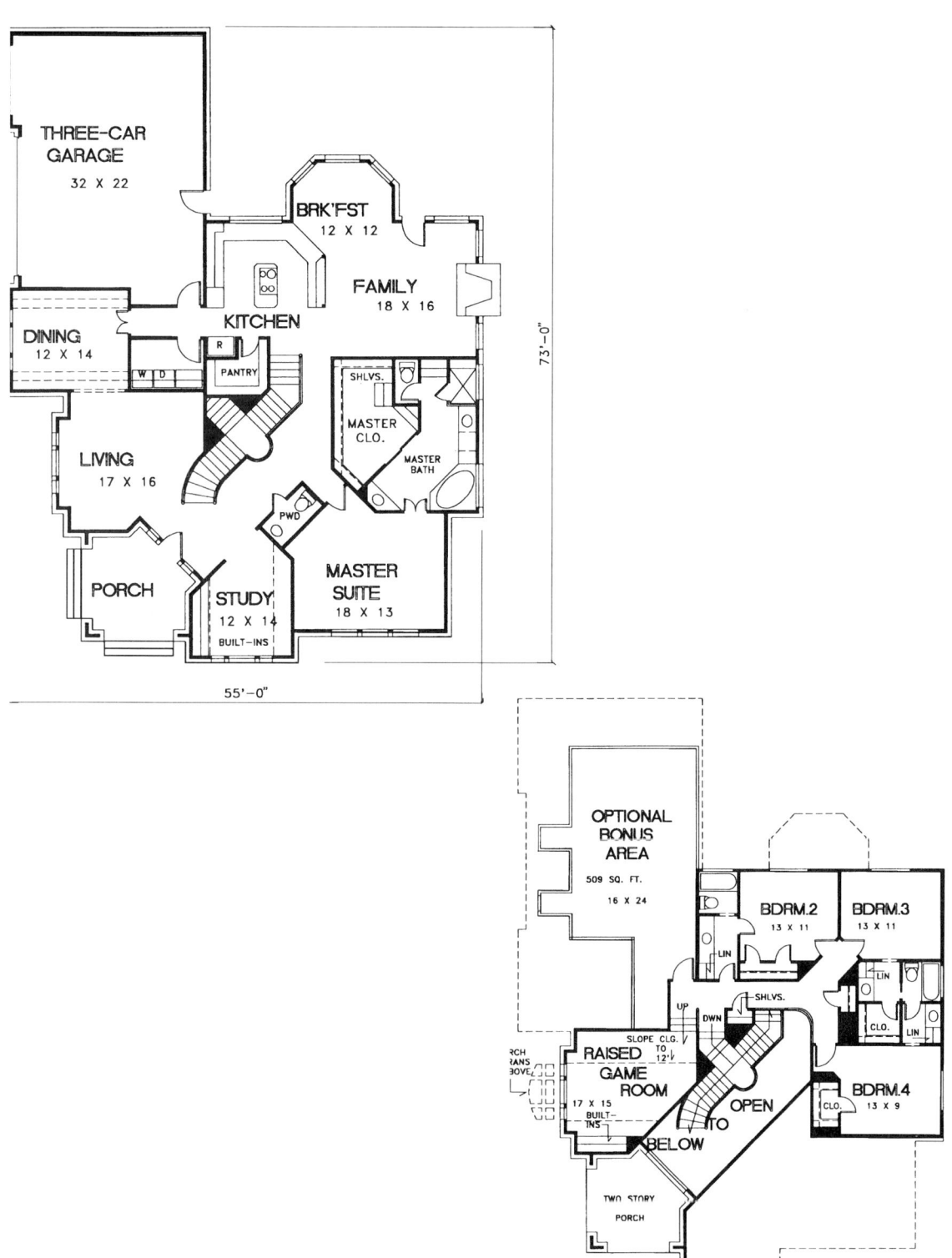

THREE-CAR
GARAGE
32 X 22

BRK'FST
12 X 12

FAMILY
18 X 16

KITCHEN

DINING
12 X 14

W D

PANTRY

R

SHLVS.

MASTER
CLO.

MASTER
BATH

LIVING
17 X 16

PWD

PORCH

STUDY
12 X 14
BUILT-INS

MASTER
SUITE
18 X 13

73'-0"

55'-0"

OPTIONAL
BONUS
AREA

509 SQ. FT.
16 X 24

BDRM.2
13 X 11

BDRM.3
13 X 11

LIN

LIN

UP

DWN

SHLVS.

CLO.

LIN

RAISED
GAME
ROOM
17 X 15
BUILT-
INS

SLOPE CLG.
TO
12'

OPEN
TO
BELOW

BDRM.4
13 X 9
CLO.

RCH
RANS
BOVE

TWO STORY
PORCH

Traditional Style   271

Charakteristisch an dieser zweigeschossigen Planung ist die versetzte Walmdachkonstruktion. Die
seitlich vom Eingang befindlichen Erker-Fenster
setzen zusätzliche Akzente zur schlichten Fassade
dieses Designs. 308,80 qm Gesamtwohnfläche
verteilt sich in einer großzügigen Grundrißgestaltung über zwei Vollgeschosse. Rechts und links
vom Foyer befinden sich Arbeitszimmer und das
formelle Wohnzimmer. Die Küche ist zur Gartenseite ausgerichtet und hat einen hellen, großzügig
verglasten Frühstücksplatz. Von hier gelangt man
direkt in das Speisezimmer. Eine weit geschwungene Treppe führt ins Obergeschoß, wo vier
Schlafräume untergebracht sind.

**Design HomeStyle
H-1413-1**

© LifeStyle HomeDesign

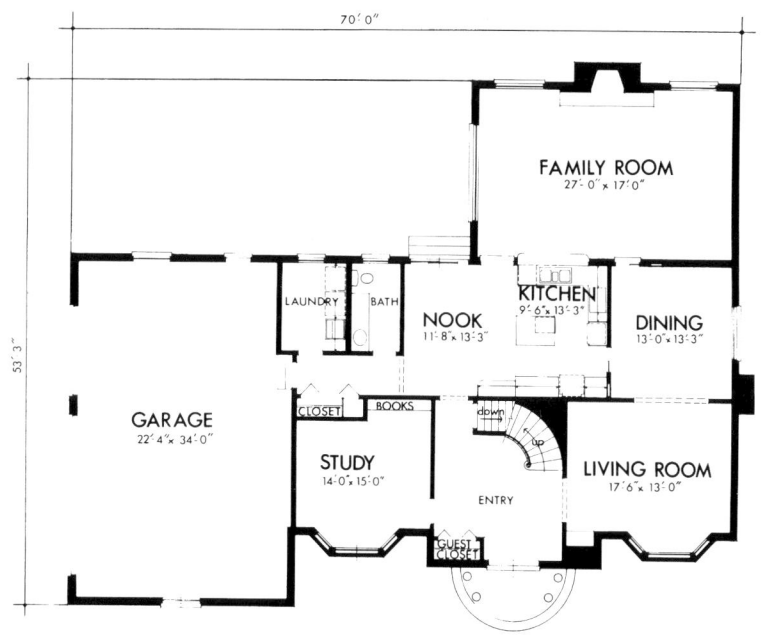

70'0"

53'3"

FAMILY ROOM
27'-0" x 17'-0"

LAUNDRY   BATH

KITCHEN
9'-6" x 13'-3"

NOOK
11'-8" x 13'-3"

DINING
13'-0" x 13'-3"

GARAGE
22'-4" x 34'-0"

CLOSET   BOOKS

down   up

STUDY
14'-0" x 15'-0"

ENTRY

LIVING ROOM
17'-6" x 13'-0"

GUEST
CLOSET

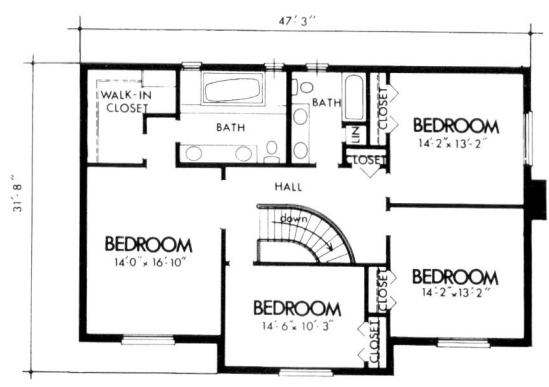

47'-3"

31'-8"

WALK-IN
CLOSET

BATH

BATH

LIN

CLOSET

CLOSET

BEDROOM
14'-2" x 13'-2"

HALL

down

BEDROOM
14'-0" x 16'-10"

CLOSET

CLOSET

BEDROOM
14'-6" x 10'-3"

BEDROOM
14'-2" x 13'-2"

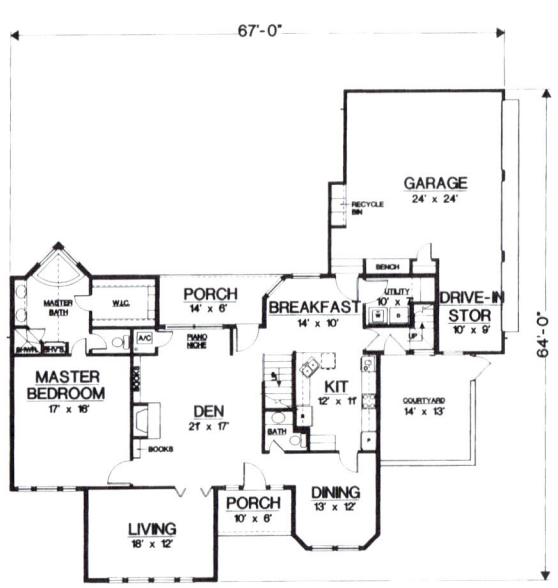

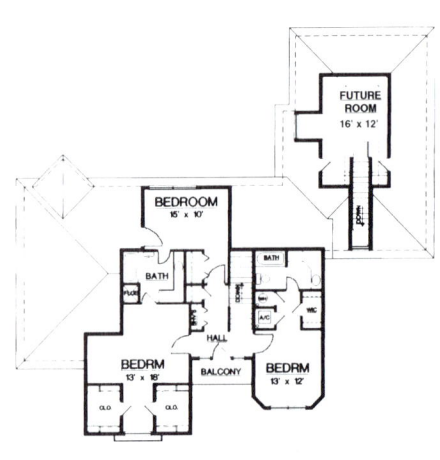

Design HomeStyle
E-2705

© Breland & Farmer, Designers, Inc.

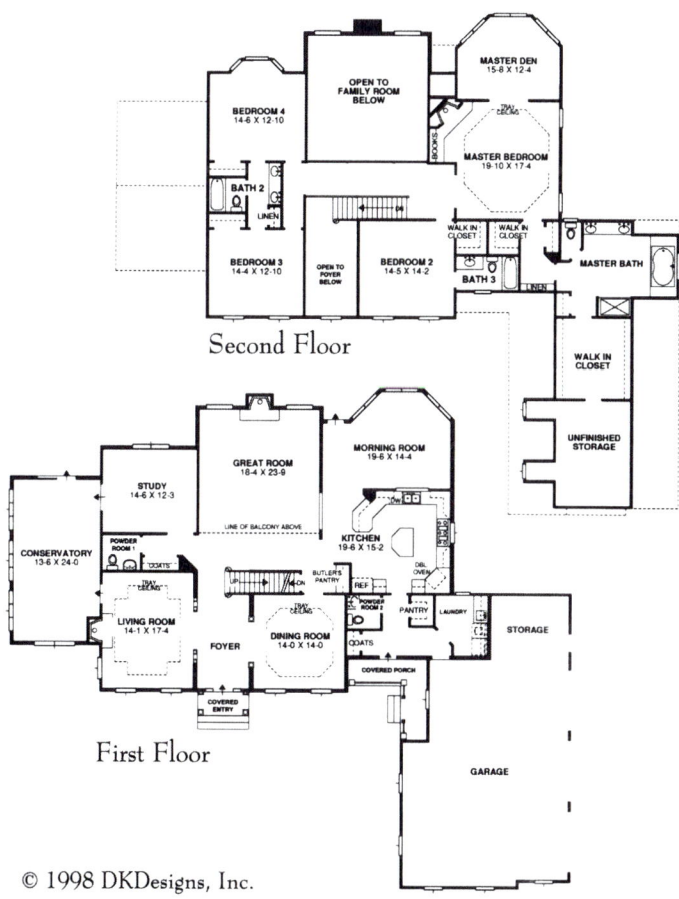

Second Floor

OPEN TO FAMILY ROOM BELOW

MASTER DEN
15-8 X 12-4

BEDROOM 4
14-6 X 12-10

MASTER BEDROOM
19-10 X 17-4

BATH 2

LINEN

BEDROOM 3
14-4 X 12-10

OPEN TO FOYER BELOW

BEDROOM 2
14-5 X 14-2

WALK IN CLOSET

WALK IN CLOSET

BATH 3

LINEN

MASTER BATH

WALK IN CLOSET

UNFINISHED STORAGE

First Floor

GREAT ROOM
18-4 X 23-9

MORNING ROOM
19-6 X 14-4

STUDY
14-6 X 12-3

CONSERVATORY
13-6 X 24-0

POWDER ROOM 1

COATS

LINE OF BALCONY ABOVE

KITCHEN
19-6 X 15-2

BUTLER'S PANTRY

REF

DBL OVEN

LIVING ROOM
14-1 X 17-4

FOYER

DINING ROOM
14-0 X 14-0

UP

POWDER ROOM 2

COATS

PANTRY

LAUNDRY

STORAGE

COVERED PORCH

COVERED ENTRY

GARAGE

© 1998 DKDesigns, Inc.

Design D0037
The Buckingham
Country Estate

Erdgeschoß 236,53 qm
1. Obergeschoß 187,01 qm
Total 423,54 qm

Photo © Caddhomes

Der dem Greek Revival Style nachempfundene
Portikus prägt den eleganten Eingangsbereich
dieses stattlichen Hauses. Das Interieur profitiert
von der großzügigen Verglasung im hohen Foyer.
Hier kann genügend natürliches Licht einfallen.
Die Wohnfläche dieses Entwurfs ist mit 303,60 qm
angegeben, die sich auf beide Etagen gleichermaßen verteilt.

**Design HomeStyle
CH-350-A**

© Caddhomes

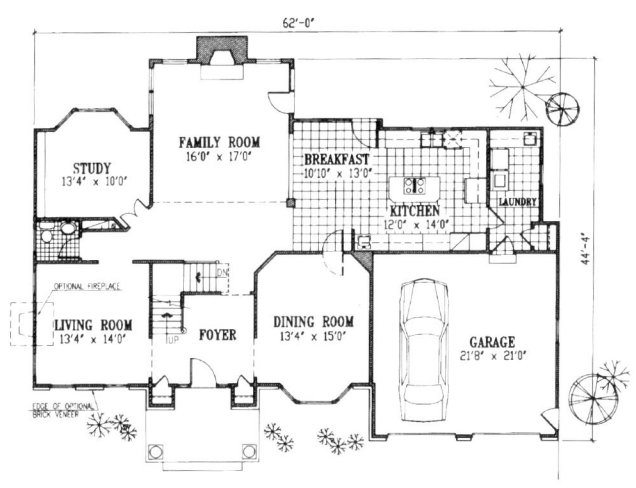

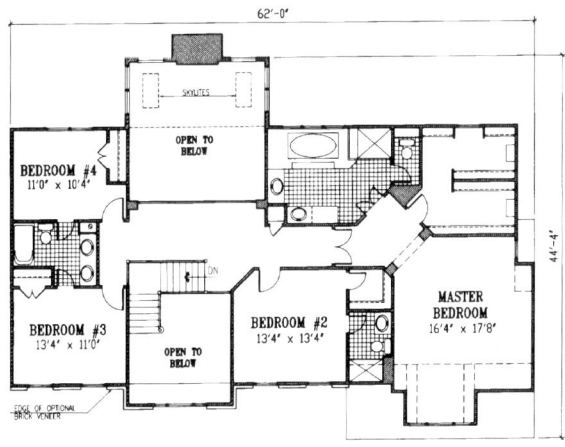

Photo © Mark Englund / HomeStyles

Die Frontansicht dieser Villa beeindruckt mit vielzähligen Details. Die auffällige Turmkonstruktion, der hohe und imposante Eingangsbereich und die eingezogene Hausveranda fügen sich mit der eleganten Hausfassade und ihren verspielten Stuckverzierungen zu einem harmonischen Bild. Mit 291,43 qm Wohnfläche bei zwei Geschossen hält dieser Entwurf ein umfangreiches Raumangebot bereit. Im Erdgeschoß befinden sich Speise-,

Wohn- und das Familienkaminzimmer, dessen Höhe durch zwei Geschosse reicht. Eine große Country-Küche und die exklusive Eltern-Suite verdienen besondere Beachtung.

Design HomeStyle
FB-5551-Shel

© Frank Betz Associates, Inc.

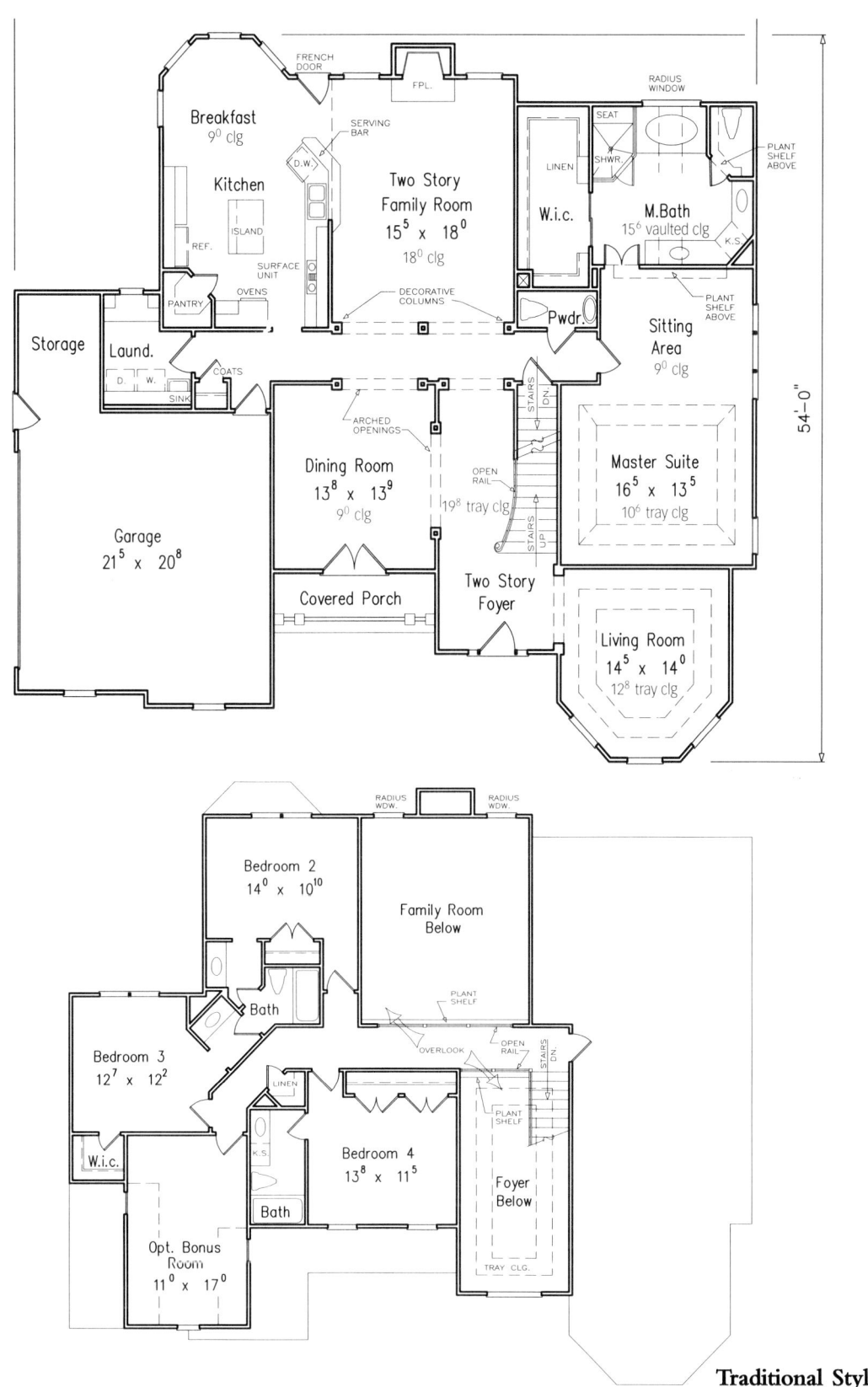

Breakfast
9⁰ clg

FRENCH DOOR

FPL.

SERVING BAR

RADIUS WINDOW

Kitchen

D.W.

ISLAND

REF.

SURFACE UNIT

Two Story Family Room
15^5 x 18^0
18^0 clg

SEAT

LINEN

SHWR.

W.i.c.

M.Bath
15^6 vaulted clg

PLANT SHELF ABOVE

K.S.

PANTRY

OVENS

DECORATIVE COLUMNS

Pwdr.

PLANT SHELF ABOVE

Storage

Laund.

D.   W.

COATS

SINK

ARCHED OPENINGS

Dining Room
13^8 x 13^9
9⁰ clg

STAIRS DN.

OPEN RAIL

19^8 tray clg

STAIRS UP

Sitting Area
9⁰ clg

Master Suite
16^5 x 13^5
10^6 tray clg

Garage
21^5 x 20^8

Covered Porch

Two Story Foyer

Living Room
14^5 x 14^0
12^8 tray clg

54'-0"

RADIUS WDW.   RADIUS WDW.

Bedroom 2
14^0 x 10^{10}

Family Room Below

Bath

PLANT SHELF

Bedroom 3
12^7 x 12^2

OVERLOOK

OPEN RAIL

STAIRS DN.

LINEN

PLANT SHELF

W.i.c.

K.S.

Bedroom 4
13^8 x 11^5

Foyer Below

Bath

Opt. Bonus Room
11^0 x 17^0

TRAY CLG.

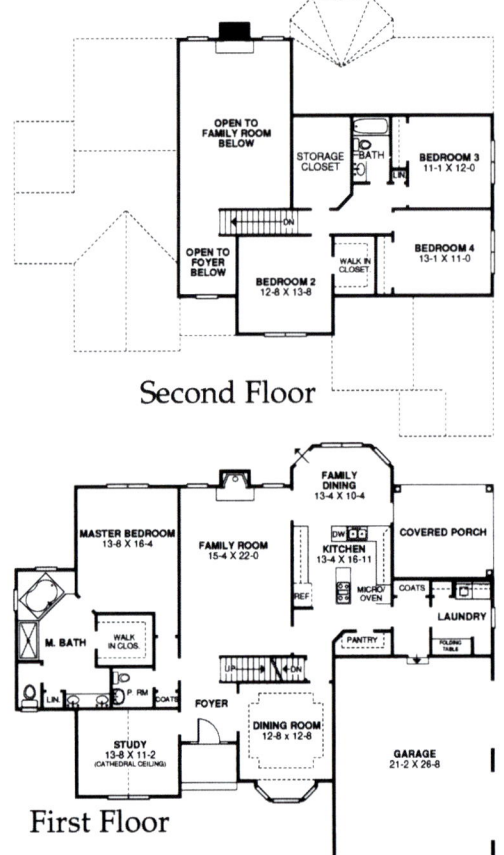

Second Floor

Within the second floor plan:
OPEN TO FAMILY ROOM BELOW
STORAGE CLOSET
BATH
LIN
BEDROOM 3
11-1 X 12-0
ON
OPEN TO FOYER BELOW
BEDROOM 2
12-8 X 13-8
WALK IN CLOSET
BEDROOM 4
13-1 X 11-0

First Floor

Within the first floor plan:
FAMILY DINING
13-4 X 10-4
MASTER BEDROOM
13-8 X 16-4
FAMILY ROOM
15-4 X 22-0
KITCHEN
13-4 X 16-11
COVERED PORCH
DW
REF.
MICRO OVEN
COATS
LAUNDRY
M. BATH
WALK IN CLOS.
FOLDING TABLE
PANTRY
ON
DN
P RM
COATS
LIN
FOYER
DINING ROOM
12-8 x 12-8
GARAGE
21-2 X 26-8
STUDY
13-8 X 11-2
(CATHEDRAL CEILING)

Design D0001
The Avallon
Country Manor

Erdgeschoß 177,81 qm
1. Obergeschoß 74,32 qm
Total 252,13 qm

© 1998 DKDesigns, Inc.

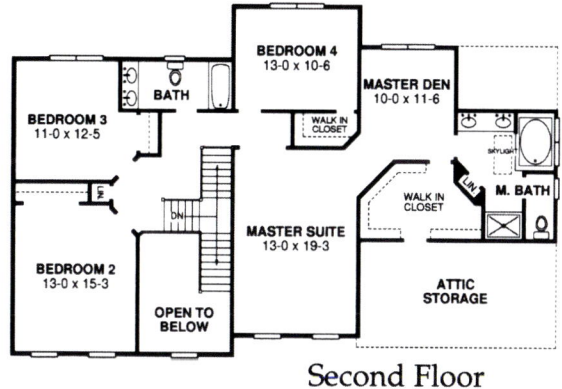

BEDROOM 4
13-0 x 10-6

MASTER DEN
10-0 x 11-6

BATH

WALK IN CLOSET

BEDROOM 3
11-0 x 12-5

SKYLIGHT

WALK IN CLOSET

LIN.

M. BATH

MASTER SUITE
13-0 x 19-3

BEDROOM 2
13-0 x 15-3

OPEN TO BELOW

ATTIC STORAGE

DN

Second Floor

**Design D0002
The Durham
Country Manor**

Erdgeschoß 124,21 qm
1. Etage 129,04 qm
Total 253,25 qm

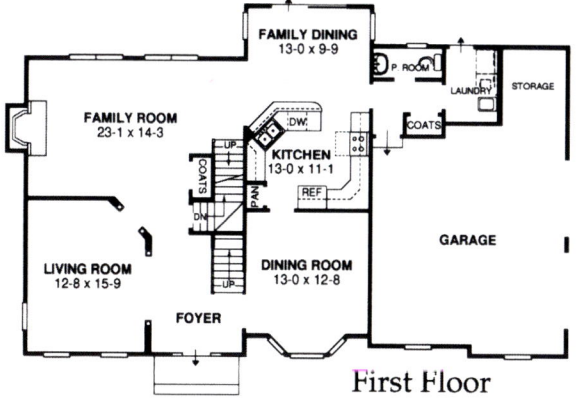

FAMILY DINING
13-0 x 9-9

P. ROOM

LAUNDRY

STORAGE

FAMILY ROOM
23-1 x 14-3

DW.

COATS

KITCHEN
13-0 x 11-1

COATS

UP

PAN.

REF

GARAGE

DN

LIVING ROOM
12-8 x 15-9

DINING ROOM
13-0 x 12-8

UP

FOYER

First Floor

Second Floor

MASTER DEN
10-1 X 11-2
(CATHDERAL CEILING)

BEDROOM 4
10-1 x 11-2

BEDROOM 3
12-7 x 11-2

BATH

MASTER SUITE
13-3 X 22-10
(CATHDERAL CEILING)

WALK IN CLOSET

DN

BEDROOM 2
12-8 x 12-3

MASTER BATH

**Design D0003
The Sheffield
Traditional**

Erdgeschoß 139,26 qm
1. Obergeschoß 114,55 qm
Total 253,81 qm

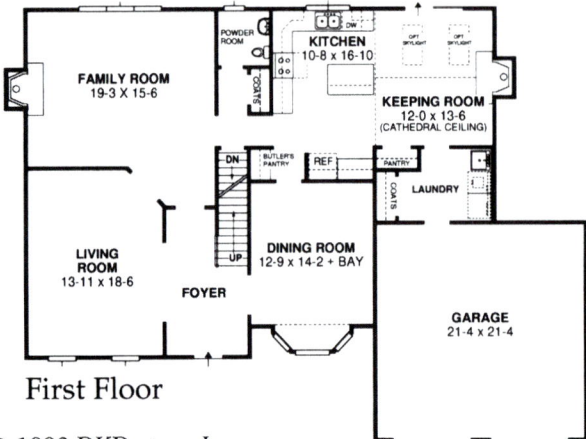

First Floor

FAMILY ROOM
19-3 X 15-6

POWDER ROOM

KITCHEN
10-8 x 16-10

OPT. SKYLIGHT

OPT. SKYLIGHT

KEEPING ROOM
12-0 x 13-6
(CATHEDRAL CEILING)

LIVING ROOM
13-11 x 18-6

DN

BUTLER'S PANTRY

REF

PANTRY

COATS

LAUNDRY

UP

DINING ROOM
12-9 x 14-2 + BAY

FOYER

GARAGE
21-4 x 21-4

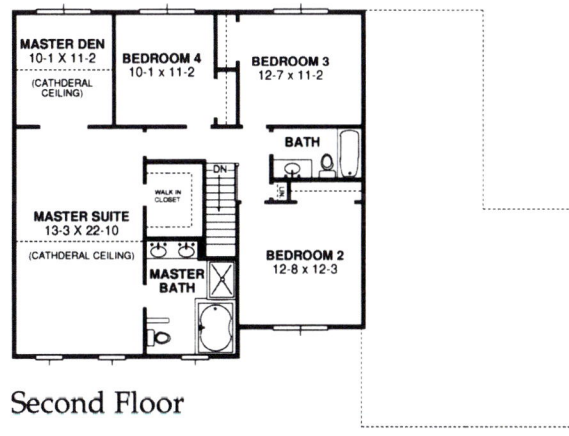

MASTER DEN
10-1 X 11-2
(CATHEDERAL CEILING)

BEDROOM 4
10-1 x 11-2

BEDROOM 3
12-7 x 11-2

BATH

DN.

WALK IN CLOSET

MASTER SUITE
13-3 X 22-10
(CATHEDERAL CEILING)

BEDROOM 2
12-8 x 12-3

MASTER BATH

Second Floor

Design D0004
The Sheffield
Federal

Erdgeschoß 139,26 qm
1. Obergeschoß 114,55 qm
Total 253,81 qm

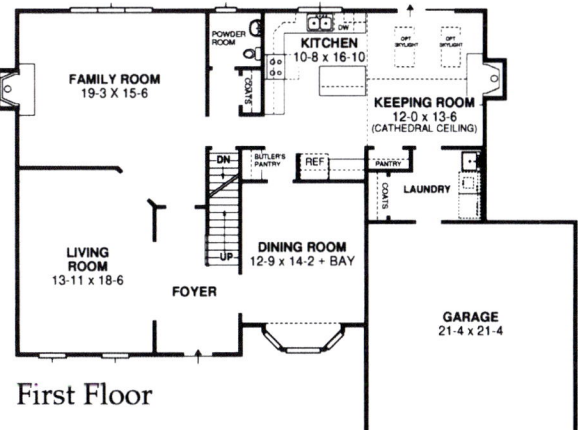

POWDER ROOM

KITCHEN
10-8 x 16-10

OPT SKYLIGHT   OPT SKYLIGHT

FAMILY ROOM
19-3 X 15-6

COATS

KEEPING ROOM
12-0 x 13-6
(CATHEDRAL CEILING)

DN.   BUTLER'S PANTRY   REF.   PANTRY

COATS   LAUNDRY

LIVING ROOM
13-11 x 18-6

UP

DINING ROOM
12-9 x 14-2 + BAY

FOYER

GARAGE
21-4 x 21-4

First Floor

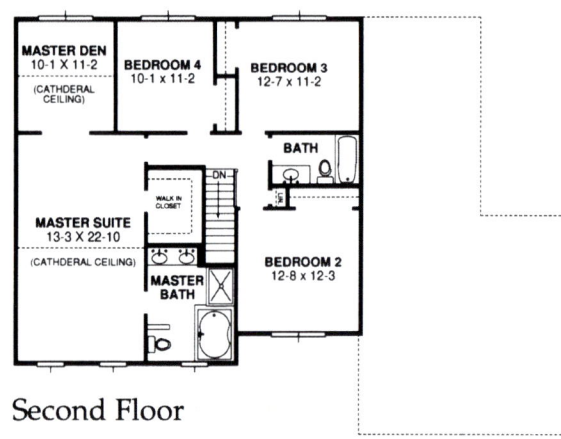

Second Floor

Within floor plan:
MASTER DEN
10-1 X 11-2
(CATHDERAL CEILING)

BEDROOM 4
10-1 x 11-2

BEDROOM 3
12-7 x 11-2

BATH

DN

WALK IN CLOSET

MASTER SUITE
13-3 X 22-10
(CATHDERAL CEILING)

BEDROOM 2
12-8 x 12-3

MASTER BATH

Design D0005
The Sheffield
Farmhouse

Erdgeschoß 139,26 qm
1. Obergeschoß 114,55 qm
Total 253,81 qm

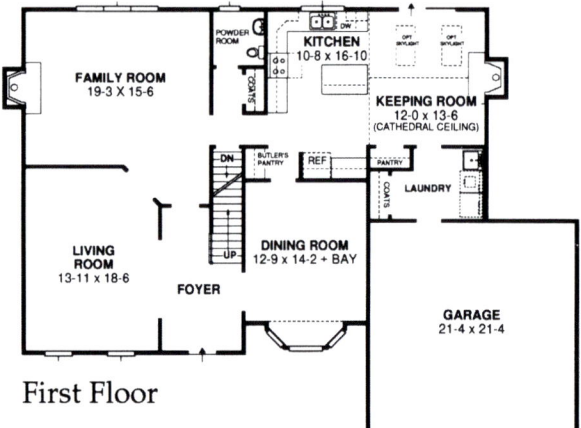

First Floor

Within floor plan:
FAMILY ROOM
19-3 X 15-6

POWDER ROOM

KITCHEN
10-8 x 16-10

OPT SKYLIGHT   OPT SKYLIGHT

KEEPING ROOM
12-0 x 13-6
(CATHEDRAL CEILING)

DN   BUTLER'S PANTRY   REF   PANTRY

LAUNDRY   COATS

LIVING ROOM
13-11 x 18-6

UP

DINING ROOM
12-9 x 14-2 + BAY

FOYER

GARAGE
21-4 x 21-4

© 1998 DKDesigns, Inc.

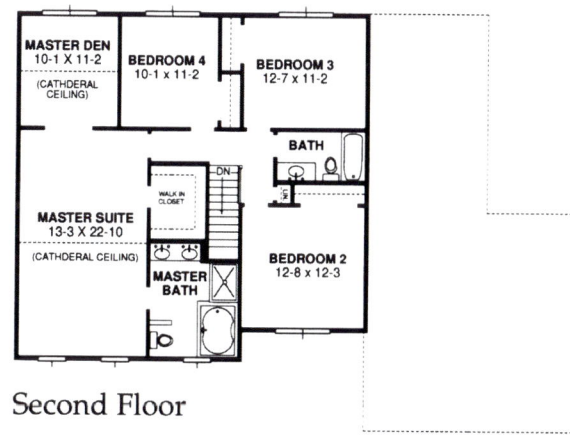

Second Floor

MASTER DEN
10-1 X 11-2
(CATHDERAL CEILING)

BEDROOM 4
10-1 x 11-2

BEDROOM 3
12-7 x 11-2

BATH

WALK IN CLOSET

DN

MASTER SUITE
13-3 X 22-10
(CATHDERAL CEILING)

MASTER BATH

BEDROOM 2
12-8 x 12-3

**Design D0006
The Sheffield
Country Manor**

Erdgeschoß 139,26 qm
1. Obergeschoß 114,55 qm
Total 253,81 qm

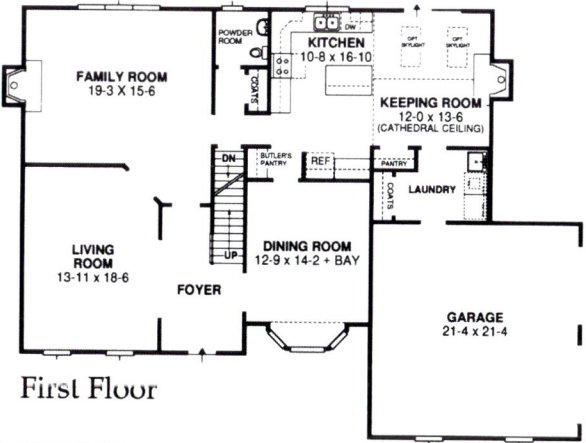

First Floor

FAMILY ROOM
19-3 X 15-6

POWDER ROOM

KITCHEN
10-8 x 16-10

OPT SKYLIGHT   OPT SKYLIGHT

COATS

KEEPING ROOM
12-0 x 13-6
(CATHEDRAL CEILING)

DN

BUTLER'S PANTRY

REF

PANTRY

COATS

LAUNDRY

LIVING ROOM
13-11 x 18-6

UP

FOYER

DINING ROOM
12-9 x 14-2 + BAY

GARAGE
21-4 x 21-4

© 1998 DKDesigns, Inc.

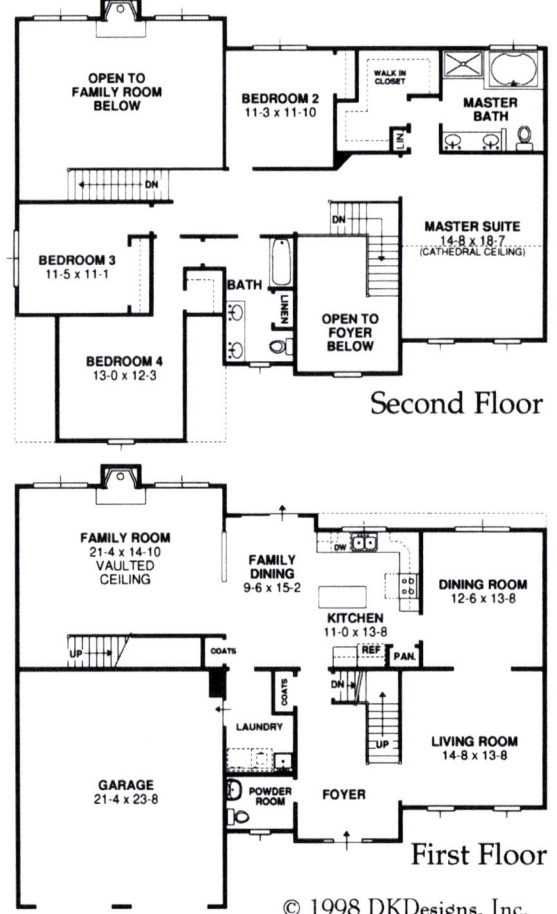

OPEN TO FAMILY ROOM BELOW

BEDROOM 2
11-3 x 11-10

WALK IN CLOSET

MASTER BATH

DN

LIN.

BEDROOM 3
11-5 x 11-1

DN

MASTER SUITE
14-8 x 18-7
(CATHEDRAL CEILING)

BATH

LINEN

OPEN TO FOYER BELOW

BEDROOM 4
13-0 x 12-3

Second Floor

FAMILY ROOM
21-4 x 14-10
VAULTED CEILING

FAMILY DINING
9-6 x 15-2

DW

DINING ROOM
12-6 x 13-8

KITCHEN
11-0 x 13-8

UP

COATS

COATS

REF

PAN.

DN

LIVING ROOM
14-8 x 13-8

LAUNDRY

UP

GARAGE
21-4 x 23-8

POWDER ROOM

FOYER

First Floor

© 1998 DKDesigns, Inc.

Design D0007
The Coventry
Traditional

Erdgeschoß 133,13 qm
1. Obergeschoß 123,37 qm
Total 256,50 qm

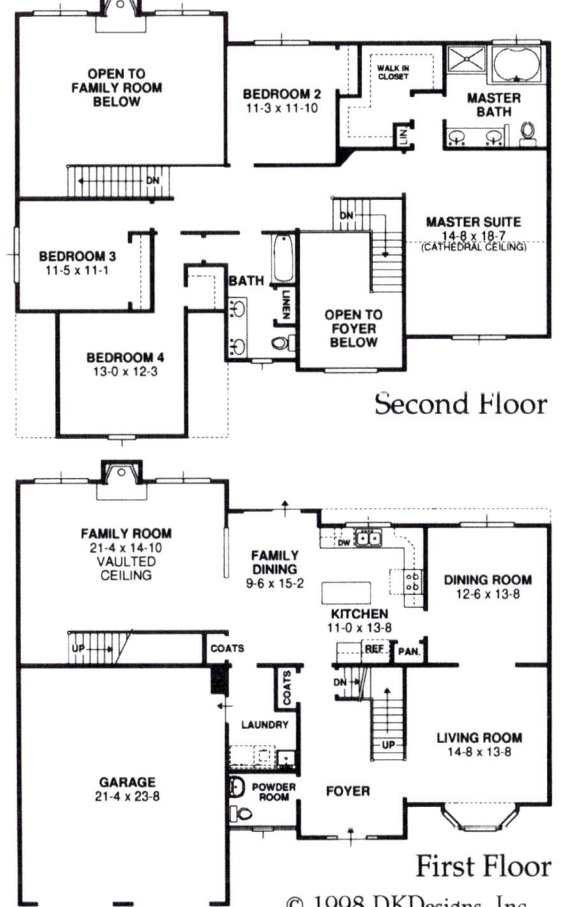

OPEN TO FAMILY ROOM BELOW

BEDROOM 2
11-3 x 11-10

WALK IN CLOSET

MASTER BATH

LIN

DN

BEDROOM 3
11-5 x 11-1

BATH

LINEN

DN

MASTER SUITE
14-8 x 18-7
(CATHEDRAL CEILING)

OPEN TO FOYER BELOW

BEDROOM 4
13-0 x 12-3

Second Floor

FAMILY ROOM
21-4 x 14-10
VAULTED CEILING

FAMILY DINING
9-6 x 15-2

DW

DINING ROOM
12-6 x 13-8

KITCHEN
11-0 x 13-8

UP

COATS

COATS

REF.

PAN.

DN

LAUNDRY

UP

LIVING ROOM
14-8 x 13-8

GARAGE
21-4 x 23-8

POWDER ROOM

FOYER

First Floor
© 1998 DKDesigns, Inc.

**Design D0008
The Coventry
Federal**

Erdgeschoß 133,13 qm
1. Obergeschoß 123,37 qm
Total 256,50 qm

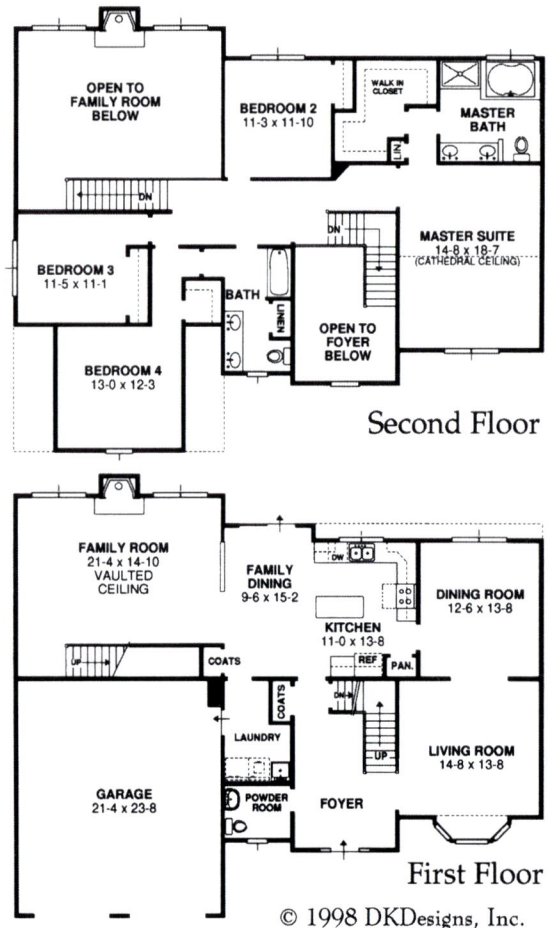

OPEN TO
FAMILY ROOM
BELOW

BEDROOM 2
11-3 x 11-10

WALK IN
CLOSET

MASTER
BATH

DN

BEDROOM 3
11-5 x 11-1

DN

MASTER SUITE
14-8 x 18-7
(CATHEDRAL CEILING)

BATH

LINEN

OPEN TO
FOYER
BELOW

BEDROOM 4
13-0 x 12-3

Second Floor

FAMILY ROOM
21-4 x 14-10
VAULTED
CEILING

FAMILY
DINING
9-6 x 15-2

DW

DINING ROOM
12-6 x 13-8

KITCHEN
11-0 x 13-8

COATS

REF

PAN.

UP

COATS

DN

LAUNDRY

UP

LIVING ROOM
14-8 x 13-8

GARAGE
21-4 x 23-8

POWDER
ROOM

FOYER

First Floor

© 1998 DKDesigns, Inc.

**Design D0009
The Coventry
Farmhouse**

Erdgeschoß 133,13 qm
1. Obergeschoß 123,37 qm
Total 256,50 qm

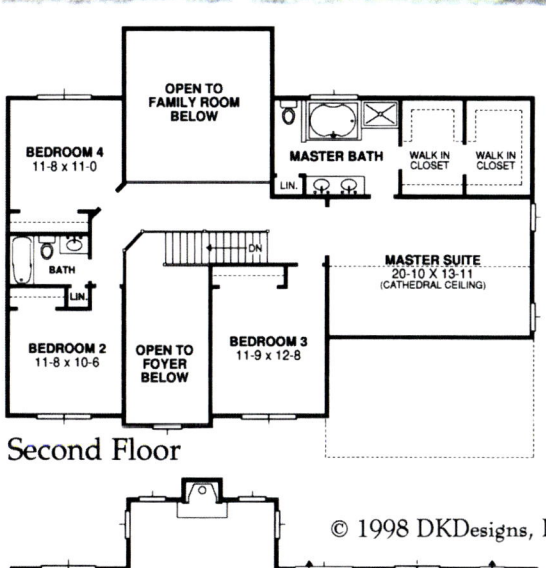

Second Floor

OPEN TO
FAMILY ROOM
BELOW

BEDROOM 4
11-8 x 11-0

MASTER BATH

WALK IN CLOSET

WALK IN CLOSET

LIN.

BATH

LIN.

DN

BEDROOM 2
11-8 x 10-6

OPEN TO
FOYER
BELOW

BEDROOM 3
11-9 x 12-8

MASTER SUITE
20-10 X 13-11
(CATHEDRAL CEILING)

© 1998 DKDesigns, Inc.

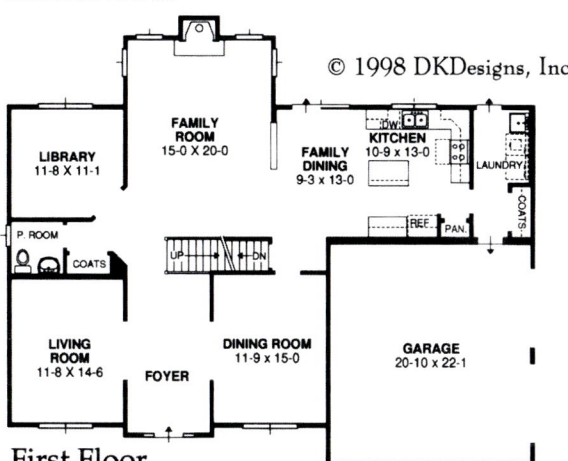

First Floor

FAMILY
ROOM
15-0 X 20-0

KITCHEN
10-9 x 13-0

FAMILY
DINING
9-3 x 13-0

LAUNDRY

COATS

LIBRARY
11-8 X 11-1

P. ROOM

COATS

REF.

PAN.

UP

DN

LIVING
ROOM
11-8 X 14-6

FOYER

DINING ROOM
11-9 x 15-0

GARAGE
20-10 x 22-1

**Design D0010
The Maison
Traditional**

Erdgeschoß 138,52 qm
1. Obergeschoß 119,47 qm
Total 257,99 qm

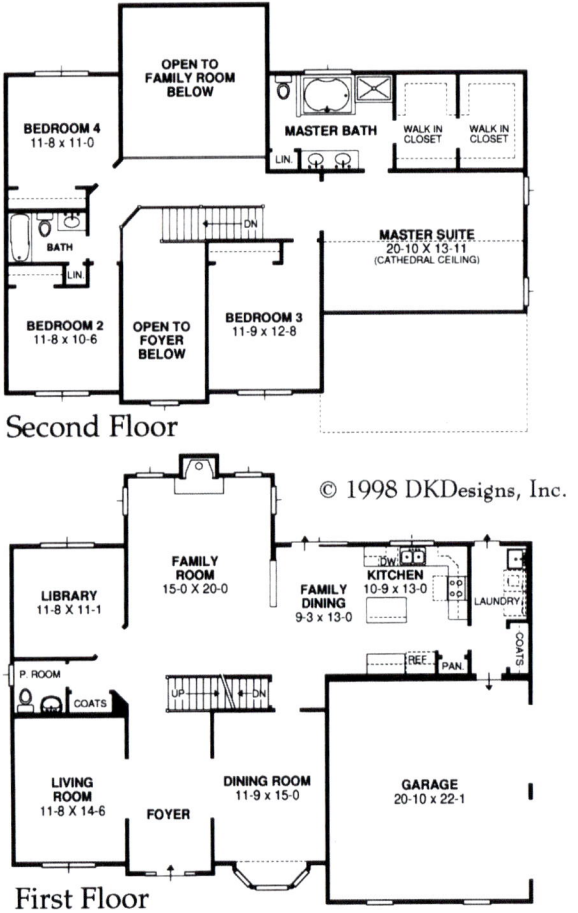

OPEN TO FAMILY ROOM BELOW

BEDROOM 4
11-8 x 11-0

MASTER BATH

WALK IN CLOSET

WALK IN CLOSET

LIN.

BATH

LIN.

MASTER SUITE
20-10 X 13-11
(CATHEDRAL CEILING)

BEDROOM 2
11-8 x 10-6

OPEN TO FOYER BELOW

BEDROOM 3
11-9 x 12-8

DN

Second Floor

© 1998 DKDesigns, Inc.

FAMILY ROOM
15-0 X 20-0

FAMILY DINING
9-3 x 13-0

KITCHEN
10-9 x 13-0

DW

LAUNDRY

LIBRARY
11-8 X 11-1

P. ROOM

COATS

REF.

PAN.

COATS

UP

DN

LIVING ROOM
11-8 X 14-6

FOYER

DINING ROOM
11-9 x 15-0

GARAGE
20-10 x 22-1

First Floor

Design D0011
The Maison
Federal

Erdgeschoß 138,52 qm
1. Obergeschoß 119,47 qm
Total 257,99 qm

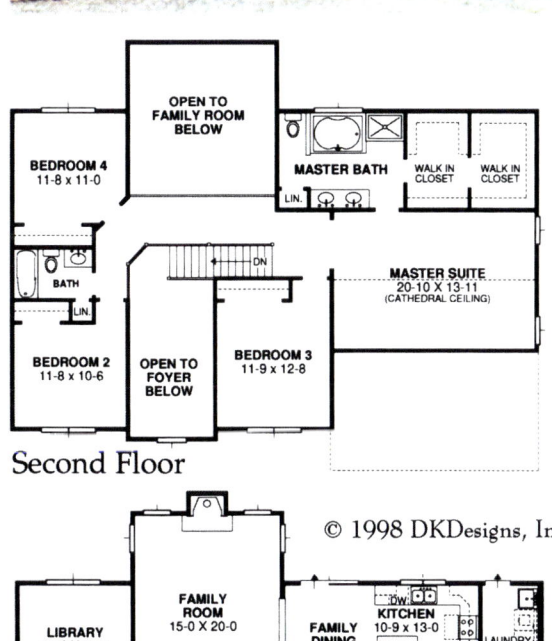

OPEN TO
FAMILY ROOM
BELOW

BEDROOM 4
11-8 x 11-0

MASTER BATH

WALK IN
CLOSET

WALK IN
CLOSET

LIN.

BATH

LIN.

DN

MASTER SUITE
20-10 X 13-11
(CATHEDRAL CEILING)

BEDROOM 2
11-8 x 10-6

OPEN TO
FOYER
BELOW

BEDROOM 3
11-9 x 12-8

Second Floor

Design D0012
The Maison
Country French

Erdgeschoß 138,52 qm
1. Obergeschoß 119,47 qm
Total 257,99 qm

© 1998 DKDesigns, Inc.

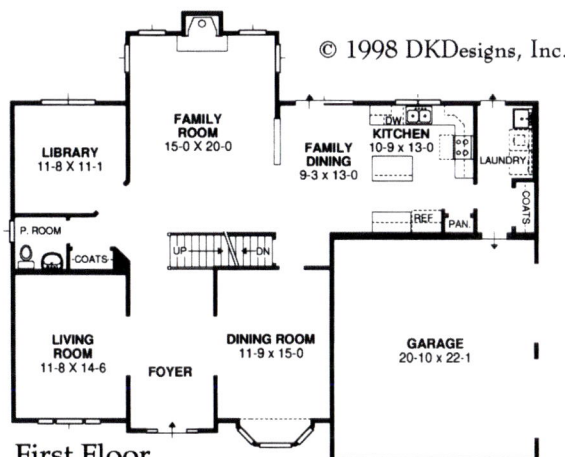

FAMILY
ROOM
15-0 X 20-0

KITCHEN
10-9 x 13-0

DW

LIBRARY
11-8 X 11-1

FAMILY
DINING
9-3 x 13-0

LAUNDRY

P. ROOM

COATS

REF.

PAN.

COATS

UP

DN

LIVING
ROOM
11-8 x 14-6

FOYER

DINING ROOM
11-9 x 15-0

GARAGE
20-10 x 22-1

First Floor

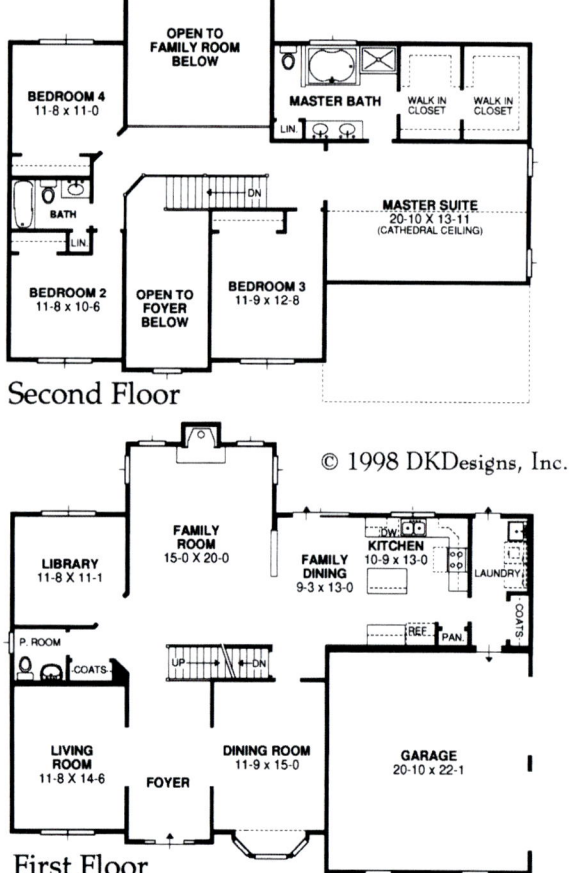

OPEN TO FAMILY ROOM BELOW

BEDROOM 4
11-8 x 11-0

MASTER BATH

LIN.

WALK IN CLOSET

WALK IN CLOSET

BATH

LIN.

DN

MASTER SUITE
20-10 X 13-11
(CATHEDRAL CEILING)

BEDROOM 2
11-8 x 10-6

OPEN TO FOYER BELOW

BEDROOM 3
11-9 x 12-8

Second Floor

© 1998 DKDesigns, Inc.

FAMILY ROOM
15-0 X 20-0

KITCHEN
10-9 x 13-0

DW

LIBRARY
11-8 X 11-1

FAMILY DINING
9-3 x 13-0

LAUNDRY

COATS

P. ROOM

REF.

PAN.

COATS

UP

DN

LIVING ROOM
11-8 X 14-6

FOYER

DINING ROOM
11-9 x 15-0

GARAGE
20-10 x 22-1

First Floor

Design D0013
The Maison
Country Manor

Erdgeschoß 138,52 qm
1. Obergeschoß 119,47 qm
Total 257,99 qm

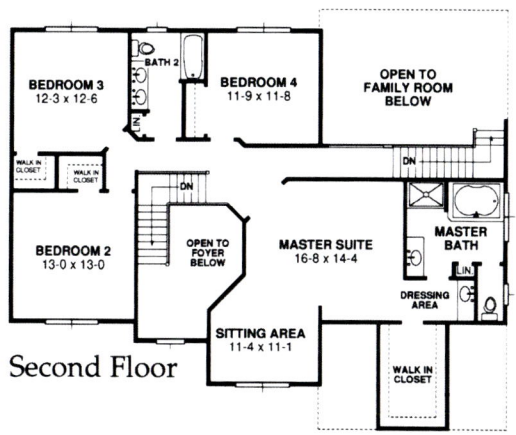

Second Floor

BEDROOM 3
12-3 x 12-6

BATH 2

BEDROOM 4
11-9 x 11-8

OPEN TO
FAMILY ROOM
BELOW

WALK IN
CLOSET

WALK IN
CLOSET

BEDROOM 2
13-0 x 13-0

DN

OPEN TO
FOYER
BELOW

MASTER SUITE
16-8 x 14-4

DN

MASTER
BATH

DRESSING
AREA

SITTING AREA
11-4 x 11-1

WALK IN
CLOSET

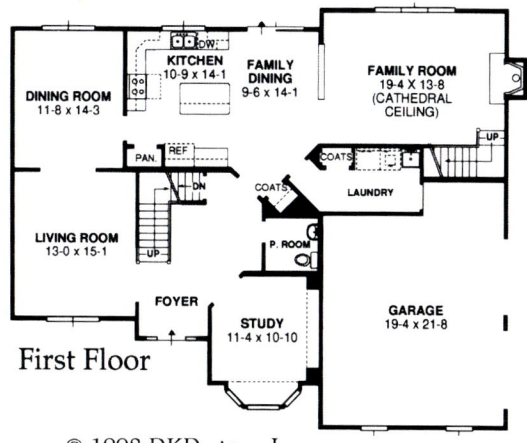

First Floor

KITCHEN
10-9 x 14-1

FAMILY
DINING
9-6 x 14-1

FAMILY ROOM
19-4 X 13-8
(CATHEDRAL
CEILING)

DINING ROOM
11-8 x 14-3

PAN.

REF

DN

UP

COATS

COATS

LAUNDRY

LIVING ROOM
13-0 x 15-1

UP

P. ROOM

FOYER

STUDY
11-4 x 10-10

GARAGE
19-4 x 21-8

© 1998 DKDesigns, Inc.

Design D0014
The Chateaux Maison
Traditional

Erdgeschoß 137,87 qm
1. Obergeschoß 124,67 qm
Total 262,54 qm

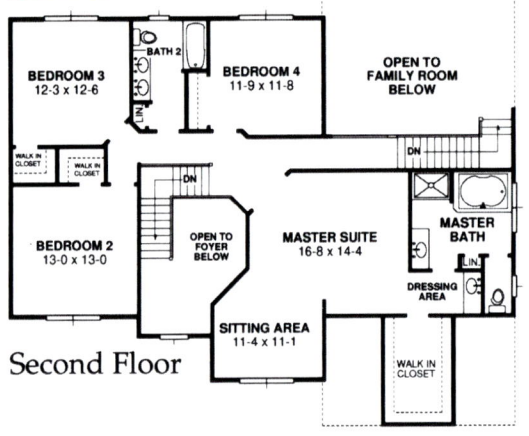

BEDROOM 3
12-3 x 12-6

BATH 2

BEDROOM 4
11-9 x 11-8

OPEN TO
FAMILY ROOM
BELOW

LIN

WALK IN
CLOSET

WALK IN
CLOSET

DN

BEDROOM 2
13-0 x 13-0

OPEN TO
FOYER
BELOW

DN

MASTER SUITE
16-8 x 14-4

MASTER
BATH

LIN

DRESSING
AREA

SITTING AREA
11-4 x 11-1

WALK IN
CLOSET

Second Floor

Design D0015
The Chateaux Maison
Federal

Erdgeschoß 137,87 qm
1. Obergeschoß 124,67 qm
Total 262,54 qm

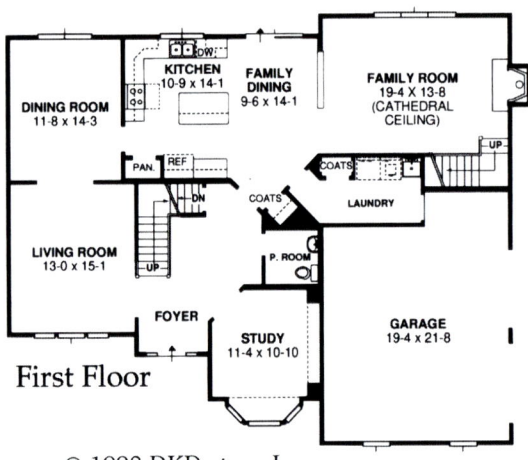

KITCHEN
10-9 x 14-1

FAMILY
DINING
9-6 x 14-1

FAMILY ROOM
19-4 X 13-8
(CATHEDRAL
CEILING)

DINING ROOM
11-8 x 14-3

PAN.

REF

UP

COATS

DN

COATS

LAUNDRY

UP

LIVING ROOM
13-0 x 15-1

UP

P. ROOM

FOYER

STUDY
11-4 x 10-10

GARAGE
19-4 x 21-8

First Floor

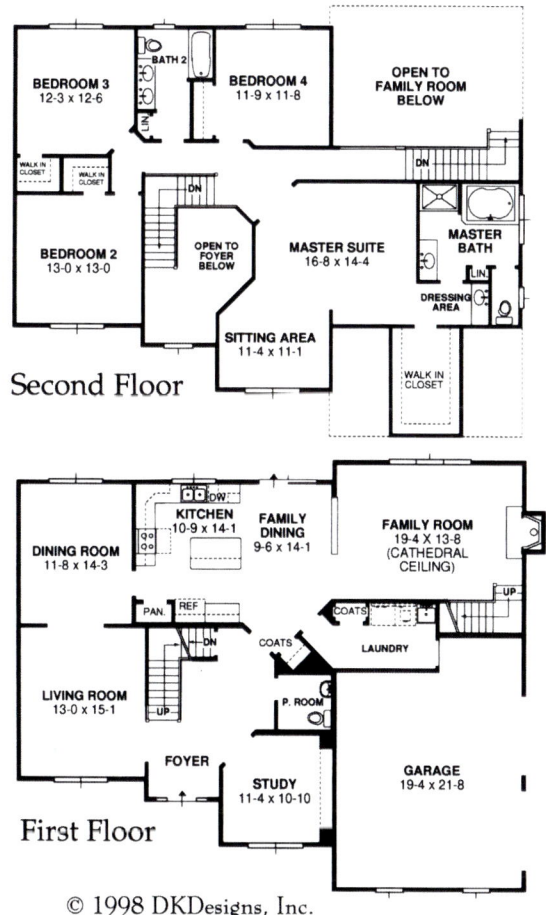

Second Floor

BEDROOM 3
12-3 x 12-6

BATH 2

BEDROOM 4
11-9 x 11-8

OPEN TO
FAMILY ROOM
BELOW

WALK IN
CLOSET

WALK IN
CLOSET

DN

BEDROOM 2
13-0 x 13-0

OPEN TO
FOYER
BELOW

DN

MASTER SUITE
16-8 x 14-4

MASTER
BATH

LIN.

DRESSING
AREA

SITTING AREA
11-4 x 11-1

WALK IN
CLOSET

First Floor

DW

KITCHEN
10-9 x 14-1

FAMILY
DINING
9-6 x 14-1

FAMILY ROOM
19-4 X 13-8
(CATHEDRAL
CEILING)

UP

DINING ROOM
11-8 x 14-3

PAN. REF.

COATS

COATS

DN

LAUNDRY

LIVING ROOM
13-0 x 15-1

UP

P. ROOM

FOYER

STUDY
11-4 x 10-10

GARAGE
19-4 x 21-8

© 1998 DKDesigns, Inc.

**Design D0016
The Chateaux Maison
Country Manor**

Erdgeschoß 137,87 qm
1. Obergeschoß 124,67 qm
Total 262,54 qm

OPEN TO
FAMILY
ROOM
BELOW

WALK
IN
CLOSET

MASTER BATH

BEDROOM 4
11-8 x 12-11

MASTER SUITE
20-10 x 13-11

DN

BEDROOM 3
11-9 x 12-8

BEDROOM 2
11-8 x 13-10

OPEN TO
FOYER
BELOW

STORAGE

Second Floor

Design D0017
The Astin
Country Manor

Erdgeschoß 139,91 qm
1. Obergeschoß 123,56 qm
Total 263,47 qm

LAUNDRY

BREAKFAST
AREA
9-3 x 12-10

FAMILY ROOM
15-0 x 20-0

LIBRARY
11-8 x 11-5

KITCHEN
10-9 x 12-10

PAN.

REF.

BUTLER'S
PANTRY

P. ROOM

COATS

COATS

UP

DINING
ROOM
11-9 x 14-10

FOYER

LIVING
ROOM
11-8 x 14-6

3 CAR GARAGE
20-10 x 31-8

First Floor

Second Floor

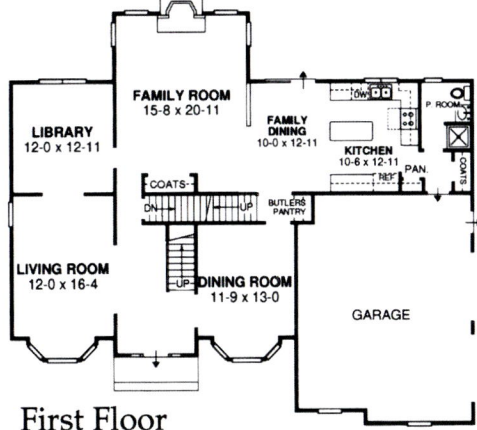

First Floor

© 1998 DKDesigns, Inc.

Design D0018
The Devon
Country English

Erdgeschoß 141,40 qm
1. Obergeschoß 126,62 qm
Total 268,02 qm

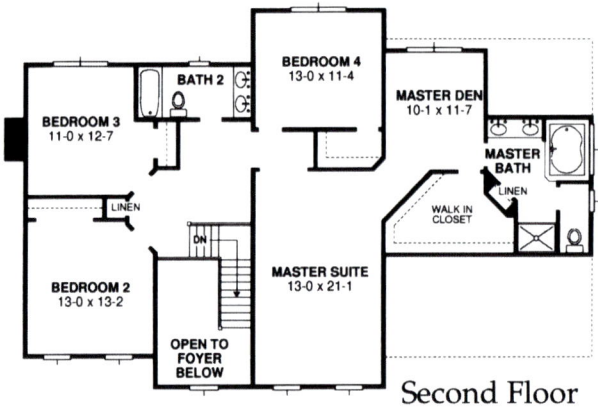

BEDROOM 4
13-0 x 11-4

BATH 2

MASTER DEN
10-1 x 11-7

BEDROOM 3
11-0 x 12-7

MASTER
BATH

LINEN

LINEN

WALK IN
CLOSET

DN

BEDROOM 2
13-0 x 13-2

MASTER SUITE
13-0 x 21-1

OPEN TO
FOYER
BELOW

Second Floor

Design D0019
The Monet
Traditional

Erdgeschoß 134,80 qm
1. Obergeschoß 135,54 qm
Total 270,34 qm

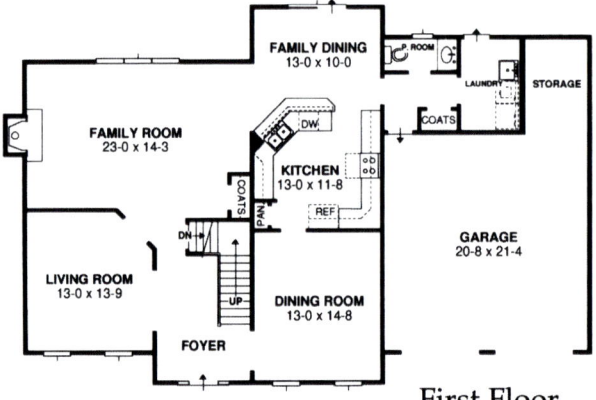

FAMILY DINING
13-0 x 10-0

P. ROOM

LAUNDRY

STORAGE

COATS

FAMILY ROOM
23-0 x 14-3

DW

KITCHEN
13-0 x 11-8

REF

GARAGE
20-8 x 21-4

COATS

DN

LIVING ROOM
13-0 x 13-9

UP

DINING ROOM
13-0 x 14-8

FOYER

First Floor

© 1998 DKDesigns, Inc.

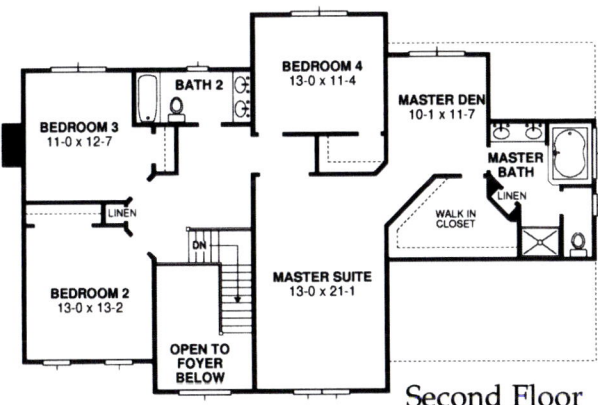

BEDROOM 3
11-0 x 12-7

BATH 2

BEDROOM 4
13-0 x 11-4

MASTER DEN
10-1 x 11-7

MASTER
BATH

LINEN

LINEN

WALK IN
CLOSET

BEDROOM 2
13-0 x 13-2

DN

MASTER SUITE
13-0 x 21-1

OPEN TO
FOYER
BELOW

Second Floor

Design D0020
The Monet
Federal

Erdgeschoß 134,80 qm
1. Obergeschoß 135,54 qm
Total 270,34 qm

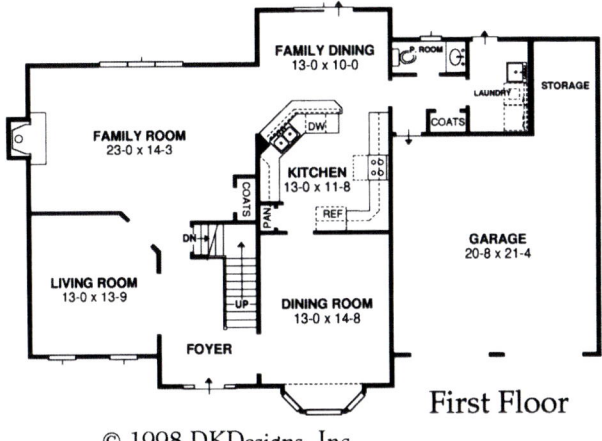

FAMILY DINING
13-0 x 10-0

P. ROOM

LAUNDRY

STORAGE

FAMILY ROOM
23-0 x 14-3

DW

COATS

COATS

KITCHEN
13-0 x 11-8

REF.

PAN

GARAGE
20-8 x 21-4

DN

LIVING ROOM
13-0 x 13-9

UP

DINING ROOM
13-0 x 14-8

FOYER

First Floor

© 1998 DKDesigns, Inc.

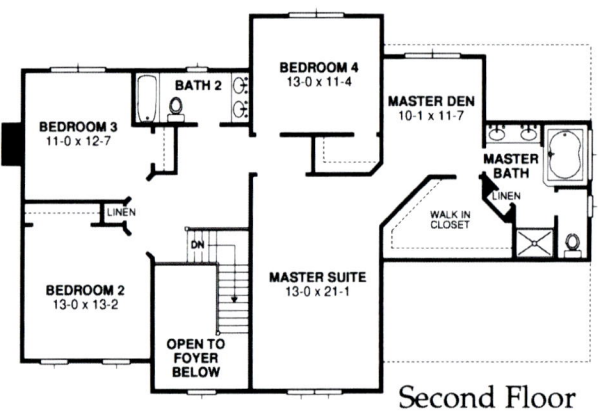

BEDROOM 4
13-0 x 11-4

BATH 2

MASTER DEN
10-1 x 11-7

BEDROOM 3
11-0 x 12-7

MASTER BATH

LINEN

LINEN

WALK IN
CLOSET

BEDROOM 2
13-0 x 13-2

DN

MASTER SUITE
13-0 x 21-1

OPEN TO FOYER BELOW

Second Floor

Design D0021
The Monet
Country Manor

Erdgeschoß 134,80 qm
1. Obergeschoß 135,54 qm
Total 270,34 qm

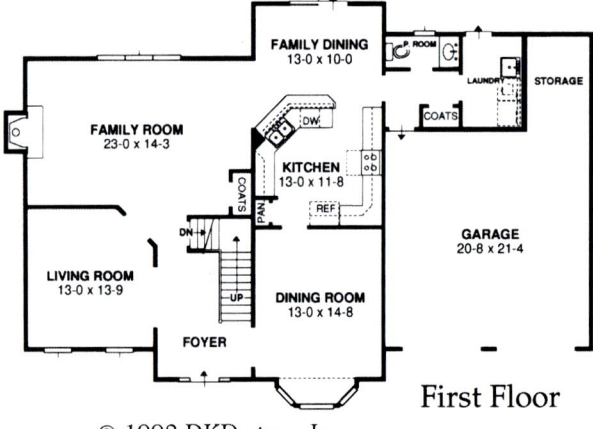

FAMILY DINING
13-0 x 10-0

P ROOM

LAUNDRY

STORAGE

FAMILY ROOM
23-0 x 14-3

DW

COATS

COATS

PAN

KITCHEN
13-0 x 11-8

REF

GARAGE
20-8 x 21-4

DN

UP

LIVING ROOM
13-0 x 13-9

DINING ROOM
13-0 x 14-8

FOYER

First Floor

© 1998 DKDesigns, Inc.

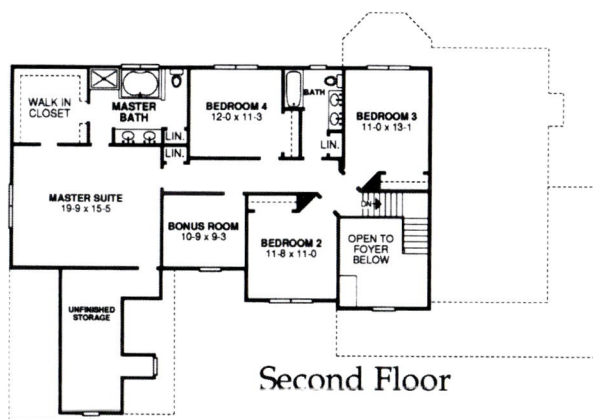

Second Floor

- WALK IN CLOSET
- MASTER BATH
- BEDROOM 4 12-0 x 11-3
- BATH
- BEDROOM 3 11-0 x 13-1
- LIN.
- MASTER SUITE 19-9 x 15-5
- BONUS ROOM 10-9 x 9-3
- BEDROOM 2 11-8 x 11-0
- DN.
- OPEN TO FOYER BELOW
- UNFINISHED STORAGE

Design D0022
The Woodbury Grand
Farmhouse

Erdgeschoß 143,16 qm
1. Obergeschoß 131,36 qm
Total 274,52 qm

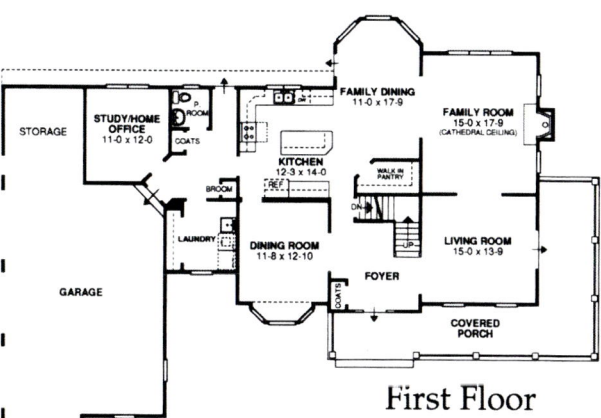

First Floor

- STORAGE
- STUDY/HOME OFFICE 11-0 x 12-0
- ROOM
- COATS
- FAMILY DINING 11-0 x 17-9
- FAMILY ROOM 15-0 x 17-9 (CATHEDRAL CEILING)
- KITCHEN 12-3 x 14-0
- WALK IN PANTRY
- REF
- BROOM
- LAUNDRY
- DN.
- DINING ROOM 11-8 x 12-10
- UP
- LIVING ROOM 15-0 x 13-9
- FOYER
- COATS
- GARAGE
- COVERED PORCH

© 1998 DKDesigns, Inc.

Design D0023
The Woodbury
Traditional

Erdgeschoß 138,33 qm
1. Obergeschoß 140,65 qm
Total 278,98 qm

Second Floor

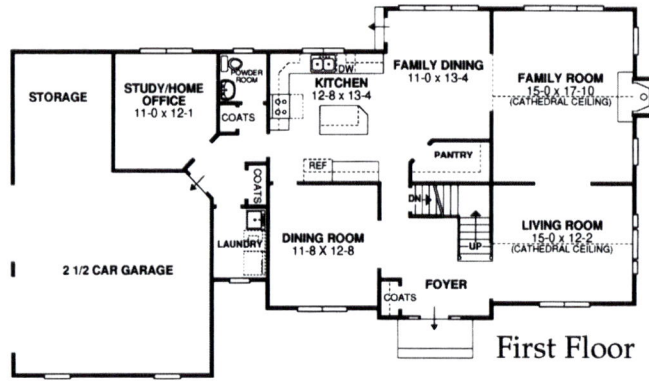

First Floor

© 1998 DKDesigns, Inc.

WALK IN CLOSET | WALK IN CLOSET | MASTER BATH

LINEN

BEDROOM 4
11-1 x 11-0

BEDROOM 3
11-0 x 13-0

MASTER SUITE
18-5 x 13-7
(CATHEDRAL CEILING)

LIN.

BATH 2

BEDROOM 2
11-8 x 11-0

DN

MASTER DEN
9-5 x 11-8

OPEN TO
FOYER
BELOW

Second Floor

**Design D0024
The Woodbury
Federal**

Erdgeschoß 138,33 qm
1. Obergeschoß 140,65 qm
Total 278,98 qm

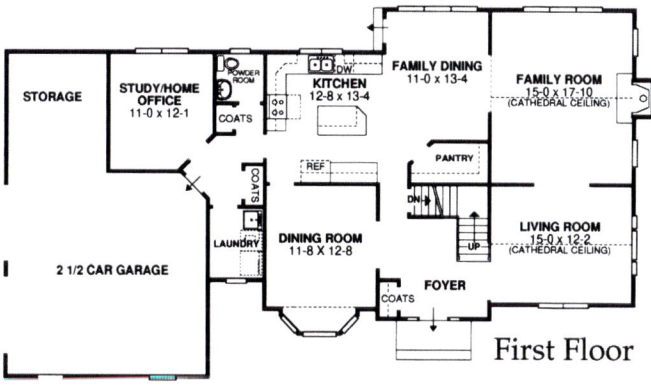

STORAGE

STUDY/HOME
OFFICE
11-0 x 12-1

POWDER ROOM

COATS

KITCHEN
12-8 x 13-4

DW

FAMILY DINING
11-0 x 13-4

FAMILY ROOM
15-0 x 17-10
(CATHEDRAL CEILING)

REF

PANTRY

COATS

LAUNDRY

DINING ROOM
11-8 X 12-8

DN

UP

LIVING ROOM
15-0 x 12-2
(CATHEDRAL CEILING)

2 1/2 CAR GARAGE

FOYER

COATS

First Floor

Design D0025
The Woodbury
Farmhouse

Erdgeschoß 138,33 qm
1. Obergeschoß 140,65 qm
Total 278,98 qm

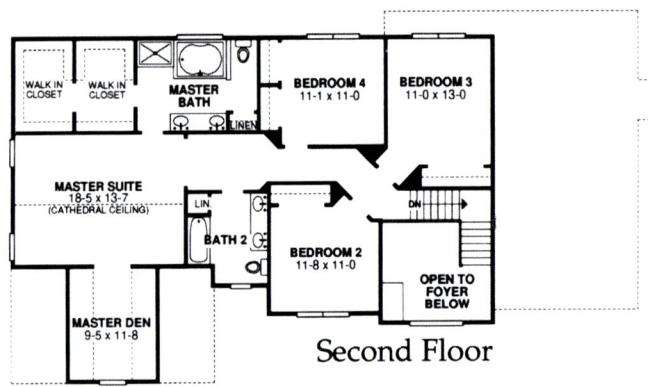

WALK IN CLOSET

WALK IN CLOSET

MASTER BATH

BEDROOM 4
11-1 x 11-0

BEDROOM 3
11-0 x 13-0

LINEN

MASTER SUITE
18-5 x 13-7
(CATHEDRAL CEILING)

LIN.

BATH 2

BEDROOM 2
11-8 x 11-0

DN

OPEN TO FOYER BELOW

MASTER DEN
9-5 x 11-8

Second Floor

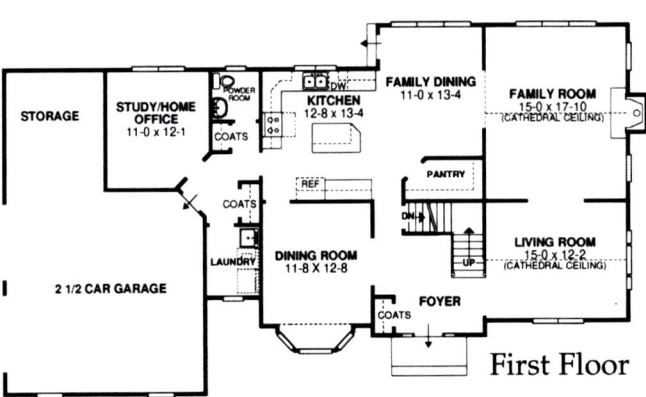

STORAGE

STUDY/HOME OFFICE
11-0 x 12-1

POWDER ROOM

COATS

KITCHEN
12-8 x 13-4

FAMILY DINING
11-0 x 13-4

FAMILY ROOM
15-0 x 17-10
(CATHEDRAL CEILING)

REF

PANTRY

COATS

LAUNDRY

DINING ROOM
11-8 X 12-8

DN

UP

LIVING ROOM
15-0 x 12-2
(CATHEDRAL CEILING)

2 1/2 CAR GARAGE

FOYER

COATS

First Floor

© 1998 DKDesigns, Inc.

WALK IN CLOSET | WALK IN CLOSET

MASTER BATH

LINEN

BEDROOM 4
11-1 x 11-0

BEDROOM 3
11-0 x 13-0

MASTER SUITE
18-5 x 13-7
(CATHEDRAL CEILING)

LINEN

BATH 2

LINEN

BEDROOM 2
11-8 x 11-0

DN

OPEN TO
FOYER
BELOW

MASTER DEN
9-5 x 11-8

Second Floor

**Design D0026
The Woodbury
Country Manor I**

Erdgeschoß 138,33 qm
1. Obergeschoß 140,65 qm
Total 278,98 qm

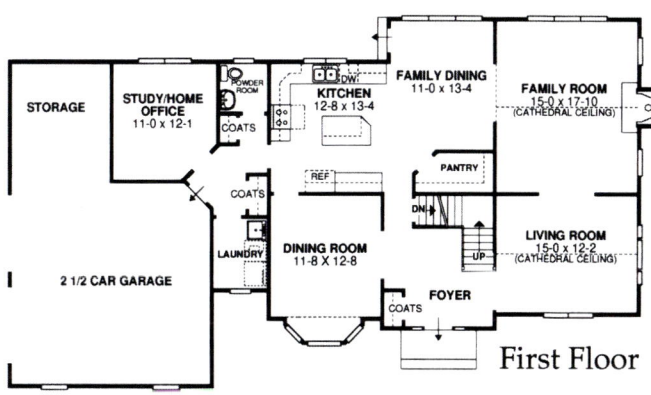

STORAGE

STUDY/HOME
OFFICE
11-0 x 12-1

POWDER ROOM

COATS

KITCHEN
12-8 x 13-4

DW

FAMILY DINING
11-0 x 13-4

FAMILY ROOM
15-0 x 17-10
(CATHEDRAL CEILING)

REF

PANTRY

COATS

DN

LAUNDRY

DINING ROOM
11-8 X 12-8

UP

LIVING ROOM
15-0 x 12-2
(CATHEDRAL CEILING)

2 1/2 CAR GARAGE

FOYER

COATS

First Floor

WALK IN CLOSET | WALK IN CLOSET | MASTER BATH

MASTER SUITE
18-5 x 13-7
(CATHEDRAL CEILING)

LINEN

BATH 2

MASTER DEN
9-5 x 11-8

BEDROOM 4
11-1 x 11-0

BEDROOM 3
11-0 x 13-0

LINEN

BEDROOM 2
11-8 x 11-0

DN

OPEN TO FOYER BELOW

Second Floor

**Design D0027
The Woodbury
Country English**

Erdgeschoß 138,33 qm
1. Obergeschoß 140,65 qm
Total 278,98 qm

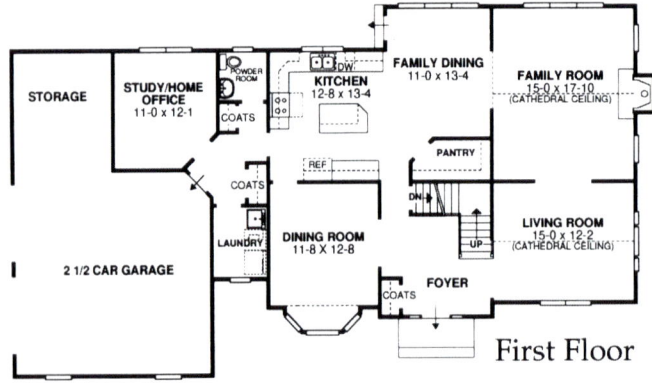

STORAGE

STUDY/HOME OFFICE
11-0 x 12-1

COATS

POWDER ROOM

KITCHEN
12-8 x 13-4

DW

FAMILY DINING
11-0 x 13-4

FAMILY ROOM
15-0 x 17-10
(CATHEDRAL CEILING)

REF

COATS

PANTRY

DN

UP

LIVING ROOM
15-0 x 12-2
(CATHEDRAL CEILING)

2 1/2 CAR GARAGE

LAUNDRY

DINING ROOM
11-8 X 12-8

FOYER

COATS

First Floor

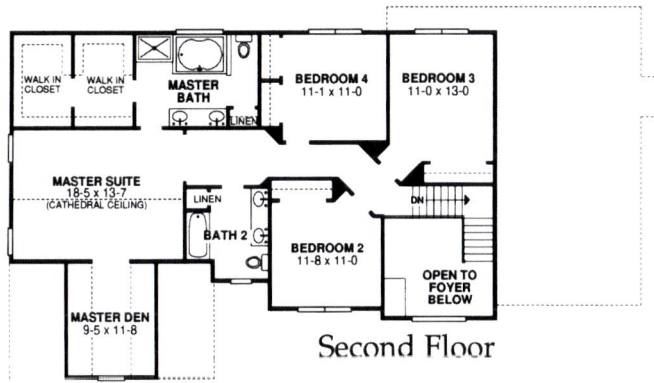

WALK IN CLOSET • WALK IN CLOSET • MASTER BATH • LINEN • BEDROOM 4 11-1 x 11-0 • BEDROOM 3 11-0 x 13-0 • MASTER SUITE 18-5 x 13-7 (CATHEDRAL CEILING) • LINEN • DN • BATH 2 • BEDROOM 2 11-8 x 11-0 • OPEN TO FOYER BELOW • MASTER DEN 9-5 x 11-8

Second Floor

Design D0028
The Woodbury
Country French

Erdgeschoß 138,33 qm
1. Obergeschoß 140,65 qm
Total 278,98 qm

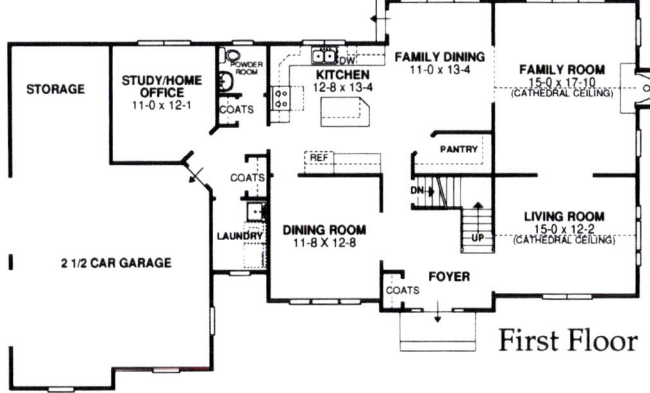

STORAGE • STUDY/HOME OFFICE 11-0 x 12-1 • POWDER ROOM • KITCHEN 12-8 x 13-4 • DW • FAMILY DINING 11-0 x 13-4 • FAMILY ROOM 15-0 x 17-10 (CATHEDRAL CEILING) • COATS • COATS • REF • PANTRY • DN • LAUNDRY • DINING ROOM 11-8 X 12-8 • LIVING ROOM 15-0 x 12-2 (CATHEDRAL CEILING) • UP • 2 1/2 CAR GARAGE • COATS • FOYER

First Floor

BEDROOM 4
13-0 x 12-1

OPTIONAL BOOKCASES

BALCONY

OPEN TO
FAMILY ROOM
BELOW

M. BATH

WALK IN
CLOSET

BEDROOM 3
14-9 x 12-5

BATH

DN

LINEN

OPEN TO
FOYER
BELOW

MASTER
BEDROOM
13-0 x 17-1
(CATHEDRAL CEILING)

BEDROOM 2
12-0 x 11-0

WALK IN
CLOSET

Second Floor

Design D0029
The Jefferson
Country Manor

Erdgeschoß 142,60 qm
1. Obergeschoß 145,86 qm
Total 288,46 qm

KITCHEN/BREAK
21-8 x 14-4

MICRO
OVEN

REF

PAN.

COATS

STORAGE

LAUNDRY

TWO STORY
FAMILY ROOM
20-2 X 20-0

STUDY
13-0 X 11-0

P. ROOM

COATS

DN

UP

LIVING ROOM
13-0 x 12-5

DINING ROOM
12-0 X 13-2
+ BAY

FOYER

GARAGE
21-4 X 21-8
+ STORAGE

COVERED
ENTRY

First Floor

© 1998 DKDesigns, Inc.

Second Floor

Design D0030
The Maison Grand
Country English

Erdgeschoß 166,57 qm
1. Obergeschoß 121,98 qm
Total 288,55 qm

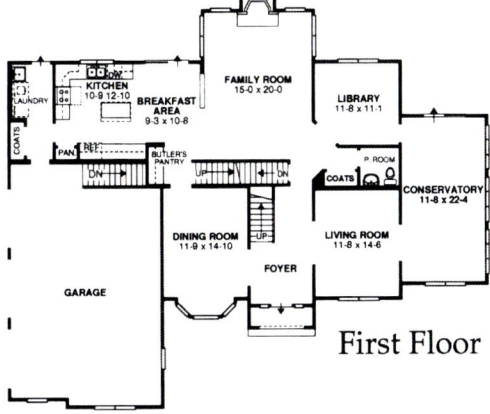

First Floor

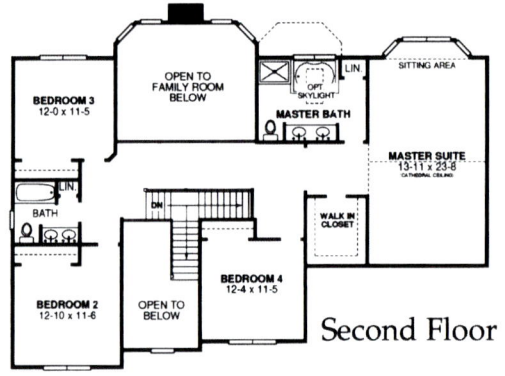

BEDROOM 3
12-0 x 11-5

OPEN TO
FAMILY ROOM
BELOW

LIN.

SITTING AREA

OPT
SKYLIGHT

MASTER BATH

MASTER SUITE
13-11 x 23-8
CATHEDRAL CEILING

LIN.

BATH

WALK IN
CLOSET

BEDROOM 2
12-10 x 11-6

OPEN TO
BELOW

BEDROOM 4
12-4 x 11-5

Second Floor

Design D0031
The Cambridge
Country Manor

Erdgeschoß 153,38 qm
1. Obergeschoß 136,19 qm
Total 289,57 qm

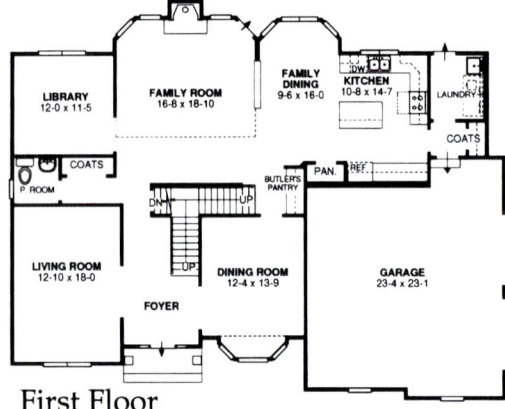

LIBRARY
12-0 x 11-5

FAMILY ROOM
16-8 x 18-10

FAMILY
DINING
9-6 x 16-0

KITCHEN
10-8 x 14-7

DW

LAUNDRY

COATS

COATS

P. ROOM

DN

UP

BUTLER'S
PANTRY

PAN.

REF.

LIVING ROOM
12-10 x 18-0

UP

DINING ROOM
12-4 x 13-9

GARAGE
23-4 x 23-1

FOYER

First Floor

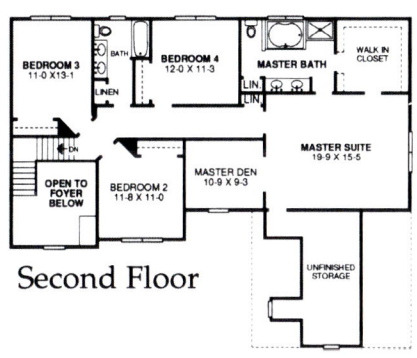

Second Floor

BEDROOM 3
11-0 X13-1

BATH

LINEN

BEDROOM 4
12-0 X 11-3

MASTER BATH

WALK IN CLOSET

LIN
LIN

MASTER SUITE
19-9 X 15-5

OPEN TO FOYER BELOW

DN

BEDROOM 2
11-8 X 11-0

MASTER DEN
10-9 X 9-3

UNFINISHED STORAGE

Design D0032
The Woodbury Grand
Country Manor

Erdgeschoß 156,82 qm
1. Obergeschoß 131,36 qm
Total 288,18 qm

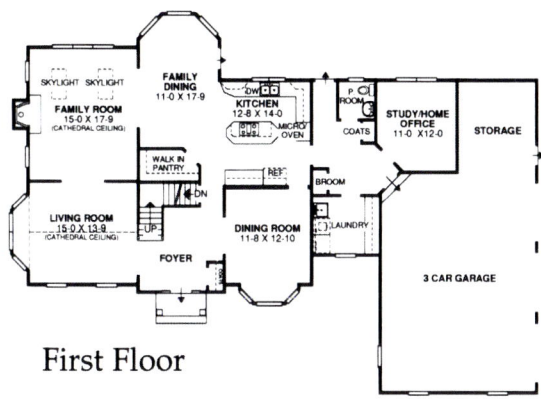

First Floor

SKYLIGHT   SKYLIGHT

FAMILY DINING
11-0 X 17-9

DW

KITCHEN
12-8 X 14-0

MICRO
OVEN

P Cl
ROOM

STUDY/HOME OFFICE
11-0 X12-0

STORAGE

FAMILY ROOM
15-0 X 17-9
(CATHEDRAL CEILING)

WALK IN PANTRY

COATS

LIVING ROOM
15-0 X 13-9
(CATHEDRAL CEILING)

REF

DN

UP

BROOM

DINING ROOM
11-8 X 12-10

LAUNDRY

FOYER

3 CAR GARAGE

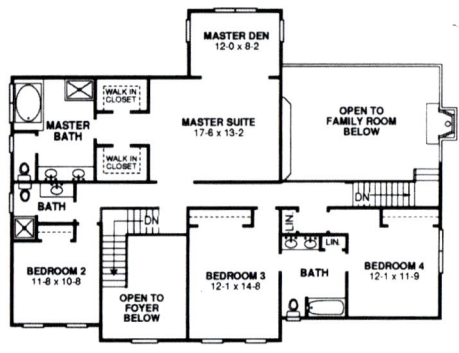

Second Floor

MASTER DEN
12-0 x 8-2

MASTER SUITE
17-6 x 13-2

OPEN TO FAMILY ROOM BELOW

WALK IN CLOSET

MASTER BATH

WALK IN CLOSET

BATH

BEDROOM 2
11-8 x 10-8

DN

OPEN TO FOYER BELOW

BEDROOM 3
12-1 x 14-8

LIN.

LIN.

DN

BATH

BEDROOM 4
12-1 x 11-9

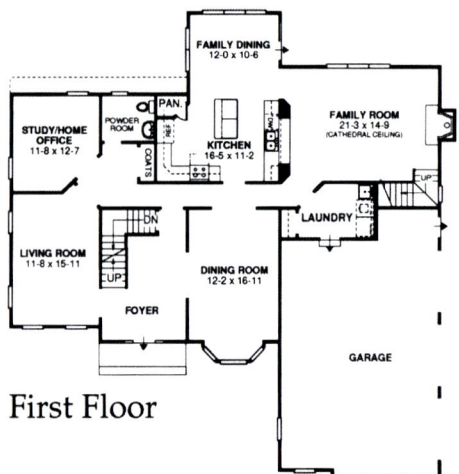

First Floor

FAMILY DINING
12-0 x 10-6

STUDY/HOME OFFICE
11-8 x 12-7

POWDER ROOM

PAN.

COATS

KITCHEN
16-5 x 11-2

FAMILY ROOM
21-3 x 14-9
(CATHEDRAL CEILING)

LIVING ROOM
11-8 x 15-11

DN

UP

LAUNDRY

UP

DINING ROOM
12-2 x 16-11

FOYER

GARAGE

Design D0033
The Danbury
Country Farmhouse

Erdgeschoß 163,60 qm
1. Obergeschoß 139,63 qm
Total 303,23 qm

© 1998 DKDesigns, Inc.

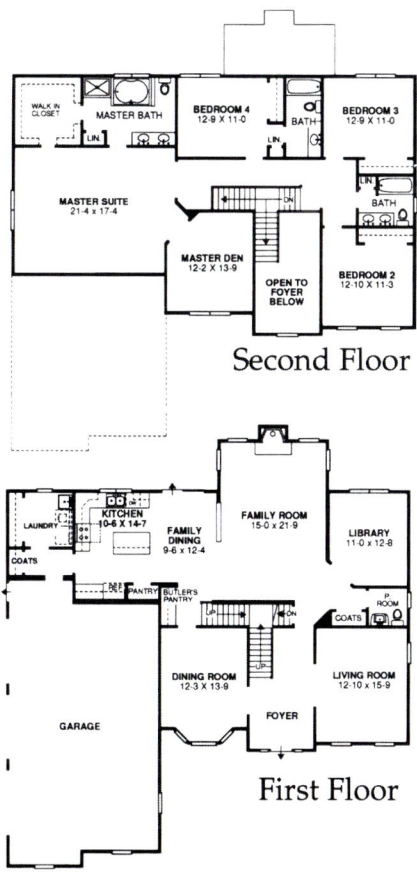

Second Floor

Design D0034
The Cromwell
English Manor

Erdgeschoß 154,68 qm
1. Obergeschoß 155,33 qm
Total 310,01 qm

WALK IN CLOSET

MASTER BATH

BEDROOM 4
12-9 X 11-0

BEDROOM 3
12-9 X 11-0

BATH

LIN

LIN

MASTER SUITE
21-4 x 17-4

LIN

BATH

MASTER DEN
12-2 X 13-9

OPEN TO FOYER BELOW

BEDROOM 2
12-10 X 11-3

First Floor

KITCHEN
10-6 X 14-7

LAUNDRY

FAMILY DINING
9-6 x 12-4

FAMILY ROOM
15-0 x 21-9

LIBRARY
11-0 X 12-8

COATS

PANTRY

BUTLER'S PANTRY

P ROOM

COATS

DINING ROOM
12-3 X 13-9

LIVING ROOM
12-10 X 15-9

GARAGE

FOYER

SITTING AREA

MASTER BATH

LINEN

OPEN TO FAMILY ROOM BELOW

WINDOW SEAT

BEDROOM 3
14-0 X 11-6

MASTER SUITE
15-11 X 23-8
(CATHEDRAL CEILING)

LINEN

BATH 2

LINEN

BEDROOM 4
12-4 X 11-5

OPEN TO BELOW

BEDROOM 2
12-10 X 11-6

WALK IN CLOSET
9-5 X 23-10

WINDOW SEAT

Second Floor

Design D0035
The Ashbury
Country Manor

Erdgeschoß 160,07 qm
1. Obergeschoß 167,69 qm
Total 327,75 qm

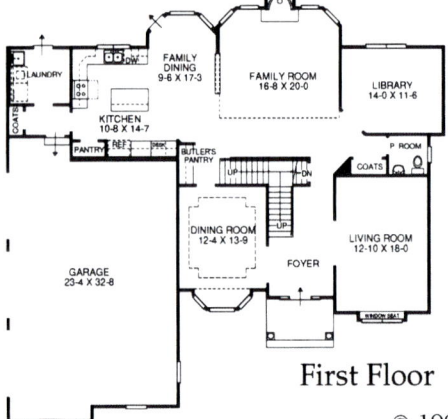

LAUNDRY

FAMILY DINING
9-6 X 17-3

FAMILY ROOM
16-8 X 20-0

LIBRARY
14-0 X 11-6

KITCHEN
10-8 X 14-7

COATS

PANTRY

REF

SINK

BUTLERS PANTRY

P. ROOM

COATS

DINING ROOM
12-4 X 13-9

UP

DN

LIVING ROOM
12-10 X 18-0

GARAGE
23-4 X 32-8

FOYER

WINDOW SEAT

First Floor

© 1998 DKDesigns, Inc.

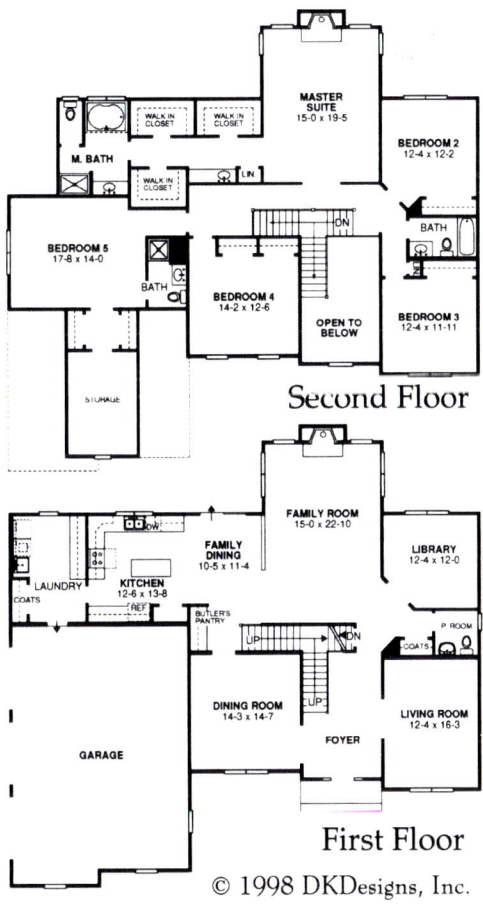

MASTER SUITE
15-0 x 19-5

WALK IN CLOSET

WALK IN CLOSET

BEDROOM 2
12-4 x 12-2

M. BATH

WALK IN CLOSET

LIN

BATH

BEDROOM 5
17-8 x 14-0

BATH

DN

BEDROOM 4
14-2 x 12-6

OPEN TO BELOW

BEDROOM 3
12-4 x 11-11

STORAGE

Second Floor

FAMILY ROOM
15-0 x 22-10

FAMILY DINING
10-5 x 11-4

LIBRARY
12-4 x 12-0

LAUNDRY

KITCHEN
12-6 x 13-8

COATS

REF

BUTLER'S PANTRY

UP

DN

P. ROOM

COATS

DINING ROOM
14-3 x 14-7

UP

LIVING ROOM
12-4 x 16-3

GARAGE

FOYER

First Floor

© 1998 DKDesigns, Inc.

Design D0036
The Carrington
Country Manor

Erdgeschoß 165,36 qm
1. Obergeschoß 170,66 qm
Total 336,02 qm

Ein original englisches Tudor-Haus stand Pate bei der Planung dieser gelungenen Variante. Die für diese Stilrichtung typischen, vielfältigen Materialien, die bei der Gestaltung der Fassade Verwendung fanden – Klinker, Putz, massives, sichtbares Fachwerk, Naturstein und Holzschindeln –, sind harmonisch zusammengestellt und lassen das Haus solide und dauerhaft wirken. Mit einer Abmessung von rund 24 x 9,30 Metern ist für den Bau eines solchen Hauses im Traditional Style ein entsprechend großes Grundstück erforderlich. Die Grundrißgestaltung im Hausinneren ist stilgerecht klassisch gehalten. Man betritt zunächst das Foyer, seitlich davon befinden sich die formellen Räume mit Wohn- und Speisezimmer. Die Familienstube bildet mit der offenen Küche eine Einheit. Ein Salon, der direkten Zugang auf die Veranda bietet, ist von beiden Wohnzimmern aus zu begehen. Das Raumangebot im Obergeschoß umfaßt fünf Zimmer und zwei Bäder.

Design 5129-Homes for Today
© Augustus Suglia, Architect

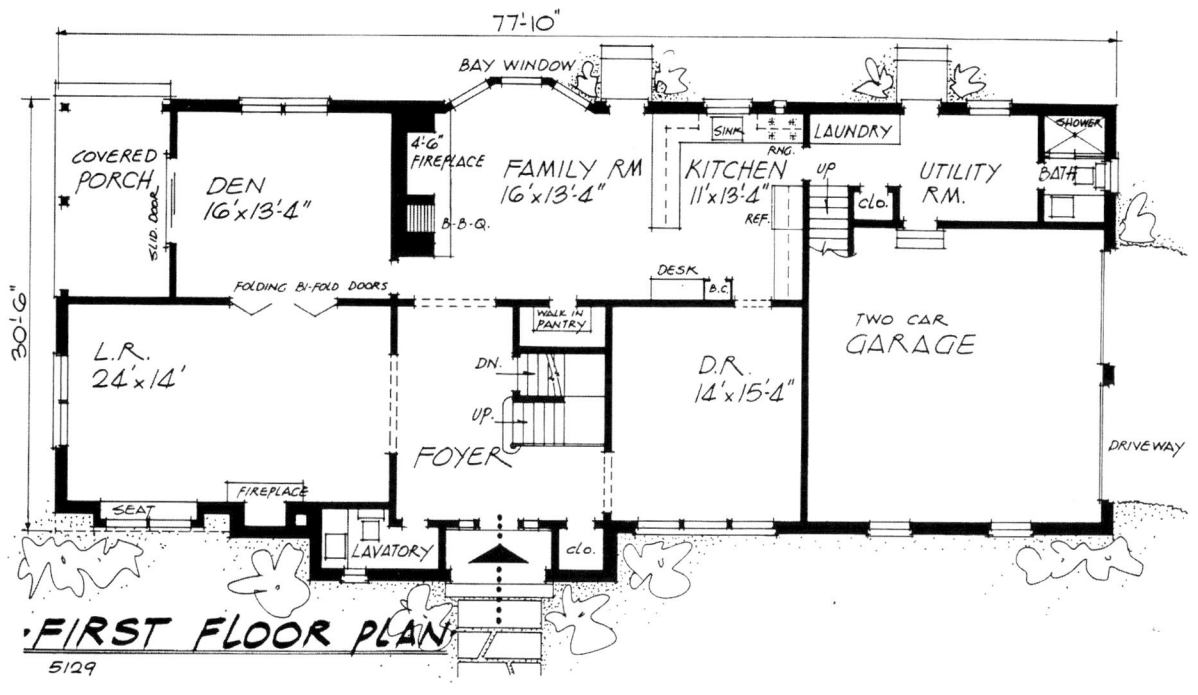

77'-10"

COVERED PORCH

DEN
16'x13'-4"

SLID. DOOR

BAY WINDOW

4'-6"
FIREPLACE

FAMILY RM
16'x13'-4"

B-B-Q.

SINK
RNG.
REF.

KITCHEN
11'x13'-4"

LAUNDRY

UP

CLO.

SHOWER

BATH

UTILITY RM.

FOLDING BI-FOLD DOORS

L.R.
24'x14'

30'-6"

WALK IN PANTRY

DESK
B.C.

DN.

UP.

FOYER

D.R.
14'x15'-4"

TWO CAR GARAGE

DRIVEWAY

SEAT

FIREPLACE

LAVATORY

CLO.

·FIRST FLOOR PLAN·

5129

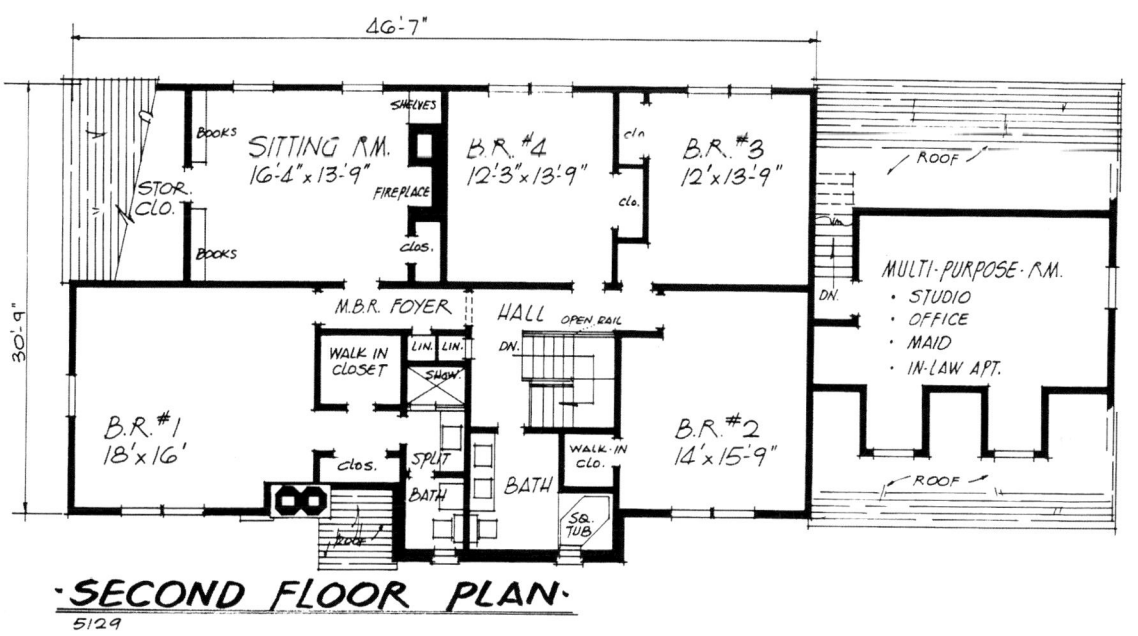

46'-7"

BOOKS

STOR. CLO.

BOOKS

SHELVES

SITTING RM.
16'-4"x13'-9"

FIREPLACE

CLOS.

B.R. #4
12'-3"x13'-9"

CLO.

CLO.

B.R. #3
12'x13'-9"

ROOF

DN.

MULTI-PURPOSE-RM.
· STUDIO
· OFFICE
· MAID
· IN-LAW APT.

30'-9"

M.B.R. FOYER

WALK IN CLOSET

LIN. LIN.

SHOW.

HALL

OPEN RAIL

DN.

WALK IN CLO.

B.R. #1
18'x16'

CLOS.

SPLIT BATH

BATH

SQ. TUB.

B.R. #2
14'x15'-9"

RIDGE

ROOF

·SECOND FLOOR PLAN·

5129

Traditional Style   317

Ein Tudor-Haus nach englischem Vorbild in einer Walmdachvariante zeigt die Planung 5135 des Architekten Michael Suglia. Der Charme, der von diesem Baustil ausgeht, wird durch den raffinierten Materialmix der verwendeten Baustoffe geprägt. Es bietet seinen Bewohnern eine Wohnfläche von 250 qm. Der Eingang des Hauses befindet sich auf der linken Frontseite und führt in ein Foyer, das durch zwei Geschosse reicht. Von hier aus gelangt man links in die Bibliothek, die über eine hohe Decke und einen direkten Zugang auf die Veranda verfügt. Das große Wohnzimmer mit Kamin schließt an den formellen Speiseraum an. Die zur

Gartenseite hin ausgerichtete Küche hat einen schönen Eßplatz am Fenster und führt weiter in den Familienwohnraum, der ebenfalls mit einem Kamin ausgestattet ist. Im Obergeschoß befinden sich drei Schlafräume.

Design 5135-Homes for Today
© Augustus Suglia, Architect

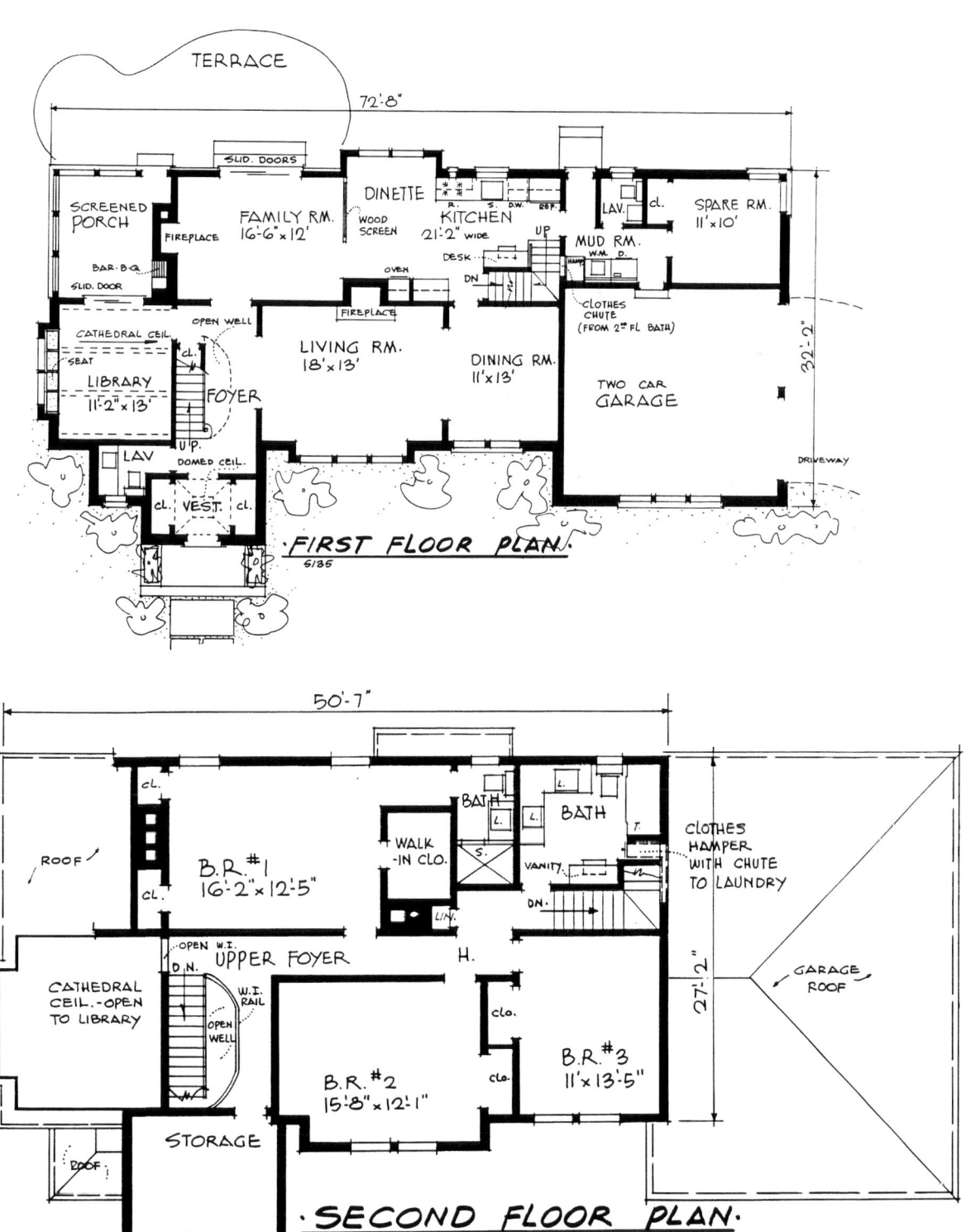

TERRACE

72'-8"

SCREENED PORCH

SLID. DOORS

FAMILY RM.
16'-6"x12'

FIREPLACE

DINETTE

WOOD SCREEN

KITCHEN
21'-2" wide

R.   S.   D.W.   REF.

LAV.   cl.

SPARE RM.
11'x10'

BAR-B-Q

SLID. DOOR

DESK

UP

DN

MUD RM.
W.M.   D.

CATHEDRAL CEIL.

OPEN WELL

cl.

SEAT

LIBRARY
11'-2"x13'

OVEN

FIREPLACE

LIVING RM.
18'x13'

FOYER

DINING RM.
11'x13'

CLOTHES CHUTE
(FROM 2ND FL. BATH)

TWO CAR
GARAGE

32'-2"

UP.

LAV

DOMED CEIL.

cl.   VEST.   cl.

DRIVEWAY

FIRST FLOOR PLAN
5135

50'-7"

cl.

ROOF

cl.

B.R. #1
16'-2"x12'-5"

WALK
-IN CLO.

BATH

BATH

VANITY

DN.

T.

CLOTHES
HAMPER
WITH CHUTE
TO LAUNDRY

LIN.

OPEN W.I.

UPPER FOYER

H.

27'-2"

CATHEDRAL
CEIL.-OPEN
TO LIBRARY

D.N.

W.I.
RAIL

OPEN
WELL

clo.

clo.

B.R. #3
11'x13'-5"

GARAGE
ROOF

B.R. #2
15'-8"x12'-1"

clo.

ROOF

STORAGE

SECOND FLOOR PLAN.
5135

Dieser imposante Entwurf im englischen Tudor-Stil repräsentiert komfortables Wohnambiente vom Feinsten. Das in zweigeschossiger Bauweise erstellte Anwesen beeindruckt mit einem bewußt eingesetzten Materialmix aus Naturstein, Klinker, Putz und Holz. Es erweckt den Anschein, viel größer zu sein, als es tatsächlich ist. Die Wohnfläche beträgt für beide Geschosse 185 qm und ist klassisch gegliedert. Im 95 qm großen Erdgeschoß gibt es neben einem großen Foyer ein Eßzimmer, Wohnzimmer, Arbeitszimmer, Familienwohnraum mit Kamin, Country-Küche mit Eßtresen, Haus-wirtschaftsraum, Waschküche und Abstellraum. Im 90 qm großen Obergeschoß sind vier Zimmer und zwei Bäder untergebracht. Oberhalb der Garage bietet sich die Möglichkeit, ein weiteres Zimmer mit Bad auszubauen.

Design 5157-Homes for Today
© Augustus Suglia, Architect

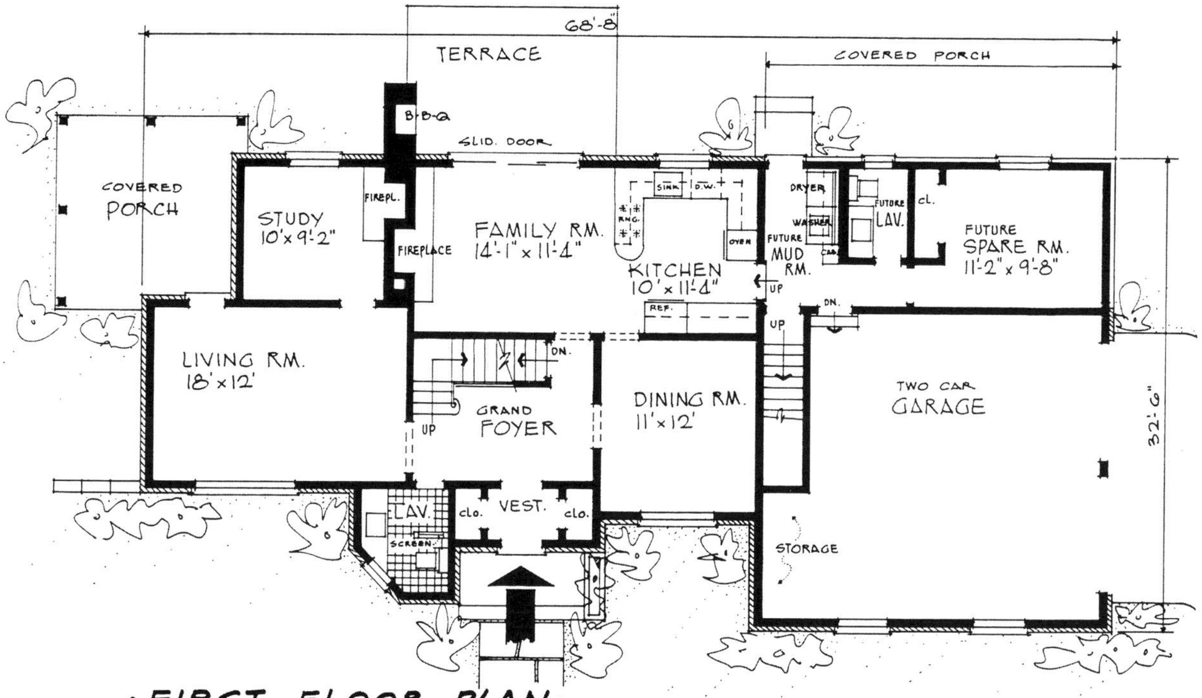

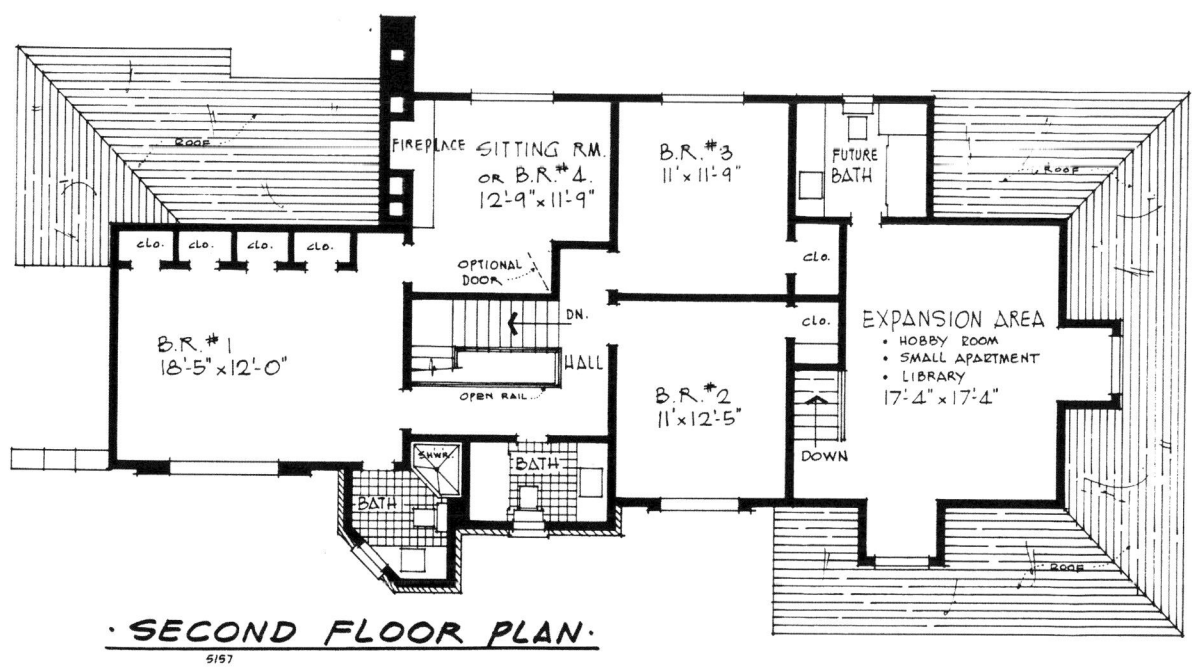

·FIRST FLOOR PLAN·
5157

68'-8

TERRACE

COVERED PORCH

COVERED PORCH

B-B-Q

SLID. DOOR

STUDY
10'x 9'-2"

FAMILY RM.
14'-1" x 11'-4"

FIREPL.

FIREPLACE

SINK

D.W.

RNG.

OVEN

DRYER

FUTURE
WASHER

FUTURE
LAV.

cl.

FUTURE
SPARE RM.
11'-2" x 9'-8"

MUD
RM.

KITCHEN
10' x 11'-4"

REF.

LIVING RM.
18' x 12'

UP

DN.

GRAND
FOYER

DINING RM.
11' x 12'

UP

DN.

UP

TWO CAR
GARAGE

32'-6"

LAV.

CLO.

VEST.

CLO.

SCREEN

STORAGE

·SECOND FLOOR PLAN·
5157

ROOF

FIREPLACE

SITTING RM.
or B.R. #4
12'-9" x 11'-9"

B.R. #3
11' x 11'-9"

FUTURE
BATH

ROOF

CLO.

CLO.

CLO.

CLO.

CLO.

OPTIONAL
DOOR

DN.

CLO.

EXPANSION AREA
• HOBBY ROOM
• SMALL APARTMENT
• LIBRARY
17'-4" x 17'-4"

B.R. #1
18'-5" x 12'-0"

HALL

OPEN RAIL

B.R. #2
11' x 12'-5"

DOWN

SHWR.

BATH

BATH

BATH

ROOF

Dieser Entwurf von Jamison, Cadre Development, zeigt ein elegantes, zweigeschossiges Haus im Kolonialstil. Die dunkelrote Klinkerfassade der Frontansicht ergänzt sich ausgezeichnet mit den weißen Stuckelementen im Giebel-, Tür- und Fensterbereich. Die klassische Linienführung setzt sich auch im Inneren des Hauses bei der Grundrißgestaltung fort. Das 91,40 qm große Erdgeschoß besticht durch seine symmetrische Gliederung der einzelnen Wohnräume. Seitlich vom Foyer, das durch zwei Geschosse reicht, liegt das formelle Wohnzimmer. Die Küche mit Eßplatz bildet mit dem angrenzenden Familienwohnzimmer einen eigenständigen Wohnbereich. Zur linken Hand der Küche liegt das Speisezimmer. Im Obergeschoß gibt es vier Schlafräume und zwei Bäder.

Design C0009-01-B Jamison
Cadre Development

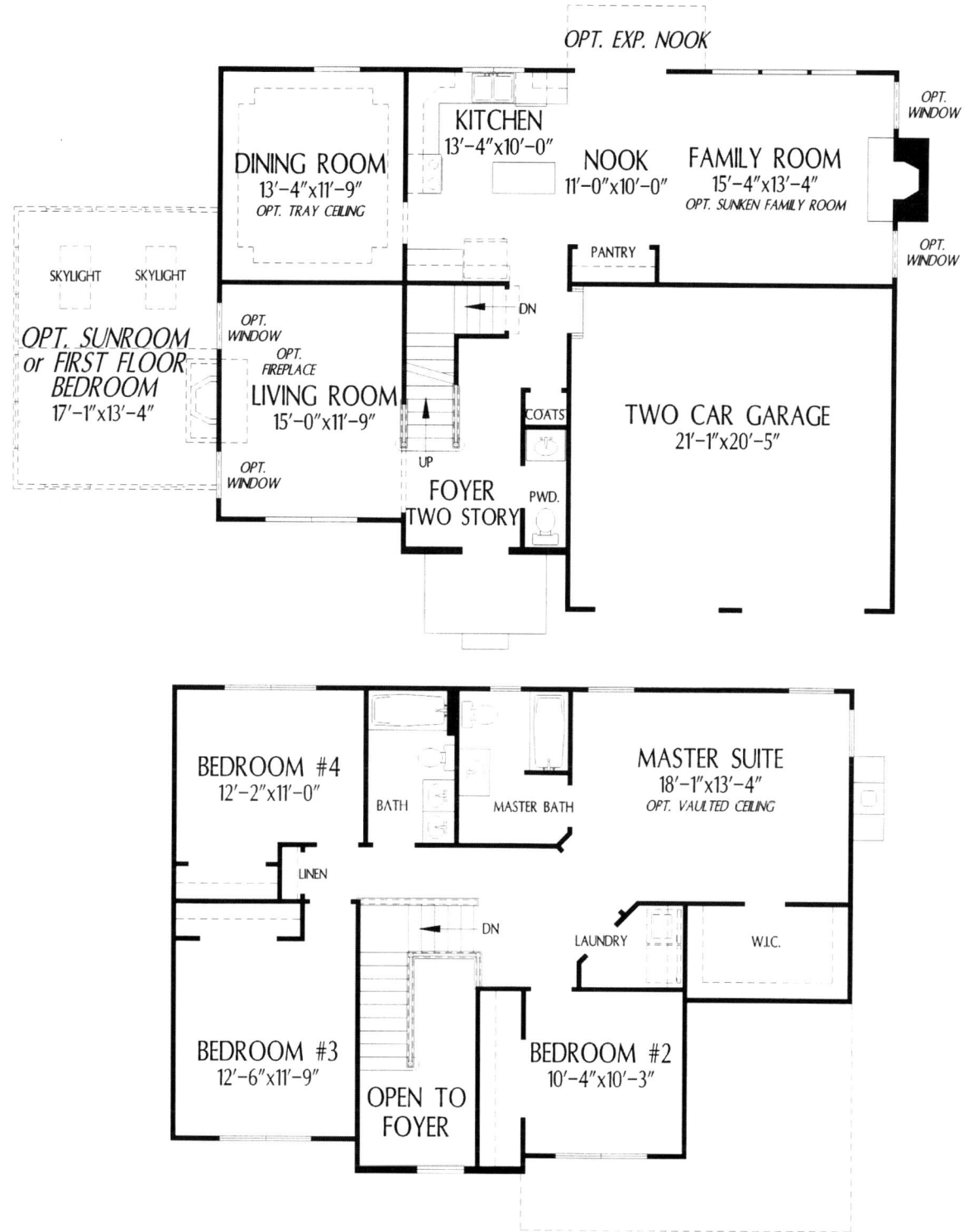

OPT. EXP. NOOK

KITCHEN
13'-4"x10'-0"

NOOK
11'-0"x10'-0"

FAMILY ROOM
15'-4"x13'-4"
OPT. SUNKEN FAMILY ROOM

OPT. WINDOW

OPT. WINDOW

DINING ROOM
13'-4"x11'-9"
OPT. TRAY CEILING

SKYLIGHT SKYLIGHT

OPT. SUNROOM
or FIRST FLOOR
BEDROOM
17'-1"x13'-4"

OPT. WINDOW

OPT. FIREPLACE

LIVING ROOM
15'-0"x11'-9"

OPT. WINDOW

DN

PANTRY

COATS

TWO CAR GARAGE
21'-1"x20'-5"

UP

FOYER
TWO STORY

PWD.

BEDROOM #4
12'-2"x11'-0"

BATH

MASTER BATH

MASTER SUITE
18'-1"x13'-4"
OPT. VAULTED CEILING

LINEN

DN

LAUNDRY

W.I.C.

BEDROOM #3
12'-6"x11'-9"

OPEN TO
FOYER

BEDROOM #2
10'-4"x10'-3"

Traditional Style   323

Design C0010-01-D Kingston
Cadre Development

Bei dieser Kolonialstilvariante wurde die Fassade der Frontansicht mit bunten Natursteinen gestaltet. Das in Anlehnung an das Design Jamison geplante Haus unterscheidet sich von jenem wie folgt: Die Doppelgarage erhielt ein steileres Dach, das unmittelbar an den Giebelvorbau anschließt. Zwar entfällt bei dieser Lösung das vierte Schlafzimmer im Obergeschoß, doch die Planung zweier Gaubenfenster im Dach der Doppelgarage bietet eine interessante Alternative. Bei dem Entwurf Kingston wurde der Eingangsbereich verbreitert und erhielt einen Dachvorbau. Die Grundrißplanung des Erdgeschosses ist mit der des Jamison-Hauses identisch.

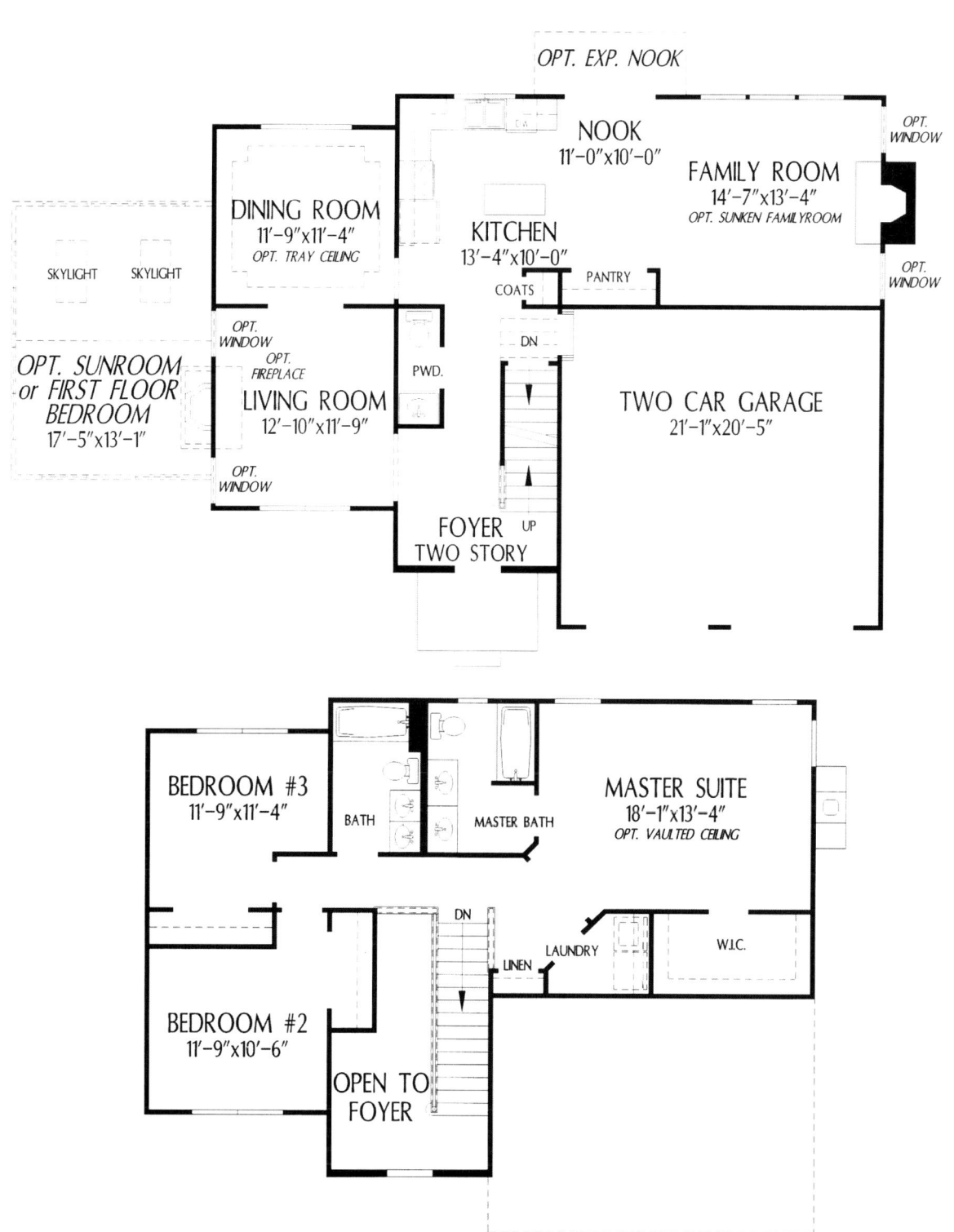

OPT. EXP. NOOK

NOOK
11'-0"x10'-0"

FAMILY ROOM
14'-7"x13'-4"
OPT. SUNKEN FAMILYROOM

OPT.
WINDOW

OPT.
WINDOW

DINING ROOM
11'-9"x11'-4"
OPT. TRAY CEILING

KITCHEN
13'-4"x10'-0"

SKYLIGHT   SKYLIGHT

COATS   PANTRY

OPT. SUNROOM
or FIRST FLOOR
BEDROOM
17'-5"x13'-1"

OPT.
WINDOW

OPT.
FIREPLACE

LIVING ROOM
12'-10"x11'-9"

PWD.

DN

TWO CAR GARAGE
21'-1"x20'-5"

OPT.
WINDOW

FOYER
TWO STORY

UP

BEDROOM #3
11'-9"x11'-4"

BATH

MASTER BATH

MASTER SUITE
18'-1"x13'-4"
OPT. VAULTED CEILING

DN

BEDROOM #2
11'-9"x10'-6"

LINEN   LAUNDRY   W.I.C.

OPEN TO
FOYER

Die Reihe der Kolonialstilhäuser von Cadre Development zeigt mit dem Entwurf Kingston Grand eine weitere Variante mit einer Wohnfläche von 192,96 qm. Hier wurde die Garage mit einem hohen Satteldach geplant, die ein Fenster im Giebel zur Frontseite hat. Der bewährte Erdgeschoßgrundriß von den Entwürfen Jamison und Kingston konnte komplett übernommen werden. Lediglich die Grundrißgestaltung im Obergeschoß wurde an die veränderten Räumlichkeiten angepaßt.

Design C0010-02-B
Kingston Grand
Cadre Development

OPT. EXP. NOOK

DINING ROOM
13'-4"x11'-9"
OPT. TRAY CEILING

NOOK
11'-0"x10'-0"

KITCHEN
13'-4"x10'-0"

FAMILY ROOM
14'-7"x13'-4"
OPT. SUNKEN FAMILYROOM

OPT.
WINDOW

SKYLIGHT   SKYLIGHT

COATS

PANTRY

OPT.
WINDOW

OPT. SUNROOM
or FIRST FLOOR
BEDROOM
17'-5"x13'-1"

OPT.
WINDOW

OPT.
FIREPLACE

PWD.

LIVING ROOM
12'-10"x11'-9"

DN

OPT.
WINDOW

TWO CAR GARAGE
21'-1"x20'-5"

FOYER
TWO STORY

UP

BEDROOM #3
11'-9"x13'-4"

BATH

MASTER BATH

MASTER SUITE
18'-1"x13'-4"
OPT. VAULTED CEILING

LINEN

DN

W.I.C.

BEDROOM #2
11'-9"x10'-6"

LAUNDRY

OPEN TO
FOYER

BEDROOM #4
11'-5"x10'-7"

Mit einer einheitlich gestalteten Fassade aus Holz-paneelen und einem geschmackvoll ausgestatteten Eingangsbereich zeigt sich dieser Entwurf im Georgian Style. Die symmetrische Anordnung der Sprossenfenster und Dachgauben verleiht dem äußeren Erscheinungsbild eine elegante Note. Im Inneren dieser 166,30 qm großen Planung zeigen sich die beiden Wohngeschosse mit einem klar gegliederten Grundriß. Das 87,15 qm große Erdgeschoß bietet seitlich des hohen Foyers je ein formelles Wohn- und Speisezimmer. Zwischen der Küche, die über einen Eßplatz verfügt, und dem Familienwohnzimmer befinden sich Hauswirt-schaftsraum und Gäste-WC. Im 79,15 qm großen Obergeschoß sind vier Schlafräume und zwei Bäder untergebracht.

**Design C0023-01-A Williamsburg
Cadre Development**

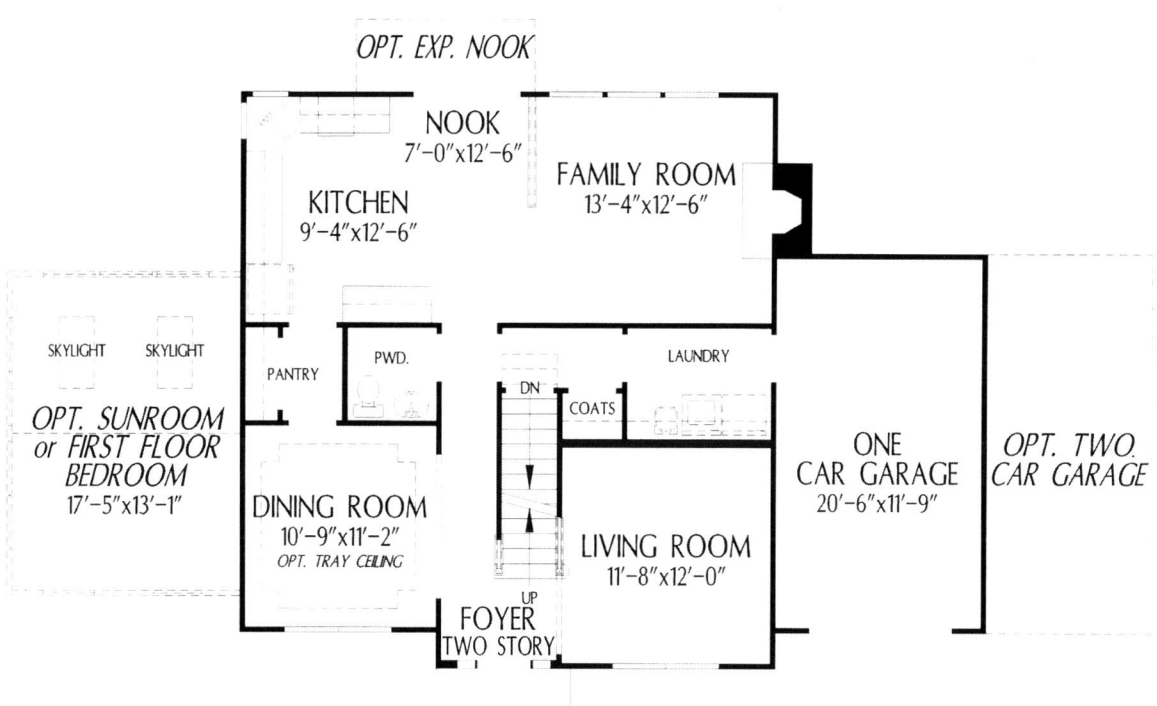

OPT. EXP. NOOK

NOOK
7'-0"x12'-6"

FAMILY ROOM
13'-4"x12'-6"

KITCHEN
9'-4"x12'-6"

SKYLIGHT   SKYLIGHT

PANTRY   PWD.   LAUNDRY

OPT. SUNROOM
or FIRST FLOOR
BEDROOM
17'-5"x13'-1"

ONE
CAR GARAGE
20'-6"x11'-9"

OPT. TWO
CAR GARAGE

DN   COATS

DINING ROOM
10'-9"x11'-2"
OPT. TRAY CEILING

LIVING ROOM
11'-8"x12'-0"

FOYER
TWO STORY

UP

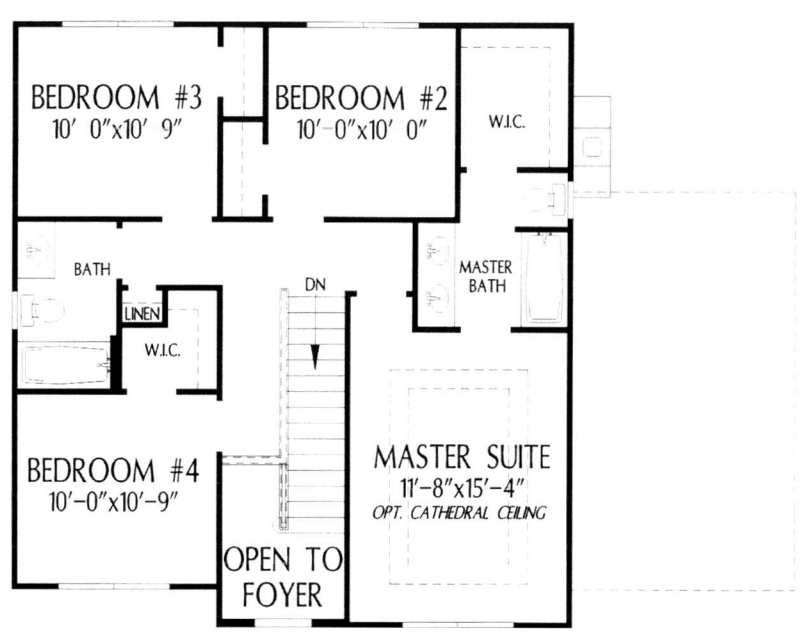

BEDROOM #3
10' 0"x10' 9"

BEDROOM #2
10'-0"x10' 0"

W.I.C.

BATH

LINEN

W.I.C.

DN

MASTER
BATH

BEDROOM #4
10'-0"x10'-9"

OPEN TO
FOYER

MASTER SUITE
11'-8"x15'-4"
OPT. CATHEDRAL CEILING

Die Frontansicht dieses stattlichen Familienhauses wird durch den vorspringenden Giebel und den weit überdachten Eingangsbereich geprägt. Diese moderne Version eines Kolonialstil-Hauses hat eine große Doppelgarage, dessen Tore farblich den Pfosten der Veranda, den Fenstersprossen und der geschmackvollen Verzierung im Dachbereich angepaßt wurden. Das 104 qm große Erdgeschoß bietet Platz für ein Wohn- und Speisezimmer. Küche mit Eßecke bilden gemeinsam mit dem Familienwohnraum einen eigenständigen Bereich. Im 114,8 qm großen Obergeschoß befinden sich vier Schlafräume, zwei Bäder, drei begehbare Kleiderkammern und eine Waschküche.

Design C0050-01-D
Oakmont
Cadre Development

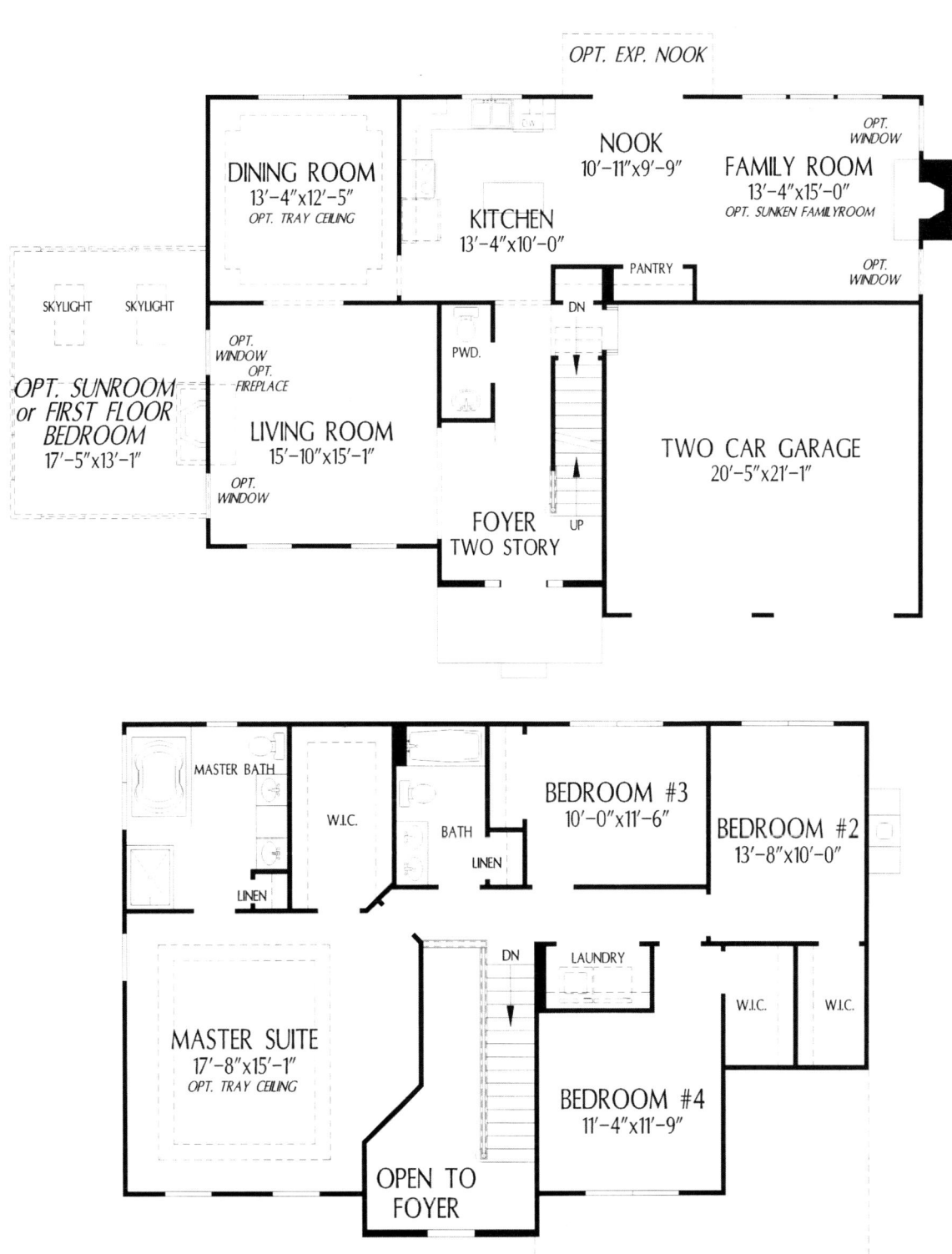

OPT. EXP. NOOK

DINING ROOM
13'-4"x12'-5"
OPT. TRAY CEILING

NOOK
10'-11"x9'-9"

FAMILY ROOM
13'-4"x15'-0"
OPT. SUNKEN FAMILYROOM

OPT. WINDOW

OPT. WINDOW

KITCHEN
13'-4"x10'-0"

SKYLIGHT   SKYLIGHT

OPT. WINDOW
OPT. FIREPLACE

PANTRY

DN

PWD.

OPT. SUNROOM
or FIRST FLOOR
BEDROOM
17'-5"x13'-1"

LIVING ROOM
15'-10"x15'-1"

OPT. WINDOW

TWO CAR GARAGE
20'-5"x21'-1"

UP

FOYER
TWO STORY

MASTER BATH

W.I.C.

BATH

LINEN

BEDROOM #3
10'-0"x11'-6"

BEDROOM #2
13'-8"x10'-0"

LINEN

LINEN

DN

LAUNDRY

W.I.C.

W.I.C.

MASTER SUITE
17'-8"x15'-1"
OPT. TRAY CEILING

BEDROOM #4
11'-4"x11'-9"

OPEN TO
FOYER

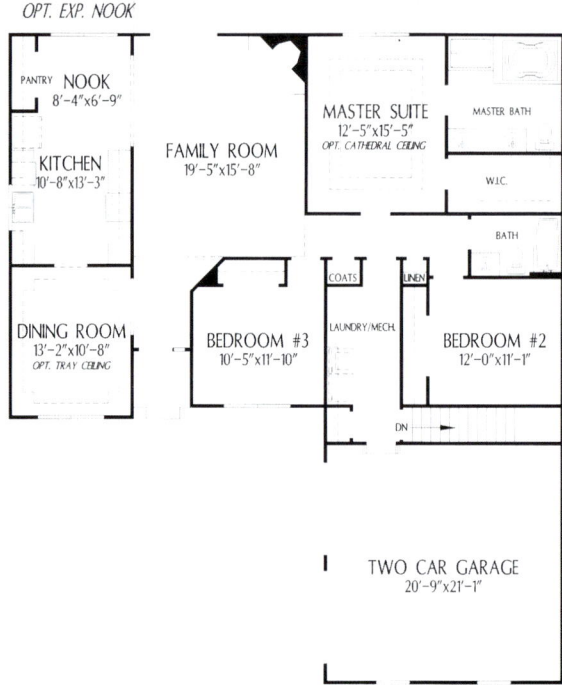

OPT. EXP. NOOK

PANTRY NOOK
8'-4"x6'-9"

KITCHEN
10'-8"x13'-3"

FAMILY ROOM
19'-5"x15'-8"

MASTER SUITE
12'-5"x15'-5"
OPT. CATHEDRAL CEILING

MASTER BATH

W.I.C.

BATH

DINING ROOM
13'-2"x10'-8"
OPT. TRAY CEILING

BEDROOM #3
10'-5"x11'-10"

COATS

LINEN

LAUNDRY/MECH.

BEDROOM #2
12'-0"x11'-1"

DN

TWO CAR GARAGE
20'-9"x21'-1"

Das Raleigh-Design von Cadre Development zeigt einen Eckhausentwurf in eingeschossiger Bauweise. Die zur Straße ausgerichteten Giebelseiten wurden rot verklinkert und stellen einen schönen Kontrast zur übrigen Holzfassade dar. Die 158,6 qm große Grundfläche ist klar gegliedert. Das Raumangebot umfaßt Eßzimmer, Familienwohnraum, Küche mit Speisekammer und Sitzplatz, Eltern-Suite mit Bad und zwei Schlafräume.

Design C0052-01-B
Raleigh
Cadre Development

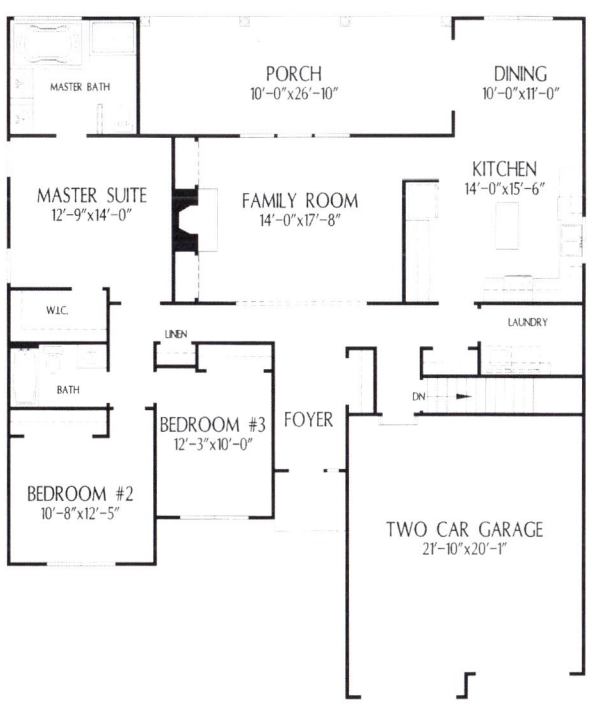

Mit einer eleganten, verputzten Fassade und Fensterläden, die farbige Akzente setzen, präsentiert sich die Frontansicht dieses eingeschossigen Hausentwurfs. Das Design Hamilton bietet seinen Bewohnern drei Schlafräume, ein großes Familienwohnzimmer und einen Speiseraum auf einer Grundfläche von 160 qm.

Design C0062-01-C
Hamilton
Cadre Development

Die roten Fensterläden setzen auf der weißen Paneelfassade fröhliche Akzente. Der große Giebelvorbau dieses zweigeschossigen Objekts wird im Inneren des Hauses unten als Bibliothek und im Obergeschoß als Schlafzimmer genutzt. Das 103,68 qm große Erdgeschoß bietet eine großzügige Raumaufteilung. Vom hohen Foyer betritt man das formelle Wohnzimmer. Das angrenzende Speisezimmer hat einen Durchgang zur Küche, die mit Eßplatz und Kaminzimmer einen eigenen Familienwohnbereich bildet. Im 99 qm großen Obergeschoß befindet sich das Elternschlafzimmer mit begehbarer Kleiderkammer und Luxusbad. Drei Schlafräume teilen sich ein Vollbad.

Design C0057-01-A
Stapleton II
Cadre Development

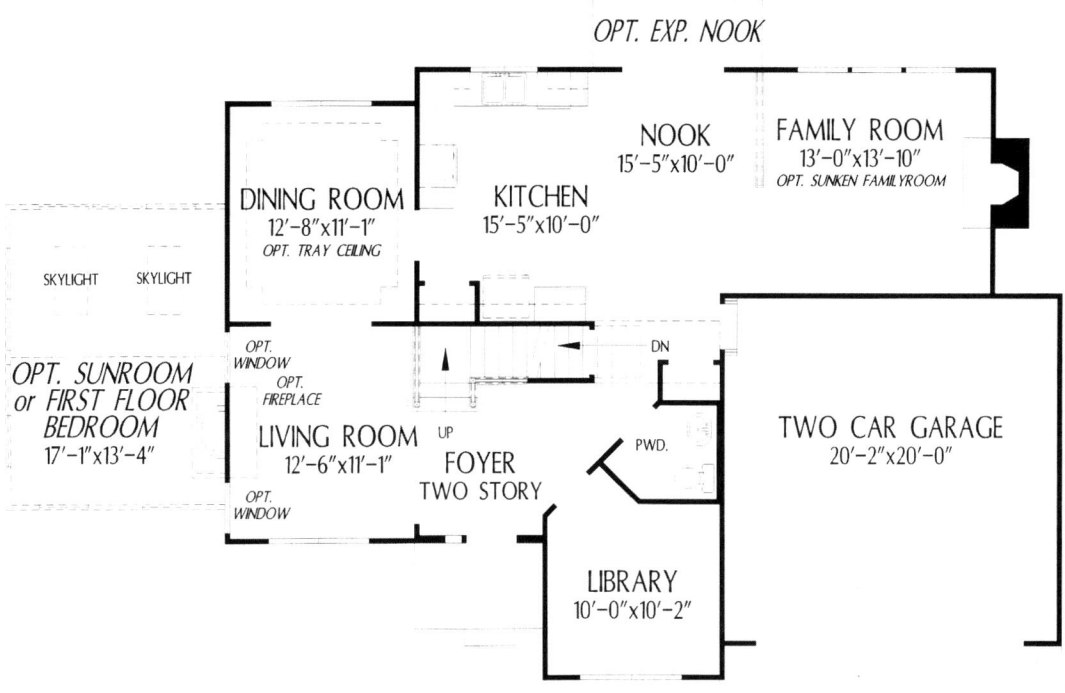

OPT. EXP. NOOK

NOOK
15'-5"x10'-0"

FAMILY ROOM
13'-0"x13'-10"
OPT. SUNKEN FAMILYROOM

DINING ROOM
12'-8"x11'-1"
OPT. TRAY CEILING

KITCHEN
15'-5"x10'-0"

SKYLIGHT   SKYLIGHT

OPT. SUNROOM
or FIRST FLOOR
BEDROOM
17'-1"x13'-4"

OPT.
WINDOW

OPT.
FIREPLACE

LIVING ROOM
12'-6"x11'-1"

OPT.
WINDOW

DN

UP

FOYER
TWO STORY

PWD.

TWO CAR GARAGE
20'-2"x20'-0"

LIBRARY
10'-0"x10'-2"

OPT. THREE CAR GARAGE

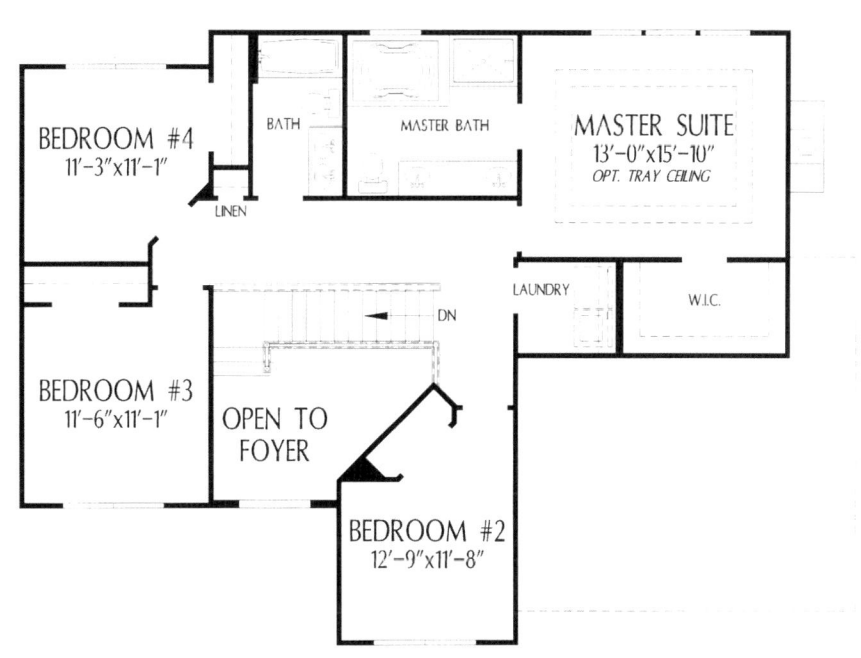

BEDROOM #4
11'-3"x11'-1"

BATH

MASTER BATH

MASTER SUITE
13'-0"x15'-10"
OPT. TRAY CEILING

LINEN

BEDROOM #3
11'-6"x11'-1"

OPEN TO
FOYER

DN

LAUNDRY

W.I.C.

BEDROOM #2
12'-9"x11'-8"

VICTORIAN
STYLE

Design HomeStyle
L-3347

© Larry W. Garnett & Associates, Inc.

Dieser Hausentwurf wurde verschwenderisch mit stilgerechten Details des Victorian Style ausgestattet. Eine runde Hausveranda umgibt den markanten Turmvorbau der Walmdachplanung. Den reich verzierten Giebelvorbau schmücken große Sprossenfenster. Die weiße Holzverkleidung setzt starke Akzente zur einheitlichen roten Klinkerfassade. Im Hausinneren dominiert das zentral gelegene Kaminwohnzimmer. Im Erdgeschoß befindet sich die Küche zwischen Speisezimmer und Frühstückszimmer. Sie bietet direkten Zugang in den Hauswirtschaftsraum. Das Elternschlafzimmer bildet mit einem luxuriösen Bad den Abschluß. Im Obergeschoß sind drei Schlafräume und ein Spielzimmer untergebracht. Die Gesamtwohnfläche beträgt 310,94 qm.

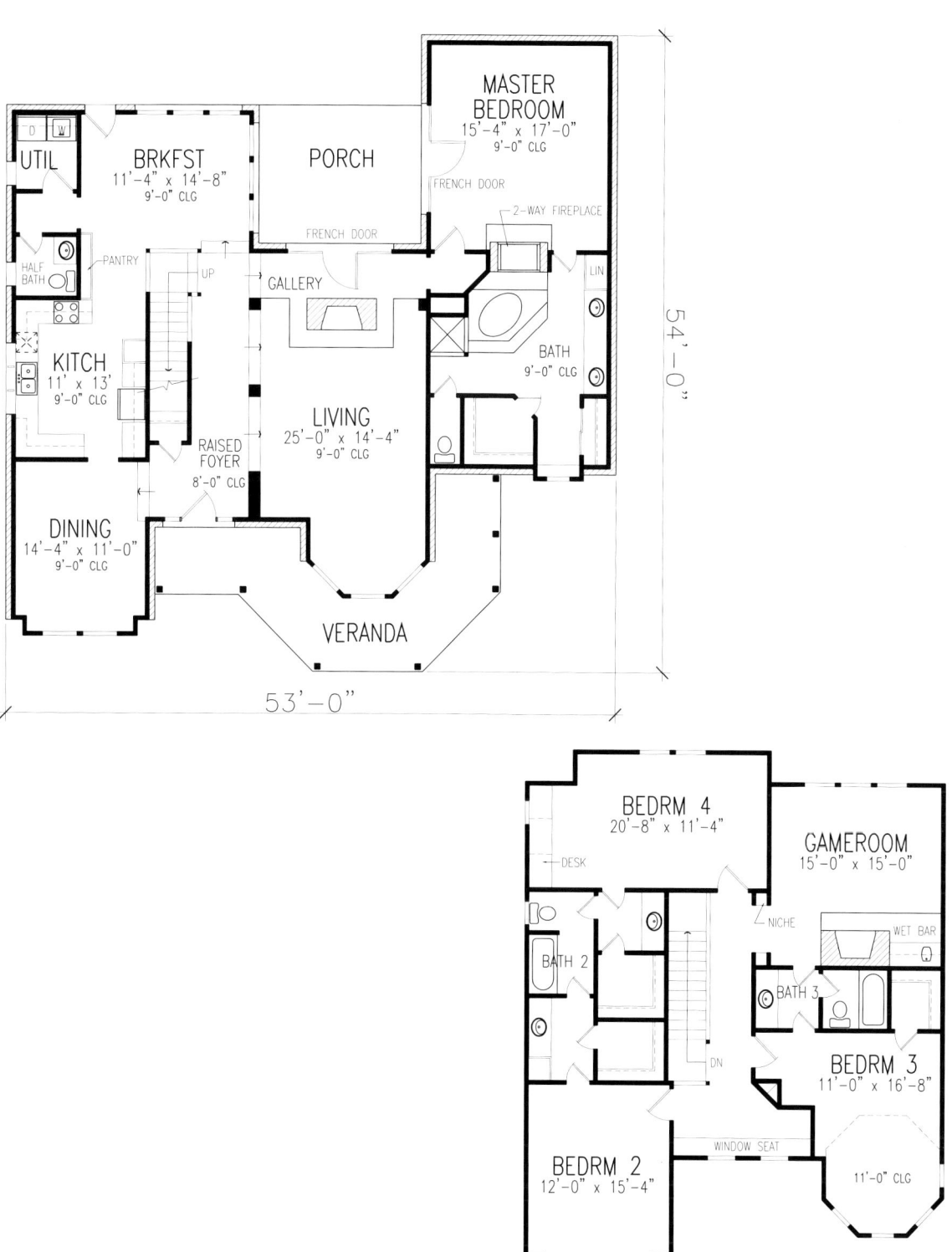

UTIL

BRKFST
11'-4" x 14'-8"
9'-0" CLG

PORCH

MASTER
BEDROOM
15'-4" x 17'-0"
9'-0" CLG

FRENCH DOOR

HALF
BATH

PANTRY

FRENCH DOOR

2-WAY FIREPLACE

LIN

UP

GALLERY

KITCH
11' x 13'
9'-0" CLG

BATH
9'-0" CLG

RAISED
FOYER
8'-0" CLG

LIVING
25'-0" x 14'-4"
9'-0" CLG

54'-0"

DINING
14'-4" x 11'-0"
9'-0" CLG

VERANDA

53'-0"

BEDRM 4
20'-8" x 11'-4"

GAMEROOM
15'-0" x 15'-0"

DESK

NICHE

WET BAR

BATH 2

BATH 3

DN

BEDRM 3
11'-0" x 16'-8"

WINDOW SEAT

BEDRM 2
12'-0" x 15'-4"

11'-0" CLG

Victorian Style   339

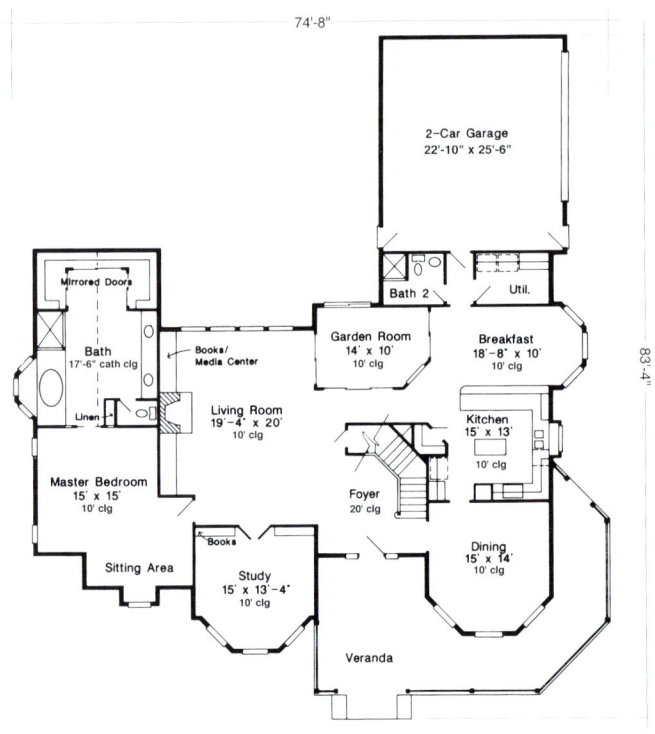

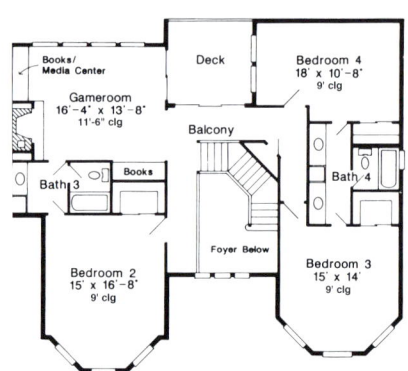

74'-8"

2-Car Garage
22'-10" x 25'-6"

83'-4"

Mirrored Doors

Bath
17'-6" cath clg

Linen

Books/
Media Center

Garden Room
14' x 10'
10' clg

Bath 2

Util.

Breakfast
18'-8' x 10'
10' clg

Living Room
19'-4" x 20'
10' clg

Kitchen
15' x 13'
10' clg

Master Bedroom
15' x 15'
10' clg

Foyer
20' clg

Books

Sitting Area

Study
15' x 13'-4"
10' clg

Dining
15' x 14'
10' clg

Veranda

Books/
Media Center

Gameroom
16'-4" x 13'-8"
11'-6" clg

Deck

Bedroom 4
18' x 10'-8"
9' clg

Books

Balcony

Bath 3

Bath 4

Bedroom 2
15' x 16'-8"
9' clg

Foyer Below

Bedroom 3
15' x 14'
9' clg

Design HomeStyle
L-954-VC

© Larry W. Garnett & Associates, Inc.

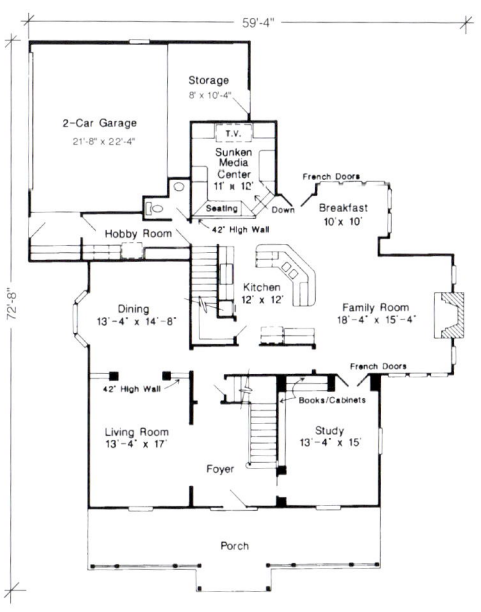

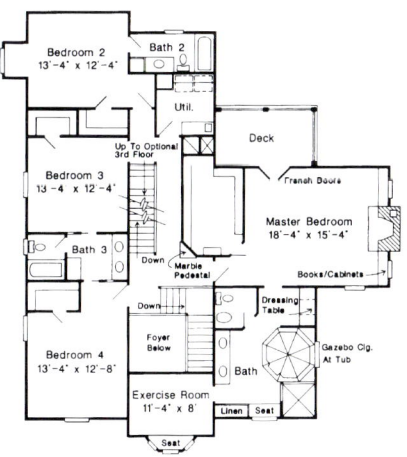

Design HomeStyle
L-841-VSC

© Larry W. Garnett & Associates, Inc.

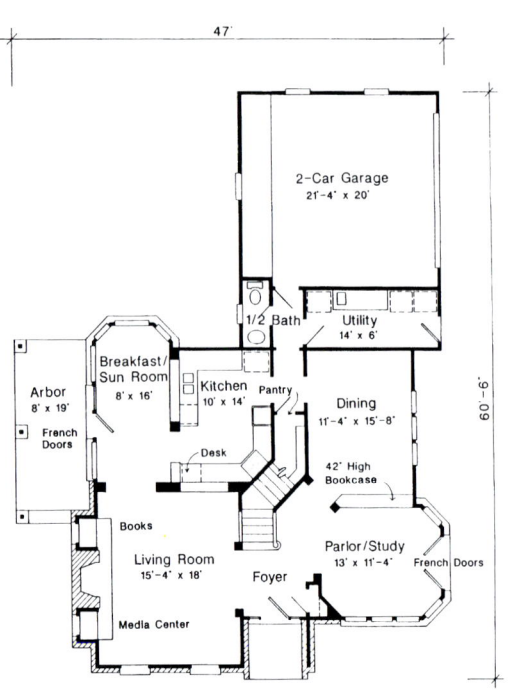

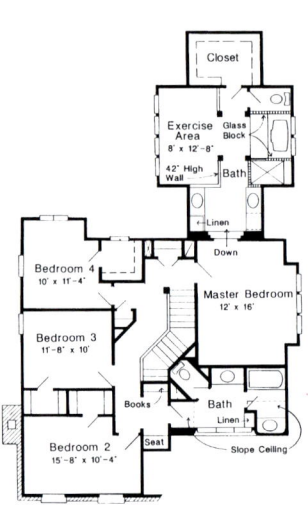

**Design Home-
Style
L-720-CSB**

© Larry W. Garnett &
Associates, Inc.

342 Victorian Style

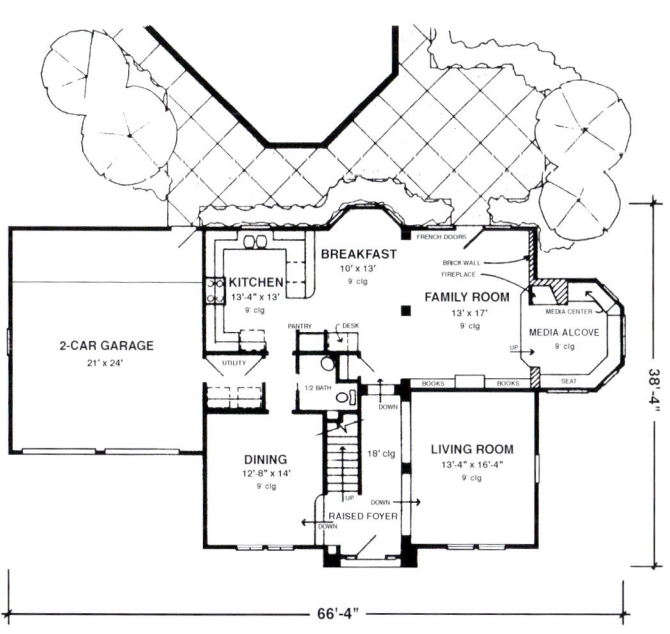

**Design HomeStyle
L-649-HB**

© Larry W. Garnett & Associates, Inc.

Dieser 228 qm große, exklusive Landhausentwurf versteht sich als Homage an die Viktorianische Epoche. Wesentliche Merkmale dieser Stilrichtung finden sich in vielen liebevollen Details wieder. Die rund verlaufende Hausveranda und der imposante Turmvorbau, der im Erdgeschoß des Hauses als Salon und im Obergeschoß als Sitzecke in der Eltern-Suite geplant ist, zeigen dem Betrachter bereits auf den ersten Blick, daß es sich hier um einen Hausentwurf der Sonderklasse handelt. Die formschönen Fenster und die sparsamen Giebel- und Dachverzierungen stimmen auf die im Hausinneren anzutreffende Eleganz ein.

**Design HomeStyle
AX–1310**

© Jerold Axelrod & Associates, P.C.

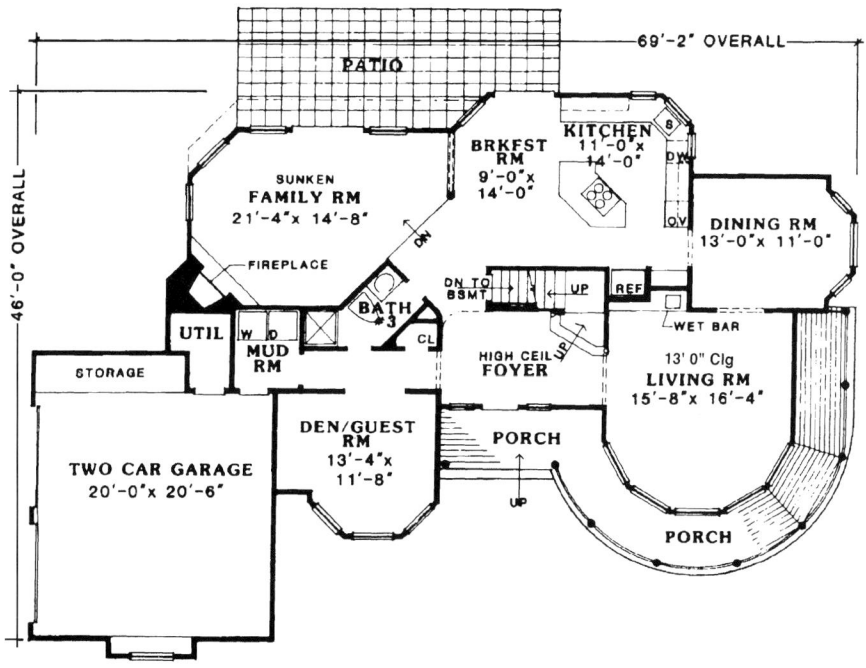

PATIO

69'-2" OVERALL

46'-0" OVERALL

SUNKEN
FAMILY RM
21'-4"x 14'-8"

FIREPLACE

BRKFST
RM
9'-0"x
14'-0"

KITCHEN
11'-0" x
14'-0"

DW

OV

DINING RM
13'-0"x 11'-0"

BATH
#3

CL

DN TO
BSMT

UP

REF

WET BAR

UTIL

W D

MUD
RM

HIGH CEIL
FOYER

UP

13' 0" Clg

LIVING RM
15'-8"x 16'-4"

STORAGE

TWO CAR GARAGE
20'-0"x 20'-6"

DEN/GUEST
RM
13'-4"x
11'-8"

PORCH

UP

PORCH

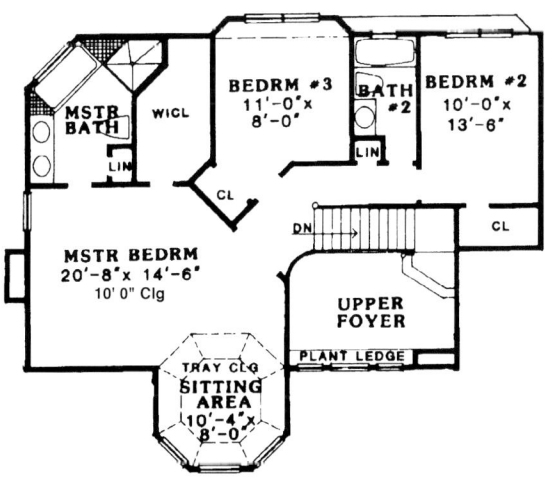

MSTR
BATH

WICL

LIN

BEDRM #3
11'-0"x
8'-0"

BATH
#2

LIN

BEDRM #2
10'-0"x
13'-6"

CL

MSTR BEDRM
20'-8"x 14'-6"
10' 0" Clg

DN

UPPER
FOYER

CL

PLANT LEDGE

TRAY CLG
SITTING
AREA
10'-4"x
8'-0"

Photo © Mark Englund

Dieses nostalgisch anmutende Landhaus wurde in deutlicher Anlehnung an den Victorian Style gebaut. Es bietet seinen Bewohnern eine Wohn-fläche von 255,29 qm, die sich auf zwei Geschosse verteilt. Der schöne Turm, der aus der weit überdachten Veranda ragt, wird im Erdgeschoß des Hauses als Salon genutzt. Hinter dem Erkerfenster befindet sich das Speisezimmer. Im Obergeschoß sind geräumige Schlafzimmer untergebracht.

**Design HomeStyle
V-2440**

© Historical Replications, Inc.

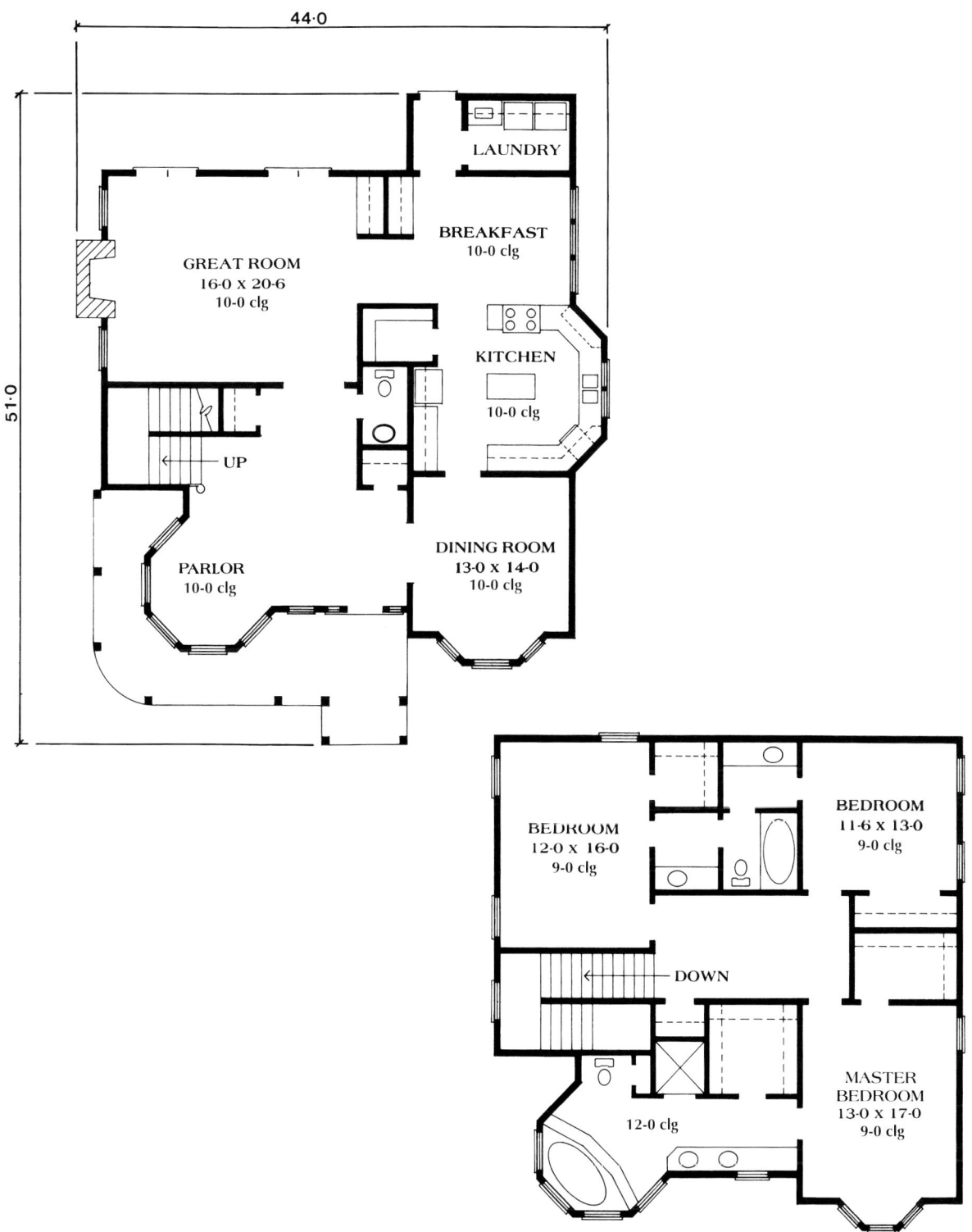

44·0

51·0

LAUNDRY

GREAT ROOM
16-0 x 20-6
10-0 clg

BREAKFAST
10-0 clg

KITCHEN
10-0 clg

UP

PARLOR
10-0 clg

DINING ROOM
13-0 x 14-0
10-0 clg

BEDROOM
12-0 x 16-0
9-0 clg

BEDROOM
11-6 x 13-0
9-0 clg

DOWN

MASTER
BEDROOM
13-0 x 17-0
9-0 clg

12-0 clg

Victorian Style   347

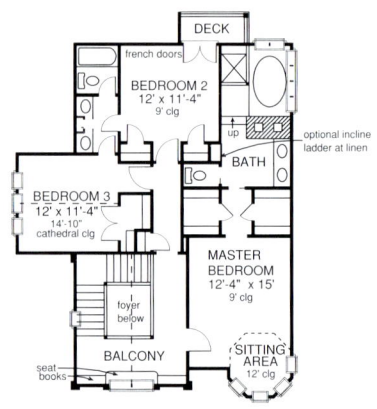

Ein imposanter Farmhausentwurf mit einer Gesamtwohnfläche von 226,49 qm, die sich großzügig auf
zwei Vollgeschosse verteilt. Das verspielte äußere
Erscheinungsbild dieses Entwurfs entstand in enger
Anlehnung an den Victorian Style.

**Design HomeStyle
L-438-VSB**

© Larry W. Garnett & Associates, Inc.

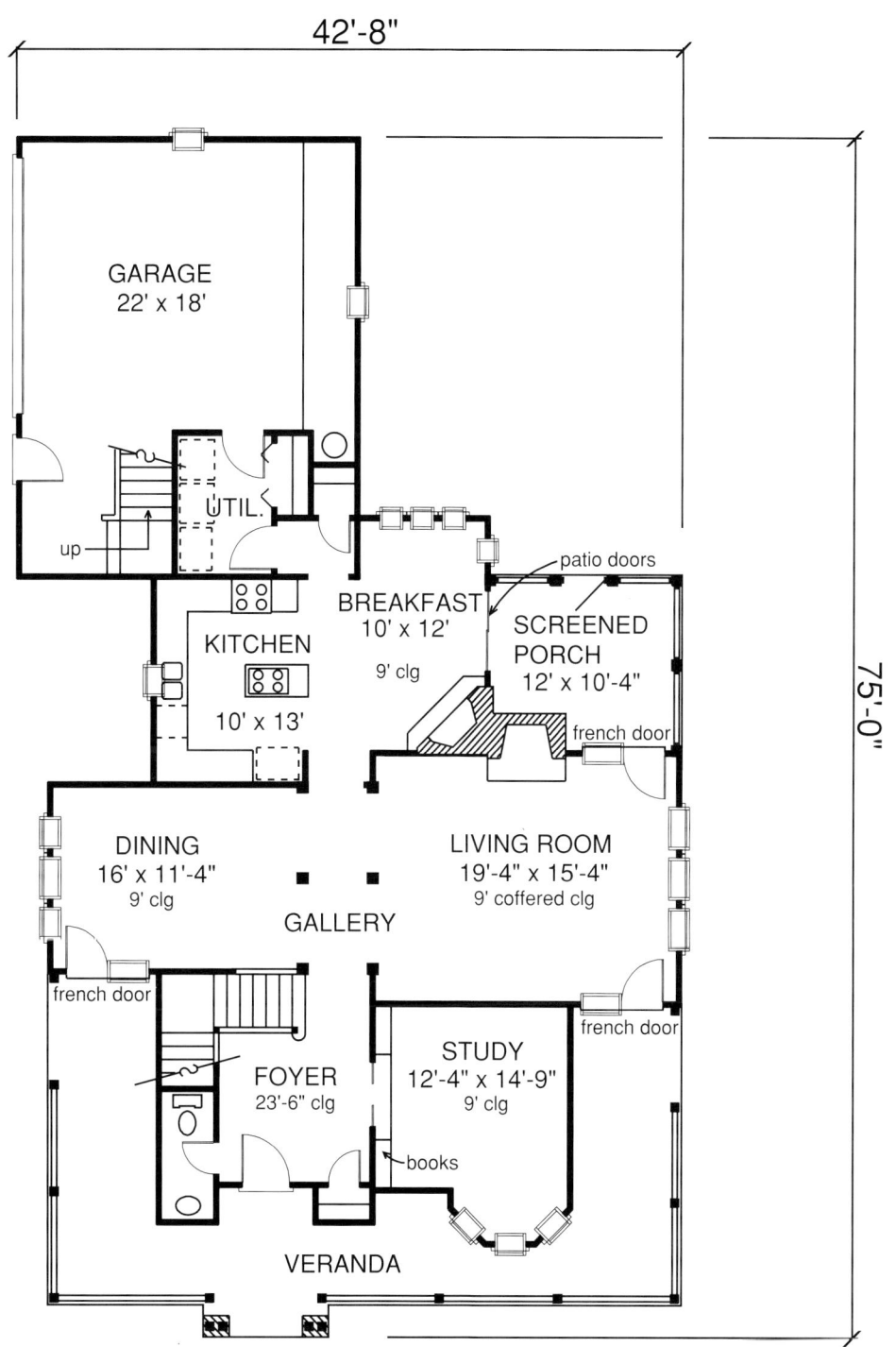

42'-8"

75'-0"

GARAGE
22' x 18'

up

UTIL.

KITCHEN

10' x 13'

BREAKFAST
10' x 12'
9' clg

patio doors

SCREENED
PORCH
12' x 10'-4"

french door

DINING
16' x 11'-4"
9' clg

LIVING ROOM
19'-4" x 15'-4"
9' coffered clg

GALLERY

french door

french door

FOYER
23'-6" clg

STUDY
12'-4" x 14'-9"
9' clg

books

VERANDA

In diesen reizvollen Landhausentwurf wurden alle wesentlichen Stilelemente, die die romantische Epoche mit ihrem viktorianischen Baustil hervorbrachte, eingearbeitet. Liebhaber nostalgischer Architektur werden diesen 223,52 qm großen Entwurf schätzen. Versetzte Dächer, Giebel und Erker machen dieses Objekt zu einer Attraktion. Auf der Rückseite befinden sich eine weit überdachte Veranda. Verspielt ist auch die Grundrißgestaltung sowohl im Erd- als auch im Obergeschoß.

Design HomeStyle
L–408–VB

© Larry W. Garnett & Associates, Inc.

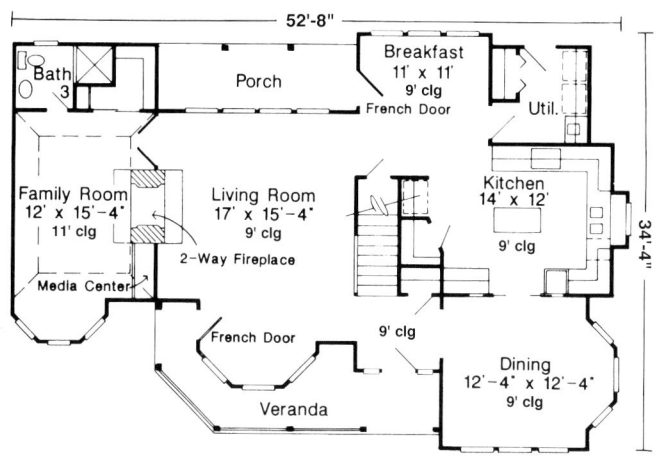

52'-8"

Breakfast
11' x 11'
9' clg

Bath
3

Porch

French Door

Util.

Family Room
12' x 15'-4"
11' clg

Living Room
17' x 15'-4"
9' clg

Kitchen
14' x 12'

9' clg

Media Center

2-Way Fireplace

34'-4"

French Door

9' clg

Dining
12'-4" x 12'-4"
9' clg

Veranda

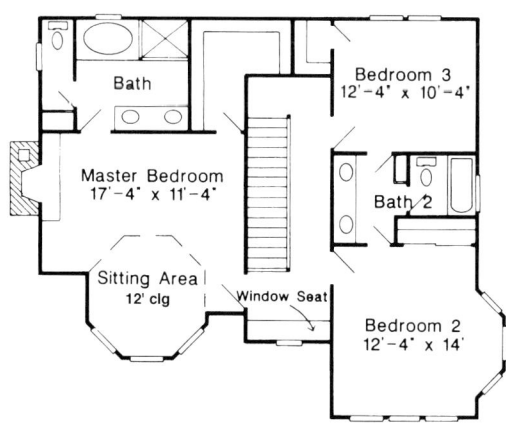

Bath

Bedroom 3
12'-4" x 10'-4"

Master Bedroom
17'-4" x 11'-4"

Bath 2

Sitting Area
12' clg

Window Seat

Bedroom 2
12'-4" x 14'

Victorian Style   351

Der harmonische Gesamteindruck dieses stattli-
chen Country-Entwurfs wird maßgeblich durch
die einheitliche Fassadengestaltung mit Holzschin-
deln erreicht. Eine weiße Balkonveranda und helle
Fensterrahmen bilden einen schönen Kontrast.
Der auffällige Turm, der im Erdgeschoß des
Hauses als Arbeitszimmer und im Obergeschoß als
gemütliche Sitzecke genutzt wird, verleiht diesem
Design einen nostalgischen Touch. Der eleganten
Erscheinung dieses 383,59 qm großen Objektes

entspricht eine gut durchdachte Grundrißaufteilung im Inneren des Hauses. Das Erdgeschoß
wird ausschließlich zu Wohnzwecken genutzt. Im
Obergeschoß befinden sich fünf Schlafräume.

Design HomeStyle
L023-HD
© Larry W. Garnett & Associates, Inc.

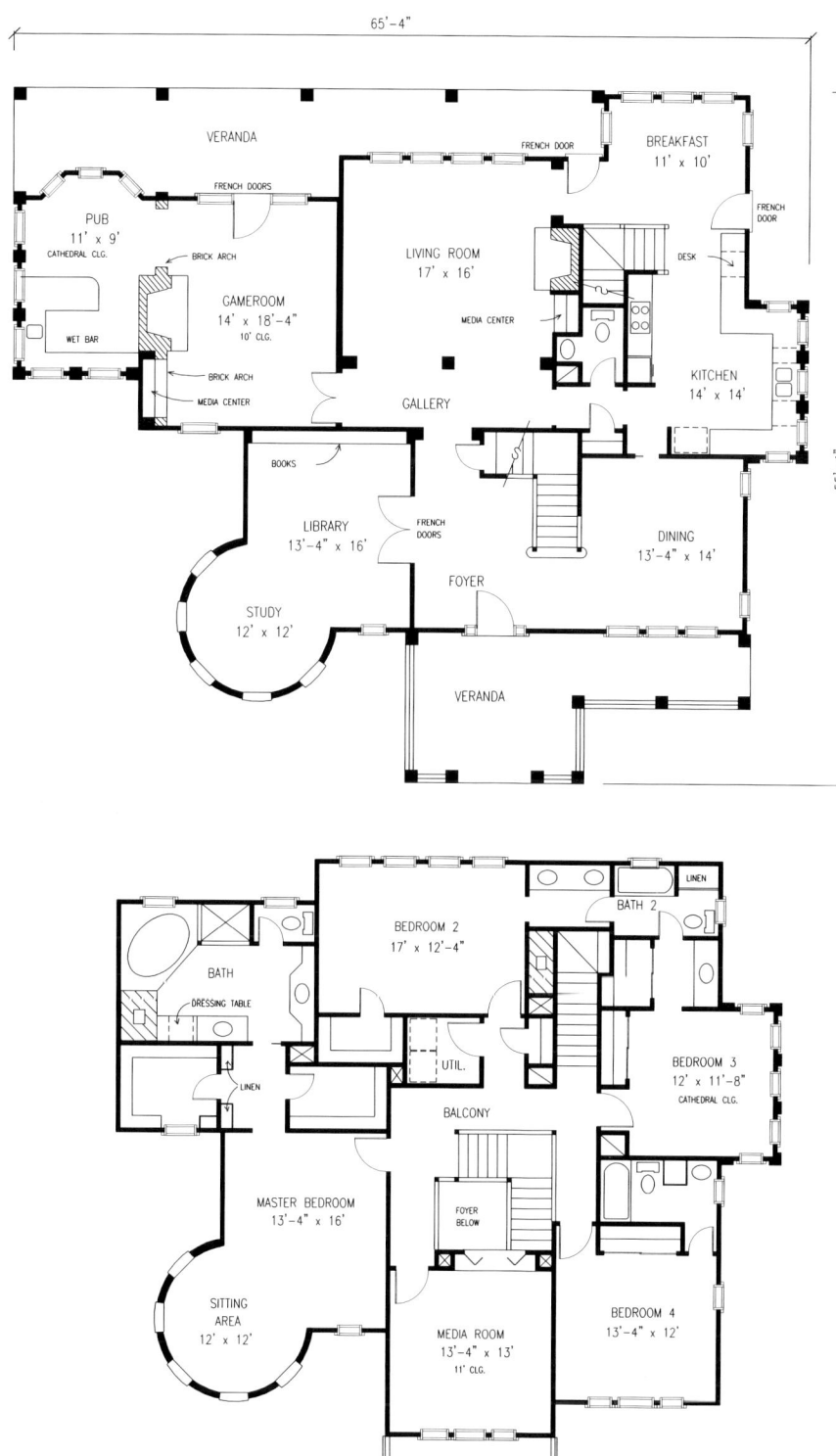

VERANDA

FRENCH DOORS

PUB
11' x 9'
CATHEDRAL CLG.

BRICK ARCH

WET BAR

GAMEROOM
14' x 18'-4"
10' CLG.

BRICK ARCH

MEDIA CENTER

FRENCH DOOR

LIVING ROOM
17' x 16'

MEDIA CENTER

BREAKFAST
11' x 10'

FRENCH DOOR

DESK

KITCHEN
14' x 14'

GALLERY

BOOKS

LIBRARY
13'-4" x 16'

FRENCH DOORS

DINING
13'-4" x 14'

STUDY
12' x 12'

FOYER

VERANDA

65'-4"

55'-4"

BATH

DRESSING TABLE

LINEN

BEDROOM 2
17' x 12'-4"

BATH 2

LINEN

UTIL.

BEDROOM 3
12' x 11'-8"
CATHEDRAL CLG.

MASTER BEDROOM
13'-4" x 16'

BALCONY

FOYER
BELOW

SITTING
AREA
12' x 12'

MEDIA ROOM
13'-4" x 13'
11' CLG.

BEDROOM 4
13'-4" x 12'

Während der romantischen Epoche zwischen 1820 und 1840 avancierte die viktorianische Architektur zu einer der beliebtesten Stilrichtungen. Diese Bauweise, die scherzhaft auch Pfefferkuchen-Stil genannt wird, hat auch heute noch viele Liebhaber und Anhänger. Der spielerische Umgang mit Formen und Accessoires verleiht dieser Bauform eine unverwechselbare Note. Die obligatorischen Turmzimmer und Dachbauten, weitüberdachte Veranden und reich verzierte Geländer und Balustraden und nicht zuletzt die aufwendige Gestaltung der Fassade mit Schindeln und Clapboards sind bei einem viktorianischen Original unverzichtbar. Dieser gelungene Entwurf verfügt über eine Wohnfläche von 180 qm, die sich auf zwei Vollgeschosse verteilt.

Design 5162–Homes for Today
© Augustus Suglia, Architect

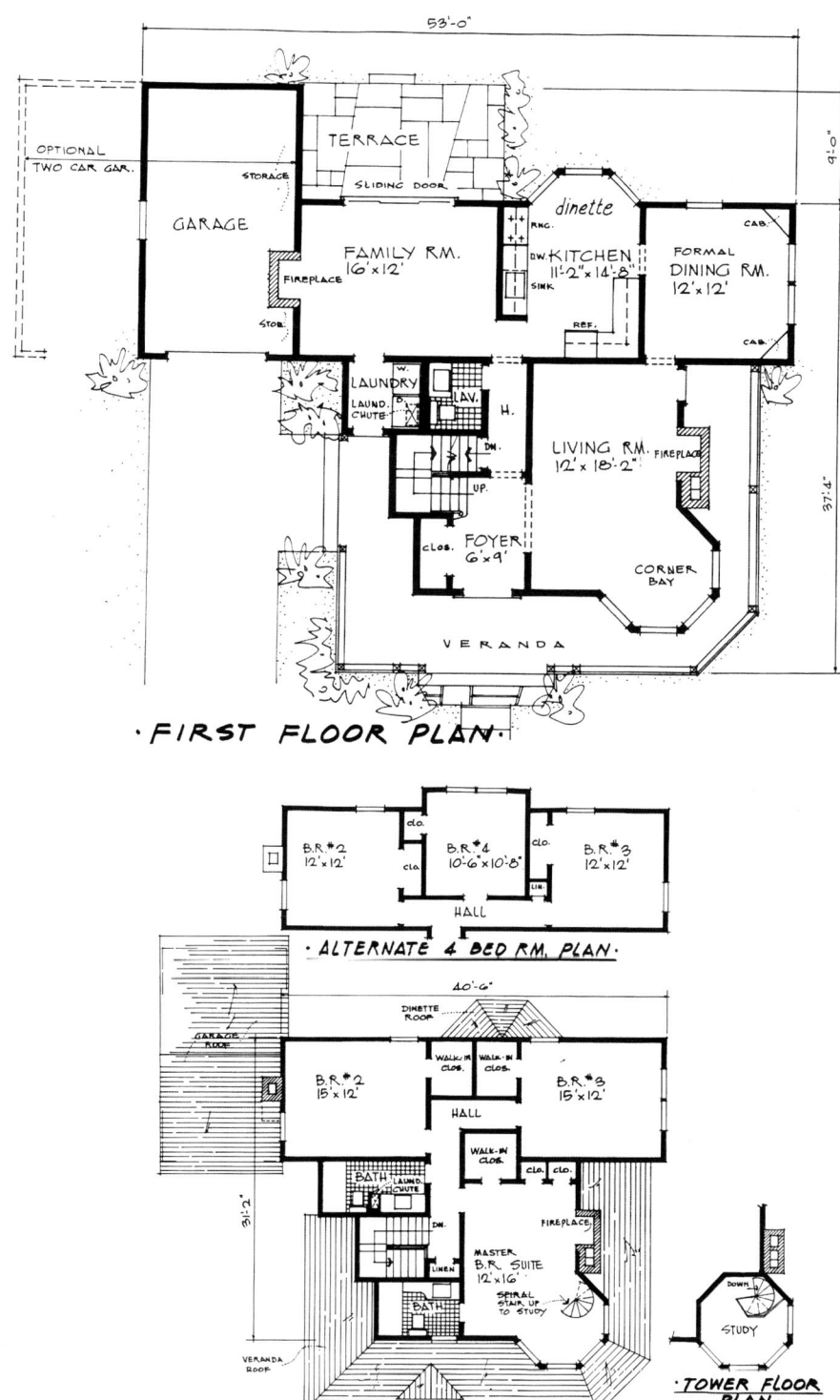

53'-0"

OPTIONAL
TWO CAR GAR.

9'-0"

TERRACE

STORAGE

SLIDING DOOR

GARAGE

dinette

FAMILY RM.
16'x12'

RNG.

CAB.

FIREPLACE

DW KITCHEN
11'-2"x14'-8"

FORMAL
DINING RM.
12'x12'

SINK

STOR.

REF.

CAB.

37'-4"

LAUNDRY

W.

LAV.

LAUND.
CHUTE

H.

DN.

UP.

LIVING RM.
12'x 18'-2'

FIREPLACE

CLOS.

FOYER
6'x9'

CORNER
BAY

VERANDA

·FIRST FLOOR PLAN·

B.R.#2
12'x12'

CLO.

B.R.#4
10'-6"x10'-8"

CLO.

B.R.#3
12'x12'

CLO.

LIN.

HALL

·ALTERNATE 4 BED RM. PLAN·

40'-6"

GARAGE
ROOF

DINETTE
ROOF

B.R.#2
15'x12'

WALK-IN
CLOS.

WALK-IN
CLOS.

B.R.#3
15'x12'

HALL

WALK-IN
CLOS.

31'-2"

BATH

LAUND.
CHUTE

CLO.

CLO.

FIREPLACE

DN.

LINEN

MASTER
B.R. SUITE
12'x16'

DOWN

BATH

SPIRAL
STAIR UP
TO STUDY

STUDY

VERANDA
ROOF

·TOWER FLOOR
PLAN·

·SECOND FLOOR PLAN·

Für die Bebauung eines schmalen Baugrundes eignet sich diese Hausplanung, die in enger Anlehnung an den Victorian Style entworfen wurde. Bei dieser neuzeitlichen Variante wurde die Unterbringung der Fahrzeuge mitberücksichtigt. Das Wechselspiel von Holzpaneelen, Klinker und Schindeln ist interessant und lenkt den Blick weiter auf die formschönen Rundbogenfenster. Vorbei an den beiden Garagen führt der Weg ins Haus über eine reich verzierte Eingangsveranda. Vom hellen Foyer fällt der Blick in das große Familienwohnzimmer, das mit einer hohen, gewölbten Decke geplant wurde. Die Küche mit Erkersitzplatz hat direkten Zugang in das Eßzimmer und in den Hauswirtschaftsraum. Vom Obergeschoß, wo drei Schlafräume und zwei Bäder untergebracht sind, hat man einen freien Blick in das darunterliegende Wohnzimmer.

Design 5175–Homes for Today
© Augustus Suglia, Architect

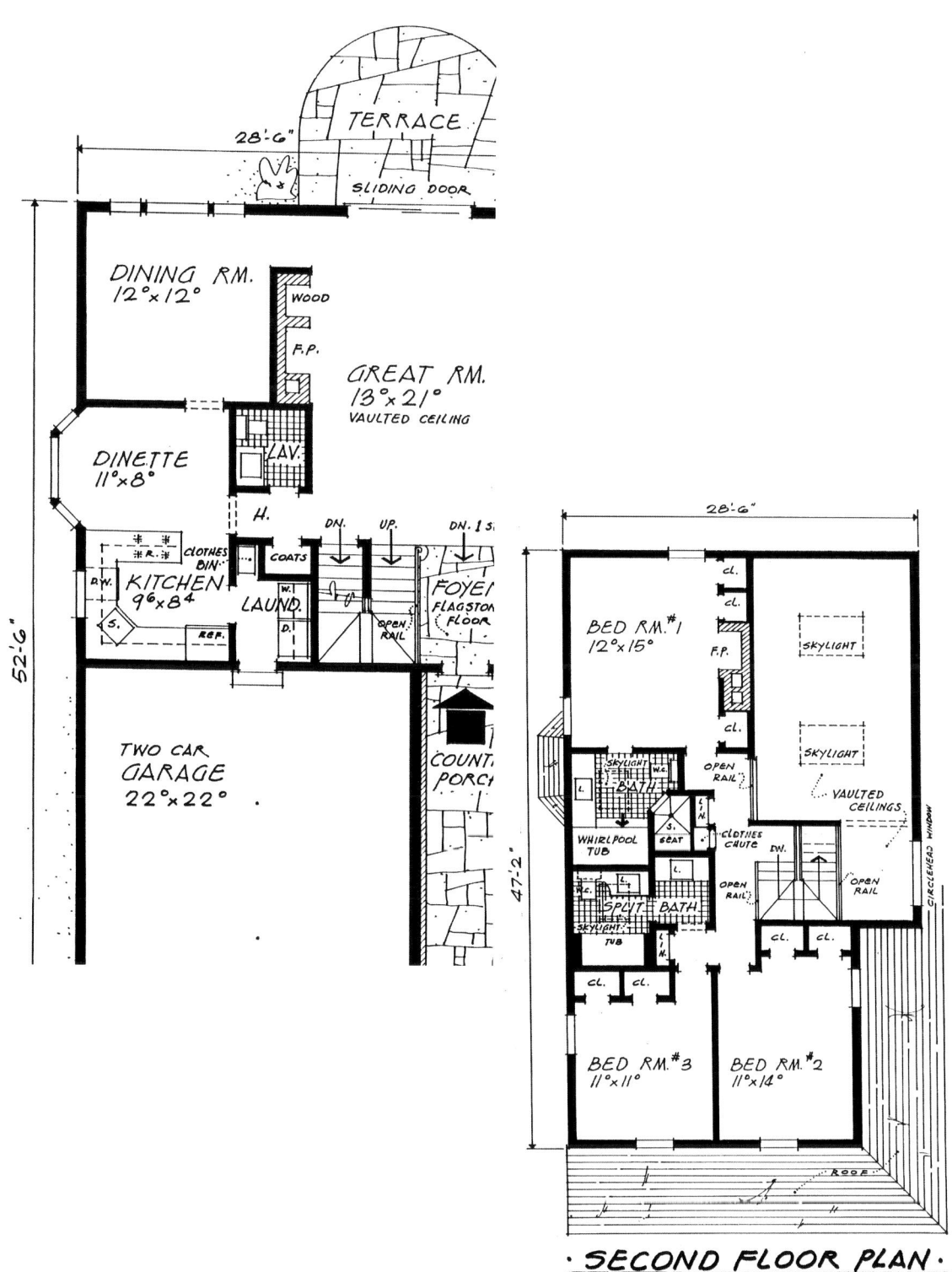

TERRACE

28'-6"

SLIDING DOOR

DINING RM.
12°×12°

WOOD

F.P.

GREAT RM.
13°×21°
VAULTED CEILING

LAV.

DINETTE
11°×8°

H.

DN.

UP.

DN. 1 s.

CLOTHES
BIN

COATS

FOYER

KITCHEN
9⁶×8⁴

D.W.

#R.#

LAUND.

W.

OPEN
RAIL

FLAGSTONE
FLOOR

S.

REF.

D.

52'-6"

TWO CAR
GARAGE
22°×22°

COUNT
PORCH

28'-6"

cl.
cl.

BED RM. #1
12°×15°

F.P.

SKYLIGHT

cl.

SKYLIGHT

47'-2"

BATH

SKYLIGHT

W.C.

S.

L.

L.

OPEN
RAIL

VAULTED
CEILINGS

WHIRLPOOL
TUB

SEAT

CLOTHES
CHUTE

L.

D.W.

OPEN
RAIL

W.C.

L.

L.

OPEN
RAIL

CIRCLEHEAD WINDOW

SPLIT BATH

cl.

cl.

SKYLIGHT
TUB

L.
N.

cl.

cl.

BED RM. #3
11°×11°

BED RM. #2
11°×14°

ROOF

· SECOND FLOOR PLAN ·

Victorian Style   357

Ein Paradebeispiel für die aufwendige Baukunst von Häusern im Victorian Style. Dieses Design offeriert das ganze Spektrum stilgerechter Gestaltung und folgt bis ins letzte Detail dem authentischen Vorbild. Die zweigeschossige Planung überzeugt auch im Inneren des Hauses. Im großzügigen Foyer dominiert eine breite Treppe. Der seitlich davon gelegene Salon bietet einen Fenstersitzplatz. Vom formellen Eßzimmer führt der Weg in die Küche durch eine „butler's pantry". Das zum Garten hin gelegene Kaminwohnzimmer hat hohe, große Fenstertüren, die sich zur Terrasse öffnen lassen. Das Elternschlafzimmer im Obergeschoß des Hauses verfügt über einen Kamin. Von der Suite gelangt man direkt in ein Ankleidezimmer, das mit Einbauschränken ausgestattet ist. Von hier erreicht man das separate Bad, das mit Whirlpool und Dusche sehr komfortabel ausfällt. Zwei weitere Schlafräume teilen sich ein großes Vollbad.

Design 5180-Homes for Today
© Augustus Suglia, Architect

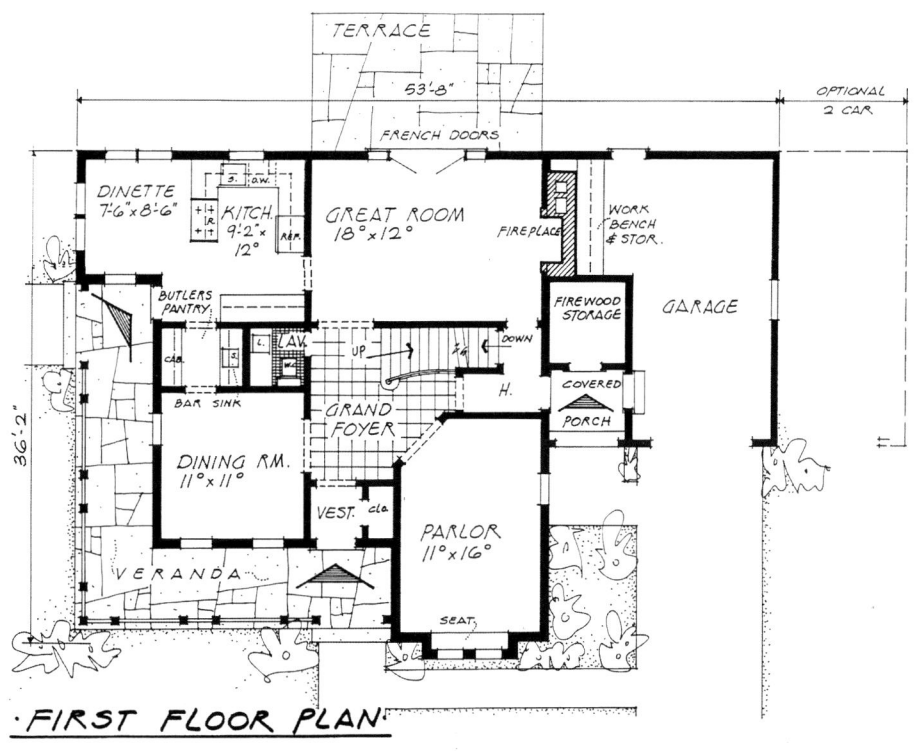

TERRACE

53'-8"

FRENCH DOORS

OPTIONAL
2 CAR

DINETTE
7'-6" x 8'-6"

KITCH.
9'-2" x
12°

GREAT ROOM
18° x 12°

FIREPLACE

WORK
BENCH
& STOR.

GARAGE

BUTLERS
PANTRY

LAV.

UP

DOWN

FIREWOOD
STORAGE

36'-2"

BAR SINK

GRAND
FOYER

H.

COVERED
PORCH

DINING RM.
11° x 11°

VEST.

CLO.

PARLOR
11° x 16°

VERANDA

SEAT

·FIRST FLOOR PLAN·

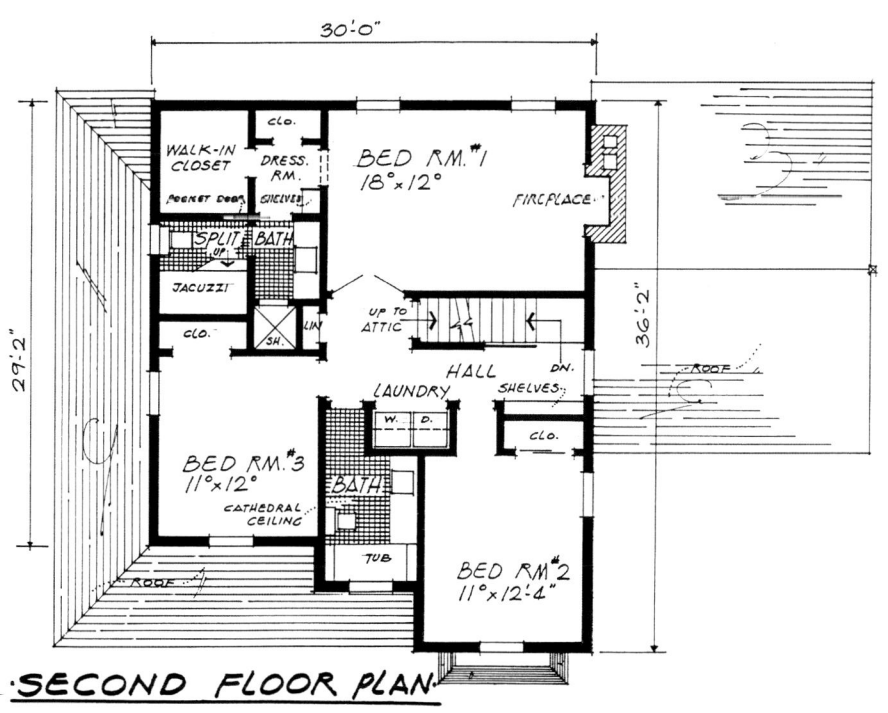

30'-0"

CLO.

WALK-IN
CLOSET

DRESS.
RM.

BED RM.#1
18° x 12°

FIREPLACE

POCKET DOOR

SHELVES

SPLIT BATH

UP

JACUZZI

CLO.

SH.

LIN.

UP TO
ATTIC

36'-2"

29'-2"

ROOF

HALL

DN.

SHELVES

LAUNDRY

W. D.

CLO.

BED RM.#3
11° x 12°

CATHEDRAL
CEILING

BATH

TUB

BED RM.#2
11° x 12'-4"

ROOF

·SECOND FLOOR PLAN·

Dem federführenden Designer für viktorianische Architektur Michael Suglia gelang es bei diesem Objekt, ohne Verzicht auf neuzeitlichen Komfort, die wesentlichen Stilmerkmale dieser verspielten Bauweise im äußeren Erscheinungsbild beizubehalten. So beeindruckt dieser Entwurf mit einer weit umlaufenden Hausveranda und einem imposanten Turm, der im Hausinneren als Foyer und im Obergeschoß als exklusives Bad genutzt wird. Das 105,35 qm große Erdgeschoß bietet seinen Bewohnern einen idealen Grundriß. Die aufwendige Treppe im runden Foyer stimmt den Betrachter sogleich auf die vorherrschende Eleganz ein. Gesäumt von der umlaufenden Veranda liegt auf der linken Hausseite ein Salon, der mit einem Kamin ausgestattet ist. Von der zentral gelegenen Küche gelangt man in das Speisezimmer und in das Kaminwohnzimmer. Durch die verglasten Schiebetüren kommt man auf die Gartenterrasse. Im Obergeschoß befinden sich neben der Eltern-Suite mit Luxusbad drei weitere Schlafräume, die sich ein Vollbad teilen.

Design 5190-Homes for Today
© Augustus Suglia, Architect

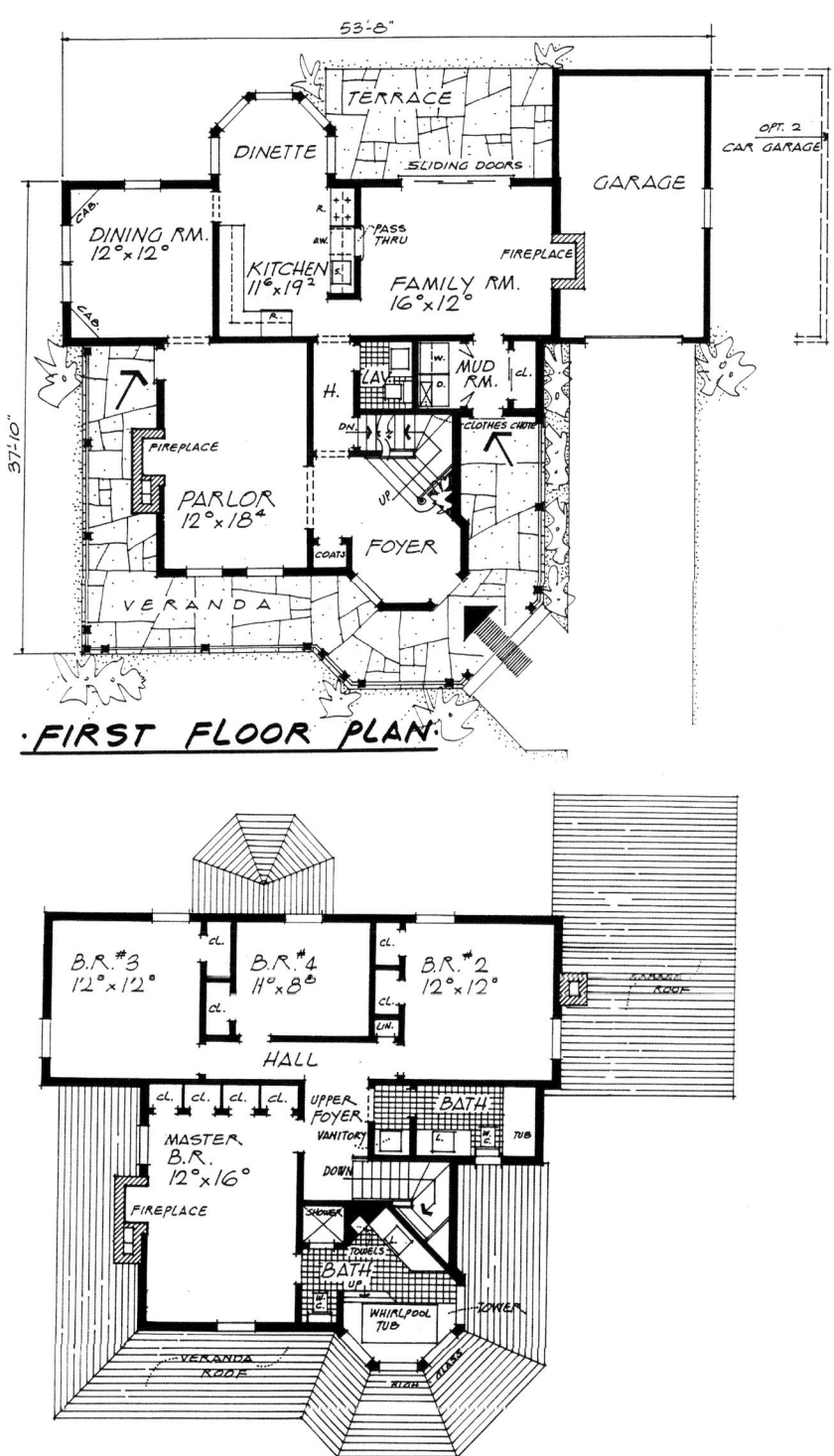

· FIRST FLOOR PLAN ·

53'-8"

TERRACE

DINETTE

OPT. 2 CAR GARAGE

GARAGE

SLIDING DOORS

DINING RM.
12° x 12°

CAB.

KITCHEN
11⁶ x 19²

PASS THRU

FIREPLACE

FAMILY RM.
16° x 12°

CAB.

37'-10"

FIREPLACE

PARLOR
12° x 18⁴

H.

LAV.

MUD RM.

CL.

CLOTHES CHUTE

DN.

UP

COATS

FOYER

VERANDA

· SECOND FLOOR PLAN ·

B.R. #3
12° x 12°

CL.

B.R. #4
11° x 8°

CL.

CL.

B.R. #2
12° x 12°

GARAGE ROOF

CL.

CL.

LIN.

HALL

CL. CL. CL. CL.

UPPER FOYER

BATH

VANITORY

TUB

MASTER B.R.
12° x 16°

DOWN

FIREPLACE

SHOWER

TOWELS

BATH

UP

WHIRLPOOL TUB

TOWER

VERANDA ROOF

RIDGE

Unterstützt wird der nostalgische Eindruck dieses Landhauses von den formschönen Rundbogenfenstern, die sich mit der weit überdachten Veranda zu einem harmonischen Ensemble vereinigen. Die dezenten Giebelverzierungen und die aufwendig gearbeiteten Stützen und Geländer der Eingangsveranda, verweisen deutlich auf viktorianische Einflüsse. Das Innere des Hauses zeigt sich modern und komfortabel. Auf der linken Hausseite befindet sich der Wohnbereich mit Eßzimmer, Küche mit Snack Bar und einem ausgefallenen Glaserker, der einen schönen Frühstücksplatz abgeben würde. Den zentralen Raum bildet das hohe Kaminwohnzimmer. Daneben liegt die Eltern-Suite mit eigenem Luxusbad. Im Obergeschoß sind drei große Schlafräume und zwei Vollbäder untergebracht.

Design 5200-Homes for Today
© Augustus Suglia, Architect

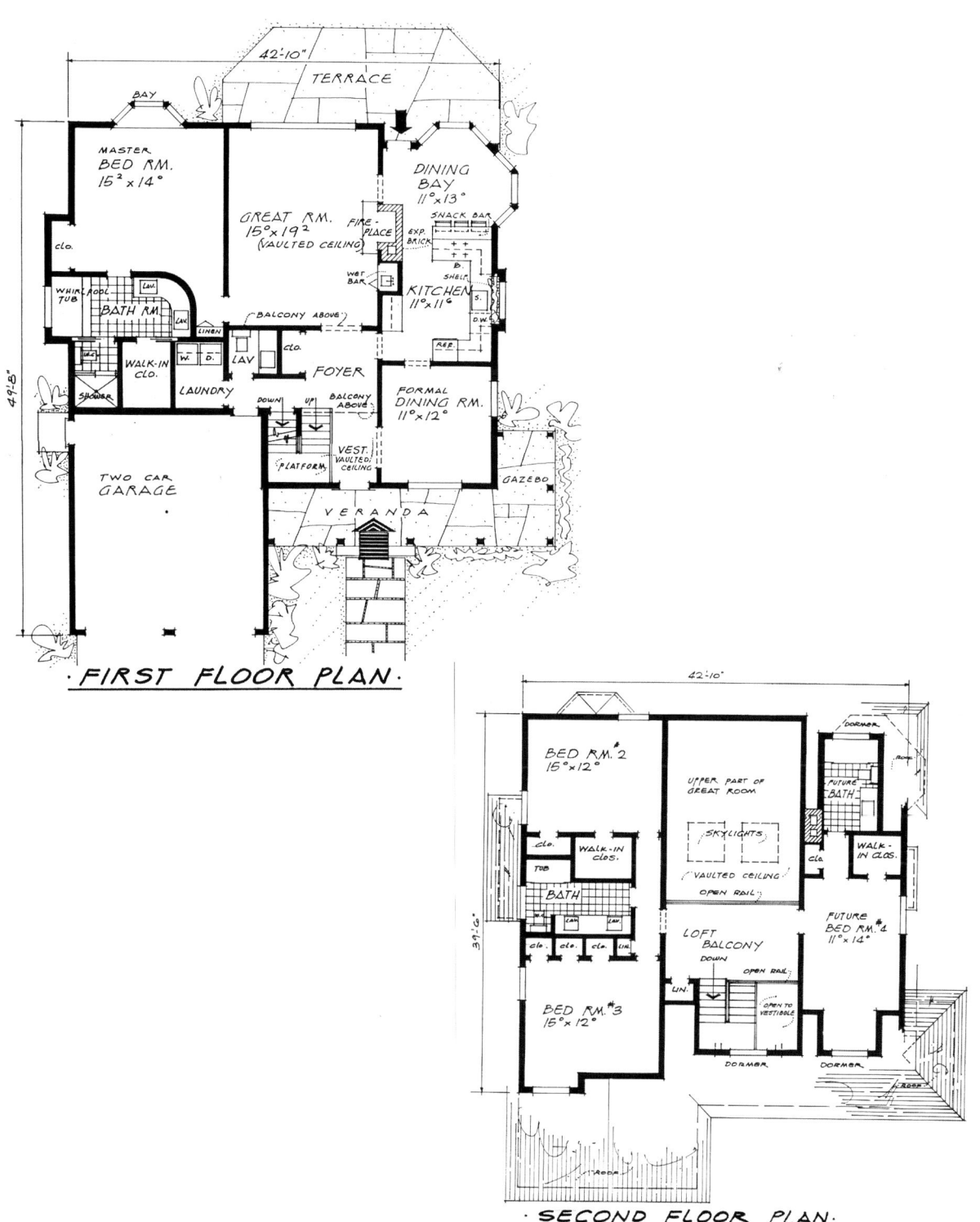

42'-10"

TERRACE

BAY

MASTER
BED RM.
15² x 14⁰

GREAT RM.
15⁰ x 19²
(VAULTED CEILING)

DINING
BAY
11⁰ x 13⁰

FIRE-
PLACE

EXP.
BRICK

SNACK BAR

CLO.

WHIRLPOOL
TUB

LAV.

WET
BAR

B.
SHELF

KITCHEN
11⁰ x 11⁶

S.

49'-8"

BATH RM.

LAV.

BALCONY ABOVE

D.W.

LINEN

W. D.

CLO.

REF.

WALK-IN
CLO.

LAV.

FOYER

SHOWER

LAUNDRY

DOWN

UP

BALCONY
ABOVE

FORMAL
DINING RM.
11⁰ x 12⁰

PLATFORM

VEST.
VAULTED
CEILING

TWO CAR
GARAGE

VERANDA

GAZEBO

· FIRST FLOOR PLAN ·

42'-10"

DORMER

BED RM.² 2
15⁰ x 12⁰

UPPER PART OF
GREAT ROOM

FUTURE
BATH

ROOF

CLO.

WALK-IN
CLOS.

SKYLIGHTS

CLO.

WALK-
IN CLOS.

TUB

(VAULTED CEILING)

39'-0"

BATH

OPEN RAIL

LAV.

LAV.

LOFT
BALCONY

FUTURE
BED RM.² 4
11⁰ x 14⁰

CLO.

CLO.

CLO.

LIN.

DOWN

OPEN RAIL

LIN.

BED RM.² 3
15⁰ x 12⁰

OPEN TO
VESTIBULE

ROOF

DORMER

DORMER

ROOF

· SECOND FLOOR PLAN ·

Victorian Style   363

Ein großes, schönes Fenster schmückt die mittlere der drei Dachgauben dieses stattlichen Landhauses. Einflüsse aus der viktorianischen Epoche finden sich in der reich verzierten Veranda wieder. Der sparsame Giebelschmuck setzt weitere Akzente. Drei große Erkerfenster bereichern die klassische Holzfassade. Das Innere des Hauses wirkt offen und lichtdurchflutet. Im 150 qm großen Erdgeschoß befinden sich Eßzimmer, Küche und Frühstücksraum. Den zentralen Punkt bildet das durch zwei Geschosse reichende Familienwohnzimmer, das direkten Zugang auf die Gartenterrasse bietet. Von hier gelangt man in das Arbeitszimmer, das mit einem Kamin ausgestattet ist. Die elterliche Suite liegt zur Frontseite des Hauses und verfügt über ein großes Bad mit Doppelwaschtisch, Dusche, Whirlpool und separatem WC. Eine

begehbare Kleiderkammer und Einbauschränke sind hier bereits eingeplant. Die Treppe ins Obergeschoß mündet in ein Loft, von dem man einen freien Blick in das Foyer und in das gegenüberliegende Kaminwohnzimmer hat. Zwei weitere Schlafräume und ein Vollbad finden hier Platz.

Design 5201-Homes for Today
© Augustus Suglia, Architect

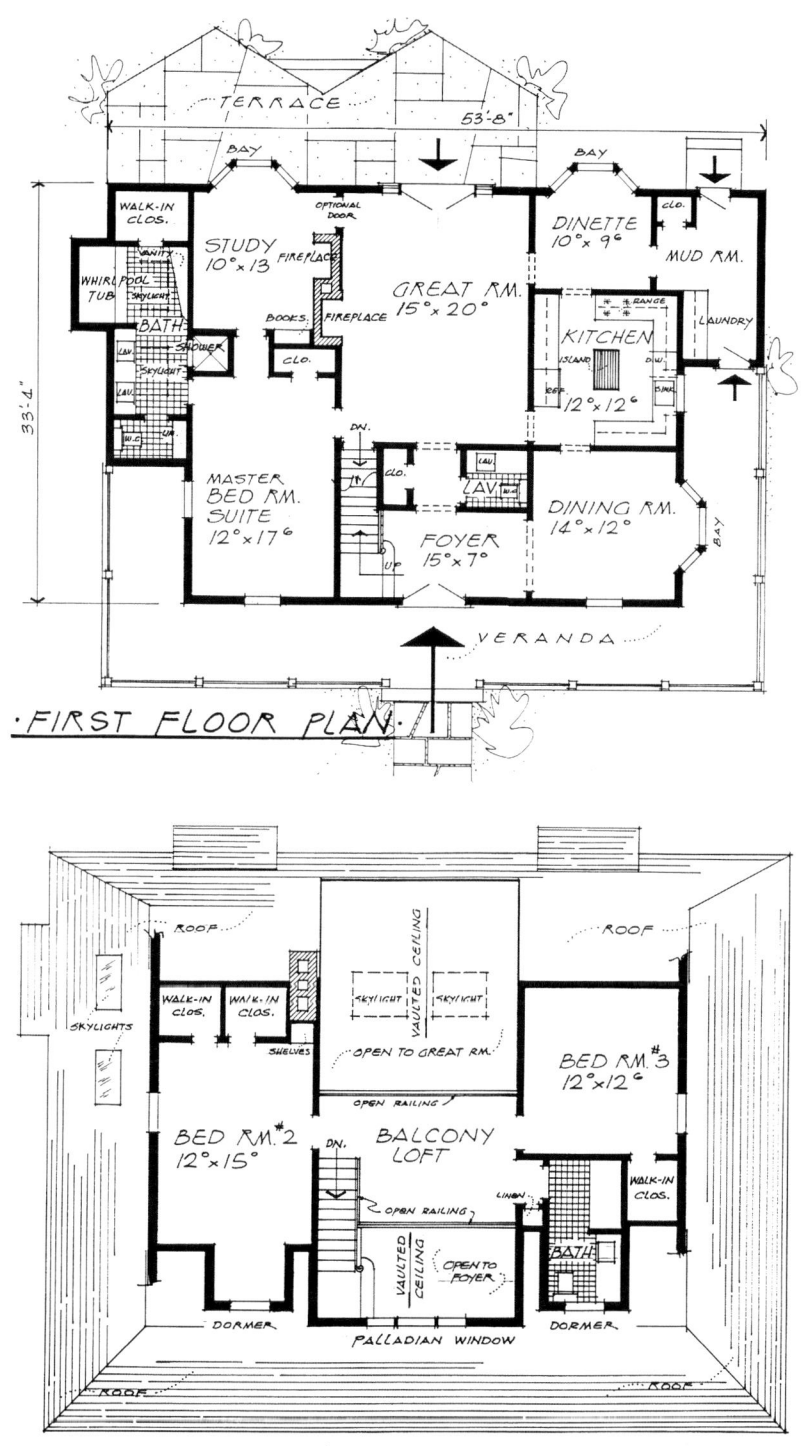

·FIRST FLOOR PLAN·

·SECOND FLOOR PLAN·

Der spektakuläre Turm verleiht diesem Landhaus seinen besonderen Charakter. Zusammen mit der aufwendigen Fassadengestaltung ist es eine echte Attraktion. Mit seiner außergewöhnlichen Verglasung und den farbig abgesetzten Holzverkleidungen setzt sich dieser Entwurf im Victorian Style von herkömmlichen Landhäusern deutlich ab. Das Interieur überzeugt mit einer gut durchdachten Grundrißgestaltung. Das 132 qm große Erdgeschoß teilt sich auf in eine große Country-Küche, die über den Hauswirtschaftsraum Zugang auf die Außenterrasse bietet, und in einen großzügigen Wohnbereich mit dem Familienwohnzimmer, dessen Höhe durch zwei Geschosse reicht, und

den Speiseraum. Dahinter liegt das Elternschlafzimmer mit eigenem Bad und separatem Ankleidezimmer. Die im Turm gelegene Treppe führt ins Obergeschoß, wo sich zwei Schlafräume und ein Bad befinden.

Design 5202-Homes for Today
© Augustus Suglia, Architect

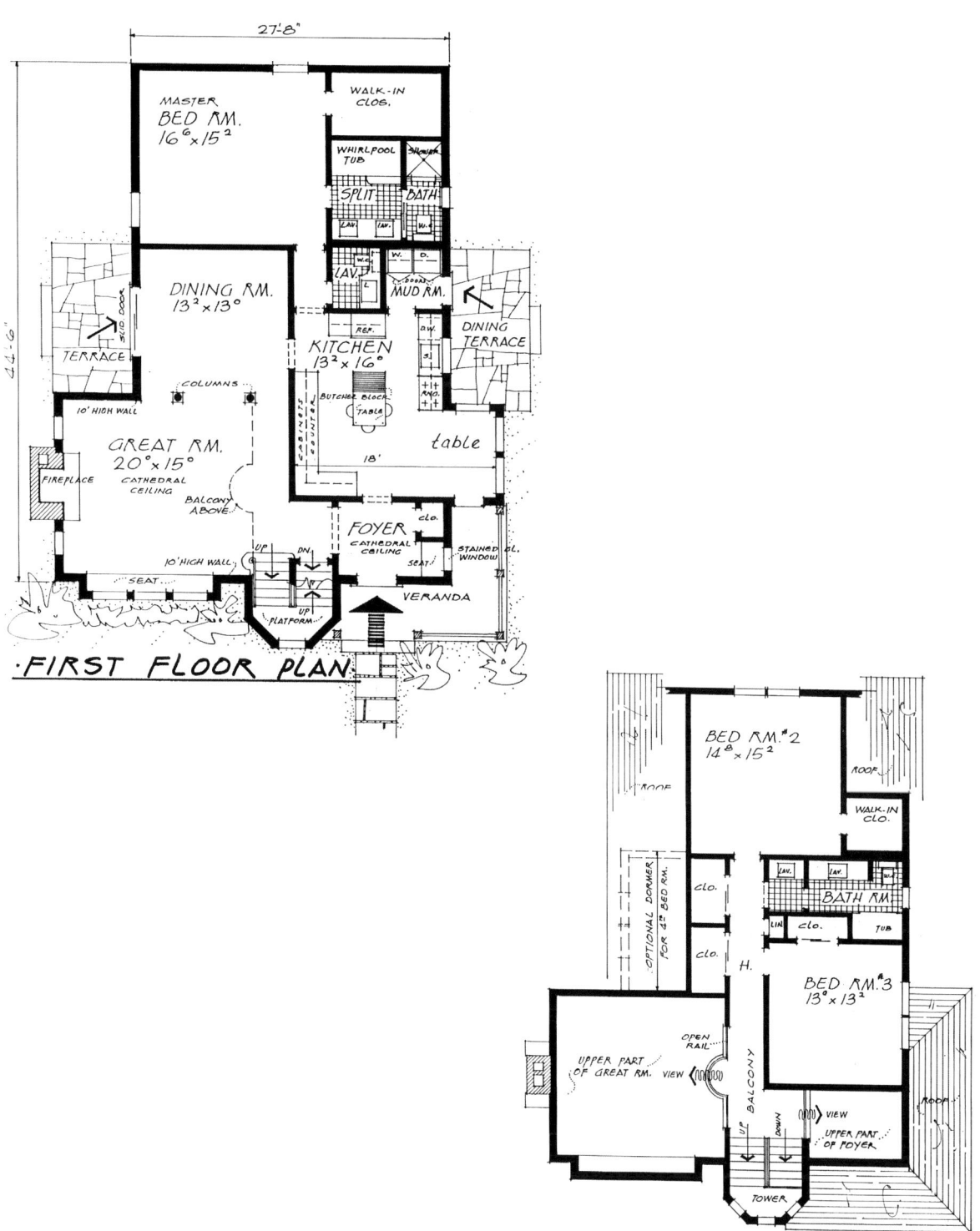

27'-8"

MASTER
BED RM.
16⁶ x 15²

WALK-IN
CLOS.

WHIRLPOOL
TUB

SHOWER

SPLIT

BATH

LAV.

LAV.

W.

44'-6"

DINING RM.
13² x 13⁰

LAV.

W. D.

MUD RM.

REF.

DINING
TERRACE

TERRACE

KITCHEN
13² x 16⁰

D.W.

S.

COLUMNS

BUTCHER BLOCK
TABLE

table

10' HIGH WALL

GREAT RM.
20⁰ x 15⁰
CATHEDRAL
CEILING

18'

CABINETS
COUNTER

FIREPLACE

BALCONY
ABOVE

clo.

FOYER
CATHEDRAL
CEILING

10' HIGH WALL

UP

DN

STAINED GL.
WINDOW

SEAT

UP
PLATFORM

SEAT

VERANDA

·FIRST FLOOR PLAN·

BED RM. #2
14⁸ x 15²

ROOF

ROOF

WALK-IN
CLO.

OPTIONAL DORMER
FOR 4ᵗʰ BED RM.

clo.

LAV.

LAV.

BATH RM.

clo.

LIN.

clo.

TUB

H.

BED RM. #3
13⁰ x 13²

UPPER PART
OF GREAT RM.

OPEN
RAIL

VIEW

BALCONY

UP

DOWN

VIEW

UPPER PART
OF FOYER

ROOF

TOWER

·SECOND FLOOR PLAN·

Victorian Style   367

FARMHOUSES

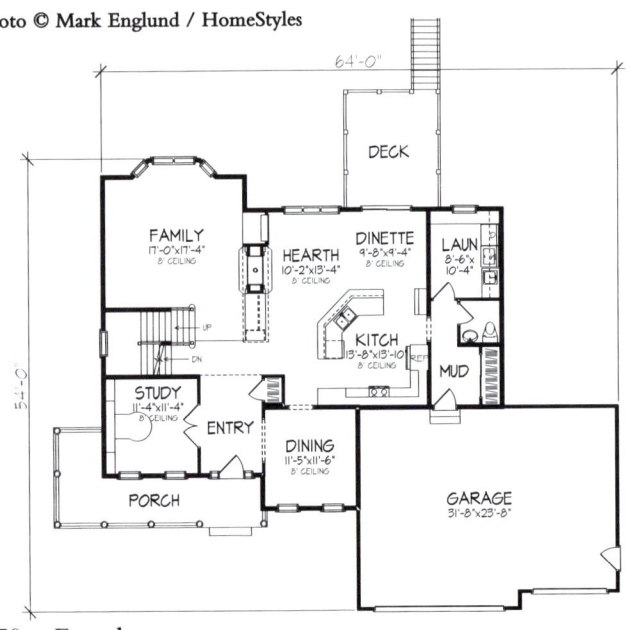

Photo © Mark Englund / HomeStyles

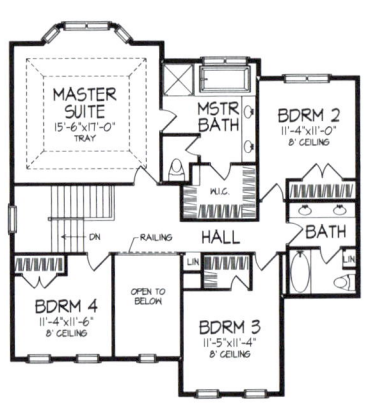

FAMILY
17'-0"x17'-4"
8' CEILING

HEARTH
10'-2"x13'-4"
8' CEILING

DINETTE
9'-8"x9'-4"
8' CEILING

LAUN
8'-6"x
10'-4"

DECK

64'-0"

54'-0"

KITCH
13'-8"x13'-10"
8' CEILING

MUD

STUDY
11'-4"x11'-4"
8' CEILING

ENTRY

DINING
11'-5"x11'-6"
8' CEILING

GARAGE
31'-8"x23'-8"

PORCH

UP

DN

MASTER
SUITE
15'-6"x17'-0"
TRAY

MSTR
BATH

BDRM 2
11'-4"x11'-0"
8' CEILING

W.I.C.

DN   railing

HALL

BATH

LIN

BDRM 4
11'-4"x11'-6"
8' CEILING

OPEN TO
BELOW

BDRM 3
11'-5"x11'-4"
8' CEILING

**Design HomeStyle
L-97800-HB**

© LifeStyle HomeDesign

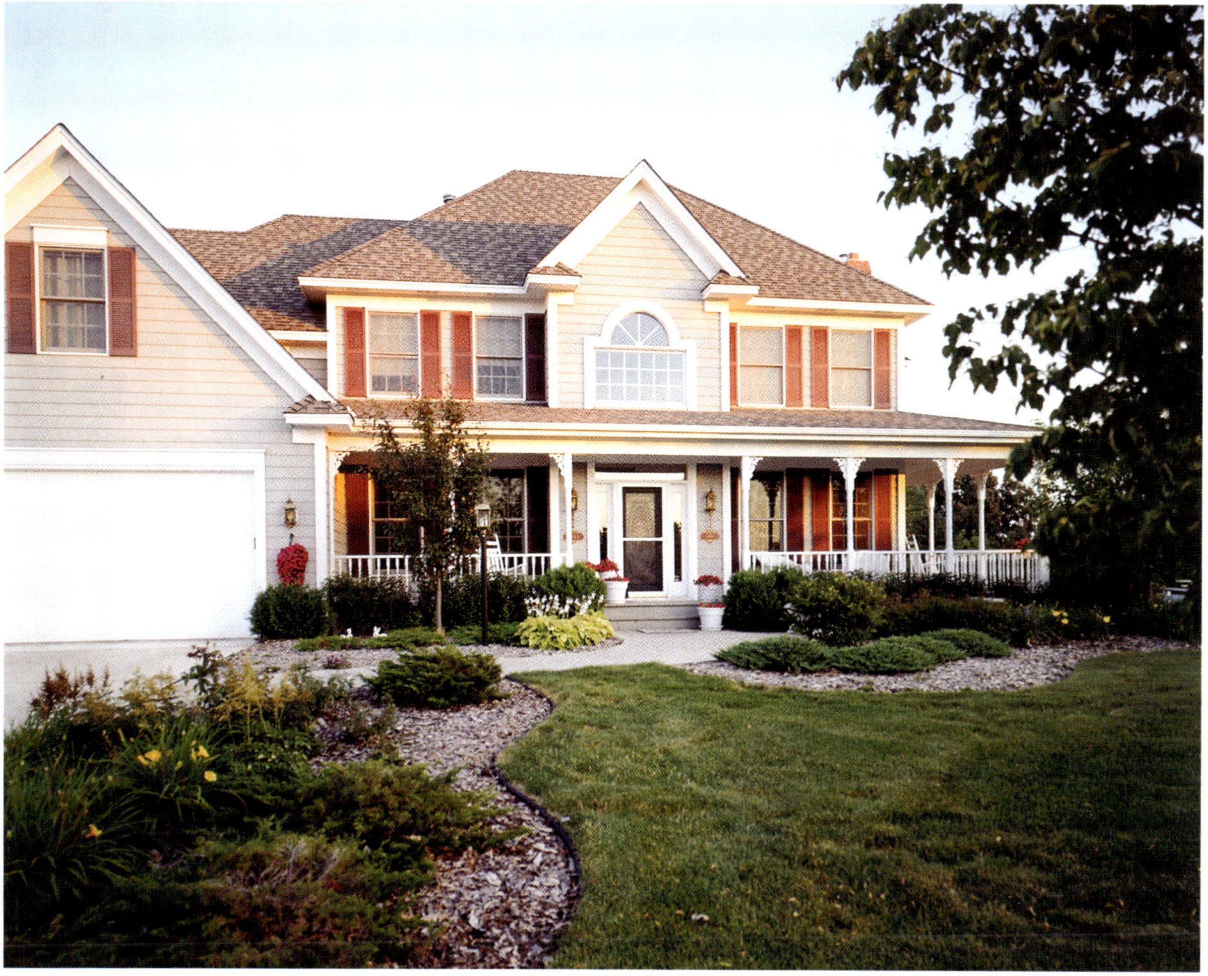

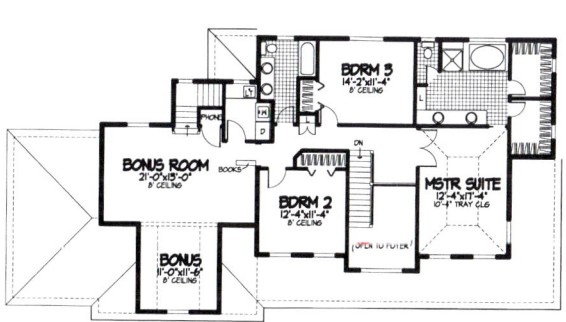

Photo © Mark Englund / HomeStyles

Design HomeStyle
LS-97841-RE

© Lifestyle HomeDesign

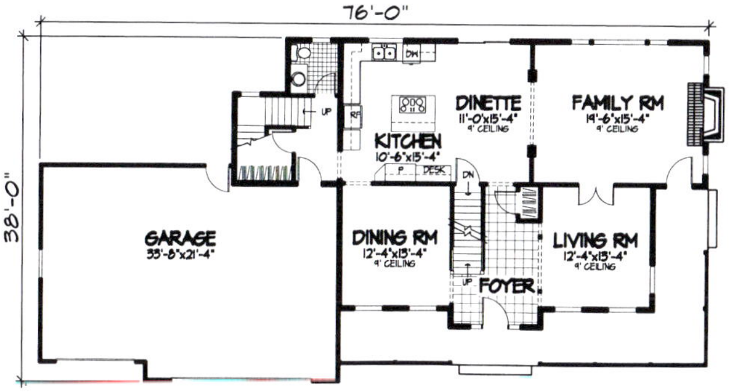

76'-0"

38'-0"

GARAGE
33'-8"x21'-4"

DINETTE
11'-0"x15'-4"
4' CEILING

FAMILY RM
14'-6"x15'-4"
4' CEILING

KITCHEN
10'-6"x15'-4"

DINING RM
12'-4"x15'-4"
4' CEILING

LIVING RM
12'-4"x15'-4"
4' CEILING

FOYER

BDRM 3
14'-2"x11'-4"
8' CEILING

BONUS ROOM
21'-0"x15'-0"
8' CEILING

BDRM 2
12'-4"x11'-4"

MSTR SUITE
12'-4"x17'-4"
10'-4" TRAY CLG

BONUS
11'-0"x11'-6"
8' CEILING

Die über die Frontseite des Hauses geplante Veranda verleiht den symmetrisch angeordneten Fenstern einen interessanten Rahmen. Die weißen Pfosten und das Geländer stehen im schönen Kontrast zur Holzfassade. Mit einer Gesamtwohnfläche von 292 qm bietet dieser Entwurf beste Wohnverhältnisse für die große Familie. Die Grundrißplanung sieht vier Schlafräume vor. Eine weiterer Raum, der hier als Spielzimmer bezeichnet ist, kann den individuellen Bedürfnissen der Bewohner angepaßt werden. Ein Highlight dieses Entwurfs ist die großzügige Country-Küche, die als Dreh- und Angelpunkt des Familienlebens gedacht ist.

Design HomeStyle
DD-3098-C

© Danze & Davis Architects, Inc.

59 4

42 4

BRKFST
12⁸ X 8⁴

UTIL.

KITCHEN
13⁴ X 15²

OPT.
ISLAND

FAMILY
16² X 14⁸

MSTR. BEDRM.
15⁴ X 18⁸

PWDR.

PANTRY

MSTR.
BATH

W.I.C.

LIN.

DINING
13⁸ X 14⁴

COATS

LIVING\
OPT. STUDY
13² X 14⁴

FOYER

PORCH

BR. 4
13⁸ X 11⁴

W.I.C.

W.I.C.

GAME
ROOM
15⁴ X 18⁸

W.I.C.

BA. 3

W.I.C.

BA. 2

LIN.

W.I.C.

BR. 3
13⁸ X 11⁸

OPEN
TO
BELOW

BR. 2
13² X 12⁰

PORCH

Farmhouses   373

Die Besonderheit dieses nostalgischen Farmhausentwurfs sind die umlaufende Veranda und die
vielzähligen Sonnendecks. Die üppige Verglasung
im Frontbereich läßt ein lichtdurchflutetes Interieur vermuten. Der Grundriß im Erdgeschoß
sieht ausschließlich Wohnräume vor. Im Obergeschoß befinden sich vier Schlafzimmer.

**Design HomeStyle
DD-2757**
© Danze & Davis Architects, Inc.

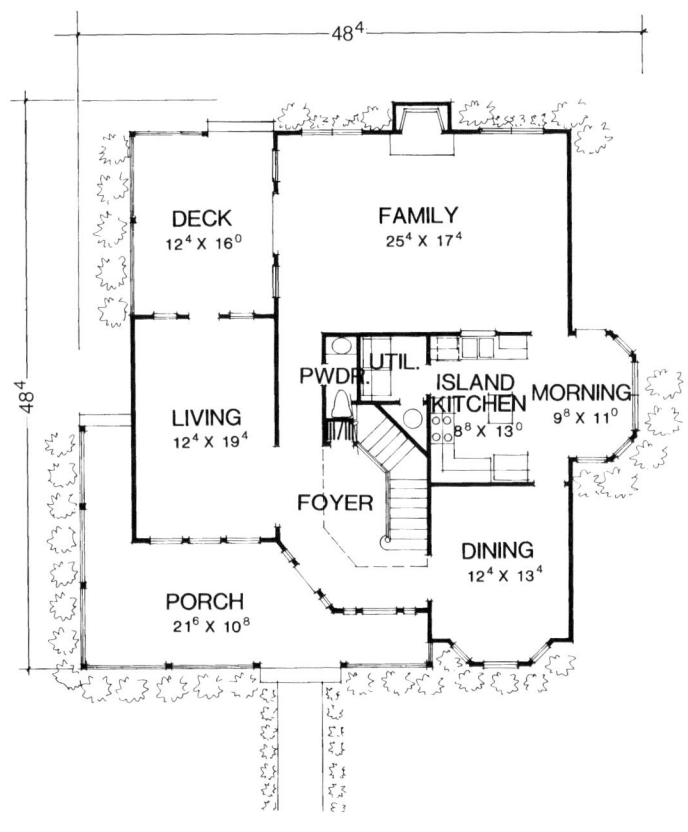

48⁴

48⁴

DECK
12⁴ X 16⁰

FAMILY
25⁴ X 17⁴

PWDR.

UTIL.

ISLAND
KITCHEN
8⁸ X 13⁰

MORNING
9⁸ X 11⁰

LIVING
12⁴ X 19⁴

FOYER

DINING
12⁴ X 13⁴

PORCH
21⁶ X 10⁸

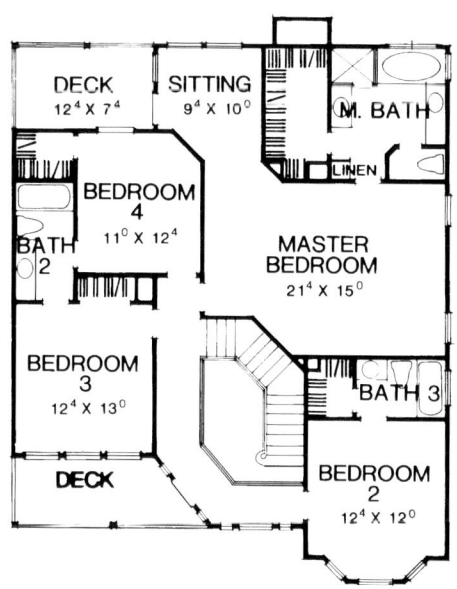

DECK
12⁴ X 7⁴

SITTING
9⁴ X 10⁰

M. BATH

BEDROOM
4
11⁰ X 12⁴

BATH
2

LINEN

MASTER
BEDROOM
21⁴ X 15⁰

BEDROOM
3
12⁴ X 13⁰

DECK

BATH 3

BEDROOM
2
12⁴ X 12⁰

Große Fenster auf der Frontseite und eine von Säulen getragene Hausveranda prägen das äußere Erscheinungsbild dieses zweigeschossigen Farmhausentwurfs. Die Wohnfläche von insgesamt 239,50 qm verteilt sich auf beide Etagen: Im Erdgeschoß befinden sich Speisezimmer, formelles Wohnzimmer, Country-Küche mit Frühstücksplatz, Familienwohnzimmer mit Kamin, Hauswirtschaftsraum und Eltern-Suite mit eigenem Bad und begehbarer Kleiderkammer. Im Obergeschoß gibt es zwei Schlafräume und ein Vollbad. Über der Doppelgarage bietet dieser Entwurf einen großen Raum, der zu einem Hobbyraum oder einem Gästezimmer ausgebaut werden kann.

Design HomeStyle
DD-2127

© Danze & Davis Architects, Inc.

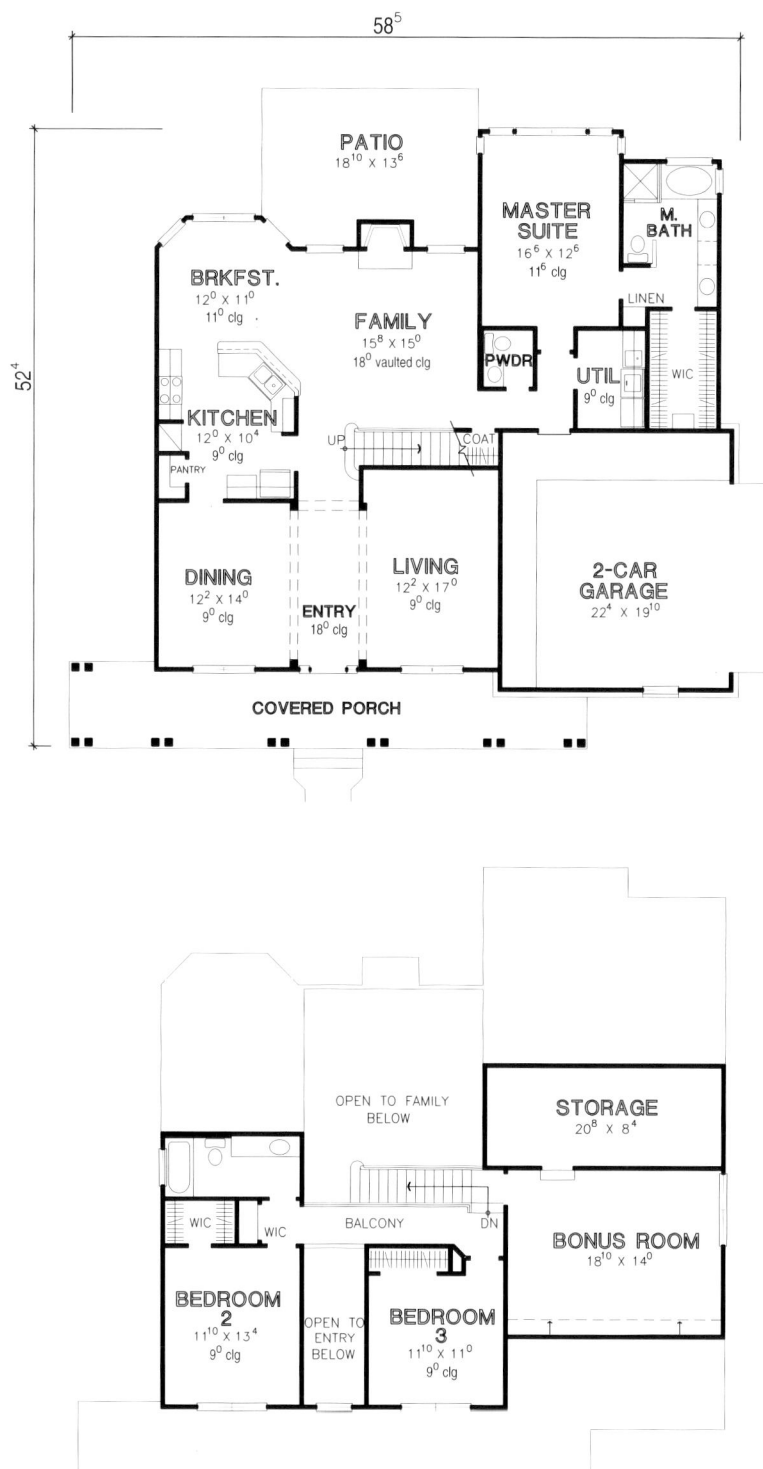

58⁵

52⁴

PATIO
18¹⁰ x 13⁶

MASTER
SUITE
16⁶ x 12⁶
11⁶ clg

M.
BATH

LINEN

BRKFST.
12⁰ x 11⁰
11⁰ clg

FAMILY
15⁸ x 15⁰
18⁰ vaulted clg

PWDR

UTIL
9⁰ clg

WIC

KITCHEN
12⁰ x 10⁴
9⁰ clg

PANTRY

UP

COAT

DINING
12² x 14⁰
9⁰ clg

ENTRY
18⁰ clg

LIVING
12² x 17⁰
9⁰ clg

2-CAR
GARAGE
22⁴ x 19¹⁰

COVERED PORCH

OPEN TO FAMILY
BELOW

STORAGE
20⁸ x 8⁴

WIC

WIC

BALCONY

DN

BONUS ROOM
18¹⁰ x 14⁰

BEDROOM
2
11¹⁰ x 13⁴
9⁰ clg

OPEN TO
ENTRY
BELOW

BEDROOM
3
11¹⁰ x 11⁰
9⁰ clg

Farmhouses 377

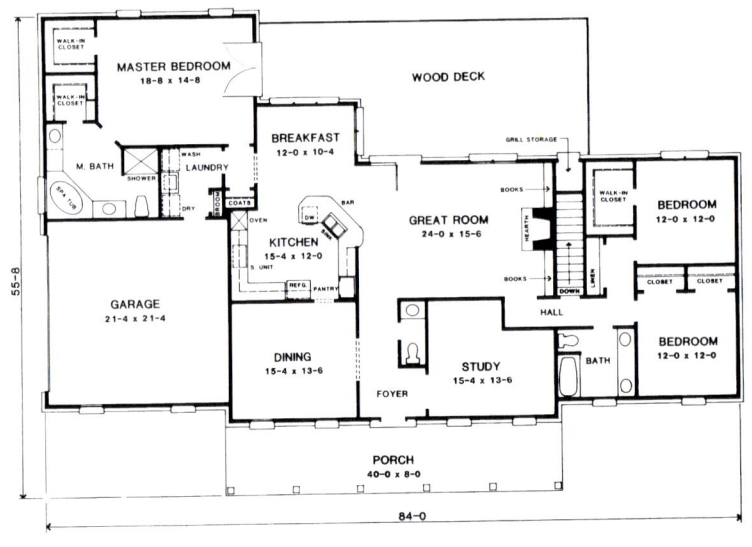

Photo © Mark Englund / HomeStyles

Wohnen auf einer Ebene bietet dieser 230,86 qm große Country-Entwurf.

Design HomeStyle C-9525

© Corley Plan Services, Inc.

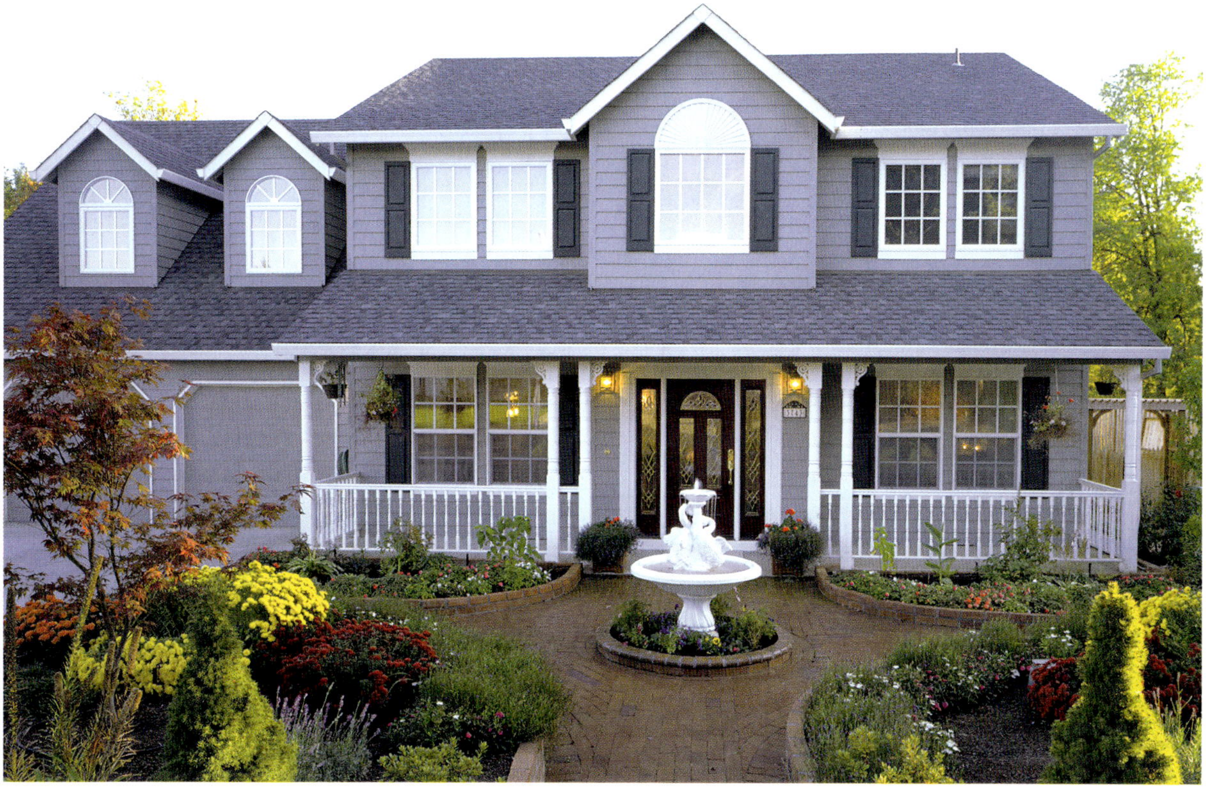

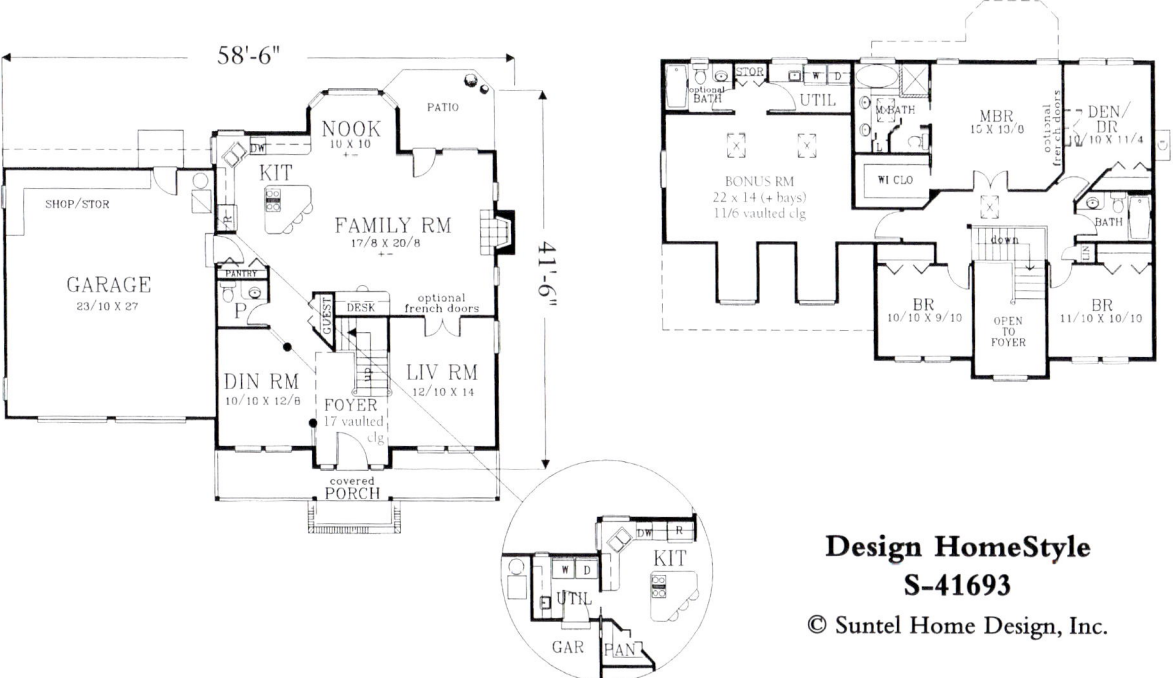

Photo © Mark Englund / HomeStyles

58'-6"
41'-6"
PATIO
NOOK
10 X 10
DW
KIT
SHOP/STOR
FAMILY RM
17/8 X 20/8
GARAGE
23/10 X 27
PANTRY
P
GUEST
DESK
optional
french doors
DIN RM
10/10 X 12/8
FOYER
17 vaulted
clg
UP
LIV RM
12/10 X 14
covered
PORCH
DW
R
KIT
W
D
UTIL
GAR
PAN

STOR
W
D
optional
BATH
UTIL
M BATH
MBR
15 X 13/0
optional
french doors
DEN/
DR
10/10 X 11/4
BONUS RM
22 x 14 (+ bays)
11/6 vaulted clg
WI CLO
BATH
down
LIN
BR
10/10 X 9/10
OPEN
TO
FOYER
BR
11/10 X 10/10

Design HomeStyle
S-41693

© Suntel Home Design, Inc.

Dieser repräsentative Farmhausentwurf besticht mit einer für diesen Baustil typischen, weit umlaufenden Hausveranda. Über der breiten Eingangstür thront ein schön verzierter Spitzgiebel mit einem eleganten Rundbogenfenster. Der Grundriß im Inneren des 280 qm großen Objekts ist klar gegliedert. Die zur Hausrückseite ausgerichtete Küche und das Elternschlafzimmer verfügen über Erkerfenster. Der Familienwohnraum hat eine Höhe von zwei Geschossen. Besondere Beachtung verdient das exklusive Elternbad, das mit Whirlpool, Dusche, Doppelwaschtisch und zwei Kleiderkammern sehr komfortabel ausfällt.

Design HomeStyle
AX-95335

© Jerold Axelrod & Associates, Inc.

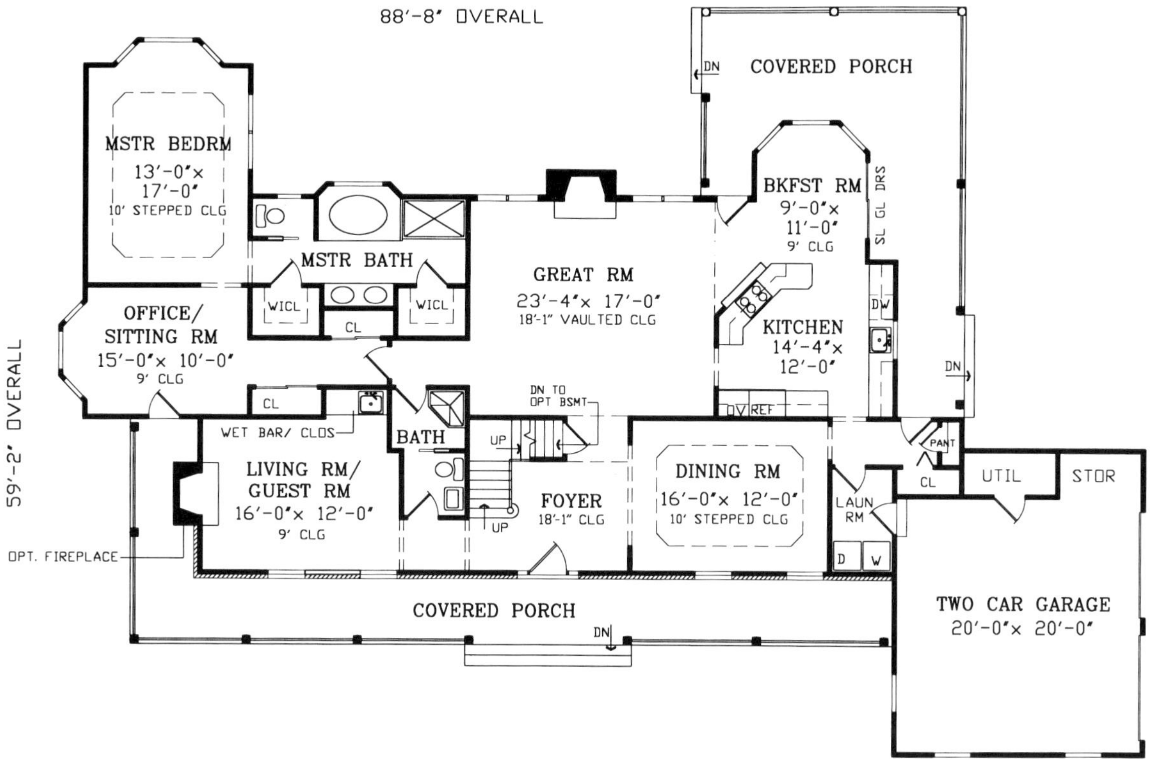

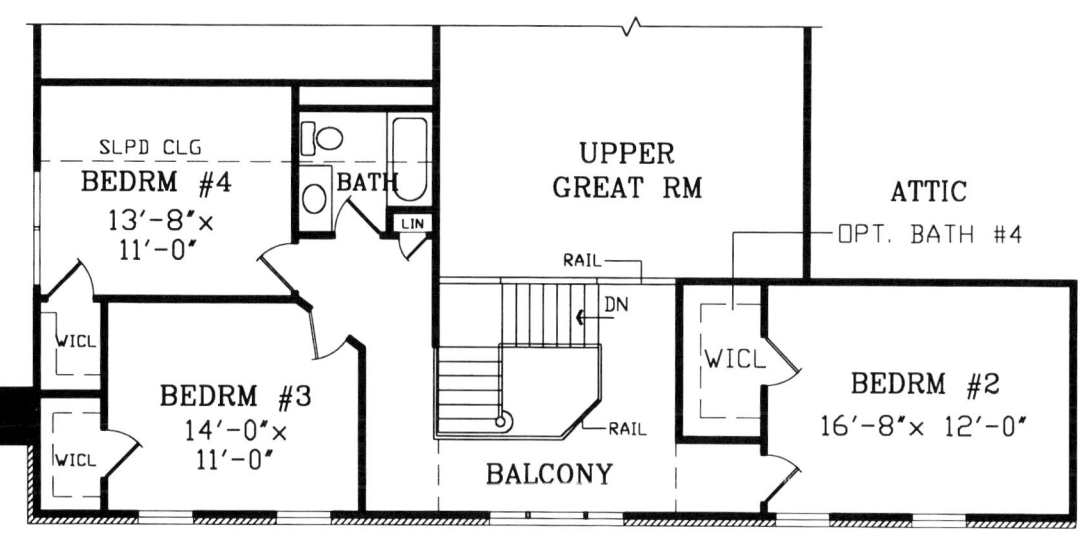

88'-8" OVERALL

59'-2" OVERALL

MSTR BEDRM
13'-0"x
17'-0"
10' STEPPED CLG

COVERED PORCH

DN

BKFST RM
9'-0"x
11'-0"
9' CLG

SL GL DRS

MSTR BATH

WICL

CL

WICL

GREAT RM
23'-4"x 17'-0"
18'-1" VAULTED CLG

KITCHEN
14'-4"x
12'-0"

OFFICE/
SITTING RM
15'-0"x 10'-0"
9' CLG

DW

DN

WET BAR/ CLOS

CL

BATH

DN TO
OPT BSMT

UP

DW REF

CL

PANT

UTIL

STOR

LIVING RM/
GUEST RM
16'-0"x 12'-0"
9' CLG

FOYER
18'-1" CLG

UP

DINING RM
16'-0"x 12'-0"
10' STEPPED CLG

LAUN
RM

OPT. FIREPLACE

D   W

COVERED PORCH

DN

TWO CAR GARAGE
20'-0"x 20'-0"

SLPD CLG

BEDRM #4
13'-8"x
11'-0"

BATH

LIN

UPPER
GREAT RM

ATTIC

OPT. BATH #4

WICL

RAIL

DN

WICL

BEDRM #3
14'-0"x
11'-0"

RAIL

BEDRM #2
16'-8"x 12'-0"

WICL

BALCONY

Photo © Mark Englund / HomeStyles

Auffälliges Merkmal dieses Landhauses ist die große Eingangsveranda, deren feine Verzierungen an den Pfosten ihren besonderen Reiz ausmachen. Mit 292,91 qm Wohnfläche, die sich auf zwei Etagen weiträumige verteilt, bietet sich dieses Haus auch für große Familien an. Vier Schlafräume und ein groß–zügig angelegter Wohnbereich sprechen dafür.

Design HomeStyle
E-3103

© Breland & Farmer Designers, Inc.

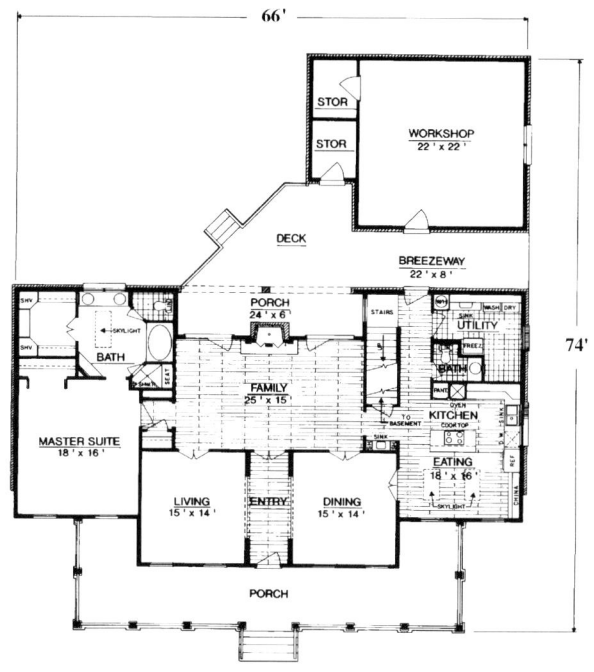

66'

74'

STOR
STOR
WORKSHOP
22' x 22'

DECK

BREEZEWAY
22' x 8'

PORCH
24' x 6'

STAIRS

WASH DRY
UTILITY

SHV

SKYLIGHT

BATH

SEAT

BATH

FAMILY
25' x 15'

TO BASEMENT

KITCHEN
OVEN
COOKTOP

MASTER SUITE
18' x 16'

SINK

LIVING
15' x 14'

ENTRY

DINING
15' x 14'

EATING
18' x 16'

REF

SKYLIGHT

PORCH

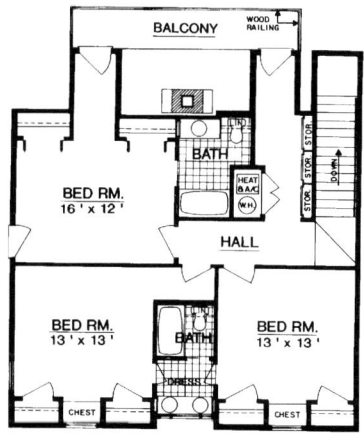

BALCONY

WOOD RAILING

BATH

HEAT & A/C

WH

BED RM.
16' x 12'

STOR STOR
STOR
DN

HALL

BED RM.
13' x 13'

BATH

BED RM.
13' x 13'

DRESS

CHEST

CHEST

Dieser klassische Farmhausentwurf verfügt über eine Wohnfläche von 288,18 qm und bietet auch der großen Familie reichlich Platz zum Leben. Die anmutige Erscheinung verdankt dieses Design seiner weit umgreifenden Hausveranda, die stilgerecht mit schönen Säulen und einem weißen Geländer in perfekter Harmonie zu den vielzähligen Sprossenfenstern und der aufwendigen Giebelverzierung steht.

**Design HomeStyle
DD–3102**

© Danze & Davis Architects, Inc.

66 4
48 6
PORCH
SLOPE CEIL'G
12 0 clg
SLOPE CEIL'G
BRKFST./ KITCHEN
23 8 X 14 8
10 0 clg
PANTRY
FAMILY
15 0 X 25 2
10 0 clg
ISLAND
BATH 3
WH
DESK
DN OPT. STAIRS TO BASEMENT
UTILITY
10 0 clg
SINK
W
D
LIVING
15 0 X 14 4
10 0 clg
FOYER
10 0 clg
UP
DINING
14 4 X 13 4
10 0 clg
PORCH

SPA
MASTER BATH
9 0 clg
WIC
LINEN
BATH 2
LINEN
LINEN
SHELVES
BEDRM 3
14 2 X 12 2
9 0 clg
LAUNDRY CHUTE
AC
WIC
DN
MASTER SUITE
15 0 X 14 4
9 0 clg
SITTING
13 8 X 9 6
10 6 clg
BEDRM 2
14 4 X 12 6
9 0 clg

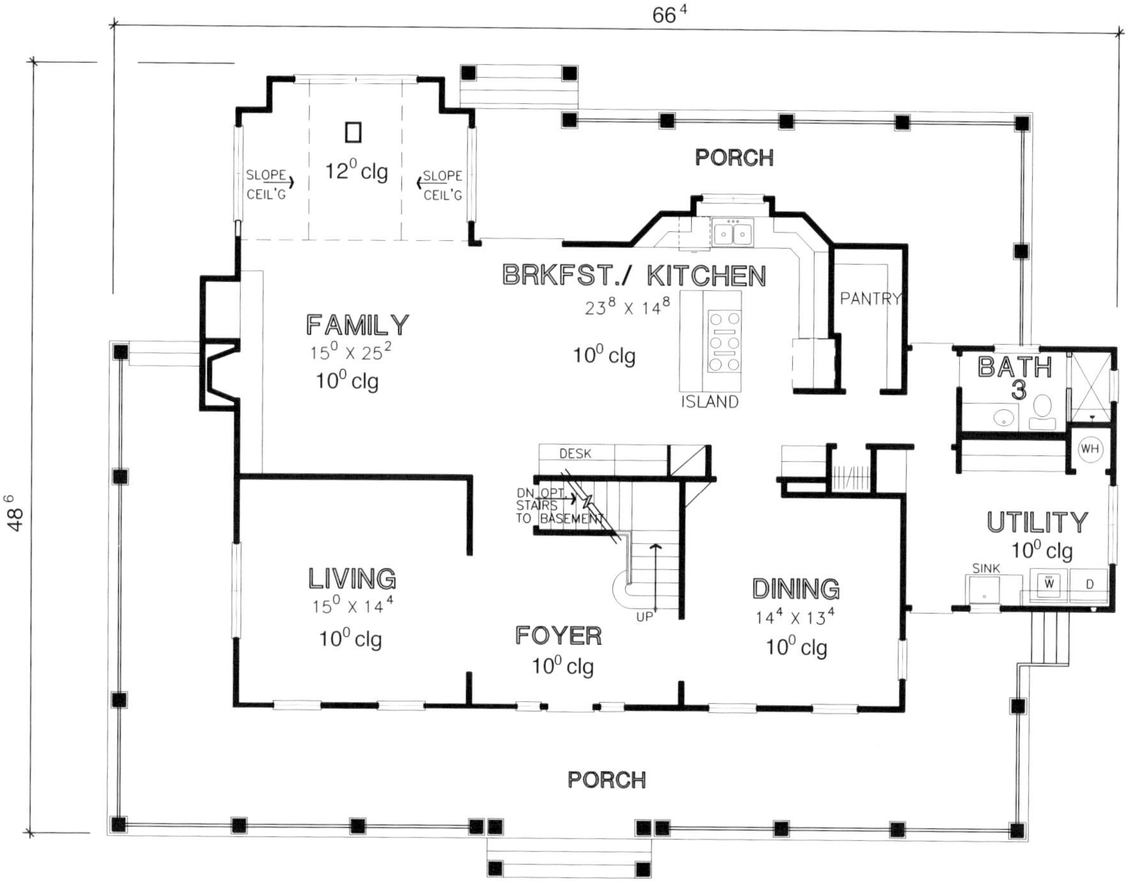

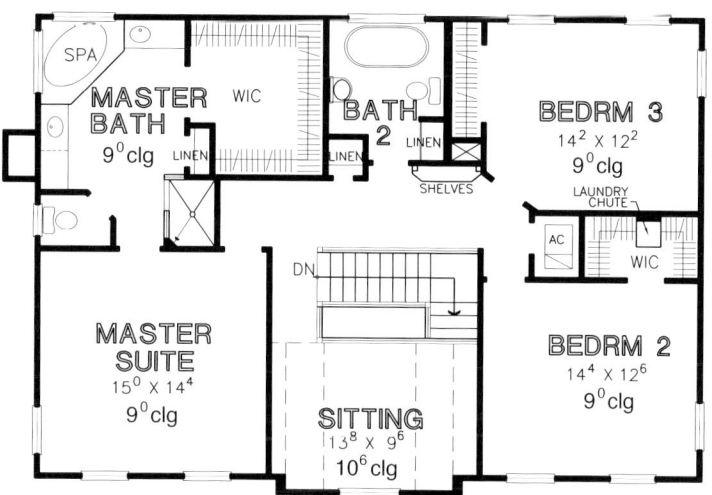

Photo © Mark Englund / HomeStyle

Mit einer eleganten Klinkerfassade, hellen Sprossenfenstern und farbigen Fensterläden präsentiert sich dieses stattliche Country-Haus, das mit 283 qm Wohnfläche ein passendes Zuhause für die große Familie sein dürfte. Der Aufgang zur über Eck verlaufenden Hausveranda fügt sich wie ein Rahmen um die schön gearbeitete Eingangstür.

**Design HomeStyle
C-9630**

© Corley Plan Service, Inc.

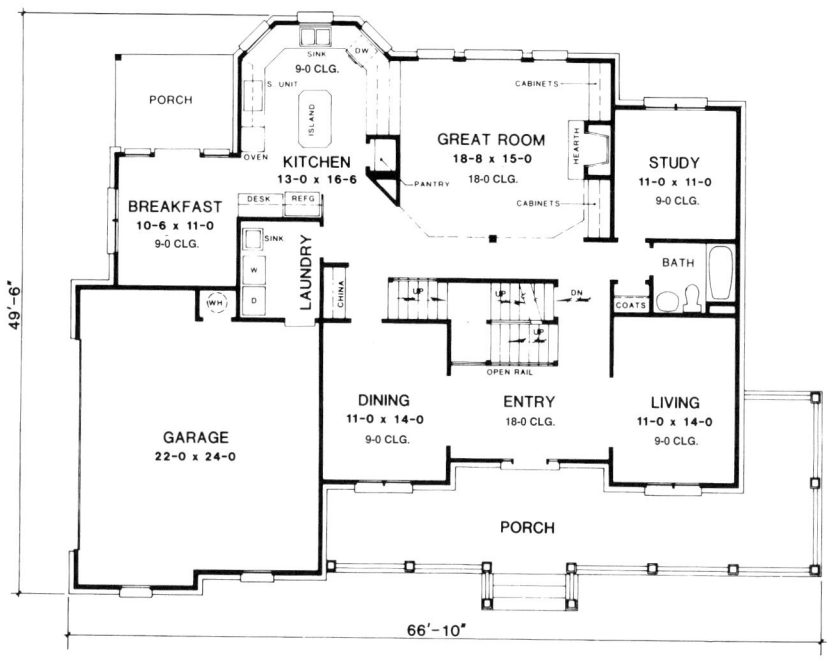

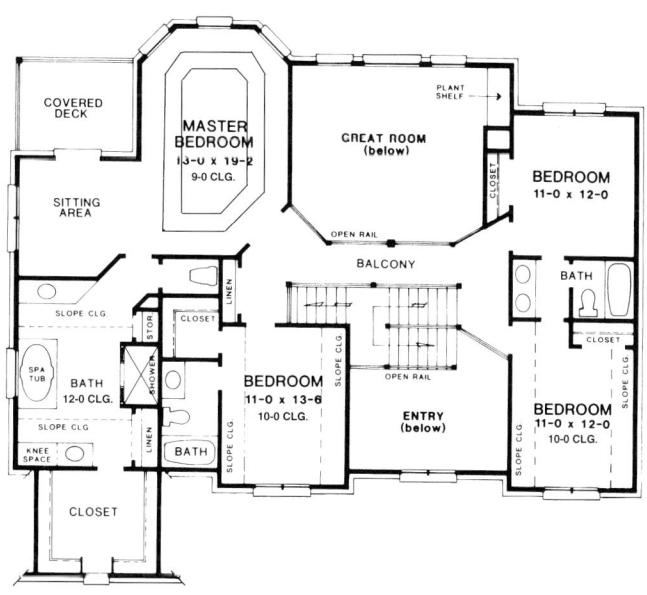

Photo © Mark Englund / HomeStyles

Dieses imposante Farmhaus bietet seinen Bewohnern allen erdenklichen Wohnkomfort, den man sich für ein Zuhause in der heutigen Zeit wünschen kann. Bei der äußeren Erscheinung dieses Designs sind die wesentlichen historischen Stilmerkmale übernommen worden. Den zentralen Punkt über der weit überdachten und über Eck verlaufenden Hausveranda bildet ein stattlicher Giebelvorbau mit einem eleganten Rundbogenfenster. Dieses Haus bietet seinen Bewohnern eine Wohnfläche von 313,35 qm, die sich auf zwei Vollgeschosse verteilt.

**Design HomeStyle
AX-89304**

© Jerold Axelrod & Associates, P.C.

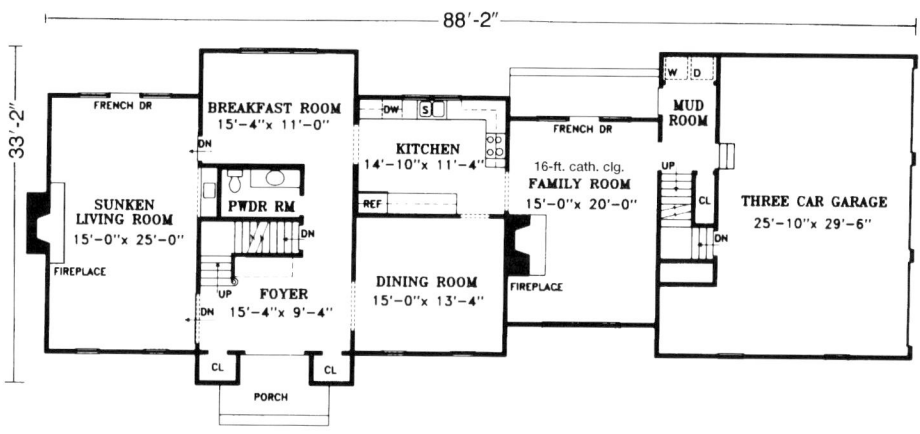

88'-2"

33'-2"

FRENCH DR

BREAKFAST ROOM
15'-4"x 11'-0"

DW S

KITCHEN
14'-10"x 11'-4"

MUD
ROOM

W D

FRENCH DR

16-ft. cath. clg.
FAMILY ROOM
15'-0"x 20'-0"

UP
CL
DN

THREE CAR GARAGE
25'-10"x 29'-6"

SUNKEN
LIVING ROOM
15'-0"x 25'-0"

FIREPLACE

PWDR RM

DN

REF

UP FOYER
DN 15'-4"x 9'-4"

DINING ROOM
15'-0"x 13'-4"

FIREPLACE

CL

CL

PORCH

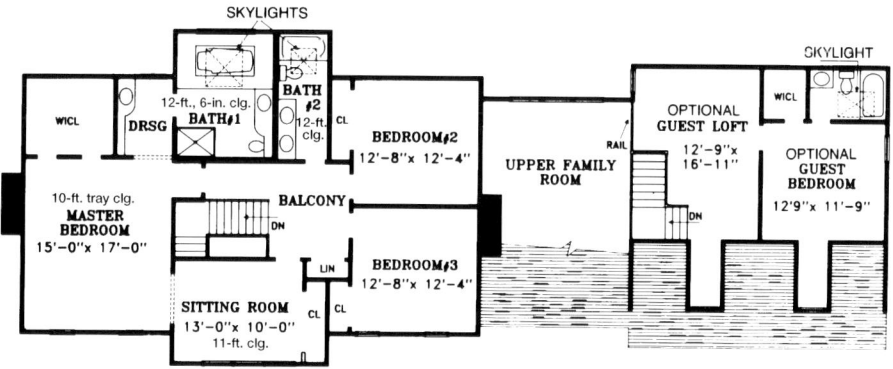

SKYLIGHTS

SKYLIGHT

WICL

DRSG

12-ft., 6-in. clg.
BATH#1

BATH
#2
12-ft.
clg.

CL

BEDROOM#2
12'-8"x 12'-4"

UPPER FAMILY
ROOM

RAIL

OPTIONAL
GUEST LOFT
12'-9"x
16'-11"

WICL

OPTIONAL
GUEST
BEDROOM
12'9"x 11'-9"

DN

10-ft. tray clg.
MASTER
BEDROOM
15'-0"x 17'-0"

BALCONY

DN

SITTING ROOM
13'-0"x 10'-0"
11-ft. clg.

LIN

CL CL

BEDROOM#3
12'-8"x 12'-4"

Das auf einer Anhöhe gebaute Farmhaus verfügt über eine weit überdachte, das Haus umlaufende Veranda, die aufwendig konstruiert ein Schmuckstück ist. Das zweigeschossige Gebäude bietet seinen Bewohnern eine Gesamtwohnfläche von 238,29 qm mit großzügig angelegtem Raumangebot für die große Familie.

Design HomeStyle
J-86134

© Larry James & Associates, Inc.

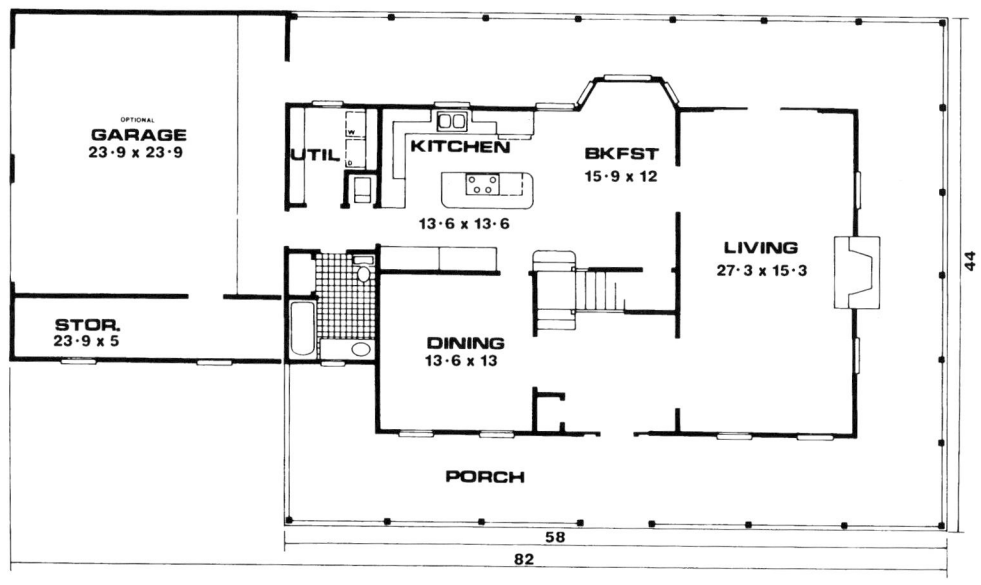

GARAGE
23·9 x 23·9
OPTIONAL

UTIL

KITCHEN
13·6 x 13·6

W
D

BKFST
15·9 x 12

LIVING
27·3 x 15·3

STOR.
23·9 x 5

DINING
13·6 x 13

PORCH

58

82

44

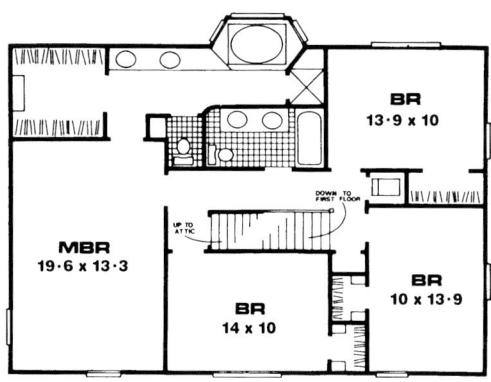

BR
13·9 x 10

MBR
19·6 x 13·3

DOWN TO FIRST FLOOR

UP TO ATTIC

BR
14 x 10

BR
10 x 13·9

Photo © Mark Englund HomeStyles

Diese moderne Variante eines Country-Farm-hauses bietet seinen Bewohnern eine Wohnfläche von 263,28 qm, die sich auf zwei Etagen verteilt. Die überdachte Veranda führt direkt in das Foyer. Seitlich davon liegt das Speisezimmer und der Salon. Von der großen Country-Küche gelangt man in den Hauswirtschaftsraum. Das absolute Highlight dieser Planung ist der durch zwei Geschosse reichende Familienwohnraum, der mit einem Kamin ausgestattet ist. Im Obergeschoß befinden sich neben der komfortablen Eltern-Suite mit eigenem Bad drei weitere Schlafräume, die sich zwei Vollbäder teilen.

**Design HomeStyle
FB-5010–Mary**

© Frank Betz Associates, Inc.

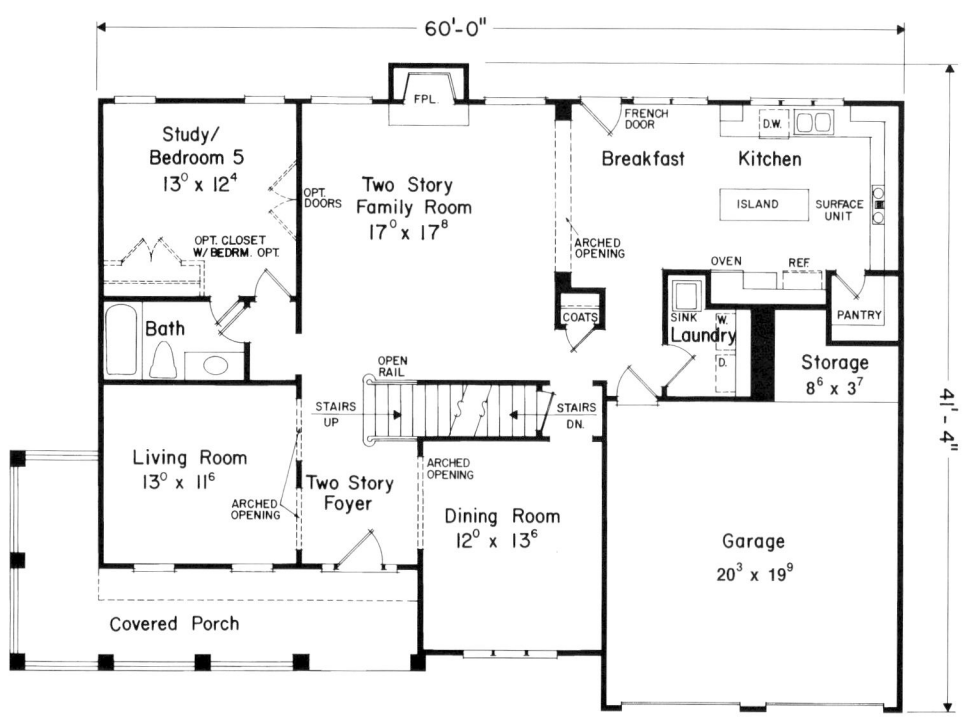

60'-0"

41'-4"

Study/
Bedroom 5
13^0 x 12^4

Two Story
Family Room
17^0 x 17^8

FPL

FRENCH
DOOR

Breakfast

Kitchen

D.W.

ISLAND

SURFACE
UNIT

OPT.
DOORS

OPT. CLOSET
W/ BEDRM. OPT.

OVEN

REF

Bath

ARCHED
OPENING

COATS

SINK

W.

Laundry

PANTRY

D.

Storage
8^6 x 3^7

OPEN
RAIL

STAIRS
UP

STAIRS
DN.

Living Room
13^0 x 11^6

Two Story
Foyer

ARCHED
OPENING

ARCHED
OPENING

Dining Room
12^0 x 13^6

Garage
20^3 x 19^9

Covered Porch

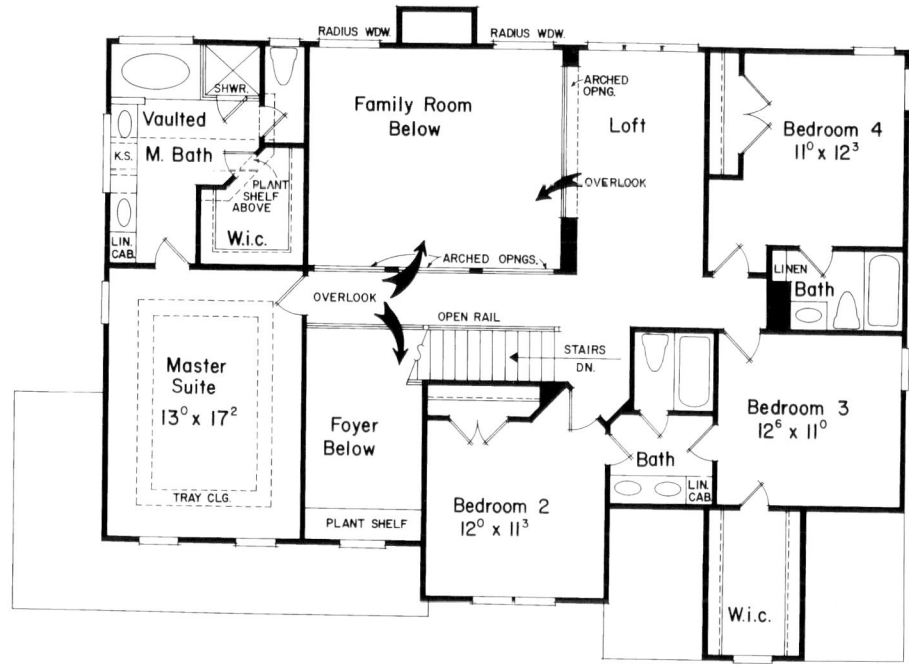

RADIUS WDW.

RADIUS WDW.

SHWR.

Vaulted

K.S.

M. Bath

ARCHED
OPNG.

Family Room
Below

Loft

Bedroom 4
11^0 x 12^3

PLANT
SHELF
ABOVE

LIN.
CAB.

W.i.c.

OVERLOOK

LINEN

Bath

Master
Suite
13^0 x 17^2

OVERLOOK

ARCHED OPNGS.

OPEN RAIL

STAIRS
DN.

Foyer
Below

Bedroom 3
12^6 x 11^0

TRAY CLG.

PLANT SHELF

Bedroom 2
12^0 x 11^3

Bath

LIN.
CAB.

W.i.c.

Als eine Mischung aus authentischem Farmhaus vergangener Zeiten und neuzeitlichem Wohnkomfort versteht sich die Planung Edgwood Trail von Sater Design. Mit einer weit umlaufenden Eingangsveranda, einer horizontal verlegten Paneelfassade und einer Brüstung auf dem Metalldach spiegelt es klassische Stilelemente wider. Im Inneren des Hauses ist von der vielbeschriebenen Schlichtheit vergangener Zeiten nichts mehr vorzufinden. Hohe Decken, große Fenster und Erker lassen das Interieur hell und freundlich erscheinen. Rechts vom zentralen Wohnzimmer sind Country-Küche und Speisezimmer gelegen. Ein Salon, der zur Frontseite ausgerichtet ist, steht für formelle Anlässe zur Verfügung. Dieses Objekt bietet vier Schlafräume, 2 $\frac{1}{2}$ Bäder und eine Doppelgarage.

Design 6667
Edgwood Trail
Sater Design

Wohnfläche 295,70 qm
Total 388,50 qm

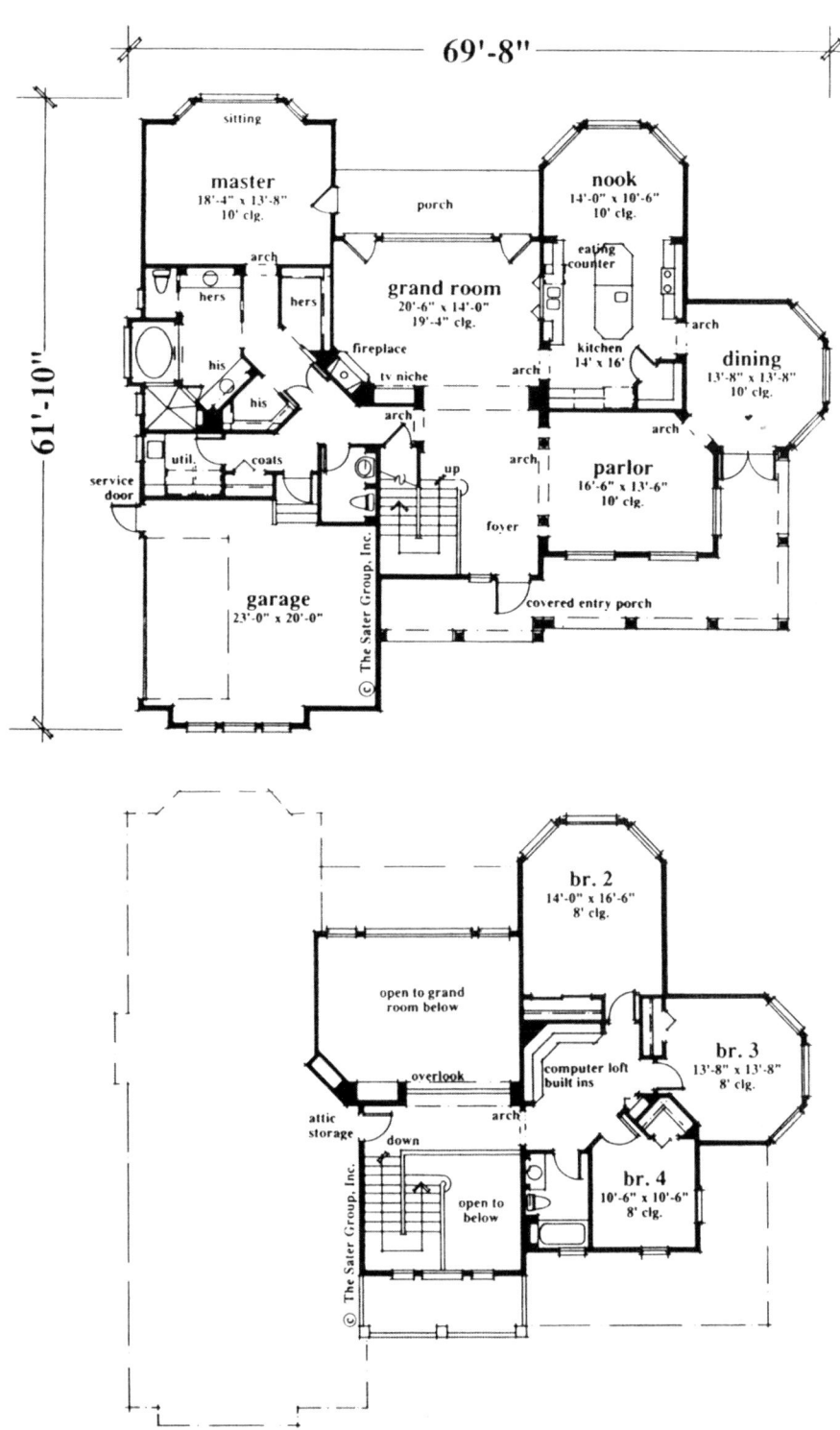

69'-8"

61'-10"

sitting

master
18'-4" x 13'-8"
10' clg.

porch

nook
14'-0" x 10'-6"
10' clg.

arch

eating
counter

hers

hers

grand room
20'-6" x 14'-0"
19'-4" clg.

his

fireplace

kitchen
14' x 16'

arch

dining
13'-8" x 13'-8"
10' clg.

his

tv niche

arch

arch

arch

util.

coats

arch

parlor
16'-6" x 13'-6"
10' clg.

service
door

up

foyer

garage
23'-0" x 20'-0"

covered entry porch

© The Sater Group, Inc.

br. 2
14'-0" x 16'-6"
8' clg.

open to grand
room below

overlook

computer loft
built ins

br. 3
13'-8" x 13'-8"
8' clg.

attic
storage

arch

down

open to
below

br. 4
10'-6" x 10'-6"
8' clg.

© The Sater Group, Inc.

Dieses schöne Objekt besticht mit seiner weit umlaufenden Hausveranda und seinem zentralen Giebel, den ein schönes Rundbogenfenster schmückt. Es hat drei Schornsteine, von denen zwei an den Giebelseiten des Haupthauses angebracht sind. Im 272,38 qm großen Hausinneren erwartet den Bewohner ein klar gegliedertes Raumangebot. Im Erdgeschoß bildet die große Country-Küche mit dem offenen Familienwohnraum einen eigenständigen Bereich. Das große Elternschlafzimmer ist mit einem komfortablen Privatbad ausgestattet.

**Design HomeStyle
L-934-VSB**

© Larry W. Garnett & Associates, Inc.

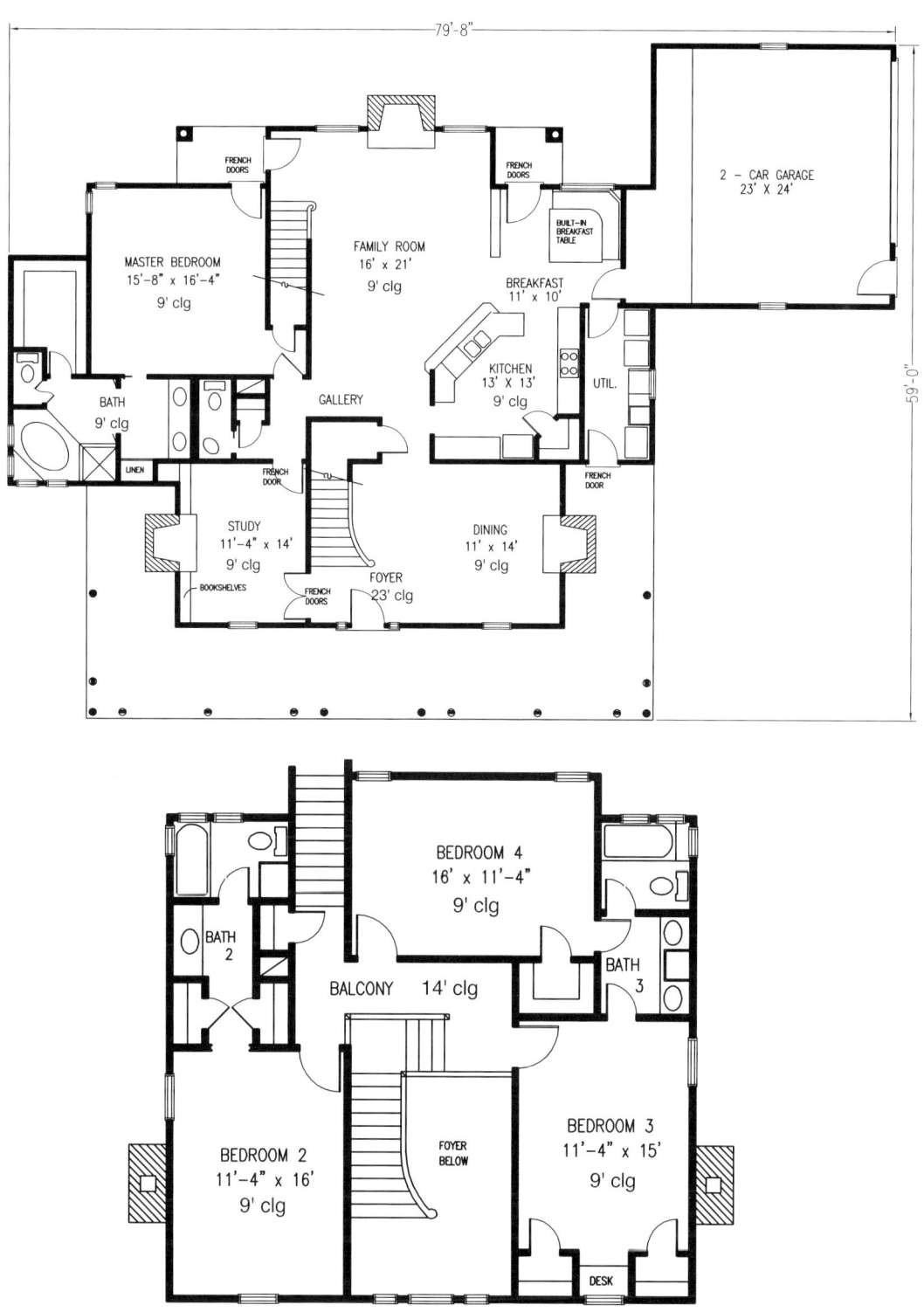

79'-8"

59'-0"

2 - CAR GARAGE
23' X 24'

FRENCH DOORS

FRENCH DOORS

MASTER BEDROOM
15'-8" x 16'-4"
9' clg

FAMILY ROOM
16' x 21'
9' clg

BUILT-IN
BREAKFAST
TABLE

BREAKFAST
11' x 10'

BATH
9' clg

GALLERY

KITCHEN
13' X 13'
9' clg

UTIL.

LINEN

FRENCH DOOR

FRENCH DOOR

STUDY
11'-4" x 14'
9' clg

DINING
11' x 14'
9' clg

BOOKSHELVES

FRENCH DOORS

FOYER
23' clg

BEDROOM 4
16' x 11'-4"
9' clg

BATH 2

BALCONY   14' clg

BATH 3

BEDROOM 2
11'-4" x 16'
9' clg

FOYER
BELOW

BEDROOM 3
11'-4" x 15'
9' clg

DESK

Photo © Kershner Communications

Dieses traditionelle Farmhaus bietet seinen Bewohnern eine Wohnfläche von 228,91 qm. Typisch für diesen Baustil ist die weit überdachte, über Eck verlaufende Hausveranda. Die gerade Linienführung, die das äußere Erscheinungsbild prägt, setzt sich auch im Innern des Hauses fort. Die Grundrißgestaltung von Erd- und Obergeschoß ist auf stilgerechte Symmetrie ausgerichtet.

**Design HomeStyle
H 3711**

© LifeStyle HomeDesign

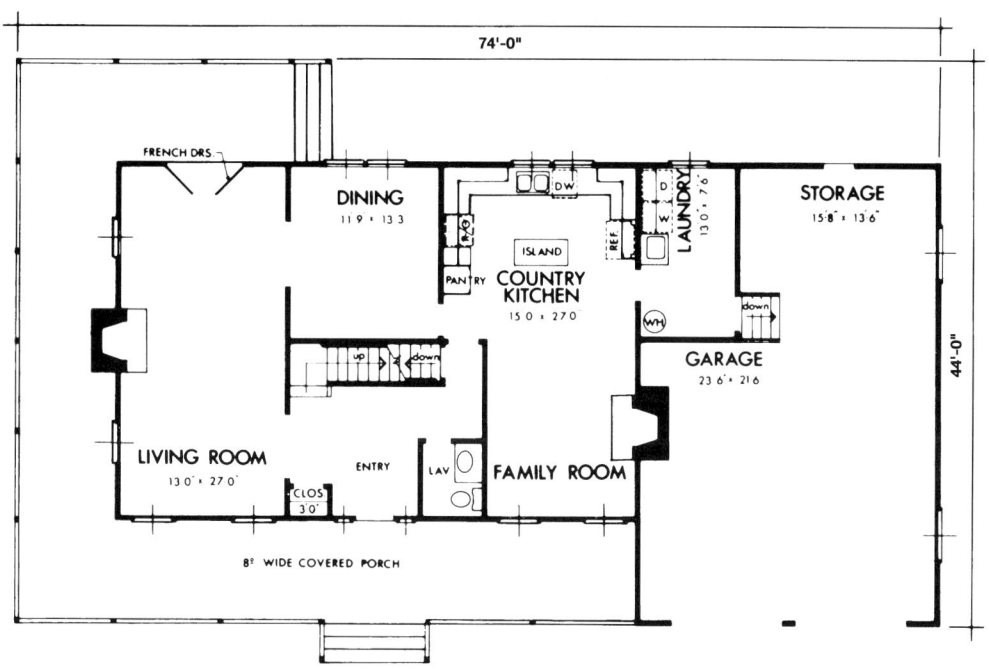

74'-0"

FRENCH DRS.

DINING
11 9 × 13 3

DW

LAUNDRY
13 0 × 7 6

STORAGE
15 8 × 13 6

PANTRY

ISLAND

REF.

D

W

COUNTRY
KITCHEN
15 0 × 27 0

WH

up   down

GARAGE
23 6 × 21 6

down

44'-0"

LIVING ROOM
13 0 × 27 0

ENTRY

LAV

FAMILY ROOM

CLOS
3 0

8' WIDE COVERED PORCH

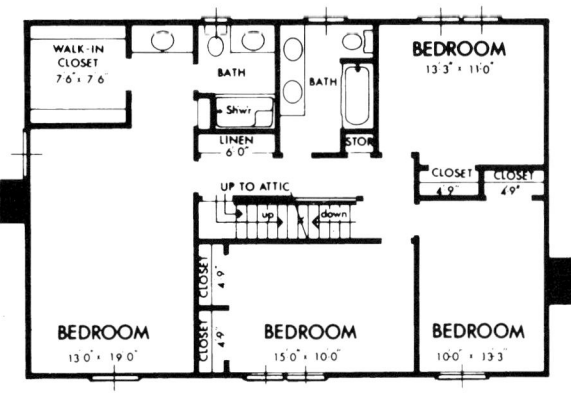

WALK-IN
CLOSET
7 6 × 7 6

BATH

BATH

BEDROOM
13 3 × 11 0

LINEN
6 0

Shwr

STOR

CLOSET
4 9

CLOSET
4 9

UP TO ATTIC

up   down

CLOSET
4 9

CLOSET
4 9

BEDROOM
13 0 × 19 0

BEDROOM
15 0 × 10 0

BEDROOM
10 0 × 13 3

Die umlaufende Hausveranda des Designs Homestead ist nicht nur ein außerordentlicher Blickfang, sondern bietet seinen Bewohnern die Möglichkeit, viel Zeit im Freien zu verbringen. Das prachtvolle Familienhaus, das über vier Schlafräume verfügt, versteht es, nostalgischen Charme mit dem Komfort heutiger Zeit zu vereinigen. Aufmerksamkeit verdient die detaillierte Grundrißplanung im Inneren des Hauses. Beginnen wir unseren Rundgang und wenden uns vom zentral gelegenen Foyer in das linksseitige Wohnzimmer. Von dort aus gelangt man über die Bar in das Kaminwohnzimmer. Von hier trifft man auf die Küche mit dem Frühstückszimmer und geht weiter in das angrenzende Speisezimmer. Separat davon untergebracht ist die Eltern-Suite, die über ein komfortables Bad verfügt. Im Obergeschoß befinden sich drei weitere Schlafräume, die sich zwei Vollbäder teilen.

Design Homestead
von William Poole

Erdgeschoß 177,7qm
Obergeschoß 92,6 qm
Total 270,3 qm

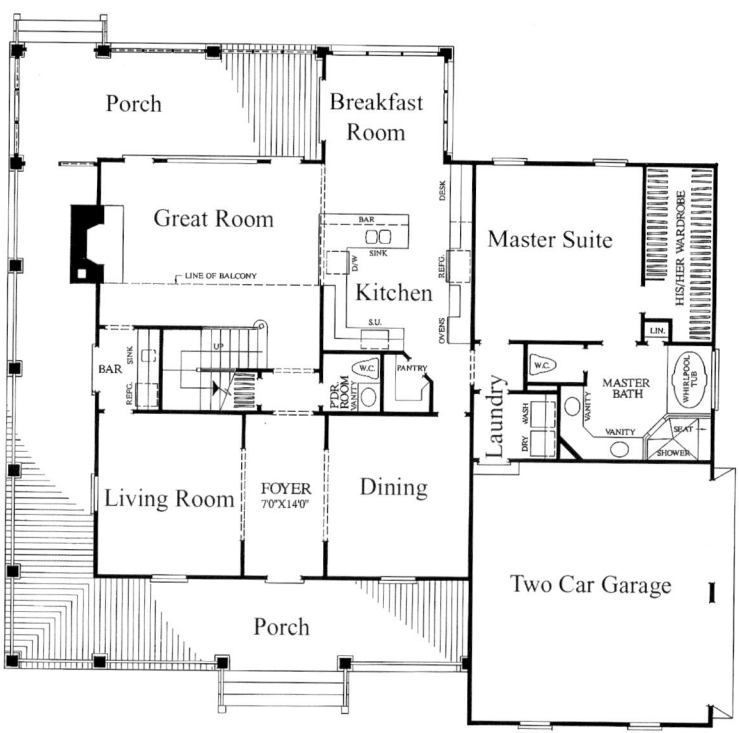

Porch

Breakfast Room

Great Room

LINE OF BALCONY

Kitchen

BAR

D/W

SINK

DESK

Master Suite

HIS/HER WARDROBE

OVENS

REFG.

S.U.

LIN.

BAR

REFG.

SINK

UP

PDR. ROOM

W.C.

PANTRY

VANITY

W.C.

Laundry

DRY WASH

MASTER BATH

VANITY

WHIRLPOOL TUB

SEAT

SHOWER

Living Room

FOYER 7'0"X14'0"

Dining

Two Car Garage

Porch

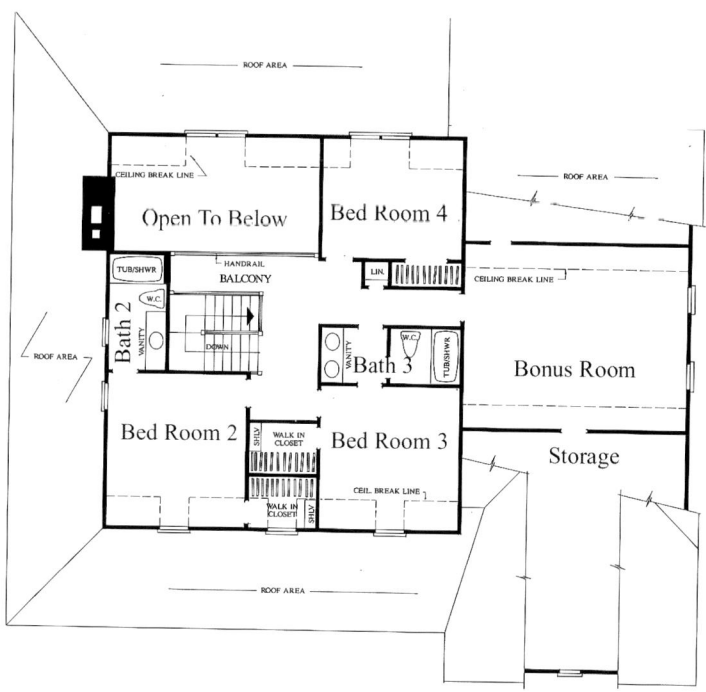

ROOF AREA

ROOF AREA

CEILING BREAK LINE

Open To Below

Bed Room 4

LIN.

CEILING BREAK LINE

TUB/SHWR

HANDRAIL

BALCONY

W.C.

Bath 2

VANITY

DOWN

ROOF AREA

VANITY

Bath 3

W.C.

TUB/SHWR

Bonus Room

Bed Room 2

WALK IN CLOSET

SHLV

Bed Room 3

WALK IN CLOSET

SHLV

CEIL. BREAK LINE

Storage

ROOF AREA

© by William Poole

Drei große Dachgauben schmücken das Satteldach dieses schönen Landhausentwurfs. Die umlaufende Veranda vervollständigt das Bild von einem authentischen Country House. Zur rustikalen Holzfassade setzen die weißen Pfosten und das Geländer der Veranda effektvolle Akzente und harmonieren perfekt mit den weißen Sprossenfenstern. Die Giebel der Dachgauben sind mit feinen Holzschindeln gedeckt. Mit einer Wohnfläche von 185 qm bietet dieser Entwurf ein Haus für eine Familie, die ein Faible für nostalgisches Wohnambiente hat. Das 106 qm große Erdgeschoß hat eine große Wohnküche mit Eßplatz, ein Familien-

wohnzimmer mit Außenwandkamin und die formellen Räume mit Speisezimmer und Salon. Im 79 qm großen Dachgeschoß befinden sich drei Schlafräume und zwei Bäder. Oberhalb der Doppelgarage bietet dieser Entwurf eine stattliche Ausbaufläche.

Design 5155-Homes for Today
© Augustus Suglia, Architect

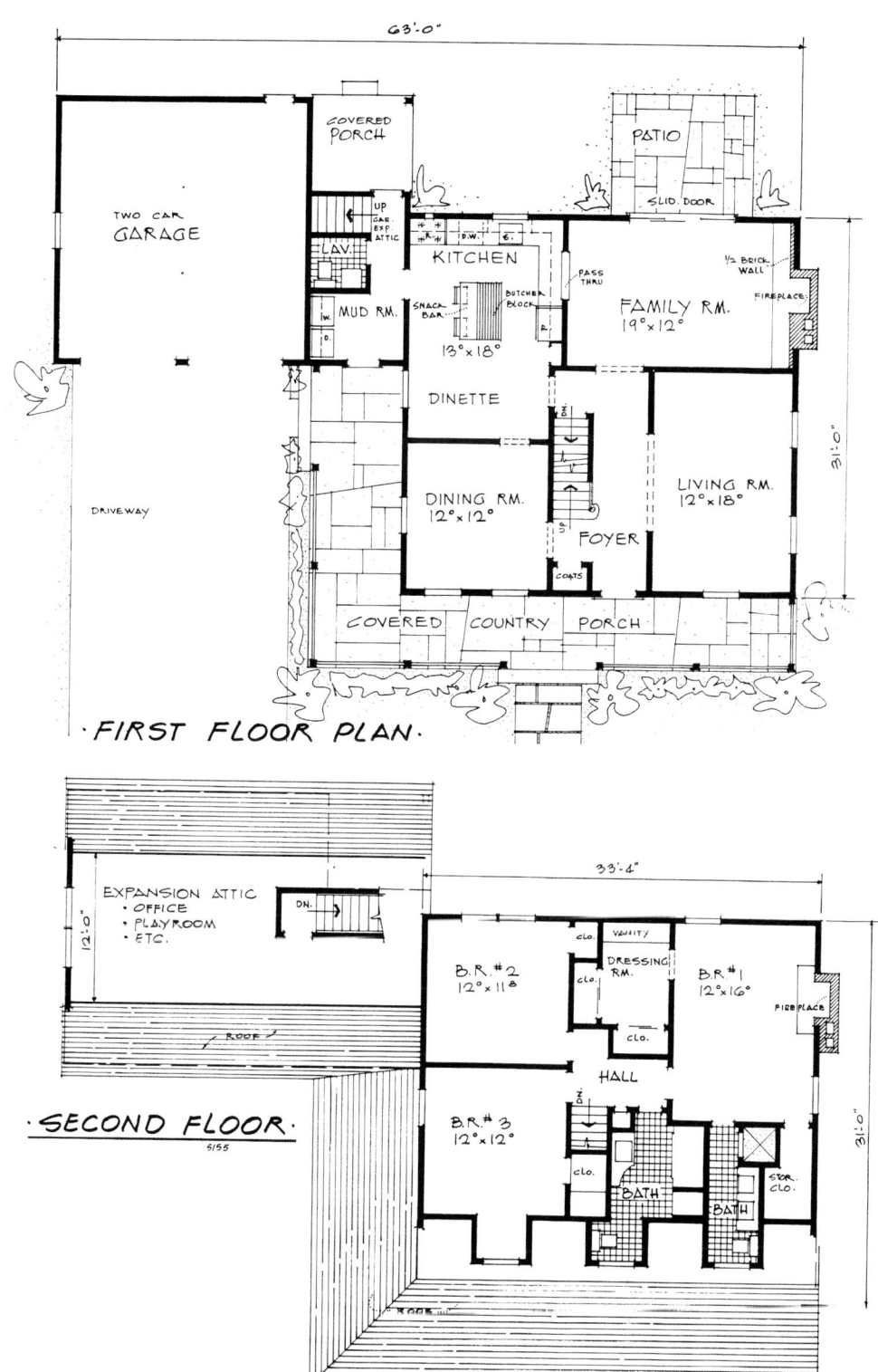

TWO CAR
GARAGE

COVERED
PORCH

PATIO

SLID. DOOR

UP
GAR
EXP
ATTIC

LAV.

KITCHEN

D.W.

1/2 BRICK
WALL

FIREPLACE

PASS
THRU

FAMILY RM.
19⁰ x 12⁰

MUD RM.

SNACK
BAR

BUTCHER
BLOCK

13⁰ x 18⁰

DINETTE

DRIVEWAY

DINING RM.
12⁰ x 12⁰

LIVING RM.
12⁰ x 18⁰

FOYER

COATS

COVERED   COUNTRY   PORCH

FIRST FLOOR PLAN.

63'-0"

31'-0"

EXPANSION ATTIC
• OFFICE
• PLAYROOM
• ETC.

DN.

ROOF

B.R. #2
12⁰ x 11⁸

CLO.

VANITY

DRESSING
RM.

CLO.

B.R. #1
12⁰ x 16⁰

FIREPLACE

CLO.

HALL

SECOND FLOOR

5155

B.R. #3
12⁰ x 12⁰

CLO.

DN.

BATH

BATH

STOR.
CLO.

33'-4"

12'-0"

31'-0"

ROOF

Das Highlight dieses markanten Objekts, ist sicherlich der aus dem Dach ragende Turm. Er verleiht diesem Entwurf nicht nur eine besondere Note – der Turm ist auch komplett begeh- und nutzbar. Eine typische, über Eck verlaufende Hausveranda steht in perfekter Ergänzung zum schlicht–eleganten Haupthaus. In der klassischen Holzfassade kommen die symmetrisch angeordneten Sprossenfenster mit den hellen Klappläden gut zur Geltung. Die 92,15 qm große Wohnfläche im Erdgeschoß verteilt sich auf das seitlich vom Foyer gelegene Eß- bzw. Kaminwohnzimmer, auf die Country-Küche mit einem hellen Frühstückserker und auf das Familienwohnzimmer, das direkten Zutritt auf die Terrasse gewährt. Unter dem Dach der Doppelgarage befindet sich der Hauswirtschaftsraum, der von der Garage, dem Eßzimmer oder von der Außenveranda aus zu begehen ist. Das gleich große, quadratische Obergeschoß bietet Platz für drei Schlafräume, einen Ankleideraum und zwei Bäder. Von hier führt eine Wendeltreppe in das rundum verglaste Turmzimmer.

Design 5174-Homes for Today
© Augustus Suglia, Architect

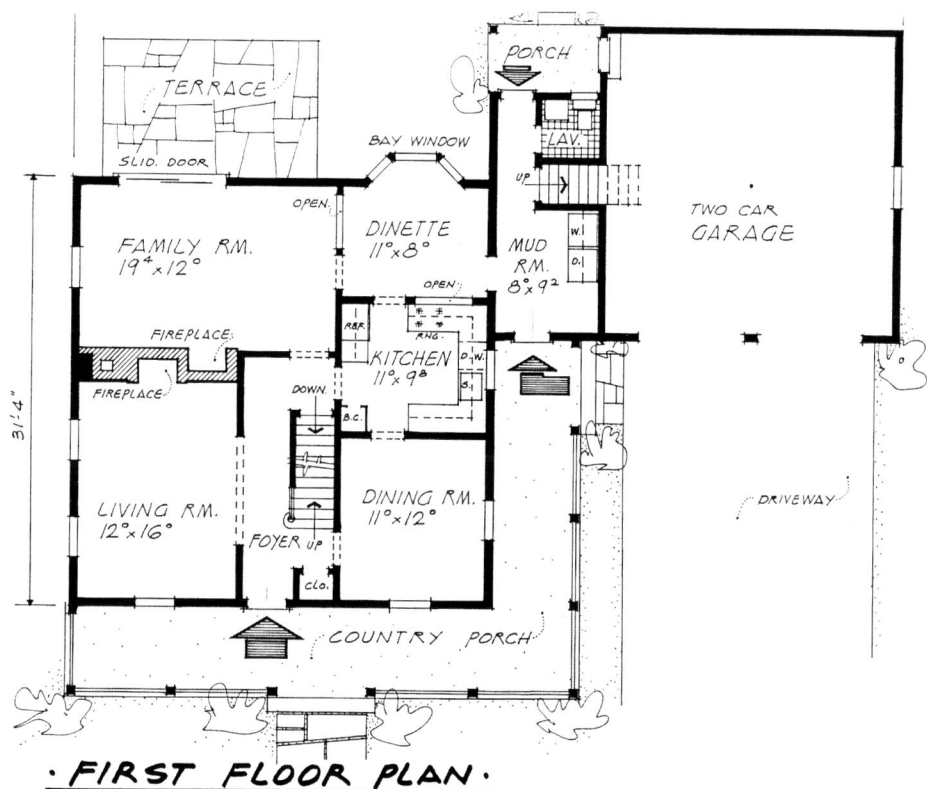

·FIRST FLOOR PLAN·

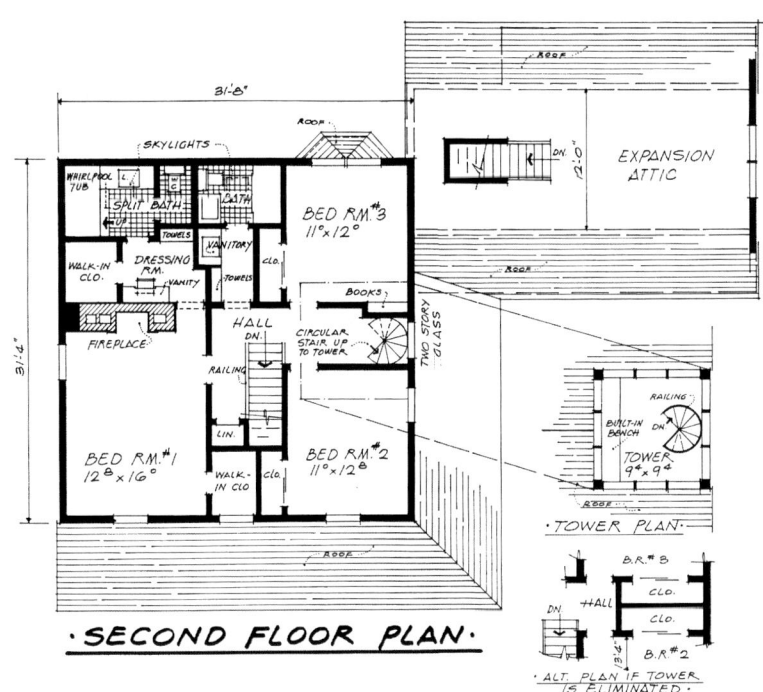

·SECOND FLOOR PLAN·

·TOWER PLAN·

·ALT. PLAN IF TOWER IS ELIMINATED·

Solch ein stattlicher Farmhausentwurf ist für viele Landhausliebhaber der Inbegriff eines perfekten Zuhauses für das Country Living. Die drei Dachgauben und die schützende, über Eck verlaufende Hausveranda verleihen dem Design den Charme längst vergangener Zeiten. Von außen nostalgisch – aber innen topmodern, könnte die Devise des Designers gelautet haben, als er dieses 178 qm große Landhaus plante. Vom Foyer führt der Weg seitlich in das formelle Speisezimmer sowie in das zentral gelegene Kaminwohnzimmer vorbei an der Treppe. Dieser Raum reicht in der Höhe bis ins Dach hinein. Dachlukenfenster gewähren zusätzlichen, natürlichen Lichteinfall. Große, verglaste Flügeltüren führen auf die Terrasse. Eine große Country-Küche mit Eßplatz im Fenstererker hat direkte Anbindung an den Hauswirtschaftsraum. Den linken Trakt des Erdgeschosses belegt die Eltern-Suite mit einem Luxusbad und einer Ankleide. Im Obergeschoß befinden sich zwei weitere Schlafräume und ein Vollbad. Vom Loft aus kann man das gemütliche Familienwohnzimmer überblicken.

Design 5187-Homes for Today
© Augustus Suglia, Architect

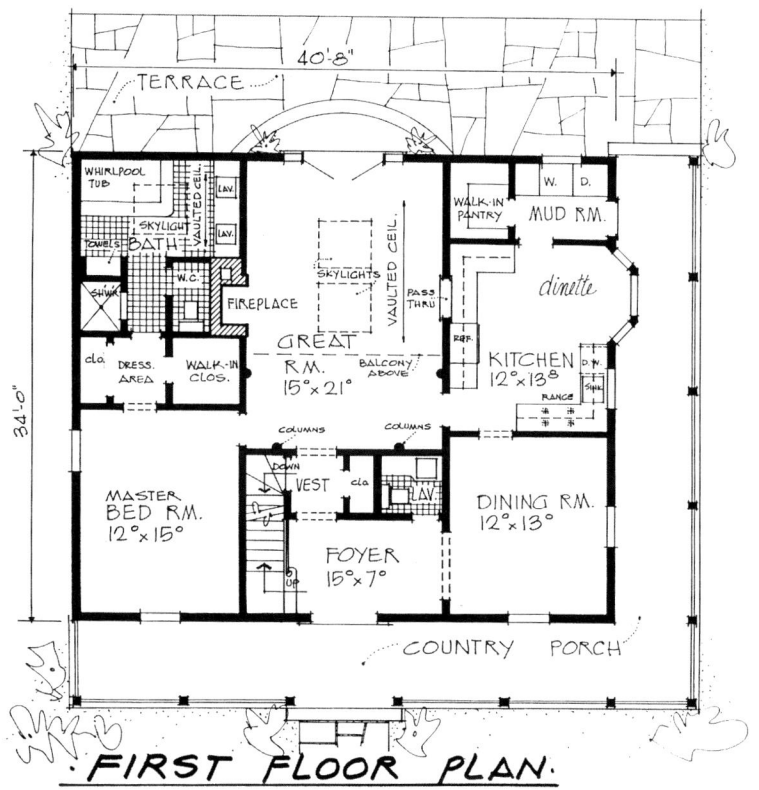

40'-8"

TERRACE

WHIRLPOOL TUB

SKYLIGHT

VAULTED CEIL.

LAV.

LAV.

TOWELS

BATH

W.C.

SH'WR.

cla.

DRESS. AREA

WALK-IN CLOS.

FIREPLACE

WALK-IN PANTRY

W. D.

MUD RM.

SKYLIGHTS

VAULTED CEIL.

PASS THRU

GREAT RM.
15⁰×21⁰

BALCONY ABOVE

dinette

REF.

KITCHEN
12⁰×13⁸

D. W.

SH'LF

RANGE

34'-0"

MASTER BED RM.
12⁰×15⁰

COLUMNS

DOWN

VEST.

cla.

COLUMNS

LAV.

DINING RM.
12⁰×13⁰

FOYER
15⁰×7⁰

UP

COUNTRY PORCH

·FIRST FLOOR PLAN·

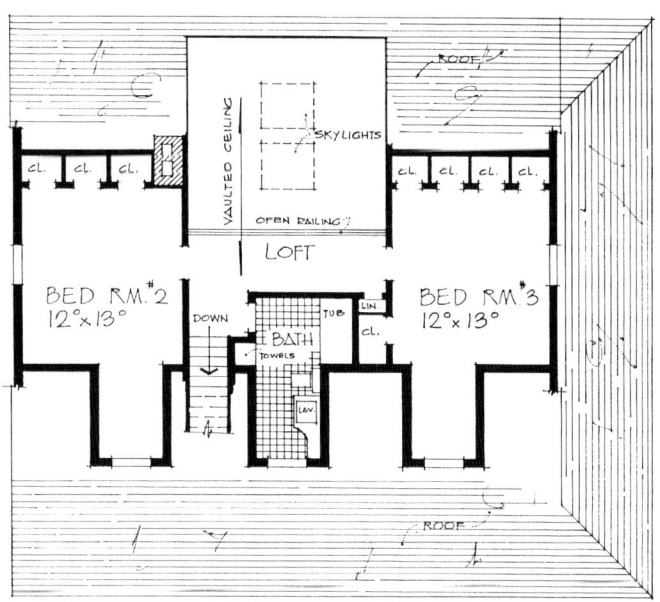

ROOF

VAULTED CEILING

SKYLIGHTS

cl. cl. cl.

cl. cl. cl. cl.

OPEN RAILING

LOFT

BED RM. #2
12⁰×13⁰

DOWN

TUB

LIN.

cl.

BED RM. #3
12⁰×13⁰

BATH

TOWELS

LAV.

ROOF

·ATTIC FLOOR PLAN·

ALTERNATE FRONT ELEVATION.

Für dieses Country-Haus hält der Architekt gleich zwei Varianten für die Außenansicht bereit. Der persönliche Geschmack wird darüber entscheiden, ob man die klassische Form oder die moderne Lösung bevorzugt. Die Raumaufteilung ist bei beiden Planungen identisch. Über den zentral gelegenen Eingang gelangt man in das Foyer. Seitlich davon befinden sich die formellen Räume zum Speisen und Wohnen. Die große Country-Küche verfügt über eine Snack Bar, die in der Mitte des Raumes plaziert wurde. Das Familienwohnzimmer wurde mit einem Kamin geplant. Große Glasschiebetüren öffnen den Weg auf die Terrasse. Im Obergeschoß befindet sich das Elternschlafzimmer mit eigenem Bad, Einbauschränken und begehbaren Kleiderkammern. Zwei weitere Schlafräume teilen sich ein Vollbad. Im Dachgeschoß über der Doppelgarage bietet sich ausreichend Platz, um einen Hobbyraum oder ein Gästezimmer einzurichten.

Design 5194-Homes for Today
© Augustus Suglia, Architect

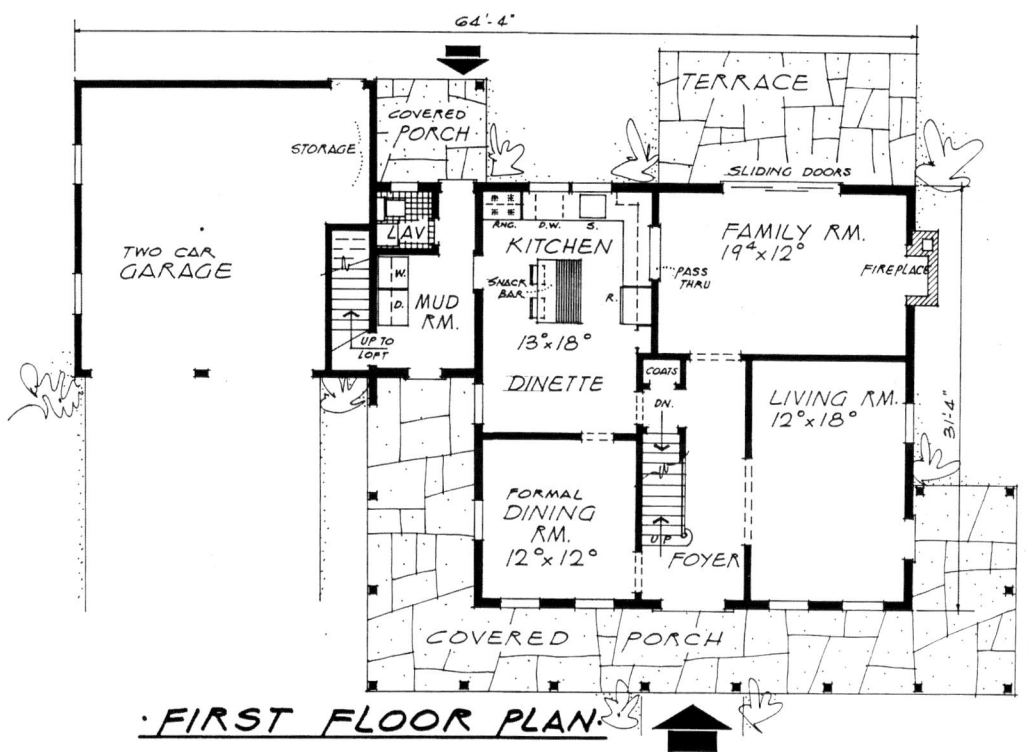

64'-4"

STORAGE

COVERED PORCH

TWO CAR GARAGE

TERRACE

SLIDING DOORS

LAV.

W.

D.

MUD RM.

UP TO LOFT

KITCHEN
13°x18°

SNACK BAR

R.

ANG.   D.W.   S.

PASS THRU

FAMILY RM.
19⁴x12°

FIREPLACE

DINETTE

COATS

DN.

LIVING RM.
12°x18°

FORMAL DINING RM.
12°x12°

IN

UP

FOYER

31'-4"

COVERED   PORCH

·FIRST FLOOR PLAN·

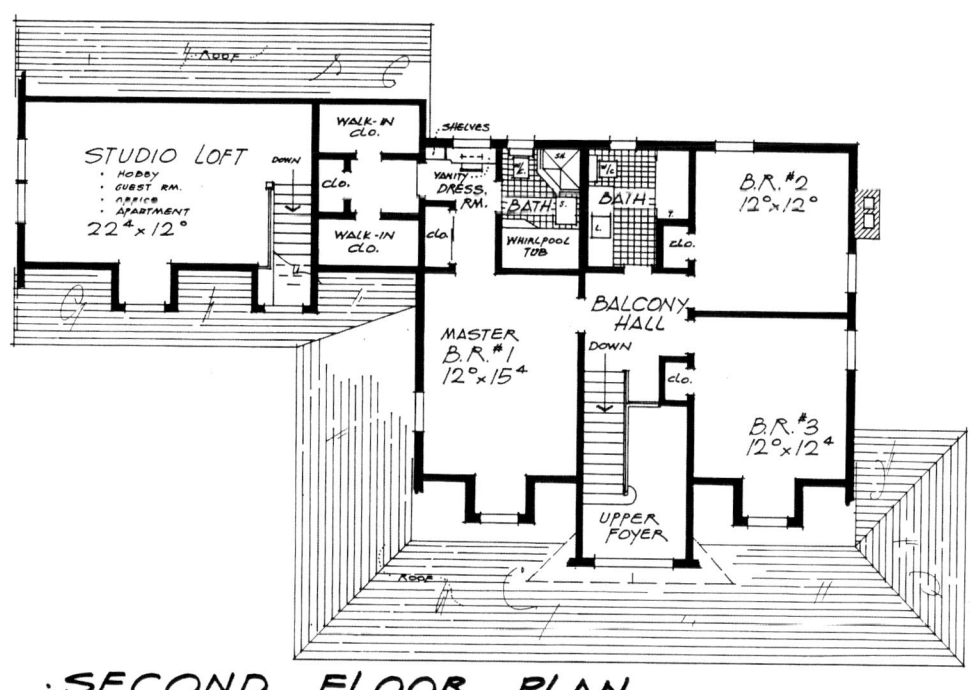

ROOF

STUDIO LOFT
• HOBBY
• GUEST RM.
• OFFICE
• APARTMENT
22⁴x12°

DOWN

WALK-IN CLO.

CLO.

WALK-IN CLO.

SHELVES

VANITY
DRESS. RM.

CLO.

BATH

WHIRLPOOL TUB

BATH

B.R. #2
12°x12°

MASTER
B.R. #1
12°x15⁴

BALCONY HALL

DOWN

CLO.

CLO.

B.R. #3
12°x12⁴

UPPER FOYER

ROOF

·SECOND FLOOR PLAN·

Eine individuelle Note erhält dieser Farmhausentwurf durch die Gestaltung seiner drei Dachgauben. Die kleinen Walmdächer setzen einen
interessanten Kontrast zur Satteldachform des
Haupthauses. Die weit umlaufende Veranda bietet
Schutz zu allen Seiten und dreifachen Zutritt ins
Haus. Der zentrale Haupteingang mündet in ein
großes Foyer. Das links davon gelegene Speisezimmer führt auch in die Küche, die einen hellen
Eßplatz im Fenstererker bietet. An den durch zwei
Geschosse reichenden Familienwohnraum schließt
ein kleiner Salon an. Das Elternschlafzimmer ist
bei dieser Planung mit Bad und Ankleidezimmer
im Erdgeschoß untergebracht. Im Obergeschoß

befindet sich ein Vollbad und zwei helle Schlafräume. Von der Galerie blickt man in das offene
Wohnzimmer. Zwei Dachluken sorgen für natürlichen Lichteinfall und unterstreichen die Großzügigkeit dieser offenen Raumgestaltung.

Design 5195-Homes for Today
© Augustus Suglia, Architect

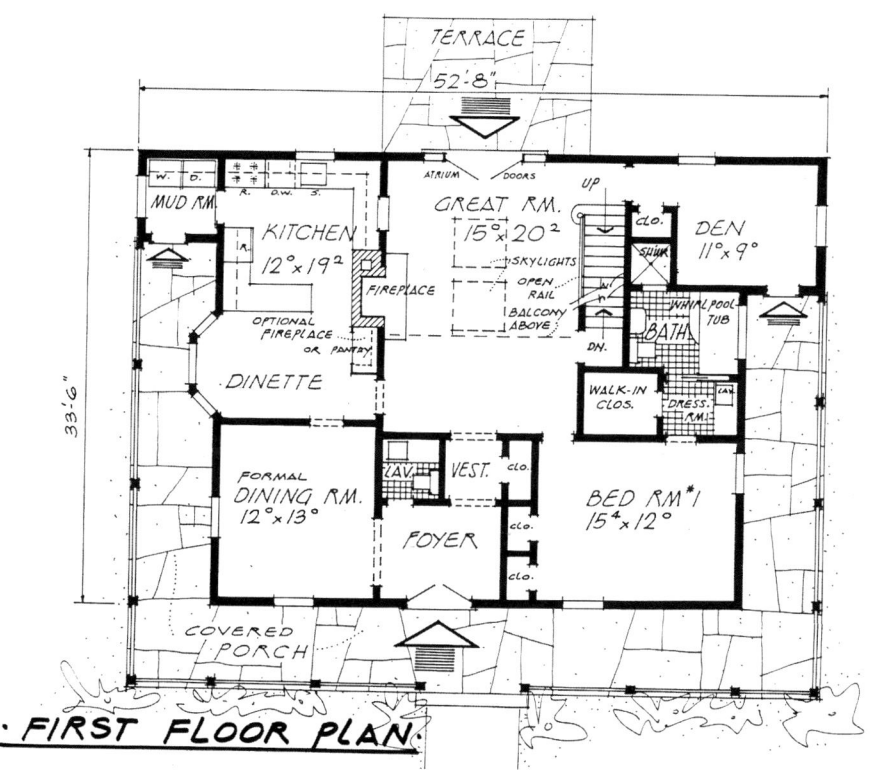

TERRACE
52'-8"

MUD RM.

KITCHEN
12⁰×19²

FIREPLACE

OPTIONAL
FIREPLACE
OR PANTRY

DINETTE

33'-6"

ATRIUM / DOORS

GREAT RM.
15⁰×20²

SKYLIGHTS
OPEN
RAIL
BALCONY
ABOVE

UP

CLO.
SH'W'R

DN.

BATH

DEN
11⁰×9⁰

WHIRLPOOL
TUB

WALK-IN
CLOS.

DRESS.
RM.

LAV.

FORMAL
DINING RM.
12⁰×13⁰

LAV. VEST. CLO.

FOYER

CLO.

CLO.

BED RM.#1
15⁴×12⁰

COVERED
PORCH

·FIRST FLOOR PLAN·

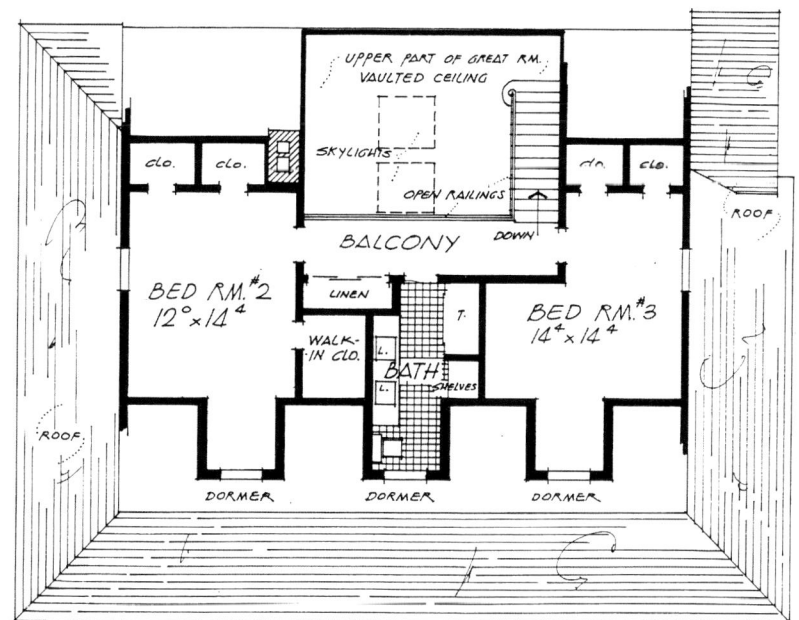

UPPER PART OF GREAT RM.
VAULTED CEILING

SKYLIGHTS

OPEN RAILINGS

BALCONY

DOWN

ROOF

CLO. CLO.

CLO. CLO.

BED RM.#2
12⁰×14⁴

LINEN

WALK-IN CLO.

L.

L.

BATH

T.

SHELVES

BED RM.#3
14⁴×14⁴

ROOF

ROOF

DORMER

DORMER

DORMER

·SECOND FLOOR PLAN·

Das von der Frontseite her zierlich wirkende Country Cottage verfügt über eine großzügige Wohnfläche von 208 qm und avanciert mit seiner ausgewogenen Grundrißgestaltung zu einem beliebten Familienhaus. Die symmetrische Durchgestaltung setzt sich bis in die mit Holzschindeln verkleideten Dachgauben fort. Die kunstvoll gearbeitete Veranda und die elegante Eingangstür setzen weitere Akzente. Im vorderen Hausbereich befinden sich die Eltern-Suite mit Bad und Ankleide sowie das große Familienkaminzimmer. Von dort geht es in das Speisezimmer und in die Country-Küche. Das Obergeschoß bietet Platz für zwei Schlafräume. Beide wurden mit begehbaren Kleiderkammern geplant. Oberhalb der Doppelgarage befindet sich noch eine Ausbaufläche von 21 qm.

Design 5204–Homes for Today
© Augustus Suglia, Architect

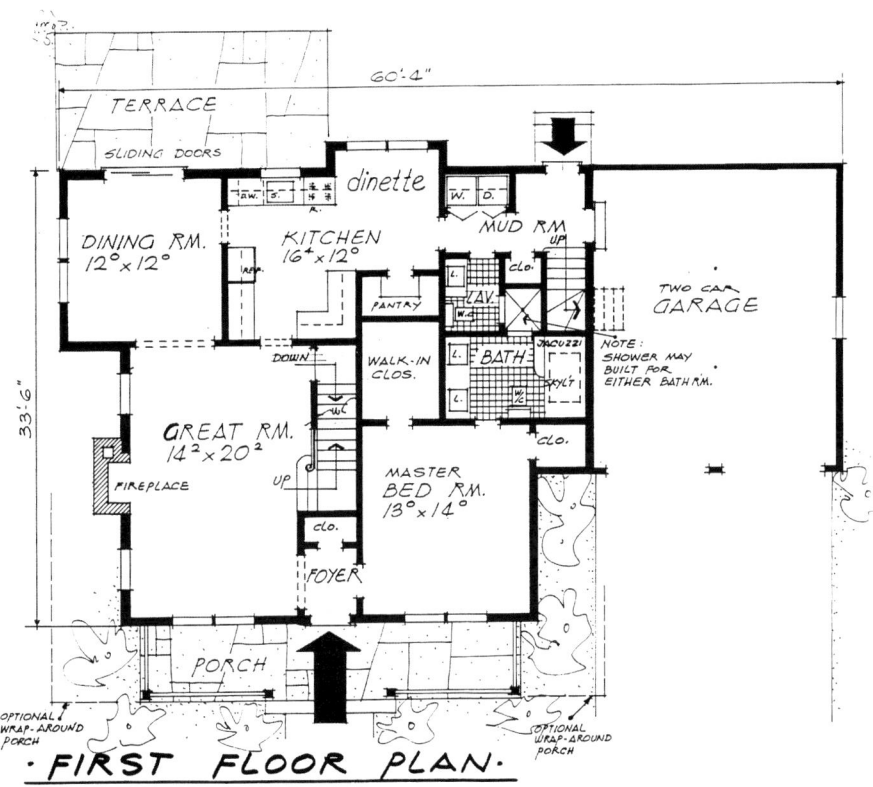

FIRST FLOOR PLAN

60'-4"

33'-6"

TERRACE

SLIDING DOORS

dinette

DINING RM.
12° x 12°

KITCHEN
16° x 12°

MUD RM.

W. D.

TWO CAR GARAGE

CLO.

PANTRY

LAV.

WALK-IN CLOS.

BATH

JACUZZI

DOWN

NOTE:
SHOWER MAY
BUILT FOR
EITHER BATH RM.

SKYLT

GREAT RM.
14° x 20°

FIREPLACE

UP

CLO.

MASTER
BED RM.
13° x 14°

clo.

UP

FOYER

PORCH

OPTIONAL
WRAP-AROUND
PORCH

OPTIONAL
WRAP-AROUND
PORCH

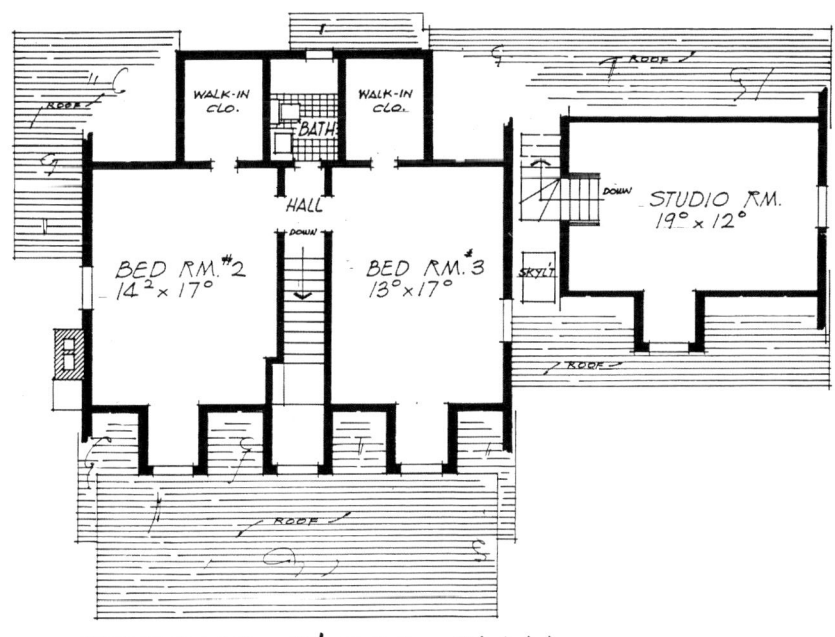

SECOND FLOOR PLAN

ROOF

WALK-IN CLO.

WALK-IN CLO.

BATH

HALL

ROOF

STUDIO RM.
19° x 12°

DOWN

BED RM. #2
14° x 17°

DOWN

BED RM. #3
13° x 17°

SKYLT.

ROOF

ROOF

Diese rustikale Farmhausplanung setzt mit ihrer Natursteinfassade im Erdgeschoßbereich originelle Akzente. Der zentrale Giebel des Haupthauses mit seinem großen, formschönen Fenster unterstreicht das harmonische Erscheinungsbild dieser Frontansicht. Das Dach der Dreier-Garage wird von einem stilechten Dachreiter geschmückt. Eine klare Liniensprache findet sich auch bei der Überdachung der umlaufenden Hausveranda. Vom imposanten Foyer führt eine elegant geschwungene Treppe ins Obergeschoß. Vom formellen Speisezimmer geht es vorbei an der „butler's pantry" in die große Country-Küche, die über einen verglasten Frühstückserker verfügt. Zur linken Hand

befindet sich ein Arbeitszimmer, zur rechten Seite schließt der große und bis ins Dach reichende Familienwohnraum an. Die Eltern-Suite mit Bad und Ankleide liegt im rechten Hausteil. Das Obergeschoß hat drei Schlafräume und zwei Vollbäder.

Design 5205–Homes for Today
© Augustus Suglia, Architect

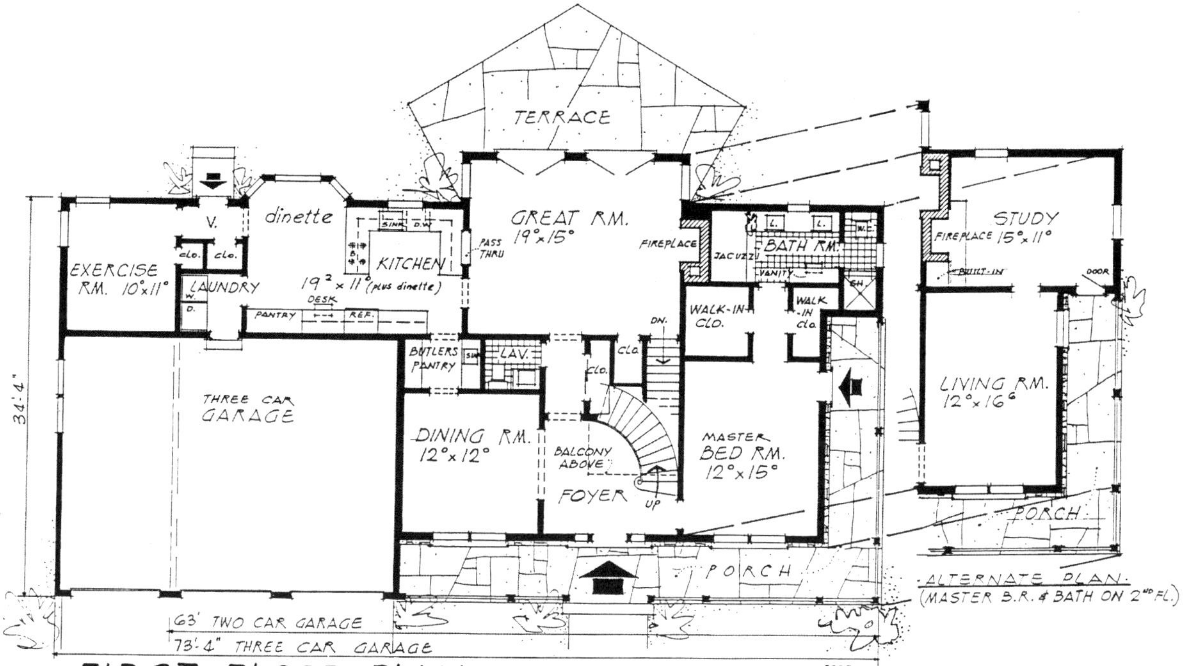

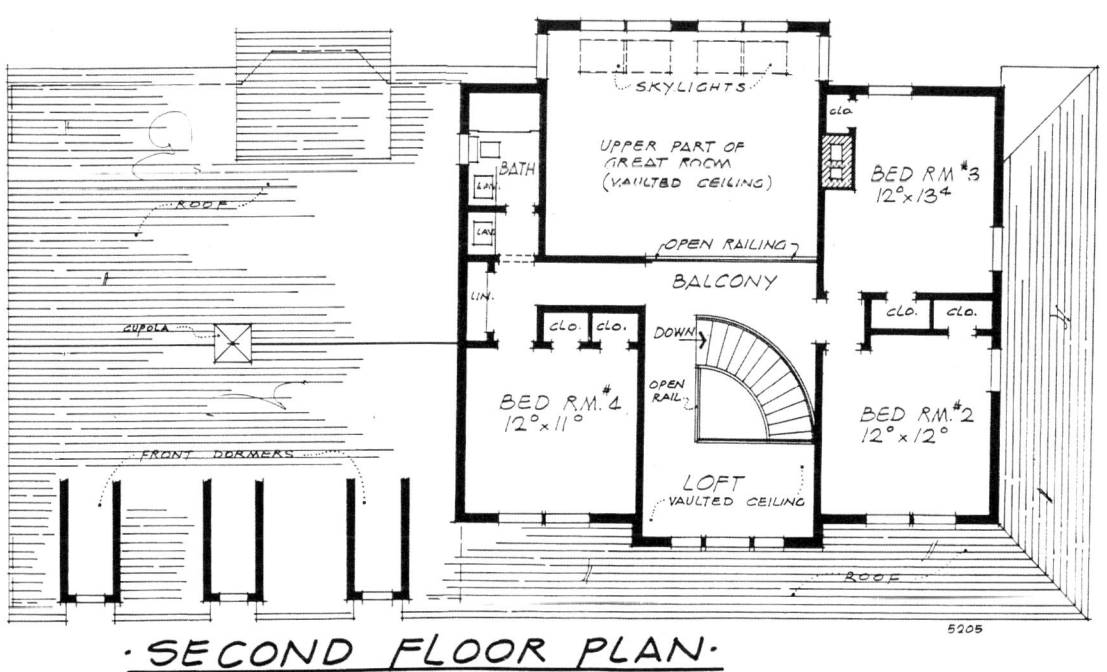

TERRACE

GREAT RM.
19⁰×15⁰

FIREPLACE

BATH RM.

STUDY
FIREPLACE 15⁰×11⁰

dinette

V.

EXERCISE
RM. 10×11⁰

CLO. CLO.

LAUNDRY

W. D.

KITCHEN

19² × 11 (PLUS dinette)

DESK

PANTRY   REF.

SINK D.W.

PASS
THRU

JACUZZI

VANITY

L. L.

CH.

BUILT-IN

DOOR

WALK-IN
CLO.

WALK
IN
CLO.

LIVING RM.
12⁰×16⁶

THREE CAR
GARAGE

BUTLERS
PANTRY

SINK

LAV.

CLO.

DINING RM.
12⁰×12⁰

BALCONY
ABOVE

FOYER

UP

DN.

CLO.

MASTER
BED RM.
12⁰×15⁰

34'-4"

63' TWO CAR GARAGE
73'-4" THREE CAR GARAGE

PORCH

PORCH

ALTERNATE PLAN
(MASTER B.R. & BATH ON 2ⁿᵈ FL.)

· FIRST FLOOR PLAN ·

SCALE   0   5

5205

SKYLIGHTS

BATH

UPPER PART OF
GREAT ROOM
(VAULTED CEILING)

CLO.

BED RM #3
12⁰×13⁴

ROOF

LIN.

LAV.

OPEN RAILING

BALCONY

CUPOLA

LIN.

CLO. CLO.

DOWN

CLO. CLO.

BED RM.#4
12⁰×11⁰

OPEN
RAIL

BED RM.#2
12⁰×12⁰

FRONT DORMERS

LOFT
VAULTED CEILING

ROOF

5205

· SECOND FLOOR PLAN ·

Die rustikale Erscheinung verdankt dieses Objekt seiner in Naturstein verkleideten Giebelseite und dem ebenso erbauten Schornstein. Die verwendeten Findlinge bilden einen ausgezeichneten Kontrast zur holzverkleideten Fassade. Einladend wirkt die hoch überdachte Veranda vor der Küche. Mit einer Wohnfläche von rund 80 qm im Erdgeschoß und einem Raumangebot von Kaminwohnzimmer, Eßzimmer, Schlafraum, Küche und Bad eignet es sich ausgezeichnet für junge Paare oder Singles. Das Dachgeschoß ist ausbaufähig. Hier können noch einmal zwei Zimmer und ein Bad Platz finden. Für ausreichenden Lichteinfall sorgen die auf den Giebelseiten eingeplanten Fenster.

Design 5126-Homes for Today
© Augustus Suglia, Architect

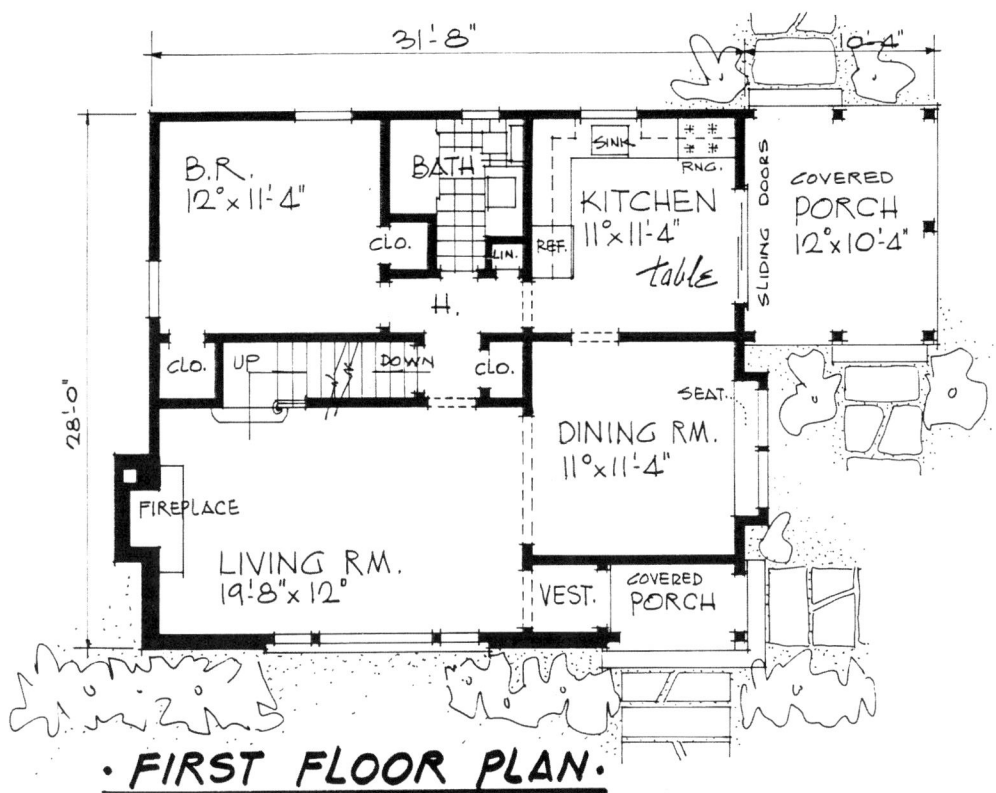

31'-8"

10'-4"

28'-0"

B.R.
12°x11'-4"

BATH

CLO.

LIN.

REF.

SINK

RNG.

KITCHEN
11°x11'-4"

table

SLIDING DOORS

COVERED
PORCH
12°x10'-4"

H.

CLO.

UP

DOWN

CLO.

SEAT.

FIREPLACE

LIVING RM.
19'-8"x12°

DINING RM.
11°x11'-4"

VEST.

COVERED
PORCH

· FIRST FLOOR PLAN ·

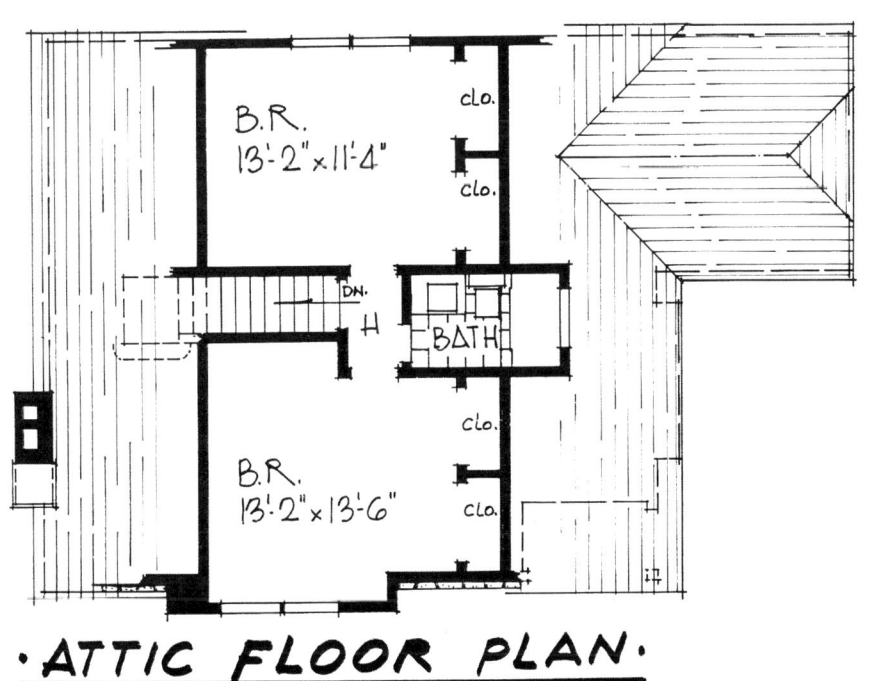

B.R.
13'-2"x11'-4"

CLO.

CLO.

DN.

H.

BATH

CLO.

B.R.
13'-2"x13'-6"

CLO.

· ATTIC FLOOR PLAN ·

COUNTRY STYLE

Photo © Mark Englund / HomeStyles

Dieses 300,62 qm große Wohnhaus aus der Feder des Architekten Frank Betz zeigt dem Betrachter bereits auf den ersten Blick, daß es sich hier um ein Haus der Spitzenklasse handelt. Die aufwendigen Stuckverzierungen auf der eleganten Klinkerfassade und die Auswahl geschmackvoller Fensterelemente stimmen auf die im Hausinneren vorherrschende Exklusivität ein. Bei der kreativen Grundrißgestaltung fallen die Country-Küche im Erdgeschoß und die elterliche Suite im Obergeschoß besonders auf.

**Design HomeStyle
FB-5477-Carm**

© Frank Betz Associates, Inc.

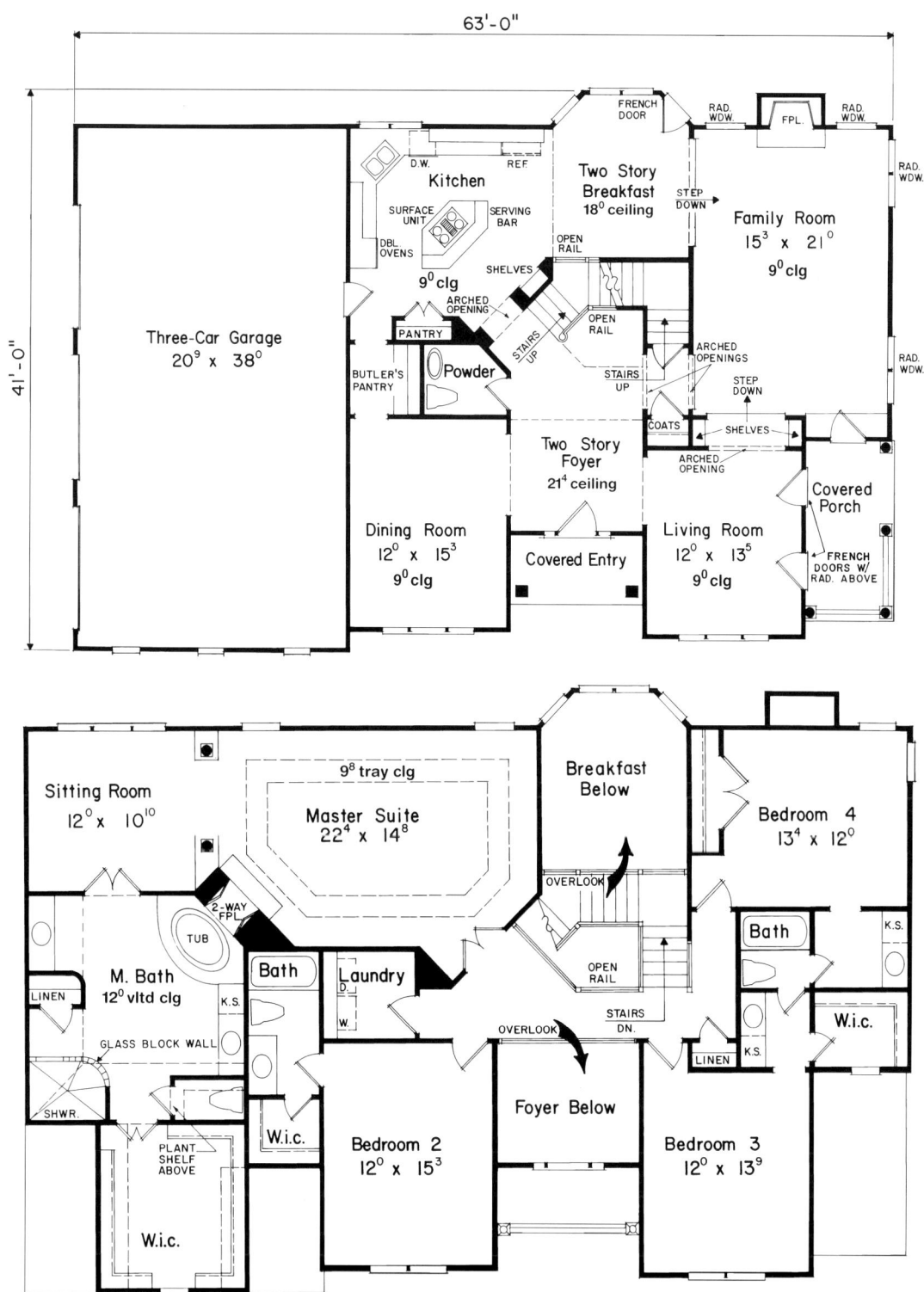

63'-0"

41'-0"

Three-Car Garage
20⁹ x 38⁰

D.W.   REF

Kitchen

FRENCH DOOR

Two Story Breakfast
18⁰ ceiling

RAD. WDW.   FPL.   RAD. WDW.

SURFACE UNIT   SERVING BAR

STEP DOWN

RAD. WDW.

Family Room
15³ x 21⁰
9⁰ clg

DBL. OVENS

SHELVES

9⁰ clg

OPEN RAIL

ARCHED OPENING

PANTRY

Powder

STAIRS UP

OPEN RAIL

STAIRS UP

ARCHED OPENINGS

RAD. WDW.

BUTLER'S PANTRY

STEP DOWN

COATS   SHELVES

ARCHED OPENING

Covered Porch

Two Story Foyer
21⁴ ceiling

Dining Room
12⁰ x 15³
9⁰ clg

Covered Entry

Living Room
12⁰ x 13⁵
9⁰ clg

FRENCH DOORS W/ RAD. ABOVE

Sitting Room
12⁰ x 10¹⁰

9⁸ tray clg

Master Suite
22⁴ x 14⁸

Breakfast Below

Bedroom 4
13⁴ x 12⁰

OVERLOOK

Bath

K.S.

2-WAY FPL

TUB

Bath

Laundry

D.

W.

M. Bath
12⁰ vltd clg

LINEN

K.S.

GLASS BLOCK WALL

SHWR.

OPEN RAIL

STAIRS DN.

LINEN   K.S.

W.i.c.

PLANT SHELF ABOVE

W.i.c.

Bedroom 2
12⁰ x 15³

OVERLOOK

Foyer Below

Bedroom 3
12⁰ x 13⁹

W.i.c.

Photo © Mark Englund / HomeStyles

Ein echtes Traumhaus ist Frank Betz mit diesem Entwurf gelungen. Anmutig wie ein kleines Schloß wirkt es mit seiner eleganten Putzfassade, die die aufwendigen Fensterkonstruktionen und den imposanten Eingangsbereich besonders gut hervorhebt. Eine stolze Wohnfläche von 376,72 qm steht den Bewohnern dieses Hauses auf zwei Vollgeschossen zur Verfügung. Im Hausinneren setzt sich die Liebe zum Detail fort. Hohe und ausgefallen konstruierte Decken machen jedes Zimmer zu einem Erlebnisraum.

**Design HomeStyle
FB–5446–Elam**

© Frank Betz Associates, Inc.

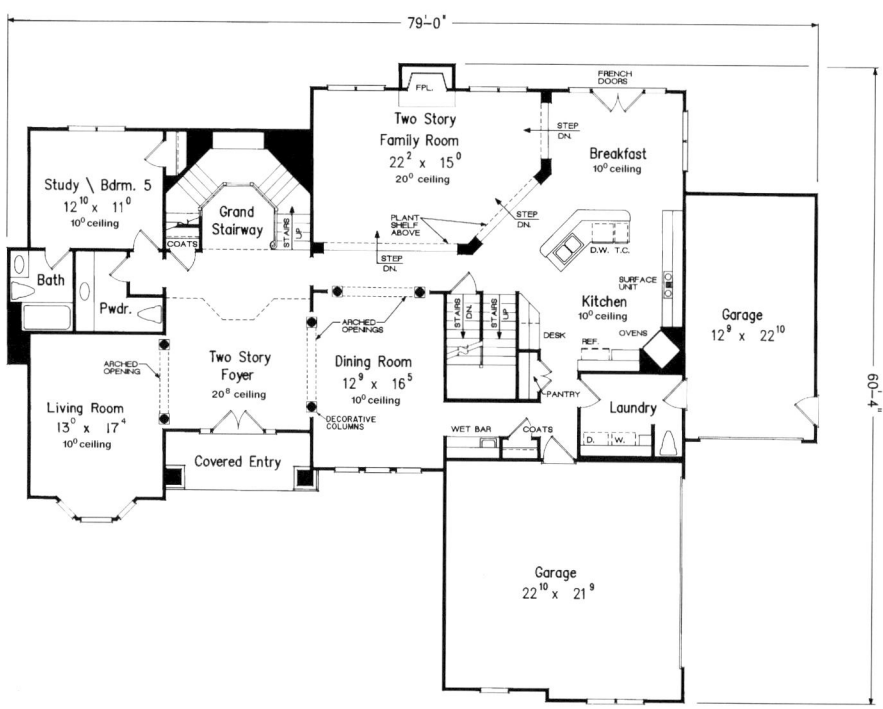

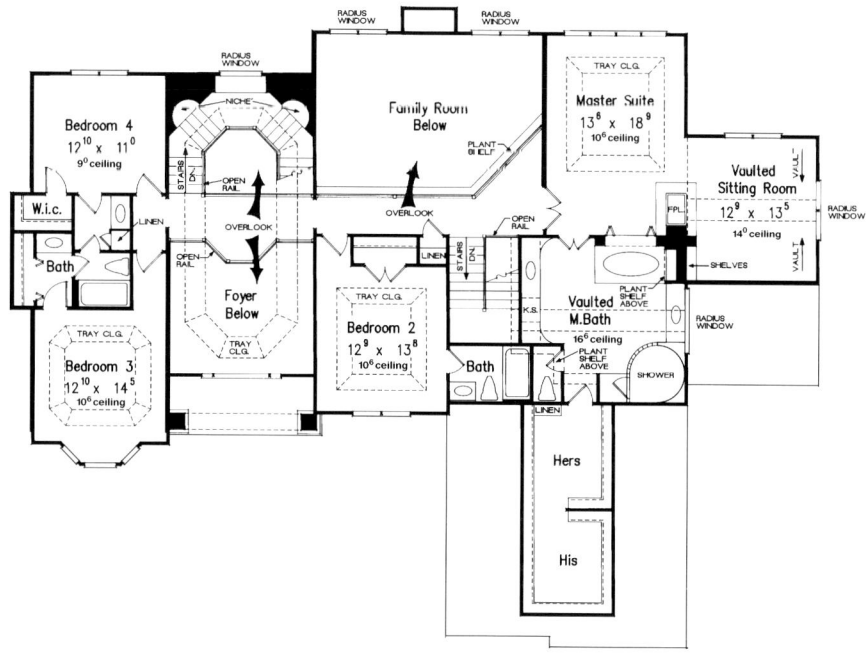

Photo © Mark Englund / HomeStyles

Dieses europäisch geprägte Kolonialstilhaus beeindruckt in seiner klassischen Erscheinung mit einer attraktiven, weißen Putzfassade, auf der farbige Fensterläden deutliche Akzente setzen. Die verspielte Giebelarchitektur und die formschönen Fenster verleihen der Frontansicht Eleganz. Die 263,38 qm große Wohnfläche verteilt sich großzügig auf zwei Etagen. Dieser Hausentwurf sieht vier Schlafräume vor, die alle im Obergeschoß untergebracht sind.

**Design HomeStyle
FB–5364–Deer**

© Frank Betz Associates, Inc.

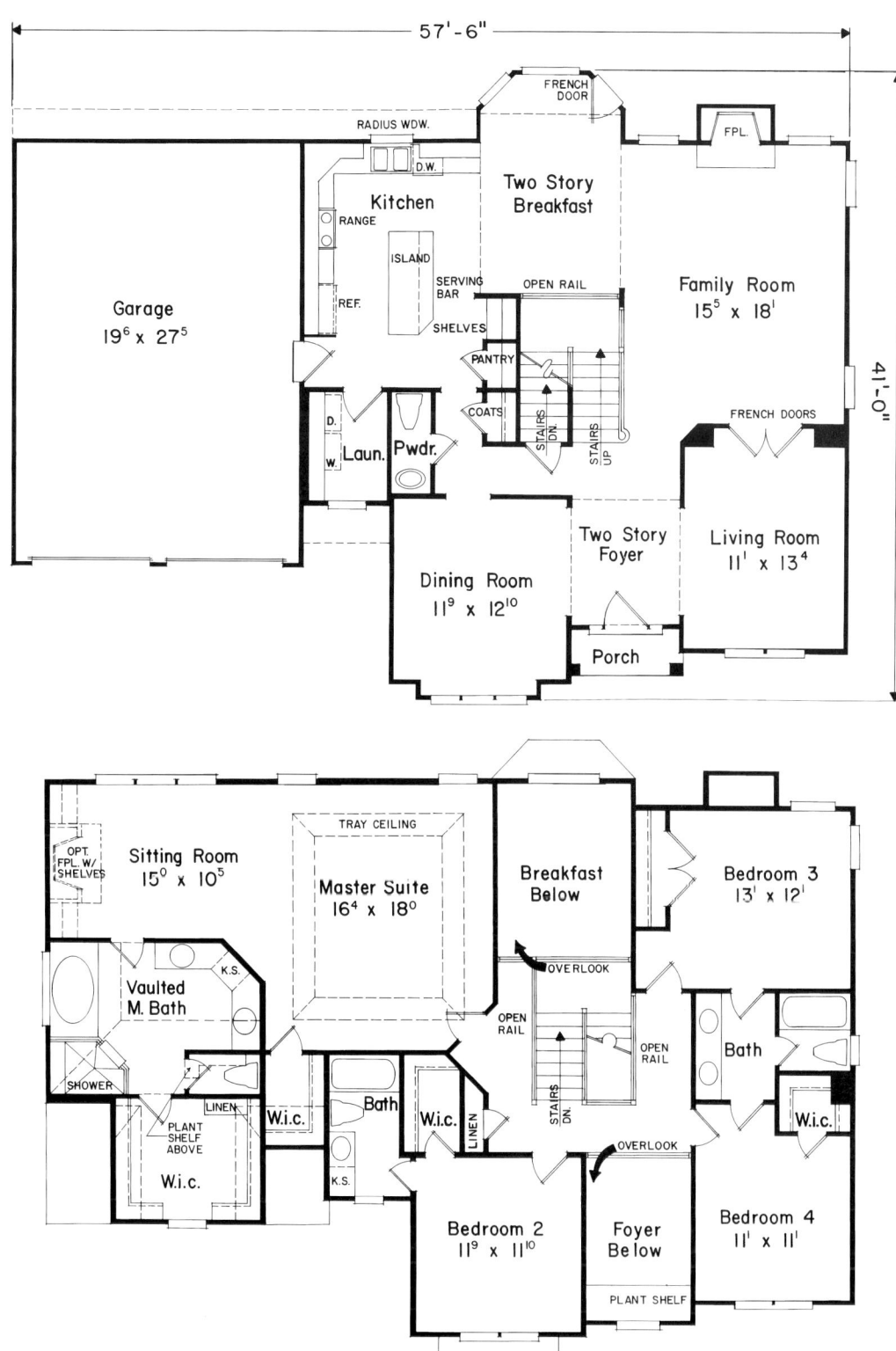

57'-6"

41'-0"

FRENCH DOOR

RADIUS WDW.

D.W.

Kitchen

RANGE

ISLAND

REF.

SERVING BAR

SHELVES

Two Story Breakfast

OPEN RAIL

FPL.

Family Room
15⁵ x 18¹

FRENCH DOORS

PANTRY

COATS

STAIRS DN.

STAIRS UP

Garage
19⁶ x 27⁵

D. W.

Laun.

Pwdr.

Dining Room
11⁹ x 12¹⁰

Two Story Foyer

Living Room
11¹ x 13⁴

Porch

OPT. FPL. W/ SHELVES

Sitting Room
15⁰ x 10⁵

TRAY CEILING

Master Suite
16⁴ x 18⁰

Breakfast Below

Bedroom 3
13¹ x 12¹

K.S.

Vaulted M. Bath

OVERLOOK

OPEN RAIL

OPEN RAIL

Bath

SHOWER

PLANT SHELF ABOVE

LINEN

W.i.c.

Bath

W.i.c.

LINEN

STAIRS DN.

W.i.c.

W.i.c.

K.S.

OVERLOOK

Bedroom 2
11⁹ x 11¹⁰

Foyer Below

Bedroom 4
11¹ x 11¹

PLANT SHELF

Photo © Mark Englund / HomeStyles

Ein origineller Materialmix spielt bei der Fassadengestaltung eine wichtige Rolle. Ihm und der
aufwendigen Giebelarchitektur verdankt dieser
342,90 qm große Entwurf seine Besonderheit.
Verspielte Linienführung ist auch bei der Grundrißgestaltung im Inneren des Hauses anzutreffen.
Aufmerksamkeit verdient sowohl die große Country-Küche – Dreh- und Angelpunkt der Familie –,
als auch die vorbildliche Planung der Eltern-Suite,
die im Erdgeschoß gelegen ist.

**Design HomeStyle
FB–5345–Jern**

© Frank Betz Associates, Inc.

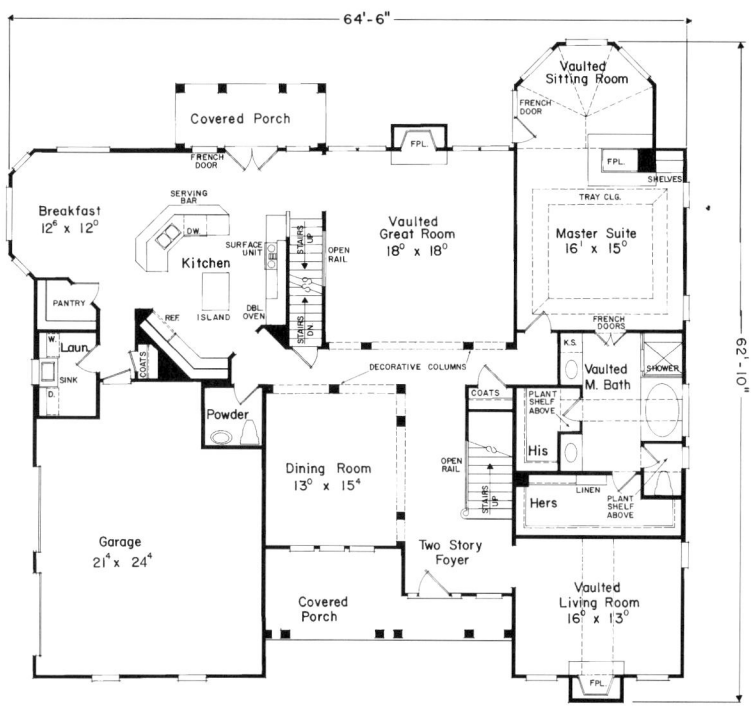

64'-6"

62'-10"

Covered Porch

Vaulted Sitting Room

FRENCH DOOR

FPL

FRENCH DOOR

FPL

SHELVES

Breakfast 12⁶ x 12⁰

SERVING BAR

DW

SURFACE UNIT

STAIRS UP

OPEN RAIL

Vaulted Great Room 18⁰ x 18⁰

TRAY CLG.

Master Suite 16¹ x 15⁰

Kitchen

ISLAND

DBL. OVEN

STAIRS DN

FRENCH DOORS

PANTRY

REF.

K.S.

SHOWER

W. Laun.

SINK

D.

COATS

DECORATIVE COLUMNS

COATS

Vaulted M. Bath

Powder

OPEN RAIL

STAIRS UP

PLANT SHELF ABOVE

His

Dining Room 13⁰ x 15⁴

Hers

LINEN

PLANT SHELF ABOVE

Garage 21⁴ x 24⁴

Two Story Foyer

Vaulted Living Room 16⁶ x 13⁰

Covered Porch

FPL

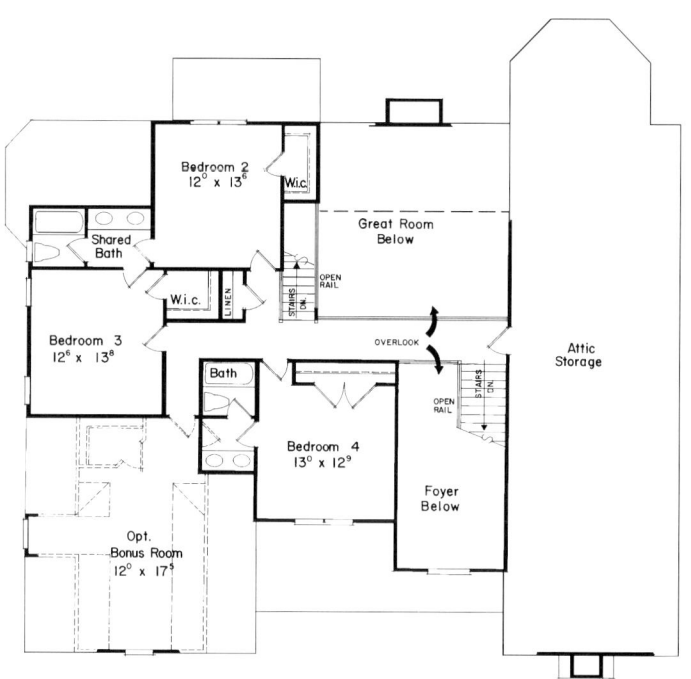

Bedroom 2 12⁰ x 13⁶

W.i.c.

Shared Bath

Great Room Below

W.i.c.

LINEN

STAIRS DN

OPEN RAIL

Bedroom 3 12⁶ x 13⁸

OVERLOOK

Attic Storage

Bath

OPEN RAIL

STAIRS DN

Bedroom 4 13⁰ x 12⁹

Opt. Bonus Room 12⁰ x 17⁵

Foyer Below

Photo © Phillip Mueller

Liebhaber rustikaler Baustile werden diesen Hausentwurf schätzen. Unter ausschließlicher Verwendung natürlicher Materialien wurde dieses stattliche 289,85 qm große Holzhaus gebaut. Eine mit
Schindeln verkleidete Fassade und die großzügige,
formschöne Verglasung unterstreichen den Charme
dieser Country-Version. Eine umlaufende Hausveranda bietet viel Platz zum Verweilen im Freien.
Der aus Findlingen gestaltete Schornstein unterstreicht die solide Bauweise.

**Design HomeStyle
FI-3120**

© Framed Ideas

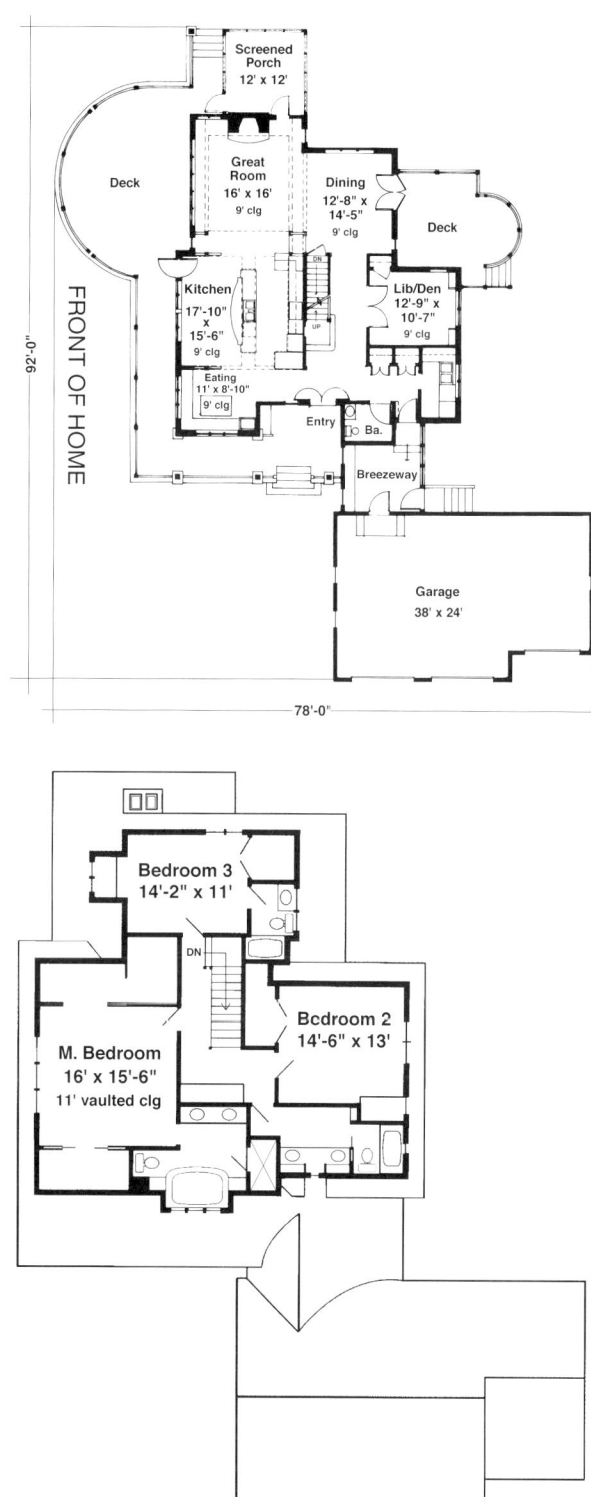

Screened
Porch
12' x 12'

Deck

Great
Room
16' x 16'
9' clg

Dining
12'-8" x
14'-5"
9' clg

Deck

Kitchen
17'-10"
x
15'-6"
9' clg

UP

Lib/Den
12'-9" x
10'-7"
9' clg

Eating
11' x 8'-10"
9' clg

Entry

Ba.

Breezeway

Garage
38' x 24'

FRONT OF HOME

92'-0"

78'-0"

Bedroom 3
14'-2" x 11'

DN

M. Bedroom
16' x 15'-6"
11' vaulted clg

Bedroom 2
14'-6" x 13'

Photo © Mark Englund

Charakteristisch an diesem europäisch wirkenden Haus ist seine versetzte Giebelarchitektur. Die eleganten Stuckverzierungen kommen auf der hellen Putzfassade ausgezeichnet zur Geltung. Die Raumaufteilung im Inneren des 256,69 qm großen Hauses sieht ein Eß- und ein formelles Wohnzimmer seitlich des offenen Foyers vor. Der Familienraum bildet mit der Küche und dem Frühstückszimmer einen eigenen Wohnbereich. Vier Schlafzimmer belegen das Obergeschoß.

**Design HomeStyle
FB-5027-Olym**

© Frank Betz Associates, Inc.

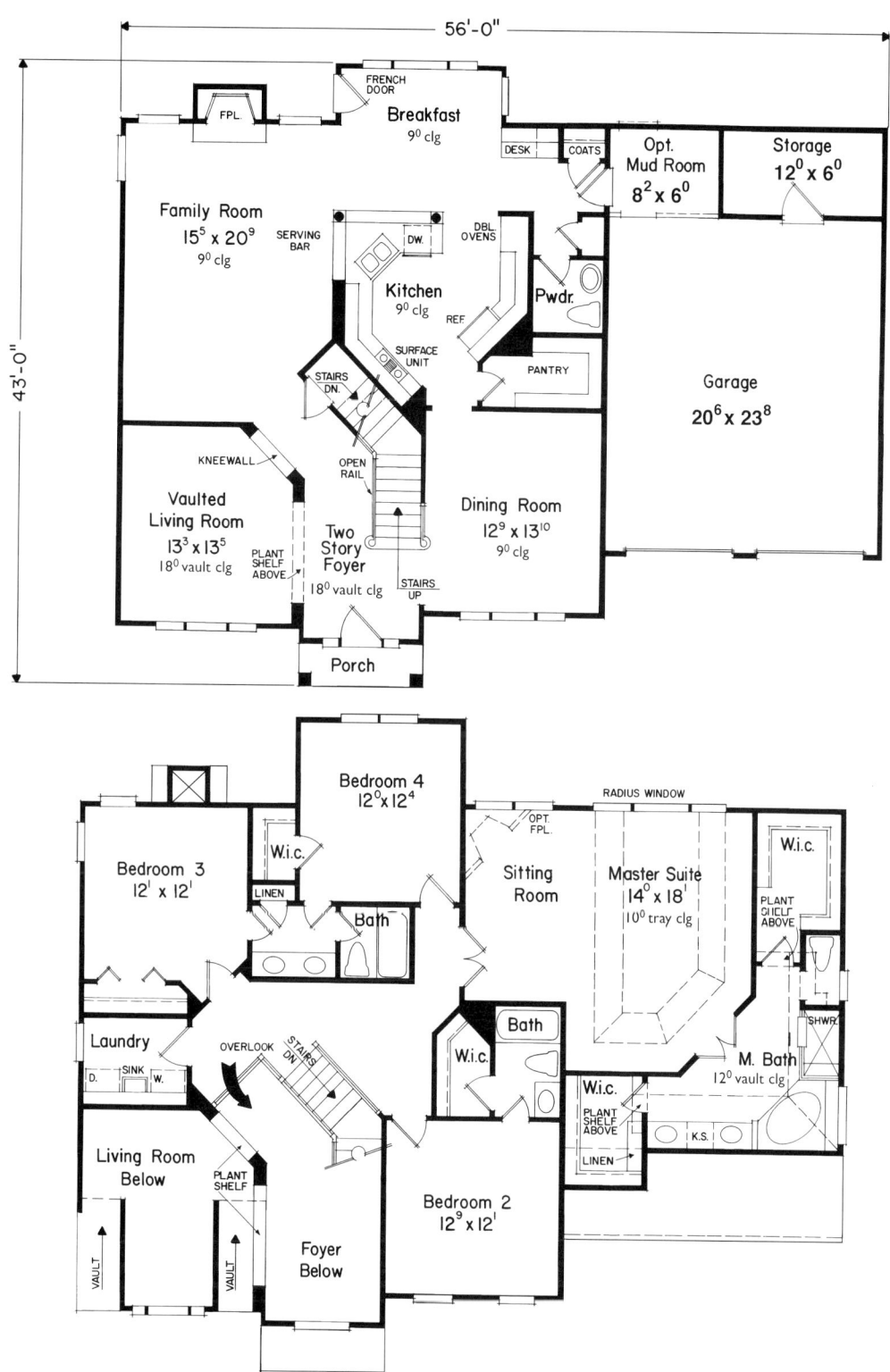

56'-0"

43'-0"

FRENCH DOOR

FPL.

Breakfast
9⁰ clg

DESK

COATS

Opt.
Mud Room
8² x 6⁰

Storage
12⁰ x 6⁰

Family Room
15⁵ x 20⁹
9⁰ clg

SERVING BAR

DW.

DBL. OVENS

Kitchen
9⁰ clg

REF.

Pwdr.

Garage
20⁶ x 23⁸

SURFACE UNIT

PANTRY

STAIRS DN.

KNEEWALL

OPEN RAIL

Vaulted
Living Room
13³ x 13⁵
18⁰ vault clg

PLANT SHELF ABOVE

Two
Story
Foyer
18⁰ vault clg

Dining Room
12⁹ x 13¹⁰
9⁰ clg

STAIRS UP

Porch

Bedroom 4
12⁰ x 12⁴

RADIUS WINDOW

OPT. FPL.

W.I.c.

W.I.c.

Bedroom 3
12' x 12'

LINEN

Bath

Sitting
Room

Master Suite
14⁰ x 18'
10⁰ tray clg

PLANT SHELF ABOVE

Laundry

D.   SINK   W.

OVERLOOK

STAIRS DN

Bath

W.I.c.

SHWR.

M. Bath
12⁰ vault clg

Living Room
Below

PLANT SHELF

VAULT

VAULT

Foyer
Below

Bedroom 2
12⁹ x 12'

W.I.c.

PLANT SHELF ABOVE

LINEN

K.S.

Country Style   431

Photo © Mark Englund / HomeStyles

Das äußere Erscheinungsbild dieses ansprechenden Objekts wird durch die versetzte Giebelarchitektur geprägt. Auf der eleganten Putzfassade kommen die aufwendigen Stuckverzierungen optimal zur Geltung. Im Inneren des 267,83 qm großen Hauses befinden sich Speise- und Wohnraum, das Familienwohnzimmer, das über zwei Geschosse reicht, und eine große Country-Küche im Erdgeschoß. Die Eltern-Suite mit Bad und drei weitere Schlafräume belegen das Obergeschoß.

Design HomeStyle
FB-5049-Ever

© Frank Betz Associates, Inc.

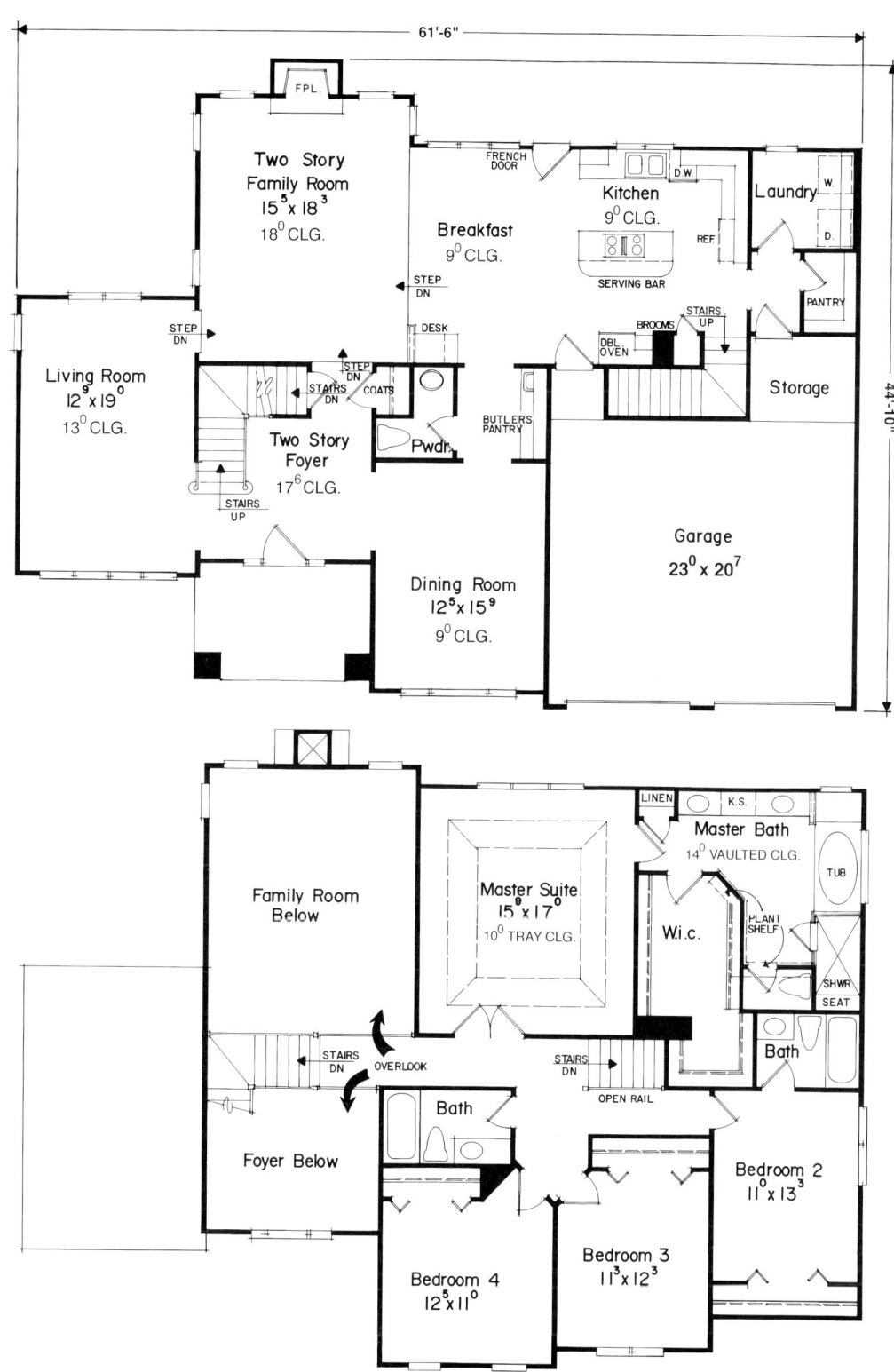

61'-6"

44'-10"

FPL

Two Story
Family Room
15⁵ x 18³
18⁰ CLG.

FRENCH
DOOR

Kitchen
9⁰ CLG.

D.W.

Laundry

W.

Breakfast
9⁰ CLG.

REF

SERVING BAR

D.

STEP
DN

PANTRY

DESK

STAIRS
UP

BROOMS

Living Room
12⁹ x 19⁰
13⁰ CLG.

STEP
DN

DBL
OVEN

Storage

STEP
DN
STAIRS
DN

COATS

Two Story
Foyer
17⁶ CLG.

Pwdr.

BUTLERS
PANTRY

STAIRS
UP

Garage
23⁰ x 20⁷

Dining Room
12⁵ x 15⁹
9⁰ CLG.

LINEN

K.S.

Master Bath
14⁰ VAULTED CLG.

TUB

Family Room
Below

Master Suite
15⁹ x 17⁰
10⁰ TRAY CLG.

Wi.c.

PLANT
SHELF

STAIRS
DN

OVERLOOK

STAIRS
DN

SHWR

SEAT

Bath

Foyer Below

Bath

OPEN RAIL

Bedroom 2
11⁰ x 13³

Bedroom 4
12⁵ x 11⁰

Bedroom 3
11³ x 12³

Photo © Mark Englund / HomStyles

Dieser Bungalow bietet bequemes Wohnen auf einer Ebene. Die helle Putzfassade, auf der sich die dunkelroten Fensterläden kontrastreich absetzen, wird überragt von einer effektvollen Walmdachkonstruktion. Im Eingangsbereich wurden Rundbogenfenster eingesetzt, die auf das elegante Innere des Hauses hinweisen. Den zentralen Raum im Haus belegt das große Kaminwohnzimmer. Es hat direkten Zugang auf die Gartenveranda. Beachtung verdient die detaillierte Planung des Privatbades, das an die elterliche Suite anschließt.

**Design HomeStyle
E-2302**

© Breland & Farmer Designers, Inc.

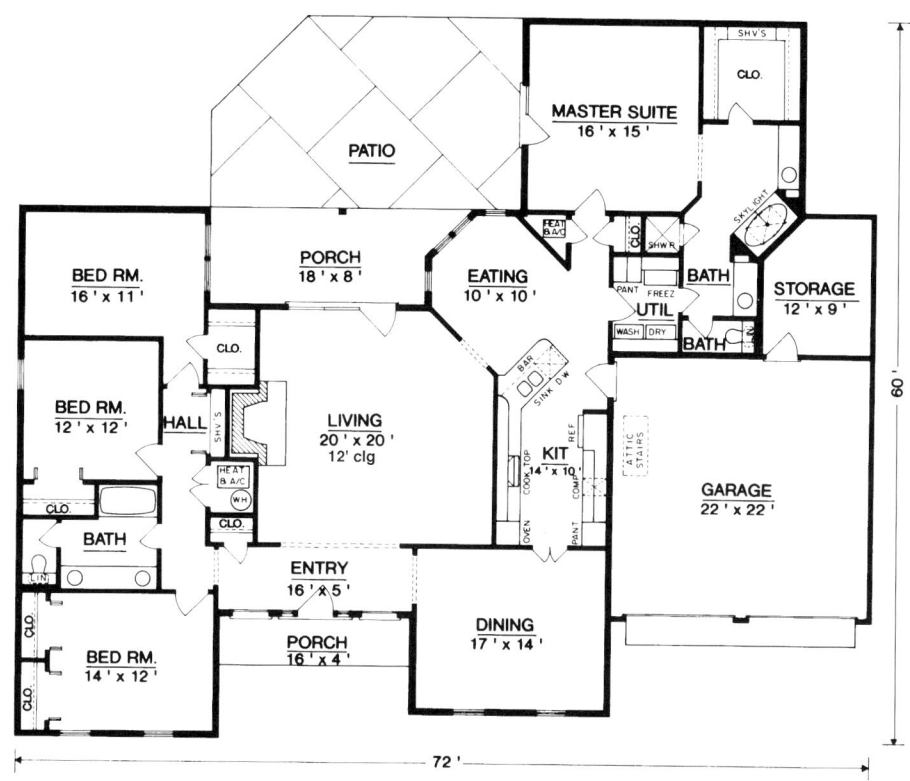

BED RM.
16 ' x 11 '

BED RM.
12 ' x 12 '

HALL

BATH

BED RM.
14 ' x 12 '

CLO.

CLO.

CLO.

CLO.

SHV'S

HEAT
B A/C

WH

CLO.

LIN

PORCH
18 ' x 8 '

PATIO

EATING
10 ' x 10 '

LIVING
20 ' x 20 '
12' clg

KIT
14 ' x 10

COOK TOP

REF

OVEN

PANT

BAR

SINK D/W

ENTRY
16 ' x 5 '

PORCH
16 ' x 4 '

DINING
17 ' x 14 '

MASTER SUITE
16 ' x 15 '

SHV'S

CLO.

HEAT
B A/C

CLO.

PANT

FREEZ

WASH

DRY

UTIL

SHW'R

BATH

SKYLIGHT

BATH

STORAGE
12 ' x 9 '

ATTIC STAIRS

COMP'T

PANT

GARAGE
22 ' x 22 '

72 '

60 '

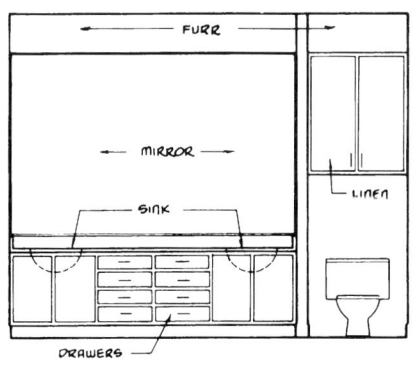

FURR

MIRROR

SINK

DRAWERS

LINEN

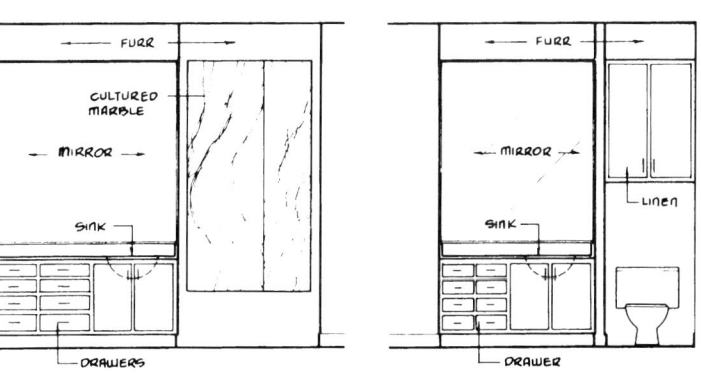

FURR

CULTURED MARBLE

MIRROR

SINK

DRAWERS

FURR

MIRROR

SINK

LINEN

DRAWER

Photo © Mark Englund / HomeStyles

Dieses Objekt hat eine Gesamtwohnfläche von 298,21 qm, die sich auf zwei Etagen verteilt. Im Erdgeschoß befinden sich ein Salon und ein Spei- sezimmer. Zur Eltern-Suite gehört ein privates Badezimmer. Der große Familienraum bildet mit der angrenzenden Küche einen eigenen Wohnbe- reich. Im Obergeschoß sind zwei Schlafräume und ein großes Spielzimmer untergebracht.

**Design HomeStyle
DD-3245**

© Danze & Davis Architects, Inc.

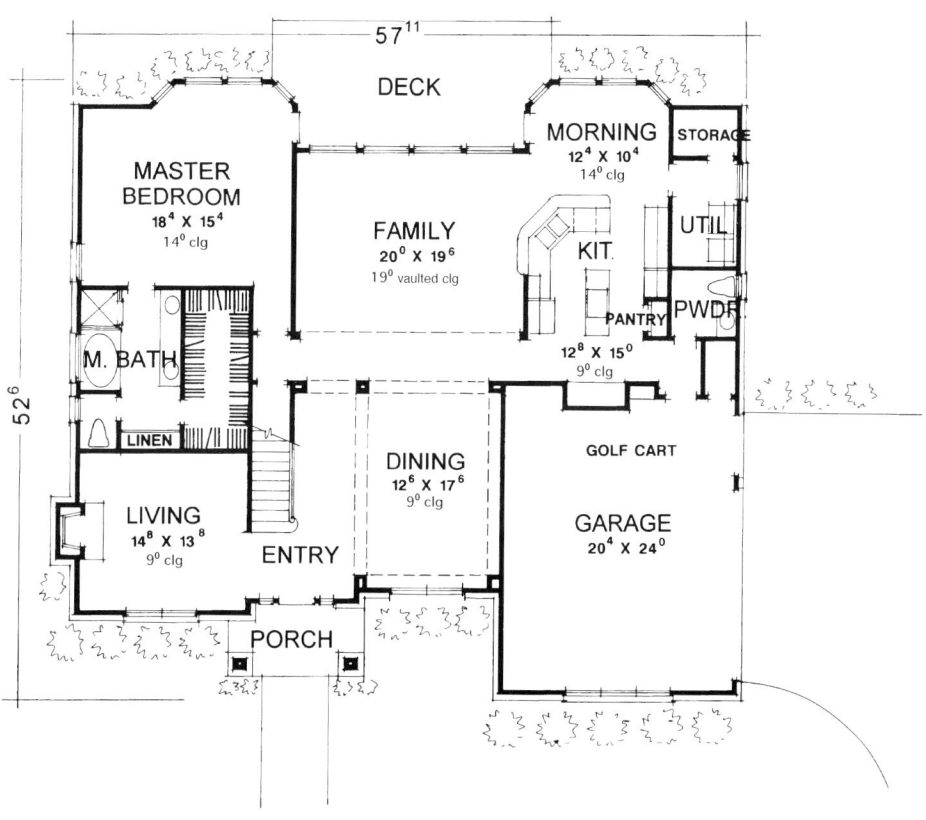

57¹¹

DECK

MASTER
BEDROOM
18⁴ X 15⁴
14⁰ clg

MORNING
12⁴ X 10⁴
14⁰ clg

STORAGE

FAMILY
20⁰ X 19⁶
19⁰ vaulted clg

KIT.

UTIL

M. BATH

PANTRY

PWDR

12⁸ X 15⁰
9⁰ clg

52⁶

LINEN

LIVING
14⁸ X 13⁸
9⁰ clg

ENTRY

DINING
12⁶ X 17⁶
9⁰ clg

GOLF CART

GARAGE
20⁴ X 24⁰

PORCH

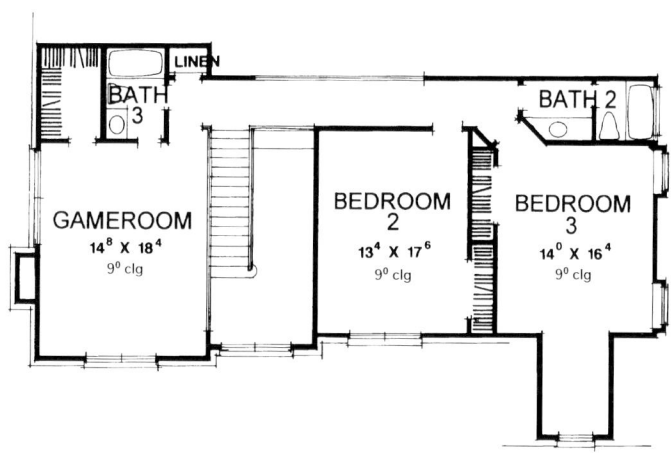

LINEN

BATH
3

BATH 2

GAMEROOM
14⁸ X 18⁴
9⁰ clg

BEDROOM
2
13⁴ X 17⁶
9⁰ clg

BEDROOM
3
14⁰ X 16⁴
9⁰ clg

Photo © Mark Englund / HomeStyles

Eine geschmackvolle Giebelarchitektur ziert diese elegante Walmdachplanung. Die Fensterelemente werden durch weißen Stuck gerahmt und bilden mit den Fensterläden einen schönen Konstrast zur einheitlichen Klinkerfassade. Das Innere des Hauses ist ebenso detailreich geplant. Die rund 274,43 qm große Wohnfläche, die sich auf zwei Geschosse verteilt, bietet ein umfangreiches Raumangebot. Im Erdgeschoß sind Eßzimmer, Arbeitszimmer und Eltern-Suite mit eigenem Bad gelegen. Der große Familienwohnraum, der mit einem Kamin ausgestattet ist, erstreckt sich bis ins Dachgeschoß. Eine große Country-Küche mit einem Sitzplatz im Erkerfenster, das zum Garten ausgerichtet ist, schließt hier an. Im Obergeschoß befinden sich drei Schlafräume.

**Design HomeStyle
APS-2911**
© Atlanta Plan Source, Inc.

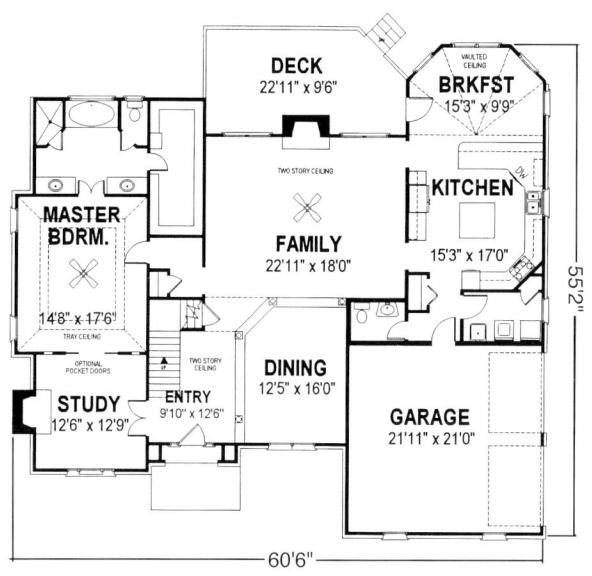

DECK
22'11" x 9'6"

BRKFST
15'3" x 9'9"

VAULTED CEILING

TWO STORY CEILING

KITCHEN
15'3" x 17'0"

DN.

MASTER
BDRM.
14'8" x 17'6"
TRAY CEILING

FAMILY
22'11" x 18'0"

OPTIONAL POCKET DOORS

STUDY
12'6" x 12'9"

TWO STORY CEILING

ENTRY
9'10" x 12'6"

DINING
12'5" x 16'0"

GARAGE
21'11" x 21'0"

55'2"

60'6"

OPEN BELOW

BEDRM 4
13'0" x 11'6"

OPEN
BELOW

BEDRM 2
12'5" x 12'5"

PLANT SHELF

BEDRM 3
11'3" x 17'1"

Photo © Mark Englund / HomeStyles

Dieses hübsche Landhaus bietet seinen Bewohnern auf zwei Etagen eine Wohnfläche von
241,35 qm. Es hat eine raffinierte Grundrißgestaltung mit großzügig aufgeteilten Räumen.
Der langgestreckte Baukörper wird durch Giebel
und Vorbauten architektonisch aufgelockert. Die
helle Holzfassade harmoniert ausgezeichnet mit
dem schwarz gedeckten Dach. Farbige Fensterläden sorgen für dezente Akzente. An der Frontseite des Hauses ist eine Terrasse angelegt. Zur Gartenseite hin gibt es ein Sonnendeck.

**Design HomeStyle
AX–1310**
© Jerold Axelrod & Associates, P.C.

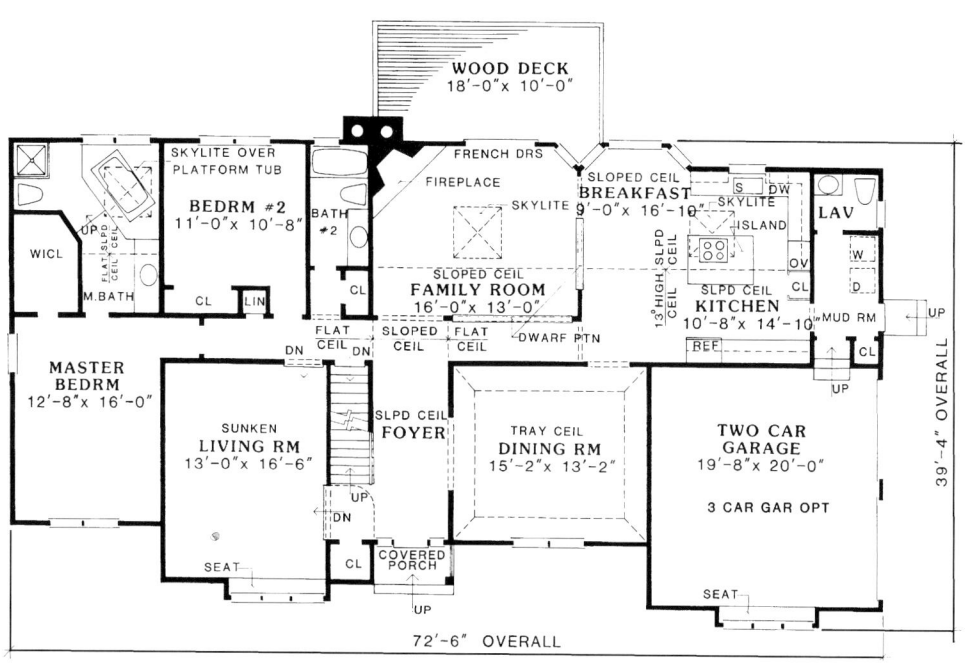

WOOD DECK
18'-0"x 10'-0"

SKYLITE OVER
PLATFORM TUB

FRENCH DRS

SLOPED CEIL

BEDRM #2
11'-0"x 10'-8"

FIREPLACE

BREAKFAST
9'-0"x 16'-10"

S   DW

BATH
#2

SKYLITE

SKYLITE

ISLAND

LAV

WICL

FLAT SLPD
CEIL CEIL

CL   LIN

SLOPED CEIL
FAMILY ROOM
16'-0"x 13'-0"

13° HIGH SLPD
CEIL CEIL

SLPD CEIL
KITCHEN
10'-8"x 14'-10"

OV

CL

W

D

M.BATH

CL

DWARF PTN

MUD RM

UP

BEF

CL

UP

MASTER
BEDRM
12'-8"x 16'-0"

DN

FLAT
CEIL

SLOPED
CEIL

FLAT
CEIL

DN

SLPD CEIL
FOYER

SUNKEN
LIVING RM
13'-0"x 16'-6"

TRAY CEIL
DINING RM
15'-2"x 13'-2"

TWO CAR
GARAGE
19'-8"x 20'-0"

3 CAR GAR OPT

UP

DN

39'-4" OVERALL

SEAT

CL

COVERED
PORCH

SEAT

UP

72'-6" OVERALL

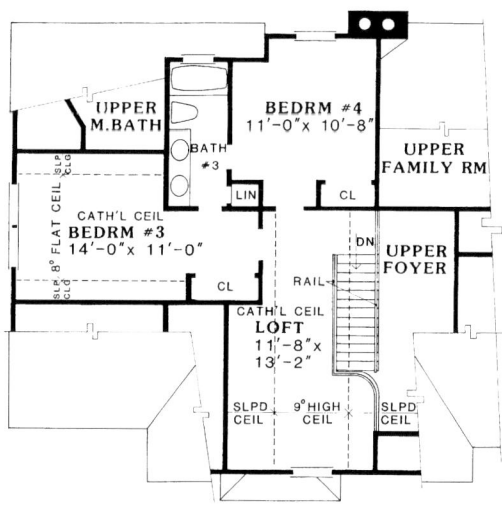

UPPER
M.BATH

BEDRM #4
11'-0"x 10'-8"

BATH
#3

UPPER
FAMILY RM

LIN

CL

SLP CLG

CATH'L CEIL
BEDRM #3
14'-0"x 11'-0"

SLP 8° FLAT CEIL

DN

UPPER
FOYER

SLP CLG

CL

RAIL

CATH'L CEIL
LOFT
11'-8"x
13'-2"

SLPD
CEIL

9° HIGH
CEIL

SLPD
CEIL

Charakteristisch für dieses europäisch wirkende Landhaus sind die zwei zur Frontseite ausgerichteten Giebelanbauten, die von schönen Fenstern geschmückt werden. Eine interessante Abwechslung zur Holzfassade bietet die partielle Verwendung von Naturstein. Elegante Stuckverzierung im Giebelbereich zeichnet die klare Liniensprache dieser Architektur nach. Auf zwei Geschossen steht den Bewohnern dieser Planung eine Wohnfläche von 276,85 qm zur Verfügung.

**Design HomeStyle
L-982-SB**

© Larry W. Garnett & Associates, Inc.

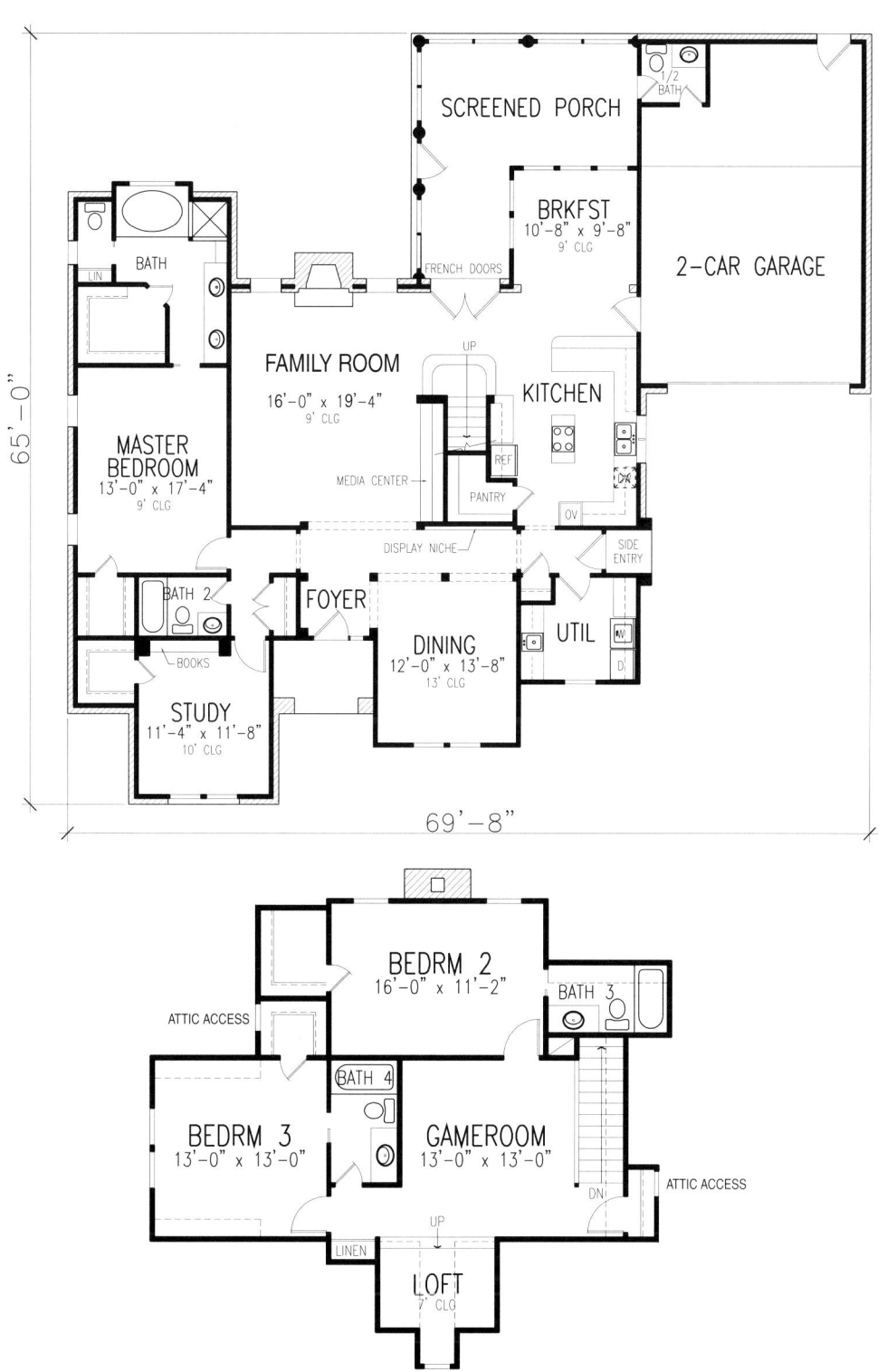

SCREENED PORCH

1/2 BATH

BRKFST
10'-8" x 9'-8"
9' CLG

2-CAR GARAGE

BATH

LIN

FAMILY ROOM
16'-0" x 19'-4"
9' CLG

FRENCH DOORS

UP

KITCHEN

MASTER BEDROOM
13'-0" x 17'-4"
9' CLG

MEDIA CENTER

REF

PANTRY

DISPLAY NICHE

SIDE ENTRY

OV

BATH 2

FOYER

DINING
12'-0" x 13'-8"
13' CLG

UTIL

BOOKS

STUDY
11'-4" x 11'-8"
10' CLG

65'-0"

69'-8"

BEDRM 2
16'-0" x 11'-2"

ATTIC ACCESS

BATH 3

BATH 4

BEDRM 3
13'-0" x 13'-0"

GAMEROOM
13'-0" x 13'-0"

ATTIC ACCESS

DN

UP

LINEN

LOFT
7' CLG

Country Style   443

Photo © Mark Englund / HomeStyles

Dieses 295,14 qm große Objekt überzeugt mit einen gut durchdachten Grundriß. Das große, hohe Foyer hat eine elegant geschwungene, breite Treppe, die den Betrachter auf das vornehme Hausinnere einstimmt. Zur linken Seite liegt das schöne Kaminwohnzimmer, dahinter schließen Speisezimmer und Küche an. Den zentralen Punkt bildet der offene Familienwohnraum. Die zur Frontseite ausgerichtete Eltern-Suite verfügt über ein exklusives Badezimmer.

**Design HomeStyle
L-3177**

© Larry W. Garnett & Associates, Inc.

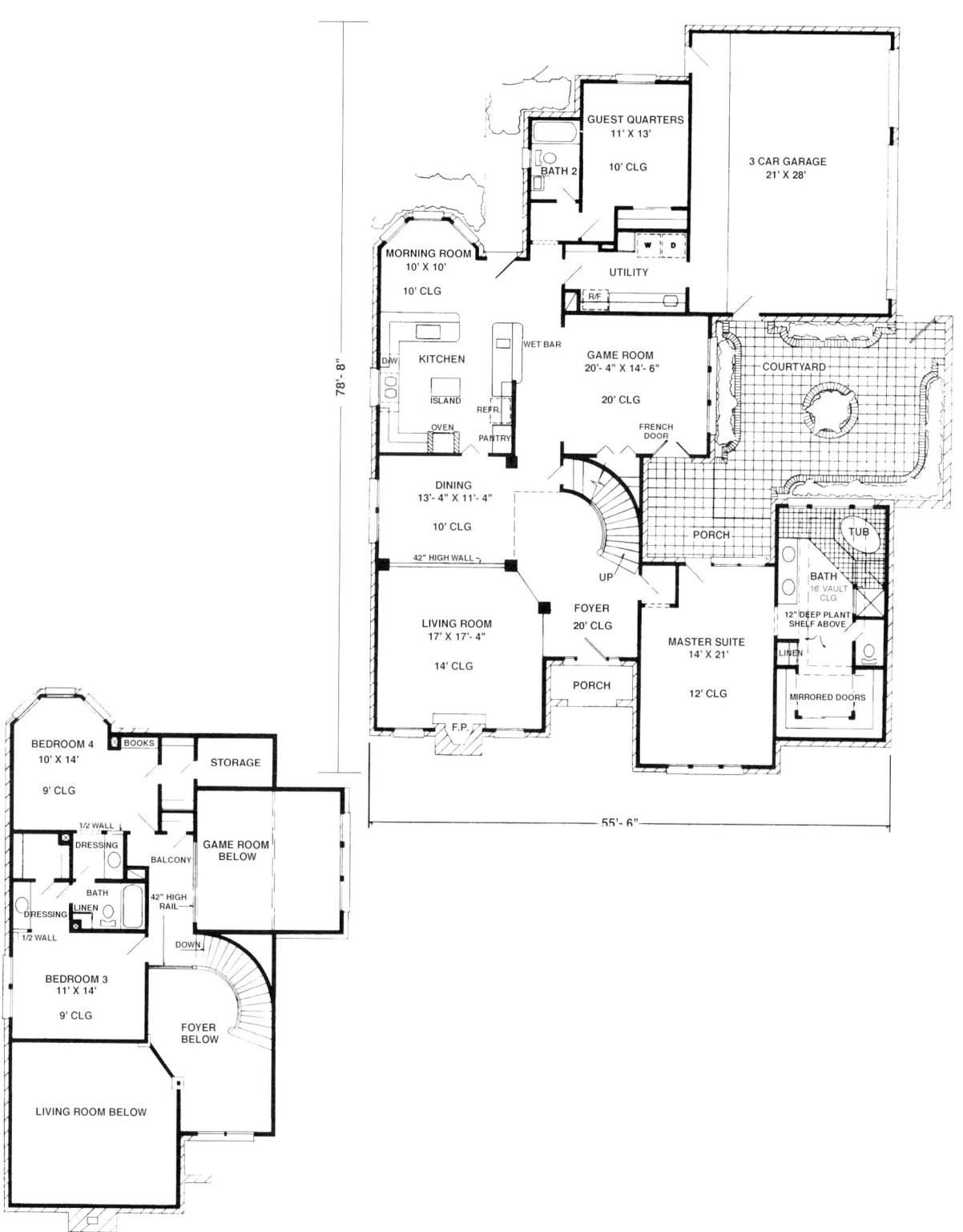

GUEST QUARTERS
11' X 13'

BATH 2   10' CLG

3 CAR GARAGE
21' X 28'

MORNING ROOM
10' X 10'

10' CLG

UTILITY

W   D

R/F

WET BAR

KITCHEN

GAME ROOM
20'- 4" X 14'- 6"

COURTYARD

20' CLG

DAW

ISLAND

OVEN

REFR.

PANTRY

FRENCH
DOOR

DINING
13'- 4" X 11'- 4"

10' CLG

PORCH

TUB

BATH
16' VAULT
CLG

42" HIGH WALL

UP

12" DEEP PLANT
SHELF ABOVE

LIVING ROOM
17' X 17'- 4"

14' CLG

FOYER
20' CLG

MASTER SUITE
14' X 21'

LINEN

PORCH

12' CLG

MIRRORED DOORS

F.P.

78'- 8"

55'- 6"

BEDROOM 4
10' X 14'

9' CLG

BOOKS

STORAGE

1/2 WALL

DRESSING

BALCONY

GAME ROOM
BELOW

BATH

42" HIGH
RAIL

DRESSING

LINEN

1/2 WALL

DOWN

BEDROOM 3
11' X 14'

9' CLG

FOYER
BELOW

LIVING ROOM BELOW

Dieses europäisch anmutende Kolonialstilhaus zeichnet sich durch eine elegante Backsteinfassade aus. Die ansprechende Architektur wird maßgeblich durch die versetzten Giebel geprägt. Den zentralen Eingang schmückt eine breite Haustür mit Fensterelementen, die natürliches Licht in das dahinterliegende Foyer einfallen lassen. Den Bewohnern stehen 383,59 qm Wohnfläche zur Verfügung, die sich großzügig auf zwei Vollgeschosse verteilt.

Design HomeStyle
L-131-MBD

© Larry W. Garnett & Associates, Inc.

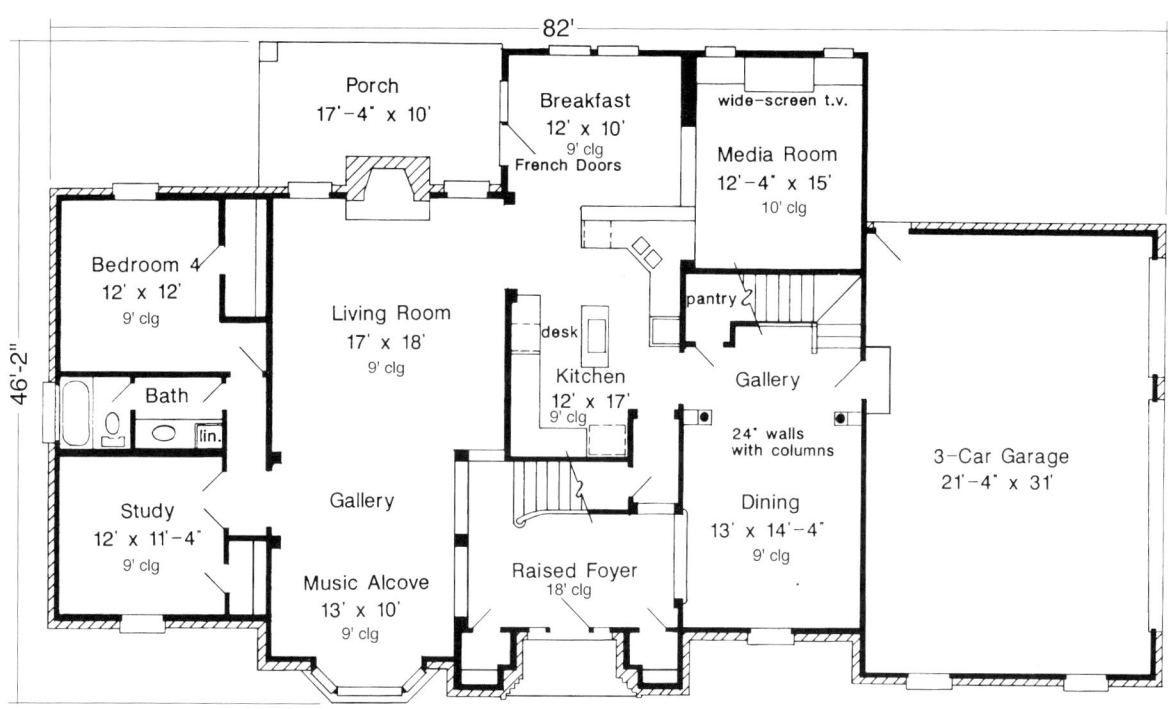

82'

46'-2"

Porch
17'-4" x 10'

Breakfast
12' x 10'
9' clg
French Doors

wide-screen t.v.

Media Room
12'-4" x 15'
10' clg

Bedroom 4
12' x 12'
9' clg

Living Room
17' x 18'
9' clg

desk

Kitchen
12' x 17'
9' clg

pantry

Gallery

Bath

lin.

24" walls
with columns

3-Car Garage
21'-4" x 31'

Study
12' x 11'-4"
9' clg

Gallery

Dining
13' x 14'-4"
9' clg

Music Alcove
13' x 10'
9' clg

Raised Foyer
18' clg

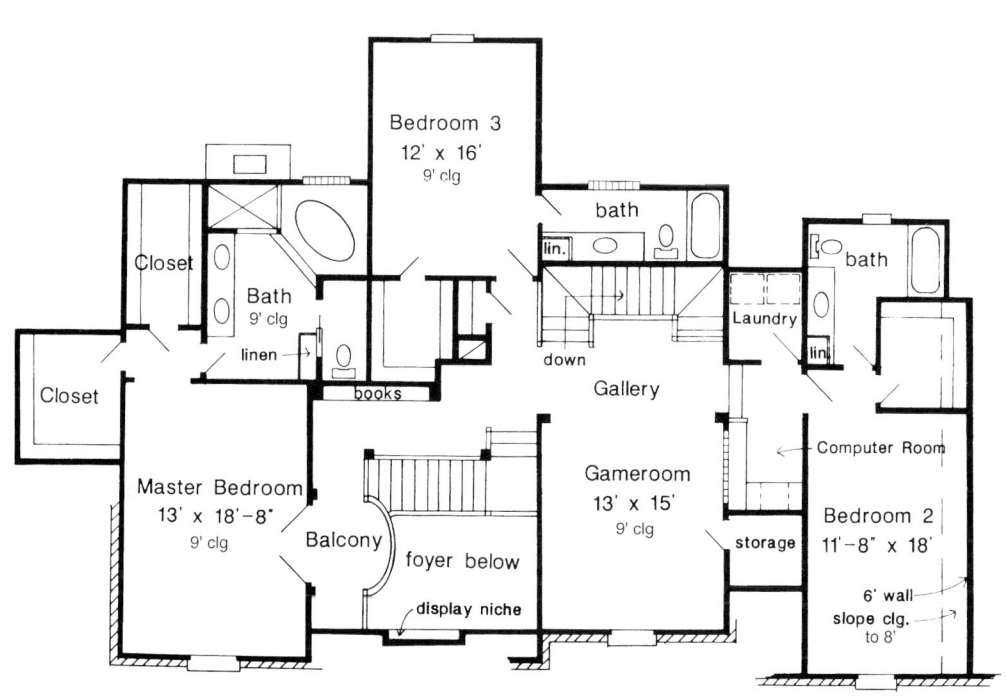

Bedroom 3
12' x 16'
9' clg

bath

lin.

Closet

Bath
9' clg

linen

Closet

books

down

Laundry

lin.

bath

Master Bedroom
13' x 18'-8"
9' clg

Balcony

foyer below

display niche

Gallery

Gameroom
13' x 15'
9' clg

storage

Computer Room

Bedroom 2
11'-8" x 18'

6' wall
slope clg.
to 8'

Country Style   447

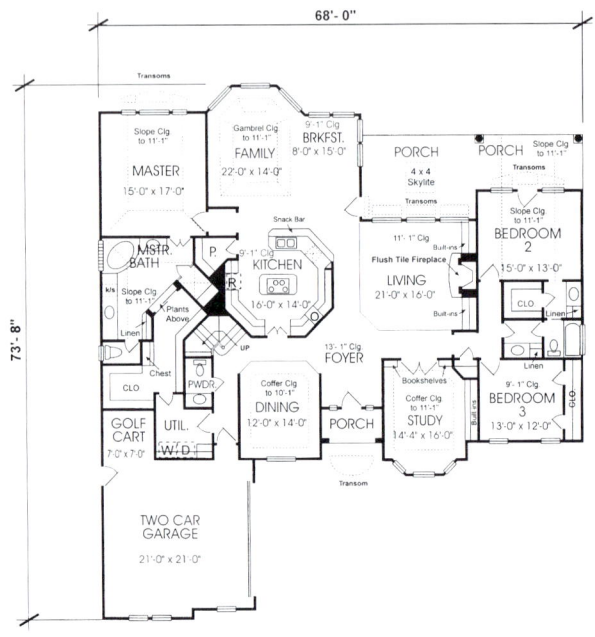

Durch eine versetzte Dach- und Giebel-konstruktion besticht dieser eingeschossige Hausentwurf. Der mit Bruchstein verkleidete Erkervorbau unterstreicht die Eleganz dieses Designs. Die 255,2 qm große Grundfläche ist detailreich gegliedert.

Design HomeStyle
KLF-9710

© Estate Creations, Inc.

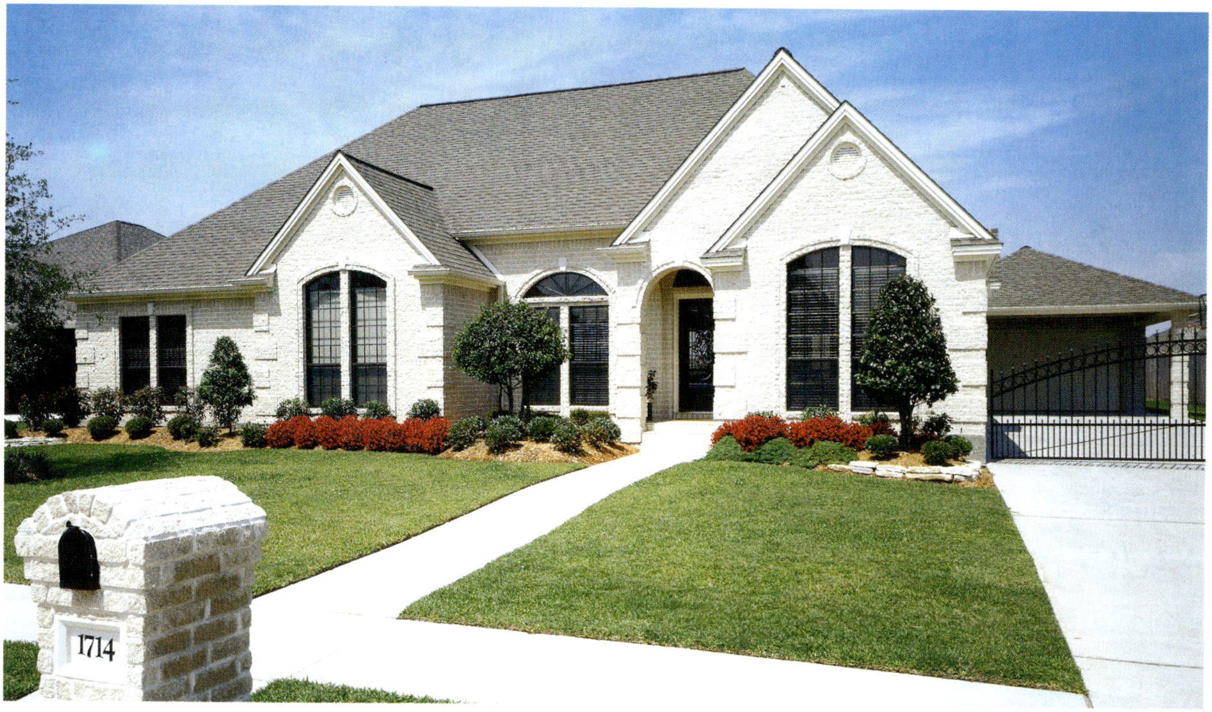

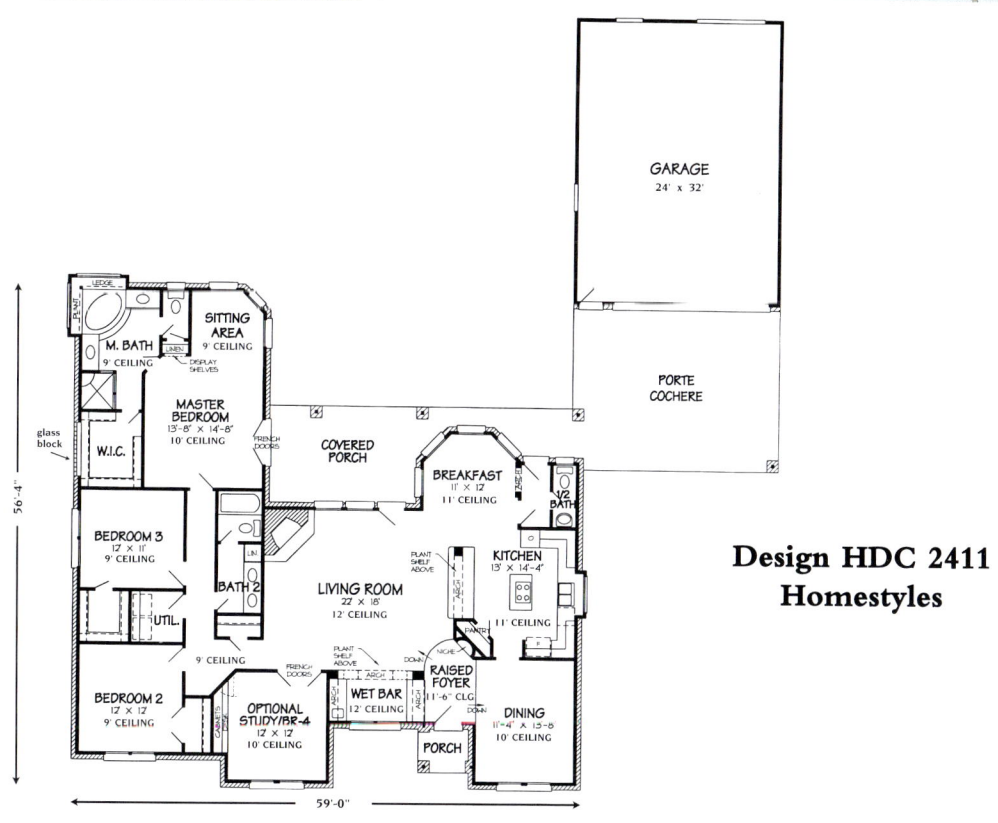

Design HDC 2411
Homestyles

GARAGE
24' x 32'

PORTE
COCHERE

SITTING
AREA
9' CEILING

M. BATH
9' CEILING

DISPLAY
SHELVES

LEDGE

LINEN

glass
block

W.I.C.

MASTER
BEDROOM
13'-8" x 14'-8"
10' CEILING

FRENCH
DOORS

COVERED
PORCH

BREAKFAST
11' x 12'
11' CEILING

1/2
BATH

BEDROOM 3
12' x 11'
9' CEILING

BATH 2

LIN.

LIVING ROOM
22' x 18'
12' CEILING

PLANT
SHELF
ABOVE

KITCHEN
13' x 14'-4"
11' CEILING

UTIL.

9' CEILING

FRENCH
DOORS

PLANT
SHELF
ABOVE

NICHE

RAISED
FOYER
11'-6" CLG.

DOWN

DOWN

BEDROOM 2
12' x 12'
9' CEILING

OPTIONAL
STUDY/BR-4
12' x 12'
10' CEILING

WET BAR
12' CEILING

PORCH

DINING
11'-4" x 15'-8"
10' CEILING

56'-4"

59'-0"

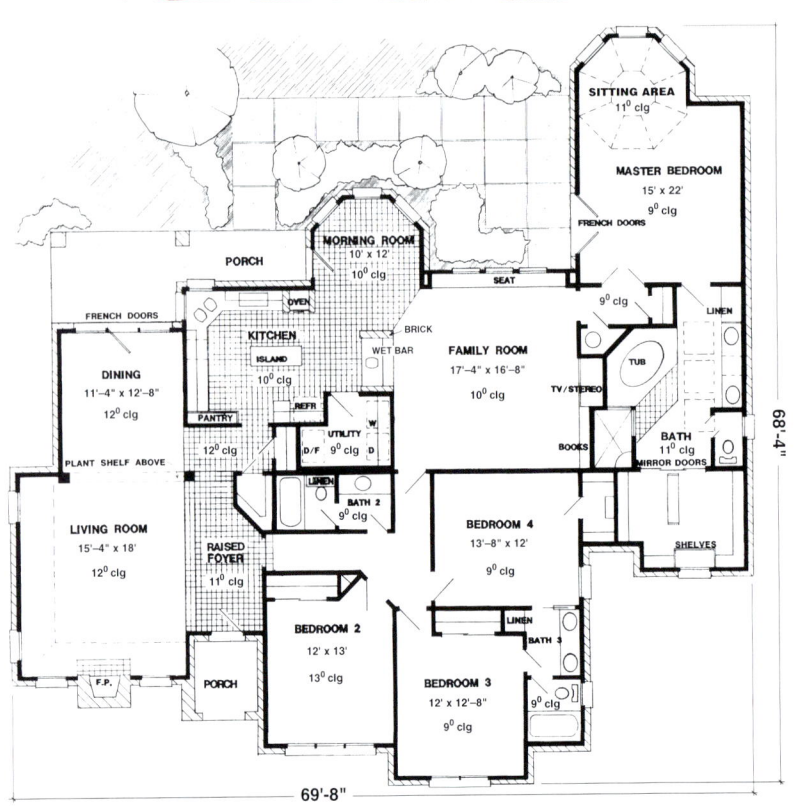

SITTING AREA
11⁰ clg

MASTER BEDROOM
15' x 22'
9⁰ clg

FRENCH DOORS

PORCH

MORNING ROOM
10' x 12'
10⁰ clg

SEAT

9⁰ clg

LINEN

FRENCH DOORS

OVEN

KITCHEN

BRICK

WET BAR

FAMILY ROOM
17'-4" x 16'-8"
10⁰ clg

TUB

TV/STEREO

DINING
11'-4" x 12'-8"
12⁰ clg

ISLAND
10⁰ clg

PANTRY

REFR

12⁰ clg

UTILITY
9⁰ clg

W

D/F D

BOOKS

BATH
11⁰ clg
MIRROR DOORS

PLANT SHELF ABOVE

LINEN

BATH 2
9⁰ clg

SHELVES

LIVING ROOM
15'-4" x 18'
12⁰ clg

RAISED FOYER
11⁰ clg

BEDROOM 4
13'-8" x 12'
9⁰ clg

LINEN

BEDROOM 2
12' x 13'
13⁰ clg

BATH 3

F.P.

PORCH

BEDROOM 3
12' x 12'-8"
9⁰ clg

9⁰ clg

68'-4"

69'-8"

Design HomeStyle
L-2885
© Larry W. Garnett Associates, Inc.

450   Country Style

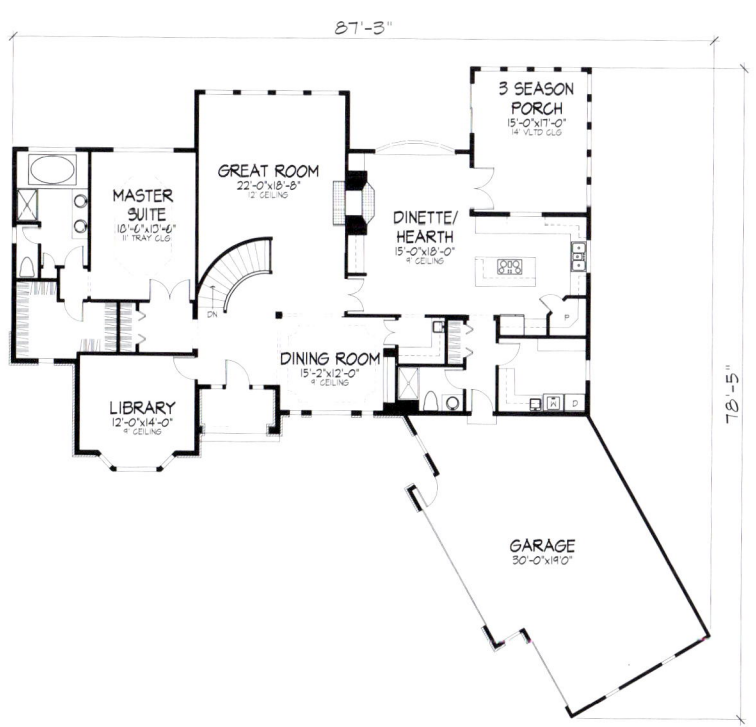

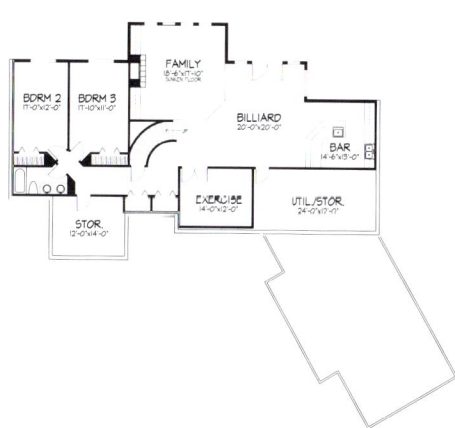

**Design HomeStyle
L-96846-KL**

© Larry W. Garnett & Associates, Inc.

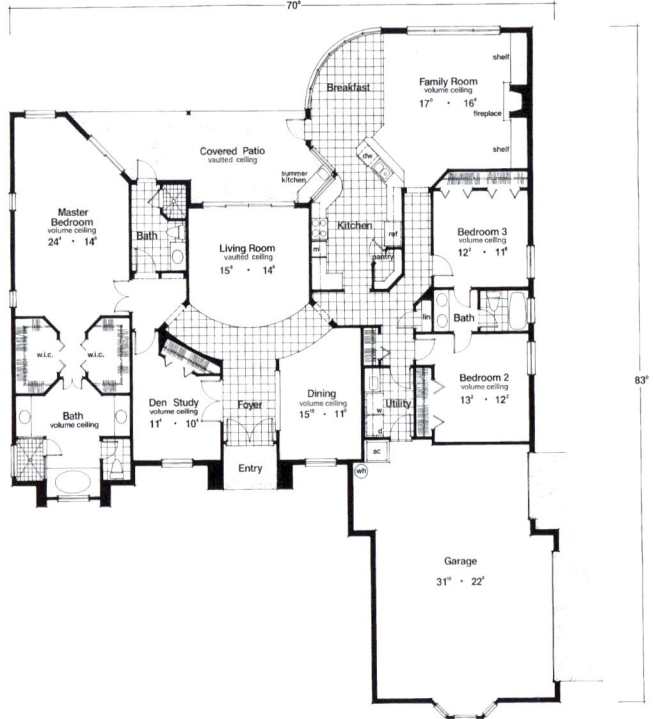

Dieses Objekt bietet bequemes Wohnen auf einer Ebene. Den Bewohnern stehen 272,29 qm Wohnfläche zur Verfügung, Der raffinierte Grundriß sieht drei Schlafräume vor.

Design HomeStyle
HDS-99-178

© James Zirkel
Home Design Services, Inc.

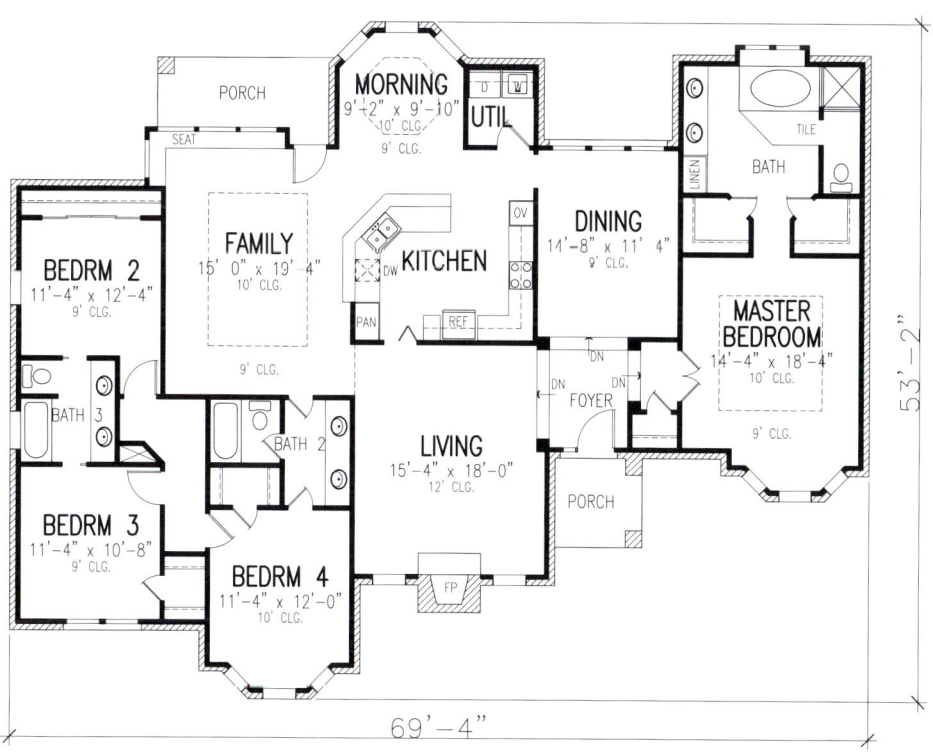

PORCH

SEAT

MORNING
9'-2" x 9'-10"
10' CLG.
9' CLG.

UTIL

D W

TILE

BATH

LINEN

FAMILY
15' 0" x 19' 4"
10' CLG.

9' CLG.

KITCHEN

DW

PAN

OV

DINING
14'-8" x 11' 4"
9' CLG.

MASTER
BEDROOM
14'-4" x 18'-4"
10' CLG.

9' CLG.

BEDRM 2
11'-4" x 12'-4"
9' CLG.

BATH
3

REF

DN

DN

FOYER

DN

BEDRM 3
11'-4" x 10'-8"
9' CLG.

BATH 2

LIVING
15'-4" x 18'-0"
12' CLG.

BEDRM 4
11'-4" x 12'-0"
10' CLG.

PORCH

FP

53' - 2"

69' - 4"

Design HomeStyle
L-2602-c

© Larry W. Garnett
Associates, Inc.

Eindeutig europäisch inspiriert zeigt sich der Entwurf Thistlewood mit einer stattlichen Wohnfläche von 329,7 qm. Das äußere Erscheinungsbild wird von einem Materialmix aus Naturstein und Holzpaneel geprägt. Zahlreiche Rundbogenfenster und der verspielte Umgang mit Form und Farbe zeigen dem Betrachter bereits auf den ersten Blick, daß es sich hier um ein außergewöhnliches Haus handelt. Das Raumangebot im Erdgeschoß sieht neben einem formellen Speise- und Wohnzimmer einen Familienwohnraum mit angrenzender offener Küche und zwei Schlafräume vor. Die elterliche Suite verfügt über ein eigenes Bad und ein Ankleidezimmer. Zwei weitere Schlafzimmer sind im Obergeschoß untergebracht. Über der Garage liegt eine zusätzliche Ausbaufläche, die vielseitig verwendbar ist.

Design Thistlewood
von William Poole

Erdgeschoß 238,6 qm
Obergeschoß 91,1 qm
Total 329,7 qm

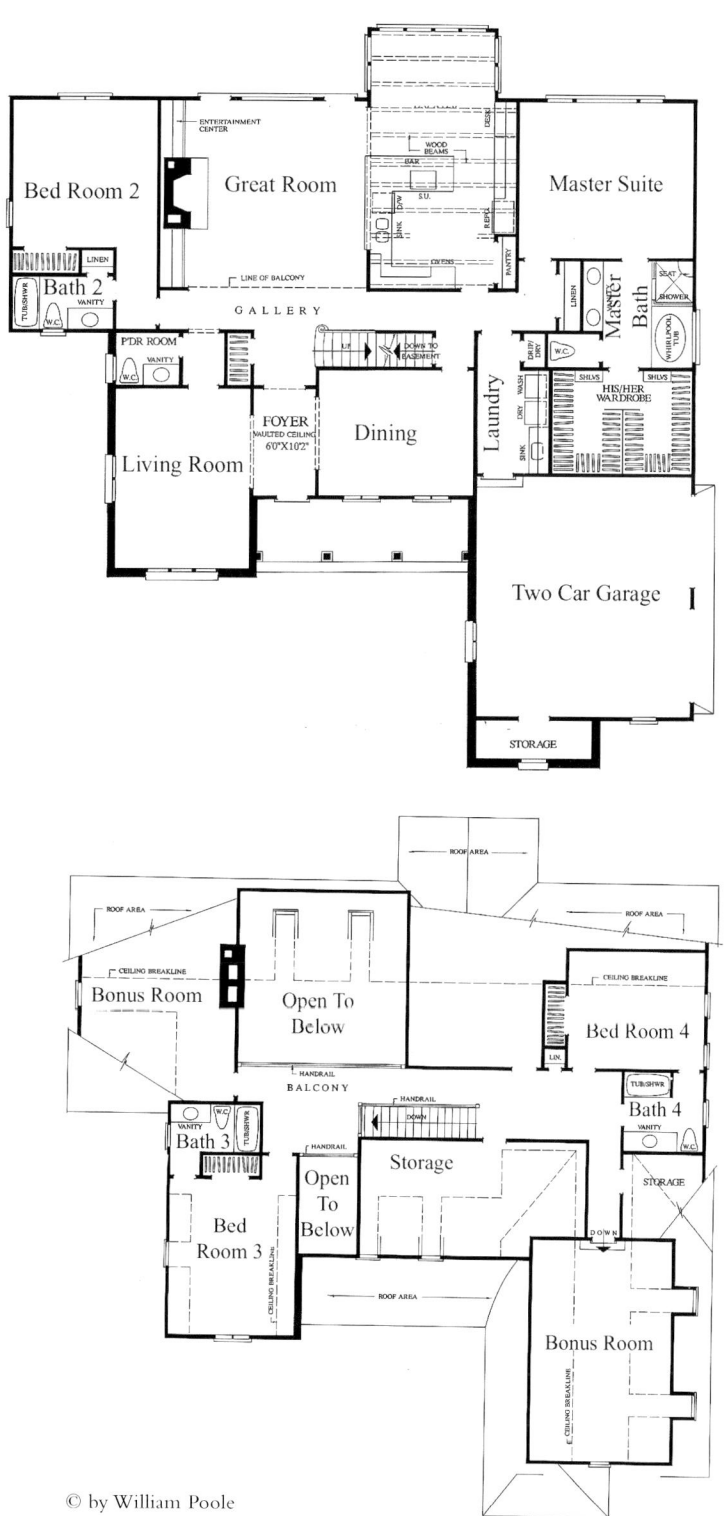

© by William Poole

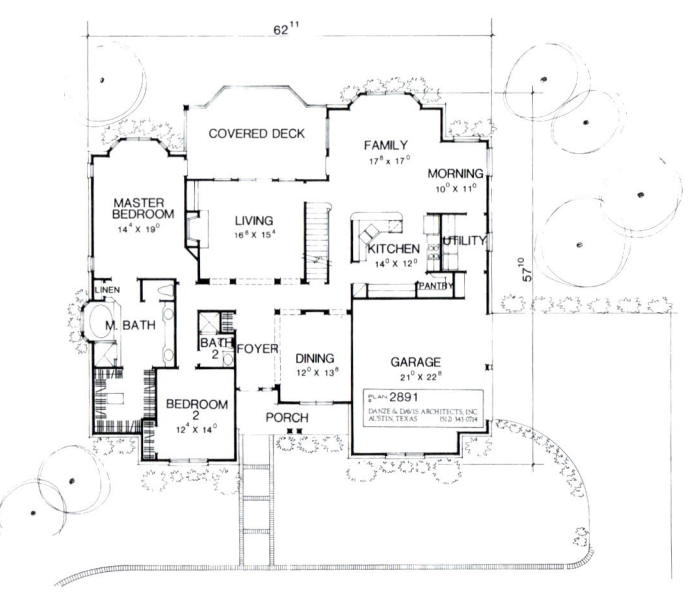

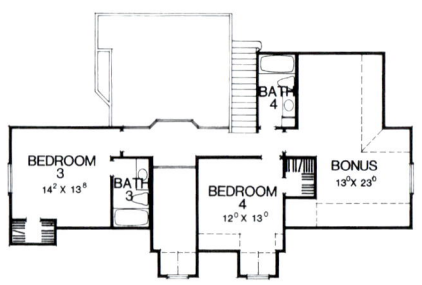

**Design HomeStyle
DD-2891**

© Danze & Davis Architects, Inc.

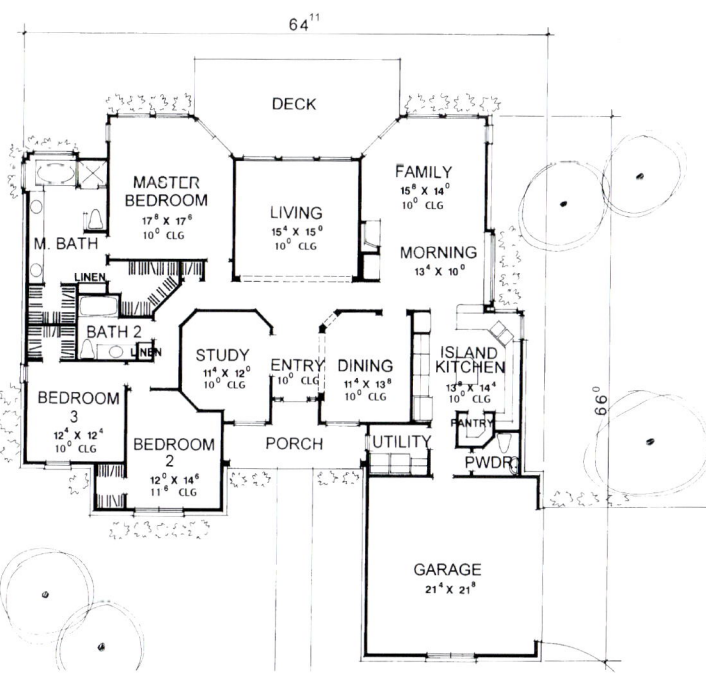

Diese sympathische Landhausgestaltung beeindruckt mit einem hohen Walmdach, einem großzügig verglasten Eingangsbereich und formschönen Rundbogenfenstern. Das Hausinnere überrascht mit einem originellen Grundriß auf einer stolzen Fläche von 220,73 qm.

Design HomeStyle
DD-2372
© Danze & Davis Architects, Inc.

Photo © Mark Englund / HomeStyles

Die hohe Giebelkonstruktion, die die lange Linie des Baukörpers optisch unterbricht, bestimmt die Front dieses Objekts. Das 217,20 qm große Haus bietet im Erdgeschoß eine offene Grundrißgestaltung. Die Küche liegt zentral zwischen dem Speisezimmer und der Frühstücksecke. Der angrenzende Familienwohnraum zeigt sich offen und besitzt einen großen Kamin. Neben der Eltern-Suite mit einem großen Privatbad befindet sich noch ein Arbeitszimmer im Erdgeschoß. Im Obergeschoß sind zwei Schlafräume und ein Spielzimmer untergebracht.

**Design HomeStyle
DD-2338**

© Danze & Davis Architects, Inc.

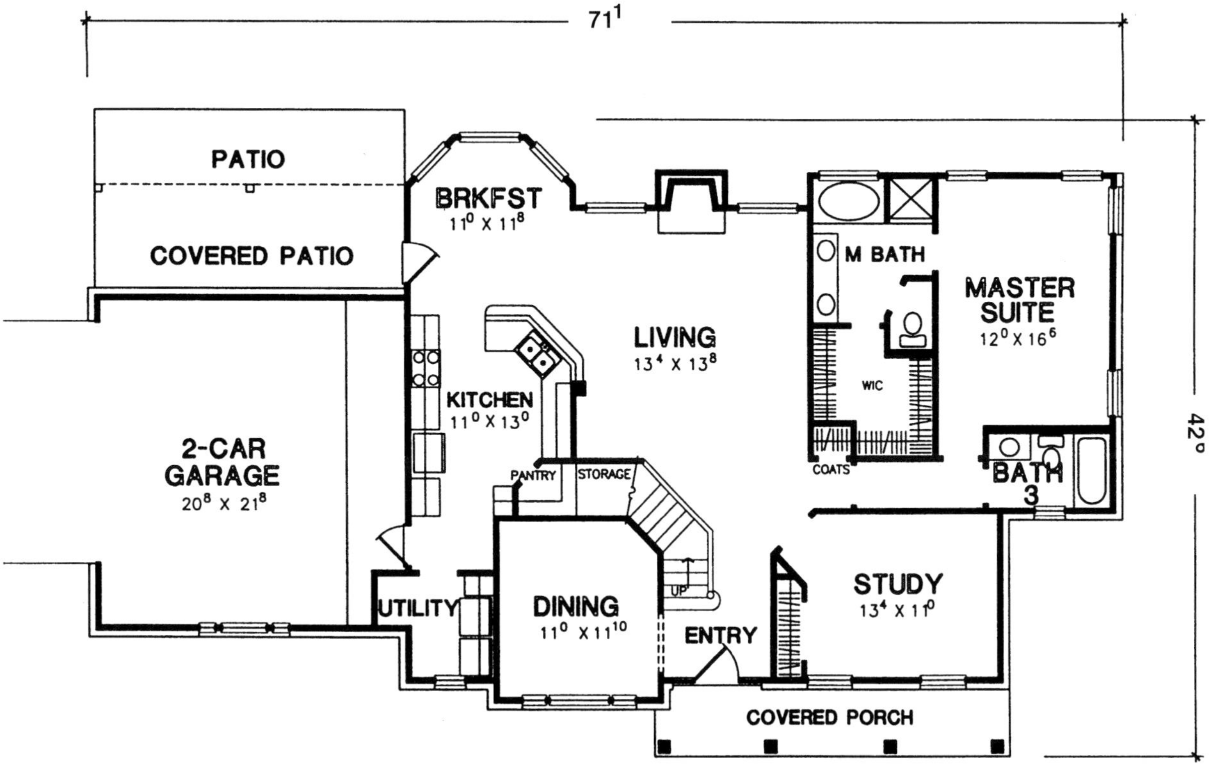

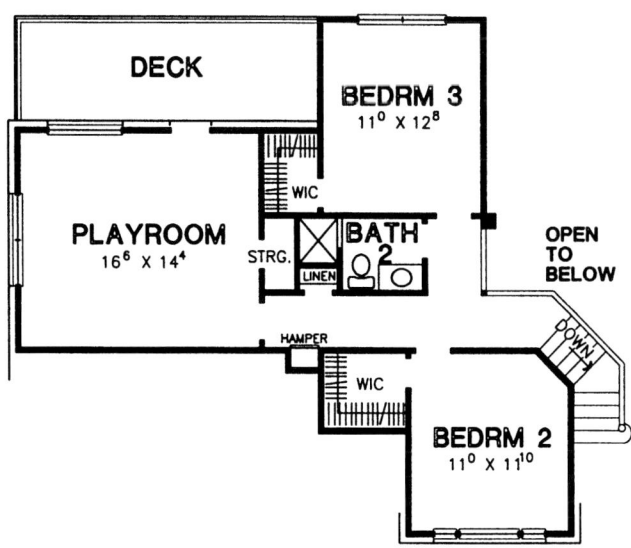

71¹

PATIO

COVERED PATIO

BRKFST
11⁰ X 11⁸

M BATH

MASTER
SUITE
12⁰ X 16⁶

2-CAR
GARAGE
20⁸ X 21⁸

LIVING
13⁴ X 13⁸

KITCHEN
11⁰ X 13⁰

WIC

PANTRY   STORAGE

COATS

BATH
3

42⁰

UTILITY

DINING
11⁰ X 11¹⁰

UP

ENTRY

STUDY
13⁴ X 11⁰

COVERED PORCH

DECK

BEDRM 3
11⁰ X 12⁸

PLAYROOM
16⁶ X 14⁴

WIC

STRG.

BATH
2

LINEN

OPEN
TO
BELOW

HAMPER

WIC

DOWN

BEDRM 2
11⁰ X 11¹⁰

Photo © Mark Englund / HomeStyles

Ein modernes Traumhaus, das mit 447,32 qm Wohnfläche ein großes Raumangebot auf zwei Vollgeschossen bietet. Durch die elegante Eingangstür gelangt man in ein offenes, exklusives Foyer, von dem eine breit geschwungene Treppe ins obere Geschoß führt. Seitlich des Foyers befinden sich der Salon und der Speiseraum. Das große Familienwohnzimmer verfügt über einen Kamin sowie hohe Flügeltüren, durch die man auf die Terrasse gelangt.

**Design HomeStyle
AX-2344**

© Jerold Axelrod & Associates, Inc.

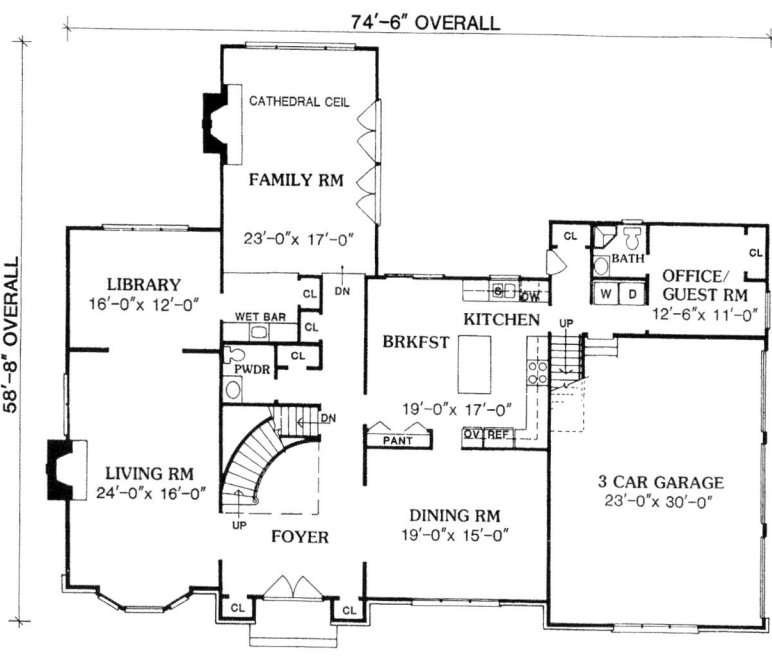

74'-6" OVERALL

58'-8" OVERALL

CATHEDRAL CEIL

FAMILY RM

23'-0" x 17'-0"

LIBRARY
16'-0" x 12'-0"

CL

BATH

OFFICE/
GUEST RM
12'-6" x 11'-0"

CL

DN

CL

WET BAR

CL

W   D

KITCHEN

PWDR

CL

BRKFST

UP

19'-0" x 17'-0"

DW

DN

LIVING RM
24'-0" x 16'-0"

PANT

OV REF

UP

DINING RM
19'-0" x 15'-0"

3 CAR GARAGE
23'-0" x 30'-0"

FOYER

CL

CL

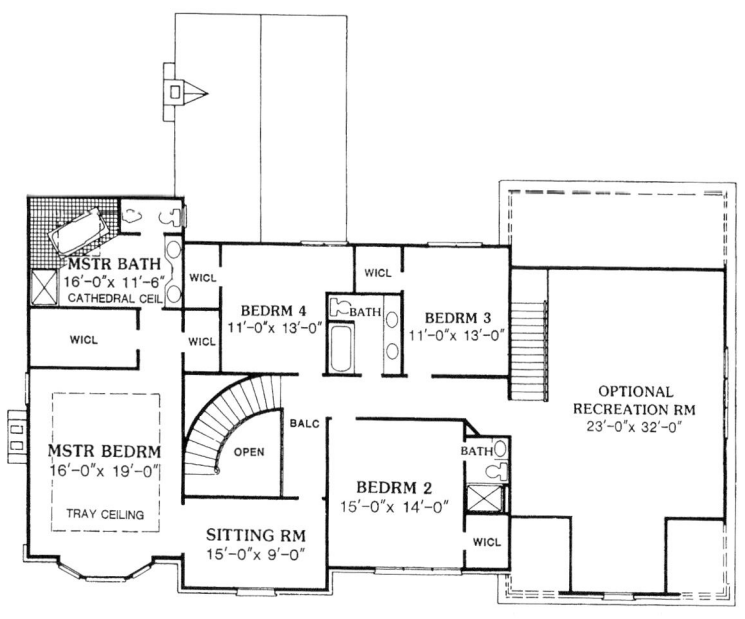

MSTR BATH
16'-0" x 11'-6"
CATHEDRAL CEIL

WICL

BEDRM 4
11'-0" x 13'-0"

WICL

BATH

BEDRM 3
11'-0" x 13'-0"

WICL

WICL

WICL

OPTIONAL
RECREATION RM
23'-0" x 32'-0"

MSTR BEDRM
16'-0" x 19'-0"

OPEN

BALC

BATH

TRAY CEILING

BEDRM 2
15'-0" x 14'-0"

SITTING RM
15'-0" x 9'-0"

WICL

Dieses Walmdachhaus fasziniert mit einer ab-
wechslungsreiche Giebelarchitektur. Das 313,64
qm große Haus bietet seinen Bewohnern vier
Schlaffräume und eignet sich ausgezeichnet als
Zuhause für die große Familie. Im Erdgeschoß
befinden sich Eßzimmer, Familienwohnraum, eine
große Country-Küche mit schönen Sitzplätzen im
Erkerfenster, ein Arbeitszimmer und die elterliche
Suite, die über ein eigenes Bad verfügt. Zu diesem
Entwurf gehört eine Doppelgarage.

**Design HomeStyle
APS-3307**

© Atlanta Plan Source, Inc.

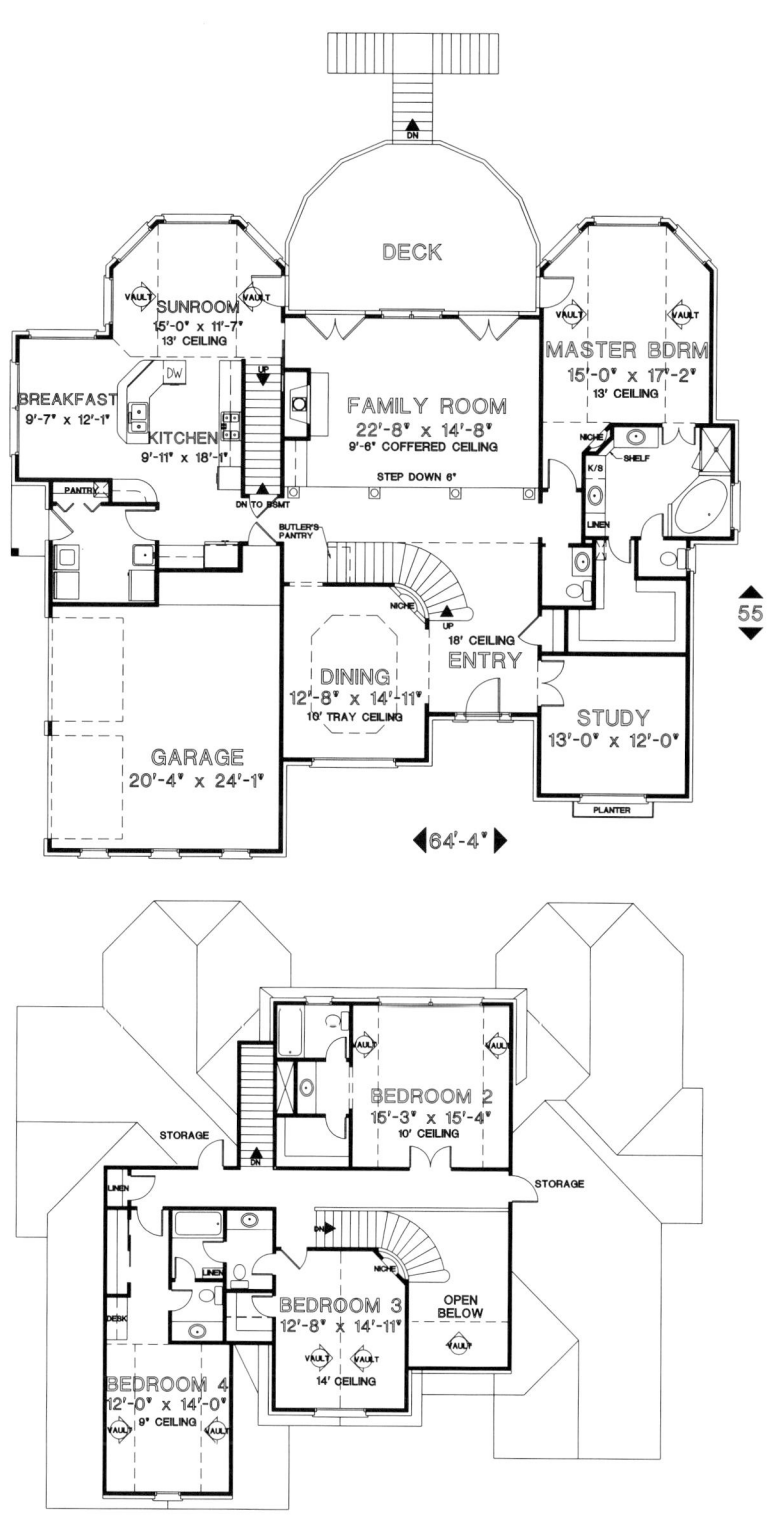

DECK

SUNROOM
15'-0" x 11'-7"
13' CEILING

VAULT

VAULT

BREAKFAST
9'-7" x 12'-1"

DW

KITCHEN
9'-11" x 18'-1"

UP

PANTRY

DN TO BSMT

BUTLER'S
PANTRY

NICHE

UP

FAMILY ROOM
22'-8" x 14'-8"
9'-6" COFFERED CEILING

STEP DOWN 6"

MASTER BDRM
15'-0" x 17'-2"
13' CEILING

VAULT

VAULT

NICHE

K/B

SHELF

LINEN

55

DINING
12'-8" x 14'-11"
10' TRAY CEILING

18' CEILING

ENTRY

GARAGE
20'-4" x 24'-1"

STUDY
13'-0" x 12'-0"

PLANTER

◀ 64'-4" ▶

STORAGE

BEDROOM 2
15'-3" x 15'-4"
10' CEILING

DN

STORAGE

LINEN

LINEN

NICHE

DESK

BEDROOM 3
12'-8" x 14'-11"
14' CEILING

VAULT

VAULT

OPEN
BELOW

VAULT

BEDROOM 4
12'-0" x 14'-0"
9' CEILING

VAULT

VAULT

Das äußere Erscheinungsbild dieses europäisch
wirkenden Entwurfs besticht durch eine helle Putzfassade, auf der die schönen Details gut zur Geltung
kommen. Die versetzte Giebelarchitektur, stuckver-
zierte Fensterelemente, Rundbogen- und Erkerfenster verleihen der Außenansicht eine elegante Note.
Eine Gesamtwohnfläche von 303,23 qm verteilt sich
großzügig auf zwei Geschosse. Mit vier Schlafräumen ist dieses Haus bestens für die Familie geeignet.

**Design HomeStyle
APS-3201**

© Atlanta Plan Source, Inc.

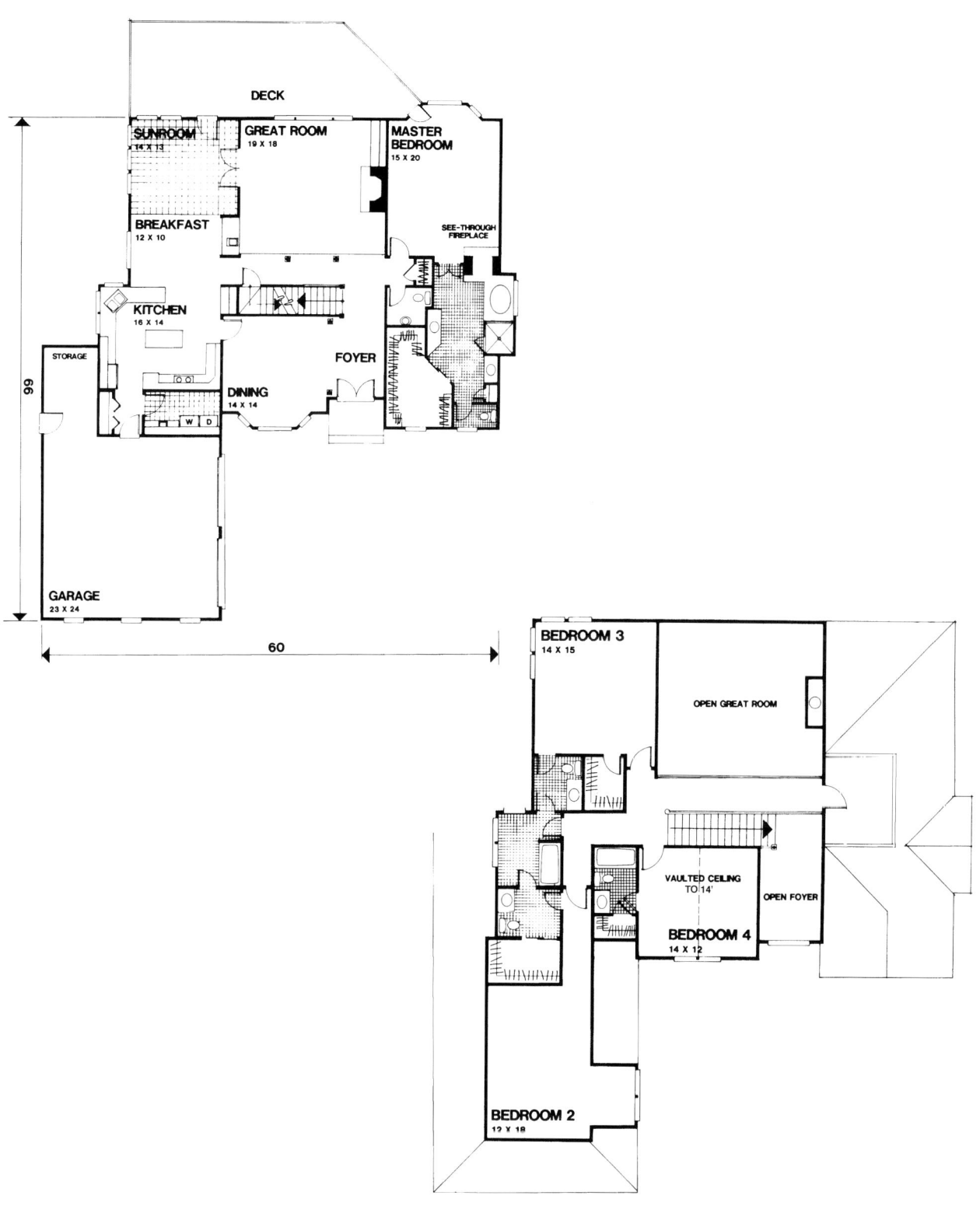

DECK

SUNROOM
14 X 13

GREAT ROOM
19 X 18

MASTER
BEDROOM
15 X 20

BREAKFAST
12 X 10

SEE-THROUGH
FIREPLACE

STORAGE

KITCHEN
16 X 14

FOYER

DINING
14 X 14

W   D

GARAGE
23 X 24

66

60

BEDROOM 3
14 X 15

OPEN GREAT ROOM

VAULTED CEILING
TO 14'

OPEN FOYER

BEDROOM 4
14 X 12

BEDROOM 2
12 X 18

Country Style   465

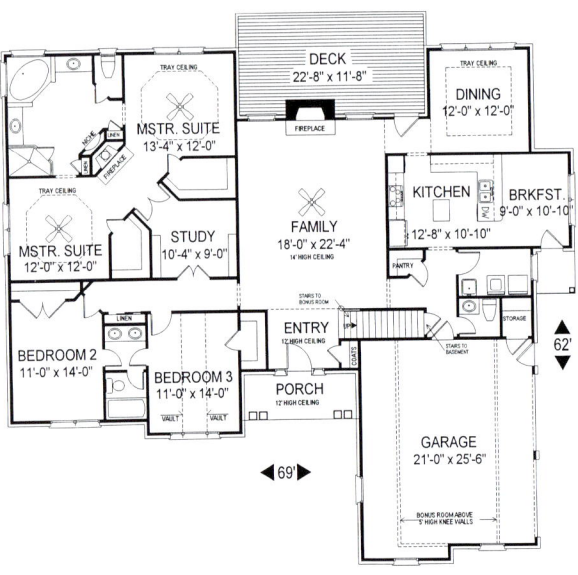

Dieses eingeschossige Landhaus bietet einen perfekten Grundriß für die Familie. Das zentral im Haus gelegene Wohnzimmer verfügt über einen Kamin und gewährt direkten Zugang auf das Sonnendeck. Die Küche liegt zwischen Eßzimmer und Hauswirtschaftsraum.

Design HomeStyle
APS-2316

© Atlanta Plan Source, Inc.

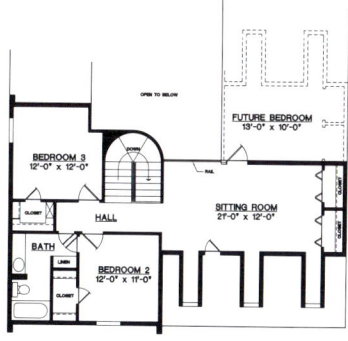

Photo © Mark Englund / HomeStyles

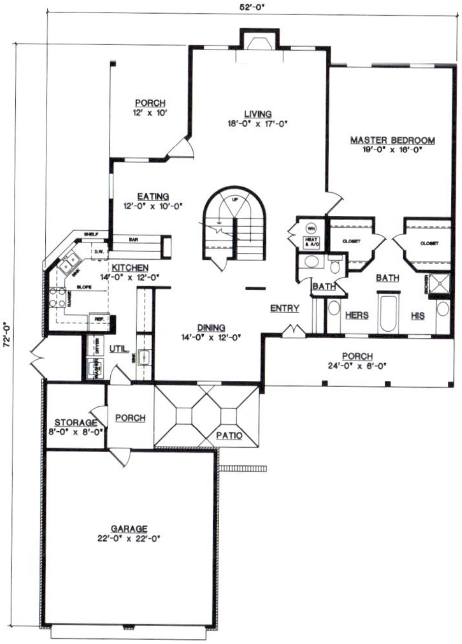

PORCH
12' x 10'

LIVING
18'-0" x 17'-0"

MASTER BEDROOM
19'-0" x 16'-0"

EATING
12'-0" x 10'-0"

KITCHEN
14'-0" x 12'-0"

DINING
14'-0" x 12'-0"

ENTRY

BATH

HERS

HIS

BATH

CLOSET

CLOSET

PORCH
24'-0" x 6'-0"

UTIL.

STORAGE
8'-0" x 8'-0"

PORCH

PATIO

GARAGE
22'-0" x 22'-0"

52'-0"

72'-0"

OPEN TO BELOW

FUTURE BEDROOM
13'-0" x 10'-0"

BEDROOM 3
12'-0" x 12'-0"

HALL

BATH

SITTING ROOM
21'-0" x 12'-0"

BEDROOM 2
12'-0" x 11'-0"

Design HomeStyle
E-2403
© Breland & Farmer, Designers, Inc.

SUNBELT

Photo © Mark Englund / HomeStyles

Dieses Haus verspricht mit einer Grundfläche von 227,29 qm pure Wohnlust auf einer Ebene. Die Frontansicht mit ihrem einladenden Eingangsbereich macht neugierig auf das Innere. Nach dem Durchschreiten des offenen Foyers eröffnet sich dem Betrachter eine ausgefallene Grundrißaufteilung, die ihresgleichen sucht. Ein breites Raumangebot gliedert sich in formelle und familiäre Wohnzonen.

Design HomeStyle
HDS-99-248

© James Zirkel Home Design Service, Inc.

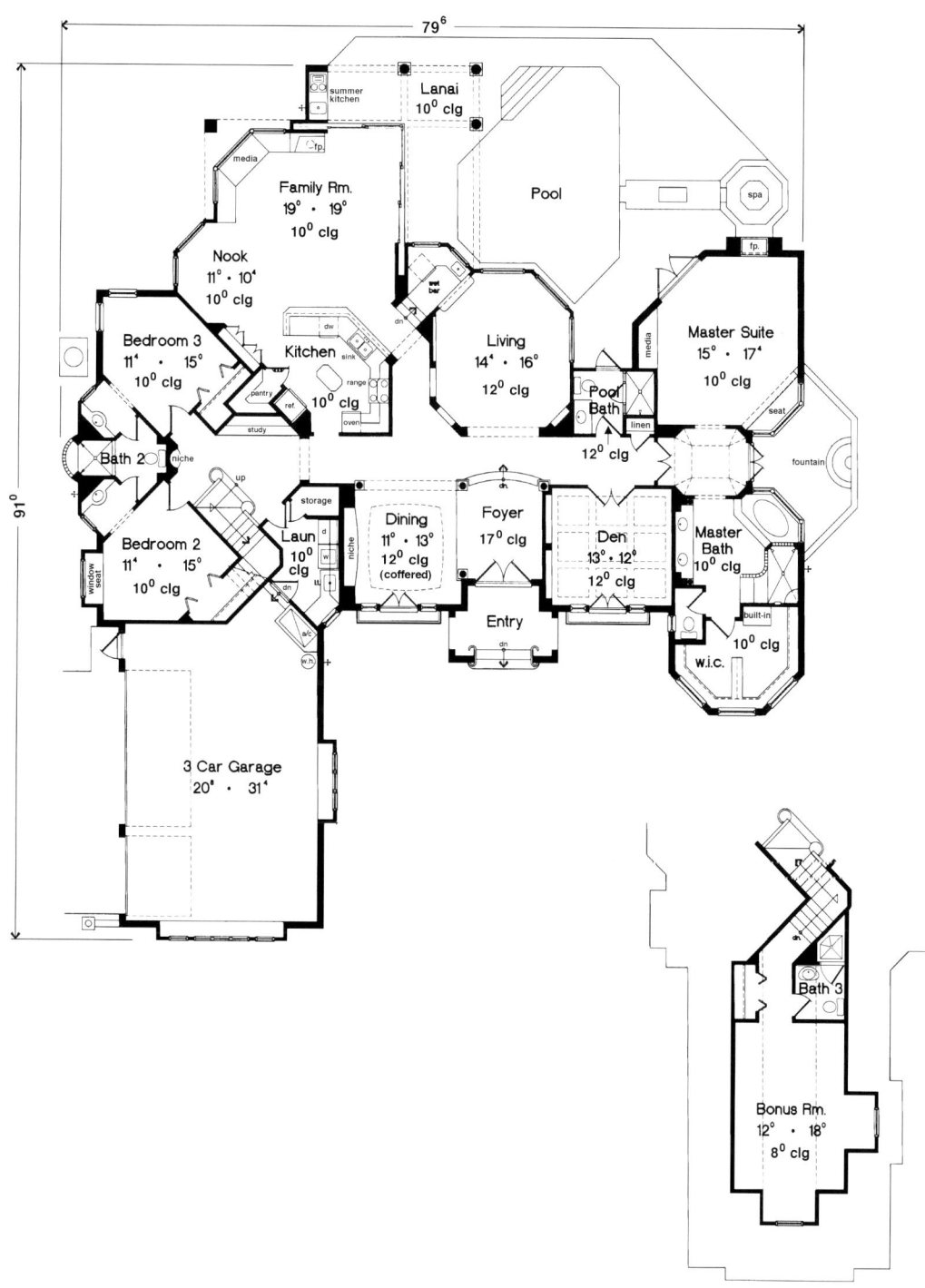

79⁶

91⁰

summer kitchen

fp.

media

Lanai
10⁰ clg

Pool

spa

Family Rm.
19⁰ · 19⁰
10⁰ clg

fp

Nook
11⁰ · 10⁴
10⁰ clg

Master Suite
15⁰ · 17⁴
10⁰ clg

media

Bedroom 3
11⁴ · 15⁰
10⁰ clg

Kitchen
10⁴ clg

dw

sink

range

Living
14⁴ · 16⁰
12⁰ clg

pantry

ref.

study

oven

Bath 2

niche

Pool
Bath
12⁰ clg

linen

seat

fountain

up

storage

Bedroom 2
11⁴ · 15⁰
10⁰ clg

window seat

Laun
10⁰ clg

d

w

niche

Dining
11⁰ · 13⁰
12⁰ clg
(coffered)

Foyer
17⁰ clg

Den
13⁰ · 12⁰
12⁰ clg

Master
Bath
10⁰ clg

a/c

Entry

built-in

w.h.

w.i.c.
10⁰ clg

3 Car Garage
20⁰ · 31⁴

Bath 3

Bonus Rm.
12⁰ · 18⁰
8⁰ clg

Photo © Mark Englund / HomeStyles

380,15 qm Wohnfläche verteilt sich großzügig auf zwei Etagen. Dieser Entwurf beeindruckt nicht nur im äußeren Erscheinungsbild mit einer eleganten Architektur, die durch versetzte Dächer und Gauben bestimmt wird. Auch im Inneren des Hauses ist die Großzügigkeit vorherrschend. Country-Küche, Wohnzimmer und Eltern-Suite grenzen an eine überdachte Gartenveranda, die in den Außenbereich führt. Die Planung des Eltern-bades verdient besondere Aufmerksamkeit, denn sie ist in Luxus kaum zu überbieten.

**Design HomeStyle
HDS-99-299**

© James Zirkel Home Design Services, Inc.

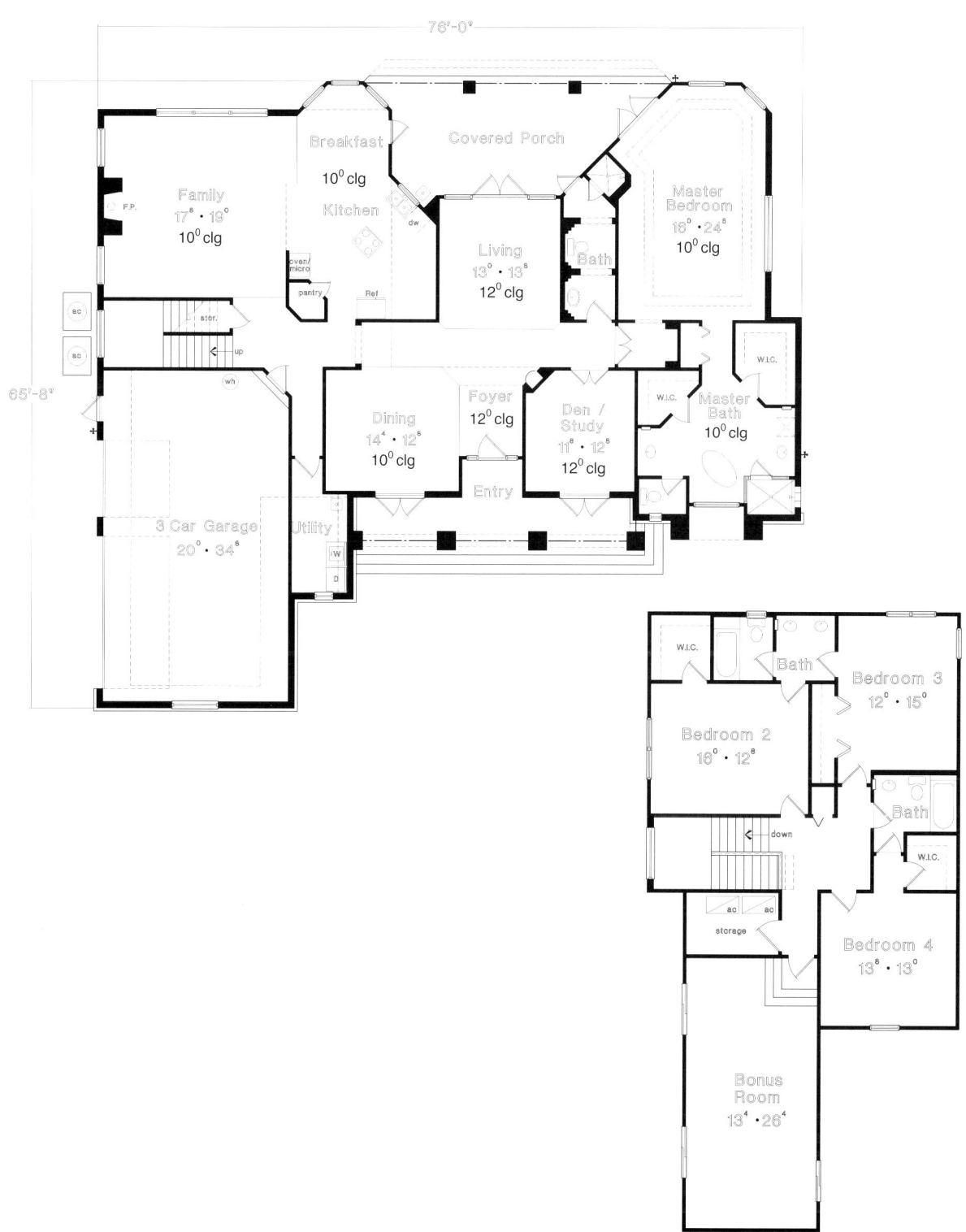

76'-0"

65'-8"

Breakfast
10⁰ clg

Covered Porch

Family
17⁸ • 19⁰
10⁰ clg

F.P.

Kitchen

oven/micro

pantry

Ref

dw

Master
Bedroom
18⁰ • 24⁸
10⁰ clg

Living
13⁰ • 13⁸
12⁰ clg

Bath

stor.

up

W.I.C.

W.I.C.

w/h

Dining
14⁴ • 12⁸
10⁰ clg

Foyer
12⁰ clg

Den /
Study
11⁸ • 12⁸
12⁰ clg

w.i.c.

Master
Bath
10⁰ clg

3 Car Garage
20⁰ • 34⁸

Utility

Entry

W

D

W.I.C.

Bath

Bedroom 3
12⁰ • 15⁰

Bedroom 2
18⁰ • 12⁸

Bath

down

W.I.C.

ac   ac

storage

Bedroom 4
13⁸ • 13⁰

Bonus
Room
13⁴ • 26⁴

© The Sater Group Inc.

Mit einer Gesamtwohnfläche von 442 qm erscheint dieses imposante Anwesen auf den ersten Blick sogar noch größer, als es tatsächlich ist. Die Frontseite des Hauses beeindruckt mit einem aus drei Rundbogen gestalteten Eingangsbereich, der von zwei Turmanbauten gesäumt wird. Diese auffälligen Stilelemente wurden ins Innere des Hauses übernommen. Ein großes Foyer trennt Wohn- und Speisezimmer diskret vom Eingangsbereich. Das Erdgeschoß bietet einen großen Wohnbereich, bestehend aus Küche mit Eßplatz und Familienwohnzimmer. Ein Arbeitszimmer, das direkten Zugang auf die Gartenveranda hat, liegt neben der luxuriösen Eltern-Suite mit angrenzendem eigenen Bad. Im Obergeschoß des Hauses befinden sich zwei Bäder und drei Schlafräume, von denen zwei einen eigenen Balkon haben.

Design 6651
Hillcrest Ridge
© Sater Design

Wohnfläche 442,1 qm
Total 607,4 qm

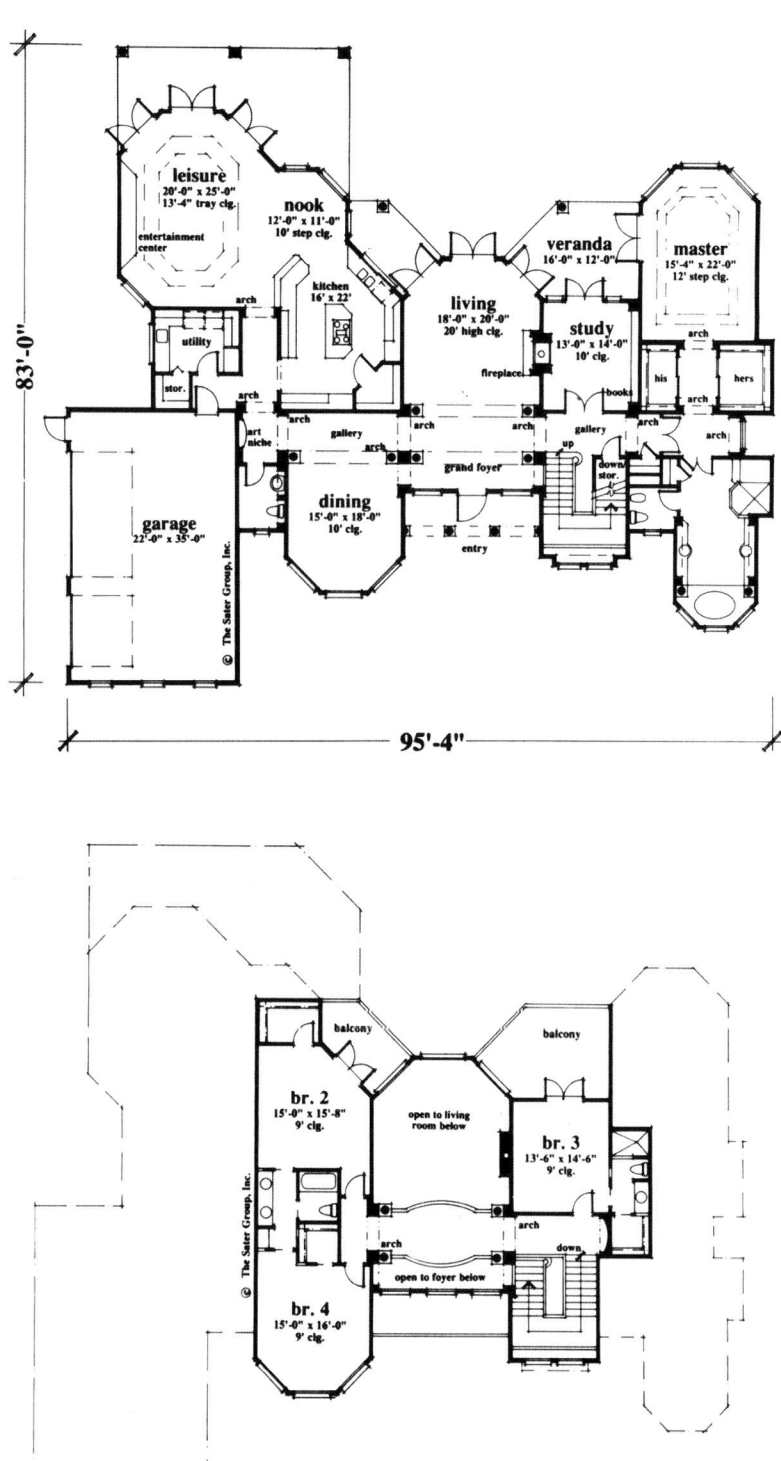

leisure
20'-0" x 25'-0"
13'-4" tray clg.

entertainment
center

nook
12'-0" x 11'-0"
10' step clg.

kitchen
16' x 22'

veranda
16'-0" x 12'-0"

master
15'-4" x 22'-0"
12' step clg.

living
18'-0" x 20'-0"
20' high clg.

study
13'-0" x 14'-0"
10' clg.

fireplace

books

his

hers

utility

stor.

arch

arch

arch

arch

arch

arch

arch

art
niche

gallery

arch

grand foyer

gallery

arch

up

down
stor.

garage
22'-0" x 35'-0"

dining
15'-0" x 18'-0"
10' clg.

entry

© The Sater Group, Inc.

83'-0"

95'-4"

balcony

balcony

br. 2
15'-0" x 15'-8"
9' clg.

open to living
room below

br. 3
13'-6" x 14'-6"
9' clg.

arch

arch

open to foyer below

down

br. 4
15'-0" x 16'-0"
9' clg.

© The Sater Group, Inc.

Versetzte Dächer, Giebel und Gauben, das interessante Formenspiel der Fenster- und Türelemente prägen das äußere Erscheinungsbild dieser Villa. Im Inneren des 202,6 qm großen Erdgeschosses erwartet den Betrachter eine sorgfältig durchdachte Raumaufteilung. Das bereits von der Straße her auffallende Turmzimmer wird als formelles Speisezimmer genutzt. Es schließt an eine große Country-Küche mit Eßplatz an, die mit dem angrenzenden Wohnzimmer eine Einheit bildet. Neben einem Arbeitszimmer ist im Erdgeschoß auch die elterliche Suite mit einem komfortablen Bad und Ankleideräumen für Sie und Ihn untergebracht. Im Obergeschoß befinden sich zwei Schlafzimmer, für die ein Vollbad zur Verfügung steht.

Design 6652
Elk River Lane
© Sater Design

Wohnfläche 268,5 qm
Total 399,6 qm

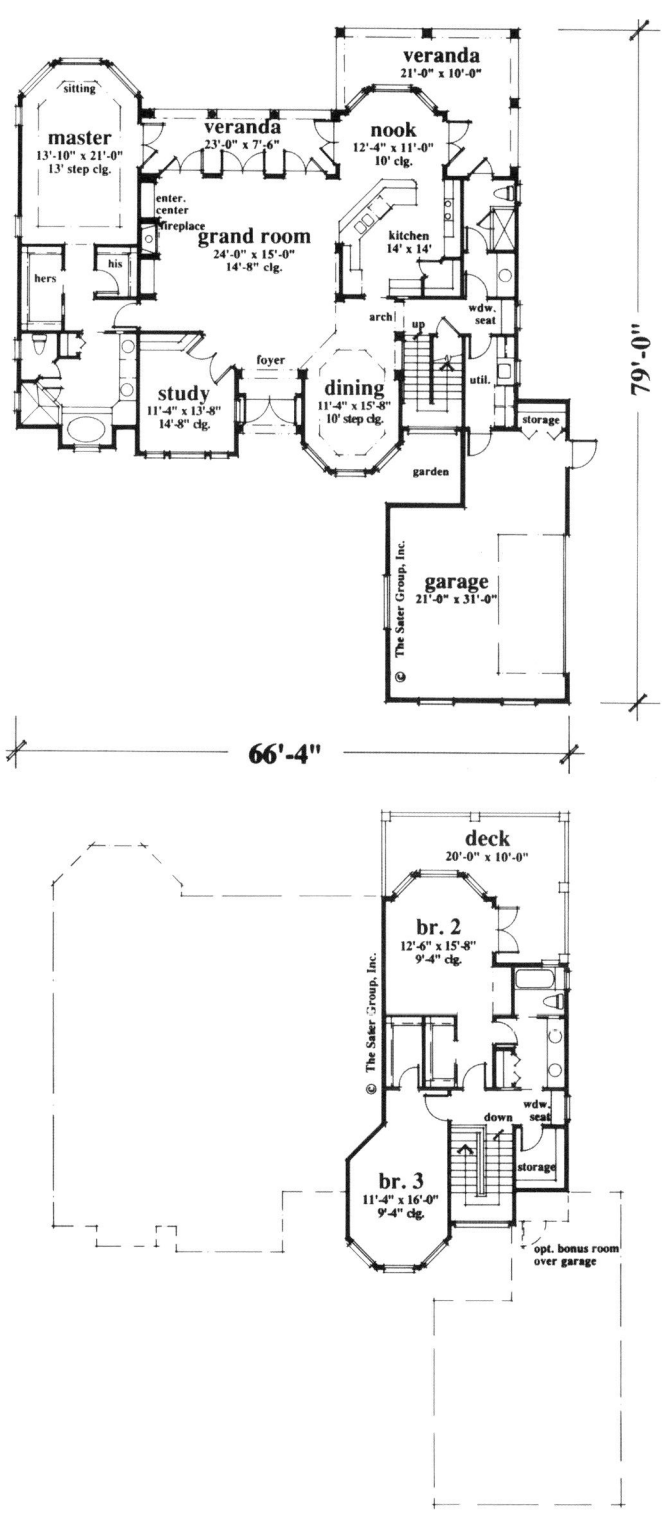

master
13'-10" x 21'-0"
13' step clg.

sitting

veranda
23'-0" x 7'-6"

veranda
21'-0" x 10'-0"

nook
12'-4" x 11'-0"
10' clg.

enter.
center
fireplace

grand room
24'-0" x 15'-0"
14'-8" clg.

kitchen
14' x 14'

hers

his

wdw.
seat

arch

up

util.

foyer

dining
11'-4" x 15'-8"
10' step clg.

study
11'-4" x 13'-8"
14'-8" clg.

storage

garden

garage
21'-0" x 31'-0"

© The Sater Group, Inc.

79'-0"

66'-4"

deck
20'-0" x 10'-0"

br. 2
12'-6" x 15'-8"
9'-4" clg.

© The Sater Group, Inc.

down

wdw.
seat

br. 3
11'-4" x 16'-0"
9'-4" clg.

storage

opt. bonus room
over garage

Sunbelt 477

Die elegante Fassade dieses zweigeschossigen Objekts aus der Feder des Architekten Sater ist charakterisiert durch die ausgewogene Verwendung von Klinker und Putz. Formschöne Giebel, die die Linien der Walmdächer nachzeichnen, der Einsatz von Rundbogenelementen im Bereich der Fenster und des Eingangs machen dieses Haus zu einer echten Attraktion. Das 268,85 qm große Erdgeschoß besitzt einen raffinierten Grundriß. Den zentralen Raum bildet das Wohnzimmer, das bis in den Dachspitz hinein geöffnet ist. Formelle Räume wie das Speise- und das Arbeitszimmer befinden sich seitlich vom Foyer. Die Küche mit Eßplatz und das Familienwohnzimmer sind separat zum Garten gelegen. Die Eltern-Suite ist mit einem geräumigen Ankleidezimmer und einem eigenen Bad ausgestattet. Die Planung sieht je ein Schlaf- oder Gästezimmer im Erd- und im Obergeschoß vor.

Design 6653
Wentworth Trail
© Sater Design

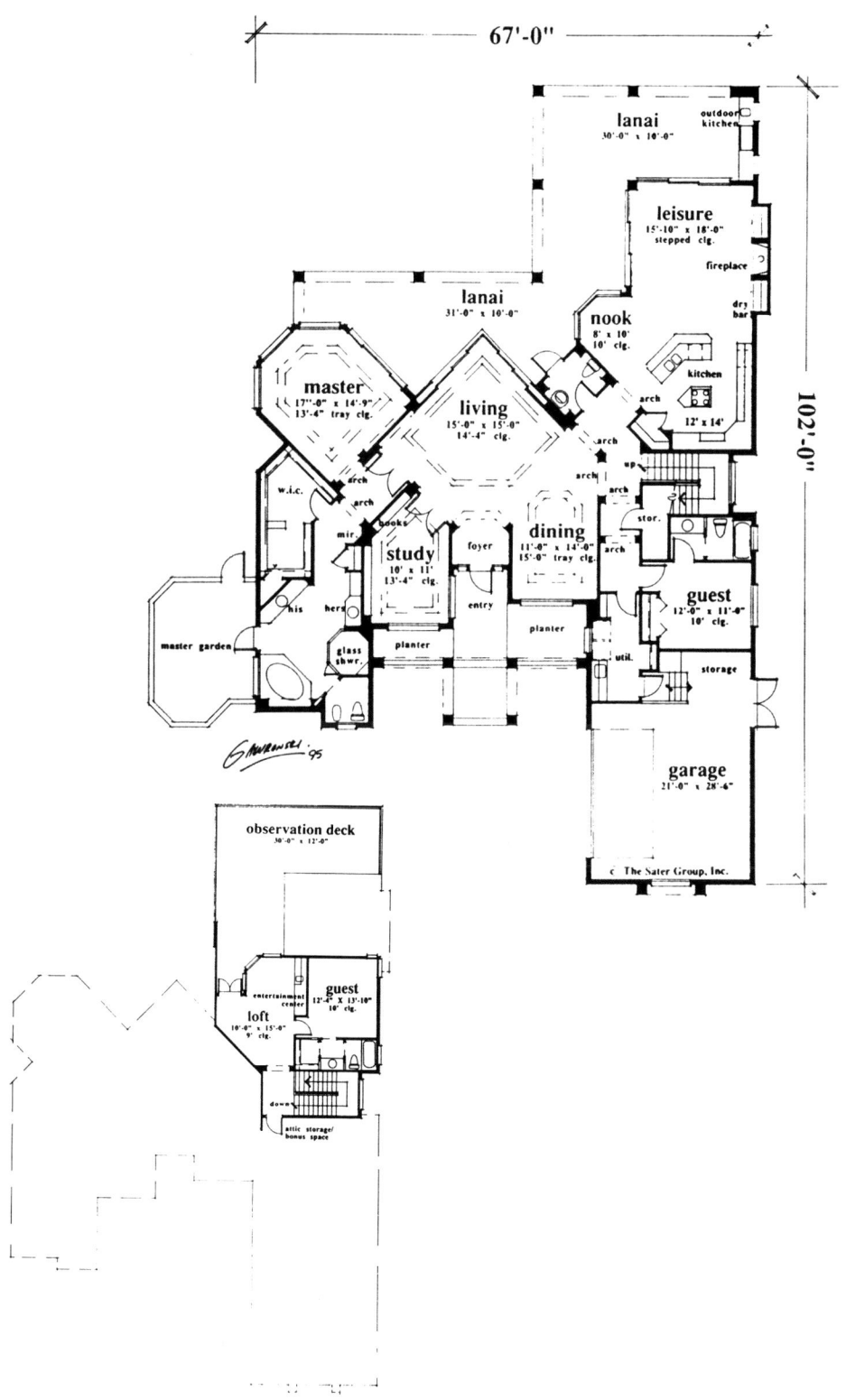

67'-0"

102'-0"

lanai
30'-0" x 10'-0"

outdoor
kitchen

leisure
15'-10" x 18'-0"
stepped clg.

fireplace

dry
bar

lanai
31'-0" x 10'-0"

nook
8' x 10'
10' clg.

master
17"-0" x 14'-9"
13'-4" tray clg.

living
15'-0" x 15'-0"
14'-4" clg.

kitchen

12' x 14'

arch

w.i.c.

arch

arch

up

arch

nook

mir.

arch

study
10' x 11'
13'-4" clg.

foyer

dining
11'-0" x 14'-0"
15'-0" tray clg.

arch

arch

stor.

his

hers

entry

planter

planter

guest
12'-0" x 11'-0"
10' clg.

glass
shwr.

planter

util.

storage

master garden

garage
21'-0" x 28'-6"

GAWRONSKI
95

c. The Sater Group, Inc.

observation deck
30'-0" x 12'-0"

entertainment
center

guest
12'-4" X 13'-10"
10' clg.

loft
10'-0" x 15'-0"
9' clg.

downs

attic storage/
bonus space

Der zweigeschossige Hausentwurf Nassau Cove von Sater Design eignet sich hervorragend als Familien- oder Ferien-Cottage. Horizontal verlegte Holzpaneele, Sprossenfenster mit Fensterläden und das Geländer auf dem auffälligen Metalldach verleihen diesem Haus eine ganz besondere Note. Die versetzten Dächer, Giebel und Gauben unterstreichen den Charme dieses Objekts. Eine überdachte Eingangsveranda und zwei Sonnendecks auf der Hausrückseite bieten genügend Platz für das Verweilen im Freien. Drei Schlafräume und zwei Bäder verteilen sich auf das Erdgeschoß mit seinen 124,67 qm und das Obergeschoß mit einer Größe von 47,47 qm.

Design 6654
Nassau Cove
© Sater Design

Wohnfläche 172,14 qm
Total 383,40 qm

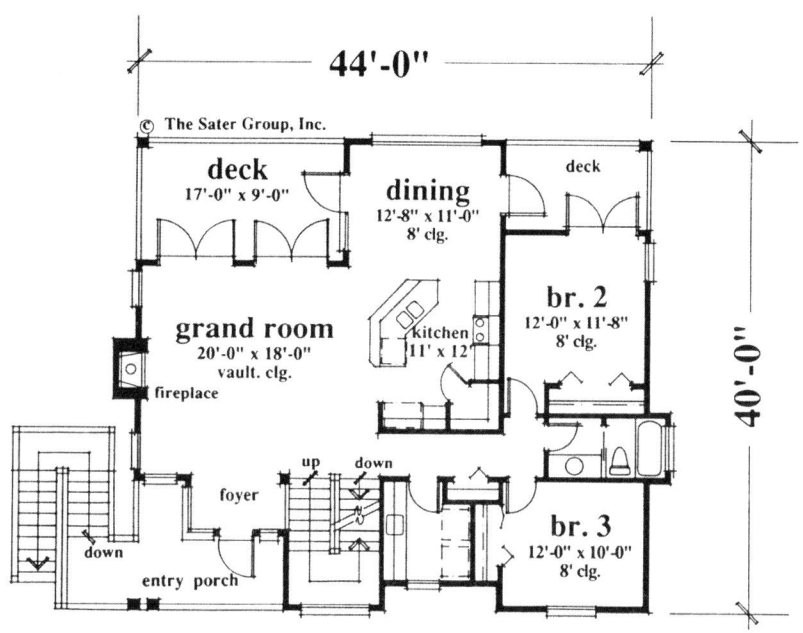

44'-0"

© The Sater Group, Inc.

deck
17'-0" x 9'-0"

dining
12'-8" x 11'-0"
8' clg.

deck

br. 2
12'-0" x 11'-8"
8' clg.

grand room
20'-0" x 18'-0"
vault. clg.

kitchen
11' x 12'

40'-0"

fireplace

foyer

up

down

br. 3
12'-0" x 10'-0"
8' clg.

down

entry porch

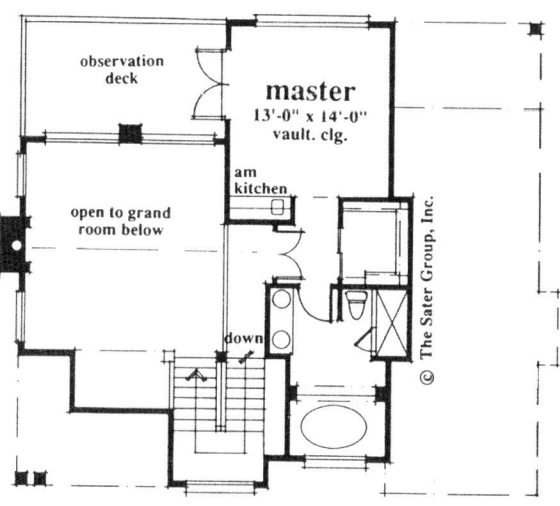

observation
deck

master
13'-0" x 14'-0"
vault. clg.

am
kitchen

open to grand
room below

down

© The Sater Group, Inc.

Eine attraktive Abfolge von Stein und Putz kenn-zeichnet die Fassade dieses traditionellen Haus-entwurfs mit einer Fläche von 381,45 qm. Auf-fällige Säulen, die den Eingangsbereich zieren, unterstreichen die Eleganz des Entwurfes. Ebenso prächtig geht es im Inneren des Hauses zu. Das weite, offene Foyer stimmt den Betrachter auf die Großzügigkeit der Raumgestaltung ein und gibt den Blick in das zentrale Wohnzimmer frei, das mit einem gemütlichen Kamin ausgestattet ist und direkte Zugänge auf die Gartenveranden bietet. An die große Küche, die mit einer zentralen Kochin-sel geplant wurde, schließt eine Eßecke und der große Familienwohnraum an. Dieser private Wohnbereich ist zur Gartenseite hin komplett verglast. Das Erdgeschoß bietet darüber hinaus ein Arbeits- und ein Speisezimmer und die luxuriöse Eltern-Suite mit einem komfortablen Bad. Drei Räume und zwei Bäder sind im Obergeschoß untergebracht.

Design 6656
Stoney Creek Way
© Sater Design

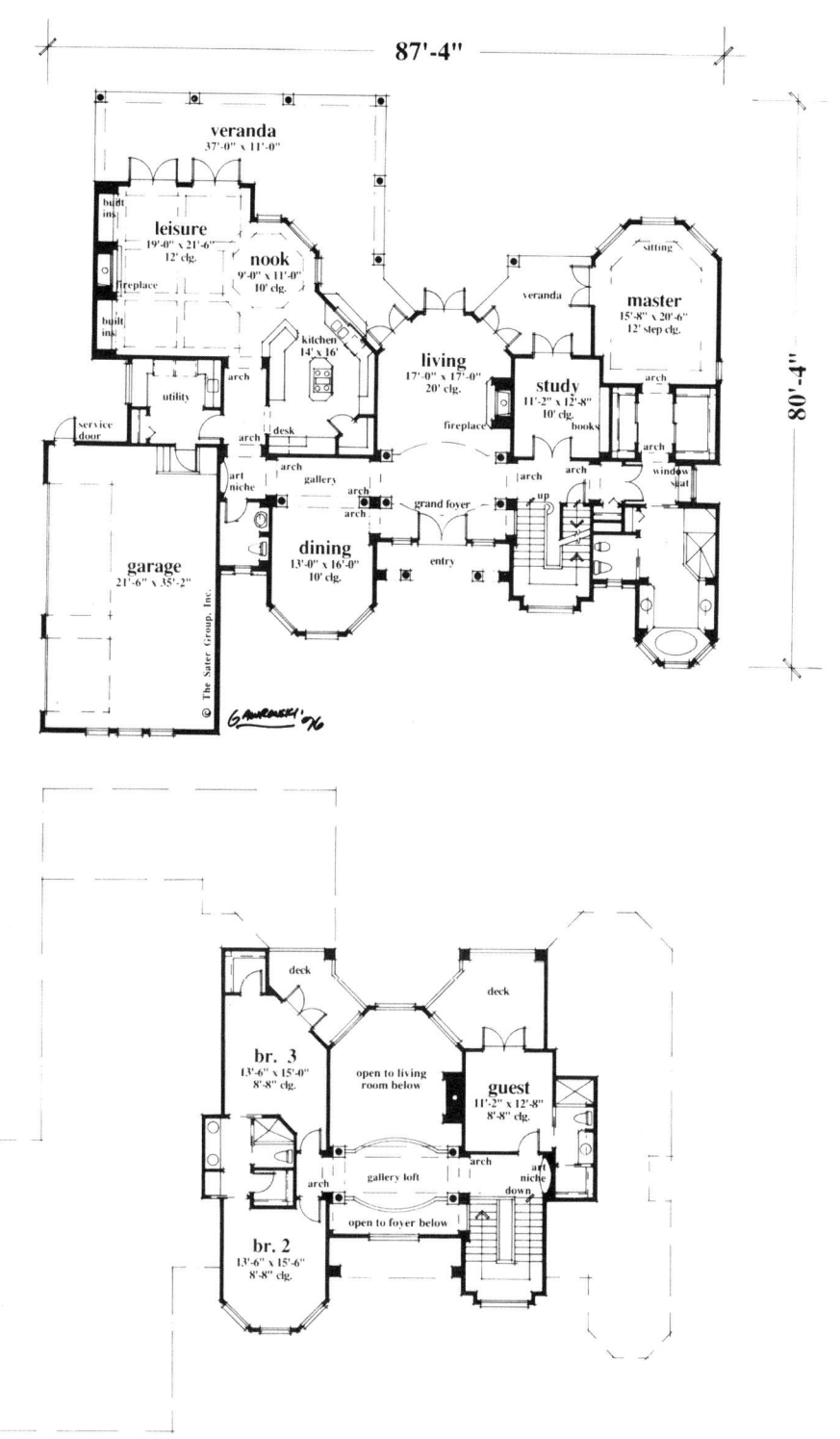

87'-4"

80'-4"

veranda
37'-0" x 11'-0"

leisure
19'-0" x 21'-6"
12' clg.

nook
9'-0" x 11'-0"
10' clg.

built ins

fireplace

built ins

kitchen
14' x 16'

veranda

master
15'-8" x 20'-6"
12' step clg.

sitting

utility

living
17'-0" x 17'-0"
20' clg.

study
11'-2" x 12'-8"
10' clg.

arch

service door

art niche

arch

desk

arch

gallery

arch

arch

fireplace

books

arch

arch

window seat

garage
21'-6" x 35'-2"

dining
13'-0" x 16'-0"
10' clg.

grand foyer

entry

up

down

© The Sater Group, Inc.

G. MAROWSKI '96

deck

deck

br. 3
13'-6" x 15'-0"
8'-8" clg.

open to living
room below

guest
11'-2" x 12'-8"
8'-8" clg.

gallery loft

arch

arch

art niche

down

open to foyer below

br. 2
13'-6" x 15'-6"
8'-8" clg.

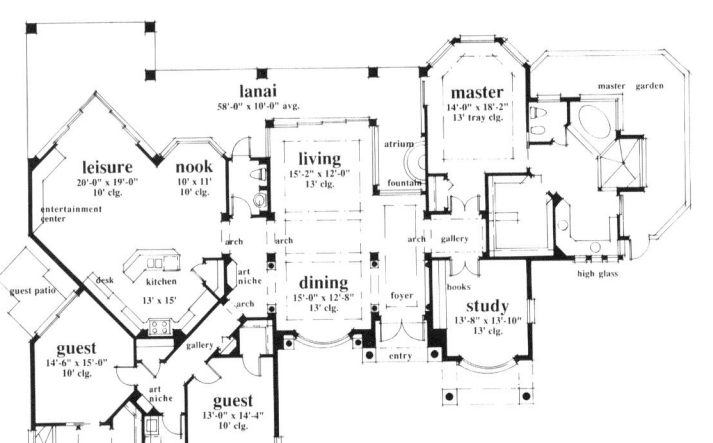

Design 6657
Biltmore Trace
© Sater Design

Wohnfläche 301,75 qm
Total 445,55 qm

Ein spektakulärer Grundriß, der seinesgleichen sucht. Vom Foyer, das durch zwei Geschosse reicht, fällt der Blick in den Innenhof mit Springbrunnen. Klare Gliederung der Wohnzonen. Alle Schlafräume haben ein eigenes Bad.

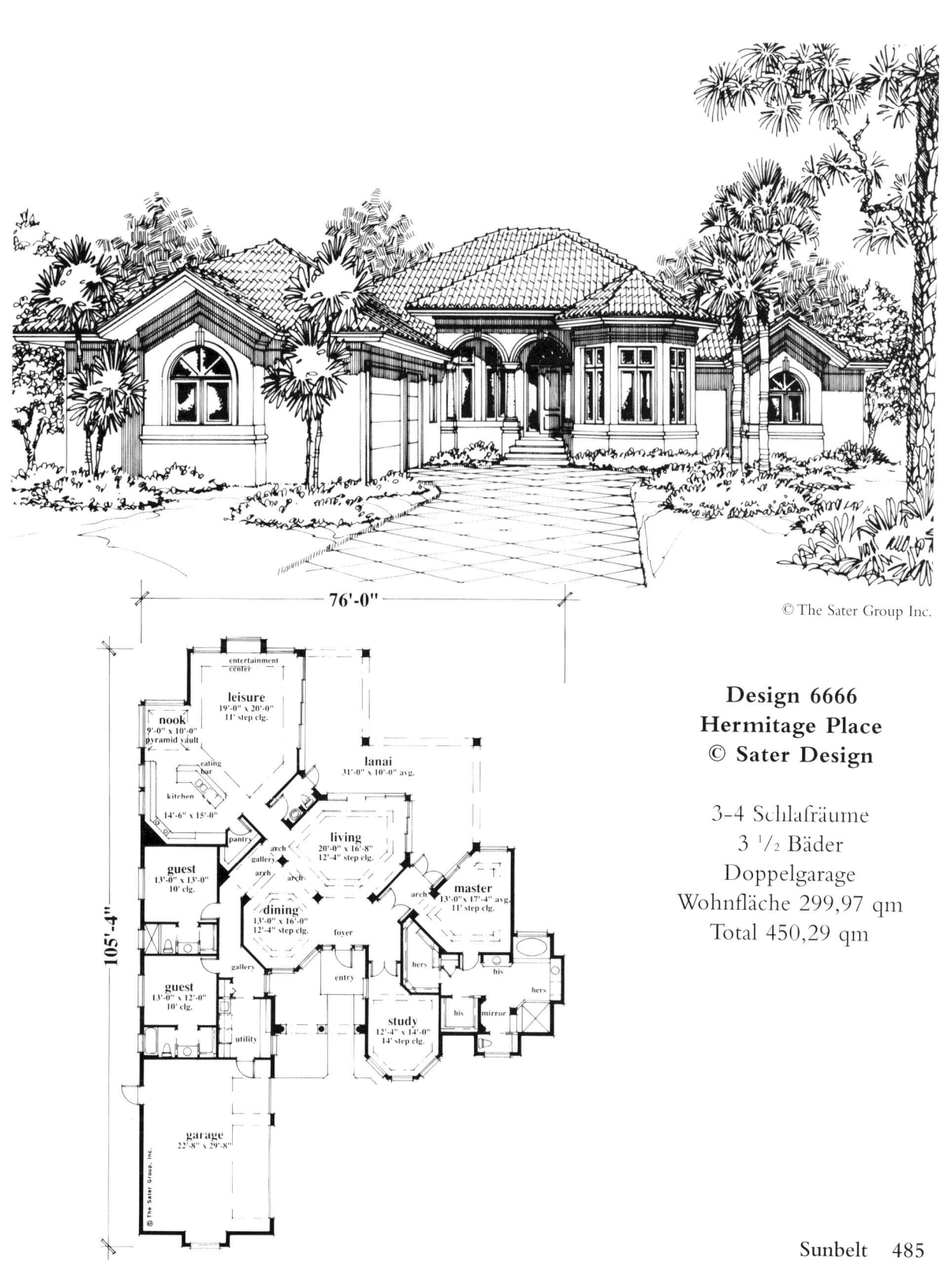

© The Sater Group Inc.

76'-0"

105'-4"

entertainment center

leisure
19'-0" x 20'-0"
11' step clg.

nook
9'-0" x 10'-0"
pyramid vault

eating bar

kitchen
14'-6" x 15'-0"

lanai
31'-0" x 10'-0" avg.

pantry

guest
13'-0" x 13'-0"
10' clg.

arch

gallery

arch   arch

living
20'-0" x 16'-8"
12'-4" step clg.

master
13'-0" x 17'-4" avg.
11' step clg.

arch

dining
13'-0" x 16'-0"
12'-4" step clg.

foyer

hers

his

guest
13'-0" x 12'-0"
10' clg.

gallery

entry

hers

utility

study
12'-4" x 14'-0"
14' step clg.

his

mirror

garage
22'-8" x 29'-8"

© The Sater Group, Inc.

Design 6666
Hermitage Place
© Sater Design

3-4 Schlafräume
3 ¹⁄₂ Bäder
Doppelgarage
Wohnfläche 299,97 qm
Total 450,29 qm

Sunbelt   485

Dieses ansprechende Farmhaus eignet sich ausgezeichnet für junge, noch wachsende Familien. Mit einer horizontal verkleideten Holzfassade, Dachgauben und einer hübschen Eingangsveranda fügt sich dieser Entwurf in jede Nachbarschaft ein. Über die weit überdachte Veranda betritt man das Foyer. Große Rundbogen trennen das große Familienwohnzimmer vom formellen Speiseraum. Die Küche mit ihrem verglasten Eßplatz und das Wohnzimmer bilden den privaten Bereich, von dem man direkt auf die Gartenveranda gelangt. Es gibt vier Schlafräume und ein Arbeitszimmer, die gesamte Wohnfläche beträgt 234,75 qm. Davon entfallen 155,70 qm auf das Erd- und 79,05 auf das Obergeschoß. Die bebaubare Fläche wurde mit 315,30 qm angegeben.

Design 6662
Canterbury Trail
© Sater Design

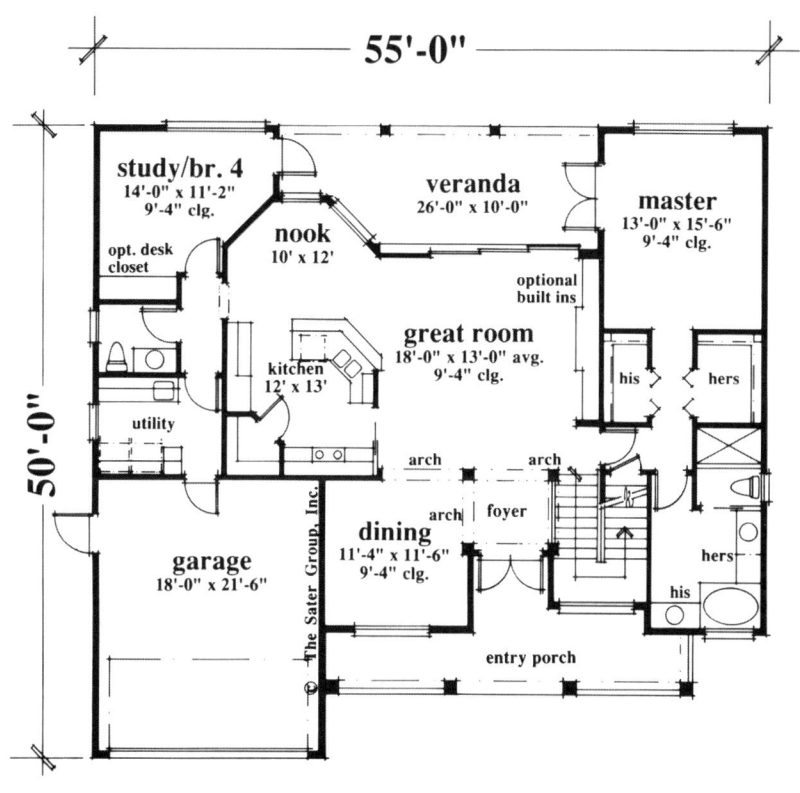

55'-0"

50'-0"

study/br. 4
14'-0" x 11'-2"
9'-4" clg.

opt. desk
closet

nook
10' x 12'

veranda
26'-0" x 10'-0"

master
13'-0" x 15'-6"
9'-4" clg.

optional
built ins

great room
18'-0" x 13'-0" avg.
9'-4" clg.

his

hers

utility

kitchen
12' x 13'

The Sater Group, Inc.

arch

arch

arch

foyer

hers

dining
11'-4" x 11'-6"
9'-4" clg.

his

garage
18'-0" x 21'-6"

entry porch

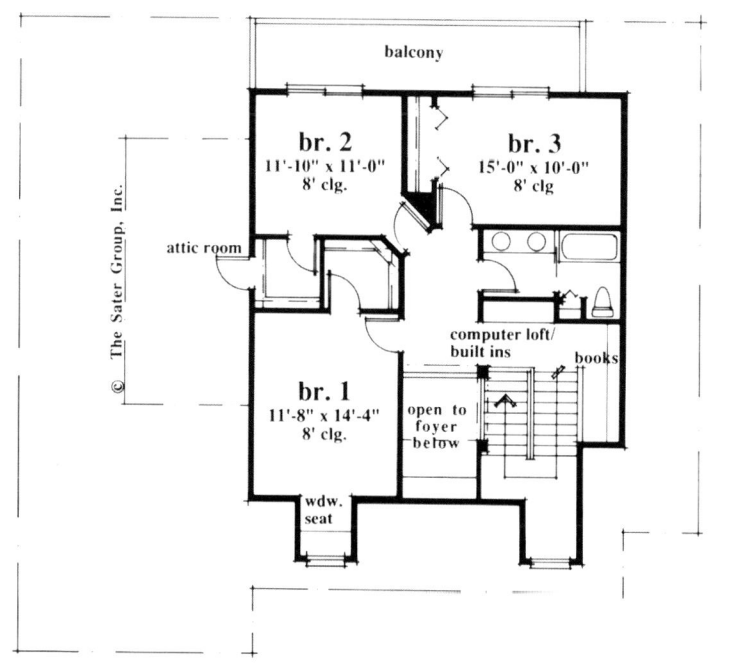

balcony

br. 2
11'-10" x 11'-0"
8' clg.

br. 3
15'-0" x 10'-0"
8' clg

attic room

© The Sater Group, Inc.

computer loft/
built ins

books

br. 1
11'-8" x 14'-4"
8' clg.

open to
foyer
below

wdw.
seat

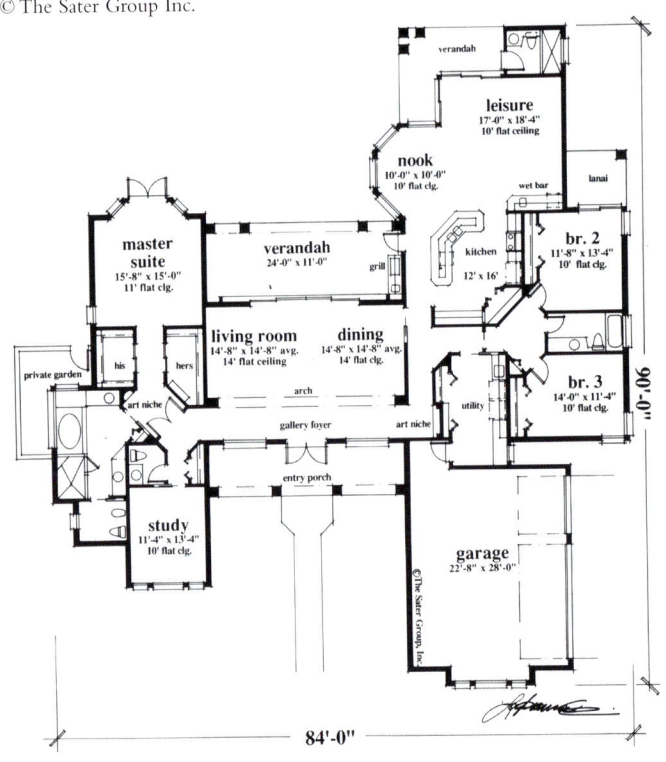

© The Sater Group Inc.

master suite
15'-8" x 15'-0"
11' flat clg.

verandah
24'-0" x 11'-0"

nook
10'-0" x 10'-0"
10' flat clg.

leisure
17'-0" x 18'-4"
10' flat ceiling

verandah

wet bar

lanai

living room
14'-8" x 14'-8" avg.
14' flat ceiling

dining
14'-8" x 14'-8" avg.
14' flat clg.

kitchen
12' x 16'

br. 2
11'-8" x 13'-4"
10' flat clg.

private garden

his

hers

grill

art niche

arch

gallery foyer

art niche

utility

br. 3
14'-0" x 11'-4"
10' flat clg.

entry porch

study
11'-4" x 13'-4"
10' flat clg.

garage
22'-8" x 28'-0"

© The Sater Group, Inc.

90'-0"

84'-0"

Design 6663
Queenstown Harbour Way
© Sater Design

Wohnfläche 276,6 qm
Total 409,5 qm

Das Resultat dieser aufwendigen Konstruktion ist ein Zuhause der Extra-Klasse. Die hohen Säulen nehmen die Gliederung der großen Rundbogenfenster im Eingangsbereich auf. Sie lassen schon erahnen, wie sich die Eleganz im Hausinneren fortsetzt.

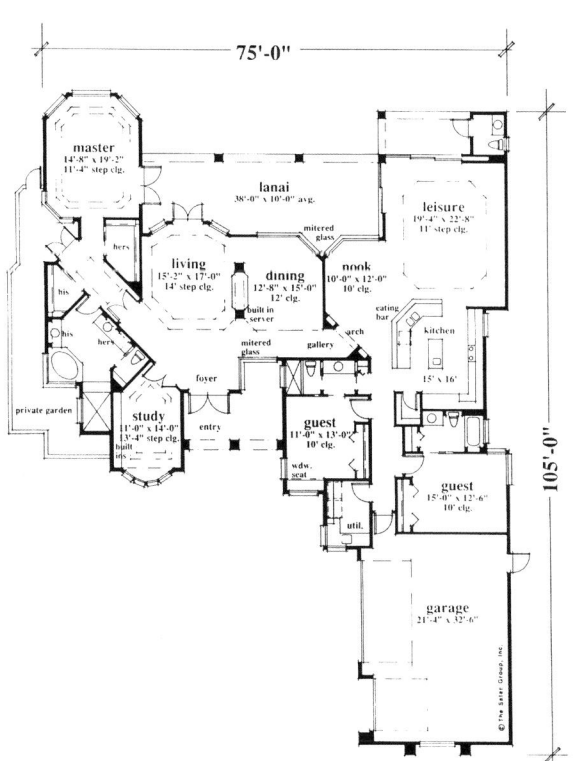

Design 6665
Royal Birkdale Lane
© Sater Design

3-4 Schlafräume
3 ½ Bäder
Garage für 3 PKW
Wohnfläche 304,62 qm
Total 444,53 qm

Die Frontansicht dieses zweigeschossigen Objekts ist geprägt durch die klare Linienführung der versetzten Walmdächer und Giebel. Die feine Putzfassade unterstreicht die Eleganz der Rundbogenfenster. Von der großzügigen Verglasung profitiert die offene Grundrißgestaltung im Inneren des Hauses. Alles wirkt dadurch hell und lichtdurchflutet. Das Erdgeschoß ist reinen Wohnzwecken vorbehalten, Salon und Speisezimmer bilden eine Einheit. Die Küche mit Eßtresen, Eßecke und Familienraum ist zur Gartenseite hin ausgerichtet. Von hier geht es auf die überdachte Terrasse. Den Abschluß im Erdgeschoß bildet die Eltern-Suite mit angrenzendem Bad und Ankleidezimmer für Sie und Ihn. Zwei weitere Zimmer sind im Obergeschoß untergebracht.

Design 6675
Lochwood Drive
© Sater Design
Wohnfläche 305,18 qm

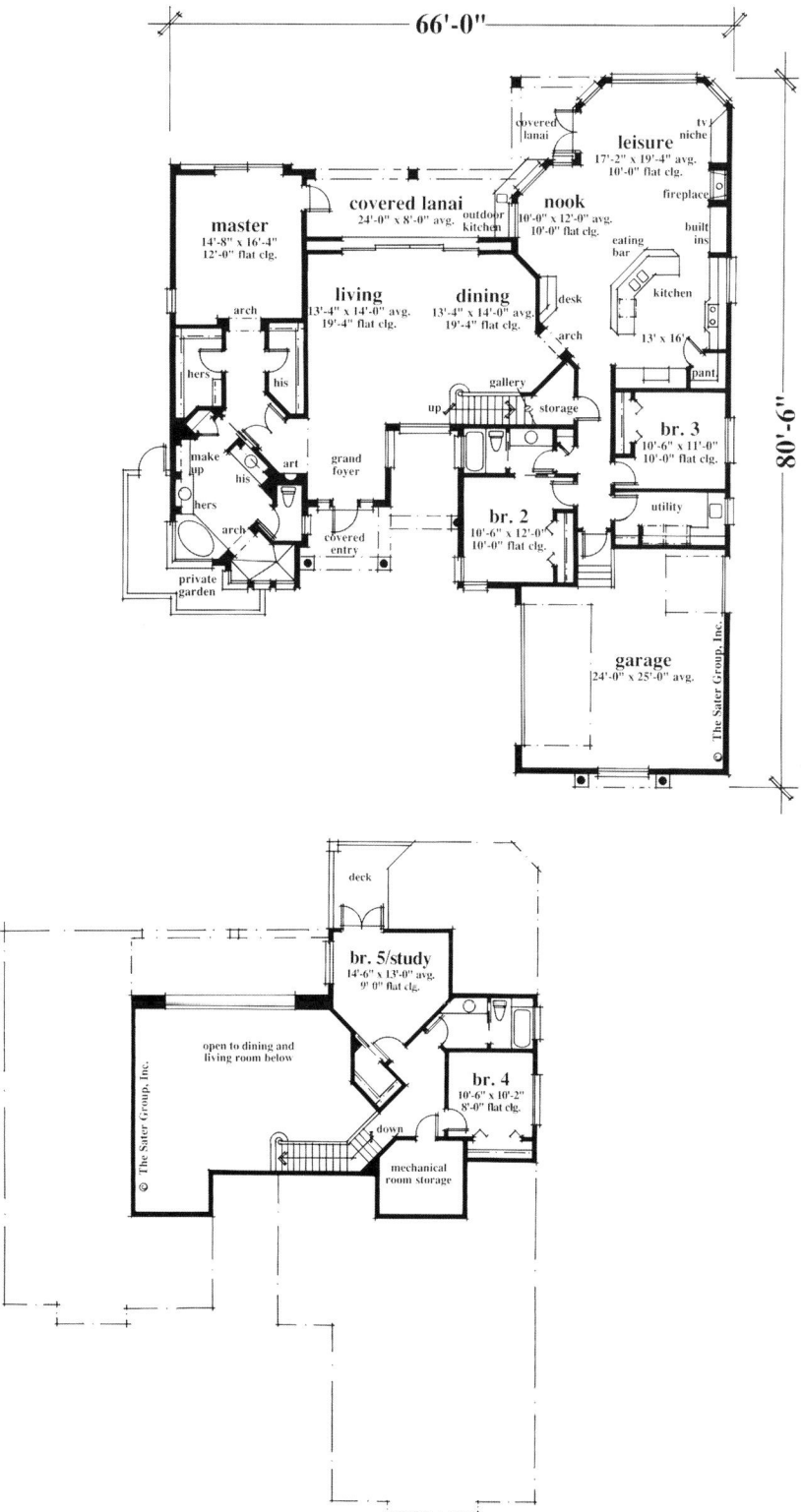

66'-0"

80'-6"

master
14'-8" x 16'-4"
12'-0" flat clg.

covered lanai
24'-0" x 8'-0" avg.

outdoor
kitchen

nook
10'-0" x 12'-0"
10'-0" flat clg.

covered
lanai

leisure
17'-2" x 19'-4" avg.
10'-0" flat clg.

tv
niche

fireplace

built
ins

arch

hers

his

living
13'-4" x 14'-0" avg.
19'-4" flat clg.

dining
13'-4" x 14'-0" avg.
19'-4" flat clg.

desk

eating
bar

kitchen
13' x 16'

make
up

his

art

grand
foyer

up

gallery

storage

arch

pant

br. 3
10'-6" x 11'-0"
10'-0" flat clg.

hers

arch

covered
entry

br. 2
10'-6" x 12'-0"
10'-0" flat clg.

utility

private
garden

garage
24'-0" x 25'-0"

© The Sater Group, Inc.

deck

br. 5/study
14'-6" x 13'-0" avg.
9' 0" flat clg.

open to dining and
living room below

br. 4
10'-6" x 10'-2"
8'-0" flat clg.

© The Sater Group, Inc.

down

mechanical
room storage

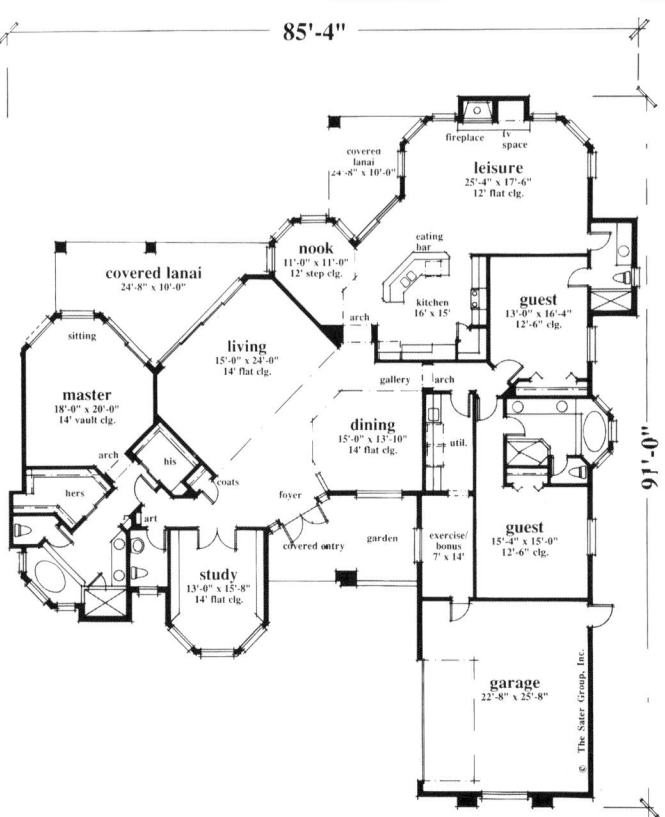

85'-4"

91'-0"

covered lanai
24'-8" x 10'-0"

sitting

master
18'-0" x 20'-0"
14' vault clg.

his

arch

hers

art

study
13'-0" x 15'-8"
14' flat clg.

coats

foyer

covered entry

living
15'-0" x 24'-0"
14' flat clg.

arch

gallery

arch

dining
15'-0" x 13'-10"
14' flat clg.

garden

covered lanai
24'-8" x 10'-0"

nook
11'-0" x 11'-0"
12' step clg.

eating
bar

kitchen
16' x 15'

util.

fireplace

tv
space

leisure
25'-4" x 17'-6"
12' flat clg.

guest
13'-0" x 16'-4"
12'-6" clg.

exercise/
bonus
7' x 14'

guest
15'-4" x 15'-0"
12'-6" clg.

garage
22'-8" x 25'-8"

© The Sater Group, Inc.

Design 6676
Bay Landing Drive
© Sater Design

3-4 Schlafräume
3 ¹/₂ Bäder
Doppelgarage
Wohnfläche 345,0 qm
Total 425,2 qm

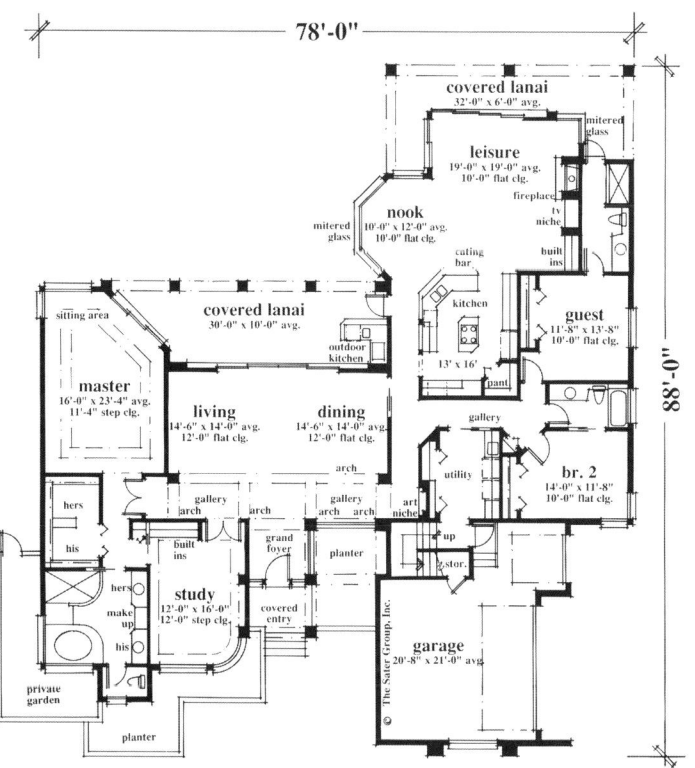

covered lanai
32'-0" x 6'-0" avg.

mitered glass

leisure
19'-0" x 19'-0" avg.
10'-0" flat clg.

fireplace

tv niche

built ins

nook
10'-0" x 12'-0" avg.
10'-0" flat clg.

mitered glass

eating bar

kitchen

13' x 16'

pant

guest
11'-8" x 13'-8"
10'-0" flat clg.

covered lanai
30'-0" x 10'-0" avg.

outdoor kitchen

sitting area

master
16'-0" x 23'-4" avg.
11'-4" step clg.

living
14'-6" x 14'-0" avg.
12'-0" flat clg.

dining
14'-6" x 14'-0" avg.
12'-0" flat clg.

gallery

arch

hers

his

gallery arch

arch

gallery arch arch

art niche

utility

br. 2
14'-0" x 11'-8"
10'-0" flat clg.

built ins

grand foyer

planter

up

stor.

hers

make up

his

study
12'-0" x 16'-0"
12'-0" step clg.

covered entry

private garden

planter

garage
20'-8" x 21'-0" avg.

© The Sater Group, Inc.

78'-0"

88'-0"

Design 6679
© Sater Design

Die wohldosierte Abfolge von Klinker und Putz läßt die Rundbogenfenster besonders effektvoll zur Geltung kommen. Rundbogen wurden auch im Inneren des Hauses als Raumteiler zwischen Galerie und Wohn- bzw. Speisezimmer verwendet.

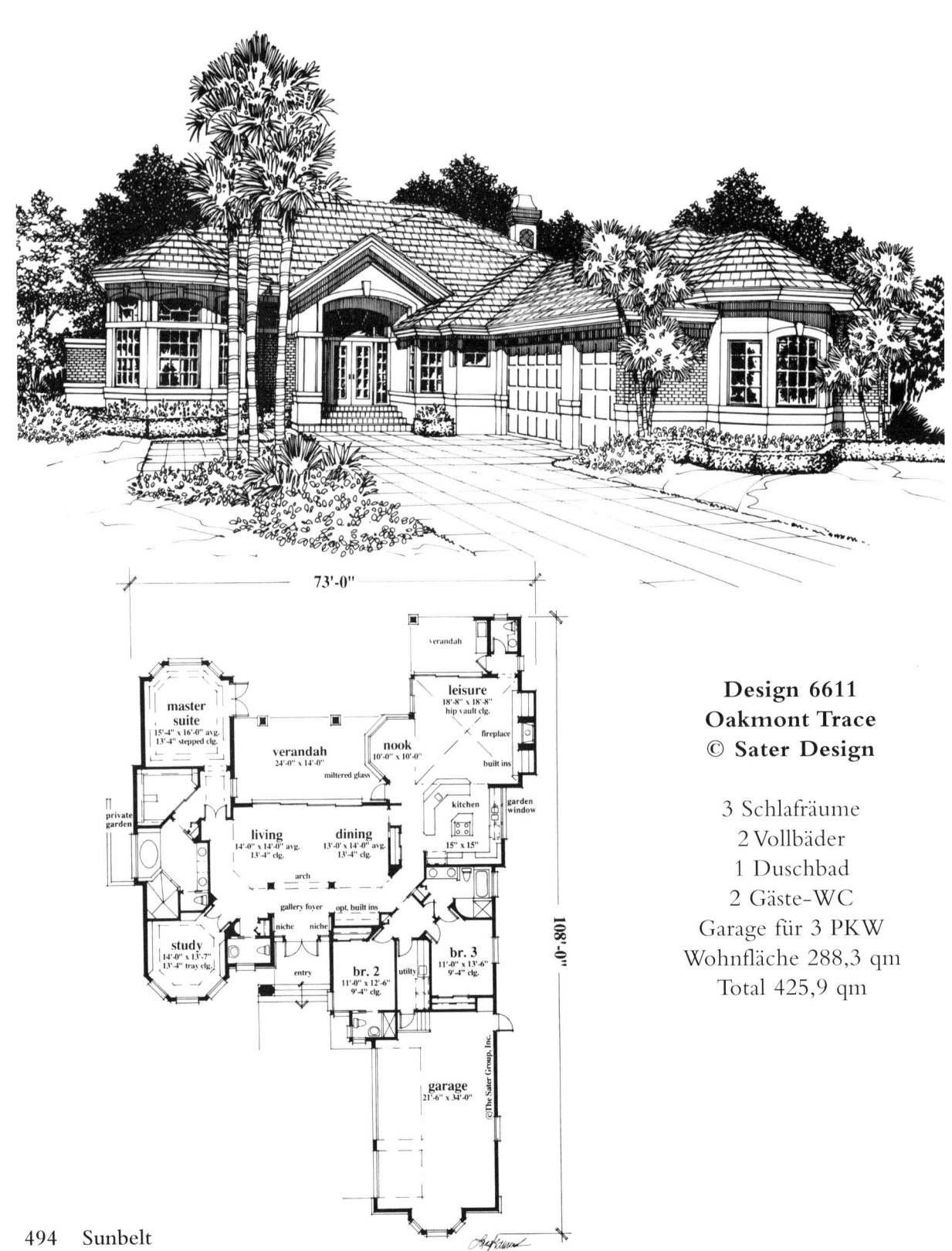

73'-0"

master
suite
15'-4" x 16'-0" avg.
13'-4" stepped clg.

verandah
24'-0" x 14'-0"

nook
10'-0" x 10'-0"

verandah

leisure
18'-8" x 18'-8"
hip vault clg.

fireplace

miltered glass

built ins

private
garden

living
14'-0" x 14'-0" avg.
13'-4" clg.

dining
13'-0" x 14'-0" avg.
13'-4" clg.

kitchen

garden
window

15" x 15"

arch

gallery foyer

opt. built ins

study
14'-0" x 13'-7"
13'-4" tray clg.

niche   niche

entry

br. 2
11'-0" x 12'-6"
9'-4" clg.

utility

br. 3
11'-0" x 13'-6"
9'-4" clg.

108'-0"

garage
21'-6" x 34'-0"

©The Sater Group, Inc.

Design 6611
Oakmont Trace
© Sater Design

3 Schlafräume
2 Vollbäder
1 Duschbad
2 Gäste-WC
Garage für 3 PKW
Wohnfläche 288,3 qm
Total 425,9 qm

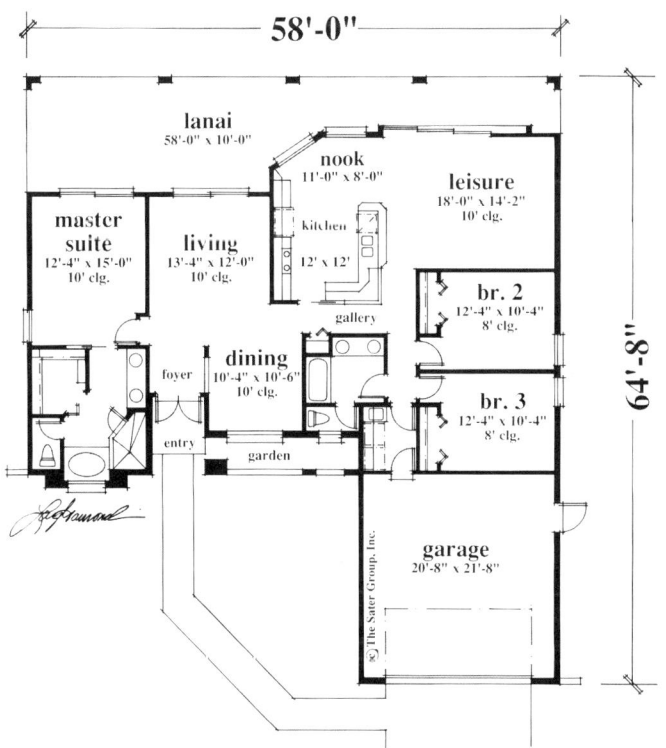

58'-0"

lanai
58'-0" x 10'-0"

nook
11'-0" x 8'-0"

leisure
18'-0" x 14'-2"
10' clg.

master
suite
12'-4" x 15'-0"
10' clg.

living
13'-4" x 12'-0"
10' clg.

kitchen
12' x 12'

br. 2
12'-4" x 10'-4"
8' clg.

64'-8"

gallery

foyer

dining
10'-4" x 10'-6"
10' clg.

br. 3
12'-4" x 10'-4"
8' clg.

entry

garden

© The Sater Group, Inc.

garage
20'-8" x 21'-8"

Design 6603
La Costa Court
© Sater Design

3 Schlafräume
2 Bäder
Doppelgarage
Wohnfläche 165 qm
Total 264,8 qm

Southern Hills Place ist ein stilvoller Ein-familienhaus-Entwurf. Der markante Eingangs-bereich und die großen Fenster auf der Frontseite lassen die Großzügigkeit dieser Planung bereits von außen erahnen. Der Wohnbereich mit Küche und Eßplatz sowie das angrenzende Speisezimmer haben eine Deckenhöhe von rund 4,30 Metern. Den Höhepunkt im Haus stellt das zentral gelege-ne Wohnzimmer dar, das durch zwei Geschosse reicht. Von der Galerie in der oberen Etage, die zu den beiden Schlafräumen führt, kann man in diesen Raum hinunterblicken. Das Elternschlaf-zimmer verfügt über ein komfortables Bad mit Dusche, Whirlpool, Doppelwaschtisch und einem separaten WC.

Design 6613
Southern Hills Place
© Sater Design

Wohnfläche 227,4 qm
Total 343,2 qm

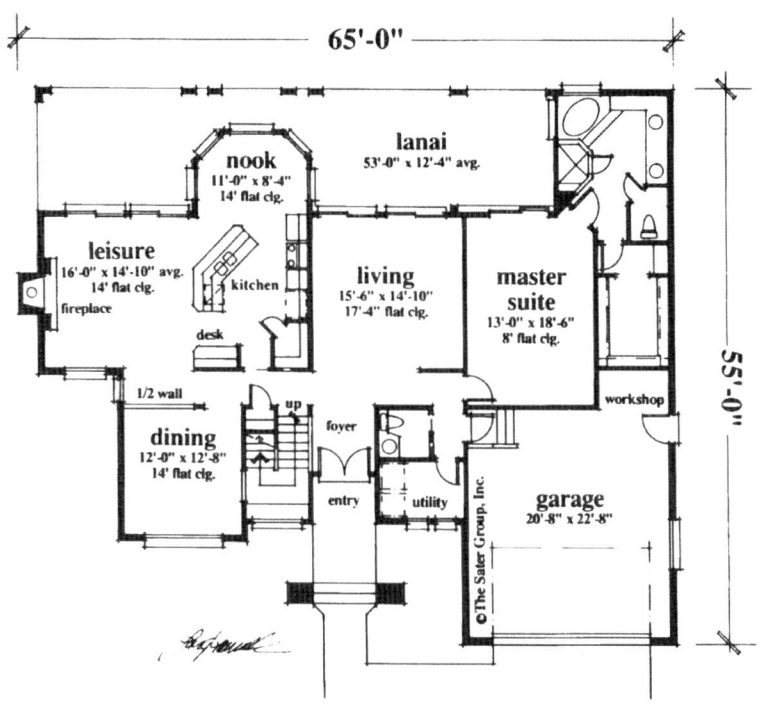

65'-0"

55'-0"

nook
11'-0" x 8'-4"
14' flat clg.

lanai
53'-0" x 12'-4" avg.

leisure
16'-0" x 14'-10" avg.
14' flat clg.

fireplace

kitchen

desk

living
15'-6" x 14'-10"
17'-4" flat clg.

master
suite
13'-0" x 18'-6"
8' flat clg.

workshop

1/2 wall

dining
12'-0" x 12'-8"
14' flat clg.

up

foyer

entry

utility

garage
20'-8" x 22'-8"

©The Sater Group, Inc.

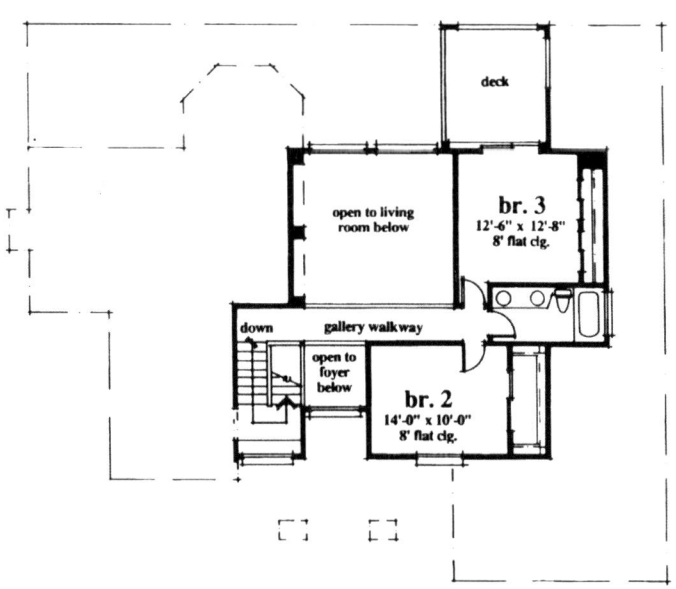

deck

open to living
room below

br. 3
12'-6" x 12'-8"
8' flat clg.

down

gallery walkway

open to
foyer
below

br. 2
14'-0" x 10'-0"
8' flat clg.

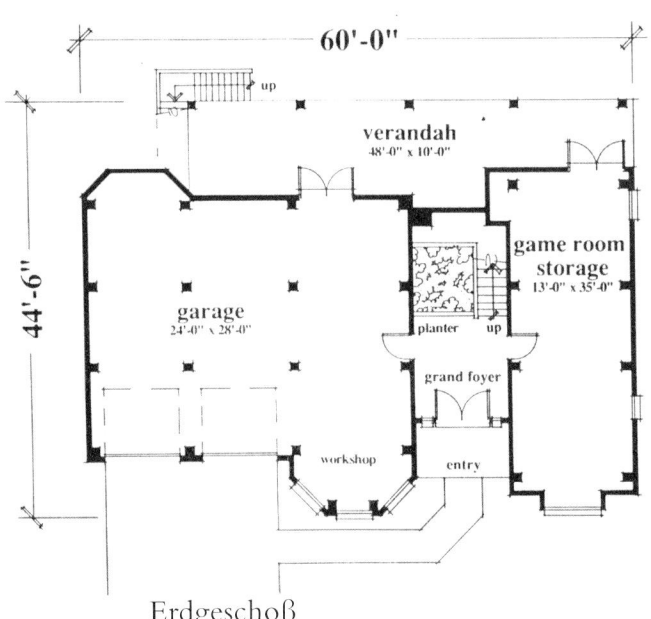

© The Sater Group Inc.

Design 6621
Kingston Harbour
© Sater Design

Erdgeschoß 261,24 qm
1. Obergeschoß 152,54 qm
2. Obergeschoß 86,12 qm
Wohnfläche 238,66 qm
Total 499,90 qm

60'-0"

44'-6"

up

verandah
48'-0" x 10'-0"

game room
storage
13'-0" x 35'-0"

garage
24'-0" x 28'-0"

planter

up

grand foyer

workshop

entry

Erdgeschoß

1. Obergeschoß

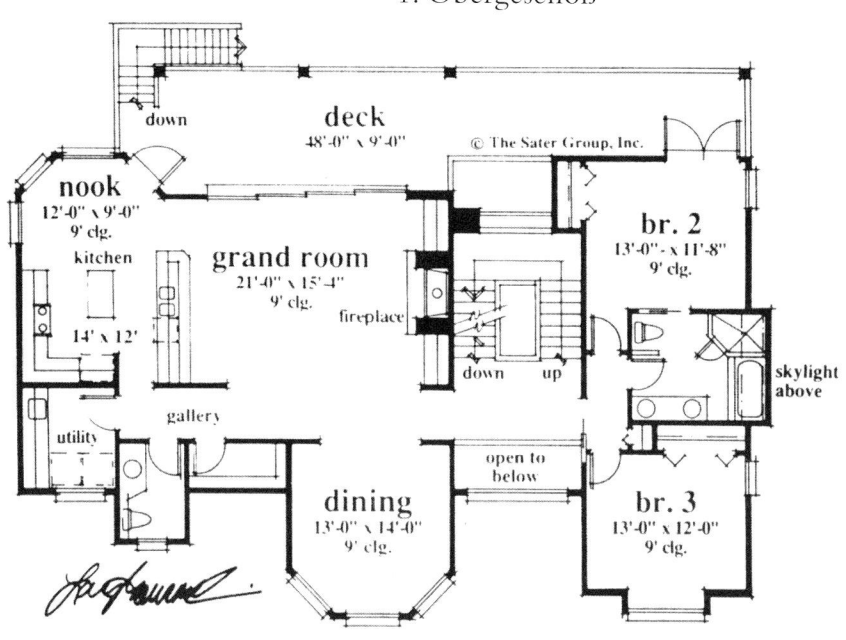

deck
48'-0" x 9'-0"

© The Sater Group, Inc.

down

nook
12'-0" x 9'-0"
9' clg.

kitchen
14' x 12'

grand room
21'-0" x 15'-4"
9' clg.

fireplace

br. 2
13'-0" x 11'-8"
9' clg.

down   up

skylight
above

utility

gallery

dining
13'-0" x 14'-0"
9' clg.

open to
below

br. 3
13'-0" x 12'-0"
9' clg.

2. Obergeschoß

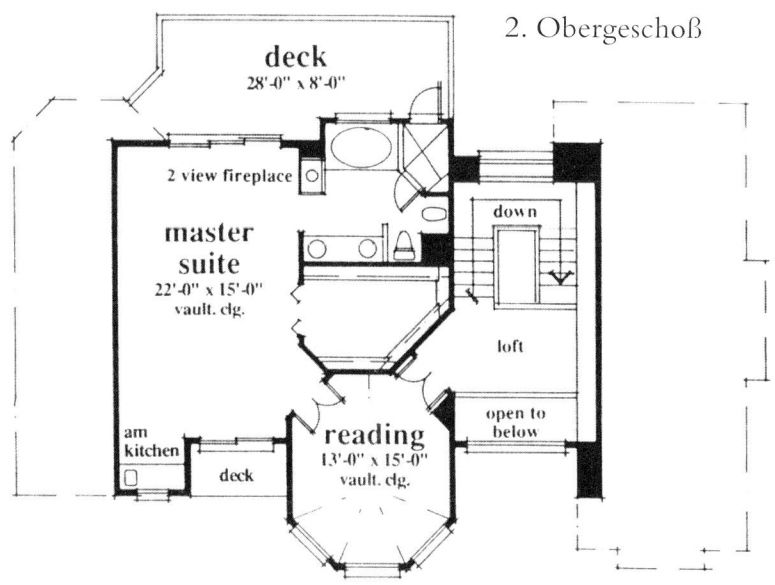

deck
28'-0" x 8'-0"

2 view fireplace

master
suite
22'-0" x 15'-0"
vault. clg.

down

loft

am
kitchen

deck

reading
13'-0" x 15'-0"
vault. clg.

open to
below

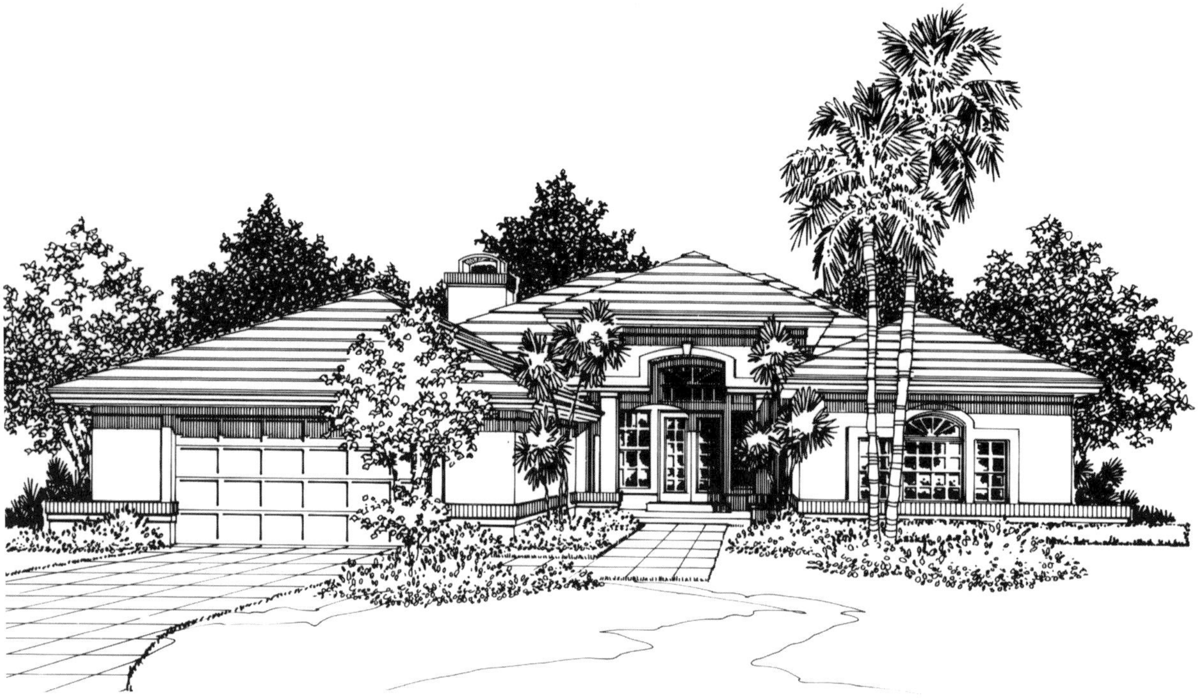

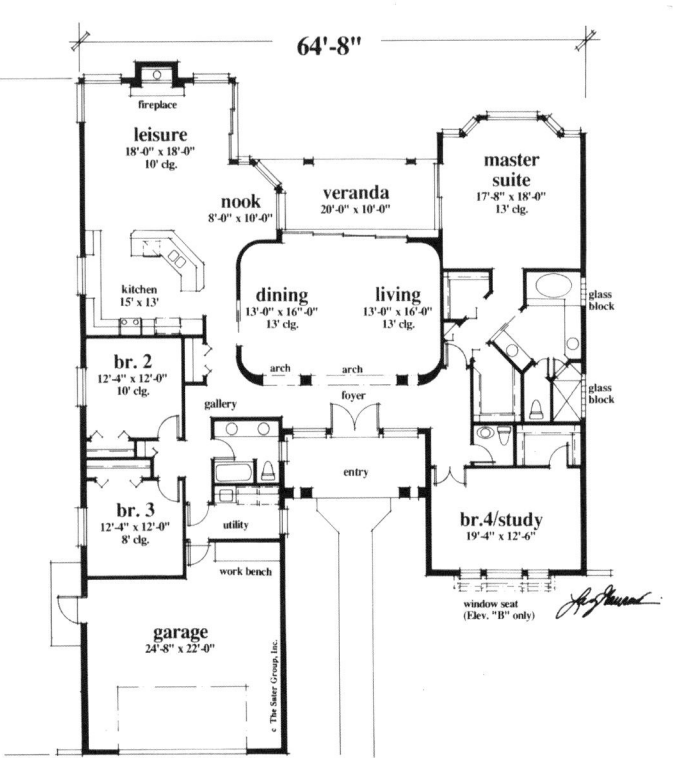

© The Sater Group Inc.

64'-8"

fireplace

leisure
18'-0" x 18'-0"
10' clg.

nook
8'-0" x 10'-0"

veranda
20'-0" x 10'-0"

master
suite
17'-8" x 18'-0"
13' clg.

kitchen
15' x 13'

dining
13'-0" x 16'-0"
13' clg.

living
13'-0" x 16'-0"
13' clg.

glass
block

glass
block

br. 2
12'-4" x 12'-0"
10' clg.

arch   arch

foyer

gallery

br. 3
12'-4" x 12'-0"
8' clg.

utility

entry

br.4/study
19'-4" x 12'-6"

work bench

garage
24'-8" x 22'-0"

window seat
(Elev. "B" only)

**Design 6624
Pebble Beach Way
© Sater Design**

4 Schlafräume
2 ½ Bäder
Doppelgarage
Wohnfläche 278,5 qm
Total 369,4 qm

© The Sater Group Inc.

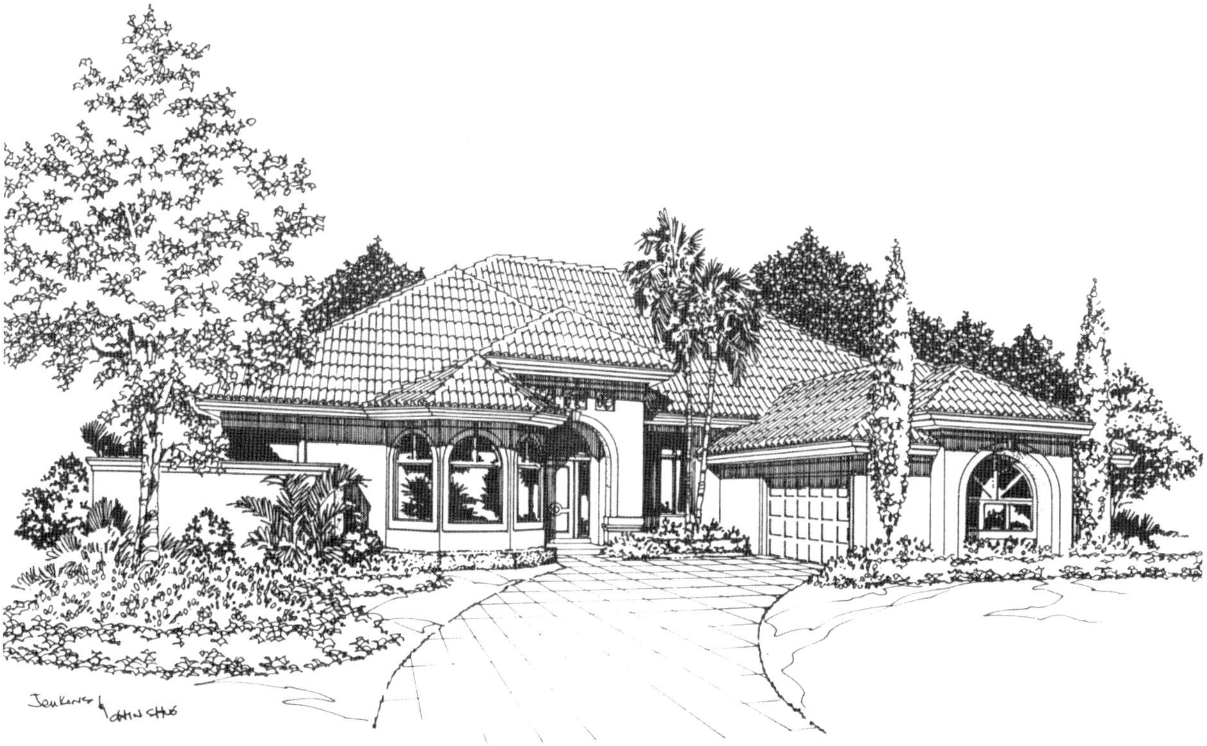

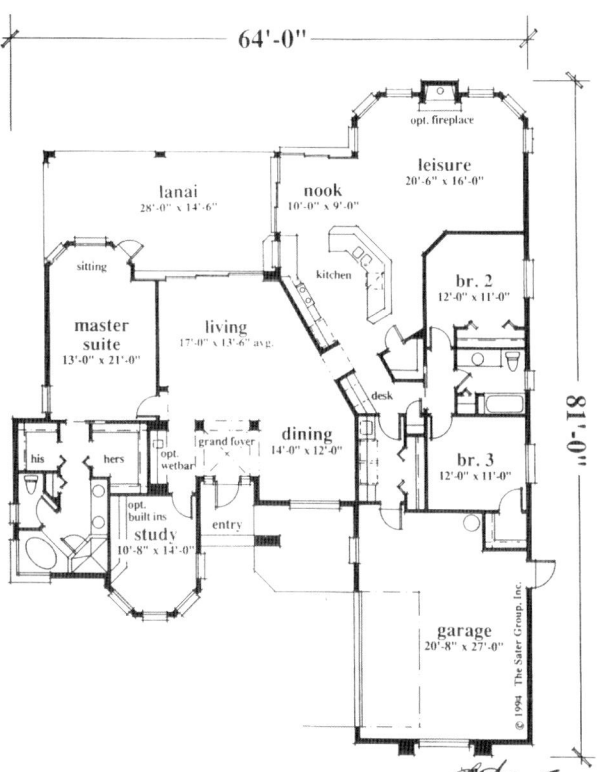

64'-0"
81'-0"
opt. fireplace
leisure
20'-6" x 16'-0"
nook
10'-0" x 9'-0"
lanai
28'-0" x 14'-6"
sitting
kitchen
br. 2
12'-0" x 11'-0"
master suite
13'-0" x 21'-0"
living
17'-0" x 13'-6" avg.
desk
dining
14'-0" x 12'-0"
his
hers
opt. wetbar
grand foyer
br. 3
12'-0" x 11'-0"
opt. built ins
study
10'-8" x 14'-0"
entry
garage
20'-8" x 27'-0"
© 1994 The Sater Group, Inc.

Design 6626
La Costa Trace
© Sater Design

3-4 Schlafräume
2 Bäder
Doppelgarage
Wohnfläche 240,52 qm
Total 337,23 qm

© The Sater Group Inc.

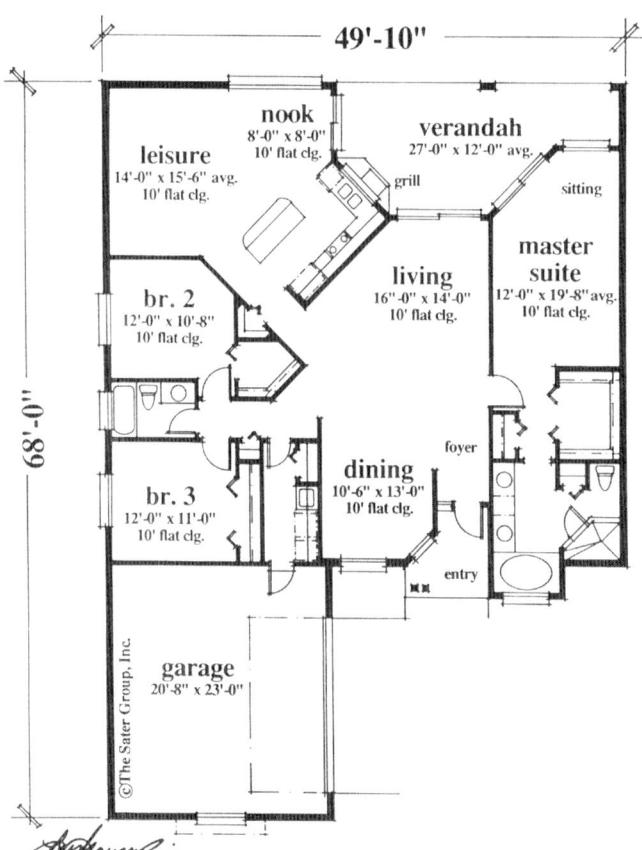

49'-10"

68'-0"

nook
8'-0" x 8'-0"
10' flat clg.

verandah
27'-0" x 12'-0" avg.

leisure
14'-0" x 15'-6" avg.
10' flat clg.

grill

sitting

br. 2
12'-0" x 10'-8"
10' flat clg.

living
16"-0" x 14'-0"
10' flat clg.

master
suite
12'-0" x 19'-8"avg.
10' flat clg.

foyer

br. 3
12'-0" x 11'-0"
10' flat clg.

dining
10'-6" x 13'-0"
10' flat clg.

entry

garage
20'-8" x 23'-0"

©The Sater Group, Inc.

Design 6630
Forest Oaks Place
© Sater Design

3 Schlafräume
2 Bäder
Doppelgarage
Wohnfläche 181,43 qm
Total 256,69 qm

502   Sunbelt

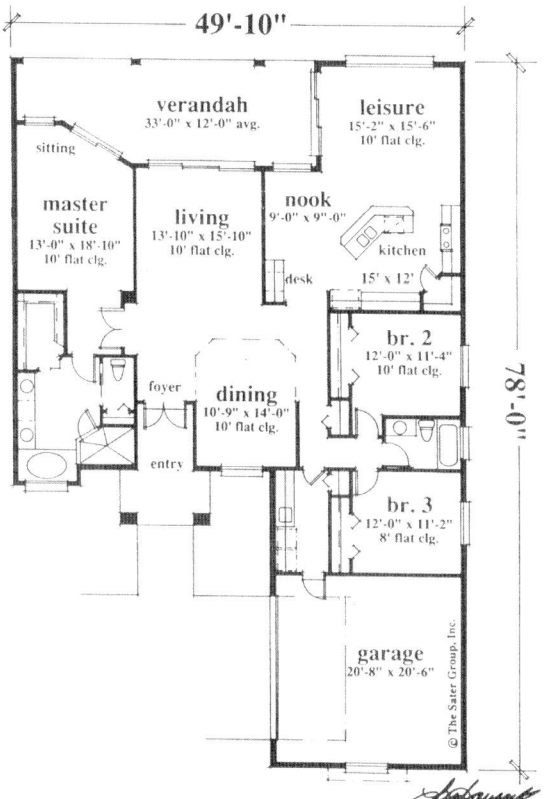

Design 6631
Indian Wells Trace
© Sater Design

3 Schlafräume
2 Bäder
Doppelgarage
Wohnfläche 203,0 qm
Total 283,35 qm

Floor plan labels:

49'-10"

78'-0"

verandah
33'-0" x 12'-0" avg.

leisure
15'-2" x 15'-6"
10' flat clg.

sitting

master
suite
13'-0" x 18'-10"
10' flat clg.

living
13'-10" x 15'-10"
10' flat clg.

nook
9'-0" x 9'-0"

kitchen
15' x 12'

desk

br. 2
12'-0" x 11'-4"
10' flat clg.

foyer

dining
10'-9" x 14'-0"
10' flat clg.

entry

br. 3
12'-0" x 11'-2"
8' flat clg.

© The Sater Group, Inc.

garage
20'-8" x 20'-6"

Dieses stattliche Anwesen besticht durch einen unkonventionellen Grundriß und bietet seinen Bewohnern jeden erdenklichen Wohnkomfort auf 319,21 qm.

Design HomeStyle
HDS-99-300

© James Zirkel Home Design Services, Inc.

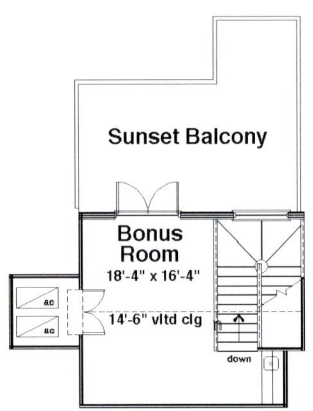

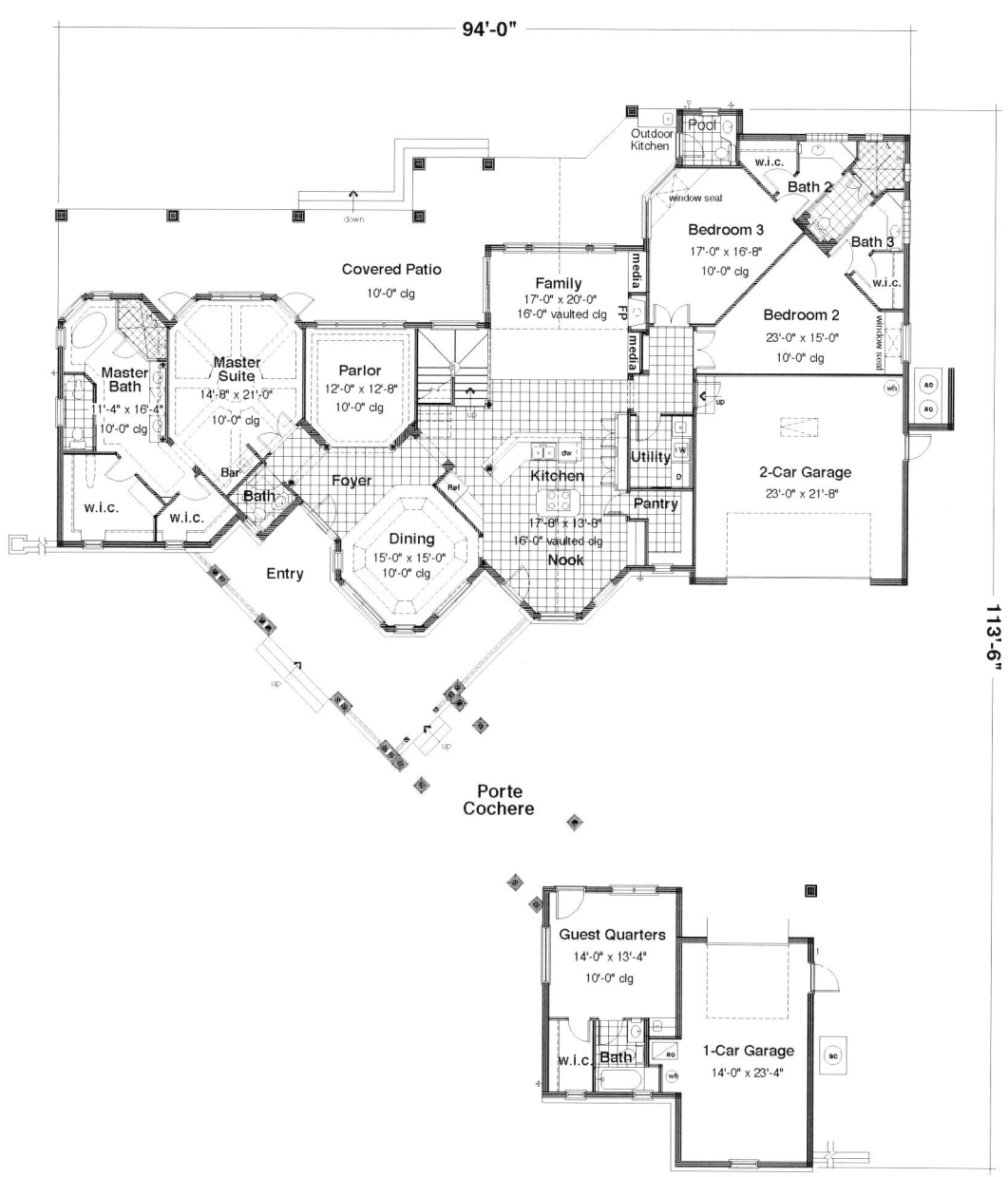

94'-0"

Covered Patio
10'-0" clg

Outdoor
Kitchen

Pool

window seal

Bath 2

w.i.c.

Bedroom 3
17'-0" x 16'-8"
10'-0" clg

Bath 3

w.i.c.

Bedroom 2
23'-0" x 15'-0"
10'-0" clg

window seal

Family
17'-0" x 20'-0"
16'-0" vaulted clg

media

FP

media

media

Master
Bath
11'-4" x 16'-4"
10'-0" clg

Master
Suite
14'-8" x 21'-0"
10'-0" clg

Parlor
12'-0" x 12'-8"
10'-0" clg

w.i.c.

Bar

w.i.c.

Bath

Foyer

Kitchen
17'-8" x 13'-8"
16'-0" vaulted clg

Ref

dw

Utility

Pantry

2-Car Garage
23'-0" x 21'-8"

Dining
15'-0" x 15'-0"
10'-0" clg

Nook

Entry

up

Porte
Cochere

Guest Quarters
14'-0" x 13'-4"
10'-0" clg

w.i.c.

Bath

1-Car Garage
14'-0" x 23'-4"

113'-6"

Das Design dieses 259,6 qm großen Objekts erweckt den Eindruck, viel größer zu sein, als es tatsächlich ist. Der hohe, durch zwei Geschosse reichende Eingangsbereich und der spielerische Umgang mit den Dachvor- und anbauten verleiht dem Haus viel Charme. Die Weite und Großzügigkeit wird auch im Hausinneren fortgesetzt. Im dominierenden Wohnzimmer kommt bei einer Deckenhöhe von rund 5,80 Metern keine Enge auf. Die zentral zwischen Speisezimmer und Eßplatz geplante Küche setzt sich zum Wohnzimmer mit einem Eßtresen ab. Neben der Eltern-Suite mit eigenem Bad und zwei Kleiderkammern

bietet das Erdgeschoß noch ein Arbeits- und ein Schlafzimmer. Vom Obergeschoß, wo das dritte Schlafzimmer untergebracht ist, hat man einen freien Blick auf die darunterliegenden Räume.

Design 6608
Torrey Pines Way
© Sater Design
Wohnfläche 259,6 qm
Total 369,6 qm

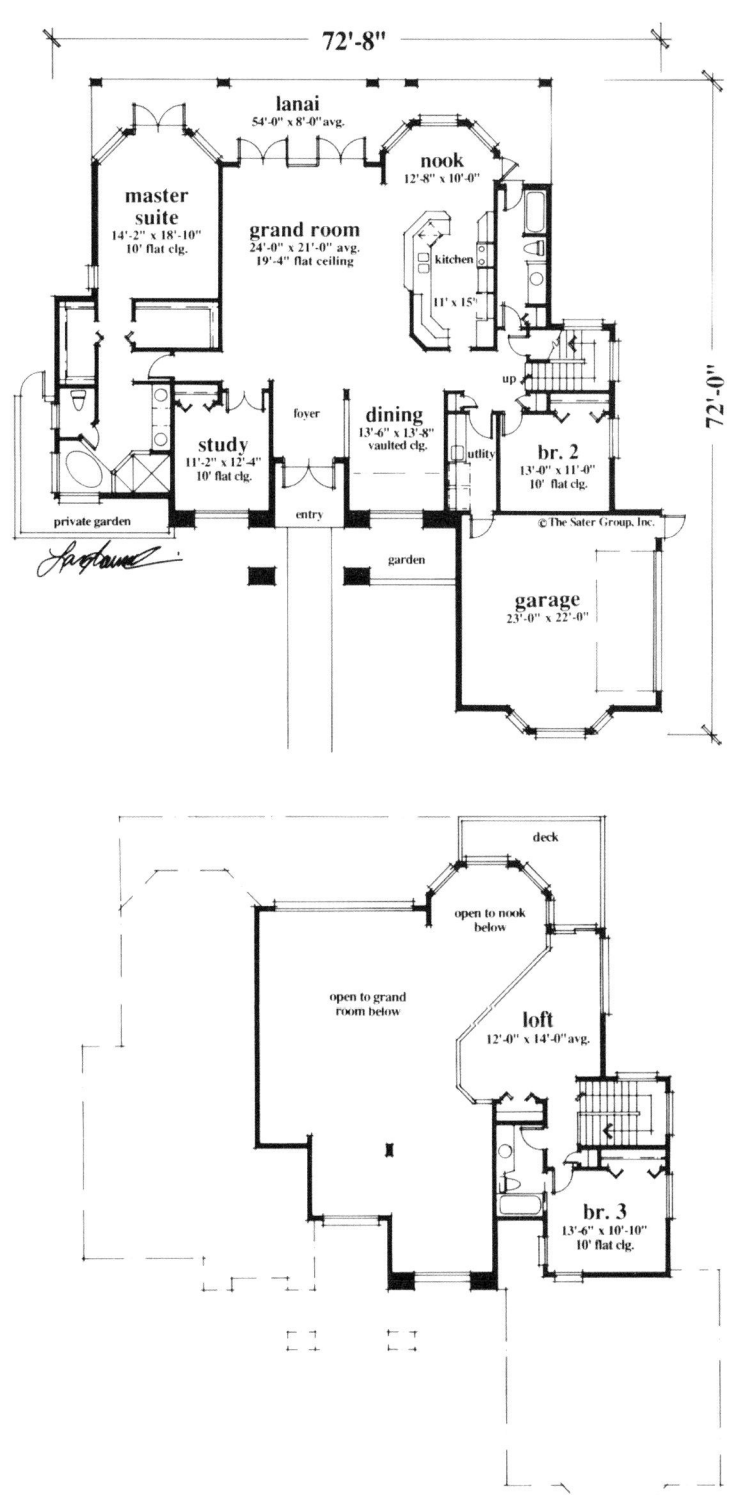

72'-8"

72'-0"

lanai
54'-0" x 8'-0" avg.

nook
12'-8" x 10'-0"

master suite
14'-2" x 18'-10"
10' flat clg.

grand room
24'-0" x 21'-0" avg.
19'-4" flat ceiling

kitchen

11' x 15'

up

private garden

foyer

study
11'-2" x 12'-4"
10' flat clg.

dining
13'-6" x 13'-8"
vaulted clg.

utility

br. 2
13'-0" x 11'-0"
10' flat clg.

© The Sater Group, Inc.

entry

garden

garage
23'-0" x 22'-0"

deck

open to nook
below

open to grand
room below

loft
12'-0" x 14'-0" avg.

br. 3
13'-6" x 10'-10"
10' flat clg.

© The Sater Group Inc.

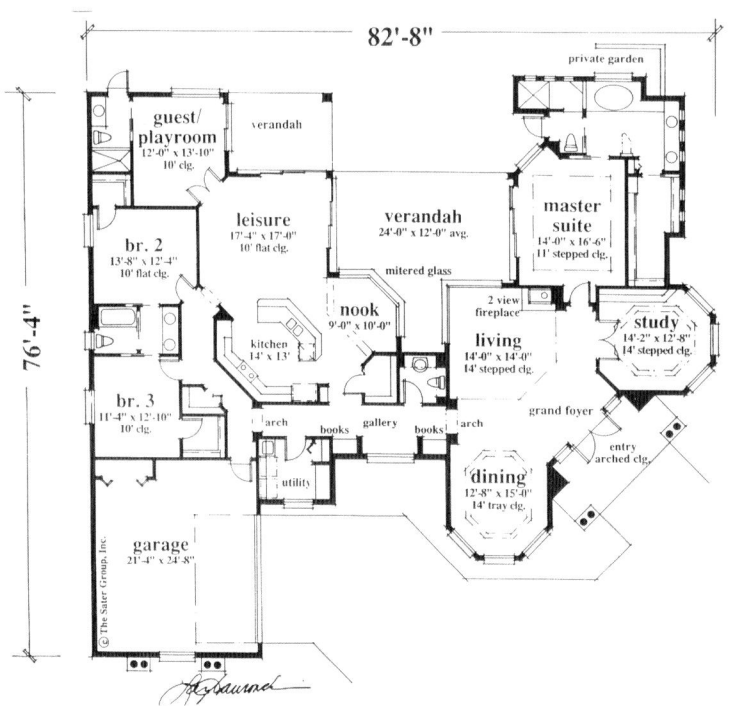

Design 6633
Royal Troon Lane
© Sater Design

4–5 Schlafräume
3 ½ Bäder
Doppelgarage
Wohnfläche 277,40 qm
Total 397,43 qm

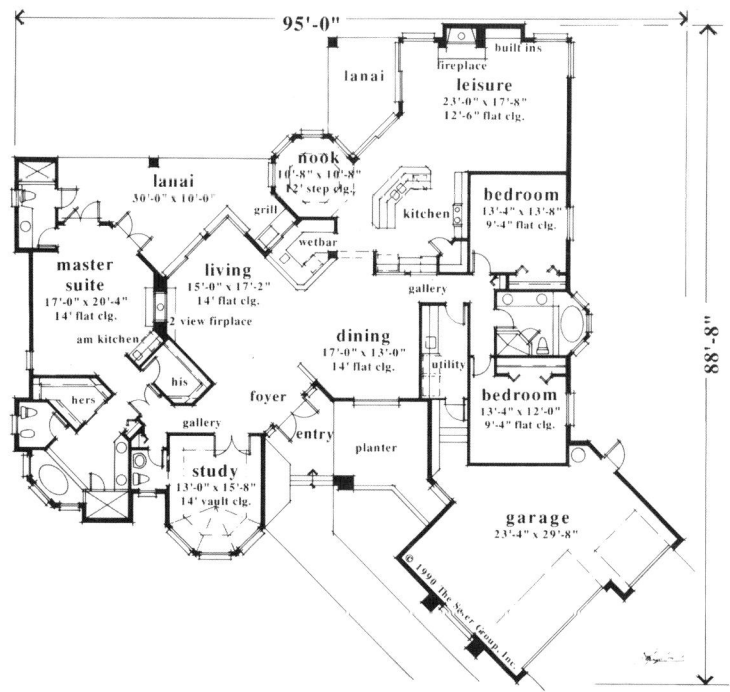

© The Sater Group Inc.

Design 6634
Innsbrook Place
© Sater Design

3–4 Schlafräume
3 ½ Bäder
Doppelgarage
Wohnfläche 323,0 qm
Total 455,9 qm

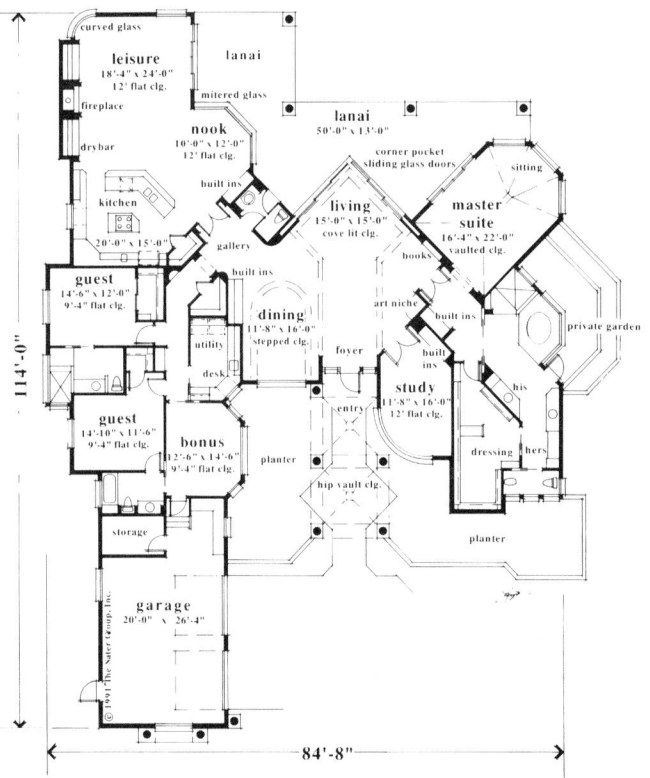

© The Sater Group Inc.

Design 6637
Vintage Trace Way
© Sater Design

3-4 Schlafräume
3 ¹/₂ Bäder
Doppelgarage
Wohnfläche 388,9 qm
Total 537,2 qm

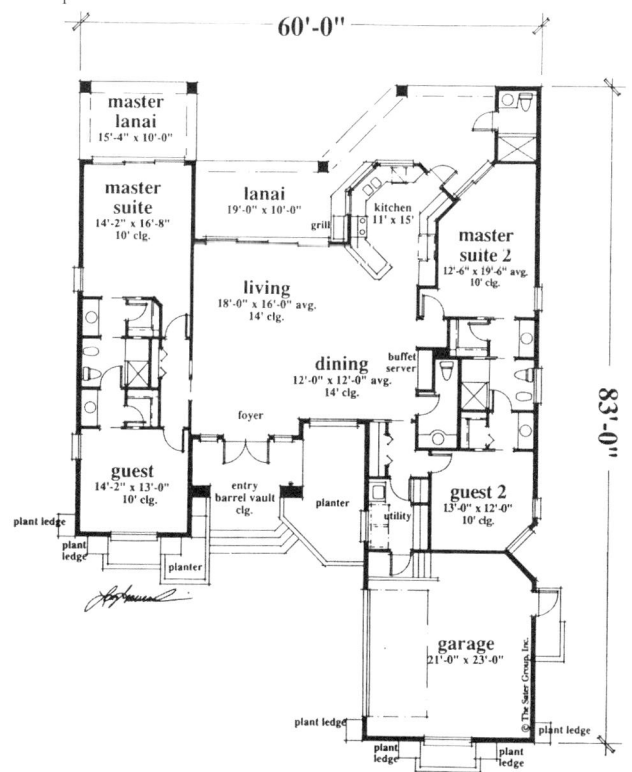

© The Sater Group Inc.

master lanai
15'-4" x 10'-0"

master suite
14'-2" x 16'-8"
10' clg.

lanai
19'-0" x 10'-0"

kitchen
11' x 15'
grill

master suite 2
12'-6" x 19'-6" avg.
10' clg.

living
18'-0" x 16'-0" avg.
14' clg.

dining
12'-0" x 12'-0" avg.
14' clg.

buffet server

guest
14'-2" x 13'-0"
10' clg.

foyer

entry barrel vault clg.

planter

guest 2
13'-0" x 12'-0"
10' clg.

utility

plant ledge

plant ledge

planter

plant ledge

planter

garage
21'-0" x 23'-0"

© The Sater Group, Inc.

plant ledge

plant ledge

plant ledge

plant ledge

60'-0"

83'-0"

Design 6645
Waterford Street
© Sater Design

4 Schlafräume
3 ¹/₂ Bäder
Doppelgarage
Wohnfläche 229,75 qm
Total 352,75 qm

© The Sater Group Inc.

Diese Villa überzeugt nicht nur mit ihrem eleganten äußeren Erscheinungsbild, das vor allem auf die ausgewogene Mischung von Klinkerfassade und verputzten Giebeln zurückzuführen ist. Der raffinierte Grundriß im Hausinneren kann sich ebenso sehen lassen. Die zweigeschossige Bauweise des Edgewood Courts eignet sich ausgezeichnet für die große Familie. Das Erdgeschoß mit seinen 237 qm gliedert sich in formelle und familiäre Wohnzonen. Küche mit Eßplatz und Familienraum bilden eine offene Einheit. Das Arbeitszimmer und der formelle Speiseraum sind seitlich vom Foyer gelegen und öffnen sich zum Kaminwohnzimmer, das durch zwei Geschosse reicht. Hier befindet sich eine elegante Treppe, die ins Obergeschoß führt, wo zwei Schlafräume und ein Vollbad untergebracht sind.

Design 6646
Edgewood Court
© Sater Design
Wohnfläche 333,30 qm
Total 500,30 qm

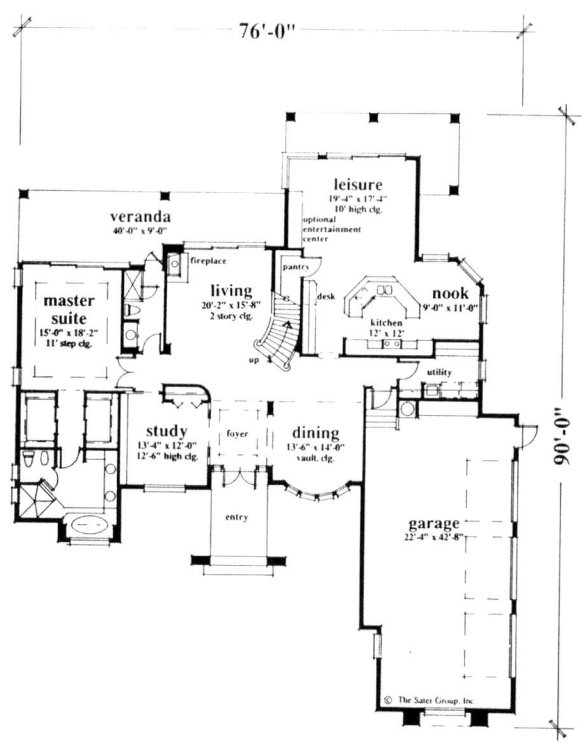

76'-0"

90'-0"

leisure
19'-4" x 17'-4"
10' high clg.

veranda
40'-0" x 9'-0"

optional
entertainment
center

fireplace

pantry

living
20'-2" x 15'-8"
2 story clg.

desk

nook
9'-0" x 11'-0"

master
suite
15'-0" x 18'-2"
11' step clg.

kitchen
12' x 12'

up

utility

study
13'-4" x 12'-0"
12'-6" high clg.

foyer

dining
13'-6" x 14'-0"
vault. clg.

entry

garage
22'-4" x 42'-8"

© The Sater Group, Inc.

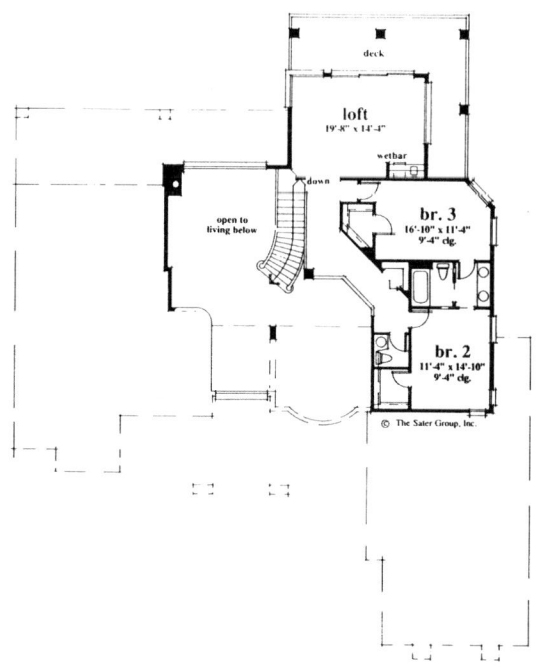

deck

loft
19'-8" x 14'-4"

wetbar

down

open to
living below

br. 3
16'-10" x 11'-4"
9'-4" clg.

br. 2
11'-4" x 14'-10"
9'-4" clg.

© The Sater Group, Inc.

In perfekter Mischung aus traditioneller Eleganz und zeitgenössischer Architektur präsentiert sich dieser Hausentwurf Cotton Creek Trace von Sater Design. Das äußere Erscheinungsbild besticht durch den ausgewogenen Fassadenmix und der klaren Linienführung der Dächer und Gauben. Formschöne Fenster und der aufwendige Eingangsbereich verleihen diesem Design eine exklusive Note, die sich im Inneren des Hauses fortsetzt. Vom imposanten Foyer wandert der Blick in das formelle Wohnzimmer, das durch filigrane Rundbogen vom Eingangsbereich getrennt ist. Die luxuriöse Eltern-Suite und der private Wohn-bereich mit Küche und Eßplatz grenzen an die großzügige Gartenveranda. Ein Arbeits- und ein Gästezimmer belegen das Obergeschoß.

Design 6650
Cotton Creek Trace
© Sater Design
Wohnfläche 348,19 qm
Total 519,60 qm

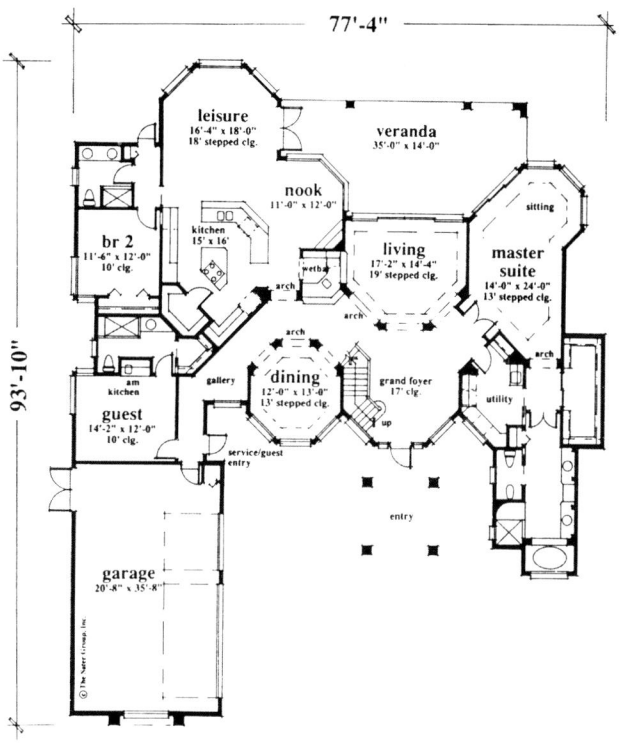

77'-4"

93'-10"

leisure
16'-4" x 18'-0"
18' stepped clg.

veranda
35'-0" x 14'-0"

nook
11'-0" x 12'-0"

br 2
11'-6" x 12'-0"
10' clg.

kitchen
15' x 16'

living
17'-2" x 14'-4"
19' stepped clg.

sitting

master
suite
14'-0" x 24'-0"
13' stepped clg.

wetbar

arch

arch

am
kitchen

gallery

arch

dining
12'-0" x 13'-0"
13' stepped clg.

grand foyer
17' clg.

arch

guest
14'-2" x 12'-0"
10' clg.

utility

up

service/guest
entry

entry

garage
20'-8" x 35'-8"

© The Sater Group, Inc.

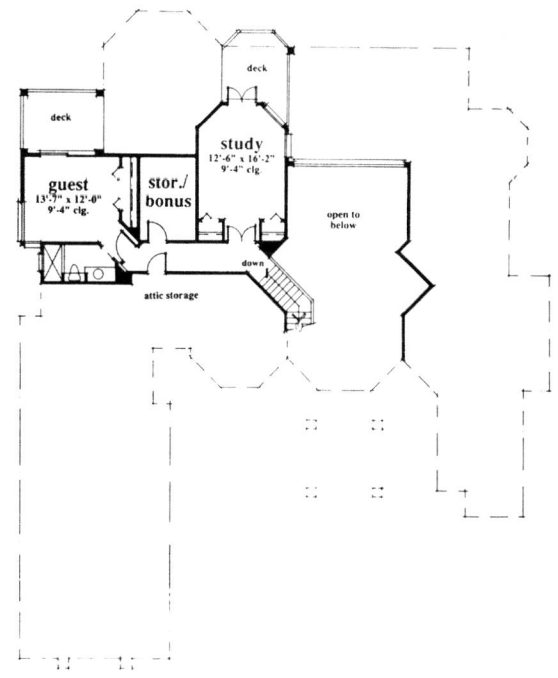

deck

deck

study
12'-6" x 16'-2"
9'-4" clg.

guest
13'-7" x 12'-0"
9'-4" clg.

stor./
bonus

open to
below

down

attic storage

COTTAGES

Mit einer weit überdachten Veranda fasziniert dieses zweigeschossige Cottage. Das Highlight dieses Entwurfs ist das aus dem Metalldach ragende Turmzimmer, das nicht nur stilistischen Zwecken genügt, sondern auch nutz- und bewohnbar ist. Unter dem Haus sind Autostellplätze vorgesehen. Über eine Treppe erreicht man die erste Etage, die mit Wohnzimmer, Speiseraum und Küche reinen Wohnzwecken vorbehalten ist. Von hier gelangt man auf die großzügige, überdachte Veranda. Im Obergeschoß befindet sich die Eltern-Suite, ein weiterer Schlafraum und zwei Vollbäder. Eine Treppe führt ins Turmzimmer, das einen kleinen Balkon hat. Saddle River bietet seinen Bewohnern eine Wohnfläche von 150,49 qm.

Design 6681-Saddle River

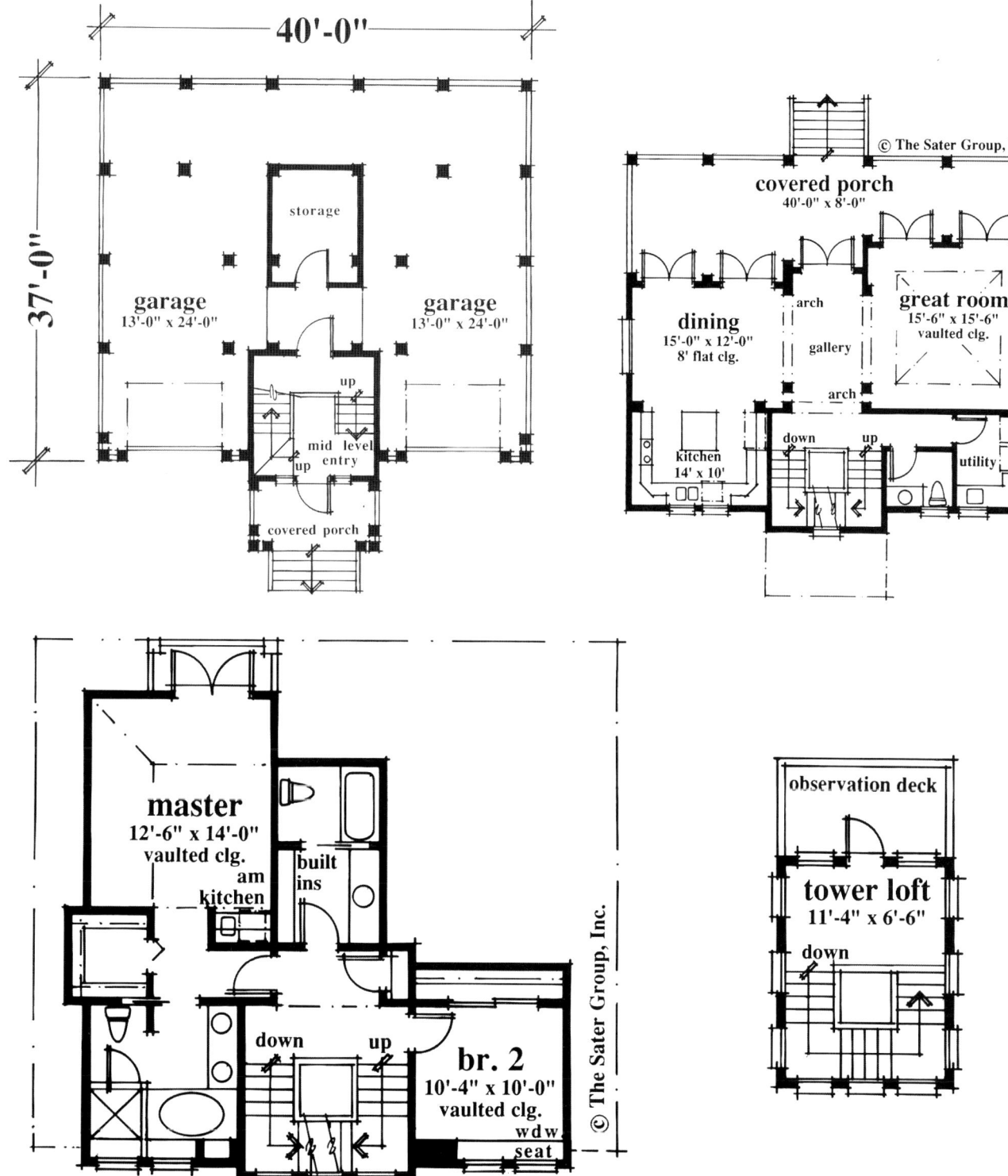

40'-0"

37'-0"

storage

garage
13'-0" x 24'-0"

garage
13'-0" x 24'-0"

up

mid level entry

up

covered porch

© The Sater Group, Inc.

covered porch
40'-0" x 8'-0"

arch

dining
15'-0" x 12'-0"
8' flat clg.

gallery

arch

great room
15'-6" x 15'-6"
vaulted clg.

kitchen
14' x 10'

down

up

utility

master
12'-6" x 14'-0"
vaulted clg.

am kitchen

built ins

down

up

br. 2
10'-4" x 10'-0"
vaulted clg.

w d w seat

© The Sater Group, Inc.

observation deck

tower loft
11'-4" x 6'-6"

down

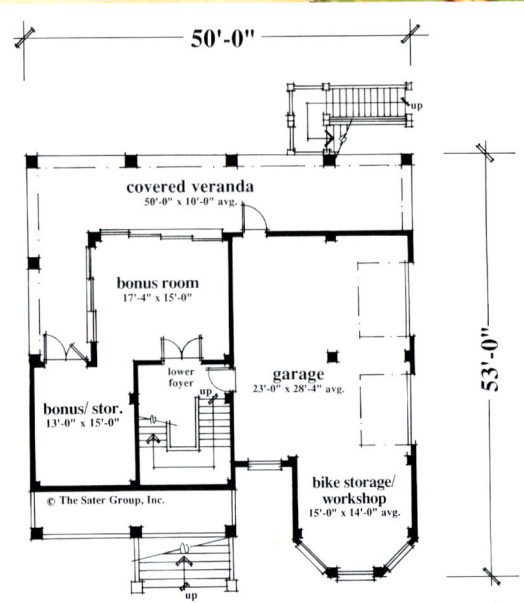

Dieses traumhafte Cottage mit seiner 242,28 qm großen Wohnfläche bietet einen großzügigen Grundriß in offener und lichter Bauweise. Das hinter der weit überdachten Hauptveranda gelegene Wohnzimmer ist bis in das Dach hinein geöffnet. Kleinere, überdachte Sitzgelegenheiten bieten sich auf der Eingangsveranda oder auf dem Balkon im Obergeschoß an der Rückseite des Hauses.

Design 6682 Seagrove Beach
© Sater Design

Floor plan labels:
50'-0"
53'-0"
covered veranda
50'-0" x 10'-0" avg.
bonus room
17'-4" x 15'-0"
lower foyer
bonus/ stor.
13'-0" x 15'-0"
garage
23'-0" x 28'-4" avg.
bike storage/ workshop
15'-0" x 14'-0" avg.
up
© The Sater Group, Inc.

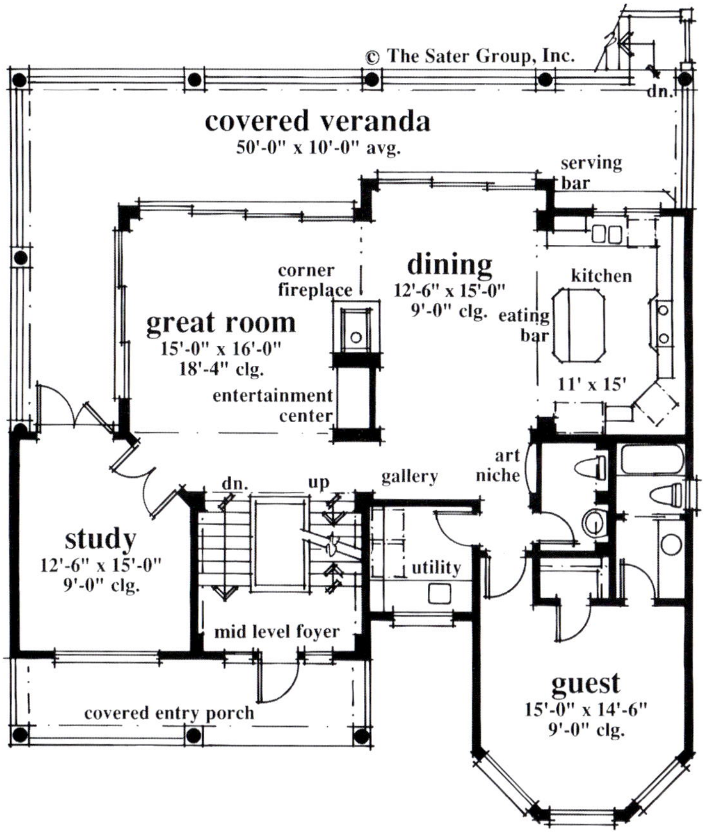

© The Sater Group, Inc.

covered veranda
50'-0" x 10'-0" avg.

dn.

serving bar

corner fireplace

dining
12'-6" x 15'-0"
9'-0" clg.

kitchen

eating bar

11' x 15'

great room
15'-0" x 16'-0"
18'-4" clg.

entertainment center

study
12'-6" x 15'-0"
9'-0" clg.

dn.

up

gallery

art niche

utility

mid level foyer

covered entry porch

guest
15'-0" x 14'-6"
9'-0" clg.

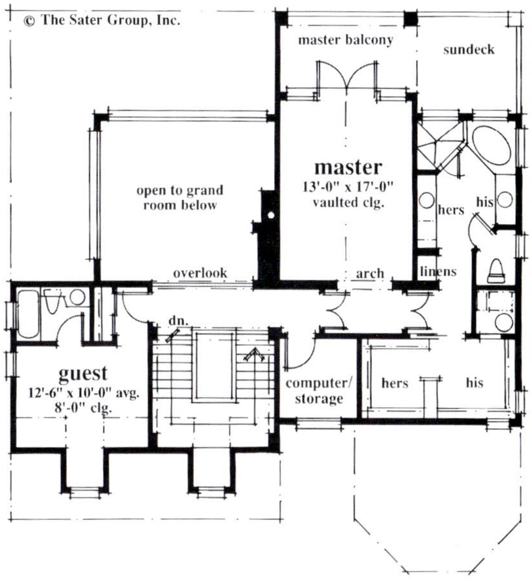

© The Sater Group, Inc.

master balcony

sundeck

open to grand room below

master
13'-0" x 17'-0"
vaulted clg.

hers

his

overlook

arch

linens

dn.

guest
12'-6" x 10'-0" avg.
8'-0" clg.

computer/ storage

hers

his

Seinen Charme verdankt dieses gemütliche Cottage den vielzähligen Details, die dem Betrachter sogleich ins Auge fallen. Holzschindeln im Giebelbereich harmonieren ausgezeichnet mit den an der Frontseite klassischen, horizontal verlegten Paneelen der Fassade. Auch die Bedachung aus Metall setzt starke Akzente. Auf der Hausrückseite dominiert eine großzüge, über Eck verlaufende Veranda mit darüberliegendem Balkon. Im 119,84 qm großen Erdgeschoß befindet sich das zentral gelegene Kaminwohnzimmer. Die angrenzende Küche ist mit einem offenen Eßtresen ausgestattet. Von hier gelangt man in das formelle Speisezimmer. Mit der elterlichen Suite und zwei weiteren Schlafräumen im Obergeschoß bietet das Cottage ausreichend Platz für die Familie.

Design 6683
Periwinkle Way
© Sater Design

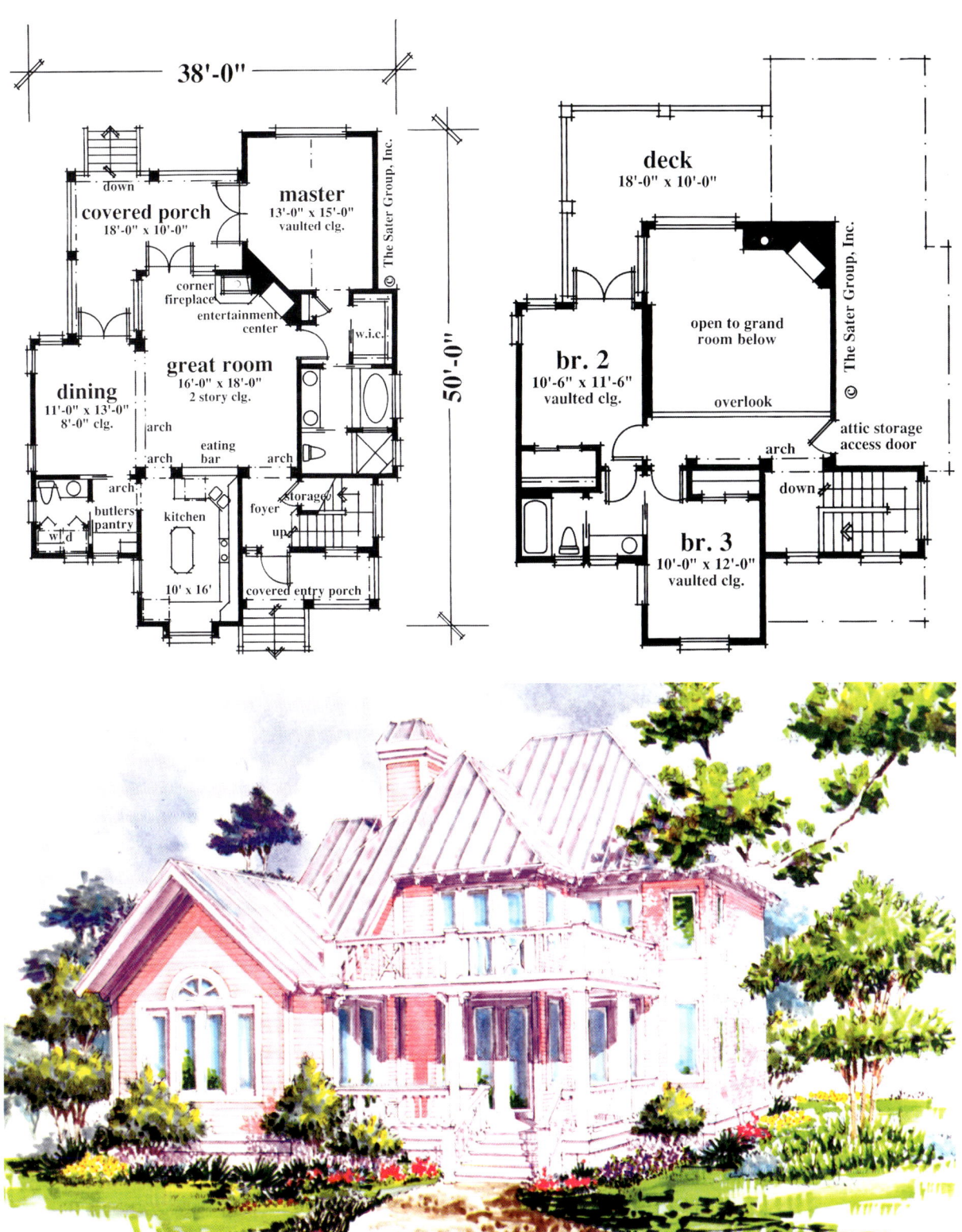

38'-0"

down

covered porch
18'-0" x 10'-0"

master
13'-0" x 15'-0"
vaulted clg.

© The Sater Group, Inc.

corner
fireplace

entertainment
center

w.i.c.

great room
16'-0" x 18'-0"
2 story clg.

50'-0"

dining
11'-0" x 13'-0"
8'-0" clg.

arch

arch

eating
bar

arch

arch

butlers
pantry

w d

kitchen

storage

foyer

up

10' x 16'

covered entry porch

deck
18'-0" x 10'-0"

br. 2
10'-6" x 11'-6"
vaulted clg.

open to grand
room below

overlook

© The Sater Group, Inc.

arch

attic storage
access door

down

br. 3
10'-0" x 12'-0"
vaulted clg.

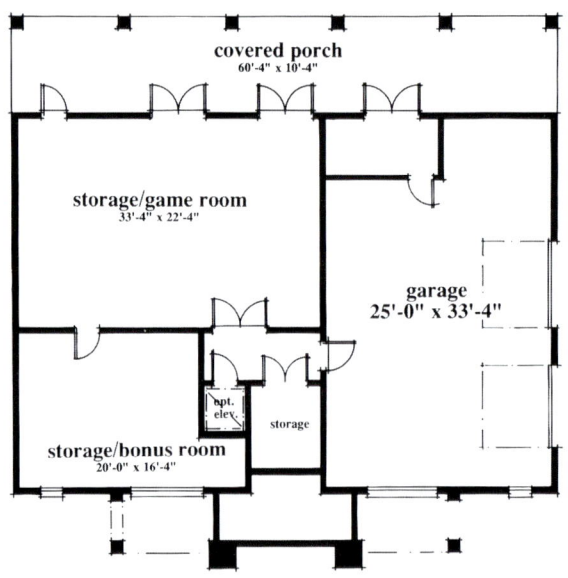

In Anlehnung an das 19th Century Carribbean Fench Estate wurde dieses 229 qm große Cottage geplant. Überdachte Veranden auf der Front- und der Hausrückseite und das hohe Wohnzimmer zeichnen diesen Entwurf aus.

Design 6684
Southampton Bay
© Sater Design

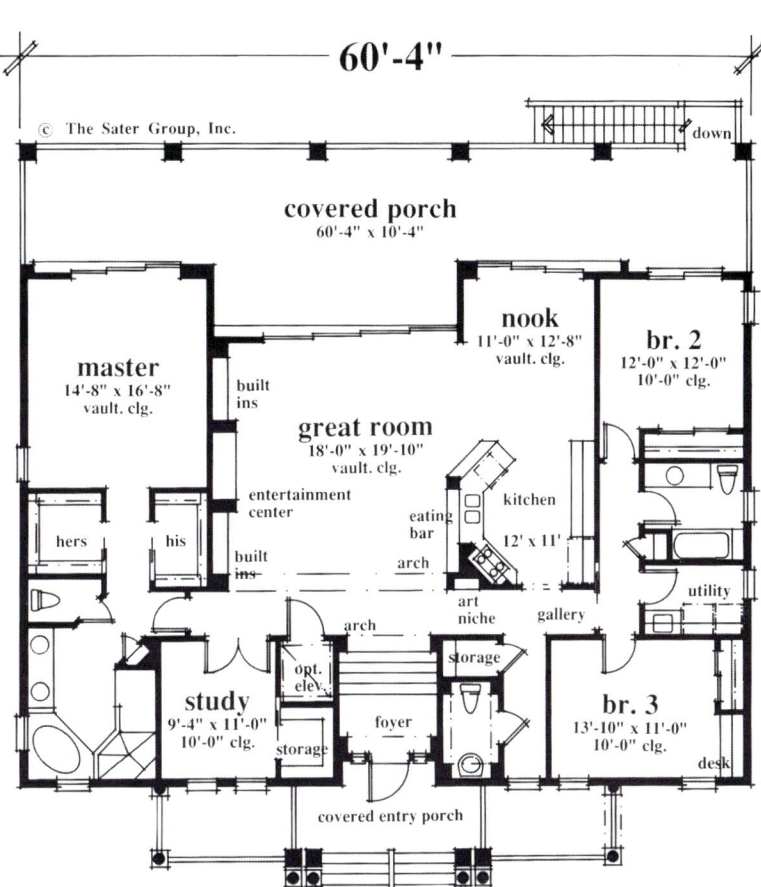

60'-4"

© The Sater Group, Inc.

covered porch
60'-4" x 10'-4"

down

master
14'-8" x 16'-8"
vault. clg.

nook
11'-0" x 12'-8"
vault. clg.

br. 2
12'-0" x 12'-0"
10'-0" clg.

built ins

great room
18'-0" x 19'-10"
vault. clg.

entertainment center

kitchen
12' x 11'

built ins

eating bar

hers

his

arch

art niche

gallery

utility

arch

study
9'-4" x 11'-0"
10'-0" clg.

opt. elev.

storage

storage

foyer

br. 3
13'-10" x 11'-0"
10'-0" clg.

desk

covered entry porch

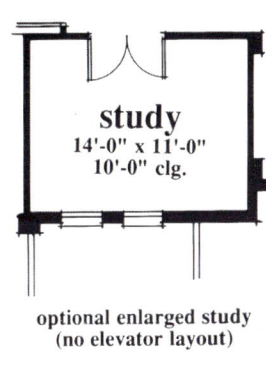

study
14'-0" x 11'-0"
10'-0" clg.

optional enlarged study
(no elevator layout)

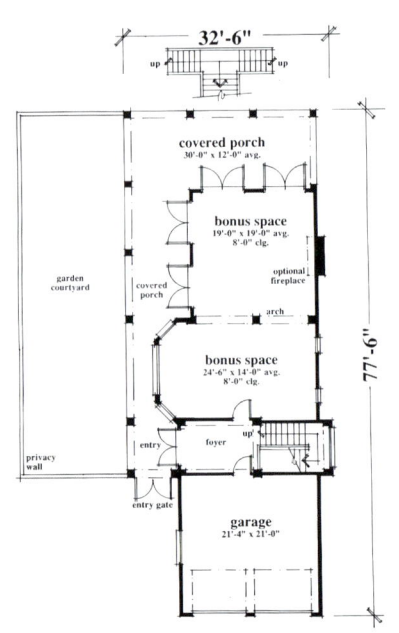

Gartenterrassen, überdachte Veranden, Balustraden und geschmückte Balkone prägen das äußere Erscheinungsbild dieses Entwurfs.

Design 6685
Charleston Street
© Sater Design

Erdgeschoß 86,86 qm
1. Obergeschoß 121,24 qm
2. Obergeschoß 112,27 qm

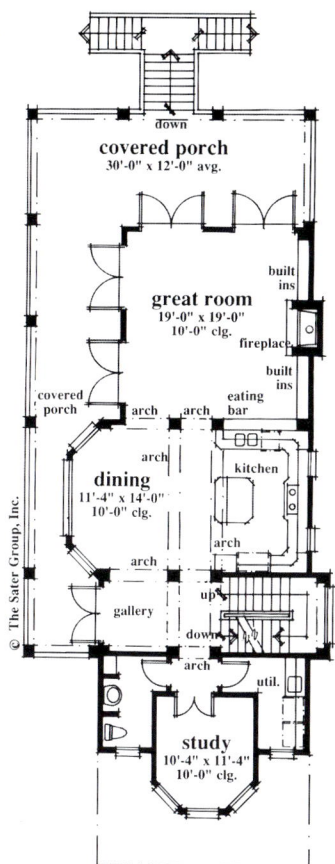

covered porch
30'-0" x 12'-0" avg.

built ins

great room
19'-0" x 19'-0"
10'-0" clg.

fireplace

built ins

eating bar

covered porch

arch   arch

arch

kitchen

dining
11'-4" x 14'-0"
10'-0" clg.

arch

arch

gallery

up

down

arch

util.

study
10'-4" x 11'-4"
10'-0" clg.

down

© The Sater Group, Inc.

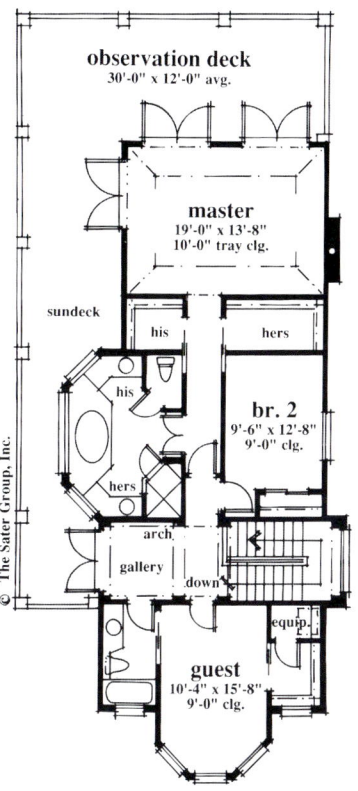

observation deck
30'-0" x 12'-0" avg.

master
19'-0" x 13'-8"
10'-0" tray clg.

sundeck

his   hers

his

br. 2
9'-6" x 12'-8"
9'-0" clg.

hers

arch

gallery

down

equip.

guest
10'-4" x 15'-8"
9'-0" clg.

© The Sater Group, Inc.

Der von der Sonneninsel Key West inspirierte Entwurf überzeugt in seiner äußeren Erscheinung mit einer großflächigen, überdachten Veranda und dem darüberliegenden Balkon. Große Flügelfenster verleihen dem lichtdurchfluteten Kaminwohnzimmer eine besondere Note. Rundbögen wurden als Raumteiler zwischen Küche und Eßzimmer gesetzt. Shadow Line bietet seinen Bewohnern drei Schlafräume und drei Vollbäder.

Design 6686
Shadow Line
© Sater Design

Erdgeschoß 97,17 qm
Obergeschoß 59,27 qm
Total 156,44 qm

25'-0"

65'-6"

© The Sater Group, Inc.

covered porch
24'-0" x 11'-0" avg.

built ins

great room
15'-0" x 19'-0"
19'-0" clg.

tv niche

fireplace

covered porch

built ins

eating bar

arch

kitchen

arch

dining
11'-8" x 13'-0"
9'-4" clg.

utl.

arch

railing

up

up

mid level foyer

br. 2
12'-6" x 11'-6"
9'-4" clg.

wdw. seat

desk

down

© The Sater Group, Inc.

observation deck
24'-0" x 11'-0" avg.

open to great room below

deck

w.i.c.

arch

master
16'-0" x 13'-0"
9'-4" clg.

down

up

viewing loft

br. 3
12'-6" x 11'-6"
9'-4" clg.

wdw. seat

desk

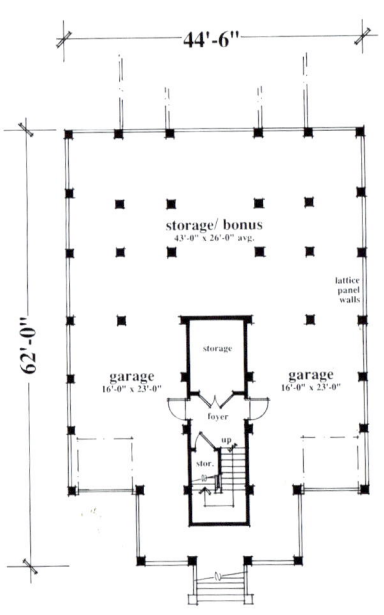

Die Frontseite des im neoklassizistischen Revival-Stil erbaute Sommer-Cottage besitzt einen schönen, hoch verglasten Eingangsbereich. Auf der Rückseite des Hauses laden weit überdachte Veranden und Balkone zum Verweilen ein. Die Wohnfläche der Geschosse beträgt insgesamt 277,89 qm.

Design 6689
Hemingway Line
© Sater Design

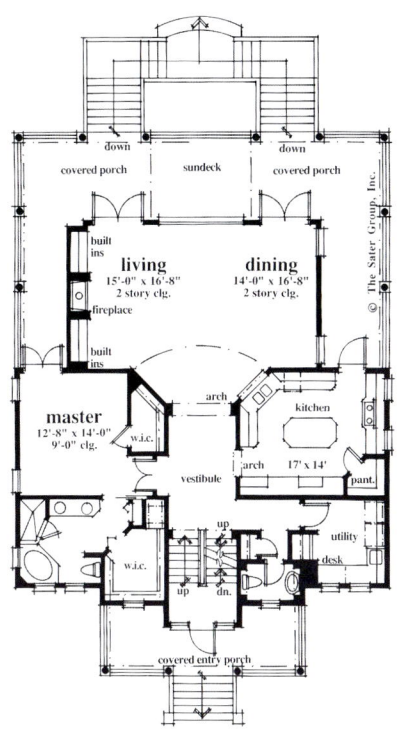

built ins

living
15'-0" x 16'-8"
2 story clg.

dining
14'-0" x 16'-8"
2 story clg.

covered porch   sundeck   covered porch

down   down

fireplace

built ins

master
12'-8" x 14'-0"
9'-0" clg.

w.i.c.

arch

kitchen

17' x 14'

arch

pant.

vestibule

w.i.c.

utility

desk

up   dn.

up   dn.

covered entry porch

© The Sater Group, Inc.

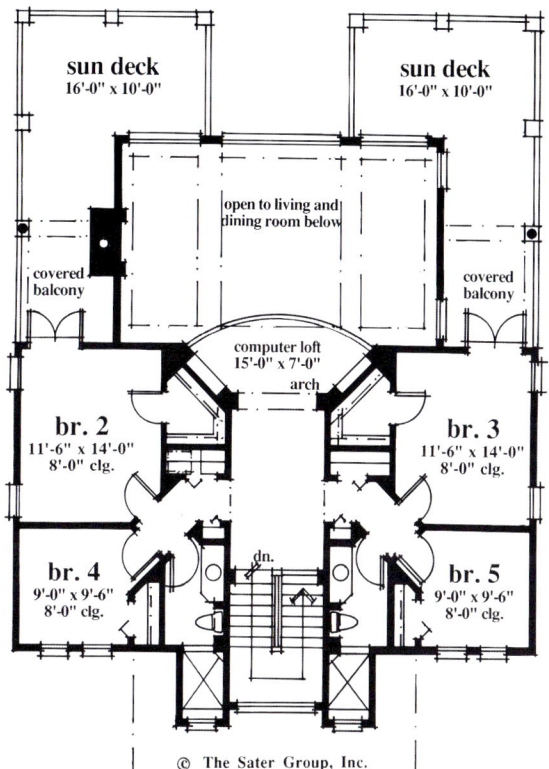

sun deck
16'-0" x 10'-0"

sun deck
16'-0" x 10'-0"

open to living and
dining room below

covered
balcony

covered
balcony

computer loft
15'-0" x 7'-0"

arch

br. 2
11'-6" x 14'-0"
8'-0" clg.

br. 3
11'-6" x 14'-0"
8'-0" clg.

br. 4
9'-0" x 9'-6"
8'-0" clg.

dn.

br. 5
9'-0" x 9'-6"
8'-0" clg.

© The Sater Group, Inc.

Nostalgisch und anmutig wirkt das Sommer-Cottage Georgetown Cove in seiner zweigeschossigen Bauweise. Die klassische Paneelfassade und die Verwendung von Holzschindeln im Giebelbereich ergänzen sich harmonisch mit den formschönen Rundbogenfenstern, die trotz weit überdachter Gartenveranda für ausreichenden Lichteinfall im großen Kaminwohnzimmer sorgen. Die Küche mit Kochinsel und Tresen ist zum Eßzimmer hin geöffnet. Zwei Schlafräume mit begehbaren Kleiderkammern und zwei Vollbäder belegen gemeinsam mit der Eltern-Suite das Obergeschoß. Bei einer Wohnfläche von 169,45 qm wirkt das Haus größer, als es tatsächlich ist. Die Hausbreite von 8,30 Metern läßt die Errichtung dieses Cottages auch auf einem schmalen Grundstück zu.

Design 6690
Georgetown Cove
© Sater Design

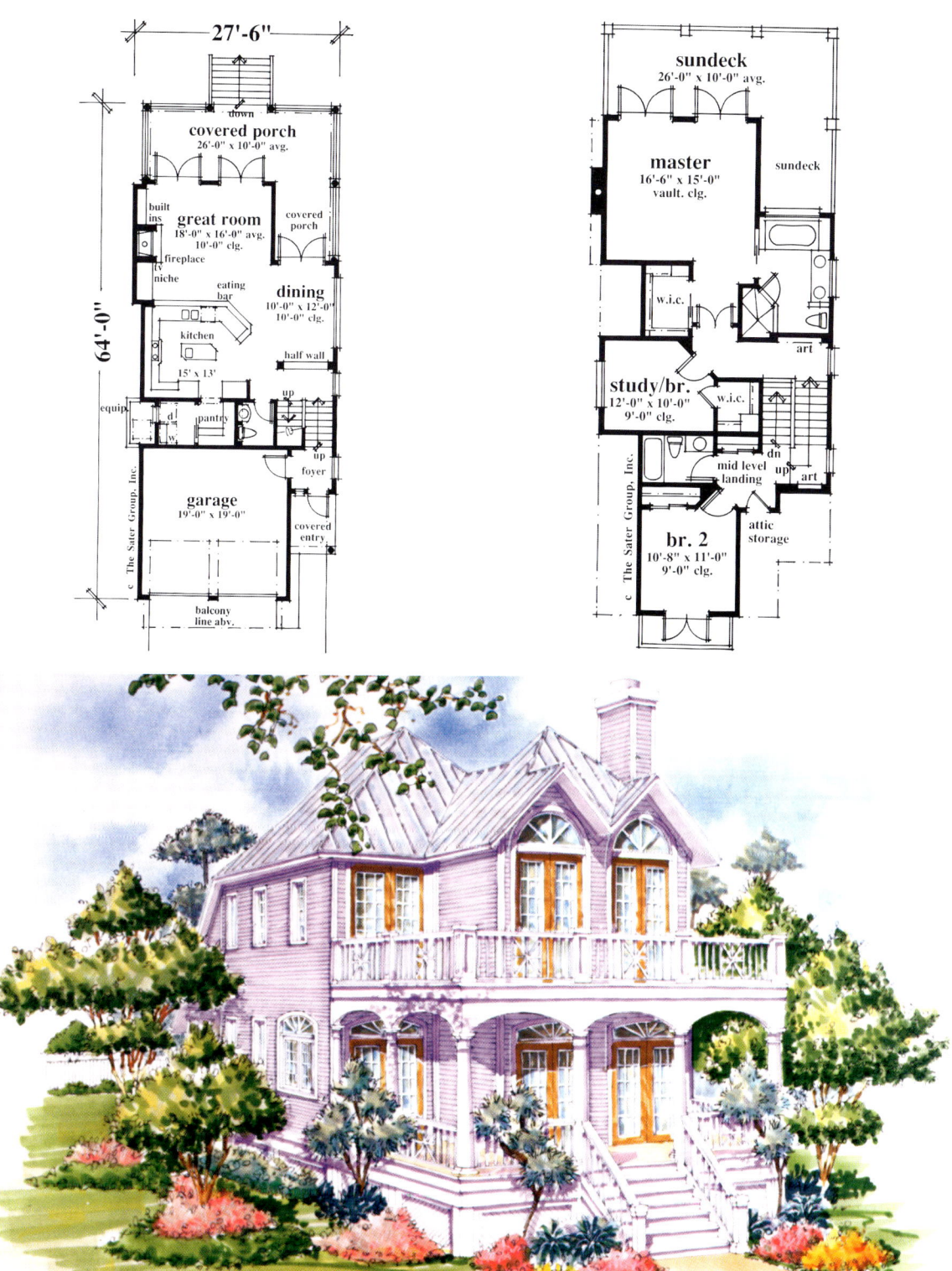

27'-6"

64'-0"

down

covered porch
26'-0" x 10'-0" avg.

built ins

great room
18'-0" x 16'-0" avg.
10'-0" clg.

fireplace

tv niche

covered porch

eating bar

dining
10'-0" x 12'-0"
10'-0" clg.

kitchen
15' x 13'

half wall

equip

d

w

pantry

up

up

foyer

garage
19'-0" x 19'-0"

covered entry

balcony line abv.

c The Sater Group, Inc.

sundeck
26'-0" x 10'-0" avg.

master
16'-6" x 15'-0"
vault. clg.

sundeck

w.i.c.

art

study/br.
12'-0" x 10'-0"
9'-0" clg.

w.i.c.

mid level landing

dn

up

art

br. 2
10'-8" x 11'-0"
9'-0" clg.

attic storage

c The Sater Group, Inc.

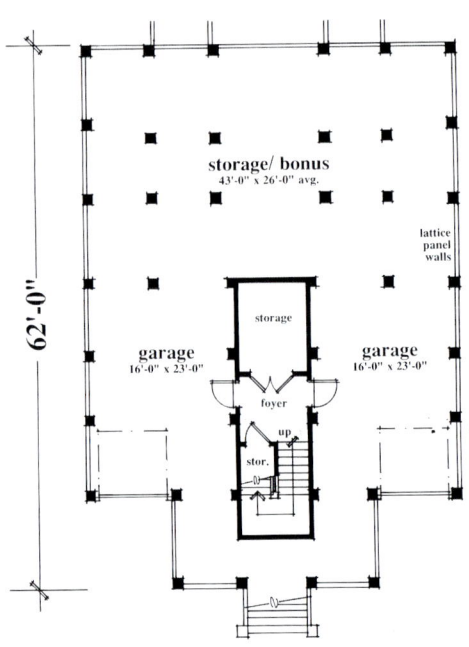

Das Nantucket-Sound-Sommerhaus zeichnet sich durch den spielerischen Umgang mit Form und Material aus. Der imposante Eingangsbereich stimmt den Betrachter auf die vorherrschende Eleganz und den Wohnkomfort im Inneren des 274,71 qm großen Hauses ein. Hohe Decken und große Fenster lassen im Wohnbereich keine Enge aufkommen.

© Sater Design 6693

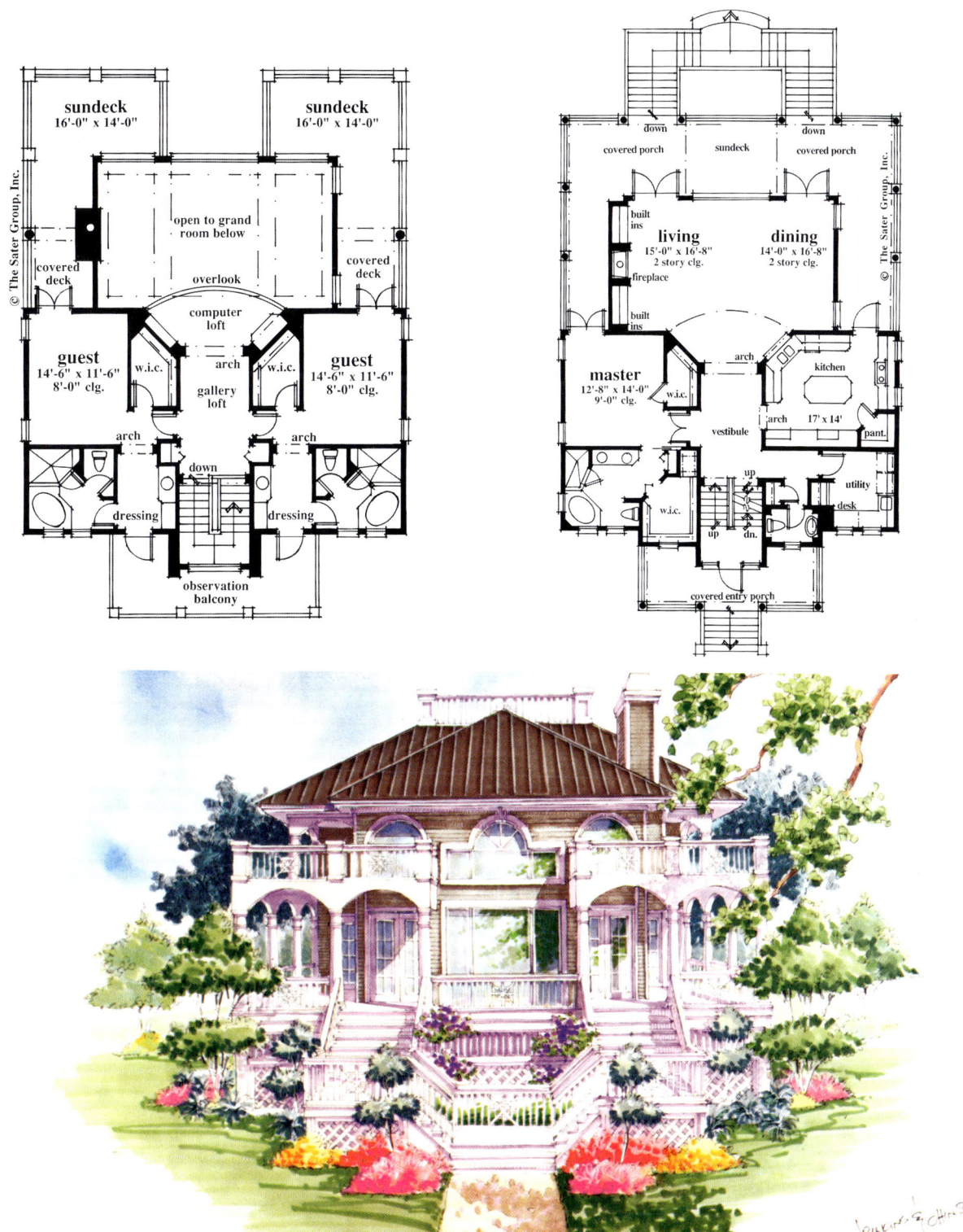

sundeck
16'-0" x 14'-0"

sundeck
16'-0" x 14'-0"

© The Sater Group, Inc.

open to grand
room below

covered
deck

overlook

covered
deck

computer
loft

guest
14'-6" x 11'-6"
8'-0" clg.

w.i.c.

arch

w.i.c.

gallery
loft

guest
14'-6" x 11'-6"
8'-0" clg.

arch

arch

down

dressing

dressing

observation
balcony

down

covered porch

sundeck

down

covered porch

built
ins

living
15'-0" x 16'-8"
2 story clg.

dining
14'-0" x 16'-8"
2 story clg.

© The Sater Group, Inc.

fireplace

built
ins

arch

kitchen

master
12'-8" x 14'-0"
9'-0" clg.

w.i.c.

arch

17' x 14'

pant.

vestibule

up

utility

desk

w.i.c.

up

dn.

covered entry porch

Das Design Duval Street findet mit seiner schmalen Hausbreite von 8,4 Metern auch auf kleineren Grundstücken Platz. Das im nostalgischen Flair Key Wests geplante 197 qm große Cottage bietet seinen Bewohnern im Erdgeschoß eine gemütliche Wohnzone mit offener Küche, Eßzimmer und einem großzügigen Kaminwohnzimmer. Von hier hat man direkten Zugang auf die weit überdachte Gartenveranda. Im Obergeschoß wurde die Eltern-Suite großzügig mit einem Luxusbad und einem Ankleidezimmer geplant. Hoch verglaste Rundbogen-Flügeltüren geben den Weg frei auf das große Sonnendeck. Zwei weitere Schlafräume, die zur Frontseite gelegen sind, teilen sich den Balkon oberhalb der Garage. Daneben befinden sich ein Arbeitszimmer und ein Vollbad.

Design 6701 / Duval Street
© Sater Design

27'-6"

64'-0"

down

covered porch
26'-0" x 10'-0" avg.

built ins

great room
18'-0" x 16'-0" avg.
10'-0" clg.

fireplace

tv

niche

covered porch

eating bar

dining
10'-0" x 12'-0"
10'-0" clg.

kitchen
15' x 13'

half wall

equip.

d

w

pantry

up

up

foyer

garage
19'-0" x 19'-0"

covered entry

balcony line abv.

c The Sater Group, Inc.

sundeck
26'-0" x 10'-0" avg.

master
16'-6" x 15'-0"
vault. clg.

sundeck

w.i.c.

art

study/br.
12'-0" x 10'-0"
9'-0" clg.

w.i.c.

dn.

up

landing

art

br. 2
9'-8" x 11'-0"
9'-0" clg.

br. 3
9'-8" x 11'-0"
9'-0" clg.

Index

Für alle Hausentwürfe stehen komplette, bereits vorgefertigte Konstruktionspläne bereit, die direkt über die einzelnen Architekten zu beziehen sind. Nähere Informationen zu den genannten Architekten können dem vorliegenden Index entnommen werden oder sind direkt über die Agentur Home Styles zu beziehen. Alle in diesem Buch gezeigten Hausentwürfe sind <u>urheberrechtlich geschützt</u> und dürfen erst nach vorherigem Ankauf der Baupläne genutzt werden. Zuwiderhandlungen werden angezeigt und strafrechtlich verfolgt.

Augustus Suglia, A.I.A
Homes for Today
382 Church Ave.
Cedarhurst, NY   11516
Phone Number   1-516-569-4241
Fax Number   1-516-569-4241
http://www.homes4today.com
homes4today@iname.com

HomeStyles
Publishing and Marketing Inc.
213 East 4th Street
St. Paul, MN 55101
Phone Number 1-612-5000
Fax Number 1-612-602-5001
http://www.homestyles.com

DKDesigns, Inc.
CadreDevelopment
Phone Number 1-888.681.0166
www.cadredevelopment.com

The Sater Design Collection, Inc.
3461 Bonita Bay Boulevard
Suite 220
Bonita Springs, Florida 34134
Phone Number 1 800-718-PLAN

Larry James Designs
2208 Justice Street
Monroe, Louisiana 71201
Phone Number 1-318-322-5892
Fax Number 1-318-325-5538
http://www.larryjames.com
ljdesigns@larryjames.com

Internationale Infoline
concept HOME PLANS
An der Reitbahn 2
21218 Seevetal - Germany
Phone Number 49(0) 4105 555 555
www.american-dreamhomes.de
concepthomeplans@t-online.de

Raum für Notizen

Raum für Notizen